J Rokos

Chronologisch-übersichtliche Darstellung der zehn wichtigsten Epochen der Weltgeschichte seit den Kreuzzügen

Bearbeitet nach den besten Spezialwerken, mit einem grossen topografischen

Plane von Jerualem zur Zeit des Ledens Jesu Christi

J Rokos

Chronologisch-übersichtliche Darstellung der zehn wichtigsten Epochen der Weltgeschichte seit den Kreuzzügen
Bearbeitet nach den besten Spezialwerken, mit einem grossen topografischen Plane von Jerualem zur Zeit des Ledens Jesu Christi

ISBN/EAN: 9783743326552

Hergestellt in Europa, USA, Kanada, Australien, Japan

Cover: Foto ©ninafisch / pixelio.de

Manufactured and distributed by brebook publishing software (www.brebook.com)

J Rokos

Chronologisch-übersichtliche Darstellung der zehn wichtigsten Epochen der Weltgeschichte seit den Kreuzzügen

Chronologisch-übersichtliche

Darstellung

der

zehn wichtigsten Epochen

der

Weltgeschichte

seit den Kreuzzügen.

Bearbeitet nach den besten Specialwerken

von

J. Rokos.

Mit einem großen topografischen Plane von **Jerusalem** zur Zeit des Lebens
Jesu Christi.

Preßburg und Leipzig.

Verlag von G. Heckenast's Nachfolger Rudolf Drodtleff.

1888.

Dem

Volke

und

seiner Schaffungskraft

gewidmet.

Vorwort.

Die in diesem Werke behandelten zehn größten Epochen der Weltgeschichte seit den Kreuzzügen sind nicht nur die interessantesten und lehrreichsten, sondern sie waren auch in ihren Folgen die gewichtigsten und weittragendsten gewesen, indem sie in den Entwickelungs= verhältnissen des Völker= und Staatenlebens derartige Aenderungen und Umwälzungen herbeigeführt haben, daß die dadurch geschaffenen Neugestaltungen zum großen Theile noch heute die Grundlagen unseres öffentlichen Lebens bilden.

Es dürfte daher die im Zusammenhange stehende chronologisch=übersichtliche Darstellung derselben das allge= meine Interesse umsomehr anregen, als viele, diesen Epochen angehörende Ereignisse im alltäglichen gesellschaftlichen Leben, sowohl in bildlichen Darstellungen, als auch in der Dich= tung und auf der Bühne behandelt erscheinen, und daher der Zusammenhang derselben mit der Weltgeschichte und dem Zeitraume, dem sie angehören, Vielen wünschenswerth erscheinen dürfte.

Bei der Wahl der Form des Buches ging ich von dem Gesichtspunkte aus, damit dasselbe sowohl für das in der Geschichte weniger kundige Publikum, als auch für den geschichtskundigen Fachmann einen praktischen Werth erhalte.

In erster Linie soll das Buch dem in der Geschichte weniger bewanderten Publikum, welchem häufig nur Bruch= stücke — als Schlagworte — aus diesen Epochen bekannt sind, die Kenntniß des Zusammenhanges dieser Weltepochen auf die leichteste und angenehmste Art ermöglichen, indem der Leser durch eine kurze, im Zusammenhange stehende, populär gehaltene Erzählung der betreffenden Ereignisse am leichtesten den Gesammtüberblick der ganzen Epoche erhält, was ihm aus einem allgemeinen Geschichtswerke schon deß= halb nicht so leicht werden dürfte, weil in der allgemeinen Geschichte die einzelnen Ereignisse dieser Epochen, vermöge ihrer langen Dauer, durch die inzwischen eingetretenen anderen geschichtlichen Vorfälle getrennt erscheinen, wodurch dem Laien der Ueberblick erschwert und derselbe dadurch ermüdet wird.

Dem geschichtskundigen Fachmanne aber dürfte die Form der „Marginalschlagworte" in der chronologischen Datenübersicht eine Unterstützung des Gedächtnisses für das rasche und mühelose Nachsehen der Zeitfolge betreff aller, in diese Epochen fallenden Ereignisse, geboten sein, denn es ist eine nicht hinwegzuleugnende Thatsache, daß sich nichts leichter und schneller vergißt, als eben Zahlen, so daß Niemand vor dem Nachschlagen nach geschichtlichen Jahres= zahlen befreit bleibt.

Betreff der diesem Werke beigegebenen „topografischen Karte von Jerusalem," so wie die Stadt zur Zeit des Lebens und Wirkens des Heilandes bestand, ehe dieselbe von Titus (vom 1. Juli bis 8. September 70 Jahre nach Christi) zerstört wurde, und welche Karte eine will=

kommene Beigabe zum erſten Kreuzzuge (§. 8) ſein dürfte,
habe ich folgendes zu bemerken:

Da Jeruſalem außer der Zerſtörung durch Titus
bis auf die neue Zeit noch weitere 16 Eroberungen erfahren
hatte, ſo wurde dadurch die urſprüngliche Geſtalt der Stadt
ſo gänzlich verändert, daß es dermal unmöglich iſt, ein
authentiſches Bild von Jeruſalem, wie dasſelbe zur Zeit
Jeſu Chriſti beſtand, ſicherzuſtellen.

Nichtsdeſtoweniger bieten uns aber das alte Teſtament
und insbeſonders die Werke des berühmten jüdiſchen
Geſchichtsſchreibers Joſefus Flavius, ſowie die Arbeiten
neuerer gelehrter Forſcher, dennoch ſo zuverläſſige Quellen
und Anhaltspunkte, um mit größter Wahrſcheinlich-
keit viele jener Oertlichkeiten in Jeruſalem feſtſtellen zu
können, wie ſelbe zur Zeit des Lebens und Wirkens des
Heilandes beſtanden.

Dieſe Quellen werden daher in den dieſer Karte
angefügten Bemerkungen umſtändlich behandelt und ſomit
dem eigenen Urtheile des Leſers vorgelegt, weßhalb ich mich
auf dieſe Bemerkungen auch ausdrücklich hier berufe.

Nach dieſen Quellen und mit Zuhilfenahme eines
alten Holzſchnittes, deſſen Provenienz mir zwar unbekannt
iſt, welcher aber in ſeinen Angaben betreff der Oertlichkeiten mit den berührten Quellen übereinſtimmt, wurde
dann dieſe topografiſche Karte von Jeruſalem ausgeführt,
und kann ſomit vom hiſtoriſchen Standpunkte auf die
möglichſt erreichbare Glaubwürdigkeit Anſpruch
erheben.

Belangend ſchließlich die in dieſer Karte vorkommenden
Zeichnungen der Baulichkeiten, welche, wenn auch im Style
jener Zeit gehalten, immerhin nur ideal bleiben, ſo dürften
dieſelben dennoch in einer, hauptſächlich für das große

A *

Publikum berechneten Karte, einen um so berechtigteren
Platz finden, als einerseits sich ähnliche Zeichnungen von
Baulichkeiten auch in jenen zwei Plänen finden, welche in
der Planografie von Dr. T. Tobler, in den Bemerkun
gen zu dieser Karte sub f) besprochen werden, und als
andererseits durch die Zeichnungen solcher Baulichkeiten
die Orte ihres sicherstellbaren Bestandes nur auffälliger
bezeichnet werden sollen.

Graz im Mai 1886.

Der Verfasser.

Prospect.

I. Epoche:

Die Kreuzzüge. (1096—1270.)

    A) Der erste Kreuzzug. (1096—1099.)
    B) Der zweite Kreuzzug. (1147—1149.)
    C) Der dritte Kreuzzug. (1189—1192.)
    D) Der vierte Kreuzzug. (1197—1204.)
    E) Der fünfte Kreuzzug. (1217—1229.)
    F) Der sechste Kreuzzug. (1248—1250.)
    G) Der siebente Kreuzzug. (1267—1270.)

    Anhang:
    Die Ritterorden. — Untergang der Templer. (1306 bis 1313.)

II. Epoche:

Untergang des oströmischen (byzantinischen) Kaiserthums und Begründung der Türkenherrschaft in Europa. (1301 bis 1453.)

III. Epoche:

Erfindung des Buchdruckes. (?1438—1446.)

IV. Epoche:

Die Entdeckung Amerikas. (1492.)

V. Epoche:

Die Reformation des Katholicismus.

    A) Wikleff, Johann von. (1324—1384.)
      Huss, Johann. (1369—1415.)
        (Die Reformationsanfänge in Böhmen.)

    B) Luther Martin. (1483—1546.)
      (Die Reformation in Deutschland bis zum Augsburgischen Religionsfrieden. 1517—1555.)

IX. Epoche:

Die französische Revolution. (1789—1815.)

A) Ludwig XVI. und die Revolution. (1789—1792.)

B) Die Republik. (1792—1799.)

C) Das Consulat. (1799—1804.)

D) Das Kaiserreich und die Restauration der Bourbons (1804—1815.)

X. Epoche:

Der deutsch-französische Krieg. (1870—1871.)

(Deutschland Kaiserreich — Frankreich Republik.)

A) Der Krieg mit dem kaiserlichen Frankreich.

B) Krieg mit dem republikanischen Frankreich.

C) Der Seekrieg.

D) Proklamirung des deutschen Kaiserreiches.

E) Der Friedensschluß.

Erklärung

des zu diesem Werke gehörigen topografischen Planes von

Jerusalem,

wie die Stadt unter der Römerherrschaft zur Zeit Jesu Christi bestand.

Die untere Stadt Akra.

1. Das alte Thor.
2. Das Fischthor.
3. Die Thürme Hanaël.
4. Die Thürme Emath.
5. Haus des Jeremias.
6. Thor von Damaskus oder das Ephraim-Thor.
7. a) Der Holzmarkt.
   b) Das Haus Maria's.
8. Palast der Helena.
9. Herodes-Thor.
10. Das Traubenthor.
11. Akra. Die Burg des Antiochus Epiphanes.
12. Thürme Psephinos.
13. Thürme Ophelos.
14. Der obere Teich.
15. Fischmarkt.
16. Amphitheater.
17. Haus des Makkabeus.
18. Hiskias-Teich.
19. Das Bethlehemthor oder Thalthor.
20. Der Leidensweg (via dolorosa).
21. Haus des Pilatus.
22. Das hohe Pflaster (lithostroton).
23. Das Gerichts- od. Rathhaus.
24. Tyropöon oder das Thal der Käsemacher.

Bezetha (die neue Stadt).

25. Burg Antonia. (Römische Besatzung.)
26. Die zweite Umwallung Jerusalems.
27. Der obere Markt.
28. Der Vieh- oder Schafmarkt.
29. Teich Bethesda.
30. / 31. Die Schafthore.
32. Haus des Hikiasch.
33. Goldenes Thor.
34. Thor Miphkad.

B

Tempelstadt (Moriah).

35. Grundmauern des Tempels:
a) Brücke aus der Burg Antonia
b) Brücke von Bezetha in den Tempel
c) Brücke von der Stadt Zion in den Tempel.

d) Gedeckte Gallerien
e) Vorhalle der Heiden.
f) Vorhalle der Frauen
g) Vorhalle Israels
h) Der Priesterhof.
i) Altar für Brandopfer
k) Das Allerheiligste.

Zion (obere Stadt).

36. Das Düngerthor.
37. Das Brunnenthor.
38. Platz Manabaz.
39. Platz Salamon's.
40. Gallerie zum Tempel.
41. Gefängnisse.
42. Thürme und Mauern um Zion herum.
43. Thor der Essäer.
44. a) Thor des Abendmales. b) Xistus.
45. Bethsur-Gasse.
46. Der obere Markt.
47. Thürme Siloach.
48. Das Haus des Elias.

49. a) Das Schatzhaus. b) Das Zeughaus.
50. Heldenhaus.
51. Der untere Teich.
52. | Die Stiegen und Mauern
53. | der Burg Zion (Zion).
54. Palast Agrippa.
55. Burg David's.
56. Grabmal David's.
57. Haus des Kaisas.
58. Haus des Annas.
59. Palast des Herodes.
60. Thürme Hippicos.
61. Davids- oder Sions-Thor.

Außer der Stadt.

62. Berg Gihon.
63. Die obere Gihonquelle.
64. Preßhaus.
65. Wasserleitung.
66. Hügel Gareb.
67. Thal Goath.
68. Grabmal des Annias.
69. Golgotha. (Schädelstätte.)
70. Grab des Heilandes.
71. Weg nach Siloach u. Gabaon.

72. Grab der Helena.
73. Höhle des Jeremias.
74. Gräber jüdischer Könige.
75. Schlangenteich.
76. Grabmal des Herodes.
77. Bach Kidron.
78. Thürme Chemos.
79. Olivenberg (Oelberg).
80. Thal Josaphat.
81. Garten Gethsemane.

Bemerkungen

über die Möglichkeit der theilweisen Zusammenstellung einer topografischen Karte von Jerusalem aus der Zeit des Lebens Jesu Christi.

Als Quellen und Anhaltspunkte, nach denen es möglich wird, wenigstens theilweise eine topografische Karte von Jerusalem aus der Zeit Jesu Christi festzustellen, müssen angeführt werden:

I.

Beschreibung Jerusalems nach Josefus Flavius*) aus seinem Werke: „Ueber den jüdischen Krieg" im Capitel IV.

In seinem Werke: „Ueber den jüdischen Krieg" gibt Josefus Flavius im Capitel IV von Jerusalem eine sehr weitläufige Beschreibung, aus der wir in Kürze folgendes hervorheben:

Die Stadt war dort, wo sie nicht durch unersteigliche Abschüsse gedeckt war, von einer dreifachen Mauer umgeben, und nur an den

---

*) Anmerkung: Der jüdische Geschichtschreiber Josefus Flavius war der Sohn des Mathias, aus dem Priestergeschlechte abstammend. Er war vier Jahre nach dem Tode Christi in Jerusalem geboren, erhielt eine sorgfältige Erziehung und wurde zu einem Schriftgelehrten herangebildet. Er ist auch der einzige Schriftsteller, dem wir die Kenntniß des ersten Jahrhunderts des römischen Kaiserreiches verdanken. Seine hinterlassenen Schriften, welche er ursprünglich für die Juden im Innern Asiens in seiner Muttersprache, d. i. der syro-chaldäischen schrieb, bestehen in einer griechischen Uebersetzung, die wir besitzen. Diese Schriften waren:

a) Ueber den jüdischen Krieg, worin im Capitel IV die Beschreibung Jerusalems sammt dem Tempel vorkommt (syro-chaldäisch geschrieben).

b) Die jüdischen Alterthümer (griechisch geschrieben).

c) Seine Selbstbiografie.

d) Zwei Bücher gegen Apion, oder das hohe Alter des jüdischen Volkes.

e) Die Schrift über die Makkabäer, und

f) Von der Ursache des Weltalls, von der nur noch Bruchstücke vorhanden sind.

Unter diesen Werken des Josefus Flavius ist insbesondere jenes über die: „Jüdischen Alterthümer", (die älteste Geschichte des jüdischen Volkes), für das alte Testament, von der höchsten Wichtigkeit, indem es als Ausleger der Bücher desselben, den Inhalt dieser Bücher uns in geordneter Folge vorführt, weggelassene Zeitbestimmungen ergänzt, die Lücken in den Er-

unersteiglichen Abschüssen befand sich eine einfache Ringmauer. Die Stadt selbst war auf zwei einander gegenüberliegenden Hügeln erbaut, die in der Mitte durch eine Thaleinsenkung getrennt waren, in welche die beiderseitigen Häusermauern einmündeten. Von den Hügeln war jener, der die obere Stadt trug (Zion oder Sion) viel höher und gerade gestreckt, auf ihm stand die „Burg David's" (Nr. 55, der obere Markt). Der andere Hügel „Akra" (Nr. 11) genannt, auf dem die untere Stadt stand, war halbmondförmig, ihm gegenüber lag ein dritter Hügel, dessen Thal aber später ausgefüllt wurde, um die Stadt mit dem Tempel zu verbinden. Das sogenannte Käsemacher-Thal (Tyropöon) (Nr. 24), d. i. das Thal,

zählungen des alten Testamentes ausfüllt und über dunkle Partien der heiligen Geschichte Licht verbreitet.

Für die Zeitrechnung der jüdischen Geschichte, von der jüdischen Gefangenschaft bis über die ersten Decennien der christlichen Zeitrechnung hinaus, ist dieses Werk sogar die einzige Quelle. Auch liefert dasselbe die einzigen Angaben über die historische Person des Erlösers Jesus Christus.

In dieser Beziehung ist das XVIII. Buch, drittes Hauptstück, welches die Ueberschrift führt: „Aufruhr gegen Pontius Pilatus, Jesus Christus, die Juden aus Rom vertrieben" maßgebend, denn hier heißt es wörtlich:

„Um diese Zeit lebte Jesus, ein Mensch voll Weisheit, wenn man
„ihn überhaupt einen Menschen nennen darf. Er that nämlich ganz unglaub-
„liche Dinge und war der Lehrer Aller, die gerne die Wahrheit aufnahmen;
„so zog er viele Juden und viele aus den heidnischen Stämmen an sich.
„Der Christus war kein anderer, als dieser. Auf Anstiften der Einfluß-
„reicheren bei uns, verurtheilte ihn Pilatus zum Kreuzestode, gleichwohl
„wurden die, welche ihn früher geliebt hatten, auch jetzt ihm nicht untreu.
„Er erschien ihnen nämlich am dritten Tage lebend, wie gottgesandte
„Propheten, neben tausend wunderbaren Dingen, von ihm verkündet hatten.
„Noch bis jetzt hat das Volk der Christen, die sich nach ihm nennen, nicht
„aufgehört."

Obzwar diese berühmte Stelle später vielfach als unecht angegriffen wurde, so ist es doch sichergestellt, daß sich schon seit den frühesten Zeiten die kirchlichen Schriftsteller, als: Eusebius, Hieronymus, Ambrosius und Cassidor auf diese Stelle berufen.

Ein weiteres Zeugniß für die historische Persönlichkeit Christi liegt in dem XX. Buche desselben Werkes, im fünften Hauptstücke, welches die Ueberschrift führt: „Jakobus gesteiniget, Albinus Landpfleger." Hier heißt es wörtlich:

„Ananus versammelte daher den hohen Rath zum Gerichte und
„stellte vor denselben den Bruder des Jesus, der Christus genannt wird,
„Jakobus mit Namen, nebst noch einigen Anderen, die er als Ueber-
„treter des Gesetzes anklagte und zur Steinigung verurtheilen ließ."

Der Verfasser.

welches die obere (David's) Stadt von dem unteren Hügel (Akra trennte, lief bis zum Siloach (Nr. 91) hin, eine süße, wasserreiche Quelle Von Außen dagegen waren die zwei Hügel von tiefen Schluchten umgeben und nirgends zugänglich. — Von den drei Mauern war schon die älteste wegen den sie umgebenden Schluchten schwer einnehmbar. Im Norden bei dem sogenannten Hippicos-Thurm (Nr. 60) beginnend, lief sie bis zum Xistos (Nr. 44 b), schloß sich dann an das Rathhaus an und endigte an der westlichen Halle des Tempelbezirkes. Auf der anderen Seite lief sie an dem Platze Bethso genannt hin, und erstreckte sich bis an das Essener-thor, wandte sich dann gegen Süden, der Siloachquelle zu, bog dann an dem Salamons-Fischteich bis zum Platze Omphala und mündete an der Ostseite des Heiligthumes.

Die zweite Mauer begann bei dem Thore Gemath (Nr. 13), umkreiste die Nordseite von Akra und wandte sich südwärts an die Burg Antonia (Nr. 25).

Die dritte Mauer begann wieder beim Hippicos-Thurme, wo sie nördlich bis zum Thurm Psephinos (Nr. 12) hinlief, dann gegenüber vom Grabmale Helena's (Nr. 72) nach den Königs-gräbern (Nr. 74) hinzog und bei dem Eckthurme umbiegend, an die alte Mauer sich anschloß und im Thale Kidron endete.

Diese drei Mauern hatte Agrippa um die neugebaute Stadt, welche früher ganz schutzlos war, gezogen. Als man den nördlichen Abhang des Tempelberges in den Umkreis der Stadt gezogen, mußte man auch noch den vierten Hügel überbauen, welcher Bezetha hieß. Der Burg Antonia gegenüber gelegen, war derselbe durch einen tiefen Graben von ihr getrennt. Die Höhe der Thürme wurde so natürlich durch die Tiefe des Grabens bedeutend vergrößert. Diese Mauer war von 20 Fuß breiten und hohen Thürmen überragt, ganz massiv gebaut, in den Thürmen befanden sich prächtige Gemächer und oberhalb derselben Söller und führten breite Treppen dazu. Derartige Thürme hatte die alte Mauer 90, der Zwischen-raum zwischen den Thürmen betrug je 20 Ellen. Auf der mittleren Mauer waren 14, auf der alten 60 Thürme vertheilt.

Der Umfang der ganzen Stadt betrug 33 Stadien (1⁵⁄₇ Stunden). Der Eckthurm Psephinos (Nr. 12) war ein hervorragendes Wunder-werk, in dessen Nähe Titus bei der Belagerung Jerusalems lagerte. Zu einer Höhe von 80 Ellen hervorragend, gewährte er beim Sonnen-aufgang die Fernsicht nach Arabien und bis zum Meere. Diesem gegenüber waren auf der alten Mauer noch zwei andere Thürme vom König Herodes errichtet, welche an Größe und Schönheit in der Welt nicht ihres Gleichen hatten. Einer dieser Thürme, der Hippicos (Nr. 60) — so genannt nach dem Freunde des Herodes — war aus Felsquadern, 25 Ellen hoch, durchaus massiv erbaut; oberhalb desselben befand sich noch ein zweistöckiges Wohngebäude, prächtig ausgestattet. Der zweite Thurm, den Herodes nach seinem Bruder Phasael nannte, hatte 40 Ellen in der Länge und Breite, war mit einer Althane umgeben, in deren Mitte ein weiterer Thurm kostbare Gemächer und ein Bad enthielt, und dieser Thurm hatte das Ansehen eines königlichen Schlosses. Der dritte Thurm hieß Mariame (nach der Königin so genannt), hatte auch noch kostbarere Wohngelasse als die anderen, und seine Höhe betrug 55 Ellen. Staunenswerth war die Größe ihrer Quadern, die aus behauenen Blöcken weißen Marmors bestanden, von denen jeder 20 Ellen lang, 10 Ellen breit und 5 Ellen tief war. Diesen Thürmen schloß sich würdig der Königspalast (Nr. 59) an, der über alle Beschreibung erhaben war. Er war von einer 30 Ellen hohen Ringmauer umgeben, die in gleichen Zwischenräumen reichverzierte Thürme trug, und hatte mächtige Speisesäle mit Ruhepolstern für Hunderte von Gästen. Gemächer gabs in Menge mit Zimmergeräthen von Silber und Gold, ebenso kreisförmige Gallerien von der verschiedensten Säulenordnung. Ueberall um den Palast gab es Parkanlagen mit Teichen, Wasserbehältern und ehernen Kunstwerken. Flavius schließt mit der Versicherung, daß es nicht möglich sei, den Palast im Einzelnen würdig zu beschreiben.

Die Beschreibung des Tempels gibt Flavius ganz im Detail an, der nach ihm über alle Beschreibung reich, schön und erhaben war; er schließt mit der Versicherung, daß schon der äußere Anblick des Tempels Alles darbot, was nur das Auge und die Seele entzücken konnte.

Die weitere Topografie Jerusalems ist aus der Berichterstattung ersichtlich, welche Flavius über den jüdischen Krieg und die Eroberung Jerusalems durch Titus, 69 Jahre nach Christi Geburt gibt.

II.

Eine weitere Quelle für die damalige Topografie von Jerusalem ist das alte Testament, welches Andeutungen für die Oertlichkeiten in Jerusalem bietet und auch manchmal von Josefus Flavius berichtiget wird.

III.

Als kritische Werke, betreff der Topografie, sind insbesondere zu nennen:

a) **Palästina** von Karl v. Raumer, mit einem Plane von Jerusalem zur Zeit der Zerstörung durch Titus. (Der Plan ist 15 cm. × 18 cm. groß und enthält die Andeutung der drei Mauern und einige wesentliche Oertlichkeiten.)

b) **Jerusalem und das hl. Land**, Pilgerbuch nach Palästina und Syrien von Dr. Sepp.

c) J. A. und O. Strauß. **Die Länder und Stätten der hl. Schrift.**

d) **Allgemeine Encyklopädie** von Ersch und Gruber, mit einem Grundplane von Jerusalem.

(Der Plan ist 13 cm. × 20 cm. groß und enthält wie bei Raumer, die Angabe der drei Mauern, sowie einiger Oertlichkeiten.)

e) Robinson Pal II.: **Topografie von Jerusalem.**

f) **Planografie von Jerusalem** von D. Titus Tobler In diesem Werke werden die verschiedenen Pläne von Jerusalem kritisch besprochen und drei derselben in Tafeln vorgeführt, wovon die älteste dem VII. Jahrhunderte angehört und in einem Grundriß besteht, den der französische Pilger Arculf auf seiner Rückreise von Jerusalem verfertigte.

Der zweite Plan rührt aus der Zeit der Kreuzfahrer (1187) her, worin der Grundriß mit dem Aufriß verbunden ist, und sind im Aufriß die Baulichkeiten im selben Style gehalten, wie sie auf der, diesem Werke beigegebenen topografischen Karte vorkommen. Aus Tobler's Werk erfahren wir, daß den Kreuzfahrern folgende Oertlichkeiten in Jerusalem bekannt waren: a) das Haus des Pilatus, b) die Kirche zur Ruhe, wo Jesus ausruhte, als man ihn zur Kreuzigung führte, c) die Ruhegasse, d) ein Schmerzensthor (via dolorosa), e) den Davids-Thurm, f) das Grab des Herrn ꝛc.

Der dritte Plan ist jener des Venetianers Marino's Sandudo's, in dem der Davids-Thurm, das Grab des Herrn, die Stelle des Krampfes der Jungfrau, das Haus des Pilatus, die Tempelarea ꝛc. bezeichnet sind und wo die Baulichkeiten gleichfalls in dem damaligen Style aufgeführt erscheinen.

I. Epoche.

Die Kreuzzüge.*) (1096—1291.)

Einleitung.

Der unleugbarste Beweis für die ungeheuere Gewalt des Glaubens der damaligen Welt, liegt in der Erscheinung der Kreuzzüge, durch welche die ganze Welt des Abend= landes von einem gemeinsamen Gedanken beseelt, gegen Palästina strömte, um die Orte von den Heiden zu befreien, welche Gottes Sohn durch sein Leben, seine Lehren und durch seinen Kreuzes= tod geheiliget hatte.

Eines der ersten Frömmigkeitswerke des griechischen Kaisers Konstantin's des Großen (324—337) und seiner frommen Mutter Helena, nachdem sie das Christenthum angenommen hatten, war die Reinigung und Ausschmückung der heiligen Orte Palästinas. Kon= stantin befahl die Wiederherstellung des verschütteten Grabes unseres Heilandes, ließ über denselben ein schönes Gewölbe erbauen, das von hohen Säulen getragen wurde, und neben demselben wurde ein prächtiges Bethaus mit fürstlicher Pracht ausgestattet. Die fromme Helena wallfahrtete noch im hohen Alter nach dem gelobten Lande und erbaute zu Bethlehem bei der Höhle, wo der Erlöser geboren war, und auf der Spitze des Oelberges, Kirchen, welche Konstantin freigebig ausstattete.

Von dieser Zeit an wurden die Pilgerfahrten nach dem heiligen Lande eine fromme Sitte.

Es erregte daher in Europa das höchste Entsetzen unter den Christen, als das gelobte Land von den Muselmännern erobert, und auch Jerusalem, die heilige Stadt, von dem zweiten Kalifen

---

*) Geschichte der Kreuzzüge von Kugler.

Geschichte der Kreuzzüge von Wilken. (Leipzig 1807.) — Einzelne Abhandlungen über die Kreuzzüge.

(Nachfolger Mohameb's) Omar im Jahre 637 bestürmt wurde Nachdem sich der Patriarch von Jerusalem, Sojornius, gegen die heftigen Angriffe der muselmännischen (arabischen Schaaren) stand haft vertheidiget hatte, mußte er endlich Jerusalem an den Kalifen Omar gegen folgende Bedingungen abtreten: „Den Christen ward „die Freiheit des Gottesdienstes in allen bisherigen Kirchen gestattet, „neue Kirchen aber sollten nicht gebaut werden, sie sollten auf ihren „Kirchen keine Kreuze aufrichten, auch keine öffentlichen Prozessionen „mit der Herumtragung der Evangelien und Kreuze halten, ihre „Glocken blos anschlagen, nicht aber läuten, keinen Christen wehren „zum Jslam zu übertreten, den Muselmännern Ehrfurcht erweisen, „den Kalifen als ihren Herrn anerkennen und ihm Kopfsteuer zahlen.“ Dafür sicherte der Kalif den Christen die ungehinderte Ausübung ihrer Religion zu. — Da auch bei den Muselmännern die Wall= fahrten, besonders nach Mekka und Medina seit jeher Sitte waren, so legten sie den christlichen Wallfahrten nach Jerusalem um so weniger besondere Hindernisse in den Weg, als die Christen an die Kalifen Abgaben für die Erlaubniß zu pilgern und zu handeln zahlen mußten, und als sie nebstdem noch Geld im Lande in Um= lauf setzten.

Erst nach dem Verfalle des abassidischen Kalifates und ins= besondere als die Fatimiden*) (969) von Aegypten aus sich Palä= stinas bemächtiget hatten, fingen um das Jahr 1008 die grausamen Verfolgungen der christlichen Pilger durch die Muselmänner an.

Schon der Papst Gregor VII. hatte im Jahre 1073 den Gedanken eines Kreuzzuges gegen die Ungläubigen ausgesprochen, und Papst Urban II., der seit dem 12. März 1088 auf dem päpst= lichen Throne saß und von dem griechischen Kaiser Alexius um Hilfe des römischen Abendlandes gegen die Seldschuken, welche das griechische Kaiserthum immer mehr bedrohten, angerufen wurde, führte diesen Gedanken aus.

Peter von Amiens 1094. In dieser Zeit erschien ein sonderbarer Mann: „Peter von Achery“ gebürtig aus Amiens, der früher Einsiedler war und um das Jahr 1093 eine Wallfahrt zum hl. Grabe machte. Das Schick= sal der dortigen Christen entflammte ihn zu dem Vorsatze, den Hei= land zu rächen. Er träumte: der Heiland habe ihn beauftragt, den Kreuzzug zu predigen. Er überbrachte deßhalb dem Papste Urban

---

*) Die Familie der Fatimiden leitete ihren Ursprung von Muhamed's Tochter Fatime und ihrem Gemahl Ali her.

von dem Patriarchen in Jerusalem ein Schreiben, worin die Leiden der Christen in Jerusalem geschildert wurden und zog dann durch Italien und Frankreich, allerorten den an ihn ergangenen Ruf des Heilands predigend, und vorbereitete so dem Papste Urban den Weg dazu, was dieser bereits auszuführen entschlossen war. Das Aeußere Peters, durch Entbehrungen und Noth abgezehrt, in Verbindung mit seinen glühenden Predigten, verschafften ihm den Ruf eines heiligen Boten.

Schon auf der Synode zu Piacenza im März 1095 rief *Synode von* Urban II. die Gläubigen zur Unterstützung der Byzantiner gegen *Piacenza* die Ungläubigen auf. *März 1095.*

Auf der Synode zu Clermont am 22. November 1095 aber, wo *Synode zu* Urban unter freiem Himmel vor einer ungeheueren Volksmenge den *Clermont* heiligen Krieg gegen die Ungläubigen mit begeisterten Worten pre= *22. Nov. 1095.* digte und die Befreiung des hl. Grabes von den Christen verlangte, war der Enthusiasmus ein unerhörter; und unter dem Rufe: „Gott will es" drängten sich Schaaren dazu, das Zeichen der kriegerischen Pilgerfahrt, — ein rothes Kreuz — auf ihr Gewand zu heften. Hiemit waren die Kreuzzüge in die Scene getreten.

A) Der erste Kreuzzug. (1096—1099.)

§. 1. Während die Fürsten, Grafen und Ritter erst zu dem *§. 1.* vorhabenden Kreuzzuge rüsteten, erschien eine solche Verzögerung *Das Kreuzheer* Vielen unnöthig, und Peter von Amiens setzte sich bereits im *Peter von* Frühjahre 1096 mit einem großen Heere, das aber ohne regelmäßige *Amiens und* Waffen und ohne Geld zusammengekommen war, in Bewegung. Zu *Walther's* ihm gesellten sich auch zwei französische Ritter, Walther von Pexejo *von Pexejo.* und dessen Neffe, ebenfalls Walther, der wegen seiner Armuth *Frühj. 1096.* sensavoir, d. i. „Habenichts", genannt wurde. Sie führten 15000 Mann an, bei denen sich aber nur 8 Ritter zu Pferde be= fanden. In Köln trennten sich die beiden Pexejo wieder von Peter und zogen allein nach Bulgarien, dort aber wurde der ganze Hause wegen den Räubereien die von ihm ausgeübt wurden, erschlagen: so daß es dem Ritter Walther von Habenichts nur mit wenigen Auserlesenen gelang, nach Konstantinopel zu gelangen, wo sich Kaiser Alexius seiner dann annahm. Auch Peter's Hause wurde am Wege zum größeren Theile aufgerieben, so daß nur Trümmer davon nach Konstantinopel gelangten. Obzwar der Kaiser Alexius sowohl Peter

1*

als auch den Ritter Walther warnte, allein den Turken entgegen zu ziehen, sondern das eigentliche Kreuzheer zuvor noch abzuwarten, so hörte doch keiner auf diesen Rath, und indem sie allein gegen die Seldschuken auszogen, wurden sie bis auf 3000 Mann aufgerieben, die sich dann nach Konstantinopel retteten.

Kreuzheer des Presbyter Gottschalk. Ein zweites Heer, ungefähr auch 15,000 Mann stark, wurde von dem Presbyter Gottschalk in den Rheingegenden gesammelt, da aber dasselbe am Wege nur plünderte und Grausamkeiten aller Art verübte, so wurde es schon in Ungarn von dem Könige Kalman gänzlich vernichtet.

Ein drittes Kreuzheer. Außer dem Heere des Gottschalk war auch eine andere große Schaar von angeblichen Pilgern aus Frankreich ausgezogen, die aus dem verschieden zusammengelaufenen Gesindel bestand und an Grausamkeit und Aberglauben den Haufen Gottschalk's noch übertraf: vor dieser Schaar wurde eine Gans und eine Ziege hergetrieben, welche Thiere als von Gottes Geist beseelt verehrt wurden. Dieselbe bezeichnete ihren Weg durch unerhörte Grausamkeiten; die Juden wurden von ihr zuerst als Feinde Christi bezeichnet, überall erschlagen und ausgeraubt. In Trier, Köln und Mainz wüthete durch diese Schaar der Judenmord und die Plünderung, und so wälzte sich dieselbe 2000 Mann zu Fuß und 3000 zu Roß stark, durch Deutschland nach Ungarn, wo sie von dem Könige Kalman bis zum letzten Mann niedergemetzelt wurde.

§. 2. Das große Kreuzheer. §. 2. Personen von Gewicht, Ansehen und Stellung, welche das Kreuz genommen und sich indessen zum Kreuzzuge gerüstet hatten, waren insbesondere: Gottfried von Bouillon, Herzog von Niederlothringen, dann seine Brüder: Eustach und Balduin; ferner Graf Raimund IV. von Toulouse, Herzog Robert von der Normandie, Graf Robert von Flandern, Hugo Graf von Vermandois (Bruder des Königs Philipp von Frankreich), Stefan Graf von Blois, Boemund Fürst von Tarent und sein Vetter der berühmte Tankred.

Gottfried's Aufbruch mit dem Kreuzheere. August 1096. Um die Mitte August 1096 brach Gottfried von Bouillon mit 80,000 Fußgängern und 10,000 Reitern auf. Seine Brüder, viele Grafen, Ritter, Bischöfe und Herren aus Flandern, Hennegau und Lothringen begleiteten ihn.

Er zog durch Deutschland, Ungarn und Thracien. In Philippopolis erhielt er die Nachricht, daß Graf Hugo von Vermandois, welcher durch Italien und dann über die See gezogen war, an der griechischen Küste Schiffbruch gelitten, sich nur mit wenig Mannschaft gerettet habe, jetzt aber von dem griechischen Kaiser Alexius Comnenus als Gefangener behandelt werde, obzwar er demselben den verlangten Lehnseid geleistet habe. Als nun Gottfried die Freilassung Hugo's von dem griechischen Kaiser nicht gutwillig erhalten konnte, so ließ er das Land ringsum verwüsten, worauf dann ein Vergleich zu Stande kam, welchem gemäß Gottfried dem Kaiser Alexius den Lehnseid leistete und ihm zugleich das Versprechen gab, daß er alle Städte in Asien, die früher dem griechischen Reiche gehörten, sobald sie von den Kreuzfahrern erobert sein werden, dem Kaiser zurückgeben wolle.

Der Kaiser Alexius Comnenus erschrak überhaupt über die Nachricht des Papstes Urban, daß 300,000 Kreuzfahrer ankommen werden, denn er fing für sein Land zu fürchten an, und deßhalb verlangte er die Ablegung des Lehnseides und behandelte die Kreuzfahrer immer mit List, welche dieselben später sehr schädigte.

§. 3. Im Mai 1097 fanden sich endlich alle Fürsten mit ihren Heeren in Konstantinopel ein und jetzt betrug das gesammte Kreuzheer 100,000 gerüstete Reiter vom Ritterstande und 300,000 Kämpfer zu Fuße.

§. 3.
Vereinigung der Kreuzheere und ihre Stärke. 1097.

Rechnet man noch den Troß von Weibern, Kindern und Mönchen ꝛc. hinzu, so stellte sich die gesammte Kopfzahl des Kreuzvolkes auf circa 600,000 heraus.

Einen allgemeinen Anführer für das Heer hatte man nicht gewählt, sondern jeder Fürst befehligte seinen Haufen und deßhalb zeigten sich auch bald die Nationalitätsreibungen und die gegenseitige Eifersucht, wodurch vielseitiger Nachtheil später eintrat.

§. 4. Den Anfang des Feldzuges machte die Belagerung von Nicäa, das früher zum griechischen Reiche gehört hatte. Nicäa war jetzt die Hauptstadt des Reiches derjenigen Seldschuken, welche seit 24 Jahren Kleinasien beherrschten und der jetzige Herr von Nicäa war Emir Kilidsch Arslan. An der westlichen Seite war Nicäa von einem See umgeben, so daß der Angriff von da der damaligen Kriegskunst unmöglich war, an den anderen Seiten war sie von einer dicken Mauer und tiefen Gräben umfaßt und hatte eine zahlreiche Besatzung. Die erste Kriegsthat der Kreuzfahrer war also ein schwieriges Unternehmen. Am 14. Mai 1097, als die Uebergabe der Stadt verweigert wurde, wurde dieselbe berannt, allein vergebens, worauf dann die regelmäßige Belagerung begann. Am 17. Mai erschien aber Kilidsch Arslan mit einem sehr großen Heere vor Nicäa zum Entsatze. Jetzt kam es am 17. Mai 1097 zu einer

§. 4.
Belagerung v. Nicäa.
14. Mai 1097.

Schlacht von Nicäa.
17. Mai 1097.

Schlacht, in der Kilidsch Arslan von dem Kreuzheere mit großem
Verluste geschlagen wurde. Da Nicäa nun auf sich allein angewiesen
war und Kaiser Alexius in der Stadt Verbindungen angeknüpft
hatte, so wußte er es listiger Weise so einzurichten, daß er mit seinen
Truppen bei einem Sturme allein in die Stadt eingelassen wurde
und sein Banner allsogleich auf die Stadtmauer aufpflanzte, worauf
die Kreuzfahrer von dem weiteren Sturme abließen. Alexius that
dies aus der Ursache, weil er fürchtete, daß ihm die Kreuzfahrer,
wenn sie die Stadt erstürmt hätten, den Besitz derselben streitig
machen könnten. Diese treulose Handlung erbitterte zwar die Kreuz=
fahrer sehr, doch söhnten sie sich mit Alexius wieder aus, indem
er ihnen Entschädigung in Geschenken und durch Auslieferung der
christlichen Gefangenen noch von Peter's Heere leistete.

§. 5.
Zug durch
Kleinasien.
Schlacht bei
Doryläum.
1. Juli 1097.

§. 5. Am 27. Juni 1097 begann dann der Weitermarsch des
Kreuzheeres durch Kleinasien. Am 1. Juli stießen die Kreuzfahrer
in der Ebene von Doryläum auf ein neues Heer von 150,000 Rei=
tern des Kilidsch Arslan, welches in der sich hierauf entwickelnden
Schlacht nur durch die Tapferkeit Boemund's, Tankred's, Robert's
von der Normandie und Stefan von Blois geschlagen wurde.

Eroberung der
Grafschaft
Edessa durch
Balduin.

Graf Balduin, welcher mit Tankred und den anderen
Baronen in Unfrieden war, trennte sich sodann mit 200 Streitern von
dem Heere und entschloß sich in Folge eines Gerüchtes des Griechen
Pankratius: daß die Gegend am Euphrat leicht zu erobern sei, dahin
zu ziehen. Diese Hoffnung wurde auch nicht getäuscht, denn die
Christen dieser Gegenden, welche das Joch der Türken so schwer
trugen, öffneten ihm überall willig die Thore der Städte, und so
ward er bald Herr von Tellebascher, Ravendan und von vielen
anderen festen Orten. Jenseits des Euphrat war Edessa noch die
einzige Stadt, in deren Mauern kein Türke war; sie gehorchte nämlich
einem eigenen Fürsten, der ehemals von dem griechischen Kaiser als
Statthalter dahin gesandt, sich unabhängig gemacht hatte, als die
Türken das Land überschwemmten.

Aber dieser Fürst vermochte wegen seines hohen Alters die
Stadt gegen die Türken nicht mehr zu schützen. Darum nöthigte der
Rath von 12 Herren, die mit dem Fürsten die Stadt regierten, den
Greis, an Balduin die Stadt und Regierung abzutreten, worauf
auch Balduin mit seinen Streitern nach Edessa kam, wo ihn das
Volk mit Jubel aufnahm. Da aber den alten Fürsten jetzt seine
Zusage wieder reute, so schloß der Rath der 12 Herren denselben
von der Herrschaft aus, worauf der Fürst, als er sich aus einem

Thurme, in dem er vom Volke in Folge seiner Weigerung belagert wurde, retten wollte, erschossen wurde. Dadurch kam dann Balduin in den Besitz der Stadt und der Schätze des früheren Regenten.

Bald darauf verkaufte ihm der Herr von Samajota, der Emir Balduk, auch diese Stadt für 10,000 goldene Denare. Ebenso fiel ihm auch bald darauf Sarudsch zu, wo ein anderer Emir, Balak, herrschte, welcher die Edessaner oft geängstiget hatte. Durch den Besitz von Sarudsch ward die Verbindung Edessas mit dem großen Kreuz=heere eröffnet und Balduin ward so Herr einer reichen Grafschaft, welche dann durch 54 Jahre lang von christlichen Herren regiert wurde.

Auch Tankred eroberte sich von Mamistra aus eine kleine Herrschaft. Die umliegenden Burgen wurden von ihm erstürmt oder von den Türken verlassen und Klein=Alexandrien nach einer Belage=rung eingenommen. Hierauf eilte Tankred zum großen Heere zurück, um an der Belagerung von Antiochien Theil zu nehmen.

Als nun alle die Pilger, außer Balduin von Edessa, sich 4 Meilen von Antiochien mit dem Kreuzheere wieder vereinigt hatten, ward über Antrag des Bischofs von Puy beschlossen, daß Niemand mehr ohne Einwilligung aller Herren das Heer verlassen dürfe, um auf eigene Abenteuer auszugehen.

Am 21. Oktober 1097 wurde endlich Antiochien erreicht. Diese Stadt, welche erst vor 50 Jahren dem griechischen Reiche von den Türken entrissen worden war, hatte sehr starke Mauern und galt für die damalige Zeit als uneinnehmbar. Da jedoch die Kreuzfahrer noch überdies in der Belagerungskunst ganz unbeholfen waren, so dauerte auch die Belagerung lange, ohne daß sie dem Ziele näher gekommen wären. Bald trat daher in ihrem Lager eine große Hungersnoth ein, die in Verbindung mit der rauhen Winterszeit Krankheiten er=zeugte, die eine sehr große Sterblichkeit zur Folge hatten. Erst als im Frühjahre 1098 frische Zufuhren an Lebensmitteln ankamen, besserte sich dieser Zustand. Nun kam aber auch die Nachricht ins Lager, daß Kerboga, Herr von Mosul, mit anderen seldschukischen Häuptlingen mit einem ungeheueren Heere zum Entsatze von Antiochien im Anzuge sei, wodurch die Lage des Kreuzheeres sehr bedenklich wurde. Unter diesen Umständen machte Boemund dem Kreuzheere den Vorschlag, er könne demselben die Stadt verschaffen, wenn ihm dafür der Besitz derselben eingeräumt würde.

Dieser Vorschlag wurde von dem Heere angenommen.

Boemund, welcher schon früher mit einem Renegaten Namens Pyrrhus aus Antiochien in geheimem Einverständnisse stand, nahm

Belagerung v. Antiochien. 21. Okt. 1097.

Einnahme von dann am 3. Juni 1098 durch Verrätherei des Pyrrhus mit seinen
Antiochien. Mannen den einen Mauerthurm ein, öffnete sodann die Thore und ließ
3. Juni 1098. das Kreuzheer in die Stadt ein, und so kam nach einer Belagerung
von 9 Monaten Antiochien endlich in die Hande der Kreuzfahrer.

§. 6.   §. 6. Nach drei Tagen nach der Einnahme der Stadt war
Kampf mit aber auch schon Kerboga von Mosul da und zwar mit einem Heere
Kerboga. (angeblich?) von 600,000 Streitern.

Jetzt wurde das Kreuzheer seinerseits in Antiochien eingeschlossen
und hatte noch überdies mit der Citadelle von Antiochien, welche in
den Händen der Türken geblieben war, zu kämpfen.

Da Kerboga Antiochien nun enge blokirte, so entstand darin
eine große Hungersnoth, in deren Folge eine tiefe Muthlosigkeit
unter den Kreuzfahrern eintrat, die zum Verderben des Heeres zu
werden drohte. Um nun in dieser Lage den gesunkenen Muth des
Volkes wieder aufzurichten, war ein besonders glücklicher Umstand

Auffinden der jetzt eingetreten, es gelang nämlich am 14. Juni dem Geistlichen
heil. Lanze. Petrus Bartholomäus in der dortigen Kirche des Apostel Petrus,
14. Juni 1098. welche Kirche noch aus den Zeiten der griechischen Herrschaft in
Antiochien bestand, jene Lanze zu finden, mit der die Seite des
Kerboga wird Heilandes durchgestochen worden sein sollte. Dieser Fund rief eine
besiegt. solche Begeisterung hervor, daß am 28. Juni ein Ausfall gegen
28. Juni 1098. Kerboga unternommen wurde, in dem sein Heer eine große Niederlage erlitt und in der Flucht sein Heil suchte.

§. 7.   §. 7. Nachdem hiedurch der Besitz von Antiochien gesichert
Streit wegen war, entstand wieder der Zwist über diesen Besitz, indem Boemund
des Besitzes denselben für sich in Anspruch nahm, Graf Raimund aber, kraft
v. Antiochien. des dem Kaiser Alexius geleisteten Versprechens, Antiochien dem
Kaiser ausgeliefert wissen wollte. Nachdem dieser Streit schon lange
andauerte, erhob aber das Volk lautes Klagen und Murren darüber,
daß man so lange zögere, gegen Jerusalem zu ziehen. Die Fürsten
mußten daher schließlich nachgeben und Boemund blieb so im
Besitze von Antiochien.

§. 8.   §. 8. Im Mai 1099 brach endlich das Kreuzheer von
Das Kreuzheer Antiochien auf, der Zug ging zwischen dem Libanon und der See-
vor Jerusalem küste, und am 6. Juni kam endlich das Kreuzheer über Ramala
6. Juni 1099. und Emaus (Nikopolis) auf eine Anhöhe, von der man Jerusalem
vor sich liegen sah. Das Entzücken und die Begeisterung des Heeres
war bei diesem Anblicke unbeschreiblich.

Die Ritter stiegen von den Pferden und das ganze Heer warf
sich zur Erde, um den Boden zu küssen und Gott zu danken, der

sie bisher geführt hatte. Unter dem Absingen von Lob- und Dank-
liedern gelangte das Heer am Abend des 7. Juni 1099 vor die
Thore Jerusalems.

Bevor die Belagerung dieser Stadt besprochen werden kann,
ist es nothwendig, einige Worte über die Lage und Beschaffenheit
Jerusalems zu sagen.

Diese alte, wunderbare Stadt erhebt sich mitten im Lande
Judäa, auf mehreren Hügeln gebaut. Kein Fluß bewässert dieselbe
und nur Bäche, die an ihrer östlichen und westlichen Seite fließen,
sind es, die sie mit Wasser versehen; im Sommer versiegen aber
meistens diese Bäche und nur im Winter werden sie manchmal
reißend. An der Ostseite ist es der Kidron, mit dem tief eingeschnitte-
nen Thale, das Josaphat genannt wird; derselbe trennt die Stadt
von dem sanft ansteigenden Oelberge, dessen höchste Kuppe 175 Fuß
über den höchsten Punkt der Stadt, die Spitze des Zion, emporragt.

Auf der Westseite strömt der Bach Gihon in einem ähnlichen
Thale und die Wässer beider dieser Bäche ergießen sich in das
todte Meer.

Je weiter sich die Thäler im Osten und Westen nach Süden
hin erstrecken, desto tiefer, enger und steiler sind sie und so war durch
diese Lage die Stadt von Osten und Westen stark geschützt, und es
bedurfte ungeheurer Anstrengungen, um hier nur bis an die Mauer
gelangen zu können. Nur im Norden lag die Stadt auf ebenem
Boden und deßhalb wandten die Bewohner von jeher auf diesen
Punkt betreff der Befestigungen die größte Sorgfalt.

Die diesem Werke beigegebene topographische Karte von Jerusalem*) stellt die Stadt so dar, wie sie nach der Beschreibung des
Josephus Flavius zur Zeit Christi bestand, und wenn auch seit der
Zeit bis zum heutigen Tage die Stadt 17 Eroberungen erdulden mußte,
so ist die Oertlichkeit der Umgebung doch dieselbe geblieben, wenn auch
in der Stadt die bedeutendsten Umänderungen vorgekommen sind.

Als die Mohamedaner in der Stadt die Kunde von dem
Herannahen des Kreuzheeres erhielten, befürchteten sie, daß die in
Jerusalem wohnenden Christen ihren Glaubensbrüdern in jeder Art
behilflich sein würden, deßhalb beraubten sie zuerst die Christen ihrer
Habe und ihres Geldes und trieben sie zur Stadt hinaus, und nur
den Greisen, Kindern und Weibern gestatteten sie dort den weiteren
Aufenthalt.

*) Folgt im zweiten Hefte.

*Belagerung
von
Jerusalem
von 7. Juni
bis 15. Juli
1099.*

Das Kreuzheer selbst fürchteten die Mohamedaner nicht besonders, indem sie auf einen schrecklichen Bundesgenossen gegen dasselbe rechneten, und zwar den Durst, denn vor der Stadt ist keine ein zige Quelle, die unabläsſig fließen würde und die Bäche Kibron und Gihon waren damals schon lange versiegt, denn es war Juni, als die Kreuzfahrer ankamen. Um dieselben aber sicher dem Verderben zu überantworten, durchzogen die Türken noch das Land rings umher und wo sich auch eine entferntere Quelle befand, wurde dieselbe ver= stopft, sowie das Wasser in den Cisternen von ihnen verdorben wurde. In Jerusalem selbst konnten die Türken nicht leicht Mangel an Wasser leiden, weil sich dort tiefe und den Belagerern unerreich= bare Wasserbehälter befanden, welche durch unterirdische, kunstreich angelegte Wasserleitungen gespeist wurden.

Die Besatzung von Jerusalem bestand aus 40,000 wehrhaften Männern, die Kreuzfahrer dagegen waren durch die Kämpfe, Krank= heiten und Zurücklassungen kaum noch 40,000 Mann stark und unter diesen befanden sich sehr viele, die zum Kampfe untauglich waren, so daß nach Angabe eines Augenzeugen nur etwa 12,000 Wehrhafte und 1500 geharnischte Reiter zum Kampfe bereit waren, doch die= selben schreckte dieses Mißverhältniß der Kräfte nicht ab, denn was ihnen an Zahl abging, das ersetzte bei ihnen die Begeisterung. Der Gedanke, dem seit 3 Jahren erstrebten Ziele so nahe zu sein und der Anblick der heiligen Gegend entflammte von Neuem die allgemeine Begeisterung.

Sobald die Kreuzfahrer nahe genug an die Stadt gekommen waren, vertheilten die Fürsten unter einander die Stellen, die sie beren= nen wollten. Dem Davidsthurme an der Westseite gegenüber lagerte sich Gottfried von Bouillon mit den Lothringern, an ihn schloß sich nordwärts Tankred mit den Normannen, dann folgte Graf Robert von Flandern und Hugo von St. Paulo, dann reihte sich Robert von der Normandie mit den Engländern vor dem Damaskus= Thore, ostwärts reihten sich an: Reimbold von Oringis, Ludwig von Monzun, Canon von Montagu, Gaston von Berdeiz, Ger= hard von Russillon, Balduin von Burg und Thomas von Feria.

Als die verschiedenen Lager aufgeschlagen und befestigt waren, bestiegen die Fürsten den Oelberg und betrachteten von dort aus die Stadt. Da ihnen hier ein Klausner prosezeite, daß, wenn sie die Stadt stürmen würden, Gott selbe in ihre Hände geben würde, so wurde von ihnen auch der Sturm auf die Stadt beschlossen. Am Morgen des 13. Juni begann auch dieser Sturm, und obzwar die

Kreuzfahrer mit tollkühner Tapferkeit die Mauern berannten, so wurden sie dennoch zurückgeschlagen und überzeugten sich, daß die Stadt so leicht nicht zu nehmen sei und daher eine regelmäßige Belagerung beginnen müsse. Die Anschaffung des zweckmäßigen Belagerungsgeräthes, als der Mauerbrecher, Steinschleudern, Schutzdächer c. war aber mit besonderen Schwierigkeiten verbunden, denn in der Umgebung Jerusalems mangelte es an Holz und dieses mußte erst südwärts von Bethlehem aus einem Thale, wo eine hohe Waldung stand, geholt werden; die Kreuzfahrer unterzogen sich aber der schweren Arbeit des Herbeischaffens dieses Holzes, an der sich Alle, selbst Weiber und Kinder betheiligten, dies dauerte jedoch lang und diese Zeit war für die Kreuzfahrer eine qualvolle Zeit, indem die Lebensmittel ausgingen, eine Hungersnoth eintrat und dazu noch die schrecklichere Wassernoth kam. Die heiße Sommersonne steigerte furchtbar den Durst; ringsum war Alles dürr und ausgetrocknet und nirgends Wasser. Die einzige Quelle die es gab, war „Siloach" im tiefen Thale, diese gab aber nur alle 3 Tage Wasser und die anderen Tage war sie nur ein Sumpf; das Wasser dieser Quelle hatte noch überdies einen brakigen und salzigen Beigeschmack. Nichtsdestoweniger waren die Kreuzfahrer einzig an dieselbe angewiesen und deßhalb entstand an jedem dritten Tage ein ungeheueres Drängen an dieser Quelle und weil nur die Stärksten sich Wasser verschaffen konnten, so mußten die Schwächeren sich mit dem Sumpfwasser begnügen. Durch das stete Ringen an dieser Quelle wurden sowohl viele Menschen als Thiere in den Sumpf hinabgestoßen, wo sie umkamen, so daß derselbe mit Leichen angefüllt war, und so kamen in Folge des Durstes eine Menge Menschen und Thiere um.

In dieser schwierigen Lage kamen in Joppe neue genuesische und pisanische Schiffe mit Pilgern an, sie brachten Lebensmittel, Bauholz, Arbeiter und geschickte Werkmeister und jetzt konnte man noch eifriger an die Arbeit der Belagerungswerkzeuge gehen, und insbesondere wurden zwei große Belagerungsthürme erbaut. — Um auch die religiöse Stimmung zu kräftigen, ordnete der Bischof Adhemar von Puy drei Buß- und Fasttage an, und dann sollten die Kreuzfahrer barfuß Jerusalem umwandeln, wofür er den Pilgern die Zusage gab, daß sie in 9 Tagen Jerusalem einnehmen werden. Am Morgen des 8. Juli begann der feierliche Zug, den die Priester, Kreuze und Reliquien der Heiligen tragend, eröffneten, alle Streiter waren barfuß, jedoch bewaffnet. Am Oelberge wurde von den Geistlichen und auch von Peter dem Eremiten gepredigt, während die

Saracenen diesem Schauspiele zusahen und nach den Pilgern mit
Pfeilen schossen.

Nach dieser Prozession wurde dann der Angriff auf die Stadt
beschlossen, wozu noch der Umstand kam, daß die Pilger durch auf
gefangene Boten in Erfahrung brachten, daß in 14 Tagen zum
Entsatze von Jerusalem ein großes ägyptisches Heer erscheinen sollte

Erstürmung   Der Sturm wurde auf den 14. Juli festgesetzt und je zwei
Jerusalems   Mann erhielten den Auftrag, zusammen ein Schutzgeflecht oder eine
15. Juli 1099. Leiter anzufertigen. Graf Raimund hatte an der südwestlichen Seite
einen hohen Thurm erbaut, da aber hier wegen des breiten Thales
eine Annäherung an die Mauern unthunlich war, so wurde dieser
Thurm in der Nacht auseinander genommen und die Theile desselben 1000 Schritt weiter an die nördliche Mauer zwischen dem
Stefansthore und dem nordöstlichen Thore der Stadt am Thale
Josephat gebracht und dort der Thurm wieder zusammengesetzt.

An dieser Stelle entbrannte am 14. Juli der heißeste Kampf,
denn wenn es auch gelang, den mit Weidengeflecht und frischen
Rinderhäuten überall geschützten Thurm, der um eine Speerlänge die
Stadtmauer überragte, nahe an dieselbe zu schieben, so wurden doch
die Stöße des, in dem unteren Theile des Thurmes sich befindlichen
Mauerbrechers sehr gelähmt, indem die Belagerten von Außen viele
mit Stroh, Spreu und Sägespänen gefüllte Säcke, dicke Schiffstaue,
an der Mauer herunterhingen, an denen sich die Kraft der Stöße
des Mauerbrechers brach. Erst als es den Belagerern gelang, diese
Schutzmittel in Flammen zu setzen, konnte der Mauerbrecher erfolg-
reicher wirken und Stücke der Mauer zertrümmern. Die Saracenen
suchten aber den Mauerbrecher und den Thurm in Brand zu setzen
und derselbe konnte nur durch die größten Anstrengungen gerettet
werden. Günstiger stand die Sache für die Kreuzfahrer an der Nordseite, wo durch den Mauerbrecher in der Mauer eine große Lücke
gebrochen wurde, so daß der Belagerungsthurm bis an die innere
Mauer vorgeschoben werden konnte. So endete der lange Sommer-
tag unter heißen Kämpfen, ohne daß die Kreuzfahrer einen entscheidenden Vortheil errungen hätten. Auch die Nacht brachte keine
Ruhe, indem die Kreuzfahrer befürchteten, daß die Feinde das
Belagerungsgeräthe anzünden könnten. Am Morgen des 15. Juli
1099, einem Freitage, erneuerte sich der Kampf von Neuem, der Thurm
Gottfried's konnte Mittags endlich so nahe an die Mauer geschoben
werden, daß seine Fallbrücke die Mauer erreichte. Sofort sprangen
Ludolf, Engelbert, Gottfried und Tankred auf die Mauer,

zugleich wurden an allen Stellen die Leitern angelegt, welche die Kreuzfahrer rasch erstiegen. Die Saracenen verließen die Mauer und flüchteten in die Stadt, ein Haufe Kreuzfahrer hob mit Brechstangen und Hebebäumen das Stefansthor aus und ließ die außenharrenden Streiter ein, worauf sich die Menge mit dem Rufe: „Gott will es," in die Stadt ergoß. Auch Robert von der Normandie gelang es, von der anderen Seite durch eine Bresche in die Stadt zu dringen, und nun wüthete das Schwert der Christen in den Reihen der Saracenen. Wie grauenhaft das Morden war, erzählt ein Augen= zeuge, der Kaplan Raimund aus der Provence, welcher sagt: „In den Saracenen schien alle Kraft des Widerstandes erstorben „zu sein und sie ließen sich wie willenlose Thiere hinschlachten. „Vielen schlug man die Köpfe ab, was eine leichte Sache war, „Andere wurden durch Pfeilschüsse gezwungen, von hohen Gebänden „hinabzuspringen, noch Andere wurden langsam gequält, am Feuer „geröstet und also verbrannt zum Tode gebracht. Auf den Plätzen „und Straßen der Stadt sah man Haufen von Köpfen, Beinen und „Armen aufgethürmt. Ueberall mußte man über Leichen seinen Weg „suchen. Dann ging ich zum Tempel Salamonis, wo die Heiden „ihre gottlosen Gebräuche zu feiern pflegten, was sah ich aber da? „Wenn ich die Wahrheit sage, werdet ihr mir nicht glauben. Dennoch „will ich Eines sagen: die Pferde wateten im Tempel bis zum „Knie im Blute, ja selbst bis ans Gebiß."

In der Mordwuth wurden weder die Weiber, noch die Kin= der geschont, die Weiber wurden von den Söllern herabgeholt und geschlachtet, selbst die Säuglinge wurden von der Mutterbrust gerissen, bei der Ferse ergriffen und mit dem Kopfe gegen die Mauer ge= schleudert. Zu der Mordlust gesellte sich auch noch die Habsucht. Wer ein Haus oder einen Palast zuerst betrat und dies äußerlich durch ein Zeichen kundgab, dem gehörte der Palast sammt Allem, was darin war. So erreichte Tankred der Erste die große Moschee und eignete sich alle darin befindlichen Schätze zu, deren Reich= thum so groß war, daß sechs Kameele nöthig waren, um selbe wegzubringen.

Drei Tage lang dauerte das Morden, an 70,000 Moslems lagen erschlagen in den Gassen, doch war noch kein Ende, denn noch waren die Juden da. Diese wurden in die Synagoge zusammen= getrieben, dieselbe sodann angezündet und alle Juden verbrannt. Erst nach gestillter Rache bestiegen die Pilger in Prozession, mit entblößten Häuptern und barfuß, unter lauten Gesängen der Priester

den Calvarienberg und ergoßen sich am heiligen Grabe in brünstiger
Andacht.

§. 9.
Gottfried von
Bouillon,
König von
Jerusalem.
22. Juli 1099.

§. 9. Nach der Einnahme von Jerusalem entstand unter den
Kreuzfahrern darüber der Zwist, wer Herr von Jerusalem sein solle.
Die Geistlichen verlangten einen Patriarchen, dem sich aber die Ritter
widersetzten, bis endlich am 22. Juli 1099 Gottfried von Bouillon
einstimmig zum König von Jerusalem erwählt wurde. Gottfried wies
jedoch diesen Titel zurück, weil er an dem Orte, wo der Erlöser die
Dornenkrone getragen, keine weltliche Krone tragen wollte und nahm
aus Bescheidenheit bloß den Titel: „Beschützer des Glaubens" an.

Schlacht bei
Askalon
14. Aug. 1099.

Kaum aber hatte Gottfried den neuen Thron bestiegen, als
der egyptische Bezir Alafdhal mit einem aus Muselmännern und
afrikanischen Schaaren bestehenden Heere von 300,000 Mann aus
Syrien gegen die Christen zog. Am 14. August kam es zur Schlacht
bei Askalon, und obzwar die Christen nur 20,000 Mann stark
waren, so wurde ihre Minderzahl durch ihre Begeisterung aufgewogen
und sie erfochten einen so glänzenden Sieg, daß das feindliche Heer
beinahe ganz vernichtet, das feindliche Lager erbeutet und Alafdhal
zur Flucht über die See genöthigt wurde.

Rückkehr vieler
Pilger in die
Heimath.

Da durch die Eroberung von Jerusalem der Zweck des Kreuzzuges erreicht war, so thaten der Graf von Flandern, der Herzog
der Normandie, Graf Raimund, Graf Eustach von Boulogne, Gottfried's Brüder und die meisten anderen Fürsten dem Könige Gottfried ihren Entschluß kund, in die Heimath zurück zu kehren. Diese
Fürsten und die anderen Pilger übernahmen dann noch die Pilgerfahrt an den Jordan, wo sie im Garten des Abraham bei Jericho
die Palmenzweige brachen, welche sie als die Zeichen des Sieges
und der Vollbringung ihres Gelübdes in den Händen tragend, die
Heimkehr antraten. 20,000 war die Zahl der mit diesen Fürsten
heimkehrenden Pilger.

Dem Könige Gottfried blieb nur der treue Werner von
Gries und der edle Tankred mit 300 Rittern und 2000 Mann
zu Fuße von all den früher unzählbaren Pilgern übrig.

§. 10.
Die Kämpfe
zwischen
Kaiser Alexius
und den
Kreuzfahrern.

§. 10. Der griechische Kaiser Alexius zog aus diesem Kreuzzuge den größten Nutzen, er bekam Nicäa und mehrere Landschaften
seines früheren Kaiserthums wieder in die Hände, und auch die
Kreuzfahrer eigneten sich um Antiochien durch manchen kühnen Griff
Landschaften an. Kaiser Alexius, der jetzt auf Kleinasien, als einen
früheren Theil seines Kaiserthums, Anspruch erhob, wurde deßhalb
den Kreuzfahrern Feind, und statt die Seldschuken zu bekämpfen,

wendete er sich gegen die Normannen, um ihnen den Raub abzu=
jagen. Im Frühjahre sandte er eine Flotte und ein Heer gegen An=
tiochien und so begann die lange Reihe der Kriege zwischen Byzan=
tinern und Kreuzfahrern.

§. 11. Boemund von Antiochien, Graf Balduin von Edessa
und der Erzbischof Dagobert mit den Pisaern kamen darauf mit
25,000 Mann am 21. Dezember 1099 nach Jerusalem, um ihr
Gelübde am hl. Grabe zu erfüllen.

Da die Kirche von Jerusalem noch immer eines allgemein
wirkenden Patriarchen entbehrte, indem viele die Wahl und die Ein=
setzung des bisherigen Patriarchen Arnulf für unrechtmäßig hielten,
und insbesonders es Boemund anstrebte, daß ein einflußreicherer
Patriarch in Jerusalem gesetzt werde, damit die Macht des Königs
neben einem solchen Patriarchen eingeschränkter wäre, und Erzbischof
Dagobert ein Freund zum Boemund war, so wußte es der
Letztere durchzusetzen, daß Dagobert statt Arnulf als Patriarch
ernannt wurde.

§. 12. Nachdem längere Zeit die Kämpfe mit den Saracenen
geruht hatten, zog Herzog Gottfried wider den Fürsten von Damas=
kus Malek Dokak, weil er die an ihn abgeschickten Gesandten der
Christen ermorden ließ. Um nun ihren Tod zu rächen, rückte Gott=
fried mit Tankred in das Land von Damaskus ein und verwüstete
dasselbe 15 Tage lang, bis der Emir um Frieden bat und einen
jährlichen Zins versprach. Dieses war auch die letzte Waffenthat
Gottfrieds. Er wurde von dem Emir von Cäsarea zum Mittags=
mahle eingeladen, nahm aber dabei keine andere Speise zu sich, als
einen Cedernapfel, fühlte sich jedoch sogleich nach dem Genuße
desselben krank und, wie Viele vermutheten, soll er dadurch ver=
giftet worden sein, denn ohne wieder zu gesunden, starb er am
17. August 1100 und wurde in der Kirche des hl. Grabes auf dem
Calvarienberge bestattet. Den ritterlichen frommen Sinn, die Tugend
und Tapferkeit, sowie die Gerechtigkeit Gottfried's ehrten sowohl
Christen als auch die Muselmänner.

Einen weiteren Verlust erlitten um dieselbe Zeit die Christen
durch die Gefangenschaft des Fürsten Boemund, denn dieser begann
im Sommer 1100 den Krieg gegen den Emir Ebn. Danischmend
von Siwas wurde aber geschlagen und kam mit seinen Rittern in
die Gefangenschaft des Emirs.

Nach dem Tode Gottfried's beriefen die lothringischen Ritter,
Balduin von Edessa, Bruder Gottfried's, und wählten ihn zum

§. 11.
Erzbischof
Dagobert zum
Patriarchen
von Jerusalem
ernannt.
Dez. 1099.

§. 12.
Herzog
Gottfried's
Zug wider den
Fürsten von
Damaskus
und sein Tod.
17. August
1100.

Boemund's
Gefangen=
schaft. Som=
mer 1100.

Balduin wird
König von
Jerusalem.

König von Jerusalem, worauf er von dem Patriarchen Dagobert
am 25. Dezember 1100 in Bethlehem zum König gekrönt wurde.
Balduin I. schloß dann mit den Pisanern und Genuesen, als
dieselben 1101 nach Borbicea zum Osterfeste kamen, einen Vertrag,
vermöge dessen ihnen in allen Städten, zu deren Eroberung sie bei
tragen würden, ein Quartier eingeräumt werde und ihnen von der
Beute ein Drittel zufallen solle. In Folge dieses Vertrages wurde
dann die feste Stadt Arsuf eingenommen und Cesarea erstürmt. In
letzterer Stadt wurde eine unermeßliche Beute gemacht und in der
dortigen Kirche fanden die Pilger auch das berühmte, aus Glas
gearbeitete, smaragdene Gefäß, welches für jenes gehalten wurde, in
dem das Gedächtnißmal des Todes Christi gestiftet worden sein soll.
Dieses Gefäß fiel den Genuesen als Beute zu, und wurde ihnen
zu einem hohen Preise angerechnet. Diese weihten es ihrer Kirche,
und während sieben Jahrhunderten war es der strengen Aufsicht
der angesehensten Männer der Republik anvertraut und wurde nur
einmal im Jahre der Verehrung der Gläubigen ausgesetzt.

§. 13. Als der Ruf der großen Thaten des Kreuzheeres ins
Abendland drang, da ergriff wiederum der Eifer für das hl. Land die
Christenheit und der Papst Paschalis forderte die Bischöfe, Fürsten
und Ritter auf, sich zum Kampfe für das hl. Grab zu waffnen.
Diesem Rufe entsprach der mailändische Erzbischof Anselm von Buys,
der Bischof von Pavia und andere. In Frankreich versammelte der
jugendliche Graf von Nevers 15,000 Krieger um sich. Wilhelm
von Poiton, Herzog von Aquitanien, sammelte 300,000 Pilger.
Mit dem Herzog Stefan von Burgund vereinigten sich die Bischöfe
von Engelrad und Laon, Wilhelm von Paris, Graf Stefan an
der Saone und viele andere Herren. Auch in Deutschland nahmen
Viele das Kreuz.

Der Erzbischof von Mailand faßte den Entschluß, in das
Innere von Asien einzudringen und sogar das Kalifat von Bagdad
zu vernichten.

Schon um die Zeit der Fasten zog dieser Erzbischof mit seinem
Heere nach Konstantinopel. Auch dieses Heer plünderte auf seinem
Wege, wie seine Vorgänger, und in Konstantinopel begann der alte
Streit mit Alexius wieder, und als endlich dieses Heer nach Kibotus
in Asien übergesetzt war, vereinigten sich mit ihm weitere 30,000 Mann,
so daß zu Pfingsten bei Nicodemia 260,000 Pilger, unter welchen
sich viele vornehme Frauen befanden, aus allen Theilen des Abendlandes versammelt waren. Alexius gab diesem Heere 500 Turko-

pulen als Wegweiser. Welchen Weg dieses Heer einschlug, läßt sich nicht mit Bestimmtheit angeben, doch scheint es den Weg nach Casta= mone im alten Pontus genommen zu haben, weil auf diesem Wege die Kämpfe mit den Türken begannen; die Türken verwüsteten aber die ganze Gegend, so daß es den Kreuzfahrern bald ganz an Nah= rung gebrach. Da nun auch die griechischen Wegweiser verrätherischer Weise entflohen, so zogen die Pilger dann 15 Tage lang durch solche Einöden, wo ihnen kein Thier unterkam; die Folge der Unvorsichtig= keit der Kreuzfahrer war dann eine so schwere Hungersnoth, daß sich die Pilger nur von Baumrinde, Laub und Wurzeln nährten; endlich durch Krankheiten, Ermattung und das Schwert der Türken fast gänzlich aufgerieben wurden, und es nur einem kleinen Reste derselben endlich gelang, zum König Balduin nach Jerusalem zu gelangen. So wurden diese schönen und großen Heere des Abend= landes, ohne etwas ausgerichtet zu haben, vernichtet.

§. 14. Fürst Boemund, welcher im Sommer 1103 gegen ein Lösegeld von 100,000 Goldstücken, die ein armenischer Fürst Gogh Wasil, der mächtigste der kleineren Souveraine am Taurus für ihn bezahlte, aus der Gefangenschaft des Emir von Siwas entlassen wurde, knüpfte nach seiner Freilassung die alte Freundschaft mit den Armeniern und Normannen fester, und begann dann den Krieg gegen den Emir Kidhwan von Haleb von Neuem, wurde aber bei der Belagerung von Haran so nachdrücklich geschlagen, daß die normanni= schen Fürsten nur mit geringer Begleitung Edessa wieder zu erreichen vermochten.

§. 14.
Unter=
nehmung des
Fürsten Boe=
mund gegen
den Kaiser
Alexius.
1107.

Um Hilfe zu schaffen, beschloß darauf Boemund nach dem Abendlande zu gehen; er übertrug deßhalb die Regierung Nord= syriens seinem Neffen Tankred, raffte alles an Geld zusammen, was er nur bekommen konnte und schiffte mit einer kleinen Flotte nach Westen.

Er landete in Italien und ließ sofort die Absicht eines neuen Heerzuges nach dem Morgenlande verkünden. Durch sein persön= liches Auftreten brachte er dann ein Heer von 34,000 Mann zusammen.

Diese Armee sollte aber keineswegs dazu dienen, um seinem Fürstenthume Antiochien Hilfe zu bringen, sie war vielmehr dazu bestimmt, den Kaiser Alexius zu stürzen und sich selbst den griechi= schen Thron zu verschaffen, und deßhalb gab er auch als Zweck des Kreuzzuges die „Besiegung der schismatischen Griechen" an.

Im Oktober 1107 schiffte Boemund sein Heer auf 230 Kriegs=
und Transportschiffen ein, und obzwar ihm von den Griechen überall

September 1109.

anigelauert wurde, da Kaiser Alexius seine Pläne kannte, so landete er doch bei Aulona, rückte von dort auf Dyrrhachium zu und begann dasselbe zu belagern. Boemund wurde aber durch eine große byzantinische Heeresmasse umzingelt, mußte seine eigene Flotte verbrennen, und wurde endlich im September 1109 zu einem demüthigen Frieden mit Kaiser Alexius gezwungen, indem er Antiochien nur als ein lebenslängliches Lehen erhielt, das nach seinem Tode wieder an die griechische Krone zurückfallen sollte.

Boemunds Tod. März 1111.

Boemund begab sich dann tief gebeugt im Herbste 1110 nach Apulien, wo er im März 1111 starb.*) — Seine Gemahlin Constantia hatte ihm zwei Söhne geboren, Johann, welcher in Apulien starb und Boemund, den Erben des väterlichen Fürstenthums in Syrien.

§. 15. Das Königreich Jerusalem.

§. 15. König Balduin I. ist als der eigentliche Begründer des Reiches Jerusalem zu betrachten, und seine Erfolge, seine Umsicht und Tapferkeit haben ihm einen berühmten Namen gemacht.

Die äußeren Gefahren aber, die das Reich bedrohten, im Vereine mit den steten inneren Zwistigkeiten der Kreuzfahrer, hätten jedoch die Macht der Christen in Palästina bald gebrochen, wenn nicht die Freistaaten Italiens: Pisa, Genua und Venedig von jetzt an dem Reiche eine ausgiebige Hilfe geleistet hätten.

Mit ihrer Unterstützung wurden dann die wichtigsten Hafenstädte genommen, was im Interesse dieser Freistaaten lag, weil die Erhaltung fester Plätze an jenen Küsten gerade ihrem Handel außerordentliche Vortheile brachte.

Capitulation von Affon 26. Mai 1104. Einnahme v. Tripolis 10. Juni 1109.

So wurde Akkon mit Hilfe einer genuesischen Flotte nach einer 20tägigen Belagerung am 26. Mai 1104 mittelst Capitulation eingenommen. Am 10. Juni 1109 wurde gleichfalls mit Hilfe der Genuesen das reiche Tripolis erstürmt, und die Beute, welche da gemacht wurde, war eine außerordentliche. Nach der Eroberung von Tripolis haben aber die Kreuzfahrer leider die große und reiche arabische Bibliothek im fanatischen Eifer zerstört, denn Emir Eben Amur und die Kadis hatten hier eine Bibliothek gesammelt, die (nach Wilken) 3 Millionen Bände**) umfaßt haben soll, und als ein Priester des Grafen Bertram von St. Gilles zuerst den Saal der Korane untersucht und erklärt hatte, daß es lauter Schriften des Lügenpropheten seien, so wurde die ganze Bibliothek verbrannt.

---

*) Zeitdaten nach Wilken.
**) Wahrscheinlich Rollen.

Am 17. Mai 1110 fiel auch das feste Beirut (Berytus) nach hartem Kampfe. Nach der Eroberung dieser Seestädte kam dann eine Flotte mit norwegischen Pilgern unter dem König Sigur Magnus-Sohn an der syrischen Küste an, und mit ihrer Hilfe wurde dann das reiche Sidon am 11. Dezember 1110 genommen.

Einnahme von Beirut 17. Mai 1110.

Einnahme von Sidon 11. Dez. 1110.

Im Frühjahre 1118 unternahm Balduin sogar einen Einfall nach Aegypten, wo er glücklich bis an den Nil vordrang. In diesem Feldzuge erkrankte aber derselbe und bezeichnete noch seinen Bruder Eustach und seinen Vetter Balduin von Edessa als die Würdigsten, die ihm nachfolgen könnten, und starb im März 1118 zu Clarisch; sein Leichnam wurde mit Spezereien gegen Verwesung geschützt, nach Jerusalem gebracht, wo er in der Kirche des hl. Grabes neben seinem Bruder Gottfried begraben wurde. Im selben Jahre im August starb auch Kaiser Alexius.

Tod Balduins I. März 1118.

Tod Kaisers Alexius August 1118.

§. 16. Balduin Graf von Edessa war gerade in Jerusalem anwesend, als die Leiche König Balduin's I. dort beigesetzt wurde; er wurde auch sogleich von der Mehrzahl der anwesenden vornehmsten Ritter zum König von Jerusalem als Balduin II. am 2. April 1118 erkoren und in der Kirche des heiligen Grabes als König gesalbt. — Um diese Zeit entstand den Kreuzfahrern aber ein mächtiger Feind in der Person des Belek Jbn Behram, dem es glückte, auf dem Wege zwischen Antiochien und Edessa, bei Serudsch den Grafen Jocelin von Edessa mit seinem Gefolge von Rittern gefangen zu nehmen. Auch König Balduin II., der hierauf gegen Belek mit Heeresmacht heranrückte, wurde von diesem mit großem Geschicke umlauert, plötzlich im April 1123 überrascht und ebenfalls gefangen genommen. Die beiden gefangenen Fürsten wurden dann auf der Burg Chertbert in Haft gesetzt.

§. 16. König Balduin II. 2. April 1118.

Gefangennahme Balduin's II. April 1123.

Obzwar dies harte Schläge für die Kreuzfahrer waren, so waren doch ihre Waffen unter der Leitung des Patriarchen, welcher die Stelle des Königs vertrat, glücklich, und es gelang auch Jocelin nach einiger Zeit, aus der Haft in Chertbert zu entfliehen. Mit Hilfe der Venetianer, welche unter dem Dogen Domenico Michael mit Heeresmacht erschienen, wurde dann das feste Tyrus nach einer fünfmonatlichen Belagerung am 7. Juli 1124 eingenommen, und bald nach diesem glänzenden Siege kehrte auch König Balduin zu seinen Glaubensgenossen zurück, da Timurtasch, ein Neffe des Belek, ihm gegen ein Lösegeld und gegen Uebergabe von vier antiochenischen Festungen die Freiheit gab.

Einnahme von Tyrus. 7. Juli 1124.

§. 17.
Das König-
reich Jeru-
falem auf
feinem Höhe-
punkte.

§. 17. Um diese Zeit hatte das Königreich Jerusalem den Punkt seiner höchsten Blüte erreicht. Der Umfang der christlichen Eroberungen erstreckte sich von Tarsus in Cilicien, wo sich die Grenzen mit dem Griechischen berührten, ostwärts bis Edessa, und von hier südlich bis in die Gegend von Gaza. Das eigentliche Reich von Jerusalem ging nördlich bis zur Stadt Paneas, dann folgten die Grafschaften Tripolis und Edessa, die in ziemlicher Unabhängigkeit standen, dann kam das Fürstenthum Antiochia, das noch unabhängiger als Edessa war. Die Bevölkerung des neuen Königreiches war aber sehr gemischt, sie bestand aus den Franken, wie die Abendländer überhaupt genannt wurden, dann aus Griechen, Juden, Saracenen und Armeniern. Der Thron sollte erblich sein, und wenn keine Erben vorhanden wären, sollte erst die Wahl eintreten und die Verfassung war auf das Lehenswesen gegründet.

§. 18.
Die
Ritterorden.
Der Tempel-
orden. 1118.

§. 18. Die vorzüglichste Stütze des neuen Staates wurden aber die geistlichen Ritterorden.

Um das Jahr 1118 wurde von den Rittern Hugo von Payens und Gottfried von Set. Omer im Bunde mit sieben anderen französischen Rittern ein Orden zum Schutze der Pilger und der heiligen Stätten errichtet. Der König gab dem Orden eine Wohnung in seinem Palaste, nahe bei der Stelle, wo einst der salamonische Tempel gestanden hatte und deßhalb wurden die Ritter dieses Ordens auch die Tempelritter oder Templer genannt. Die Templer trugen den weißen Ordensmantel mit dem rothen Kreuze. Einige Große Syriens wendeten ihnen bedeutende Geschenke zu, und auf der Kirchenversammlung zu Troyes (1127) erhielt der Orden die Bestätigung, sowie eine Ordensregel, die Bernhard von Clairvaux abgefaßt hatte. Als Hugo von Payens England, Frankreich und Italien durchzog, drängten sich Männer aus den edelsten Geschlechtern zu der Aufnahme in den Orden, oder übertrugen demselben reiche Besitzungen, so daß der früher arme Orden durch fromme Schenkungen binnen Kurzem zu sehr großen Reichthümern namentlich in Frankreich gelangte. Um das Jahr 1144 beliefen sich seine Besitzungen unter dem Namen Balleinen, Comthureien und Prioraten auf 9000 Sitze. Nach dem Verluste des gelobten Landes schlug ein großer Theil der Mitglieder des Ordens seinen Wohnsitz dann in Frankreich auf, wo er wegen seinem Reichthum im J. 1312 von König Philipp IV. von Frankreich auf eine grausame Art ausgerottet wurde. — (S. Anhang.)

Der Johan-
niter- oder
Hospitaliter-
Orden. 1070.

Die Kaufleute von Amalfi, die als Pilger nach Jerusalem kamen, bauten schon 1070 bei der Kirche des heiligen Grabes eine

Kapelle mit einem Kloster zur Aufnahme der Pilger ihrer Nation nebst einem Hospital. Ihr Schutzpatron war der heil. Johannes von Jerusalem und sie nannten sich Hospitalbrüder des heil. Johannes. Gerhard, der zur Zeit des ersten Kreuzzuges der Vorsteher war, sonderte die Pfleger des Hospitales zuerst von dem Kloster ab, verband sie zu einem Orden, dem er die Regel des heil. Augustin und den schwarzen Ordensmantel mit dem weißen Kreuze gab. Papst Paschalis II. und später Papst Calixtus (1120) bestätigten den Orden, nahmen ihn in ihren Schutz und die Könige von Jerusalem gaben ihm reiche Geschenke, sowie ihm auch die europäischen Fürsten bedeutende Einkünfte aus liegenden Gründen überantworteten.

§. 19. König Balduin II. war wie ein echter Fürst der Pilger am 31. August 1131 in einer Mönchskutte eingehüllt gestorben.

§. 19.
Tod König
Balduin's II.
31. August
1131.

Er hatte keine Söhne, sondern nur drei Töchter; die älteste, Melisende, wurde im Einverständnisse mit den Großen des Reiches mit dem Grafen Fulko V. von Anjou vermählt, die zweitälteste Tochter Elise war mit dem Fürsten Boemund II. (Sohn Boemund's I., Fürsten von Antiochien), und die jüngste Tochter Hodierna mit dem jungen Fürsten Raimund, Sohn des Grafen Pontius von Tripolis verlobt.

Graf Fulko folgte daher dem König Balduin II. auf den Thron von Jerusalem. Ihm entstand aber ein neuer Feind in Imadeddin Zenki, welcher im Jahre 1127 die Herrschaft in Mosul erhielt. Im Jahre 1137 wurde König Fulko von Zenki geschlagen und mußte hinter die Mauern des Schlosses Barin flüchten. Da alle die kleinen syrischen Staaten, christliche wie mohammedanische, vereinzelt der Uebermacht Zenki's nicht gewachsen waren, so schlossen sie zusammen einen Bund. Jerusalem und Antiochien standen jetzt zusammen und auch Muin Eddin Anar Emir von Damaskus trat dem Bunde bei, und so kam hier die sonderbare Erscheinung vor, daß im heiligen Lande Kreuzfahrer und Seldschuken vereint an derselben Seite kämpften. Diese Vereinigung trug auch ihre Früchte, indem Zenki auf die Verbündeten keinen Angriff wagte und diese die Festung Banias, die in den Händen Zenki's war, eroberten.

König Fulko.

1137.

Unter König Fulko machte die Entwickelung im Reiche dann mächtige Fortschritte und an den Grenzen wurden zahlreiche Befestigungen des christlichen Gebietes errichtet.

Ein zweiter Feind Jerusalems war jetzt auch der griechische Kaiser Johannes, der Sohn Alexius, der aus der Insel Cypern und dem cilischen Küstenlande für seinen Sohn Mannel eine Sekundo-

Tod König
Fullo's und
die Regent=
schaft.
November
1143.

§. 20.
Der Fall von
Edessa.
December
1144.

genitur machen wollte und die Lateiner immer mehr in die Enge trieb.

Unter diesen Verhältnissen starb König Fullo in Folge eines Sturzes vom Pferde im November 1143, und da sein ältester Sohn Balduin erst 13 Jahre alt war, so trat die Königin Witwe Melisende als Regentin für ihren Sohn die Regentschaft an.

§. 20. Um die Kreuzfahrer zu vernichten, beschloß 1144 Zenki, das starke Edessa, das Bollwerk der Christen zu belagern und wartete nur die schickliche Zeit ab; als daher diese kam, eroberte er es unter furchtbarem Gemetzel im December 1144.

Der Verlust Edessa's war für die Kreuzfahrer ein überaus großes Unglück, denn dasselbe Schicksal konnte auch Antiochien betreffen, und in diesem Falle war dann weder Jerusalem, noch ein anderer Theil der christlichen Besitzungen zu behaupten und dies umsoweniger, als Zenki immer weiter fortschritt.

In dieser Lage stand nur ein Rettungsweg offen, und dieser war, das Abendland um seine Hilfe anzugehen, dieser Weg wurde auch betreten, und nicht nur die Nordsyrier, sogar auch die Armenier gewannen den Papst Eugenius III. für einen neuen Kreuzzug.

§. 21.
Rüstungen im
Abendlande.
Der heilige
Bernhard von
Clairveaux
1146.

B) Der zweite Kreuzzug. (1147—1149.)

§. 21. Papst Eugenius III. übertrug die Kreuzzugsprebigt dem heiligen Bernhard, Cisterzienser-Abt von Clairveaux, welcher schon früher für diesen Gedanken thätig gewesen war. Die zünden=den Predigten Bernhard's wirkten vorzüglich bei seinen Landsleuten, den Franzosen und König Ludwig VII. von Frankreich nahm selbst das Kreuz. In der Versammlung, die zu Bourges in Burgund zu Ostern 1146 stattfand, reichten sogar die vorhandenen Kreuze nicht zum Vertheilen aus, so daß Bernhard aus seinen eigenen Kleidern Kreuze schneiden mußte. Bernhard predigte dann mit großem Erfolge in ganz Frankreich den Kreuzzug, und da sich die Begeisterung auch auf die Rheingegenden erstreckte, so reiste er im November 1146 nach Mainz, Frankfurt, Speier, wo er mit gleichem Erfolg das Kreuz predigte, und selbst der deutsche König Konrad III. nahm aus den Händen Bernhard's das Kreuz. Da die Sachsen aber lieber gegen die heidnischen Wenden in ihrer Nachbarschaft, als gegen die Seldschuken zu ziehen geneigt waren, so predigte Bernhard auch gegen diese den Kreuzzug, und die Wendenfahrer erhielten von ihm als besonderes Abzeichen ein Kreuz auf einem Ringe. — Der Erfolg Bernhard's war ein ungeheurer, denn außer den großen Schaaren von Niederdeutschen, Engländern, Provencalen, die von ihren heimischen Küsten aus zur See nach Syrien gingen, sammelten sich um König Konrad III. allein 70,000 Ritter und eine ähnliche Macht auch um König Ludwig VII.; beide Heere sollen mit allen Fußtruppen und dem ganzen Trosse 900,000 Köpfe betragen haben.

Zwischen dem deutschen und französischen Heere fing aber schon eine Verstimmung zu herrschen an, denn die Franzosen waren Freunde der Normannen in Palästina und Feinde der Griechen, als der Bedränger Raimund's von Antiochien, die Deutschen dagegen sahen mit Haß auf die Normannen und standen im Bunde mit Kaiser Manuel, der eine Schwägerin Konrad's, die Gräfin Bertha von Sulzbach, zur Gattin hatte. Unter diesen Umständen war also das gemeinsame Unternehmen dieser beiden Völker von Vorneherein von den schwersten Konflikten bedroht.

§. 22. Die deutschen Wallfahrer sammelten sich Anfangs Juni 1147 in der Ostmark an der ungarischen Grenze und König Konrad beschloß, die Franzosen nicht abzuwarten, sondern allein mit seinem Heere bis Konstantinopel vorauszumarschiren. Einige Wochen nach den Deutschen hatten sich auch die Franzosen bei Metz vereinigt, waren dann auch durch Franken und Baiern marschirt und durch Ungarn dem Zuge der Deutschen gefolgt.

Als das deutsche Kreuzheer Griechenland erreichte, stellten sich die Streitigkeiten und Schwierigkeiten mit den Griechen wieder ein, denn als diese erfuhren, daß auch die Ankunft des apulischen Königs Roger zu erwarten stehe, der der hartnäckigste Feind der Griechen war, (da Roger gleichfalls die Kreuzfahrt gelobt hatte), so trauten sie den Pilgern überhaupt böse Absichten zu, übervortheilten sie, wo sie nur konnten, selbst bei dem Verkaufe von Lebensmitteln, suchten ihnen alle möglichen Hindernisse in den Weg zu legen, und da die Deutschen dann mit Gewalt nahmen, was ihnen verweigert wurde, so gab es blutige Händel. Kaiser Manuel trachtete daher, die Deutschen über den Bosporus zu bringen und gab ihnen griechische Wegweiser. Je tiefer aber die Deutschen ins Innere des Landes kamen, desto mehr verschlimmerte sich ihre Lage, die griechischen Wegweiser entflohen, nachdem sie das Heer verrätherischer Weise an solche Orte führten, wo dasselbe den Seldschuken in die Hände fallen mußte, und so wurden die Deutschen denn mit einemmale am 26. Oktober 1147 von zahllosen Schwärmen türkischer Reiter an-

§. 22.
Ergebnisse des Kreuzzuges.

Die Schicksale des deutschen Kreuzheeres.

26. Oktober 1147.

gerathen und da sie die Fechtart der Türken noch nicht kannten, so unterlag das deutsche Heer den unaufhörlichen Angriffen des rüstigen und leichtbeweglichen Feindes in wenigen Tagen fast gänzlich, und kaum gelang es dem zehnten Theil des Heeres, der Vernichtung zu entkommen. König Konrad begab sich dann mit den Trümmern des Heeres nach Nicäa.

Die Schicksale des französischen Kreuzheeres. Fast eben so schlimm wie den Deutschen, erging es den Franzosen. Diese hatten dieselben Schwierigkeiten mit den Griechen zu überwinden, wie die Deutschen. In der Gegend von Nicäa stießen sie auf die Trümmer des geschlagenen Heeres der Deutschen, das sich mit ihnen vereinigte. Damit die Franzosen den Gefahren entgehen, welche die Deutschen betroffen hatten, beschlossen sie, auf einem Umwege durch West- und Süd-Kleinasien nach Syrien vorzudringen und so schlug Ludwig die Straße über Smyrna nach Ephesus ein.

Neujahr 1148. Kaum hatten sie aber zu Neujahr 1148 den Mäander überschritten, als die Türken erschienen und die aufreibenden Kämpfe anfingen. Als die Franzosen dann in nachlässiger Marschordnung über das Cadmusgebirge zogen, überfielen die Seldschuken das Heer und richteten ein solches Blutbad unter den Franzosen an, daß demselben nicht nur die Schaaren geringerer Pilger, sondern auch die stolzesten Edelleute Frankreichs zum Opfer fielen. Endlich war die byzantinische Stadt Attalia erreicht, doch da hier kein Futter für die Pferde aufzutreiben war, so wandte sich Ludwig an die Griechen, um Schiffe zur Ueberfahrt nach Syrien zu erhalten. Nach langem Warten kam zwar eine Flotte, die gerade aber nur groß genug war, um den vornehmen Herren die Seereise zu ermöglichen. Ludwig schiffte sich Ende Februar 1148. daher nur mit seinen Baronen und Prälaten Ende Februar 1148 im Hafen von Attalia ein und schloß mit den Griechen einen Vertrag ab, gemäß welchem dieselben gegen eine große Geldsumme, das weitere Heer und den Troß nach Tarsus bringen sollten. Diese Schaaren fielen aber in kurzer Zeit entweder dem Schwerte der Seldschuken oder der Habgier und Arglist der Griechen zum Opfer.

So waren die beiden großen Kreuzheere ohne etwas ausgerichtet zu haben, vernichtet worden.

§. 23. Zerstörung Edessa's 1146. §. 23. Während sich diese unerhörten Katastrophen vollzogen, war schon im September 1146 der furchtbare Imadeddin Zenki von seinen eigenen Leuten erschlagen worden, welchen Umstand der tollkühne Graf Joscelin von Edessa dazu benützte, durch Verbindungen in Edessa sich dieser festen Stadt wieder zu bemächtigen.

Der jüngere Sohn Zenki's, Nureddin, behauptete sich aber
in Haleb, belagerte dann Edessa, und als Joscelin durch die Be=
lagerungstruppen durchzubrechen versuchte, erlitt er eine volle Nieder=
lage und konnte nur kaum allein entfliehen.

Das schöne, reiche Edessa wurde dann von Nureddin dem
Boden gleich gemacht und der größte Theil der Einwohnerschaft
wurde erschlagen oder in die Sklaverei abgeführt.

§. 24. König Ludwig VII. und König Konrad III. trafen
sich dann im Frühjahre 1148 in Jerusalem und verabredeten mit
König Balduin III. einen gemeinsamen Zug gegen den früheren
Verbündeten der Christen, den Emir von Damaskus. Sie brachten
mehr als 50,000 Mann zusammen, brachen in der zweiten Hälfte
Juli 1148 gegen Damaskus auf, eroberten zwar nach einem heftigen
und verlustvollen Kampfe am 24. Juli wohl einen Theil der Plantagen
um Damaskus, weiter aber konnten sie nicht vordringen, indem ihnen
Muineddin Anar von Damaskus einen erfolgreichen Widerstand
entgegensetzte. Als sie nun auch Nureddin selbst bedrohte, so
wurde dann der Rückzug angetreten.

§. 21.
Unter=
nehmung
gegen Damas=
kus und Aus=
gang des
zweiten Kreuz=
zuges.
24. Juli 1148.

Konrad verließ hierauf am 8. September 1148 voll Schmerz
und Empörung über all' das Erlebte das heilige Land und kehrte
im Frühling 1149 nach Deutschland, und König Ludwig im
Herbste 1149 nach Frankreich zurück. — Der unglückliche Aus=
gang des zweiten Kreuzzuges, dem so viele Hunderttausende geopfert
wurden, hatte also den syrischen Christen keine Hilfe gebracht, Edessa
war für immer verloren, Antiochien vom gleichen Schicksale bedroht·
und die Erhaltung des Reiches Jerusalem ohne Gewähr einer
Dauer.

Rückkehr
der Könige
Konrad und
Ludwig aus
dem heiligen
Lande 1149.

§. 25. Kaum hatten die Könige Konrad und Ludwig
Syrien verlassen, so brachen schon die Muselmänner von allen
Seiten in die Gebiete der Kreuzesfürsten ein. Muineddin Anar
verwüstete das christliche Land und nöthigte die Jerusalemiten zu
Friedensunterhandlungen.

§. 25.
Geschichte des
Reiches Jeru=
salem von
1149—1188.

Nureddin wandte sich gegen das Fürstenthum Antiochien,
Raimund wurde in der Schlacht am 29. Juni 1149 geschlagen
und getödtet, und Graf Joscelin wurde durch turkomanische Horden
auf Anstiften Nureddin's gefangen genommen, und so war nach
einigen Wochen kein fußbreit Landes nord=östlich vom Fürstenthume
Antiochien unter christlicher Herrschaft mehr.

Dazu kam, daß der junge König Balduin III. den Ver=
hältnissen nicht gewachsen war und mit seiner Mutter Melisende

so im Streite lag, daß derselbe mit den Waffen geschlichtet werden mußte. Nichts desto weniger glückte es den Jerusalemiten am

Eroberung von Askalon 12. August 1153. 12 August 1153 das feste Askalon mit Hilfe der angekommenen verschiedenen christlichen Pilgerschiffe zu erobern.

Inzwischen gelang es aber Nureddin, sich im Jahre 1154 des ganzen Emirats von Damaskus zu bemächtigen, und jetzt bedrohte dieser furchtbare Feind mehr als je sowohl Jerusalem als auch Antiochien.

Auch der griechische Kaiser Manuel war im Jahre 1157 mit einem Heere in Syrien angekommen, um die Verhältnisse, betreff Antiochiens, nach seinem Herrscherwillen zu ändern und den Fürsten Rainald von Antiochien zu demüthigen.

Tod Balduin's III. 10. Februar 1162. Unter diesen beständigen Händeln der Christen war Balduin III. erkrankt und starb 23 Jahre alt am 10. Febr. 1162, dem Gerüchte nach an einer vergifteten Arznei.

§. 26. König Amalrich. §. 26. Balduin III. hinterließ keine Leibeserben und so folgte ihm sein Bruder Amalrich. Unter diesem Herrscher kam aber das Reich Jerusalem durch den Sturz des früher so gewaltigen Staates der Fatimiden in Aegypten in die höchste Gefahr, und wurde dem Abgrunde immer näher gerückt.

Die mächtige Fatimiden=Dynastie war seit geraumer Zeit immer tiefer in Verfall gerathen. Die Kalifen von Kairo waren ihren Veziren gegenüber immer ohnmächtiger geworden, und so kam es, daß die zwei Vezire Dhargham und Schawer sich untereinander wegen der ägyptischen Herrschaft bekriegten, und daß Schawer zu Nureddin floh und seine Hilfe ansprach. In diesem Streite gelang es Nureddin, durch seinen besten Feldherrn, den tapfern Kurden Schirkuh, sich der Herrschaft in Aegypten zu bemächtigen, indem Schirkuh von dem Kalifen in Kairo als Vezir eingesetzt wurde. Als Schirkuh nun nach wenigen Monaten starb, folgte ihm im Vezirate

Saladin. sein hochbegabter Neffe Salahebddin, gewöhnlich Saladin genannt. Dieser hatte dann einen Empörungsversuch der Aegypter zu bekämpfen, den er mit blutiger Strenge unterdrückte. Als aber der Kalif

1171. Aladhid 1171 erkrankte und starb, oder wie christliche Berichte sagen, von Saladin ermordet wurde, so beseitigte Saladin auch die Nach= kommen des Kalifen Aladhid's und nachdem er so das ganze fatimi= dische Califat vernichtete, herrschte er unter der scheinbaren Ober= hoheit Nureddins unumschränkt in Aegypten.

Dieses Entsetzen bemächtigte sich der Jerusalemiten, als sie die Vereinigung der Kräfte Aegyptens und Syriens sahen, denn dieses

war gleichbedeutend mit ihrer Vernichtung, und deßhalb wurden Ge=
sandtschaften ins Abendland abgesendet, um dessen Hilfe anzusprechen.
Unter solchen Verhältnissen starb König Amalrich am 11. Juli
1173. Als er die Augen schloß, war auch die mohamedanische
Welt in [gewaltiger Bewegung, denn Nureddin rüstete in Syrien
und Mesopotanien, um seinem ihm jetzt unbequem gewordenen Va=
sallen Saladin mit dem Schwerte zum Gehorsam zu bringen, doch
plötzlich starb Nureddin, wahrscheinlich an Gift, und nun erschien
Saladin als alleiniger Herr auf dem Kampfplatze.

Tod Amal=
rich's 11. Juli
1173.

König Amalrich hinterließ einen Sohn und zwei Töchter. Der
Sohn Balduin war aber erst 13 Jahre alt, und es entwickelte sich
bei ihm das schreckliche Siechthum des Aussatzes. Er wurde zwar
als König Balduin IV. anerkannt, es wurde ihm aber im Jahre 1173
ein Vormund in der Person des Grafen Raimund von Tripolis,
als seinem nahen Verwandten, bestellt.

König
Balduin IV.
1173.

So traurig standen die Dinge in Jerusalem, als der größte
Feind der Christen, Saladin die Herrschaft Aegyptens und Syriens
an sich riß, denn er benützte die Zwistigkeiten, welche nach Nureddin's
Tod in dessen Hause ausbrachen und brachte nach und nach alle
Länder desselben an sich; seine Herrschaft erstreckte sich endlich von
Kairo bis Aleppo und umschloß so im Halbkreise den schmalen
Küstenstrich des Reiches Jerusalem.

Während den Christen die höchste Gesahr drohte, ernannte der
kranke Balduin IV. seinen fünfjährigen Neffen Balduin V. zum
König und ließ ihn am 20. November 1183 krönen, und Graf
Raimund von Tripolis wurde zum Reichsverweser ernannt. Kurze
Zeit hierauf starb im Frühjahr 1184 Balduin IV.

König
Balduin V.
20. November
1183.

§. 27. Auch der kleine König Balduin V. starb schon im
Sommer 1186, und da seine Mutter Sibylle mit ihrem Gatten Guido
(Veit) von Lusignan die Krone beanspruchte, so entstand zwischen ihnen
und dem Reichsverweser Grafen Raimund von Tripolis, der wieder
die Krone für sich verlangte, ein Streit. Als aber Sybille als
Königin und ihr Gemahl Guido (Veit) dennoch als König aner=
kannt und gekrönt wurden, steigerte sich der Trotz Raimund's der=
art, daß er sogar ein Bündniß mit Saladin schloß und eine moha=
medanische Heerschaar in die Stadt Tiberias, die er inne hatte,
aufnahm.

§. 27.
Untergang des
Reiches Jeru=
salem.
König Guido
von Lusignan.

Graf Raimund von Tripolis hatte dann mit Saladin
einen Waffenstillstand abgeschlossen, in den auch der König Guido
(Veit) eingetreten war, und der dann mit Einwilligung Guido's

auf drei Jahr Dauer verlängert wurde. Nichts desto weniger wurde dieser Waffenstillstand durch den frechen Ritter Rainald von Cha= tillon im Frühjahr 1187 muthwilliger Weise gebrochen, indem der= selbe von seiner Burg Krak aus, in seiner Gier nach Beute, eine durch sein Gebiet, im Vertrauen auf den Waffenstillstand, ziehende muselmännische Karavane, bei der sich die Schwester (nach Andern die Mutter) Saladin's befand, angriff, und dieselbe vollständig ausplünderte.

Als Saladin hierauf Schadenersatz und Bestrafung Rai= nald's vom König Guido (Veit) verlangte, so wagte es der König nicht, einen so mächtigen Vasallen, wie es Rainald war, zu strafen, und deßhalb schwur Saladin, sich selber Genugthuung zu ver= schaffen.

Jetzt erging von ihm der Aufruf an alle Muselmänner in Mesopotamien, Syrien und Aegypten zum heiligen Krieg gegen die Christen, und überall wurde zum Kriege gerüstet. Auch die Christen sammelten sich in bedeutenden Massen, und es standen bald im Lager an der Quelle Saffuria (Sephoria) viele tausende Bogenschützen, 2000 Ritter nebst 18,000 Fußknechten da.

Am 5. Juli 1187 kam es endlich bei dem Dorfe Hattin zwischen den beiden Heeren zu einer entscheidenden Schlacht, in der aber das Kreuzheer gänzlich geschlagen und vernichtet wurde. Nur dem Grafen Raimund von Tripolis (der sich mit König Guido ausgesöhnt hatte), und dem Prinzen von Antiochien gelang es, sich mit einer kleinen Reiterschaar durchzuschlagen. Dagegen wurde König Guido, Fürst Rainald von Chatillon, der Markgraf Wilhelm von Montferrat, der Seneschall Joscelin, der Conntable Aime= rich, der Großmeister der Templer Honfroy von Toron, der Bischof von Lidda, der im Kampfe das hl. Kreuz getragen hatte, sammt allen Herren und Ordensrittern gefangen. Auch das hl. Kreuz selbst ging in der Schlacht verloren und wurde nicht mehr gefunden, obzwar es zweifelhaft bleibt, daß dasselbe den Türken in die Hände gefallen wäre.

Als durch die Vernichtung des Christenheeres die Schlacht gewonnen war, ließ Saladin die gefangenen Fürsten in sein Zelt vor sich führen. Er empfing dieselben mit Milde und Achtung, und ließ dem König Guido einen kühlenden Trank anbieten, doch als Guido die Schale dann an Rainald weiter gab, ließ ihm Saladin durch den Dolmetsch sagen: „du reichst ihm den Trank! nicht ich!" „denn ich will mit diesem Ruchlosen nichts gemein haben." Saladin

erinnerte dann Rainald an seinen Treubruch gegen die Musel=
männer, erhob sich darauf von seinem Sitze und um seinen Schwur
zu erfüllen, zog er sein Schwert und spaltete mit einem gewaltigen
Hiebe dem Fürsten Rainald die Schulter, worauf derselbe von
den hinzuspringenden Türken vollends erwürgt wurde. Auch die
Templer und Hospitaliter, die in Gefangenschaft gerathen waren,
ließ Saladin erwürgen. Der König und die anderen Fürsten, die
das gleiche Schicksal erwarteten, beruhigte Saladin aber und ließ
sie verpflegen und erquicken.

Nach der Schlacht von Hattin waren die Erfolge Saladin's *Folgen der*
nicht mehr aufzuhalten und die Folgen des Sieges waren um so *Schlacht.*
unglücklicher für das Reich Jerusalem, als der größte Theil der
streitbaren Männer des Landes bei Hattin gefallen oder in Knecht=
schaft gerathen war, so daß sich in keiner Veste oder Stadt hin=
längliche Mannschaft mehr befand. Die Burg Tiberias ergab sich
daher schon am zweiten Tage an Saladin, Akka (Ptolemais) er=
gab sich am 9. Juli, in wenigen Wochen wurden ihm dann alle
Burgen von Darum und Gerar bis nach Jerusalem und im Um=
kreise bis nach Cäsarea geöffnet. Nur die Stadt Askalon und Ga=
zaris, eine Burg der Templer, leisteten Widerstand. Wie Heuschrecken
bedeckten Saladin's Schaaren dann das Land, das sie verwüsteten.
Inzwischen führte Saladin einen Theil seiner Schaaren nach Phö=
nicien; der Graf Raimund aber, sobald er vernahm, daß Saladin
gegen sein Land ziehe, begab sich mit dem Sohne des Fürsten von
Antiochien und seiner ganzen Ritterschaft zur See von Tyrus nach
Tripolis. Aber er vermochte nicht mehr die Vertheidigung des
Landes zu ordnen; denn bald nach seiner Ankunft daselbst starb er
eines plötzlichen Todes und seine Grafschaft kam an den Sohn des
Fürsten von Antiochien.

Sarepta, Sydon, Biblus und Berytus, auf dessen Befestigung
Balduin IV. so viele Mühe verwendet hatte, ergaben sich an
Saladin. Dieser rief sodann seinen Bruder Malek-al-adel und
alle Schaaren zu sich und begann von neuem die Heerfahrt, Cäsa=
rea wurde erobert und die Moslems bedeckten das Land bis Jeru=
salem; auch Askalon wurde gegen die Bedingung der Freilassung
des Königs und 12 anderer Gefangenen, dann gegen den freien
Abzug der Einwohner mit ihrer Habe, in der Frist von 14 Tagen,
übergeben. Betreff der Freilassung des Königs wurde festgesetzt, daß
dieselbe erst im März des kommenden Jahres stattfinden solle und
der König bis dahin in Nazareth unter Bewachung bleiben solle,

weil Saladin besorgte, daß ihm durch die Freilassung des Königs die Eroberung von Jerusalem erschwert werden konnte

Belagerung von Jerusalem. Jetzt rüstete Saladin auch zur Belagerung von Jerusalem, doch wünschte er dasselbe unbeschädigt zu erhalten, und deßhalb machte er den Bewohnern Vorschläge, die aber abgewiesen wurden

Die Angelegenheiten von Jerusalem leitete jetzt Balian von Ibelin, welcher durch Bruch seines dem Sultan geleisteten Eides zu dieser Gewalt gelangt war.

Balian war nämlich unter den Gefangenen, welche bei der Eroberung von Berytus in die Gefangenschaft der Türken gekommen waren und verschaffte sich von dem Sultan seine Freilassung gegen das Versprechen, gegen Saladin nicht mehr zu fechten, und gegen die Uebergabe der Burg Ibelin. Als er daher nach Jerusalem kam, drangen die Bürger in ihn, die Regierung zu übernehmen, was er erst dann zu thun einwilligte, als ihn der Patriarch Heraklius seines Eides entband. Der Zustand Jerusalems war aber ganz zerrüttet, und da die Zahl der Belagerer unter Saladin immer mehr anwuchs und eine Vertheidigung unmöglich war, so wurde endlich mit Saladin das Uebereinkommen dahin getroffen, daß Jerusalem übergeben werde, und daß jeder Einwohner gegen ein Lösegeld von 10, jede Frau von 5 und jedes Kind von 1 Bizantyner die Stadt **Uebergabe von** frei verlassen dürfe. Am 2. Oktober 1187 wurden dann die Schlüssel **Jerusalem an** von Jerusalem übergeben und Saladin hielt dort am 3. Oktober **Saladin** seinen Einzug.
2. Oktober
1187.
Die heiligen Stätten, die vor 88 Jahren durch die Tapferkeit der Kreuzfahrer befreit wurden, kamen daher wieder in die Gewalt der Türken. Der Tempel Salamon's wurde wieder zur Moschee geweiht, die Kreuze und die Glocken der Kirchen wurden zertrümmert.

Die Noth der aus Jerusalem ausgewanderten Christen, welche durch eine türkische Eskorte bis ins Land der Christen getreu und menschlich geleitet wurden, begann aber erst im Lande der Christen selbst, denn die Pulanen*) wurden so wenig durch den Anblick des Elends ihrer Mitchristen gerührt, daß sie ihnen jede Hilfe versagten und mit Härte und Grausamkeit ihnen begegneten. Der Graf von Tripolis verschloß sogar den Unglücklichen die Thore der Stadt und ließ einen Theil derselben berauben. Einen großen Theil der Christen rettete aber der türkische Statthalter von Alexandrien in Aegypten,

---

*) Pulanen hießen die in Syrien geborenen Christen, welche die Nachkommen der Pilger waren.

welcher ihnen gestattete, den Winter in der Nähe der Stadt zu
bleiben und ihnen dann, als sie die Ueberfahrt in die Heimath wegen
ihrer Armuth nicht bezahlen konnten, diese Ueberfahrt auf den pisa=
nischen, genuesischen und venetianischen Schiffen dadurch erzwang,
daß er den Venezianern drohte, jedes Leid, was den armen
Christen auf der Ueberfahrt zugefügt würde, an jenen Kausleuten zu
rächen, die künftig ins Land kommen würden.

Noch im Oktober hatte sich Saladin auf Tyrus geworfen,
dies vertheidigte aber der Markgraf Konrad so tapfer, daß Saladin
endlich von der Stadt weichen mußte. Auch die Hauptplätze Nord=
syriens, Tripolis und Antiochien konnten eben so wenig wie Tyrus
genommen werden, denn schon nahte reiche Hilfe aus dem Abend=
lande, namentlich eine sicilische Flotte, deren Admiral Margarit dem
Sultan unumwunden sagte, er solle von der Verfolgung der Franken
ablassen, sonst würden Streitkräfte erscheinen, denen er nicht ge=
wachsen sein werde.

C) Der dritte Kreuzzug. (1189—1192.)

§. 28. Die Nachricht von den Verlusten der Christen in
Syrien erweckte in Europa allgemeine Bestürzung und spornte Fürsten
und Ritter zu neuen Thaten an. Die erste Hiobspost über die Ver=
luste der Schlacht bei Hattin und der Gefangennahme des Königs
erhielt Papst Urban III. am 11. Oktober 1187, als er eben im
Begriffe stand, den Bannstrahl gegen Kaiser Friedrich I. zu schleu=
dern. Der Schmerz darüber brach den alten Mann, so daß er schon
am 20. Oktober starb. Sein Nachfolger Gregor VIII. widmete
sich dann ausschließlich der Sache Jerusalems und begeisternde Rund=
schreiben um Hilfe gingen an alle Höfe und Fürsten. Am 17. De=
zember 1187 starb zwar Gregor VIII. schon, aber sein Nachfol=
ger Clemens III. wirkte mit gleichem Eifer für die Sache des
Kreuzes.

Die Fürsten und Städte Italiens rüsteten zur Heerfahrt nach
Syrien und die erste Flotte, welche König Wilhelm von Sicilien
von 50 Galeren und 500 Rittern 1188 unter dem Admiral
Margarit sandte, war es, die Tyrus, wie oben erwähnt, zu
Hilfe kam.

Indessen wurden die Hauptrüstungen von den drei mächtigsten
Fürsten der Christenheit, dem Kaiser von Deutschland und den
Königen von Frankreich und England und deren Völkern gemacht.

§. 28.
Das Abend=
land nach dem
Falle Jeru=
salems 1187.

Am 27. März 1188 wurde zu Mainz eine Reichsversammlung (der Hoftag Gottes genannt) abgehalten, in welcher das päpstliche Schreiben vorgelesen wurde und wo auch der Kaiser Friedrich I. aus den Händen des Bischofs Gottfried das Kreuz nahm. Seinem Beispiele folgten Fürsten, Geistliche, tausende von Rittern und un ermeßlich viel Volk.

Der Aufbruch des Kreuzheeres wurde auf den 23. April 1189 bestimmt und es wurde zum Zuge die alte Straße von Gottfried von Bouillon durch Ungarn gewählt, weßhalb auch ein Gesandter an den König Béla III. nach Ungarn geschickt wurde, um mit ihm über den Durchzug und die Verpflegung des Heeres zu unter= handeln. Ebenso ging auch eine Gesandtschaft an den griechischen Kaiser Isaak Comnenus und den Sultan Arslan II. ab.

Der Abmarsch des Heeres ging im April 1189 von Regens= burg aus, doch dürften es nur 100,000 Mann oder nicht viel darüber gewesen sein, die der Kaiser unter seinem Befehle vereinigte. Die Fürsten, die den Kaiser begleiteten, waren: sein zweiter Sohn

Zug des
deutschen
Kreuzheeres
durch
Griechenland
1189.

Herzog Friedrich von Schwaben, die Herzoge von Meran, Ottokar von Steiermark, Markgraf von Baden, Graf Adolf von Holstein und Graf Ruppert von Nassau. Durch Ungarn ging der Zug ohne Anstand, der griechische Kaiser aber ließ die Gesandten Friedrich's in den Kerker werfen, weil er befürchtete, daß Friedrich Konstantinopel erobern wolle. Das Kreuzheer fand daher auf dem Weitermarsche durch die Bulgarei statt den verheiße= nen Unterstützungen nur verlegte Pässe und Verhaue, und Haufen von Bulgaren, die durch griechisches Geld gewonnen waren, um= schwärmten und tödteten die Verirrten und Nachzügler der Pilger. In Folge dieser Feindseligkeiten behandelten die Deutschen das Land ebenfalls als feindliches Land, und die festen Plätze wurden von den Deutschen mit stürmender Hand genommen. In Adrianopel blieben die deutschen Kreuzfahrer über den Winter liegen und da Isaak sah,

daß er einlenken müsse, so gab er die Gesandten Friedrich's wieder frei und es kam dann im Februar 1190 ein Vertrag zu Stande, worin Isaak versprach, das Kreuzheer mit der nöthigen Zufuhr zu versorgen.

Die Ueberfahrt über den Helespont dauerte sechs Tage, aber auch in Asien waren die Schwierigkeiten nicht geringer, indem die Seldschuken von Iconium ebenfalls treulos waren und allenthalben brachen dann türkische Reiter hervor und fielen den Zug an.

Endlich am 17. Mai kam das Kreuzheer vor Iconium an; am 18. Mai wurde das Heer der Seldschufen geschlagen und Iconium erstürmt. Makelschah, Sultan von Iconium, flüchtete aber mit seinem Vater Kilidsch Arslan und den reichsten Einwohnern mit ihren Schätzen in die, in der Mitte von Iconium liegende feste Burg. Die Beute, welche die Kreuzfahrer in Iconium fanden, war sehr groß und wurde auf 10,000 Mark Silber geschätzt; noch willkommener aber war den Pilgern die große Zahl von Rossen und Maulthieren, dann der Ueberfluß an Korn, Oel, Lebensmitteln und Früchten, so daß sie sich hier erholen konnten. Gleich darauf erschienen Boten des Sultans Kilidsch Arslan, welche um Frieden baten, den ihnen Kaiser Friedrich auch mit der Bedingung bewilligte, daß die Türken das Kreuzheer mit Lebensmitteln zu versorgen übernehmen und dafür 10 Emire und 10 andere vornehme Türken als Geißeln gaben.

Iconium erstürmt. 18. Mai 1190.

Am 26. Mai ging sodann der Zug weiter durch Cilicien dem Taurus zu. Am 9. Juni kam das Heer am Ufer des Salef, Kalykadmus, nicht ferne von Selucia an; der Kaiser war dem Heere vorausgeeilt und wollte den Fluß überschreiten. Gegen den Willen seiner Begleiter setzte der greise, 70 Jahre alte Fürst in den Bergstrom (Kalykadmus), wurde darin fortgerissen und ertrank. Der Tod des Kaisers war für das deutsche Kreuzheer ein Unglück, er löste die Bande, welche die Schaaren bisher zusammengehalten hatten, auf, und Viele schifften sich nach dem Vorfalle schon nach wenigen Tagen an der cilicischen Küste nach Europa wieder ein. Eine immerhin noch beträchtliche Menge aber folgte der Führung des Herzog Friedrich von Schwaben, und Fürst Leo von Armenien nahm sie freundlich auf. Als sie aber in mehrere Haufen getheilt, das antiochische Gebiet betraten, stießen sie auf die Truppen Saladin's und erlitten enorme Verluste, so daß auf dem Markte in Haleb gefangene Deutsche schaarenweise als Sklaven verkauft wurden. Mit dem Reste erreichte Herzog Friedrich am 21. Juni Antiochien und bestattete dort den Leichnam Friedrich's I. In Antiochien brach aber die Pest aus, welcher tausende der Deutschen sammt den Bischöfen, Fürsten und Grafen erlagen.

Tod Friedrich's I. 9. Juni 1190.

Das Schicksal des deutschen Kreuzheeres.

Mit dem restlichen kleinen Häuflein der Ueberlebenden begab sich Herzog Friedrich im Herbste 1190 in das Lager der Christen vor Akkon, um dort selbst in ein frühes Grab zu sinken, indem er am 20. Januar 1191 an einem hitzigen Fieber starb.

Tod des Herzogs Friedrich von Schwaben 20. Januar 1191.

§. 29.
Der Zug
anderer
deutscher
Pilger.

§. 29. Eine bedeutende Zahl der deutschen Pilger war aber nicht mit dem Kaiser Friedrich auf dem Landwege gezogen, sondern schlug aus Köln den Rhein hinab den Weg zur See ein, um auf diesem Wege nach Syrien zu gelangen. An der Meeresküste vereinigten sie sich mit anderen dänischen, friesischen und flandrischen Geschwadern zu einer Flotte von mehr als 50 Segeln und fuhren um Frankreich und Nordspanien herum zunächst nach Lissabon. Hier bat sie König Sancho I. ihm bei der Eroberung der Festung Alvor bei Silves behilflich zu sein. Die Pilger halfen ihm auch diese Burg erobern, wobei sie mehrere tausend Muselmänner erschlugen und setzten dann wieder ihren Weg nach Syrien fort.

§. 30.
Gründung des
deutschen
Ritterordens
1190.

§. 30. Der Kreuzzug des deutschen Kaisers gab die Veranlassung zur Gründung eines neuen Ritterordens. — Schon im Jahre 1128 bestand in Jerusalem ein deutsches Krankenhaus, und es hatte sich eine Art Ordensverbindung unter dem Titel der „Brüder des Sct. Marien-Hospitales zu Jerusalem" gebildet, wurde aber später nicht sehr beachtet. Als vor Akton (Akre) die Deutschen harte Schicksale erfuhren, errichteten einige Lübecker und Bremer Bürger aus ihren Segeln nothdürftige deutsche Hospitäler und an diese schloß sich der erste Verein an. Der Herzog Friedrich von Schwaben beschloß 1190 aus den Brüdern des deutschen Hospitales einen neuen Orden zu bilden, welcher der deutsche Ritterorden genannt wurde. König Heinrich VI. und Papst Clemens III. gaben dem Orden ihre Bestätigung und er erhielt sowohl in Orient, als auch in Italien, Deutschland, Ungarn und Siebenbürgen reiche Güter und wichtige Privilegien.

§. 31.
Kreuzzug
König
Richard's I.
(Löwenherz)
und König
Philipp's II.
1190.

§. 31. In derselben Zeit, als Deutschland zum heiligen Kriege rüstete, ging es in England und Frankreich stürmisch her. Heinrich II. von England und König Philipp II. von Frankreich lagen im Streite. Als der Fall von Jerusalem bekannt wurde, nahm der Sohn König Heinrich II., der Herzog Richard von Aquitanien und Graf von Poitou, mit dem Beinamen „Löwenherz" das Kreuz. Auch sein Vater Heinrich II. wollte, so wie Philipp, das Kreuz nehmen. Deßhalb ließen sie ihren Streit ruhen und versöhnten sich in einer persönlichen Zusammenkunft unter der berühmten Ulme, am sogenannten heiligen Felde zwischen Gisors und Trie, die vom 13. bis 21. Januar 1188 währte. Die beiden Könige ordneten dann zum Besten des Kreuzzuges in ihren Ländern den sogenannten Saladinszehent an, eine Steuer nämlich, vermöge welcher alle jene, die nicht das Kreuz genommen hatten, von allen ihren Einnahmen den zehnten Theil zum Vortheile der Kreuzbrüder entrichten mußten. Als die beiden Könige das Kreuz nahmen, schlossen sich ihnen auch die vornehmsten Vasallen an. Der Aufbruch beider Könige sollte aber nicht sobald geschehen, weil der Zwist zwischen ihnen beiden wieder von neuem losbrach und Richard ließ sich sogar zu einem Bündniß mit Frankreich gegen seinen eigenen Vater, Heinrich II., verleiten. Unterdessen starb aber Heinrich II. am 6. Juli 1189 und so wurde nun Richard I. König von England.

Jetzt rüsteten beide Könige eifrig zum heiligen Krieg und verabredeten den gemeinschaftlichen Zug.

Beide Könige trafen sodann im Frühjahre 1190 mit ihren Heeren in Vezelai zusammen und zogen gemeinsam nach Lion und da das gemeinschaftliche Heer über 100,000 Streiter betrug, so trennten sie sich hier wegen der Verpflegung, Philipp ging nach Genua und Richard nach Marseille, in Messina sollten sie sich wieder vereinigen, um zur See nach Syrien zu gelangen.

In Messina vereinigten sich sodann die beiden Könige auch wieder. In den ersten Tagen war ihr Einverständniß ungestört, doch bald brach die alte Zwietracht zwischen denselben wieder hervor. König Philipp war neidisch des Ansehens wegen, welches Richard mit seinem Prunke erregte und welcher mit dem wenig königlichen Auftreten Philipp's nicht übereinstimmte. *Das englisch=französische Heer in Messina 1190—1191.*

Der König Wilhelm von Sicilien war indessen gestorben und hinterließ die Witwe Johanna, welche eine Schwester König Richard's war. Ueber das der Königin Johanna gebührende Wittthum kam nun Richard mit dem jetzigen König von Sicilien, Tankred, in Streit, in welchen sich auch das sicilianische Volk mischte, da es den Engländern wegen ihrem, die Italiener verachtenden Betragen, gram war. Als nun eines Tages ein englischer Pilger beim Ankaufe von Brot von den Sicilianern mißhandelt wurde, gab dies die Veranlassung zu dem Ausbruche der gegenseitigen Feindschaft zwischen den Sicilianern und Engländern, und die Erbitterung stieg so hoch, daß die Bürger von Messina die Stadt schlossen und von den Wällen die Engländer beschossen. Als hierauf Messina von den Engländern unter Führung des Königs Richard erstürmt wurde, und unter den Sicilianern auch französische Pilger gegen die Engländer gefochten und selbst König Philipp sich für die Sicilianer gewappnet hatte, ja sogar Anspruch auf einen Theil der von den Engländern gemachten Beute erhob, so fachte dies die Feindschaft zwischen den beiden Nationen von Neuem und noch mehr an. Endlich

3*

8. October
1190.

kam aber eine Versöhnung zwischen den beiden Königen dennoch wieder zu Stande, so daß sich dieselben am 8. October 1190 für die Dauer der Heeresfahrt Treue zuschwuren. Auch mit dem König Tankred wurde der Friede wieder geschlossen. Lange jedoch dauerte der Friede der beiden Könige von Frankreich und England nicht, die Mißhelligkeiten erneuerten sich wieder und zu alldem kam noch der Umstand, daß sich Richard mit Berengaria, Tochter des Königs Sancho V. von Navarra verlobte und seine früher ver= lobte Braut Alix, Schwester des Königs von Frankreich, aber unter dem Vorwande, daß dieselbe früher mit seinem Vater, dem König Heinrich gelebt habe, verstieß. Sehr natürlich war es, daß Philipp's Unwille über die seiner Schwester widerfahrene Schmach noch mehr gereizt wurde. Unter mehrmaligem Wechsel von Streit und scheinbarer Versöhnung brachten die beiden Könige die übrige Zeit ihres Zusammenseins in Messina zu, und wenn auch nicht offener Streit zwischen ihnen wieder ausbrach, so dauerte doch ihre leidenschaftliche Verstimmung fort.

Abfahrt des
französischen
Heeres
30. März
1191.

Am 30. März 1191 endlich lichtete die französische Pilger= flotte die Anker und König Philipp verließ Sicilien nicht ohne inneren Groll gegen König Richard. Die Flotte steuerte geraden Weges gegen Affon (Ptolomais) und kam dort ungefährdet an.

Am selben Tage, an dem König Philipp die Fahrt antrat, führte König Richard seine Mutter Eleonora und seine Braut Berengaria, welche er von Reggio eingeholt hatte, in Messina ein; aber nur einige Tage verweilte Eleonora bei ihrem Sohne, begab sich dann in Begleitung des Erzbischofs Walter von Rouen und des Ritters Gilbert von Gascncil über Salerno wieder nach Neapel und kehrte von dort nach England zurück, denn der König verlangte sehr, nachdem die Vorbereitungen zur Fahrt beendet waren, dem König von Frankreich nachzufolgen.

Abfahrt des
englischen
Heeres
10. April
1191.

12. April
1191.

Am 10. April segelte Richard mit 200 größtentheils eng= lischen Fahrzeugen ab. Auf einem Schiffe an der Spitze befand sich die verwitwete Königin Johanna, Schwester Richard's, dann die Prinzessin Berengaria; Richard selbst aber auf einem Schiffe im letzten Treffen. Am 12. April erhob sich ein Sturm, der die Flotte zerstreute, wo einige von den Schiffen auf der Insel Cypern scheiterten, auch das Schiff mit der Königin und Prinzessin landete in Cypern. Damals herrschte auf dieser Insel, welche zum byzan= tinischen Reiche gehörte, der komnenische Prinz Isaak als ihr Kaiser; er ließ die gestrandeten Kreuzfahrer ausplündern und suchte die

Königin und die Braut Richard's in seine Gewalt zu bekommen; doch am 6. Mai landete Richard auf der Insel, und da Isaak jede Genugthuung verweigerte, so schritt Richard sofort zum Angriff auf die griechischen Truppen. Diese wurden geschlagen, und überließen die Stadt und Landschaft Limissol den siegreichen Engländern.

Eroberung der Insel Cypern 6. Mai 1191.

Am 11. Mai landeten drei Schiffe im Hafen von Limissol, auf denen sich König Guido von Jerusalem und mehrere vornehme Fremde befanden, welche schon hier den König Richard für ihre Absichten zu stimmen wünschten. Richard nahm sie mit großer Auszeichnung auf und feierte in der prunkvollsten Art am 12. Mai seine Hochzeit mit Berengaria.

Da Isaak Komnenes nach Famagosta entfloh, so eroberte Richard sodann in 15 Tagen die ganze Insel, ernannte zwei englische Ritter Richard von Canvill und Robert von Torneham zu Statthaltern derselben, und nachdem er so den Besitz der Insel gesichert hatte, landete er am 5. Juni bei Akkon (Acre).

Richard's Landung in Syrien 5. Juni 1191.

§. 32. Während den Zurüstungen im Abendlande zu dem neuen Kreuzzuge, hatten sich auch im hl. Lande die Verhältnisse anders gestaltet. Nach dem Verluste von Jerusalem beherrschte die christlichen Fürsten des gelobten Landes, welche entweder an der Schlacht bei Hattin keinen Antheil genommen hatten, oder die der Gefangenschaft entronnen waren, Muthlosigkeit und Verzweiflung. Nur der Markgraf Conrad von Montferrat, Sohn des in der Schlacht bei Hattin gefangenen alten Markgrafen von Montferrat behauptete die Stadt Tyrus. — Conrad von Montferrat hatte zu der Zeit, als die Nachricht von dem Verluste der Christen nach dem Abendlande kam, das Kreuz genommen, begab sich dann zum Kaiser Isaak nach Konstantinopel, wo er die Schwester des Kaisers Isaak, Theodora, heirathete, dem Kaiser wider den Empörer Alexius Branas wesentliche Dienste leistete, und sich dann mit seinen Rittern nach Ptolemais verfügen wollte. Er kam in dem Hafen von Ptolemais nach der unglücklichen Schlacht von Hattin an, und da er von der Einnahme dieser Stadt durch Saladin noch nichts mußte, so wäre er im Hafen von Ptolemais bald in die Gefangenschaft der Türken gerathen, wenn ihm das Glück nicht gestattet hätte, zur rechten Zeit noch nach Tyrus zu entkommen. Seine Ankunft daselbst verhinderte den Verlust dieser wichtigen Stadt, denn Rainald von Sidon war in diese Stadt geflohen und unterhandelte mit Saladin schon wegen ihrer Uebergabe. Die Bewohner

§. 32. Zustand der Christen in Syrien nach dem Verluste von Jerusalem 1187—1191.

Markgraf Konrad als Vertheidiger von Tyrus 1187.8.

von Tyrus nahmen daher den Markgrafen Conrad mit Freuden auf, und übertrugen ihm das Fürstenthum dieser Stadt, worauf Rainald und sein Anhang in der Nacht auf einem Schiffe nach Tripolis entsloh. Obzwar nun Saladin die Stadt belagerte und ihr hart zusetzte, so vertheidigte Conrad dieselbe so nachdrücklich, daß sich endlich Saladin im Januar 1188 zur Aufhebung der Belagerung entschloß.

Im Winter 1187/8 rüsteten aber sowohl Muselmänner als auch Christen, und den Letzteren ward Hilfe aus dem Abendlande; so kam vom König Wilhelm von Sicilien eine Flotte mit 300 Rittern unter dem Admirale Margarit gerade in der Zeit im Hafen von Tyrus an, als Sultan Saladin den Krieg gegen die Christen wiederum begonnen hatte. Markgraf Conrad sandte dann diese Flotte mit einem Theile seiner Miliz dem durch Saladin geäng=stigten Tripolis zu Hilfe, und dieser unternahm sodann gegen Tripolis keinen Angriff mehr, sondern begnügte sich mit der Verwüstung des Landes.

Erfolge Saladin's. Im Juli 1188 begann Saladin den Kampf mit den Christen von Neuem, er wollte vornehmlich das Fürstenthum Antiochien unterjochen, und es wurden von ihm in diesem Fürstenthume die Städte Dschabalach am 15. Juli, die Stadt Laodicea am 21. Juli, die feste Stadt Sehjun am 29. Juli und die Burgen Bakas, Schogas, Sarmenia, Brusia, Derbasak und Bagras eingenommen. Jetzt be=sorgte Fürst Boemund für die Stadt Antiochien Alles und nahm daher einen ihm bewilligten schimpflichen Waffenstillstand von 7 Mo=naten an, vermöge dem er nicht nur alle in den Städten und Burgen des Fürstenthums befindlichen muselmännischen Gefangenen ohne Lösegeld frei gab, sondern sich auch verpflichtete, falls innerhalb dieser Frist keine fremde Hilfe ihm zum Theil werden sollte, nach Ablauf derselben die Stadt Antiochien dem Fürsten zu überantworten.

15. Juli 1188.
21. " "
29. " "

Von der Erfüllung dieses schimpflichen Vertrages wurde aber der Fürst zum Glücke durch die Ankunft einer sicilianischen Flotte befreit.

Der Sultan Saladin eroberte dann noch die Burgen Krak, Kaubek und Safed, befestigte von Neuem wieder Ptolemais (Februar und März 1189) und übertrug die Vertheidigung dieser mächtigen Stadt den tapferen Bohaeddin Karaküsch und Husameddin Baschara, die er zu Statthaltern ernannte.

Als dann der König Guido (Veit) nicht im März 1188, wie es ausgemacht war, sondern erst im Mai 1188 mit den 12 anderen

Gefangenen in Freiheit gesetzt wurde, sammelte er zu Tripolis die aus dem Abendlande neu angekommenen Pilger und suchte dann über Tyrus seine königliche Gewalt zu behaupten. Da aber Conrad die Stadt Tyrus als ihm gehörig betrachtete, so weigerte er Guido den Eintritt in die Stadt, weßhalb König Guido dann den Entschluß, Akkon (Ptolemais) zu belagern, faßte, obzwar er ursprünglich nicht mehr als 700 Ritter und im Ganzen höchstens 9000 Streiter hatte.

Die Belagerung von Ptolemais war auch die einzige Maßregel, welche die noch übrigen Besitzungen der Christen in Syrien retten konnte. Auch war der Besitz dieser Stadt als der Schlüssel von Syrien für beide Parteien von Wichtigkeit. Die Stadt Akkon liegt auf einer Landspitze der sich fast 2 Stunden in das Land erstreckenden Meeresbucht, eine von tiefen Gräben umgebene doppelte Mauer mit einer großen Zahl von Thürmen schützte die Stadt und gab ihr ein unbezwingbares Ansehen; auch den Eingang in den Hafen beherrschten zwei mächtige Thürme, und König Guido konnte Anfangs kaum die Hälfte der Landseite der Stadt mit seinen Streitern einschließen.

Als König Richard vor Akkon gelandet war, hatte es schon König Guido bereits fast zwei Jahre lang belagert. Die Türken vertheidigten die Stadt mit der größten Tapferkeit, weil sie auf Entsatz durch Saladin, welcher in der Nähe lagerte, rechneten. Da aber dem König Guido stets Verstärkungen durch die Zuzüge aus dem Abendlande und durch die Trümmer des deutschen Heeres zukamen, so war es Saladin unmöglich geworden, der bedrängten Stadt den Entsatz zu bringen, und so stieg die Noth der Belagerten immer höher. Als daher auch die Franzosen und Engländer ankamen, so wurde unter ihnen verabredet, daß diese Nationen die Bestürmung Tag für Tag abwechselnd übernehmen. Dieser Wetteifer in der Tapferkeit brachte es daher endlich dahin, daß die Belagerten am 12. Juli 1191 die Stadt unter der Bedingung übergaben, daß man ihnen freien Abzug gestatte, ohne etwas mehr als die Kleider mitnehmen zu dürfen, und daß der Sultan den beiden Königen 200,000 Goldstücke für die Lösung der Gefangenen zahlen solle.

Belagerung von Akkon (Akre), (Ptolemais).

Capitulation von Akkon 12. Juli 1191.

Am 12. Juli öffneten die Vertheidiger Akkon's die Thore und die Christen drängten hinein, König Philipp und König Richard theilten die Stadt und die Güter unter einander und pflanzten ihre Banner auf die Thürme. Hiebei kam es vor, daß, als Herzog Leopold V. von Oesterreich, der ebenfalls bei der Belagerung Akkons mit den Seinen thätig gewesen war, sein Banner auf einem der Thürme aufgepflanzt hatte, der stolze Richard dieses Banner herunterreißen und in Koth treten ließ. Herzog Leopold war zu schwach, um widerstehen zu können, und verschob die Rache auf eine gelegenere Zeit, die auch später den König Richard schwer traf; Leopold verließ daher die Stadt und nahm sein Lager vor den Thoren derselben. Zwischen Richard und Philipp wurde jedoch der Zwist immer größer und es fielen so harte Worte, daß Philipp heimzukehren beschloß. Richard war empört über dieses

Rückkehr König Philipp's in die Heimath 31. Juli 1191.

Vorhaben, doch war er zu stolz, um Philipp Hindernisse in den Weg zu legen, und begnügte sich bloß mit dem eidlichen Versprechen Philipp's, daß dieser während der Abwesenheit Richard's nichts feindliches gegen England unternehmen werde. Hierauf theilte sich das französische Heer, eine beträchtliche Schaar unter dem Oberbefehle Herzogs Hugo von Burgund, unter Heinrich von Champagne und anderen großen Herren blieben zur Fortführung des Krieges in Syrien, und der Rest schiffte sich mit dem Könige Philipp am 31. Juli 1191 zur Fahrt in die Heimath ein.

Zwischen Richard und Saladin entstanden aber wegen des ausbedungenen Lösegeldes für die Besatzung von Akkon Mißhelligkeiten, und als Saladin dieses Lösegeld nicht sogleich herbeischaffen konnte, ließ Richard 2500 der Gefangenen am 20. August 1191 auf eine Wiese hinausführen und dieselben dort niedermetzeln. Eine That, die Richard zum ewigen Schandmal gereicht.

§. 33. Der weitere Erfolg des Kreuzzuges.

§. 33. Die Aufgabe, die jetzt das Kreuzheer zu erfüllen hatte, lag deutlich vor; es galt Saladin's Kriegsmacht zu zerstreuen und Jerusalem zu nehmen. Statt dessen aber schritt man zur Eroberung von Askalon (der Braut von Syrien). Unter großen Schwierigkeiten und Entbehrungen kam das Heer in die Umgegend

Schlacht bei Arsuf 7. September 1191.

von Arsuf, wo am 7. September Saladin in einer blutigen Schlacht, wo 300,000 Muselmänner gegen 100,000 Kreuzfahrer standen, besiegt wurde. Da sodann das Kreuzheer längere Zeit bei Joppe unnütz lagerte, benützte Saladin die Zeit und zerstörte

Zerstörung von Askalon.

lieber Askalon, damit es nicht in die Hände der Feinde komme. Statt aber einen ernsten Vorstoß gegen Jerusalem vorzunehmen, verlor Richard die Zeit durch Heldenthaten in Abenteuern und im Vorpostenkriege mit den Muselmännern, wo er durch die Kraft seines Armes und durch seine Verwegenheit ein solcher Schrecken der Feinde wurde, daß die muselmännischen Mütter ihre Kinder mit dem Namen Richard schreckten. Durch dieses Zögern wurde die Disciplin im Heere aber sehr geschädigt, und da Richard aus der Heimath die Nachricht erhielt, daß sein Bruder Johann sich des Reiches bemächtigen wolle, so dachte er an seine Rückkehr und knüpfte mit Saladin verschiedene Unterhandlungen wegen Jerusalem an, von denen er dann aber immer wieder abging. Endlich zog er gegen Neujahr 1192 gegen Jerusalem, gab aber den Marsch wieder auf und kehrte gegen Askalon zurück, wo er den Wiederaufbau der Stadt befahl.

Ermordung des Markgrafen Konrad 28. April 1192.

Richard ernannte hierauf den Markgrafen Konrad von Tyrus zum König von Jerusalem und gab dafür dem König Guido die Insel Cypern als englisches Lehen. Als aber Markgraf Konrad am 28. April 1192 von zwei Assasinen ermordet wurde und Graf Heinrich von Champagne die schwangere Witwe Konrad's heirathete, so überging auf ihn die Krone von Jerusalem.

Graf Heinrich von Champagne wird König von Jerusalem 1192.

Am 10. Juni 1192 zog Richard abermals gegen Jerusalem, und der Zeitpunkt war auch günstig, da dessen Wehrkraft verhältnißmäßig gering war; doch obzwar das ganze Heer die Eroberung Jerusalems verlangte, blieb Richard mehrere Wochen in Beitnubach liegen, plünderte Karavanen, verlor den großen Zweck ganz aus den Augen, kehrte am 4. Juli endlich in seinem Wankelmuthe wieder um und zog an die Küste.

In Akre war Richard schon im Begriffe, sein Schiff zur Heimkehr zu besteigen, als er die Nachricht erhielt, daß Saladin Joppe bedränge, sogleich ging Richard mit einigen Fahrzeugen dorthin unter Segel; die Stadt fand er schon erobert und die Christen nur noch im Besitze der Burg. Dennoch drang er unverzagt mit den Seinen ins Meer, gewann das Ufer, trieb die Türken im ersten Anlaufe aus der Stadt (1. August 1192), dann verfolgte er dieselben, auf dem Wege nach Ramala, und bezog mit seinen Truppen, kaum 1000 Mann stark, ein Lager vor der Stadt. Am Morgen des 5. August wurde er aber von zahlreicher türkischer Reiterei überfallen, während Saladin mit dem Fußvolke Joppe bestürmte. Kaum konnte Richard den Kettenpanzer anlegen, und da nur er und 10 Begleiter Pferde hatten, so ließ er die übrige Mannschaft dicht zusammentreten, die Schilde vorhalten und die Lanzen schräg in den Boden stemmen. Hinter je zwei Reitern stand ein Armbrustschütze und so hielt er sechsmal den Ansturm der Türken aus, dann aber befahl er den Angriff und mit seinen zehn Reitern rannte er unter die Feinde, Alles vor sich niederwerfend und auseinandersprengend, und

Richard I. in Joppe 1. August 1192.

alle Reihen des Feindes durchbrechend. — Als er nun mitten im Kampfe die Nachricht erhielt, daß die Feinde in die Stadt eingedrungen seien, sprengte er mit seinem Bannerträger und fünf Rittern durch das Thor der Stadt, rannte die Türken nieder und verbreitete einen solchen Schrecken, daß Alle vor ihm, wie vor einem hungrigen Löwen (nach der Chronik) davonliefen. Am Abend war Richard im Besitze des Schlachtfeldes.

§. 34.
Waffenstillstand mit Saladin 11. September 1192.

§. 34. Da Richard voll unruhiger Hast nach Hause drängte, so gab er in den Verhandlungen mit Saladin immer mehr nach, bis am 1. September 1192 ein schmachvoller dreijähriger Waffenstillstand zu Stande kam, vermöge dessen Jerusalem in den Händen der Muselmänner blieb, das heilige Kreuz nicht ausgeliefert wurde, die Christen nur die Küste von Joppe bis Tyrus, nebst den Resten der nordsyrischen Besitzungen behielten, ihnen aber als friedlichen Pilgern der Besuch des heil. Grabes gestattet wurde, Askalon aber geschleift werden sollte.

Schmerz und Wuth erfüllten deßhalb die Herzen der Christen, als sie diesen schmachvollen Vertrag erfuhren.

§. 35.
König Richard's Rückkehr 9. Oktober 1192.

Gefangennahme Richard's 21. Dezember 1192.

§. 35. König Richard sandte Ende September seine Gattin Berengaria und seine Schwester Johanna in die Heimath und verließ am 9. Oktober 1192 selbst Syrien. Da ihm am Kontinente überall Feinde auflauerten, so zog er verkleidet durch Friaul und Kärnthen nur mit einem Diener bis Erdberg bei Wien, wo er durch das fremde Geld bei den Einkäufen am 21. Dezember 1192 verrathen und vom Herzog Leopold gefangen wurde. Herzog Leopold von Oesterreich ließ den König Richard in der Burg Dürrenstein in strengen Gewahrsam legen und lieferte ihn am 23. März 1193 hierauf gegen 50,000 Mark Silber an den Kaiser Heinrich VI. von Deutschland aus, der Richard erst am 4. Februar 1194 gegen Ablegung des Lehenseides und Zahlung von 150,000 Mark Silber die Freiheit gab.

§. 36.
Saladin's Tod 3. März 1193.

§. 36. Saladin starb schon am 3. März 1193 und obzwar sein Reich unter seine 13 Söhne getheilt wurde, so gelang es doch seinem Bruder Almelik Aladil sich von Stufe zu Stufe emporzuarbeiten und die Herrschaft ganz an sich zu reißen.

D) Der vierte Kreuzzug. (1197—1204.)

§. 37. Obzwar im Abendlande jetzt nach den bereits vielfach gebrachten Opfern die Lust, neue Kämpfe für Jerusalem zu wagen, ziemlich erkaltet war, trat doch im Jahre 1194 der kraftvolle und hochsinnige Kaiser Heinrich VI. von Deutschland für einen neuen Kreuzzug auf. Am Bosporus regierte noch immer der elende Isaak Angelus, derselbe wurde aber durch seinen Bruder Alexius gestürzt, geblendet und sammt seinem unmündigen Sohn Alexius am 8. April 1195 gefangen genommen, worauf dann sein Bruder als Alexius III. den Thron bestieg. Da die Tochter Isaak's, die schöne Irene, die Witwe des Normannenfürsten Roger, dem Bruder des Kaisers Heinrich zur Gattin bestimmt war, so konnte Heinrich nun als Vertheidiger für die Anrechte der jungen Prinzessin eintreten, was ihm um so erwünschter war, als er den Kaiser von Konstantinopel, Alexius III., zu demüthigen wünschte.

§. 37. Kreuzzug Kaiser Heinrich's VI. 1197.

Am 31. Mai 1195 nahm Heinrich VI. in Bari das Kreuz und auf dem Reichstage zu Worms im Dezember 1195 verlangte dann das Volk und der Adel mit gleichem Enthusiasmus das Kreuz, wie zur Zeit des ersten Kreuzzuges.

Kaiser Heinrich VI nimmt das Kreuz 31. Mai 1195.

Die ersten Pilgerschaaren zogen schon im Winter 1196 auf 1197 nach Apulien, wo Lebensmittel und Schiffe für sie bereit standen, und schon im März 1197 segelten bereits 30 Schiffe von dort nach Syrien. Bald darauf vereinigten sich an der apulischen Küste neue Haufen in der Gesammtstärke von 60,000 Mann, sowie eine Flotte von 44 Schiffen mit vielen tausend Deutschen, welche bereits in Lissabon gegen die Muselmänner gekämpft hatten. Anfangs September stach die ganze Armada unter dem Befehle des kaiserlichen Kanzlers Konradin in die See und kam am 22. September in Akkon an.

Kreuzzug der deutschen Pilgerschaaren. März 1197.

September 1197.

Kaiser Heinrich blieb aber wegen häuslichen Angelegenheiten noch im Normannenreiche zurück.

Der Anfang der Kämpfe im heiligen Lande war aber nicht glücklich, denn Ende August 1197 wurde Joppe von Almelik Aladil erstürmt und die Besatzung niedergehauen, dazu verlor der König von Jerusalem, Heinrich von Champagne am 10. September 1197 durch einen Sturz aus dem Fenster das Leben, worauf unter den Christen der Streit betreffs seines Nachfolgers entstand. Als aber sodann Almerich von Cypern von den Deutschen zum König

Tod König Heinrich's von Champagne 10. September 1197.

Almerich II. von Cypern, König von Jerusalem.

von Jerusalem gewählt wurde, verließen deßhalb alle aus dem dritten Kreuzzuge noch anwesenden Franzosen Syrien.

Am 24. Oktober 1197 erfochten die Kreuzfahrer zwar einen vollständigen Sieg über Almelik Alabil bei Sidon und planten dann den Zug gegen Jerusalem; da ihnen aber babei die schmerzliche Kunde wurde, daß Kaiser Heinrich VI., erst 32 Jahre alt,

Tod Kaiser Heinrich's VI. 28. September 1197.

am 28. September gestorben sei, so scheiterte dieser von ihm unternommene Kreuzzug, denn nach dessen Tod wich der rechte Geist von dem Heere; wenige Wochen hierauf traten dann die Pilger die Heimfahrt nach Italien und Deutschland an und König Almerich mußte froh sein, daß Alabil ihm einen Waffenstillstand für einige Jahre gewährte.

§. 38.
Kreuzzug unter dem Dogen Dandolo gegen Konstantinopel (1202).

§. 38. Als Papst Cölestin III. am 8. Januar 1198 gestorben war, wurde Innocenz III. zum Papst erwählt; der König Leo von Armenien, der nach dem traurigen Ausgange des deutschen Kreuzzuges und nach dem Tode Kaiser Heinrch's VI. zu der Macht der deutschen Staufen kein Vertrauen mehr hatte, wandte sich jetzt an den Papst, um Hilfe für das Morgenland zu erlangen und erklärte, daß er ihn für den ersten Bischof der Christenheit anerkenne. worauf Papst Innocenz Hilfe versprach. Mächtiger und eindringlicher noch als seine Vorgänger, ließ er dann den Kreuzzug predigen; die Geistlichen sollten den vierzigsten Theil ihrer Einkünfte zur Ausrüstung des Kreuzheeres opfern und die Laien den Beitrag in die Opferstöcke geben. Die Kreuzprediger Fulko, Pfarrer in Neuilly, und Martin, Abt des Cisterzienerkloster Päris im Oberelsaß bei Kolmar waren die begeisterten Kreuzprediger.

Unter den vielen Tausenden, die dann das Kreuz nahmen, waren an der Spitze: der mächtige Graf Thiebaut von Champagne und Brie, dann der Graf Ludwig von Blois und Chartres, beide nahe Verwandte des Königs von Frankreich, denen sich auch der Bischof Garnier von Troyes, der Graf Walter von Brienne, der Marschall der Champagne Gottfried von Villeharbouin, Rainald von Dampierre, Graf Simon von Montfort und viele andere edle Herren anschlossen. Später nahm auch der Graf Balduin von Flandern und Hennegau mit seiner Gemalin Maria das Kreuz.

Diese Kreuzfahrer beabsichtigten aber nach Egypten zu ziehen und sandten dann den Marschall Gottfried von Villeharbouin mit fünf anderen Rittern mit Vollmachten an die Republik Venedig, um mit derselben den Vertrag wegen der Ueberfahrt der Kreuzfahrer über das Meer nach Syrien zu unterhandeln. Es kam dann mit

der Republik Venedig der Vertrag dahin zu Stande, daß um die
Zeit des Festes Petri und Pauli des nächstfolgenden Jahres 1202
die venetianischen Fahrzeuge für die Kreuzfahrer bereit sein sollen,
wo dagegen für die Ueberfahrt und Verpflegung der Streiter und
Rosse der Betrag von 85,000 Mark Silber von den Kreuzfahrern
zu bezahlen sei.

Von den Kreuzfahrern war als Befehlshaber Graf Thibaut
erwählt worden, da derselbe aber am 25. Mai 1202 gestorben war,
so wurde dann in einer Versammlung der Grafen und Barone zu
Soisson der Markgraf Bonifac von Montferrat, Sohn des alten
Grafen von Montferrat, der in der Schlacht bei Hattin mit dem
Könige Guido in türkische Gefangenschaft gerathen war (§. 27) und
Bruder des Grafen Konrad von Montferrat, des Vertheidigers von
Tyrus (§. 31) — zum Anführer des Kreuzheeres erwählt.

Als sich jedoch die französischen und flandrischen Kreuzfahrer
im Jahre 1202 in Venedig versammelt hatten, waren sie unver=
mögend, für die Ueberfahrt den vollen Betrag von 85,000 Mark
aufzubringen, so daß ein Betrag von 34,000 Mark im Reste blieb,
und obzwar nicht die volle Zahl der Kreuzfahrer, wie sie ursprüng=
lich festgesetzt war, erschienen, so war der Doge Heinrich Dandola
am wenigsten geneigt, von dieser Forderung etwas nachzulassen, denn
schon damals faßte er den Entschluß, den Kreuzzug gegen den
griechischen Kaiser in Konstantinopel zu benützen, weil er dadurch
sowohl seiner Vaterstadt Venedig, als auch seiner Privatrache dienen
wollte, indem er unter der Regierung des Dogen Vitalis als
Gesandter der Republik zu Konstantinopel von dem Kaiser Manuel
geblendet worden war, wodurch er wohl der Schärfe des Gesichtes,
aber doch nicht des völligen Gebrauches der Augen beraubt wurde.

Dem Dogen Dandolo war daher die Verlegenheit der fran=
zösischen Barone nicht unwillkommen, weil sie ihm die Gelegenheit
zur Durchführung seiner Pläne gab. — Hiezu kam noch ein günsti=
ges Ereigniß, das dem Kreuzzuge die bestimmte Richtung gab: dem
gefangengehaltenen Sohne des Kaisers Isaak Angelus, Alexius,
gelang es nämlich, aus der Haft zu entfliehen und dieser Prinz
wendete sich nun um Hilfe gegen den Thronräuber Alexius III.
(§. 37) an den Papst Innocenz. Die Gesandten des Prinzen
kamen auch nach Venedig, und da das Unglück des Prinzen die
Kreuzfahrer rührte, so sagten sie ihm ihre Hilfe zu, indem sie er=
warteten, daß er als griechischer Kaiser sie im gelobten Lande
wieder unterstützen werde.

Der Doge Dandolo, der am 6. September 1202 selbst das
Kreuz mit mehreren Venetianern genommen hatte, machte nun den
Kreuzfahrern den Antrag, die schuldigen 34,000 Mark in der Art
abzubienen, daß sie den Venetianern helfen, die Stadt Zara, welche
den Handel Venedigs schädigte und die sich von Venedig getrennt,
und dem König von Ungarn unterworfen hatte, zu unterjochen.

Obzwar der Papst sich diesem Vorgange widersetzte und den
Venetianern, sowie den Kreuzfahrern diesfalls mit dem Banne drohte,
so gaben die meisten Kreuzfahrer, mit Ausnahme Simon's von
Montfort und wenigen Anderen, zu diesem Antrag dennoch ihre
Zug gegen
Zara 8. Okto=
ber 1202. Zustimmung, worauf am 8. Oktober 1202 der Zug gegen Zara
angetreten wurde.

Auf diesem Zuge wurden die Städte Triest und Muggia, die
Seeräuberei trieben, durch beschworene Verträge unterworfen und
Zara am 21. November 1202 erobert.

Ueber das Zureden des Dogen Dandolo blieben dann die
Kreuzfahrer den Winter hindurch in Zara, weil sie auch abwarten
wollten, welche Erfolge die Unterhandlungen mit dem deutschen
König Philipp, betreff des Zuges nach Konstantinopel, haben
würden. Um Neujahr 1203 fanden dann zwischen dem Dogen und
den Kreuzesfürsten einerseits und dem König Philipp und Prinz
Alexius andererseits Verhandlungen statt, wo Prinz Alexius den
Kreuzfahrern für ihre Hilfe gegen den Thronräuber Alexius III.
die Zahlung von 200,00 Mark Silber zusagte, worauf dieser
Kreuzzug schließlich zu Stande kam. Der Doge Dandolo stellte sich
dann an die Spitze des Kreuzheeres und führte die Flotte mit
Mai 1203. 40,000 Streitern Anfangs Mai 1203 gegen Konstantinopel.

§. 39.
Erste Erobe=
rung Konstan=
tinopels
17. Juli 1203. §. 39. Am 23. Juni 1203 landeten die Kreuzfahrer bei
der nur drei Stunden von Konstantinopel entfernten Abtei des
heil. Stefan, und da die Unterhandlungen mit dem Kaiser Alexius
zu keinem Ziele führten, so wurde die Belagerung von Konstanti=
nopel beschlossen. Nachdem das griechische Heer am 5. Juli 1203
von der Küste vertrieben war, gelang es den Kreuzfahrern am
6. Juli sich des Thurmes von Galata zu bemächtigen, auch wurde
am selben Tage durch die venetianische Flotte die Hafenkette ge=
sprengt, so daß erstere in das goldene Horn eindrang. Am 17. Juli
gelang es den Venetianern bei einem Sturme 25 Stadtthürme zu
besetzen, worauf ein Theil der Stadt in Brand gesteckt wurde; am
zweiten Tag hierauf erhielten sie dann die Nachricht, daß Kaiser
Alexius in Folge eines Aufstandes aus der Stadt mit seinen Schätzen

entflohen sei, der gefangene Kaiser Jsaak aber im Blachernen-Palaste
den Thron wieder bestiegen habe. Auf diese Nachricht hin ließen
die Kreuzfahrer dem Kaiser Jsaak die Botschaft zukommen, daß er
die Verpflichtungen seines Sohnes Alexis gegenüber den Kreuz=
fahrern anerkennen möge, als sie sonst Alexis nicht gestatten würden,
das Lager zu verlassen. Kaiser Jsaak stellte dann über diese An=
erkennung der Verpflichtungen eine Urkunde aus, worauf die Kreuz=
fahrer auf seinen Wunsch, am jenseitigen Ufer des Bosporus in
Pera ihr Lager aufschlugen, und zwischen ihnen und den Griechen
ein freundschaftliches Einverständniß eintrat. Der Kaiser Jsaak
entrichtete auf die 200,000 Mark eine Abschlagszahlung, nahm
Alexis zum Mitregenten an, und ließ ihn am 2. August 1203
krönen.

§. 40.
Die zweite Er=
oberung Kon=
stantinopels
12. April
1204.

§. 40. Inzwischen änderten sich aber die Verhältnisse in Kon=
stantinopel wieder; die Griechen mißbilligten das Einverständniß des
Kaisers und Alexius mit den Kreuzfahrern, und dazu kam noch
ein anderer Umstand, der die Feindschaft der Griechen mit den
Kreuzfahrern von neuem anfachte. Einige ruchlose Pilger, die Kon=
stantinopel besuchten, fingen eine türkische Moschee, welche Jsaak
über Forderung des Sultans Saladin zu bauen gestattet hatte, zu
plündern an; die Muselmänner, unterstützt durch die Griechen, setzten
aber den Pilgern in ihrem Unternehmen Widerstand entgegen, worauf
diese aus Rache, an mehreren Orten der Stadt Feuer anlegten, so
daß die dadurch entstandene Feuersbrunst durch 8 Tage in der
Stadt wüthete und eine Menge Wohnhäuser einäscherte. Jetzt trat
Erbitterung gegen die Fremden bei den Griechen ein, auch der Kaiser
benahm sich den Kreuzfahrern gegenüber feindlich, und da diese die
versprochene Zahlung nicht erhalten konnten, so brachen die Feind=
seligkeiten offen aus und die Griechen versuchten sogar die venetia=
nische Flotte mittelst 17 Brander in Brand zu stecken.

Alexius
Ducas
(Murtzuflos).

Unter diesen Verhältnissen gelang es dem Protovestiarius
Alexius Ducas, welcher wegen seinen zusammengewachsenen Augen=
brauen dem Beinamen „Murtzuflos" erhalten hatte, den Kaiser
vom Throne zu stürzen, sich selbst zum Kaiser aufzuwerfen, den
Kaiser Jsaak sammt seinem Sohn Alexius aber gefangen zu nehmen
und den Letzteren im Kerker zu erwürgen. Auf diese Nachricht be=
schlossen die Kreuzfahrer Konstantinopel nochmals zu stürmen; der
erste am 9. April 1204 unternommene Sturm wurde aber abge=
schlagen, doch am 12. April gelang es ihnen in die Stadt zu dringen.
Als der Kaiser Alexius Murtzuflos nun sah, daß ihm nur noch

eine schimpfliche Gefangenschaft bevorstehe, so bestieg er mit der Kaiserin Euphrosine, der Gemahlin des flüchtigen Alexius des Aelteren und deren Tochter Eudoxia, seiner damaligen Braut, ein kleines Fahrzeug und entfloh aus der Stadt. Sobald aber die

Theodorius Laskaris. Flucht des Murtzuflos bekannt wurde, wurde Theodorius Laskaris, Schwiegersohn des Kaisers Alexius III. vom Volke zum Kaiser ausgerufen, doch da er jede weitere Vertheidigung für unmöglich erkannte, so floh auch er nach Kleinasien, wo er später zu Nicäa ein neues griechisches Kaiserthum gründete.

§. 41. **§. 41.** Nach der Erstürmung Konstantinopels wurde die Stadt **Das latei=** geplündert, und dabei wurden nicht einmal die Kirchen geschont, so **nische Kaiser=** daß in die Sophienkirche Rosse und Maulthiere geführt wurden, **thum (1204—** um die geraubten heiligen Geräthe wegzuschleppen. Die Pilger be= **1261).** raubten die Bilder Christi und der Heiligen der Edelsteine und des goldenen Schmuckes, und in den Gelagen der Ritter wurden die heiligen Gefäße mißbraucht und entweiht. Die Beute die gemacht wurde, war so groß, daß mancher, der zuvor in Armuth und in Dürftigkeit lebte, jetzt reich wurde.

Nachdem die Kreuzfahrer den Palmsonntag und das Osterfest 1204 mit großem Jubel gefeiert hatten, schritten sie zur Theilung des Landes. Man zerfällte das Reich in 4 Theile; einen Theil, als Krongut, sollte jener haben, welchen die Stimmenmehrheit einer Versammlung von 6 Venetianern und 6 Kreuzesfürsten zum Kaiser ernennen würde; die anderen drei Viertel sollten die anderen An= führer und die Republik Venedig theilen, doch sollten sie alle Lehens= träger des Kaisers bleiben. Zu den Wahlmännern wurden erkohren: die Bischöfe von Soissons, Troyes, Halberstadt, Bethlehem und Ptolomais und der Abt von Lucedio; von Seite der Venetianer: Vitalis Dandolo, Admiral der venetianischen Flotte, Otto Quirini, Verbucio Cantarini, Nikolaus Navajoso, Pantaleon Basbo und Johannes Basilius.

Die Wahl fand am 9. Mai 1204 in der Kapelle des Palastes **Graf Balduin** Bukaleon statt und es wurde einstimmig Graf Balduin von Flan= **von Flandern,** dern und Hennegau zum Kaiser erwählt und am 16. Mai gekrönt. **griechischer** Zugleich fand auch die Vermählung des Markgrafen Bonifac von **Kaiser 9. Mai** Montferrat mit Margaretha, der Witwe des Kaisers Isaak und **1204.** Schwester des Königs von Ungarn, statt.

Von dem zertheilten Lande nahm Venedig den Küstenstrich, der Markgraf von Montferrat erhielt Macedonien und einen Theil Griechenlands und wurde König von Thessalien, und endlich gab

es noch eine Anzahl von Herrschaften, welche den anderen Heer=
führern zufielen. Ein Theil des vertheilten Landes mußte aber erst
erobert werden und dadurch wurden Kämpfe ohne Ende hervor=
gerufen, welche sowohl mit den Griechen und dem Bulgarenkönige
Johannes, als auch unter den Kreuzesfürsten selbst erfolgten.

Das lateinische Kaiserthum entbehrte aber in dieser Art einer **Ende der**
festen inneren Begründung und fand schon nach 57 Jahren wieder **Lateinerherr=**
schaft in
seine Auflösung, denn dem von den Griechen gewählten Kaiser **Griechenland**
Theodorus Laskaris gelang es, aus den Provinzen Bithinien, **1261.**
Phrygien, Mysien, Jonien und Lydien ein neugriechisches Kaiserreich
mit dem Sitze in Nicäa zu gründen und die Griechen waren es,
welche dann der Lateinerherrschaft in Griechenland wieder ein Ende
machten. Im Jahre 1259 riß Michael Paläologus, General
des griechischen Kaisers Laskaris Theodor III. in Nicäa, nach
dessen Tode die Herrschaft an sich und bestieg als Michael VIII.
den griechischen Thron. Demselben gelang es dann am 25. Juli
1261 Konstantinopel einzunehmen und dadurch Griechenland wieder
herzustellen, womit die Herrschaft der Lateiner ihr Ende erreichte.

Dieser gegen Konstantinopel unternommene Kreuzzug zeigt es,
daß den Kreuzfahrern die materiellen Vortheile näher lagen, als die
Vertheidigung des heiligen Landes, und daß sie wegen diesen Vor=
theilen Eide und Gelübde brachen, indem sie darauf rechneten, daß
sie später dieser Sünden von der Kirche wieder entsühnt werden können.
Das kirchliche Resultat dieses Kreuzzuges war zunächst das bedeu=
tendste, denn die lateinische Kirche erzwang von dem Patriarchen von
Konstantinopel die Anerkennung des römischen Supremates und Papst
Innocenz hatte somit die Genugthuung, die kirchliche Spaltung
der morgen= und abendländischen Kirche beendigt zu sehen.

Für den Kampf des Christenthumes mit dem Islam war aber
die Eroberung von Konstantinopel nicht nur ohne jeden Werth,
sondern sogar schädlich, indem sie dem heiligen Lande durch lange
Jahre eine Fülle von Kräften entzog, die dort sehr schmerzlich ver=
mißt wurden und welche den dortigen Vorgängen leicht eine andere
Gestaltung hätten geben können.

E) Der fünfte Kreuzzug. (1217—1229.)

§. 42.
Lage der fürst-
lichen Christen.

§ 42. In Syrien lebten die Christen in sehr gedrückten Ver
hältnissen und fristeten ihr Dasein nur in Folge der ihnen vom
Sultan Almelik Aladil gestatteten Waffenstillstände, die letzterer
den Christen nur deßhalb gewährte, um inzwischen seine Macht mehr
zu befestigen und erstere dann um desto sicherer unterdrücken zu
können. Dazu kamen noch die Spaltungen zwischen den christlichen
Fürsten in Syrien, durch welche Feindseligkeiten hervorgerufen wur
den, die die Macht der Christen noch mehr schwächten. Unter diese
inneren Zerwürfnisse gehören vornämlich die antiochischen Händel.
Nach dem Tode des Fürsten Boemund III. von Antiochien,
welcher im Jahre 1201 starb, setzte sich dessen zweiter Sohn, Graf
Boemund von Tripolis, in den Besitz des Fürstenthumes, König
Leo von Armenien erhob aber den Anspruch auf das Fürstenthum
für seinen Neffen Rupin. Rupin war nämlich der Sohn des älteren
Bruders Boemund's, des Prinzen Raimund, welcher mit der
armenischen Prinzessin Alix, Tochter Königs Leo, verheirathet
gewesen war; sein Vater war dem Fürsten Boemund III. von
Antiochien vorverstorben und Rupin wurde dann von seinem Groß=
vater auf dessen Sterbebette ausdrücklich als der rechtmäßige Nach=
folger erklärt. Dieser ärgerliche Handel führte zu langen Kämpfen
zwischen Boemund und dem armenischen Könige Leo und seinem
Neffen Rupin, und konnte ungeachtet des gegen Boemund ge=
schleuderten päpstlichen Bannes nicht beigelegt werden, denn Boemund
so wie der Bürgermeister und die Rathsherren von Antiochien
sagten sich gänzlich von der römischen Kirche los und schlossen
sich dann an die in Antiochien befindliche griechische Geistlichkeit an,
welche ihnen die Theilnahme an dem Gottesdienste und den Sakramen=
ten gestattete, und waren auch nicht abgeneigt, einen griechischen
Patriarchen als das Oberhaupt der antiochischen Kirche anzuerkennen.
Boemund blieb bis zum Jahre 1216 im Besitze von Antiochien,
bis er in diesem Jahre von Rupin daraus vertrieben wurde,
worauf sich aber Boemund im Jahre 1219 abermals des Fürsten=
thumes bemächtigte. So lähmte dieser unselige Streit die Kräfte der
Christen und fügte ihnen großen Schaden bei.

Antiochische
Händel 1201.

Eben so fanden Zerwürfnisse zwischen dem Titularkönige von
Jerusalem Almerich II. und den verschiedenen aus dem Abend=
lande kommenden Pilgern statt. König Almerich II. starb am
1. April 1205. Er hinterließ aus seiner zweiten Ehe mit der

Königin Isabella von Jerusalem nur zwei Töchter, Sibylle und Melisende. Da nun die Königin Isabella ebenfalls schon gestorben war, so war die nächste Erbin des Königreiches Jerusalem, Maria, die minderjährige Tochter der Königin Isabella aus der ersten Ehe mit dem Markgrafen Conrad. Das Königreich Cypern aber, welches Almerich mit dem Königreiche Jerusalem vereinigt hatte, kam an Hugo, dessen ältesten Sohn aus der ersten Ehe mit Eschiva von Jbelien, und es wurde also die Verbindung der beiden Kronen von Jerusalem und Cypern wieder getrennt. Da sowohl Hugo als auch Maria minderjährig waren, so wurde in beiden Reichen eine vormundschaftliche Verwaltung eingeführt, und für das Königreich Jerusalem Johann von Jbelin als Reichsverweser bestellt.

Marginalie: Maria, Königin von Jerusalem; Trennung der Reiche Jerusalem und Cypern.

Am 14. September 1210 wurde Maria mit dem Grafen Johann von Brienne vermählt und beide in Tyrus gekrönt, worauf Johann die Regierung des Königreiches Jerusalem übernahm.

Marginalie: Johann Graf von Brienne, König von Jerusalem. 14. September 1210.

Da unter Johann die Feindseligkeiten mit den Türken wieder begannen, und er einsah, daß er mit seinen Kräften den Türken nicht zu widerstehen vermöge, so wandte er sich an den Papst Innocenz III. um Hilfe. —

Obzwar damals Papst Innocenz durch die Ketzerei der Albigenser in Anspruch genommen war, so blieb nichts destoweniger sein Trachten auf die Wiedereroberung Jerusalems gerichtet, derselbe wendete daher seine Thätigkeit einem neuen Kreuzzuge zu, und erließ an alle Bischöfe und Regenten diesfalls neue Ermahnungsschreiben.

Uebrigens war im Abendlande die Lust an den Kreuzzügen noch keineswegs erkaltet, und dies um so weniger, als zahllose Abenteurer zu Reichthümern gekommen waren, und man sah, daß Fürstenthümer und Kronen so leicht erworben werden können.

Die durch den schwärmerischen Franz von Assisi und den eifernden Domingo von Osma gegründeten Bettelorden der Franziskaner und Dominikaner wirkten auch durch die glühende Begeisterung ihrer Beredsamkeit auf die Volksmassen so zündend, erweckten die Sehnsucht nach dem heiligen Kriege, und nahmen die Phantasie so ein, daß die Fälle religiöser Verzückungen und Visionen keineswegs zu den seltenen Erscheinungen gehörten.

Marginalie: Kreuzzugs-predigten 1212—1213.

§. 43. In Frankreich und Deutschland rief diese Stimmung sehr traurige Verirrungen hervor. Im Juni 1212 fing in einem Dorfe bei Vendomme ein Hirtenknabe Namens Stephan den Kreuzzug zu predigen an; er erklärte sich für einen Gesandten Gottes, durchzog das Land, und hatte um sich bald eine große Schaar gleich-

Marginalie: §. 43. Kinderkreuz-zug Juni 1212.

gesinnter Kinder versammelt, denen sich auch Erwachsene, sowie Tagdiebe und allerlei Gesindel anschloß; so daß die Zahl der Pilger auf 30,000 Köpfe beiderlei Geschlechtes anwuchs. Alle Abmahnungen und selbst Verbote des Königs nützten nichts, und so zog die Schaar bis Marseilles. Dort aber geriethen die Kinder in die Hände zweier Seelenverkäufer, welche ihnen auf sieben Schiffen die freie Fahrt nach Syrien versprachen, dieselben aber nach Egypten brachten und dort an die Türken verkauften.

Eine gleiche Erscheinung kam auch in Deutschland vor, wo 20,000 Knaben und Mädchen über die Alpen zogen. In Brindisi angekommen, mußten sie aber umkehren und der größte Theil von ihnen kam dann auf dem Wege uns Leben.

§. 44.
Johann von England, König Andreas von Ungarn und Friedrich II. von Deutschland nehmen das Kreuz 1215.

§. 44. Im Frühjahre 1213 rief Papst Innocenz die ganze Christenheit zum Kampfe gegen den Islam auf, und der Erfolg dieses Schrittes war ein um so bedeutenderer, als auch Untauglichen und Missethätern die Kreuznahme gestattet wurde, so daß sich Lahme, Blinde, Greise und Kinder mit dem Kreuze schmückten.

König Johann von England und König Andreas von Ungarn, dann der König Friedrich II. von Deutschland (25. Juli 1215) hatten das Kreuz genommen, und der Papst Innocenz befahl, daß der Kreuzzug am 1. Juni 1216 angetreten werden solle, auch untersagte er durch vier Jahre lang einen Krieg zu führen und Turniere abzuhalten, und wies den zwanzigsten Theil der kirchlichen Einkünfte dem heiligen Kriege zu.

Innocenz starb am 16. Juli 1216 —, ihm folgte Honorius III. und da kam das Unternehmen ins Stocken, denn auch König Johann von England starb am 19. Oktober 1216 und Friedrich II. mußte den Kreuzzug wegen anderer Angelegenheiten auf bessere Zeit verschieben.

§. 45.
Kreuzzug des Königs Andreas von Ungarn (1217).

§. 45. Im Frühjahre 1217 unternahm daher König Andreas von Ungarn allein den Kreuzzug, er zog mit ansehnlicher Begleitung von Magnaten und Bischöfen, dann mehreren tausend Sachsen an die Küste des adriatischen Meeres, wohin auch die Herzöge Leopold VI. von Oesterreich und Otto von Meran gekommen waren. In Akkon vereinigten sich diese Kreuzfahrer mit König Johann von Jerusalem, Hugo von Cypern und dem Fürsten Boemund IV. Zweimal zogen dann die Heere von Akkon aus, ohne daß es zu irgend einer Aktion mit dem Feinde gekommen wäre, und als sie zum drittenmale gegen die Festung Beaufort ausrückten, wurden sie durch feindliche Ueberfälle und durch die Unbill des-

Wetters so hart mitgenommen, daß sie den Rückzug wieder antreten mußten.

Bei diesem kläglichen Verlaufe des Feldzuges kehrte dann König Andreas in die Heimath zurück, ohne einen anderen Gewinn, als einige zusammengekaufte Reliquien, unter denen sich die Köpfe des hl. Stefan und der hl. Margaretha, dann ein Stück des Stabes des Aaron, und ein Krug von der Hochzeit zu Kaanan befunden haben sollen.

§. 46. Inzwischen erhielten die Christen in Syrien im März 1218 eine neue bedeutende Verstärkung durch die Rheinländer und Friesen, unter der Führung des Grafen Georg von Wied und Wilhelm's von Holland. Da man der Meinung war, daß die Eroberung Egyptens am sichersten die Herrschaft der Christen in Syrien befestigen würde, so wurde auch die Eroberung von Damiette, als des Schlüssels des Nilthales, beschlossen, und deßhalb von Ptolomeis aus die Expedition zur See unternommen. Die Flotte der deutschen und niederländischen Kreuzfahrer warf schon am 29. Mai 1218 im Hafen von Damiette Anker, und am 1. Juni kamen dann: König Johann von Jerusalem, der Patriarch, Herzog Leopold von Oesterreich, die Grafen von Holland und Wied, und die Meister vom Tempel, Hospital und deutschen Orden nach), und schlugen ihr Lager gleichfalls vor Damiette auf.

§. 46. Belagerung von Damiette 29. Mai 1218 bis 5. November 1219.

Die damalige Stadt Damiette war eine große, durch Natur und Kunst gleich starke Festung, sie lag nicht fern von der westlichen Mündung des Nils, auf einem engen Raume, welcher westlich von dem Strome und östlich von dem See Menfaleh eingeschlossen war, so daß das Wasser des Nils ihre westlichen Mauern bespülte. Sie hatte drei starke, stufenweise sich erhebende Mauern mit tiefen Gräben auf der Landseite, und diese Mauern wurden durch eine große Zahl von kleinen, und 28 großen und hohen Thürmen beschützt. Der an der Stadt vorbeifließende Nil wurde durch einen in der Mitte des Flusses erbauten Thurm (Kettenthurm) vertheidigt, von dem zwei starke Ketten über den Fluß gespannt waren. Dieser Thurm war sehr groß, so daß er im Innern 70 gewölbte Kammern enthielt, in deren jeder drei Schießscharten geöffnet waren.

Die Kreuzfahrer, die auf dem Westufer des Flusses lagerten, beschlossen zuerst diesen Kettenthurm zu berennen.

Malek-al-Kamel, der Statthalter seines Bruders des Sultans Adel in Egypten, zog, als ihm die Brieftauben die Nachricht über die Belagerung brachten, der bedrohten Stadt zu Hilfe, verstärkte die Besatzung derselben und beorderte seine Schiffe, sich unterhalb Damiette aufzustellen. Die Kreuzfahrer versuchten zwar am 1. Juli die Vereinnung des Kettenthurmes, wurden aber mit Verlusten zurückgeschlagen. Da dem Thurme, der im Wasser stand, durch Untergrabung nicht beizukommen war, so erbauten die Deutschen und Friesen auf zwei zusammengebundenen Schiffen einen großen Thurm, welcher aus Holz und Netzwerk zusammengesetzt, durch über spannte Thierhäute gegen das griechische Feuer gesichert war und

Erstürmung des Ketten= thurmes 24. August.

eine Fallbrücke hatte. Am 24. August wurde dieser Thurm unter unsäglichen Anstrengungen hart an den Kettenthurm gelegt, und es begann nun zwischen den Kreuzfahrern in dem Belagerungsthurme und der Besatzung des Kettenthurmes ein wüthender Kampf, der bis zum Abende dauerte, in Folge dessen es den Kreuzfahrern sodann gelang, einen Theil des Kettenthurmes einzunehmen. Am anderen Morgen begann der Kampf von Neuem, und endlich übergaben die Saracenen nach einem zwanzigstündigen Ringen den Thurm gegen die Zusicherung ihres Lebens an die Kreuzfahrer.

Die Einnahme dieses Kettenthurmes verbreitete in Egypten einen großen Schrecken und der Jammer darüber rührte den alten Sultan Adel derart, daß er am 31. August 1218 einem Schlag= fluß erlag. Von seinen zwölf Söhnen war Malek al Moaddhem Jsa, der erbittertste Feind der Christen, sein Nachfolger im Reiche Damaskus, und Malek=al=Kamel (Alkamil) wurde Sultan von Egypten.

Nach der Einnahme des Kettenthurmes kamen im Lager von Damiette neue zahlreiche Streiter aus England, Frankreich und Italien, darunter viele vornehme Herren, sowie Bischöfe und Prälaten an.

Die Kreuzfahrer beschlossen nun den Uebergang auf das östliche Ufer des Stromes zu erzwingen, und als sie in den ersten Tagen des Februar die Schiffe zu diesem Unternehmen rüsteten, sahen sie am andern Ufer die Truppen Alkamil's sie kampfbereit erwarten. Jetzt trat aber für die Kreuzfahrer ein sehr glücklicher Umstand ein, denn ein kurdischer Offizier wollte die Gährung unter den Truppen Alkamil's dazu benützen, denselben zu stürzen und dessen jüngeren Bruder Alfaiz zum Sultan zu machen. Alkamil, der dies noch rechtzeitig erfuhr, entfloh deßhalb ins Innere Egyptens und sein Heer, von Parteien zerrissen, löste sich darauf zum Theile auf. Da ein christlicher Renegat diese Nachricht in der Nacht zum 5. Februar

den Kreuzfahrern brachte, gelang es denselben leicht, am zweiten
Tag den Rest der feindlichen Truppen zu verjagen, worauf sie
Damiette enge einschlossen und ihr eigenes Lager stark befestigten.

Alkamil bezwang aber die Aufrührer bald, rief dann seine
Unterthanen zum heiligen Kampfe auf und ging schon Anfang März
wieder zum Angriff gegen die Kreuzfahrer über. Von nun an
wütheten dann viele Monate um Damiette die heftigsten Kämpfe
zwischen den Saracenen und Kreuzfahrern. Die Christen bedrängten
aber Damiette mit ihrem Sturmgeräthe immer mehr, Alkamil
dagegen fiel denselben in den Rücken und konnte nur durch die
größte Tapferkeit der Kreuzfahrer zum Rückzuge gezwungen werden.

Endlich begann in Damiette der Hunger zu wüthen und da
der Hungertod der Besatzung immer näher kam, so ließ sich Alkamil
schließlich herbei, die Christen um Frieden zu bitten und stellte ihnen
am 1. November 1219 folgende Anträge :

Anträge Alka-
mil's betreff
der Uebergabe
von Jerusalem
1. November
1219.

„Wenn die Christen die Belagerung von Damiette aufgeben
„und Egypten räumen wollen, so sollen sie nicht nur das heilige
„Kreuz, sondern auch die Stadt Jerusalem und das ganze ebene
„Land des Königreichs Jerusalem sammt einer Geldsumme zum
„Aufbau der Mauern erhalten, auch soll allen gefangenen Christen
„die Freiheit gegeben werden."

Diese Anträge veranlaßten einen heftigen Zwiespalt unter den
Kreuzfahrern; König Johann von Jerusalem, die französischen und
englischen Hauptführer wollten diese Anträge annehmen, weil der
Zweck des Kreuzzuges, die Befreiung von Jerusalem, erreicht sei;
der päpstliche Legat und die Geistlichen dagegen drangen auf die
Verwerfung dieser Anträge und verlangten leidenschaftlich die Fortsetzung des Krieges.

Der päpstliche Legat, Cardinal Pelagius, hatte sich in seiner
Hoffart bereits im Herbste 1218 zum Oberbefehlshaber des Kreuzheeres, ungeachtet des unter den Kreuzfahrern darüber ausgebrochenen
Unwillens, aufgedrängt und wußte daher als solcher, diese Friedensanträge zurückzuweisen.

Einnahme von
Damiette
5. November
1219.

In derselben Nacht des 4. November, wo die Anträge zurückgewiesen wurden, beschloß daher der Legat, Damiette, ohne Wissen
des Kreuzheeres, mit den italienischen Pilgern zu überrumpeln. Er
schlich sich mit denselben an eines der Thore, zündete dasselbe an,
worauf dann seine Begleiter die wenigen von Hunger erschöpften
Muselmänner niederhieben und dem Kreuzheere die Thore öffneten,
welches durch den Lärm aufmerksam gemacht, sich versammelt hatte.

Am Morgen des 5 November war dann Damiette in den Händen der Christen.

Der Anblick, den aber Damiette den Pilgern bot, war schauder erregend, denn die Straßen waren mit unbegrabenen verwesenden Leichnamen angefüllt, die meistens nackt waren, und den Hunden zur Nahrung dienten, in den Betten, überall in den Häusern lagen Todte und Sterbende, und die Luft war durch deren Verpestung unerträglich. Von 80,000 Einwohnern, welche die Stadt am Anfange der Belagerung zählte, waren nur mehr 3000 noch am Leben geblieben und unter diesen befanden sich nur 100 Gesunde.

Die Beute, die in Damiette gemacht wurde, war an Gold, Silber, Edelsteinen und schönen Kleidern sehr beträchtlich. Die Gefangenen wurden mit Ausnahme von 400 reichen Moslemen, die ausgewechselt werden sollten, alle als Sklaven verkauft.

Nachdem die Stadt gesäubert worden war, hielt der Legat am 2. Februar 1219 darin seinen feierlichen Einzug.

Die Nachricht von der Einnahme Damiettes erweckte im Abendlande Freude und Begeisterung, weil man schon darin den Sieg über Egypten erblickte, doch hatte der Fall der Stadt nicht die Bedeutung, die man ihm beimessen wollte, weil den Kreuzfahrern die Macht mangelte, Egypten zu unterjochen, wie es sich auch bald zeigte; dazu kamen wieder die inneren Zwistigkeiten unter den Kreuzfahrern, denn König Johann wollte Damiette seinem Reiche einverleibt wissen, was der Cardinal-Legat verweigerte und sein rücksichtsloses herrisches Wesen erbitterte die Pilger so sehr, daß es mehrfach bis zum Aufruhr und Blutvergießen führte, dazu kamen noch die in Nordsyrien wegen Antiochien wieder ausgebrochenen Streitigkeiten, während welcher sich Boemund neuerdings Antiochiens bemächtigt hatte. (§. 42.) König Johann verließ daher im Unmuthe das Kreuzheer und kehrte nach Syrien zurück.

Gleich nach dem Abgange König Johann's erhielt das Kreuzheer im J. 1220 aus dem Abendlande wieder beträchtliche Verstärkungen; es kamen die Erzbischöfe von Wien, Regensburg und Brescia, aus Italien zahlreiche Ritterschaft, und auch Kaiser Friedrich II. ließ seine bevorstehende Ankunft melden.

Der Cardinal-Legat drang jetzt auf die Fortsetzung des Krieges, was aber über die Einwendungen der Heerführer, daß König Johann bei dem Heere als der Führer nicht fehlen dürfe und daß das Heer jetzt noch nicht stark genug sei, einstweilen unterblieb. Als jedoch im

Frühjahre 1221 abermals starke deutsche Heereshaufen unter Herzog Ludwig von Baiern, ferner der Bischof von Passau und andere Große von Deutschland in Damiette eintrafen, da kannte der Hochmuth des Legaten keine Grenzen und er setzte es durch, daß ein sofortiger Angriff auf die Hauptstellung der feindlichen Kriegsmacht beschlossen wurde. Am 17. Juli wurde sodann dieser ominöse Feldzug gegen den besseren Rath der Besonnenen begonnen, denn außer den Waffen der Muselmänner drohte jetzt auch die alljährliche Nilüberschwemmung dem ortsunkundigen Heere mit Vernichtung. Der Zug ging nun gegen Kahirah, und obzwar auch jetzt noch der Sultan seinen Antrag wegen Uebergabe von Jerusalem an das Kreuzheer wiederholte, wurde derselbe doch von dem Legaten, gegen den Rath der Mehrzahl der Führer, abermals verworfen. Am 24. Juli war endlich das feste Lager der Muselmänner bei Manfurah erreicht, auch die Christen schlugen gegenüber den Saracenen ihr Lager auf und befestigten dasselbe, den Angriff des Feindes abwartend, denn aus der Befestigung des Feindeslagers hatten sie entnommen, daß hier ein leichter Sieg nicht zu hoffen sei. Die Christen hatten hiebei aber den großen Fehler begangen, einen kleinen Kanal, welcher dem Orte Baramun gegenüberlag, sie aber an der westlichen Seite von dem Nilarme von Damiette trennte, zu vernachlässigen; die Saracenen benützten daher die Zeit der Höhe des Nils, wo sich dieser Kanal mit Wasser füllte, um eine Anzahl von Kriegsschiffen dorthin zu bringen und im Rücken des Christenheeres ihre Flotte aufzustellen, wodurch sie den Kreuzfahrern nicht nur alle Zufuhr von Lebensmitteln aus Damiette absperrten, sondern am 18. August auch die christlichen Schiffe zum Theile vernichteten. Schwärme leichter Truppen wurden nun rings um das Lager der Christen vertheilt, welche alle Brücken und Wege, die nach Damiette führten, zerstörten, die Dämme durchstachen und so das Land überschwemmten.

Jetzt trat für die Kreuzfahrer die Katastrofe ein, denn mit einemmale standen sie wie auf einer Insel enge eingeschlossen von den Fluthen des Stromes und den Massen des Feindes da und jetzt brach auch bei ihnen die Noth an Lebensmitteln aus. Am 26. August wollten sich dieselben daher in der Nacht nach Damiette zurückziehen, doch alle Disciplin des Heeres war schon aufgelöst, überall vom Feinde angegriffen, wurden die Kreuzfahrer erschlagen und gefangen genommen, auch diejenigen, welche zu Schiff entkommen wollten, wurden getödtet und ihre Fahrzeuge vernichtet. Der zweite Tag war nicht minder schrecklich, überall hemmte sie das Wasser und der Feind

Der weitere Kriegszug der Kreuzfahrer in Egypten 17. Juli 1221.

bedrängte sie dabei ununterbrochen. Da beschlossen die Führer, den Sultan um Frieden zu bitten, und der Sultan Allamil bewilligte großherzig denselben. Am 30. August wurde dann zwischen Saracenen und Christen folgender Vertrag geschlossen: „Es soll zwischen Christen und Saracenen während der folgenden acht Jahre Friede und Waffenstillstand sein, der nur von einem abendländischen König, der nach dem heiligen Lande kommen würde, aufgekündigt werden könne. Damiette und Egypten soll von den Christen geräumt werden, wofür ihnen das eroberte heilige Kreuz zurückgegeben und dem Kreuzheere jetzt der Rückzug gestattet sein solle." — In Folge dieses Vertrages räumten dann die Kreuzfahrer am 7. September nach einem anderthalbjährigen Besitze Damiette und verließen das Land der Pharaonen.

§. 47. Groß war der Schmerz des Papstes Honorius über das Unglück des Kreuzheeres, und Unmuth ergriff ihn gegen Kaiser Friedrich II., dem er allein das Unglück zuschrieb, weil er sein Pilgergelübde von 1215 bisher noch nicht erfüllt hatte, obzwar die Ursache des ganzen Unglückes nur der Cardinal-Legat war. Im April 1222 kam deßhalb Friedrich II. mit dem Papste in Veroli zusammen, verhieß die Abhaltung eines Kongresses zur Beförderung des Kreuzzuges in Verona, und schwur sogar, an dem Zeitpunkte, den Honorius bestimmen würde, den Kreuzzug anzutreten. Im März 1223 wiederholte Friedrich zu Ferentino in Gegenwart des Papstes und einer Versammlung von Bischöfen und vieler Würdenträger diesen Eid dahin, daß er am 24. Juli 1225 nach Syrien aufbrechen werde, und um seine Interessen mit jenen des heiligen Landes zu verschmelzen, nahm er sogar die Hand der Tochter des Königs Johann von Jerusalem, Maria Jolanta, Erbin des Reiches Jerusalem, an. Der Papst ließ indessen den Kreuzzug eindringlich predigen und auch König Johann von Jerusalem warb an den Höfen von Frankreich und England dafür, doch hatten die beiderseitigen Bemühungen keinen besonderen Erfolg.

Friedrich that indessen seine Schuldigkeit, rüstete zu dem Kreuzzuge und stellte eine mächtige Flotte auf, da er aber sah, daß seine Kräfte zur Besiegung der Saracenen noch nicht hinreichen würden, so suchte er einen weiteren Aufschub, und wurde am 25. Juli 1225 zwischen ihm und dem päpstlichen Bevollmächtigten zu San Germano folgender Vertrag abgeschlossen: „Der Kaiser schwört und läßt einen seiner Großen, den Herzog Rainald von Spoleto, in seine Seele schwören, daß er im August 1227 mit 1000 Rittern und 150 großen Schiffen die Kreuzfahrt antreten und diese Macht zwei Jahre hindurch im heiligen Lande unterhalten werde; für Alles, was etwa an dieser Macht fehlen sollte, leistet er entsprechende Geld= entschädigung. Außerdem verspricht er, Schiffe für 2000 Ritter sammt deren Begleitung bereit zu halten und in fünf Terminen, von August 1225 bis August 1226 an den König Johann und den Patriarchen von Jerusalem und den Meister des deutschen Ordens 100,000 Goldunzen zum Besten des heiligen Landes zu zahlen, unter der Bedingung jedoch, daß diese ihm wieder zur Verfügung gestellt werden, wenn er den Kreuzzug wirklich antritt. Stirbt Friedrich II. vor dem August 1227, so ist sein Nachfolger zur Ausführung der Kreuzfahrt verpflichtet, erfüllt aber der Kaiser sein Gelübde nicht, so ist er ohne Erbarmen dem Kirchenbanne verfallen.

Durch diesen Vertrag erlangte Friedrich also wieder einen zweijährigen Aufschub seines Kreuzzuges.

§. 48. Am 18. März 1227 starb Papst Honorius und ihm folgte der zwar achtzigjährige, aber leidenschaftliche und energische Papst Gregor IX. Jetzt durfte Friedrich nicht mehr zögern, sein Pilgergelübde zu erfüllen, denn Gregor's erstes Wort war — der Kreuzzug. Auf Mariä Himmelfahrt 1227 war der Aufbruch fest= gesetzt. Durch die Bemühungen des Papstes und Friedrich's ström= ten nach Apulien, wo die Zusammenkunft bestimmt war, die Schaaren von Italien, England und Deutschland, und schlugen im Juli 1227 in Brindisi das Lager auf. Da das große Heer nicht schnell weiter geschafft werden konnte, so entstand durch ungenügende Nahrungs= mittel und die Sommerhitze eine Lagerseuche, welcher viele Tausende zum Opfer fielen. Friedrich sandte daher Anfangs September eine starke Flotte mit einem Theile des Heeres unter Führung des Her= zogs Heinrich von Limburg voraus nach Syrien und versuchte mit dem Landgrafen Ludwig von Thüringen in einigen Tagen zu Schiffe zu folgen. Sowohl der Landgraf, als auch Friedrich wur= den aber auf der Reise von der Seuche ergriffen, so daß Friedrich genöthigt war, am 11. September bei Otranto wieder ans Land zu gehen. Der Landgraf starb an der Seuche, Friedrich aber genas wieder, doch da somit Friedrich den vorausgegangenen Pilgern nicht nachkam, so kehrten viele derselben wieder zurück.

Gregor IX. erklärte aber die Krankheit Friedrich's nur für Heuchelei, sprach deßhalb am 29. September 1227 über denselben den Bann aus, beschuldigte ihn in einem Rundschreiben der Heuchelei, und erklärte ihn als die Ursache des Verlustes von Damiette. Friedrich veröffentlichte dagegen seine Rechtfertigung und widerlegte

§. 48.
Kreuzzug
Kaiser
Friedrich's II.
8. September
1227.

Friedrich II.
im Banne
29. Septem=
ber 1227.
23. März
1228.

darin die Anschuldigungen des Papstes, welcher darauf gegen ihn am 22. März 1228 in Rom wiederholt den Bannfluch schleuderte, und ihm sogar verbot, die Kreuzfahrt mehr anzutreten.

Da aber Friedrich beweisen wollte, daß es ihm mit dem Kreuzzuge Ernst sei, und seine Krankheit nicht erheuchelt war, so segelte er am 28. Juli 1228 von Brindisi nach Syrien, wo Gregor ihm noch nachrief: „er sei ein Diener Mohamed's und segle wie ein Pirat nach Jerusalem."

Im September war Friedrich indessen zu Akkon an das Land gestiegen, wo ihn die Johanniter und Templer als ihren König von Palästina begrüßten. Da erschienen aber zwei Minoritenmönche mit dem päpstlichen Schreiben, welches den Bannfluch enthielt, den sie jetzt neuerdings verkündigten. Dadurch wurde unter den Kreuzfahrern alle Einigkeit zerstört und die Johanniter und Templer stellten sich dem zu Folge Friedrich feindlich entgegen, so daß dieser nur auf sich selbst und die kleine Zahl seiner Gefährten angewiesen blieb. —

Inzwischen waren nicht lange darnach, als die Christen Damiette verloren hatten, die Brüder Alkamil von Egypten und Almuazzam von Damaskus in einen bitteren Streit gerathen, und Alkamil hatte schon an den Kaiser Friedrich nach Sicilien einen Gesandten beordert, wahrscheinlich um demselben Jerusalem anzubieten, wenn der Kaiser seine Waffen gegen Almuazzam wenden wolle. Daraus war später ein freundlicher Verkehr zwischen dem Kaiser und dem Sultan von Egypten entstanden, wobei sich beide kostbare Geschenke machten. Almuazzam war zwar am 12. November 1227 gestorben; die Partheiung unter den Ejubiten dauerte aber fort, indem Alkamil dem Nachfolger seines Bruders, Annasir Daud, Jerusalem nebst einem Theil Syriens wegnahm. Da nun Alkamil befürchten mußte, daß Friedrich sich mit Annasir Daud verbinden könnte, so führten jetzt die beiderseitigen Unterhandlungen wegen Abtretung von Jerusalem bald zum Ziele, und es kam am

11. Februar 1229 zwischen Beiden ein diesfälliger Vertrag zu Stande. Durch diesen Vertrag trat Sultan Alkamil an den Kaiser Friedrich die Stadt Jerusalem mit dem ausdrücklichen Rechte ab, über dieselbe nach Belieben zu verfügen, nur solle die Moschee Omars nebst der Kapelle Sachra, und zwar mit der Beschränkung Eigenthum der Saracenen bleiben, daß sie nur unbewaffnet und in einer den Christen gelegenen Zeit in die Stadt kommen, und niemals in derselben übernachten dürften. Außer Jerusalem erhielt

der Kaiser auch eine Reihe von Städten und Dörfern, vornehmlich Bethlehem, Nazareth und die nach Joppe zu gelegenen Ortschaften; auch verpflichtete sich der Sultan, die christlichen Gefangenen herauszugeben.

Der Kaiser verpflichtete sich dagegen den Sultan wider alle seine Feinde, seien es selbst Christen, zu beschützen und dafür zu sorgen, daß den Herren von Antiochien, Tripolis und anderen Städten nicht Hilfe gebracht werde.

Der Friede zwischen Friedrich und Alkamil sollte vom 24. Februar 1229 an 10 Jahre, 5 Monate und 40 Tage lang dauern. — Unter den Christen und namentlich den Deutschen erhob sich darüber heller Jubel, doch Friedrich sollte seines großen Erfolges wenig froh werden, denn der Grimm der hierarchischen Parthei fand in den Bestimmungen des Vertrages reichen Anlaß, immer noch zu wüthen. Er zog am 17. März 1229 unter dem Jubel der Christen in das befreite Jerusalem zwar ein und setzte sich in der Kirche des heiligen Grabes als König von Jerusalem selbst die Krone aufs Haupt, da aber schon am 19. März in Jerusalem der Erzbischof von Cäsarea erschien und die Stadt mit dem Interdikte belegte, so sah Friedrich, daß hier seines Bleibens nicht sei, und da er zugleich die Nachricht erhielt, daß der Papst inzwischen mit einem Heere in sein Königreich Sicilien eingefallen sei, so verließ er am 1. Mai 1229 Akkon und landete am 10. Juni an der apulischen Küste. Hier gelang es ihm, die päpstlichen Soldaten aus Sicilien zu vertreiben, und endlich kam es zwischen ihm und dem Papste im Sommer 1230 zu einem Friedensvertrage und zur Versöhnung, worauf er dann am 28. August auch vom Banne gelöst wurde.

Einzug Friedrich's in Jerusalem 17. März 1229.

F) Der sechste Kreuzzug. (1248—1250.)

§. 49. Ungeachtet des mit Alkamil geschlossenen Waffenstillstandes auf 10 Jahre, fing Papst Gregor schon im Jahre 1231 wieder an, zu einem neuen Kreuzzuge aufzufordern.

Im Morgenlande sah es in diesem Jahre aber traurig aus; weltliche und geistliche Große lagen mit einander im Streite, die Ritter vom Tempel und vom Hospital unternahmen tolldreiste Züge ins feindliche Gebiet und machten ihre Häuser zu Stätten der Ueppigkeit und der Unzucht.

§. 49. Kreuzzug Thibeaut's von Navarra 1239.

Im Herbste 1239 vereinigten sich französische Schaaren unter Führung des Königs Thibeants von Navarra und Hugos von Burgund bei Akkon mit den Streitkräften des Reiches Jerusalem, verbanden sich dann mit Jsmael, den Herren von Balbek gegen dessen Neffen Ejjub von Egypten, und sollten fur diese Hilfe die Städte und Burgen Tiberias, Safed und Beaufort erhalten. Sie wurden aber bei Askalon geschlagen, und Jsmael rettete sich mit Noth nach Damaskus. Im Kreuzheere entstand daraus eine solche Zwietracht, daß der König von Navarra und der Graf von Bretagne alle Lust am heiligen Kriege verloren, ihre Schiffe bestiegen und nach Hause segelten.

§. 50.
Kreuzzug
Richard's von
Cornwallis
(1240).

§. 50. Bald darauf empfing das Reich Jerusalem wieder neue Unterstützung. Am 2. Oktober 1240 landete eine Schaar englischer Herren unter Führung des Grafen Richard von Cornwallis (Bruder König Heinrich's III.) im Hafen von Akkon. Richard von Cornwallis beschränkte sich aber auf besonnene Unterhandlungen mit dem Sultan Ejjub von Egypten, schickte eine Gesandtschaft mit Friedensunterhandlungen an ihn ab, und baute in der Zwischenzeit in Askalon eine starke Burg. Im Frühjahre 1241 wurde dann auch der Friede abgeschlossen, der den Christen den Besitz der ihnen von Jsmael zugesicherten Orte bestättigte und die vielen Gefangenen frei gab. Nach diesem Friedenswerke verließ Richard das heilige Land.

§. 51.
Eroberung
Jerusalem's
durch die Cha=
rismier Sep=
tember 1241.

§. 51. Da jetzt der Friede mit dem Sultan von Egypten gesichert war, so zerspalteten sich die morgenländischen Christen wieder in Partheien, in denen namentlich die Tempelherren eine Rolle spielten, welche sich, — um die Staufische (Friedrich II.) Parthei zu stürzen, — im Jahre 1241 in einem Aufruhre auf die Johanniter und deutschen Ordensritter warfen; die Regierung des Reiches Jerusalem dem deutschen Kaiser Friedrich II. entrissen, selbe der Königin Alice von Cypern übertrugen und dann die Staufische Parthei aus Tyrus vertrieben. Sodann verbanden sie sich mit ihrem Erzfeinde, dem Annasir Daud gegen den Sultan Ejjub von Egypten, für welche Hilfe ihnen Annasir Daud das zu Jerusalem gehörige Gebiet Haram zusagte.

Der Sultan Ejjub, der sich dieser Macht gegenüber nicht gewachsen fühlte, rief daher aus dem fernen Asien einen fürchter= lichen Bundesgenossen herbei; es waren die Turkomanen von der Landschaft Charism, auch Charismier genannt. Mit Blitzesschnelle brachen dieselben über Mesopotamien in Syrien ein, wo Niemand auf ihren Angriff gefaßt war, überfielen Anfang September 1244 Jerusalem, das sie erstürmten, verübten darin alle Gräuel der Verwüstung, schleppten zahllose Einwohner in die Sklaverei und vereinigten sich dann bei Gaza mit Ejjub.

So ging Jerusalem für die Christen diesmal für immer verloren. Jetzt schwieg für den Augenblick unter den Kreuzfahrern wohl jeder Streit; sie rückten auch am 18. Oktober 1244 Ejjub entgegen, wurden aber bei Gaza so gänzlich geschlagen, daß es nur wenigen Resten ihres Heeres gelang, zu entkommen.

Die siegreichen Egyptier und Charismier brachen dann zur Verfolgung der geschlagenen Feinde auf, und die Christen, welche einige Ortschaften weiter verloren, mußten jetzt auch für Akkon Alles befürchten. Zum Glücke für sie wendete sich Ejjub zuerst der Unterwerfung seiner Glaubensgenossen in Syrien zu, und dadurch erhielten die Christen noch eine Frist.

Ejjub belagerte 1245 Damaskus, zwang seinen Oheim die Stadt zu übergeben und stellte so zum viertenmale die große Saracenen-Herrschaft wieder her.

Erst im Jahre 1247 wendete sich Ejjub wieder gegen die Christen und belagerte das Bollwerk derselben in Syrien, das feste Askalon. Die Kreuzfahrer thaten wohl alles Mögliche, um Askalon zu behaupten; von Akkon und Cypern kamen die Flotten der Christen zu Hilfe, doch die Macht Ejjub's war zu groß; die Mauern Askalons stürzten zusammen; dasselbe wurde erstürmt und die ganze Besatzung mit Ausnahme Weniger, die sich noch zu retten vermochten, niedergemetzelt.

In demselben Jahre wurde auch das Fürstenthum Antiochien von einer turkomanischen Horde verheert und die Ritterschaft des Fürsten Boemund V. erlitt schwere Verluste.

Im Jahre 1246 starb die Königin Alice von Jerusalem und ihr Sohn König Heinrich von Cypern wurde auch König von Jerusalem, und obzwar somit beide Königreiche wieder vereinigt wurden, so konnten die Christen das ihnen drohende Verderben durch eigene Kraft nicht mehr aufhalten, wenn ihnen das Abendland nicht zu Hilfe kommen würde.

§. 52. Am 21. August 1241 war Papst Gregor IX. gestorben. Am 26. Oktober 1241 fiel die Wahl auf Cölestin IV., dieser starb aber schon nach wenigen Wochen, worauf dann ein anderthalbjähriges Interregnum folgte, bis am 24. Juni 1243 Cardinal Fieschi als Innocenz IV. den päpstlichen Stuhl bestieg

Innocenz sah es als seine Aufgabe an, dem heiligen Lande zu helfen; seine Kreuzprediger zogen von Ort zu Ort um Geld und Streiter für einen neuen Kreuzzug zu erhalten, ja auch zu den Mongolen zogen Mönche mit päpstlichen Schreiben, um dieselben entweder zu bekehren oder doch für die Christen milder zu stimmen. Nach dem Befehle Innocenz sollte die gesammte christliche Geistlichkeit den zehnten Theil ihrer Einnahmen während der nächsten drei Jahre für den heiligen Krieg opfern, er und seine Cardinäle sollten den zehnten Theil ihrer dreijährigen Einkünfte hergeben. Doch alle diese Bemühungen waren resultatlos, denn das Abendland war der erfolglosen Kriegszüge nach Syrien bereits überdrüssig, die Franzosen verschlossen die Ohren gegen die Hilferufe der Kirche, König Heinrich von England erklärte sich entschieden gegen jeden weiteren Kreuzzug, und in Deutschland entwickelte sich der heftigste Widerwille gegen das ganze Pilgerwesen.

Kreuzzug König Lud= wig's IX. von Frankreich Egypten 1248.

Unter diesen Umständen wäre wohl kein neuer Kreuzzug zu Stande gekommen, wenn Ludwig IX., König von Frankreich, — eine Idealfigur der mittelalterlichen Askese, der Tag und Nacht betete und sich geißeln ließ, — nicht das Kreuz genommen hätte. Es träumte ihm nämlich während seiner Krankheit, daß er das Kreuz nehmen solle und als er erwachte, forderte er, daß man ihm das= selbe auf die Schulter heften solle. Da er sich von diesem Gedanken weder durch das Zureden seiner Mutter, der Königin Blanka, noch durch das seiner Umgebung abbringen ließ, so blieb der Kreuzzug eine beschlossene Sache. Mit dem König nahmen dann das Kreuz: seine Brüder Robert von Artois, Alfons von Poitiers und Karl von Anjou, ebenso auch viele Große Frankreichs, sowie auch mehrere Bischöfe von England.

Ende August 1248 schiffte sich Ludwig IX. mit einem mäßigen Heere in Marseille ein und landete am 17. September auf Cypern, wo er bis zum Frühjahre 1249 blieb und hier scheint der Entschluß gefaßt worden zu sein, den Kreuzzug gegen Egypten zu richten. Da nun im Frühjahre 1249 eine ansehnliche Verstärkung, theils von Franzosen, theils von Engländern nachkam, so ging Ludwig am 21. Mai zu Schiffe und landete vier Tage später bei Damiette, wo ihn das in Schlachtordnung gestellte saracenische Heer mit dem Sultan Saleh selbst erwartete. Die Entschlossenheit der Franzosen und die Verwirrung darüber, daß der kranke Sultan das Heer bald wieder verließ und die kopflose Leitung desselben durch den Feldherrn des Sultans Fakreddin, Alles dies ermöglichte die

Landung des Kreuzheeres, worauf die Muselmänner zurückgetrieben
wurden. Da sich nun sowohl auf der egyptischen Flotte, als auch
im arabischen Heere das Gerücht verbreitete, daß der Sultan todt
sei, so bewog dies sowohl die Besatzung, als auch die Einwohner **Besetzung von**
von Damiette, die Stadt zu verlassen, worauf dieselbe dann **Damiette**
durch die
von den Franzosen am 3. Juni 1249 ohne Schwertstreich besetzt **Franzosen**
wurde. **3. Juni 1249.**

Ludwig verweilte noch den Rest des Sommers daselbst, um
indessen die Nilüberschwemmungen abzuwarten. Erst am 20. November
brach das Heer ungefähr 50,000 Mann stark, darunter 20,000 Reiter,
von Damiette auf und zog nach Cairo. Wenn auch vom Feinde
beunruhigt, kam dasselbe doch ohne Gefahr und Noth bis an die
Stelle, wo sich der Nil theilt und hier fing man an zu berathen an,
in welcher Art der Uebergang über den Fluß zu bewerkstelligen wäre.
Indessen starb Sultan Saleh und sein Sohn Moattam Turun=
schach übernahm die Regierung. Da die Versuche der Franzosen
über den Fluß zu setzen, von den Saracenen verhindert wurden, so
blieben die Franzosen hier drei Monate unthätig liegen, bis sich ein
Araber erbot, ihnen eine Furth über den Fluß zu zeigen. In der
Fastnacht 1250 wurde auch der Uebergang bewerkstelligt. Die ersten
Saracenenhaufen flohen und das Ungestüm des Grafen Robert und
der Templer rissen sie hin, die fliehenden Feinde bis in die Stadt
Mansurah zu verfolgen, wo indessen die von den Mameluken
gesammelten Saracenen den Grafen Robert und die meisten Templer
in den Straßen niedersäbelten. Jetzt kam auch der neue Sultan
Turanschah mit neuen Schaaren an, und da im Lager des Königs
die Hungersnoth eintrat, weil alle Zufuhr auf dem Fluß gehemmt
war, so schlug derselbe am 5. April mit dem Heere den Rückzug
nach Damiette ein. Die Saracenen waren aber dem Kreuzheere auf **Gefangen=**
den Fersen, mordeten nach Herzenslust die Pilger, die krank und **nahme des**
Königs
matt waren und nahmen auch Theile des Heeres gefangen. — **Ludwig sammt**
König Ludwig hätte sich noch retten können, wenn er den Seinen **dem Heere**
vorausgeeilt wäre, doch er wollte das Schicksal mit seinem Heere **6. April 1250.**
theilen, das sich vor Ermattung und Krankheit nicht zu ver=
theidigen vermochte, so daß das gesammte Heer am 6. April 1250
gefangen genommen wurde und fast Niemand entkam. Der König
und seine Brüder, dann die vornehmen Herren wurden zwar
anständig behandelt, viele der anderen Gefangenen aber hin=
geschlachtet. Endlich wurde mit dem Sultan Turanschah der Ver=
trag dahin geschlossen, daß der König für seine Entlassung aus der

Gefangenschaft Damiette räumen und für die Freigebung seiner Genossen 800,000 Goldstücke zahlen sollte.

Indessen aber bildeten sich gegen den Sultan Turanschah, welcher die Sultanin Witwe Schedscher Eddur und die bedeutendsten Mameluken durch Zurücksetzung beleidigt hatte, eine Verschwörung, in Folge deren derselbe von dem Emir Bibars angegriffen und von den Mameluken in seinem Palaste ermordet wurde; die Witwe Schedscher Eddur ward dann zur Regentin ausgerufen und Emir Eibek zum Reichsverweser eingesetzt. Der Vertrag mit Ludwig wurde anerkannt und dahin erleichtert, daß gleich nach der Freilassung der Gefangenen nur die Hälfte des Lösegeldes, und der Rest erst bei der Ankunft derselben in Syrien bezahlt werden solle.

Die Königin, Gemahlin Ludwig's, welche die Pilgerreise mitgemacht hatte, befand sich während dieser Zeit in Damiette, wo sie einen Sohn gebar, der mit Rücksicht der traurigen Verhältnisse den Namen „Tristan" erhielt. Endlich am 6. Mai wurde der König aus der Gefangenschaft entlassen, und begab sich schon des andern Tages mit dem geschmolzenen Haufen seiner Genossen nach Affon in Syrien. Viele seiner Genossen aber kehrten nach Frankreich zurück.

Ludwig blieb noch fast vier Jahre in Palästina und sann auf die Fortsetzung des Kreuzzuges, da er aber mit seinen geringen Mitteln nichts mehr unternehmen konnte, so mußte er sich damit begnügen, die den Christen übriggebliebenen Städte Affon, Sydon, Cäsarea und Joppe in guten Vertheidigungsstand zu setzen und da seine Mutter Blanka im November 1252 gestorben war, so schiffte er sich am 24. April 1254 mit seiner Gattin und seinen Kindern zu Affon ein und landete Ende Juni in Frankreich. Sein Volk nahm ihn mit Begeisterung auf und seine großen Tugenden erwarben ihm nach seinem Tode den Beinamen des Heiligen.

§. 53. Im Jahre 1253 hatte sich auch die Lage der morgen= ländischen Christen noch wesentlicher verschlimmert, indem die Egypter und Syrier Frieden unter einander schlossen und nunmehr eine solche Feindesmasse bildeten, von der die Kreuzfahrer mit leichter Mühe vernichtet werden konnten. Die muselmännischen Fürsten aber brauchten vorderhand ihre Uebermacht noch nicht zur Vertilgung der Christen, sondern fingen an, sich gegenseitig wieder zu zerfleischen und boten somit den Christen wieder eine weitere Frist zu ihrer Existenzverlän= gerung. Die christlichen Fürsten aber, statt zusammenzuhalten, zer= splitterten ihre Kräfte gleichfalls, sie trieben Politik, jeder auf eigene

Faust, und nur nach ihren Sonderinteressen hielten sie Krieg oder Frieden mit den Saracenen. Die Templer und Johanniter waren unter einander gleichfalls in Streit und suchten sich gegenseitig zu übervortheilen, in Folge dessen kam es unter ihnen zu blutigen Kämpfen, so daß sogar im Jahre 1259 zu Akkon alle dort anwesenden Templer von den Johannitern erschlagen wurden. Die Handels= kolonien der Städte Venedig, Pisa und Genua haderten mit ein= ander wegen ihrer Handelsinteressen gleichfalls, an welchem Hader ihre Mutterstädte Theil nahmen und sich dann gegenseitig bekriegten. Daß also unter solchen Umständen die staatliche Ordnung überall gelockert war, Raub und Mord ungescheut herrschte, ist wohl begreiflich. Dazu wurde Antiochien durch turkomanische Horden schwer bedrängt und die christliche Ritterschaft erlitt dadurch große Verluste.

Zu all dem kam noch die ungeheure Gefahr durch die Mon= golen; denn diese dehnten jetzt ihre Eroberungen über Persien, Mesopotamien bis nach Nordsyrien und Palästina aus. Die Mongolen. 1256. Der König Herthum von Armenien war es gewesen, der zur Abwehr gegen die Türken die Mongolen herbei rief. Der Mongolenchan Hulagu, Bruder des Großchans Mangu drang dann im Jahre 1256 nach Persien, zog nach Bagdad, welche Residenz der Kalifen er einnahm, den letzten Kalifen Almustasin ermordete und so dem Kalifate für immer ein Ende machte. Im Jahre 1259 kam Hulagu dann nach Syrien, eroberte Haleb und Damaskus, die saracenischen Fürsten flüchteten nach Aegypten, und Syrien kam in die Gewalt der Mon= golen. Bei diesen Katastrofen schloß sich ein Theil der Christen den Mongolen an; der König Herthum von Armenien führte den Mon= golen sogar ein Heer zu und Boemund demüthigte sich ebenfalls vor dem Chan. Nur die Templer und Hospitaliter verweigerten die Anerkennung des Chans, worauf das christliche Gebiet von den Mongolen angegriffen und Sydon erobert wurde.

Da aber Hulagu jetzt die Nachricht von dem Tode seines Bruders Mangu erhielt, so kehrte er zum Glück für die Christen ins Innere Asiens zurück und überließ die Fortführung des Krieges seinem Feldherrn Kethboga. Dieser wurde aber von dem ägyp= tischen Sultane Kotuz am 3. September 1260 gänzlich geschlagen, und da auch Hulagu gestorben war, so blieben die Muselmänner und Christen von den Mongolen fernerhin verschont.

Sultan Kotuz sollte sich aber nicht lange seines Sieges über die Mongolen erfreuen, denn er wurde schon im Oktober 1260 Sultan Bibars. 1260. von dem Emir Bibars, der früher schon den Sultan Turanschah

5*

gestürzt hatte, ermordet, worauf sich Bibars auf den Thron schwang, und in kurzer Zeit gehorchte dann Aegypten und Syrien seinem Gebote. Die Christen standen diesem klugen und mächtigen Sultane aber in der kläglichsten Haltung gegenüber, und durch ihren Zwie= spalt zum einmüthigen Zusammenhalten unfähig. Auch dachten die Christen jetzt noch immer nicht an einen einmüthigen Anschluß gegen den gemeinsamen Feind; im Gegentheile begingen die Franken die Thorheit, den Sultan zu reizen, indem sie ihm die Auswechslung der Gefangenen verweigerten. Im Jahre 1262 wurde daher das Fürstenthum Antiochien von Bibars verwüstet und die Städte Joppe und Arsuf konnten nur mit Geschenken weitere Schonung erkaufen. Als aber die Christen 1264 wieder einen Raubzug ins türkische Gebiet unternahmen, erstürmte 1265 Bibars Cäsarea und Arsuf, zerstörte dieselben, nahm 1266 die Templerburg Safed, ver= wüstete das Land um Akkon und Tyrus, nahm 1268 Joppe und erstürmte Antiochien, so daß Nordsyrien somit für die Christen für immer verloren war.

Bei allen diesen Unglücksfällen thaten die morgenländischen Christen aber nichts, sie waren entweder noch übermüthig oder zeigten kriechenden Knechtssinn.

— —

G) Der siebente Kreuzzug. (1267—1270.)

Zweiter
Kreuzzug Lud=
wig's IX.
und des Kö=
nigs Jakob
von Arago=
nien. 1267.

4. September
1267.

Die steigende Noth des hl. Landes veranlaßte König Ludwig IX. zu einen neuen Kreuzzuge. Er berief im März 1267 die Großen seines Reiches nach Paris und nahm vor ihren Augen das Kreuz. Außerhalb Frankreichs wurde nur von dem König von Ara= gonien Jakob das Kreuz genommen. Dieser König ging schon am 4. September von Barcellona mit einem stattlichen Heere unter Segel, als aber nach wenigen Tagen ein schwerer Sturm der Flotte stark zusetzte und die meisten Schiffe zur Landung in einem französi= schen Hafen nöthigte, wurde der König von allen Seiten bestürmt, das Unternehmen aufzugeben, worauf er dazu einwilligte und nach Aragonien unverrichteter Dinge zurückkehrte. Nur einzelne Ritter seines Heeres begaben sich darauf nach Palästina.

§. 54.
Ludwig IX.
vor Tunis.
17. Juli 1270.

§. 54. An dem Kreuzzuge Ludwigs IX. jagten auch die Theil= nahme zu: sein Bruder Karl König von Sicilien, dann die engli= schen Prinzen Eduard und Edmund, Söhne Heinrichs III. nebst mehreren Großen des Reiches.

Anfangs Juli verließ Ludwig Frankreich und landete nach einigen Tagen, als die Kreuzfahrer einen See-Sturm bestanden, in Cagliari. Hier wurde Kriegsrath gehalten und der Beschluß gefaßt, nicht nach Syrien, sondern nach Aegypten, und zwar gegen Tunis zu ziehen. In wie ferne dieser Beschluß durch Nebenrücksichten auf einen Privatvortheil veranlaßt wurde, läßt sich nicht ermitteln, aber Thatsache bleibt es, daß seitdem Karl von Anjou, der Bruder Ludwig's IX., in Sicilien auf den Thron kam, der Emir von Tunis, der früher Sicilien zinspflichtig gewesen war, die Tribut-zahlungen einstellte, und Tunis seitdem der Zufluchtsort der staufi-schen Partheigänger geworden war. Mag daher König Karl von Sicilien aus persönlichem Interesse seinen frommen Bruder Lud-wig IX. für diesen Feldzug gewonnen haben.

Am 15. Juli 1270 verließ König Ludwig mit seinem Heere Cagliari und landete am 17. Juli auf der Rhede von Tunis. Da Tunis auf eine so gewaltige Macht nicht vorbereitet war, so schwebte es in ernstlicher Gefahr, am 19. und 20. Juli kam es zu einzelnen Kämpfen, wo die Muselmänner besiegt wurden. Hätte Ludwig mit seiner ganzen Macht die Stadt rasch angegriffen, so wäre wahrscheinlich der Erfolg für ihn gewesen, so aber zögerte er, wie früher am Nil, und wollte keine Unternehmung vor der An-kunft seines Bruders, des Königs von Sicilien, wagen. Er be-festigte nur sein Lager und ließ dadurch dem Feinde hinreichende Zeit, sich auch zum nachdrücklichsten Widerstande vorzubereiten, und so war dann schließlich die Eroberung des sogen. Schlosses von Chartago (22. Juli) die einzige That von Bedeutung, die verrichtet wurde, denn die außerordentliche Hitze und die Nahrungsmittel, deren die Truppen ungewohnt waren, erzeugten Krankheiten im Lager, die schwer im Heere wütheten.

Am 3. August starb Ludwig's zweiter Sohn Tristan (§. 51), ebenso der Bischof Rudolf von Albana, und endlich starb auch am 25. August der König Ludwig IX.

Sein Erbe und Nachfolger Philipp III. schlug zwar das Heer der Muselmänner in die Flucht, da aber weder Philipp III. noch Karl von Sicilien Lust hatten Tunis regelmäßig zu belagern, so kam am 30. Oktober 1270 ein Vertrag mit dem Emir von Tunis zu Stande, in dem der gegenseitige Handel vollkommen frei gegeben, und den Christen gestattet wurde, im Gebiete von Tunis Kirchen zu bauen und ihren Gottesdienst zu verrichten, sich der Emir noch verpflichtete 210,000 Unzen Gold Kriegsentschädigung zu leisten, und der sicilianischen Krone den früheren Tribut weiter zu zahlen. — Im November kehrte dann das Kreuzheer in die Heimath zurück. Es war dies der letzte der Kreuzzüge gewesen, ohne daß er den syrischen Christen irgend eine Hilfe gebracht hätte.

§. 55.
Ende der
Christen=
herrschaft in
Syrien.
1271—1291.

§. 55. Nachdem Sultan Bibars Antiochien erobert hatte, drängte er die anderen syrischen Christen nicht besonders, weil er sich noch indessen gegen die Mongolen sicherzustellen hatte, doch als er die Hände frei bekam, warf er sich mit Macht auf die Christen, eroberte Anfangs 1271 das feste Hospitaliterschloß Krak und die Burgen Boemund's VI., nahm am 12. Juni die Hauptburg der deutschen Ritter Montfort; die Hospitaliter, Templer und Boe= mund VI. mußten von ihm den Waffenstillstand erkaufen, und Tripolis mußte sich zu einem Tribut von 20,000 Goldstücken ver= stehen. Indessen hatten die Christen wieder einige Verstärkungen aus dem Abendlande erhalten, und König Karl von Sicilien be=

Waffen=
stillstand.
22. April
1272.

wog Bibars, der Stadt Akkon und den umliegenden Ortschaften am 22. April 1272 einen Waffenstillstand auf 10 Jahre, 10 Mo= nate und 10 Tage zu bewilligen.

Tod Bibars.
19. Juni
1277.

Am 19. Juni 1277 starb Sultan Bibars zu Damaskus nach kurzer Krankheit, ungewiß ob am Fieber oder an Gift. Sein Sohn Almelik Assaid starb wahrscheinlich an Gift schon im Sommer 1279, und da sein Bruder Bedreddin Salamisch erst 7 Jahre alt war, so wurde der Emir Kilawuns Reichsverweser, welcher aber sodann den jüngeren Sultan beseitigte und sich selbst zum Sultan von Aegypten machte.

Papst
Gregor X.
predigt einen
neuen Kreuz=
zug. 1274.

Im Abendlande wurde im September 1271 Teobald Vis= conti als Papst Gregor X. gewählt, welcher zur Zeit seiner Wahl gerade in Syrien weilte. Derselbe forderte dann auf dem allgemeinen Konzil (Mai bis Juli 1275) die Christenheit zu einem neuen Kreuzzuge auf, und es nahmen auch König Rudolf von Habs= burg, König Philipp von Frankreich, Eduard von England, Jakob von Aragonien und andere das Kreuz, doch kam dieser Kreuzzug nicht mehr zur Ausführung, da diese Herrscher durch innere Sorgen und Verlegenheiten daran verhindert wurden, wozu noch die allgemeine Abneigung der Völker gegen den hl. Krieg und die damit vermehrten Steuerlasten kamen.

Da die Muselmänner gerade in dieser Zeit durch innere Fehden zerrissen waren, so hätte ein neuer Kreuzzug immerhin von Erfolgen begleitet sein können, aber die christlichen syrischen Fürsten benützten die Zerfahrenheit der Muselmänner nicht und indem sie sich ungeachtet

aller Gefahr mit Leidenschaft ihrem inneren Hader und der gegen=
seitigen Zwietracht hingaben, gewährten sie dem Sultan Kilawuns
dadurch nur Zeit, seine Macht zu befestigen. In den Jahren 1281
bis 1283 wurde den Christen zwar abermals ein Waffenstillstand
für 10 Jahre, 10 Monate und 10 Tage von dem Sultan zu=
gestanden, doch wurde derselbe schon im Jahre 1285 gebrochen, ohne
daß sich sicherstellen ließe, von welcher Seite der Bruch erfolgte,
denn im April 1285 erschien der Sultan vor der festen Burg
Markab und zwang sie zur Ergebung, auch die Festung Laodicea
mußte sich ergeben. Am 27. April 1289 wurde Tripolis von den
Muselmännern erstürmt, Alles niedergemacht und die Stadt ver=
brannt.

Jetzt rüstete Sultan Kilawuns auch zur Belagerung von
Akkon, welche die reichste, schönste und blühendste Stadt Syriens
war. Auch die Christen, durch die Gefahr endlich angeregt, boten alles
zu ihrer Vertheidigung auf und sammelten schließlich 20,000 Streiter
in Akkon; leider aber herrschte abermals nicht die nöthige Eintracht
unter den christlichen Führern.

Sultan Kilawuns verließ im Herbste 1290 Cairo, doch war
er noch nicht weit gekommen, als er erkrankte und am 10. November
1290 starb. Sein Sohn Sultan Almelik Alaschraf setzte aber
das Werk fort und war nach seiner Gemüthsart den Christen noch
gefährlicher, als der Vater.

Im März 1291 traf ein Theil des muselmännischen Heeres **Belagerung**
vor Akkon ein; Anfangs April war ein ungeheueres Heer mit allen **von Akkon**
Kriegsgeräthen um Akkon versammelt und die Belagerung begann. **April 1291.**
Jetzt erfolgten häufige Kämpfe und Ausfälle der Christen. Am 4. Mai
kam auch König Heinrich mit einer cyprischen Schaar in Akkon an.
Vom 5. Mai an fand dann die Untergrabung der Mauern durch
die Muselmänner, sowie häufige Berennungen derselben statt. Da die
Lage der Stadt von Tag zu Tag gefährlicher wurde, entflohen die
wohlhabenderen Bürger mit ihren Familien nach Cypern; selbst viele
Ritter und Knechte flohen aus der Stadt und auch König Heinrich
kehrte nach Cypern zurück, so daß die Besatzung der Stadt jetzt nur
noch aus 12,000 Mann bestand. Am 16. Mai schlugen die Belager=
ten einen heftigen Sturm ab und auch sie hätten jetzt den Rückzug
nach Cypern genommen, wenn überhaupt die nöthigen Schiffe vor=
handen gewesen wären. Am 18. Mai aber stürmten die Muselmänner **Erstürmung**
von Neuem mit Uebermacht die Stadt, und obzwar die Templer **Akkons**
und Hospitaliter Wunder der Tapferkeit verübten, so wurde die Stadt **18. Mai 1291.**

endlich von den Muselmännern dennoch erstürmt Jetzt folgte ein Morden und eine unsägliche Gräuel der Grausamkeit, bis endlich Akkon verbrannt und gänzlich zerstört wurde. Nur einem kleinen Theile der Besatzung gelang noch die Flucht zur See

Der Fall dieser großen Festung war das Ende der Herrschaft der Christen in Syrien, und obzwar sie noch stark ummauerte Orte, als: Tortosa, Beirut, Sydon und Tyrus und das Pilgerschloß besaßen, entflohen sie dennoch überall, als sie die Nachricht von dem Falle Akkons erhielten und verließen Syrien, so daß einige Wochen nach dem schrecklichen 18. Mai die syrische Küste von den Christen ganz verlassen war. — —

So endete das große Drama der Kreuzzüge, einer Bewegung, die das Abendland durch 200 Jahre hindurch beschäftigte, der Riesen opfer an Menschenmateriale*) und Gut gebracht wurden, und die schließlich doch resultatlos blieb.

Wohl rief Papst Nikolaus zu neuen Kreuzzügen auf, aber es kam kein neues Kreuzheer mehr zusammen, und alle Anstrengungen zur Wiedereroberung des heil. Grabes blieben von da an erfolglos.

Anhang.

Die Ritterorden. — Der Untergang der Templer.
(1306—1313.)

§. 56.　　　　　§. 56. Es ist unmöglich, die Geschichte der Kreuzzüge zu beschließen, ohne der Ritterorden und namentlich jenes der Templer weiter noch zu gedenken, denn diese Orden hängen mit den Kreuz= zügen so innig zusammen, daß sich Eines ohne dem Andern kaum denken läßt.

Wir haben das Entstehen der drei Ritterorden der Kreuzzüge: der Templer, Hospitaliter (Johanniter) (§. 18) und des deutschen Ritterordens (§. 30) kennen gelernt und sind ihnen noch bei der Erstürmung von Akkon begegnet, wo sie Wunder der Tapferkeit ver= richteten, der Uebermacht der Saracenen aber unterlagen. Mit dem Falle von Akkon war Syrien für die Christen verloren und somit

---

*) Nach der annähernden Berechnung eines alten Berichtes über die Kreuzzüge sollen 5 Millionen Abendländer und 6 Millionen Muselmänner in den sieben Kreuzzügen ihren Tod gefunden haben.

verloren auch diese Ritterorden ihren heimathlichen Boden, denn die Hauptsitze der Orden waren in Syrien, und in Europa befanden sich nur ihre Zweigniederlassungen: Provinzen, Balleyen und Comthureien. Aus dem erstürmten Akkon (1291) gelang es von 500 Templern nur zehnen, sich nach Cypern zu retten, und ebenso konnte der Groß-meister der Johanniter nur mit sieben Brüdern, etwas Geld und einigen Reliquien nach Cypern entkommen, und somit bestand jetzt die Stärke dieser Orden nur noch aus ihren auswärtigen Mit-gliedern, die sich zur Zeit der Katastrofe in den europäischen Besitzungen des Ordens befanden.

Da von diesen drei Orden bis heute noch die Johanniter und der deutsche Ritterorden, wenn auch in geänderter Gestalt, die Existenzberechtigung behielten, und nur die Templer auf eine grausame Art vernichtet wurden, so will ich zur Abrundung des Bildes der Kreuzzüge über die Schicksale dieser Orden noch kurz berichten.

§. 57. Die Templer waren der reichste, angesehenste und mächtigste dieser Orden. In den ersten Jahrzehnten seines Bestehens war er die Bewunderung des Abendlandes, und flossen ihm unermeß-liche Reichthümer zu. König Heinrich I. von England stiftete 1130 in London den Tempelhof, Kaiser Lothar schuf aus einem Theile seines Stammlandes, der Grafschaft Supplinburg (1130), eine reiche Komthurei; König Alfons von Navarra und Aragonien (1133) setzte die Templer und Johanniter sogar zu Erben seiner Reiche ein, welches Vermächtniß zwar, als dem Völkerrechte zuwider, nicht ver-theilt wurde, nichtsdestoweniger aber den hohen Ruf dieser Orden beweist. Die Templer, die sich in Provinzen theilten, wie der Johanniter-Orden in Zungen und der deutsche Orden in Balleyen, hatte Provinzen im Abendlande: in Portugal, Castilien, Leon, Aragonien, Frankreich, Auvergne, Provence, Normandie, Nieder-lande, England, Schottland, Irland, Polen, Ungarn, Dalmatien, Italien, Apulien, Sicilien, Oesterreich, Böhmen, Franken, Schwaben, Baiern, Elsaß, Lothringen, Brandenburg, Pommern, Mecklenburg, Braunschweig, Thüringen ꝛc. Gegen das Jahr 1244 zählte der Orden über 9000 Sitze im Abendlande und 7050 Kapellen. Er hatte 20,000 Ritter, konnte 50,000 Mann Streiter und in Frank-reich allein sogar 15,000 Reiter stellen. Hiezu kamen seine Ein-nahmen von jährlich 50 Millionen Pfund und nebstdem ein stets

§. 57.
Die
Templer.*)

*) Havemann: Ausgang des Templerordens. Tübingen 1846. — J. Hammer-Purgstall: Schuld der Templer. Wien 1855. — Wille: Geschichte des Templerordens. 1860.

gefüllter reicher Ordensschatz. Diese unermeßlichen Schätze brachten aber den Orden auf Abwege, die Ordensburgen wurden Stätten des üppigsten Genusses, und dabei trachteten die Ritter noch nach größeren Reichthümern und scheuten kein Mittel, ihre Habsucht zu befriedigen. Auch ihre syrische Politik und ihre Beziehungen zu den Saracenen dienten nur ihren Sonderinteressen, nicht aber dem allgemeinen Besten. Im Jahre 1162 hatte Papst Alexander III. den Orden von der Gewalt der Bischöfe eximirt und nur den Päpsten unterstellt; die Templer ergriffen diese Gelegenheit dazu, um sich immer mehr zu einer selbstwillig handelnden Gesellschaft umzugestalten. Daß sie in dieser Gestalt, als Staat im Staate, namentlich in Frankreich den Regenten bei deren Schwäche durch die Lehnsverfassung des Mittelalters gefährlich wurden, und daß zugleich ihr immenser Reichthum den Neid und die Habsucht reizte, ist um so begreiflicher, als ihr Stolz und Hochmuth ihnen eine Menge Feinde erweckt hatte.

Die Ausrottung des Ordens lag deßhalb besonders dem König Philipp IV. (dem Schönen) von Frankreich (Sohn jenes Philipp III., den wir im letzten Kreuzzuge Ludwig's IX. vor Tunis kennen gelernt haben), am Herzen, indem auch die Reichthümer des Ordens seine Habsucht reizten, dessen Geiz historisch erwiesen ist, der die Juden nur deßhalb verjagt hatte, um sich ihres Vermögens zu bemächtigen, und der die Münze nur zu seinem Vortheile bedeutend verschlechterte. Doch die Vernichtung eines so mächtigen Ordens war nicht so leicht, und deßhalb mußte zu längeren Vorbereitungen und zur List gegriffen werden, und zur Ausführung der Pläne Philipp's IV. sollte in der Oeffentlichkeit ein skandalöser Prozeß gegen den Orden dienen.

Diesen Prozeß inscenirte dann auch der König durch den Miß-brauch der päpstlichen Gewalt von 1306—1314.

Schon in seinem Streite (1300—1303) mit dem Papste Bonifacius VIII. demüthigte Philipp denselben auf das Empfind-lichste, und da der Nachfolger desselben, Papst Clemens V. seine Erwählung nur dem Einflüsse Philipp's IV. zu danken hatte und ganz in die Hände desselben gegeben war, benützte auch Philipp den Papst Clemens V. jetzt zur Durchführung seiner vorhabenden Pläne.

Prozeß gegen die Templer und deren Vernichtung 1306—1314. Mit einer Denunciation zweier der erbittertsten Feinde des Ordens begab sich Philipp IV. zum Papste Clemens V. nach Lyon und verlangte von ihm direct die Ausrottung der Templer.

Der Papst mußte sich dazu bequemen, am 6. Juni 1306 den Groß=
meister der Templer Jakob Molay von Cypern, wo der Orden
seinen Hauptsitz hatte, mit seinen Rittern und dem Ordensschatze
unter dem Vorwande nach Frankreich zu berufen, mit ihm die
Berathung eines neuen Kreuzzuges halten zu wollen.

Jakob Molay nichts Böses ahnend, erschien in Folge dieser
Ladung mit 60 Rittern und großen Geldsummen in Paris, welche
letztere er dann im Hanse der Templer niederlegte, und dies war
es, was Philipp IV. eben gewollt hatte. Gleich darauf sandte
Philipp durch das ganze Königreich an die Seneschalle und Baillis
der Provinzen geheime Befehle, vermöge welchen alle Templer zu=
gleich am 13. Oktober 1307 gefangen genommen werden sollten und
ihre Güter mit Beschlag zu belegen waren. Dann wurden im ganzen
Lande Inquisitionsgerichte errichtet, welche die Untersuchung gegen
den Orden führen sollten, und der Beichtvater des Königs, Inqui=
sitor und Dominikaner Wilhelm Paris, war dabei thätig.

Mit Schaudern und Staunen vernahm endlich das Volk die
Anklagepunkte, die in 127. Paragraphen die Beschuldigungen gegen
die Templer enthielten, und diese Anklagen waren zum Theile sehr
wunderlicher Art. Man beschuldigte sie, daß sie in ihren nächt=
lichen Versammlungen ein Götzenbild: „Baffomet" genannt, anbeten,
daß sie unter einander die unnatürlichsten Laster begehen dürfen,
daß sie Kinder opfern, daß jeder neu Aufzunehmende dem Groß=
meister den Nabel und noch einen Körpertheil küssen müsse, daß sie
Jesum Christum verleugnen und auf das Kreuz speien müssen ꝛc.
Der Papst Clemens suchte wohl jetzt der Untersuchung Einhalt zu
thun, allein Philipp zwang ihn für den 12. April 1308 eine all=
gemeine Untersuchung in allen Ländern gegen die Templer anzu=
ordnen, und auf den 1. Oktober 1311 ein allgemeines Concilium
einzuberufen, um das Endurtheil in ihrer Sache zu fällen. In=
zwischen hatte in Frankreich der vom König beauftragte Inquisitions=
richter Imbert mittelst Folterqualen vielen Templern Geständnisse
über die angegebenen Verbrechen entrissen, und Philipp ließ schon
während der Untersuchung am 12. Mai 1310 ohne sich um das
künftige Concilium zu kümmern, 67 Templer, die ihre früheren Aus=
sagen wiederrufen hatten, zu Paris verbrennen; zu Senlis wurden
dann weitere 9, und so auch in der Normandie, Languedoc und
Provence mehrere Templer verbrannt. 36 Ritter starben aber im
Kerker in Folge der ausgestandenen Folterqualen, und daß diese
Qualen groß waren, leuchtet aus der Erklärung Ponsart von Gisi,

Priors des Ordens der Templer hervor, welcher sagt, daß er Stunden lang in einer Grube, die Hände auf dem Rücken so fest zusammengeschnürt stand, daß das Blut unter den Nägeln heruntergetropft ist; zum Voraus versicherte er, daß er Alles ein gestehen werde, was man nur will, wenn er noch einmal in dieser Art gefoltert werden sollte. Alle diese Hinrichtungen fanden übrigens früher statt, ehe noch der Orden überhaupt aufgehoben war, denn Papst Clemens hob den Orden durch die Bulle: „ad providam Christi" erst den 22. Mai 1312 auf.

Papst Clemens wollte den Großmeister Molay und drei andere Ordensobere selbst richten, doch sah Molay den hl. Vater nicht, und sollte mit seinen Genossen lebenslang Gefangener bleiben, zuvor aber öffentlich die Schandthaten des Ordens bekennen, womit man das Urtheil des Volkes zu bestechen dachte, das schon laut über die Gräuel vor seinen Augen murrte.

Am 18. März 1313, vorgeführt auf ein Gerüst vor Notre-Dame, widerriefen aber Molay und Gui d'Auvergne, Grand Bailli der Normandie, ihre Aussagen, und betheuerten ihre und des Ordens Unschuld. Erschrocken hoben die Legaten das Gericht auf, die Gefangenen wurden wieder abgeführt und Philipp befahl, dieselben sogleich zu verbrennen, was noch denselben Abend (18. März 1313) auf der Seineinsel geschah. Molay erlitt den qualvollen Tod des langsamen Verbrennens mit solcher Standhaftigkeit, daß alle Zuschauer von Staunen und hoher Bewunderung durchdrungen wurden, wobei Molay der Sage nach, die ungerechten Richter, den Papst und den König, binnen Jahresfrist vor Gottes Gericht lud, was wenigstens durch den Tod beider bestätiget wurde, indem Philipp am 29. November und Clemens am 20. April 1314 starben.

Die Güter der Templer fielen zum Theile den Johannitern zu, doch soll der König sowie der Papst aus den Ordensschätzen und Gütern ansehnliche Vortheile gezogen haben.

In anderen Ländern waren aber die Verfolgungen der Templer minder gewaltthätig, theils wurden sie dann in die Klöster, theils in andere Orden, wie in den Johanniter-Christus-Orden 2c. vertheilt, und ihre Güter ebenfalls den Johannitern übergeben.

Die meisten neueren Forscher hegen die Ueberzeugung, daß der Orden wohl nicht vom Sittenverfall freizusprechen sei, daß aber die Anklagen und Verbrechen, wie man sie den Templern zur Last legte, entweder nur als reine Erfindung oder als Mißverständnisse des geheimen Sinnes gewisser Gebräuche zu betrachten seien.

Die Nothwendigkeit, Geld für seine Unternehmungen zu gewinnen, konnte bei Philipp immerhin ein bedeutender Beweggrund
dieser frevelhaften und grausamen Vernichtung des Ordens gewesen
sein. Dazu kam noch, daß die Templer so zu sagen ein Staat in
seinem Staate waren, und somit aus dieser doppelten Ursache von
ihm zerschmettert werden mußten.

Der berühmte Orientalist Dr. Freiherr v. Hammer-Purgstall
ist einer jener wenigen, welcher die Schuld der Templer an den
ihnen zur Last gelegten unnatürlichen Verbrechen für voll erwiesen
ansieht. In seiner Abhandlung: „Fundquellen des Orientes" „My-
sterium Baphometis revelatum", sucht er zu beweisen, daß die
Baphometsköpfe, die man bisher für tibetische Idole gehalten habe,
deren mehrere in dem Wiener k. k. Antikencabinete, versehen mit
arabischen und griechischen Aufschriften, zu sehen sind, und die den
Namen dieser Idole Mete (d. i. die Lehre der Gnostiker und die
Verleugnung Christi) enthalten, die Idole unserer Templer waren.
Aus den Doppelköpfen, die das Mann-Weib vorstellen, aus den
Münzen mit den Namen „Mete", aus den Bechern mit Feuer, aus
den Schlangen, Fröschen, Symbole der genetischen Kraft, aus den
obscönen Figuren in neun Templer-Kirchen der österreichischen Monarchie, aus zwei anderen in Italien und zwei in Weinheim und
Heppenheim, aus dem Hunde, dem Zeichen der Unreinlichkeit, aus
dem Phallus, wie dem Kamm, dem Gegenstück des Phallus, aus
allen diesen Dingen sucht Herr von Hammer die Schuld der Templer,
betreff der ihnen zur Last gelegten Schandthaten, abzuleiten. Einen
weiteren Beweis hiefür findet Herr von Hammer dann in den
120 wörtlich citirten Zeugenaussagen aus dem Prozesse der Templer,
welche Aussagen in seinem Werke: „Die Schuld der Templer"
(Wien 1855) reproducirt sind.

Dem Rechte der eigenen Ueberzeugung aber folgend, muß ich
es aussprechen, daß mich diese Gründe des Herrn von Hammer,
ungeachtet meiner Verehrung für sein großes Wissen, in keiner Art
bestimmen konnten, seine Ansicht, betreff der Schuld der Templer zu
theilen, denn was die Symbole anbelangt, so fehlt, selbst bei dem
zugegebenen Umstande, daß sie in Tempelhäusern gefunden wurden,
in erster Linie jeder Zusammenhang zwischen ihnen und den Templern,
denn dieselben können ganz wohl als syrische Denkmale in die Ordens-
häuser übertragen worden sein, eben so fehlt jeder Beweis darüber,
daß diese Symbole auf Befehl der Templer und zu ihren Zwecken
überhaupt angefertiget wurden; aus dem bloßen Besitze dieser Skulp-

turen kann aber nie und nimmer schon auf die geheimen Absichten
der Besitzer oder gar auf die ketzerischen Lehren derselben geschlossen
werden, denn weder nach der Kritik, noch nach der Humanität, kann
auf solche Hypothesen nach einem so langen Zeitraume und bei einer
solchen historischen Dunkelheit ein Urtheil überhaupt und am aller
wenigsten bei so todeswürdigen Verbrechen, gegründet werden
Dazu kommt noch der Umstand, daß wenn die Templer wirklich
ein Götzenbild (Baphomet) angebetet hätten (das übrigens von den
Zeugen höchst verschieden beschrieben wird), dasselbe namentlich in
Frankreich als ein besonderes corpus delicti der Untersuchung
hätte aufgefunden werden müssen, was aber nicht der Fall war,
obzwar die Inquisition darnach zweifels fahndete, denn da die
Templer an einem und demselben Tage (13. Oktober 1307) in ganz
Frankreich verhaftet und eingekerkert wurden, so hätte ein solches
Idol, wenn es bestanden, gar nicht beseitiget werden können und
um so sicherer aufgefunden werden müssen, als das ganze Ordens=
vermögen an diesem Tage mit Beschlag belegt und alle Ordens=
häuser auf das Genaueste untersucht wurden. Die Abwesenheit eines
solchen corpus delicti in der Untersuchung der Templer, wo man
die Folter nicht schonte, ist daher um so bezeichnender, als ein solches
Idol, wenn es überhaupt vorhanden gewesen wäre, unter den vor=
handenen Umständen, wie gesagt, nothwendig hätte gefunden werden
müssen.

Was die in dem berührten Werke des Herrn von Hammer:
„Schuld der Templer" (Wien 1855) citirten 120 Zeugenaussagen *)

———

*) Um dem Leser die volle objective Beurtheilung dieser Zeugenaussagen
zu ermöglichen, lassen wir hier beispielsweise einige dieser Aussagen, wie sie
Herr v. Hammer in seinem Werke anführt, wörtlich folgen, da diese Aussagen
mutata mutandis alle gleichlautend sind:

Z. B. 85. Theobaldus de Basimonte, Serviens. Postmodum dictus
frater duxit ipsum testem ad quondam logiam, in qua fiebant aliquando
dolia, et oportavit quandam Crucem ligneam decapitam ibidem ostendit
ipsi testi precipiens ei quod abnegaret Deum. — Postea precepit ei quod
spueret supra dictam Crucem; deinde dixit ei quod poterat, si valebat,
cum fratribus ordinis carnaliter commisceri. — Postmodum precepit ei
quod osculabatur eum in ano.

35. Petrus de Boucheurs (frater) — Postmodum dictus receptor
ostendit ei ymaginem Crucifixi et precepit quod abnegaret dictum Cruci-
fixum, quod oportebat ei predictum facere, quia erat de punctis ordinis — postea precepit ei dictus receptor quod osculuret eum in
umblicio etretro in spina dorsi in carne nuda, quia oportebat eum facere
predicta secuudum puncta ordinis — non scit si commiscebantur fratres

in dem Prozesse der Templer betrifft, dürften dieselben schwerlich einen unbefangen Denkenden die Ueberzeugung betreffs der Schuld derselben zu verschaffen vermögen, wenn dabei erwogen wird, in welcher Art im Mittelalter von den Inquisitionsgerichten die Zeugenaussagen beeinflußt, und auf die Zeugen überhaupt eingewirkt wurde, daher auch Zeugenaussagen über die ungereimtesten Dinge abgegeben erscheinen, und wir wollen zum Beweise dieses Ausspruches beispielsweise nur auf die Thatsache hinweisen, daß uns jetzt noch aus den angeführten viel jüngeren Hexenprozessen Aussagen vorliegen, in denen der betreffende Zeuge aus eigener Wahrnehmung den Umgang der Hexe mit dem Bösen bestätigte! — Zu allen diesen Bedenken betreffs dieser Zeugenaussagen kommt noch ein weiterer Umstand, der ihre Glaubwürdigkeit noch viel mehr in Zweifel setzt, denn dieser Prozeß gegen die Templer wurde über Befehl Philipp's IV. und von den von ihm ernannten Inquisitoren angestrengt. Nun hat dieser selbe Philipp IV. auch sogar den verstorbenen Papst Bonifacius VIII., der sein erbitterter Feind war, der Heresie beschuldigt, erhob diesfalls gegen denselben beim Papste Clemens V. die Anklage, und verlangte dabei, Clemens solle gegen den verstorbenen Bonifacius diesfalls den Prozeß einleiten und die Gebeine desselben als die eines Ketzers am Scheiterhausen verbrennen lassen. So ungerne Clemens V. an diese ärgerliche Sache ging, sah er sich doch zu sehr in den Händen Philipp's, um sich länger weigern zu dürfen, und es wurde wirklich der 2. Februar 1309 als der Tag der Klage über Bonifacius öffentlich bekannt gemacht.

carlaliter sed de dicta commiscione fuit ei preceptum quod super desposuit.

40. Hugo de Calmonte (miles) Et dictus frater receptor dixit ei quod ex quo factus erat frater miles Templi oportebat quod abnegaret Deum. Postque dictus preceptor domus extraxit quandam Crucem ligneam; et precepit ei quod spueret super eam et dixerunt quod haec erant secreta ordinis.

58. Johannes de Bolencourt (frater serviens) precepit ei preceptor. quod abnegaret Deum et ipse testis respondit, quod hoc nullo modo faceret, tunc dictus frater Johannes — dixit ei quod hoc cum oportebat facere, quia erat de punctis religionis eorum, et quod diceret hoc ore, dicet non corde, et tunc ipse testis abnegavit ore non corde. Postea Precepit ei quod superet super quandam crucem depictam in pargameno — quia hoc debeat facere secundum dicta puncta ordinis. — deinde quod debeat eum osculari in umbilico et quod poterat licite commiscere fratribus ordinis et pati quod commiscerunt cum eo.

Wilhelm v. Nogaret, Vicekanzler des Königs, und Wilhelm
du Plessis, dieselben Männer, welche später den Prozeß der Templer
leiteten, traten an dem bestimmten Tage wirklich mit solchen Anschuldigungen gegen Bonifacius VIII. hervor, nach denen derselbe
weder ein Christ, noch auch nur ein gewöhnlich sittlicher Mensch
gewesen wäre. Kurz es drohte ein Prozeß der ärgerlichsten Art zu
werden.

In dieser peinlichen Verlegenheit, in der Clemens dem König
nicht entgegentreten durfte, weil er von ihm ganz abhängig war,
wußte er keinen anderen Ausweg, als die Sache der allgemeinen
Kirchenversammlung in Vienne zur Entscheidung zu übertragen, welche
dann die Schuldlosigkeit Bonifacius' VIII. aussprach und den
König mit seiner Klage abwies.

Wenn also Philipp IV. gegen den todten Papst derartige
Anklagen durch dieselben Männer, wie im Prozesse der Templer,
erheben ließ, so wird wohl jeder bei einem solchen Sachverhalte zugeben
müssen, daß es ihm durchaus nicht schwer fallen konnte, auch gegen
die untergeordneten Templer die zu ihrer Vernichtung erforderlichen
Zeugnisse zu erhalten und es ist daher die Wahrhaftigkeit solcher
Zeugnisse sehr anzuzweifeln.

Wenn daher eine so todeswürdige Schuld durch Zeugenaussagen
als erwiesen angenommen werden sollte, so müßten diese Zeugenaussagen über jeden Zweifel erhaben sein, dies ist aber bei den
citirten 120 Zeugenangaben ebensowenig der Fall, als bei den
Geständnissen der Ritter selbst, welche durch grausame Folterqualen
denselben erpreßt und dann wieder zurückgenommen wurden.

Uebrigens sind diese Beschuldigungen so ungereimt und jedes
vernünftigen Grundes: warum überhaupt solche schreiende Verbrechen
verübt worden wären, und welchen Vortheil dies dem Orden überhaupt hätte bieten sollen, entbehrend, daß die Annahme dieser Thatsachen so ganz außerhalb jedes logischen Denkens gelegen ist.

Das Richtige an der Sache mag daher bleiben, daß nach dem
Willen Philipp's IV. der Orden auf jeden Fall zu seinem Vortheile zertrümmert und ausgerottet werden sollte, weil dieses aber
nur auf Grund todeswürdiger Verbrechen geschehen konnte, mußten
deßhalb solche Beschuldigungen erfunden werden.

§. 58.
Die Hospita-
liter
(Johanniter).

§. 58. Auch dieser Orden hatte fast in allen christlichen Ländern
große Besitzungen und mächtigen Einfluß, dazu erhielt er von den
Päpsten, die denselben begünstigten, noch große Vorrechte. Als Akkon
gefallen war, zogen sich die wenigen überlebenden Ordensritter nach

Cypern zurück, wo ihnen König Johann Limisso überließ. Hier
sammelten sie alle ihre Ritter und bauten Famagosta ganz nach dem
Plane von Akkon (Ptolemais). Da ein neuer Kreuzzug nicht gelingen
wollte, führten sie Pilgrime von und nach Palästina; sie bauten dann
neue Schiffe, und bald verschaffte sich die Johanniterflagge immer
mehr Achtung und die Johanniter wurden endlich eine Seemacht.
Der Großmeister Villaret reiste dann nach Frankreich, um einen
neuen Kreuzzug zu betreiben, und sammelte um sich in Brindisi viele
Streiter. Alle waren zwar der Meinung, es gelte wieder Palästina,
allein Villaret landete mit seinen Streitern auf Rhodus und
richtete dann eine Gesandtschaft an den Kaiser Andronikus mit
der Bitte, den Orden mit Rhodus zu belehnen, weil der Papst
dem Orden Rhodus geschenkt hätte, da aber der Kaiser auf diese
Bitte keine Antwort gab, eroberten die Johanniter 1309 Rhodus, Einnahme
und behaupteten nicht nur dasselbe, sondern eroberten auch die um- von Rhodus.
liegenden Inseln: Nicaria, Episcopeia, Jolli, Limonia, Sirano und Rhodiser-
ritter 1309.
Lango, das alte Cos, das Vaterland des Hippocrates, und von
da an hießen die Ritter „Rhodiser". Hier blieben sie durch 213 Jahre
und vertheidigten sich mit Glück und Muth gegen die Türken; unter
diesen Kämpfen ist besonders ihre tapfere Vertheidigung unter
dem Großmeister Peter von Aubusson gegen die Türken unter
Mohamed II. merkwürdig, welcher 1479 die Stadt Rhodus mit
einer ungeheueren Uebermacht belagerte. Da sich aber später diese
Angriffe der Türken immer mehrten und die Johanniter von
Europa keine Unterstützung erhielten, so mußte endlich der Großmeister
Philipp de Villiers de l'Isle Adam, als im Jahre 1522 Sultan
Soliman II. unter Mustapha mit einer Macht von 400 Schiffen
und 140,000 Landungstruppen Rhodus belagern ließ, am 24. Dezember
1522 capituliren. Die Ritter, welche freien Abzug bekamen, hielten
sich hierauf nacheinander an mehreren Orten auf, bis es ihnen
gelang, von Kaiser Karl V. mit der Insel Malta belehnt zu werden.
Im März 1530 kam folgender Vertrag zu Stande: der Orden Belehnung
erhielt Malta, Gozzo, Comino und Tripoli als freies Lehen, gegen mit Malta.
die Recognition eines Falken an die Nachfolger des Kaisers in beiden Maltheserritter 1530.
Sicilien, und die Ritter hatten nur die Verpflichtung, den Krieg
gegen die Türken und Seeräuber fortzuführen, und die Küsten-
staaten des Kaisers zu beschützen.
Von da an hießen dieselben „Maltheserritter".
Obwohl der Orden durch die Reformation seine Güter in
England, Niederlanden und Scandinavien verlor, so dauerten doch

diese Verhältnisse bis zur französischen Revolution fort, und bis dahin bewahrte der Orden seine Selbstständigkeit. Als aber Bonaparte auf seinem ägyptischen Feldzuge auf Malta landete (s. VIII. Epoche, § 87), kapitulirte der Ordensgroßmeister Hompesch am 12. Juni 1798 ohne allen Widerstand, und Malta wurde von den Franzosen besetzt. Im Frieden von Amiens wurde zwar bestimmt, daß die Insel dem Orden zurückgegeben werden solle, doch geschah dieses nicht und die Engländer blieben von da an im Besitze derselben.

Nach und nach wurden dann fast in allen Staaten die Güter der Johanniter eingezogen. Nach dem Sturze Napoleon's suchte der Orden auch seine Restaurirung zu bewerkstelligen, aber ohne Erfolg.

Der Orden besitzt heute noch Paläste in Venedig, Neapel und Prag, sowie ein Großpriorat in Böhmen. Die Kleidung der Ritter ist im Frieden ein schwarzer Mantel mit einem achtspitzigen weißen Kreuze, dem Maltheserkreuze, auf demselben und auf der Brust. Im Kriege besteht die Tracht aus einem rothen Waffenrock mit einem schlichten Kreuze auf Brust und Rücken.

Noch heute leistet der Orden seine Samariterdienste auf den Schlachtfeldern, bei Kranken und Verwundeten.

§. 59.
Der deutsche Ritterorden. §. 59. Unter seinem vierten Großmeister Hermann von Salza (1211) erhielt der deutsche Ritterorden seinen höchsten Glanz. Dieser Großmeister, durch das Vertrauen des Papstes und des Kaisers Friedrich's II. geehrt, verschaffte dem Orden das größte Ansehen, seine Besitzungen mehrten sich und breiteten sich über Deutschland, Ungarn, Italien und Sicilien aus. Nach dem Verluste von Damiette (1221 §. 46), wo Salza in die Gefangenschaft gerathen war und bei der sichtlichen Abnahme des Kreuzeseifers, sah der kluge Hochmeister wohl ein, daß sein Orden im Abendlande besseres **Der deutsche Orden in Preußen 1228.** Glück machen könne und zog 1224 nach Venedig. Hier suchte ihn der preußische Bischof Christian auf, um Hilfe zu holen gegen die heidnischen Preußen, die mit Feuer und Schwert in der Massau wütheten. Mit Einstimmung des Herzogs Conrad von Massovien und der Stände trug er 1228 dem Orden das Culmer Gebiet nebst Zehnten- und Zollfreiheit, sowie Alles, was der Orden sonst den Heiden abnehmen würde, an. Der Ordensmeister Salza sendete hierauf dem Herzog den Landmeister Hermann Balk mit einer Anzahl von Ordensrittern und Knappen, die 1230 den blutigen Krieg mit den Ureinwohnern von Preußen begannen und 1283 Preußen endlich eroberten.

Hierauf begann der Orden den Kampf mit den Lithauern, der mehr als 100 Jahre dauerte; unter dem Hochmeister Weinrich von Kniprode (1351—1382) erreichte der Orden seine höchste Blüthe und seine Besitzungen erstreckten sich von der Oder bis zum finnischen Meerbusen. Von da an fing aber der Ordensverfall durch die Kriege mit Polen an und 1511 wurde unter dem Hochmeister Albrecht von Brandenburg das Ordensland Preußen in ein von Polen lehn= bares, für Albrecht's Familie erbliches Herzogthum verwandelt.

Durch den Preßburger Frieden erhielt 1805 der Kaiser von Oesterreich die Würde, Rechte, Einkünfte eines Großmeisters des deutschen Ordens.

Der Orden wurde zwar von Napoleon am 24. April 1809 aufgehoben, durch die Entschließung des Kaisers von Oesterreich vom 28. Juni 1840 aber in Oesterreich wieder errichtet. Seitdem führen die österreichischen Erzherzoge (jetzt Erzherzog Wilhelm) den Titel als Großmeister des deutschen Ordens im Kaiserthume Oesterreich.

Das Ordenszeichen besteht in einem länglichen schwarzen Kreise mit weißer Einfassung, oben von einem mit drei weißen Federn geschmückten silbernen Helme überragt, und wird an einem schwarzen gewässerten Bande getragen.

II. Epoche.

Untergang des oströmischen (byzantinischen) Kaiserthumes und Begründung der Türkenherrschaft in Europa (1301—1453).

Einleitung.

Theodosius der Große (379—395), Kaiser des römischen Weltreiches, starb am 17. Januar 395. Nach seinem Tode wurde seiner Anordnung gemäß, das Reich in zwei Theile getheilt. Sein 18-jähriger Sohn Arkadius erhielt das oströmische und der 11-jährige Sohn Honorius das weströmische Kaiserreich. Es war zwar nicht in der Absicht Theodosius' gelegen, durch diese Trennung eine immerwährende und scharfe Ablösung der östlichen und westlichen Römerwelt herbeizuführen, die Gesetze wurden zwar immer noch im Namen beider Kaiser als Reichsgesetze gegeben; das Consulat wurde noch immer jährlich von Rom und Konstantinopel aus besetzt, so daß die eine Stelle ein Abendländer, die andere ein Morgenländer einnahm; allein die Trennung bildete sich von da an von selbst, und dies um so eher, als gleich vom Anfang an zwischen den leitenden Staatsmännern der zwei Höfe (Flavius Stilicho in Rom und Rufinus in Konstantinopel), eine tiefe Feindschaft eintrat, welche die traurigsten Folgen nach sich zog.

Der Hof von Konstantinopel bildete sich sehr bald immer mehr und mehr zu einem orientalischen aus und entfremdete sich nach und nach dem westeuropäischen Wesen gänzlich. Die Sprache der Einwohner, die griechische, wurde zur amtlichen Sprache gemacht, und so erhob sich endlich zwischen beiden Reichen eine vollkommen trennende Scheidewand.

Das weströmische Reich wurde schon 454—476 zertrümmert, die Deutschen theilten sich in seine Provinzen und das Reich hörte dann auch dem Namen nach auf zu sein. Das oströmische (griechische) Kaiserreich behauptete aber, obzwar im Innern faul, zerrissen durch die nie endenden Thronstreitigkeiten und die ewigen Intriguen des Hofes demoralisirt und unhaltbar, dennoch seine schwankende Existenz, und galt noch immer als die Vormauer gegen die immer mehr zur Geltung kommende Macht der Osmanen.

§. 1. Es war unter der Regierung des Kaisers Androni-cus II. Paläologus, als im Jahre 1301 die verschiedenen türki-schen Emire, die noch immer unter der nominellen Oberhoheit des selbschukischen Sultans Aladdin III. standen, stets kecker gegen die Küsten des schwarzen- und ägäischen Meeres vordrängten. Nicht der mächtigste, aber der gewaltigste dieser Fürsten war Osman, der 1289 vom Sultan Aladdin III. für die Eroberung von Malengeia die Zeichen der fürstlichen Würde und die Herrschaft über diese Stadt erhielt. Osman schlug die ihm vom Kaiser Andronicus entgegengestellte Armee mit Leichtigkeit; seine Streit-schaaren ritten jetzt schon bis zum Bosporus, und ihr Häuptling, der sich an die großen Städte bis jetzt noch nicht wagen durfte, begann in der Nähe bereits Burgen zu bauen und das umliegende Land an seine Waffengenossen zu vertheilen.

In seiner Bedrängniß rief der schwache Andronicus die Banden der italienischen und spanischen Miethstruppen zu seiner Hilfe herbei, welche in den damaligen Kriegen zwischen Neapel und Aragonien im Streite um den Besitz Siciliens gedient hatten und die gewöhnlich „Catalonier" genannt wurden, weil der Kern aus den Abenteuerern dieses Volkes bestand. Ueber diesen Ruf erschien hierauf der Anführer der Catalonier Roger de Flor noch im September 1302 mit 36 Schiffen und 6000 Spaniern im Bos-porus, zog sodann Mitte Mai 1303 gegen die Türken, schlug ein türkisches Corps unter Ali Schir bei Germe und rieb es fast ganz auf. Gleich wie die Catalonier ihren Ruf der Tapferkeit hiemit bewiesen, ebenso erwiesen sie sich aber auch zugleich als die Plage, die sie bereits im Westen gewesen waren, auch im Osten, und anstatt daß sie das Land beschützt hätten, wurden sie ihm ver-derblicher als selbst die äußeren Feinde; denn sie plünderten, raubten, mordeten und erpreßten dabei dem Kaiser ungeheure Geldsummen. Der feige Hof, der sich nicht anders zu helfen wußte, ließ endlich den Anführer Roger de Flor 1307 meuchlings tödten, obzwar

§. 1.
Kaiser Andro-nicus II. Pa-läologus. —
Die Osmanen und die os-manischen Türken.
(1301 1328.)

Die Catalonier.
1302.

der Kaiser denselben früher zum Großherzog von Romania und zum „Cäsar" erhoben hatte. Doch auch dieses Mittel schlug fehl, indem die Catalonier dann den Berengar d'Entenza zu ihrem Anführer erhoben und jetzt erst recht den Rachekrieg für den Tod ihres Führers anfingen. Ein ihnen entgegengesandtes griechisches Heer wurde geschlagen, sie bemächtigten sich hierauf Gallipolis, störten die Schiffahrt und verübten im Lande alle Gräuel des Krieges. Erst als Uneinigkeiten unter ihnen selbst ausbrachen, zogen sie nach Griechenland, wo sie den lateinischen Herzog von Athen, Walther von Brienne tödteten und auch dort der Schrecken des Landes wurden.

Die Türken in Asien hatten aber nicht gesäumt, nach dem Abzuge der Catalonier ihre Eroberungen auf Kosten der Griechen wieder aufzunehmen, und die Letzteren sahen sich so immer mehr auf die bloße Defensive beschränkt. Während nun auf der südlichen und westlichen Seite von Kleinasien die seldschukischen Emire vorrückten und mit Vorliebe sich auf das Meer und die Inseln warfen, rückten die Türken Osman's gegen Bithynien in ihrer alten Weise vor, die in dem Blokiren der griechischen großen Festungen durch bleibende türkische Beobachtungsposten und in Ansiedelungen der erobernden Krieger Osman's bestand.

Zu diesen äußeren Feinden kamen noch dynastische Feindseligkeiten und Kriege, die zwischen dem Kaiser Andronicus II. und seinem Enkel, dem jüngeren Andronicus, ausbrachen. Obzwar Andronicus III. der Jüngere am 2. Februar 1325 zum Kaiser und Mitregenten angenommen und gekrönt wurde, so hörte das gegenseitige Mißtrauen dennoch nicht auf, und diese Gereiztheit brach Ende 1327 zwischen den beiden Kaisern wieder in einen offenen Krieg aus. In der Nacht vom 23. bis 24. Mai 1328 gelang es aber dem jüngeren Andronicus in Konstantinopel einzudringen und Andronicus II. zur Abdankung zu nöthigen, welcher sodann später unter dem Namen „Bruder Antonius" ein Mönch wurde und 73 Jahre alt, am 13. Februar 1332 starb.

§. 2. Andronicus III. bestieg nach der Abdankung Andronicus II. den griechischen Thron; seine Regierung war aber eben so wenig ruhmvoll wie jene seines Vorgängers, denn die seldschukischen Türken hatten sich unterdessen auf der kleinasiatischen Küste immer mehr zu gewandten und rührigen Corsaren ausgebildet, und suchten Euböa, Naxos, die Inseln des Archipelagus, sowie die Küsten von Morea mit ihren Raubzügen 1328 und 1329 ununterbrochen heim, und diese Raubzüge waren sowohl den Franken als auch

(Marginalien:)
An-
dronicus II.
entthront.
24. Mai 1328.

§. 2.
An-
dronicus III.
1328—1341.

Corsarenzüge
der Seld-
schuken.
1328—1329.

Griechen gleich verderblich, weil die Türken alle Einwohner ohne Unterschied in die Sklaverei schleppten und dadurch die Landschaften schrecklich verheerten.

Daneben schritt auch das Wachsthum der osmanischen Macht auf Kosten der Griechen unaufhaltsam weiter, denn während den Streitigkeiten zwischen den zwei Andronicus hatte der hochbegabte Sohn des Sultan Osman, Urchan, im Jahre 1326 die wichtige Stadt Prusa zur Ergebung gezwungen, auch Nikodemia, dann Nikäa (Nicäa) und die Hafenstadt Kius (Ghimmlek) mußten kapituliren, wodurch der Hauptsache nach die Vernichtung der griechischen Herrschaft in Kleinasien entschieden wurde.

Urchan erobert Kleinasien. 1326.

Die europäischen Provinzen des byzantinischen Reiches hatten aber für jetzt von Urchan deßhalb noch nichts zu befürchten, weil derselbe seine Macht indessen auch über die seldschukischen Emirate in Kleinasien ausdehnen und zugleich die Verwaltung und Verfassung seines Reiches organisiren mußte. Damals wurde auch der Grund zu dem nachmals so berühmten Corps der Janitscharen gelegt, welches aus jungen Leuten der besiegten christlichen Völker ausgehoben wurde, die im Islam unterrichtet und zu strammen Kriegsknechten erzogen wurden.

Die Janitscharen.

§. 3. Andronicus III. war am 15. Juni 1341 gestorben und hinterließ nur den 9 Jahre alten Sohn Johannes V. Paläologus unter der Vormundschaft der Kaiserin-Regentin Anna von Savoyen. Dagegen ließ sich aber der Minister Kantakuzenos am 26. Oktober 1341 zum Gegenkaiser ausrufen und begann sodann, ungeachtet der Gefahren, welche das Reich durch die Osmanen bedrohten, einen sechsjährigen verwüstenden Bürgerkrieg. In diesem Kriege kam es so weit, daß Kantakuzenos die ärgsten Feinde des Reiches, die Türken, in den Streit zog, indem er ihre Hilfe anrief. Umurbeg, Fürst von Aidin, zog zwar dem Kantakuzenos zu Hilfe, beunruhigte aber durch seine Streifzüge zur See den europäischen Handel so sehr, daß die Venetianer im Bunde mit dem Papste und den Rittern von Rhodus gegen diese feindliche Flotte ein Geschwader aufstellten, das dieselbe endlich vernichtete.

§. 3. Johannes V.-Kantakuzenos. 1341.

Der Bürgerkrieg.

Kantakuzenos verband sich hierauf auch mit Urchan, und um ihn zu gewinnen, gab er demselben sogar seine Tochter zur Frau. Mit Hilfe desselben gewann er sodann den Sieg über die Partei Johannes V. und nahm 1347 Konstantinopel ein, doch bewilligte er der verwitweten Kaiserin den Vergleich dahin, daß er ihren Sohn zum Mitregenten annahm, sich aber für die nächsten

zehn Jahre die Leitung der Staatsgeschäfte allein vorbehielt —
Der Mitkaiser Johannes V. wurde aber der Vormundschaft
Kantakuzeno's endlich 1352 überdrüssig, erhob sich gegen denselben, und obzwar auch jetzt Kantakuzenos wieder die Türken
zu Hilfe rief, wurde er endlich 1355 dennoch zur Abdankung
gezwungen und mußte sich in ein Kloster zurückziehen.

§. 4.

§. 4. Abgesehen davon, daß die Türken bei diesen Hilfe-
leistungen überall in Griechenland plünderten, lernten sie dabei auch
das Land kennen, und jetzt war es Urchan's Sohn, Soliman,
der den Entschluß faßte, statt immer nur zu plündern, lieber
dauernde Eroberungen zu machen, und eine dieser wichtigsten
Eroberungen war denn 1357 jene von Galiopolis.

Da Soliman in Folge eines Sturzes vom Pferde, und
Urchan selbst 1359 starb, so folgte ihm auf dem Throne sein

Murad I. und zweiter Sohn Murad I., der gefährlichste Feind der Griechen.
Feftsetzung der Schon im Jahre 1360 setzte Murad nach Galiopolis über und
Osmanen in begann nun, unterstützt durch tüchtige Feldherren, wie: Hadschi-
Adrianopel Jlbeki, Lalaschahin und namentlich Evrenos-Bey, von dem
1361—1365. thrakischen Chersonnes aus seine Eroberungen auf dem byzantinischen
Boden. Er machte bald wahrhaft erschreckende Fortschritte und zog
mit strategischem Scharfblick binnen wenigen Jahren eine breite
osmanische Provinz quer durch die Hauptmasse der zur Zeit noch
den Paläologen unterstehenden Länder zwischen dem egäischen Meere
und dem Balkan. Hadschi-Jlbeki gewann die strategisch so
wichtigen Festungen Tzurulon und Didymoteichos, und schon
im Jahre 1361 nöthigten Murad und Lalaschahin, nach einem
Siege auf offenem Felde die glänzende Metropole Thrakiens,
„Adrianopel", zur Uebergabe. Als „Edrenech" (Herrschersitz)
wurde dann dieser mit neuen Schanzen und stattlichen Bauten aus-
gestattete Centralplatz (1365) für längere Jahre der neue Herrensitz
der osmanischen Sultane und zugleich die Hauptbasis ihrer weiteren
Unternehmungen auf der Balkanhalbinsel.

Zum erstenmale waren nun die Griechen in ihrer Hauptstadt
sowohl von asiatischer, als auch von europäischer Seite von demselben Feinde umgeben. Die Ausbreitung der Osmanen bedrohte
aber nicht allein die Griechen, sondern auch die zunächst gelegenen
Länder, und dann in weiterer Linie das ganze übrige Europa.
Während man daher in Konstantinopel zufrieden war, das Weichbild
der Stadt vorderhand noch zu retten, wurden die Serben sich gleichfalls der Gefahr bewußt, die auch ihnen drohte. Die energische

Erhebung des serbischen Königs Wukaschin, seines Bruders Uglješcha und zahlreicher serbischer Häuptlinge gegen die Türken nahm aber ein klägliches Ende. Denn als Wukaschin im September 1371 die Abwesenheit des indessen in Asien thätigen Sultans benützte, um mit 60,000 Mann bis in die Gegend von Adrianopel vorzudringen, gelang es dem tapferen Hadschi-Ilbeki mit nur 4000 Mann die in trunkener Unordnung bei Tschirmen gelagerten zuchtlosen südslavischen Massen in der Nacht vom 25. auf den 26. September 1371 zu überfallen und gänzlich zu schlagen. Wukaschin, Uglješcha und viele Fürsten wurden erschlagen. Noch heute ist der Ort als: „Sirb-sindüghi", d. h. „Verderben der Serben" bekannt.

Diese gewaltige Katastrofe entschied zunächst das Schicksal der eigentlichen Herzlandschaften der Balkanhalbinsel.

Der türkische Großvezir Chaireddin und Ewrenos-Beg trugen dann ihre Waffen siegreich weiter nach Westen, und es mußte in den Jahren 1373 und 1374 das gesammte Macedonien sich ihnen unterwerfen. Murad's Gebiet reichte jetzt bis zu den Grenzen von Thessalien.

Schon der Kaiser Johannes V. der inzwischen durch eine Thronrevolution von seinem Sohne Andronicus IV. gestürzt worden war, erklärte sich Murad I. für tributpflichtig, als er 1379 wieder auf den Thron gesetzt wurde.

Nach der Niederlage der Serben bei Adrianopel (1371) hatte sich in Serbien der kriegerische Häuptling Stefan Wuk-Lazar, Schwiegersohn des Uglješcha, der höchsten Gewalt bemächtigt, er verband sich mit dem König von Bosnien, Stefan Tvardko, gegen die Osmanen und es gelang beiden 1387, dem Letzteren an der Toplica eine gewaltige Niederlage beizubringen. Murad rüstete aber sodann gegen Lazar, schlug ihn in der Schlacht bei Kossowa am 13. Juni 1389 gänzlich, und selbst Lazar blieb unter den Gefallenen. Aber auch Murad fand hier seinen Tod, denn während er auf dem Schlachtfelde sein Heer musterte, erhob sich ein verwundeter edler Serbe aus dem Haufen der Gefallenen und stieß den Sultan nieder. — Ihm folgte sein Sohn Bajazeth. Für die Serben war aber die nächste Folge der zerschmetternden Niederlage der Verlust ihrer Selbstständigkeit, denn Lazar's Sohn und Nachfolger, Stefan Lazarowitsch, wurde ein tribut- und kriegsdienstpflichtiger Vasall des Sultans, mußte alljährlich an dem osmanischen Hoflager erscheinen und seine Schwester Olivera in des Siegers Harem abgeben.

§ 5. Bajazeth oder Bajezid, der Nachfolger Murad's, drückte mit gleicher wilder Energie und furchtbarem Erfolge auf die Südslaven, Rumänen, Byzantiner und Franken, und wegen der Schnelligkeit seiner Siege erhielt er dann den Beinamen des Blitzes (Ildirim). Er drang zuerst über die Donau vor, bemächtigte sich sodann fast aller den Byzantinern noch gehörigen Plätze in Thracien, Macedonien und Thessalien, fiel in Griechenland ein, zog ohne Widerstand durch die Thermopylän und erstürmte Argos. Auch im Osten unterwarf er sich den größten Theil des von den übrigen türkischen Fürsten eingenommenen Kleinasiens. In Byzanz schlichtete er ganz nach seinem Gefallen die Streitigkeiten der kaiserlichen Familie, und so wäre es ihm schon damals ein Leichtes gewesen, ersteres zu nehmen.

Niederlage
des Kreuz-
heeres und
Schlacht bei
Nikopolis
28. September
1396.

Unter diesen drohenden Verhältnissen raffte sich endlich König Sigismund von Ungarn auf und wurde der Vorkämpfer der Christenheit. Er suchte sich aber durch fremde Hilfe zu stärken und sandte zu dem Ende eine eigene Gesandtschaft nach Frankreich, wo alle Herzen durch die Schilderungen von der Grausamkeit und dem Blutdurste der Türken erschüttert wurden und seine Bitte um Hilfe, besonders bei dem Herzoge Philipp dem Kühnen von Burgund, Unterstützung fand. Dieser trug seinem Sohn Johann den Unerschrockenen, damals noch Graf von Nevers, den Heereszug auf, an dem dann auch die Blüthe der tapferen französischen Ritterschaft theilnahm. Es waren darunter der Graf de la Marche, Heinrich und Philipp von Bar, der Graf von Eu, Conetable, und Johann von Vienne, Admiral von Frankreich, der Marschall Boucicault 2c. 2c. Die Zahl des französischen Heeres betrug 1000 Ritter, ebensoviele Knappen und 6000 Söldner. Der Zug desselben durch Deutschland glich aber keineswegs einer Kriegerschaar, sondern einem üppigen Hofzuge, der sich allen Lustbarkeiten und Genüssen hingab; denn an die Möglichkeit eines Unglückes dachte Niemand. In Ofen stieß dann Sigismund mit 60,000 Mann zum französischen Heere.

Der Feldzug begann mit der Belagerung des von den Türken besetzten Nikopolis. Die französische Ritterschaft war aber von ihrer Unwiderstehlichkeit so eingenommen, daß sie die Nachricht, Bajazeth nahe zum Entsatze von Nikopolis heran, nicht glauben wollte; als daher derselbe am 28. September 1396 wirklich herangerückt kam, waren die Franzosen so überrascht, daß die Rüstung zur Schlacht nur mit unordentlicher Eile geschah. Wohl durchbrachen die französischen Ritter in der beginnenden Schlacht mit Tollkühnheit die ersten Feindesreihen, als sie dann aber auf den geschlossenen Phalanx der Reserve Bajazeth's von 40,000 Streitern stießen, da sank den bereits Ermatteten der Muth, so daß nur wenige ihr Leben theuer verkauften, und die Meisten flohen. Der Graf Nevers und 24 seiner vornehmsten Waffengefährten wurden gefangen. Nun war es vergebens, daß König Sigismund mit seinen Reitern muthig angriff, die Schlacht war schon verloren und Sigismund konnte sich selbst nur auf einem Kahne zu den Venetianern retten. Als Bajazeth auf dem Schlachtfelde 60,000 der Seinen todt liegen sah, ließ er 3000 französische Gefangene niedersäbeln, und Graf Nevers sammt seinen Gefährten mußten eine harte Gefangenschaft erdulden, bis das Lösegeld von 200,000 Dukaten sie daraus befreite. Der Eindruck dieser furchtbaren Niederlage war in Frankreich und dem anderen Abendlande ein ungeheurer.

§. 6. Die griechischen Kaiser waren jetzt schon zu vollen Vasallen der Sultane herabgesunken. Als nun Bajazeth 1397 fand, daß der Kaiser Manuel seinen Vasallenpflichten nicht vollkommen genüge, so hielt er ihn, da er zur Blokade keine genügende Flotte hatte, in Konstantinopel durch sechs Jahre zu Lande eingeschlossen, und obzwar Manuel im Jahre 1399 in Venedig, Genua, Paris und London um Hilfe ansuchte, so konnte er doch nichts anderes, als leere Versprechungen erhalten. Bajazeth befahl sodann den Griechen, den geblendeten Neffen Manuel's, Johann, als Kaiser anzunehmen, weil dieser ihm den jährlichen Tribut von 10,000 Dukaten und die Errichtung einer Moschee in Konstantinopel zusagte. Nach einigen Jahren aber ging Bajazeth weiter und verlangte die Einräumung Konstantinopels selbst, und als ihm dies verweigert wurde, begann er die zweite Belagerung Konstantinopels, von der er aber durch den Mongoleneinfall bald abberufen wurde, und dieselbe daher aufheben mußte.

Dieser Mongoleneinfall unter Timur hatte also von Konstantinopel noch einmal die Katastrofe abgewendet und wäre dieser Moment richtig benützt worden, so hätte sich das byzantinische Kaiserthum noch retten können.

§. 7. Timur, der Mongolen-Chan, gewöhnlich Timur-lenk, d. i. der lahme Timur genannt, woraus die Europäer „Tamerlan" gemacht haben, von seinem Volke auch der „große Wolf", der „Herr der Zeit" genannt, war 1335 geboren, schwang sich durch außerordentliche Tapferkeit und Herrscherklugheit 1370 auf den Thron

§. 6.
Kaiser
Manuel
1397.

1399.

§. 7.
Der Weltstürmer Timur
(Tamerlan)
1335—1405.
1370.

von Tschagatai, wo bisher die Nachkommen Temudschin's geherrscht hatten. Er erneuerte die Thaten und den Weltsturm Dschingischan's. Sein wilder Ehrgeiz kannte keinen anderen Zweck, als die unersättliche Lust des Eroberns und Herrschens, er übte die schonungsloseste Rachsucht und die wildeste Barbarei gegen jeden Versuch, Freiheit und Selbstständigkeit ihm gegenüber behaupten zu wollen. Samarkand war sein Herrschersitz und seiner Krone fügte er noch 26 andere Kronen hinzu. Er herrschte 35 Jahre und in dieser Zeit unterwarf er sich die Völker von der chinesischen Mauer angefangen bis zum Mittelmeere und von Moskau bis an die Grenzen Egyptens und nach seinem Willen sollte es nur einen Gott und einen Herrscher auf Erden geben. Nachdem er die persischen Mongolen unterworfen hatte, bestrafte er die Erhebung der Einwohner von Sebjewar dadurch, daß er 2000 derselben lebend aneinanderschichten, und wie Bausteine mit Lehm und Kalk zu Thürmen aufmauern ließ. In seinen Schlachten mußte ihm jeder Soldat eine bestimmte Anzahl von Köpfen liefern.

Von Iran wandte sich Timur gegen das Chanat Kaptschak*), wo Batu's Familie regierte; es wurde erobert und der Zug ging dann über die Wolga, den Don, den Dnieper; Klein- und Groß-Rußland wurde verheert, Moskau geplündert und Serai, die Haupt-stadt des Kaptschak, verbrannt.

Am 12. September 1398 überschritt Timur den Indus, ungehindert drangen dann seine Horden überall ein und schleppten schon 100,000 Gefangene mit sich, ehe es noch zu einer Schlacht gekommen war. Als sich ihm bei Delhi Machmud II. mit seiner ganzen Reichsmacht entgegenstellte, wurde dessen ganzes Heer in der Dauer einer Stunde niedergehauen, was hunderttausend Menschen das Leben kostete. In einer zweiten Schlacht geschah dasselbe. Delhi wurde dann geplündert und von den überlebenden Einwohnern schleppte jeder Mongole so viele als Sklaven mit als er wollte.

Von Delhi eilte Timur über den Yamuna nach Merut, dessen Bevölkerung lebendig geschunden wurde.

Bajazeth gerieth mit Timur deßhalb in Feindschaft, weil Ersterer mehrere Fürsten aufnahm, die Timur vertrieben hatte. Timur zog weiter nach Siwas (das alte Sebaste), damals der volkreichsten Stadt Kleinasiens, und verhängte die ausgesuchtesten Martern über die Einwohner, denen der Kopf zwischen den Schenkeln

---

*) Nördlich vom kaspischen Meere, zwischen der Wolga und dem Jaik.

gebunden und dieselben je sechs zusammen lebend begraben wurden. Ein Sohn Bajazeth's, der dem Timur in die Hände fiel, wurde ermordet, und dieser Umstand war es, der Bajazeth zum Abzuge von Konstantinopel bewog.

Timur hatte sich indessen südlich gewendet. Vor Aleppo schlug er Ferrudsch, den Mameluken-Sultan Aegyptens, dem Syrien und Palästina gehörte, und plünderte durch 14 Tage Aleppo. Bei Damaskus schlug Timur die Aegyptier das zweitemal und die Stadt mit allen ihren Schätzen und Kunstwerken wurde verbrannt. Von hier aus zog Timur nach Irak, wo sich die Dynastie der Ilchane von Bagdad erhoben hatte, und zum zweitenmale wurde diese Stadt barbarisch zerstört.

Erst im folgenden Frühjahre zog Timur gegen die Osmanen, und so hatte der syrische Feldzug des Timur dem Bajazeth volle Zeit für seine Vorbereitungen gelassen.

Die Völker-schlacht bei An-gora. — Ver-nichtung Baja-zeths. 20. Juli 1402.

Bei Angora (Ancyra) im alten Galatien kam es am 20. Juli 1402 zwischen den Mongolen und den Osmanen zur Entscheidungs-schlacht; 90,000 Osmanen standen da 900,000 Mongolen gegenüber. Timur blieb Sieger, weil die asiatischen Truppen der Osmanen während der Schlacht zu ihm übergingen. Bajazeth wurde ge-fangen, und wie es mehrfach erzählt wird, in einem eisernen Käfig auf den Zügen Timur's mitgeführt. Bajazeth starb dann am 8. März 1403 in der Gefangenschaft; Timur aber starb 1405. als er gerade auf einem Zuge gegen China begriffen war.

Bajazeth's Tod. 8. März 1403.

Timur's Tod. 1405.

§. 8. Nach dem Abgange Timur's schien dem Osmanenreiche der Verfall zu drohen, denn es traten die früheren kleinen türkischen Fürsten wieder hervor und die vier Söhne Bajazeth's mußten in heftigen Bürgerkriegen um die Herrschaft kämpfen.

§. 8. Wieder-aufrichtung der türkischen Macht.

Jetzt war es an der Zeit, wo die türkische Herrschaft hätte vernichtet oder doch wenigstens aus Europa verdrängt werden können; aber diese günstige Zeit ließ man in Europa unbenützt vorüber-gehen, denn man glaubte durch die Schlacht von Angora die Osmanenmacht für immer zertrümmert, und deßhalb schwand aller Orten die Neigung, gegen die Osmanen weiter etwas Ernsthaftes zu unternehmen.

Kaiser Manuel, der von seiner Reise bei den europäischen Mächten zurückgekehrt war, nahm dann den Thron in Konstantinopel wieder ein, beschäftigte sich aber wieder nur mit den häuslichen Spaltungen.

Inzwischen hatte einer der Söhne Bajazeth's, Mohamed I., nachdem seine Brüder in den Bürgerkriegen ihren Untergang gefunden

Mohamed I. 1413—1421.

hatten, 1413 die Macht seines Vaters wieder vereinigt, und auch
die türkischen Emire in Kleinasien wieder unterworfen.
Mit Kaiser Manuel stand er in gutem Einvernehmen

§. 9.
Murad II.
1421—1451.

§. 9. Mohamed I. starb im Spätsommer 1421 in Folge
eines Unfalles auf der Jagd, und sein Sohn Murad II. wurde
sein Nachfolger. Da aber Kaiser Manuel bald inne wurde, daß
Murad II. die rücksichtsvolle Politik seines Vaters nicht weiter
fortsetzen werde, so schlug er den verhängnißvollsten Weg zu seiner
Rettung ein, indem er auf den Rath des Kronprinzen Johannes VIII.
den Bürgerkrieg unter den Osmanen wieder anzusachen versuchte.
Noch in den Zeiten Mohamed's hatte sich nämlich ein Mann
für Mustapha, einen anderen bei Angora gefallenen Sohn Baja
zeth's ausgegeben und in Thrakien einen Aufstand erregt. Diesen
Mustapha berief nun der byzantinische Hof jetzt nach Konstantinopel
und proklamirte ihn zum Sultan der Osmanen, unter der Bedin=
gung, daß er den Griechen Galiopolis und einen Strich am schwarzen
Meere zurückgeben sollte.

Mustapha, Anfangs gegen Murad II. vom Glücke begünstigt,
wurde aber endlich von diesem besiegt und in Adrianopel hingerichtet.

Murad II.
belagert Kon=
stantinopel.
24. August
1422.

Nun aber beschloß Murad II. sich an den Griechen für diese
Treulosigkeit zu rächen und Konstantinopel zu erobern. Er bela=
gerte daher dasselbe und ließ es am 24. August 1422 stürmen,
welcher Sturm aber von den Griechen und den türkischen Garden
abgeschlagen wurde. Um Murad von Konstantinopel zu entfernen,
hatte die byzantinische Diplomatie jetzt den 13=jährigen Mustapha,
einen Bruder des Murad vermocht, in Nicäa als Sultan aufzu=
treten, weßhalb Murad am 6. September 1422 die Belagerung von
Konstantinopel wieder aufheben mußte.

So war Konstantinopel nochmals vom Untergange gerettet
worden.

§. 10.
Kaiser Jo=
hannes VIII.
1425—1448.

§. 10. Kaiser Manuel starb am 21. Juli 1425 und die
Herrschaft ging jetzt auf Johannes VIII. über. Das zusammen=
geschrumpfte Reich hatte aber jetzt auch in sich selbst keinen Zusammen=
halt mehr, denn während der Kaiser außer der Hauptstadt nur noch
wenige Orte besaß, kam der südliche Theil des Peloponnes unter
dem Namen eines Despotats von Lakonien an den zweiten Bruder
Johannes', Namens Constantin; die nördliche Hälfte desselben
beherrschte aber wieder der dritte Bruder: Andronicus. Epirus,
Akarnanien und Antolien bildeten gleichfalls ein Despotat für
sich), das nicht einmal von einem Mitgliede der kaiserlichen Familie

beherrscht wurde, und das Herzogthum Athen mit Böotien und Thessalien gehörte dem Geschlechte der Acciajuolis, welches den Anführern der Catalonier in der Herrschaft gefolgt war.

§. 11. Unter so bewandten Verhältnissen lag es klar am Tage, daß der Untergang des griechischen Reiches früher oder später unvermeidlich sei und nur noch einzig von dem Willen der Türken abhänge.

§. 11.
Versuch der Vereinigung der griechischen Kirche mit der lateinischen. 1438—39.

Da aber die Seestädte Venedig und Genua nur auf ihre Handelsvortheile mit den Türken bedacht waren und somit von ihnen keine Hilfe zu erwarten stand, so lenkte der byzantinische Hof seine Blicke jetzt auf den römischen Papst, weil durch denselben noch einzig eine Hilfe aus dem Abendlande zu erwarten möglich war.

Die erste Bedingung der Hilfe durch den Papst war aber die Wiedervereinigung der morgenländischen Kirche mit der römischen, und diese Bedingung war bei den National= und Religionsvorurtheilen der Griechen ein höchst schwieriges Werk.

Die stets wachsende Gefahr ließ aber den Kaiser Johannes VIII. diese Kircheneinigung dennoch eifrig betreiben.

Gerade damals war die Zeit der Streitigkeiten des Papstes Eugen IV. mit der Basler Synode, und da sich Kaiser Johannes für Eugen entschied, so begab er sich, begleitet von seinem Patriarchen und den Bischöfen zu demselben nach Ferrara, wo er am 28. Februar 1438 seinen feierlichen Einzug hielt und vom Papste auf das ehrenvollste empfangen wurde. Nun begannen die vielen ermüdenden Streitfragen: „ob der heilige Geist von dem Vater und „dem Sohne, oder nur von dem Vater allein ausgehe; dann die „Fragen über das Fegefeuer; über das Primat des Papstes; über „das gesäuerte oder ungesäuerte Brod" 2c. 2c. Da die 25=te Sitzung noch keine Uebereinstimmung brachte, so drang Johannes in seine Bischöfe, sich den römischen Forderungen zu fügen, so daß erst nach vielmonatlichen weiteren Verzögerungen die griechischen Bischöfe mit Ausnahme eines Einzigen endlich die Vergleichsurkunde unterzeichneten. Am 6. Juni 1439 wurde dann die Vereinigung beider Kirchen feierlich verkündet. 6. Juni 1439. Die Rückkehrenden wurden aber in Konstantinopel von dem fanatischen Volke mit Haß und Verwünschungen empfangen, und es widerriefen dann mehrere griechische Bischöfe die Friedensurkunde, welche sie unterschrieben hatten.

§. 12. Indessen hatte Murad II. die Serben und Bosnier in strenge Abhängigkeit gebracht, eroberte 1440 den wichtigen Platz Semendra, und versuchte Belgrad zu stürmen, was ihm aber

§. 12.
Krieg der Türken mit Ungarn. 1442.

Schlacht bei
Vasap. 1442.
mißlang. Nun kam es zu einem neuen Kriege mit Ungarn; in diesem wurde aber im Frühjahre 1442 das Heer der Türken bei Vasap von dem ungarischen Heerführer Johannes Hunyadi geschlagen. Da sich jetzt auch der Papst der Hilfe erinnerte, die er dem Kaiser Johannes zugesagt hatte, ließ er hierauf den Kreuzzug gegen die Türken predigen und in Folge dessen ging im Sommer 1443 ein bedeutendes Heer aus Ungarn, Polen, Serben, Wallachen und deutschen Kreuzfahrern bestehend, über die Donau. Der Feldzug war glücklich, und der ungarische Heerführer Hunyadi erfocht in zwei Schlachten, am 3. November und am 24. Dezember 1443 den Sieg über die Türken, worauf im Juli 1444 ein zehnjähriger Waffenstillstand abgeschlossen und beschworen wurde. Ueber die Ein=wendungen des Papstes aber, daß man den Ungläubigen das Ver=sprechen nicht zu halten habe, wurde dieser Waffenstillstand wieder gebrochen und die Ungarn brachen dann neuerdings über die Donau,

Schlacht bei
Varna 10. No=
vember 1444.
zogen zum schwarzen Meere und kamen nach Varna, wo sie aber am 10. November 1444 von Murad gänzlich geschlagen wurden.

Schlacht bei
Kassova.
14.—19. Okto=
ber 1448.
Nichtsdestoweniger rüsteten die Ungarn neuerdings, und es kam sodann bei Kassova vom 17.—19. Oktober 1448 zu einer drei=tägigen Schlacht, in der aber der gefeierte ungarische Feldherr Hunyadi mit seinen tapferen Schaaren abermals eine volle Niederlage erlitt.

§. 13.
Kaiser Con=
stantin XI.,
der letzte
Paläologe.
1449—1453.
§. 13. Am 3. Oktober 1448 war endlich Johannes VIII. gestorben, und da er keine Kinder hatte, folgte ihm sein Bruder Constantin auf dem Throne und wurde mit Bewilligung Murad's II. am 6. Januar 1449 als Constantin XI. in Misithra gekrönt und hielt am 12. März 1449 seinen Einzug in Konstantinopel.

Murad II., der sich mit der Vasallenschaft der byzantinischen Kaiser begnügte, bestätigte auch Constantin, als den bisherigen Despoten von Lakonien in dem Besitze des ärmlichen Restes des byzantinischen Kaiserthumes.

Constantin begann nun aber auf Mittel zu sinnen, um den Untergang des Reiches abzuwenden, denn er hatte allen Grund, den Türken zu mißtrauen. Allein alle Mächte, auf die er gehofft hatte, machten Frieden mit der Pforte, und selbst die Johanniter schlossen unter'm 15. Dezember 1450 mit Murad den Frieden. Auch der französische Hof wußte Constantin nichts Besseres zu rathen, als sich mit der Pforte zu vertragen und im schlimmsten Falle möge er ein Asyl in Frankreich suchen.

§. 14. Unter diesen Umständen starb Murad II. und sein Sohn Mohamed II. nahm nun den Herrscherthron ein, er theilte aber die freundlichen Gesinnungen seines Vaters gegen die Griechen nicht; die Geisteskraft und Willensstärke dieses Fürsten dienten nur seiner unermeßlichen Herrschbegier, welche unmenschliche Grausamkeit gegen Besiegte übte. Ihm war die ungeheuere politische und militärische Bedeutung des Besitzes von Konstantinopel schon lange klar, denn ohne dasselbe fehlte dem Soldatenstaate des Padischah der Schlußstein, und da die Osmanen recht wohl wußten, welchen ungeheueren Werth das Abendland darauf legte, daß Konstantinopel in christlichen Händen verbleibe, so wußten sie auch, daß ihre Herrschaft in Europa so lange noch unsicher bleiben müsse, als sie sich nicht auf die starke Festung im goldenen Horn stützen werden können. Mohamed II. faßte daher den Entschluß, Konstantinopel zu erobern. — Unter diesen Verhältnissen mußte der geringste Konflikt den vollen Bruch mit dem griechischen Kaiser herbeiführen, und unseliger Weise war es Constantin selbst, der dazu die Veranlassung gab. In Konstantinopel lebte nämlich damals ein Neffe des Sultans Urchan, für dessen Unterhalt Mohamed dem griechischen Kaiser ein Jahrgeld von 300,000 Aspern zahlte. Jetzt kam Constantin auf den unzeitigen Gedanken, die Verdoppelung dieses Jahrgeldes zu verlangen, und drohte, wenn Mohamed dies nicht thun wolle, so würde er Urchan nicht hindern, als osmanischen Kronprätendenten aufzutreten. Damit hatte sich Constantin aber das Urtheil selbst gesprochen.

Mohamed begann sofort seine Maßregeln vorzubereiten, um Constantinopel langsam zu zerstören.

§. 15. Im Jahre 1452 errichteten 6000 von Mohamed II. persönlich geleitete Arbeiter auf dem rechten Ufer des Bosporus in der Zeit von drei Monaten eine Festung, welche er mit dem bedeutsamen Namen Boghaskesen (Halsabschneider) belegte. Dieselbe erhob sich Anatoli-Hisar, einer anderen schon von Mohamed I. auf dem linken Ufer des Canals erbauten Festung gegenüber. Diese beiden noch jetzt vorhandenen Citadellen sollten den Lateinern und Griechen den Handel nach dem schwarzen Meere abschneiden, Konstantinopel aushungern und den Schiffen, welche der Stadt zu Hilfe kommen würden, den Weg versperren.

Behufs des Verständnisses der Operationen dieser berühmten Belagerung diene die topografische Andeutung: daß die Form Konstantinopels ein Dreieck sei, dessen südliche Seite von dem

Marmora Meere, die nördliche von dem Hafen oder goldenen Horn
bespült wird, und die westliche Seite oder die Basis des Treiedes
dem Lande zugekehrt ist. Der Hafen besitzt eine Ausdehnung von
zwei Wegstunden, der Theil der Wälle, welchen die Gewässer des
Meeres von Marmora bespülen, ist eine Stunde lang, und die Länge
der Mauern von der Westspitze des Meeres von Marmora, wo das
Schloß der sieben Thürme steht, bis zu dem hervorspringenden
Winkel, welcher das nördliche Ende des goldenen Hornes beherrscht, und
wo sich der Palast der Blachernen erhob, beträgt zwei Stunden, so
daß Konstantinopel im Ganzen einen Umfang von fünf Stunden besaß.

Auf die Mauern der dem Meere zugewendeten Seite ist von
jeher eine besondere Sorgfalt in der Befestigung verwendet worden,
weil man das Meer mit dem fortwährenden Anschlagen der Wellen
fürchtete. Die Angriffe gegen die Stadt auf diesem Punkte waren
auch von jeher vergeblich gewesen, und man hielt diese Befestigungen
für uneinnehmbar. Die das goldene Horn begränzenden Mauern
waren dagegen weniger fest. Die 45 Fuß hohen und 18 Fuß dicken
Mauern auf der Landseite wurden durch große Thürme flankirt
und bildeten eine dreifache, durch breite und tiefe Gräben von
einander getrennte Umwallung.

Konstantinopel besaß vom goldenen Thore bei dem Schlosse
der sieben Thürme bis zum Gartenthore in der Nähe des großen
Serails 19 Zugänge. Auf der Landseite, welche von Mohamed
hauptsächlich angegriffen wurde, sind die Wälle mit fünf Thoren
versehen: dem von Kaligaria (Egri-Kapussi oder das gewölbte
Thor), dem von Adrianopel, dem St. Romansthor (Thor
Top-Kapussi oder Kanonenthor), dem von Semendria und dem
goldenen Thor, welches gegenwärtig in Folge einer Prosezeiung,
daß die Christen dereinst durch dieses Thor Konstantinopel als
Sieger betreten würden, vermauert ist.

Beginn der
Belagerung
und die
Streitkräfte
6. April 1453.
Am 6. April 1453 begann die denkwürdige Belagerung, und
Mohamed II. führte 300,000 Streiter vor Konstantinopel.

Schon am 26. Januar 1453 hatte der genuesische General
Giustiniani mit zwei Schiffen dem Kaiser 700 Soldaten zugeführt
(darunter den ausgezeichneten deutschen Ingenieur und Constabler
Johannes Grant). Die gesammten Streitkräfte, über die Constantin verfügen konnte, bestanden aber nur aus 7000, nach Anderen
aus 9000 Mann. Die Flotte bestand nur aus 23 Kriegsschiffen.

Zu Anfang der Belagerung griff Mohamed II. die Stadt
von der Landseite an. Seine von der goldenen Pforte bis zum

Thore, welches das goldene Horn und die Vorstadt Ejjub beherrscht, aufgestellten Truppen waren über einen Raum von zwei Stunden Länge ausgebreitet. Der Sultan schlug, von 1200 Janitscharen umgeben, sein Zelt hinter dem Hügel auf, welcher dem Kaligaria= Thore gegenüber liegt.

Sämmtliche Geschichtsschreiber sprechen auch von einer großen Kanone, die bei der Belagerung verwendet wurde. Diese Kanone war von einem ungarischen Stückgießer Namens Urban oder Orban in Abrianopel gegossen, und von dieser Stadt auf 30 mit einander verbundenen Wägen, die von 50 Paar Ochsen gezogen wurden, mühsam vor Konstantinopel gebracht worden. Diese Kanone konnte aber nur siebenmal im Tage abgeschossen werden und schoß dann eine Kugel von 600 Pfund auf weite Entfernung. Uebrigens machte sie mehr Lärm als Schaden, auch zersprang sie während der Belagerung und tödtete ihren Verfertiger. Dieselbe wurde dem St. Romansthore gegenüber aufgefahren. {.float-right}**Die große Kanone.**

Mohamed beschoß nebstdem die Stadt aus 14 Batterien von kleinerem Kaliber.

Die Belagerten begegneten den wiederholten Angriffen der Türken mit einem Hagel von Pfeilen und Wurfspießen, auch ge= brauchten sie Musketen, von denen jede 10 Kugeln von der Größe einer Wallnuß schoß. Wenn die Türken ihre Sturmleitern am Fuße der Wälle aufrichteten, gossen die Griechen eine Fluth von griechi= schem Feuer und von siedendem Oel über ihre Köpfe aus, und wälzten ungeheure Steine auf die Stürmenden herab. Die Griechen besaßen auch grobes Geschütz, bedienten sich dessen aber mit geringem Erfolge. Der unerschrockene und wachsame Constantin feuerte seine Soldaten durch Wort und Beispiel an und war im Kampfe überall thätig; indessen verminderte sich doch täglich das kleine Häuflein der Streiter, die Ueberlebenden verloren aber deßhalb nichts von ihrer Energie.

Nachdem die Belagerung bereits einen Monat gedauert, ohne daß die Türken an Terrain gewonnen hätten, sah man fünf Kriegsschiffe herannahen, von denen eines dem Kaiser Constantin, die anderen aber den Genuesen gehörten. Sie kamen als Befreier und wurden mit Jubel begrüßt. Mit einem geschickten Manöver begannen die fünf Schiffe zu gleicher Zeit ihr Feuer auf die 300 türkischen Fahrzeuge spielen zu lassen, welche in Form eines Halb= mondes vor dem Hafen von Byzanz, dessen Eingang ihnen mit einer Kette versperrt war, aufgestellt waren. In diesem Kampfe kamen 12,000 Osmanen um, und diejenigen, welche den Kugeln der {.float-right}**Hilfe für die Belagerten.**

7*

Franken entkamen, flüchteten auf die Höhe des Bosporus hinaus. Die befreundete Flotte segelte sodann unter dem Jubel der Belagerten in das goldene Horn ein.

Mohamed schafft eine Flotte zu Land in den Hafen. Mohamed verzweifelte jetzt daran, sich Konstantinopels zu bemächtigen, wenn er nicht von der Hafenseite aus, wo die Befestigungen schwächer als auf den anderen Punkten waren, die Stadt angreifen könnte; aber der Eingang ins goldene Horn war noch immer durch Ketten gesperrt und die fünf Schiffe, welche Byzanz zu Hilfe kamen, hatten ihre Kanonen nach der Seite von Kabistewi gerichtet. Der nördliche Theil des Hafens enthielt dagegen nicht Wasser genug für die großen und tief gehenden Schiffe der Griechen und Genuesen, während die leichteren Fahrzeuge der Osmanen darin leicht vor Anker gehen konnten. Der Sultan kam nun auf die Idee, die leichten türkischen Schiffe zu Land nach diesem Punkte bringen zu lassen. Dieses kühne Unternehmen wurde auch in einer einzigen Nacht ausgeführt; die Schiffe Mohameds, deren Zahl sich auf 80 belief, traten ihren Weg von dem Punkte des Bosporus an, wo sich heute der Palast Bekschistach erhebt, wurden durch Menschen und Winden auf starken, mit Talg und Fett überzogenen Brettern, hinter dem Friedhofe vorüber auf den Hügel von Pera gezogen und durch das tiefe Dimitrithal im Osten von Galata in den Hafen hinabgelassen. Dann ließ der Sultan ein Schiff erbauen, auf welches er Batterien brachte, die den Genuesen antworten und die Stadt beschießen konnten.

§. 16. Erstürmung Constantinopels. 29. Mai 1453. §. 16. Am Abend des 28. Mai wurde das türkische Lager festlich erleuchtet, die türkischen Soldaten vergnügten sich mit Tänzen und feierten schon im Voraus ihren Sieg. In Konstantinopel dagegen herrschte Jammer und die Einwohner, welche es ahnten, daß ihnen ein Hauptsturm bevorstehe, eilten in ihrer Verzweiflung in die Kirchen. Auch Constantin beichtete in der Sophienkirche mit den Seinigen und alle nahmen das Abendmahl und Abschied von ihren Freunden.

Mit dem ersten Morgengrauen des 29. Mai begann sodann der Hauptsturm. Die ganze feindliche Artillerie beschoß die Stadt zu gleicher Zeit sowohl vom Hafen als von der Landseite aus. In Kurzem waren von den sich heranwälzenden Feindesmassen die Sturmleitern auf den Wällen aufgerichtet und die Osmanen begannen die gemachten Breschen zu ersteigen; Constantin focht wie ein Löwe, an seiner Seite sein Vetter Theodor Paläologos und Giustiniani, die Janitscharen wurden auch zurückgeschlagen und mußten mit eisernen Ruthen zum erneuerten Stürmen getrieben werden. Es war 8 Uhr

Morgens, als sich Giustiniani wegen einer Wunde aus dem Gefechte zurückzog, und dieser Rückzug des Generals entmuthigte die Besatzung; um 10 Uhr drangen endlich die Türken in die Stadt und metzelten Alles nieder. Constantin eilte noch mit einigen Gefährten nach dem Thore Kaligaria, wo die Türken einbrachen, doch hier ward auch er niedergehauen. Er zählte erst 49 Jahre. — Als Mohamed die Leiche des Kaisers suchen ließ, wurde sie unter einem Haufen Erschlagener an der Fußbekleidung von mit goldenen Adlern durchwirktem Purpurstoff erkannt. Ein Türke schnitt dem von hundert Wunden zerfleischten Leichnam den Kopf ab und überbrachte ihn dem Sultan. In weniger als zwei Stunden waren hierauf 30,000 Constantinopler in die Sklaverei gerathen, während es nur einigen wenigen Griechen gelang, sich auf die christlichen Galeeren zu flüchten, um nach Italien zu entkommen, wohin sie werthvolle Manuskripte der Schriftsteller des griechischen Alterthums brachten, die heute noch die Bibliotheken von Florenz schmücken.

Die Stadt wurde der Plünderung des Heeres preisgegeben, aber die Gebäude durfte keine Zerstörung treffen, denn Mohamed bestimmte die Stadt zu seiner Residenz. Am vierten Tage nach der Einnahme wurde die Sophienkirche in eine Moschee verwandelt, eine kleine Kirche aber den Christen vorbehalten.

Um die geleerte Stadt wieder mit Einwohnern zu füllen, wurden 5000 Familien aus Kleinasien dahin zur Auswanderung gezwungen.

So fiel das griechische Reich, welches unter Constantin Paläologos nur noch aus der Stadt Byzanz bestand, am 29. Mai 1453, oder im Jahre 831 der Hedschra, 1123 Jahre nach der Begründung Konstantinopels. Als Mohamed am 30. Mai in den veröbeten Palast trat, welchen Constantin der Große erbaut und den hundert Monarchen der Reihe nach bewohnt hatten, sprach er die Worte des persischen Dichters Firdusi aus:

„Die Spinne webt ihr Netz im Hause der Kaiser, und die
„Eule weckt mit ihrem Leichenrufe den Wiederhall in den könig=
„lichen Gemächern von Afrasiab."

Das Abendland, das zur Rettung Konstantinopels nichts that oder nichts hatte thun wollen, vernahm jetzt mit Schrecken den Fall des byzantinischen Reiches, denn durch den Fall von Byzanz ward erst das osmanische Reich innerlich consolidirt, und was dies zu bedeuten hatte, erfuhr Europa bald, indem die Türken dann für Jahrhunderte lang der Schrecken desselben blieben.

III. Epoche.

Die Erfindung des Buchdruckes (? 1438—1446).

Einleitung.

Das Wort! — die Schrift! — der Buchdruck! — sind die allgewaltige Trias in der Entwickelung des menschlichen Geistes, denn sie allein sind die Grundbedingungen der Gedankenmittheilung. Das lebendige Wort ist wohl das vollkommenste Mittel der Gedankenmittheilung, doch ist es zugleich das beschränkteste betreffs der Sicherheit und Allgemeinheit, denn von Mund zu Mund, von Geschlecht zu Geschlecht weiter getragen, verliert es sein ursprüng= liches Gepräge, nimmt durch Zusätze eine andere Gestalt an und kann auch ganz in Vergessenheit gerathen. Daher kommt es auch, daß wir aus der geschichtlichen Vorzeit keine bestimmten mündlichen Ueberlieferungen besitzen, und alle diesfälligen Erzählungen sich schließlich nur in verworrene Sagengebilde auflösen.

Die Schrift als Figurendeutung dürfte wohl das Alter des Menschengeschlechtes theilen. Solche Figurenschrift finden wir schon im grauen Alterthume bei den Aegyptiern, sowie bei den wilden Völkern und den Ureinwohnern Amerikas, welche den Stammes= verwandten als Gedankenmittheilung auch vollkommen klar leser= lich war.

Wann aber die eigentliche Schreibekunst als Zeichen= darstellung für Sprachlaute aufkam, und wie lange dieselbe schon geübt wurde, das läßt sich unmöglich bestimmen; doch finden wir dieselbe schon sehr frühzeitig in Anwendung gebracht, wo wir wich= tige Vorkommnisse, Gesetze, Regententafeln 2c. in Stein gehauen antreffen, sowie es auch schon Moses mit den zehn Geboten Gottes that. Nur durch eine solche Schreibekunst war es allein möglich, die Werke der früheren Schriftsteller der Nachwelt zu erhalten; und in solcher Art überkamen uns dann die Bibel, die Werke der Griechen, Römer, Perser, Aegyptier 2c.

Als sodann die Gesittung und geistige Entwickelung im Volke immer mehr zunahm, entstand auch das Bedürfniß nach der Ver= vielfältigung derartiger geistiger Erzeugnisse, und dies führte zu dem öfteren Abschreiben solcher Werke, wie dieses auch schon bei den Römern und Griechen üblich war. — In dieser Beziehung waren es dann insbesondere schon frühzeitig die Klöster, welche sich durch das Abschreiben der Bücher, namentlich um die klassische Literatur hoch verdient gemacht haben.

Je mehr nun Nachfrage nach diesen Werken entstand, umso= mehr stiegen die Preise der Abschriften; das Copiren derselben gestaltete sich zu einem lohnenden Erwerbe, und zugleich wurde dadurch die Nachwelt auch vor dem Verluste dieser Geistesprodukte bewahrt.

Bis zum 13. Jahrhunderte waren die Mönche die ausschließ= lichen Abschreiber gewesen, und erst seit dem 13. Jahrhunderte hatten auch die Laien angefangen, sich mit dem Bücherabschreiben und mit dem Buchhandel zu beschäftigen. Solche Laien hießen dann Biblia= tores; und wenn sie studiert hatten, Clerici, sie bildeten eigene Corporationen und standen auf den Hochschulen unter der Aufsicht der Universitätsbehörden.

Bücher= abschreiber (Bibliatores).

Ungeachtet sich die Bibliatores rasch vermehrten, stieg der Bedarf der Bücher doch immer mehr und mit ihm auch der Preis derselben, und zwar so, daß eine Bibel oft mit 1000 Goldgulden bezahlt wurde; eine Büchersammlung von 100 Bänden galt damals schon für etwas Außerordentliches, und große Gelehrte besaßen kaum 10—20 Bücher.

Um die zu kirchlichen und Schulzwecken nothwendigen Bücher dem Volke zugänglicher zu machen, wurden von den Obrigkeiten für derartige Bücher sodann gewisse Taxen gesetzt, dieses hatte aber den Nachtheil, daß die Abschreiber, um handschriftliche Werke billiger herzustellen, wieder zu Abbreviaturen (Kürzungen) griffen, welche endlich derart überhandnahmen, daß man das Lesen solcher Bücher erst wieder lernen mußte.

Abbrevia= turen.

Schon um das Jahr 1400 war die Holzschneidekunst in ihren Anfängen vorhanden, und sollte später mit dem Buchdruck in innige Berührung kommen. Schon damals wurden Zeichnungen und Bilder auf Holzplatten erhaben ausgeschnitten und davon in Oel= ischwärze Abzüge auf Papier gemacht. Da die Deutschen um das Jahr 1300 von den Italienern und Spaniern auch die Spielkarten überkamen und dieselben bald einen gesuchten Verbrauchsartikel

Holzschneide= kunst (Druck= anfänge).

Spielkarten.

bildeten, so dachte man an eine leichtere Vervielfältigung derselben, und bediente sich dazu gleichfalls des Holzschnittes, worauf dann die Colorirung der Karten ohne viel Mühe erfolgen konnte.

Briefmaler (Illuministen). Den Kartenmachern verwandt waren die Briefmaler oder Illuministen, welche beschriebene oder bedruckte Blätter als Heiligenbilder 2c. malten und mit dieser Waare die Jahrmärkte und Wallfahrten versorgten. Diese Briefmaler waren die Ersten, welche auch die Schrift in Holz schnitten, und so unter die Heiligenbilder die Namen der Heiligen, kleine Verschen und Sinnsprüche in Druck setzten; auch kam es vor, daß ganze Seiten von Schrift, z. B. Gebete, Lese= und Spruchbüchlein von Holztafeln abgedruckt wurden,

Donaten. welche Donaten hießen. Aus dieser Zeit haben wir einige dreißig Werkchen, theils geistlichen, theils weltlichen Inhaltes und einige Kalender. Das berühmteste der Werke dieser Art ist die sogenannte

Armenbibel. Armenbibel (biblia pauperum)*), eine Sammlung von 40 bild= lichen Darstellungen aus dem alten und neuen Testamente, nach den Fenstergemälden des Klosters Hirschau angefertigt. Zu solchen

Todtentänze. bildlichen Darstellungen gehören auch die sog. Todtentänze, das sind Bilder, auf denen der Tod mit Personen der verschiedenen Stände zu Grabe tanzt, und welche mit Sprüchen und Reimen ver= sehen waren. Alle diese Darstellungen in Schriften wurden in der Art angefertigt, daß man die ausgeschnittenen Holztafeln mit einer Schwärze aus Oel und Ruß überzog, ein Blatt Papier auflegte, dasselbe mit einem Ballen andrückte und überall fest anrieb. In dieser Art konnte man aber nur die eine Seite des Papiers bedrucken, die andere Seite aber mußte leer bleiben.

War man nun einmal zum Tafeldruck gelangt, so war von da zum Druck mit beweglichen Lettern nur noch ein Schritt, denn wenn man die einzelnen Lettern für sich ausschnitt, so konnte man dieselben dann beliebig wieder aneinanderreihen, und hiemit war die heutige Druckmethode fertig.

Wer nun diesen Gedanken — das echte Ei des Columbus — zuerst erfaßte, läßt sich unmöglich mit Sicherheit bestimmen, und 20 Städte Deutschlands, Italiens und Frankreichs streiten um die Ehre, die Wiege des Buchdruckes zu sein. Auch die Holländer ver= langen die Priorität der Erfindung des Buchdruckes für sich, und nennen Lorenz Jansen mit dem Zunamen Koster aus Harlem

---

*) Ein vollständiges Exemplar dieses seltenen Druckwerkes wurde von einem englischen Herzog mit 210 Pfund Sterling bezahlt.

als den Erfinder des Buchdruckes, diesen Ansprüchen steht aber die
historische Thatsache entgegen, daß die Niederlande, sowie die anderen
Länder ihre Buchdrucker erst aus der Mainzer Schule erhielten, und
zwar zumeist im Jahre 1473 die Städte: Aloft, Löwen, Utrecht,
bis auch Harlem im Jahre 1483 eine Druckerei erhielt.

Das, was sich in dieser Beziehung als eine sichere historische
Thatsache bestimmen läßt, ist, daß Mainz die Wiege des Buch=
druckes gewesen sei, und viele Schriftsteller und Chronisten, sowohl
deutsche als fremde, wie die Italiener, Franzosen und Engländer
haben sich auch für Mainz ausgesprochen, indem wir darüber fol=
gende zwei Chronikennachrichten haben, die sich in jener Zeit direkt
über die Erfindung des Buchdruckes nachstehend aussprechen:

In einer von unbekannter Hand geschriebenen: „Cronica
van der hilligen Stat van Cöllen", die im Jahre 1499 er=
schien, heißt es betreff des Buchdruckes wörtlich:

„Wann, wo und durch wen diese unaussprechlich nützliche **Chronik von**
„Kunst Bücher zu drucken erfunden ist: Item diese hochwürdige **Köln.**
„Kunst ist zu allererst erfunden in Deutschland zu Mainz am
„Rhein, und das ist der deutschen Nation eine große Zier, daß
„solche sinnreiche Menschen da zu finden sind. Und dieses ist
„geschehen um das Jahr des Heiles 1440, und von der Zeit an,
„bis man schrieb 50, ward untersucht die Kunst und alles, was
„dazu gehört. Und im Jahre 1450, das ein Jubeljahr war,
„begann man zu drucken, und das erste Buch, das man druckte,
„war die Bibel in Latein, und ward gedruckt in einer groben
„Schrift, wie die, mit welcher man nun die Meßbücher druckt.
„Item, wiewohl die Kunst ist erfunden zu Mainz in der Weise,
„wie sie nun allgemein gebraucht wird, so ist doch die erste Vor=
„bildung gefunden in Holland aus den Donaten, welche daselbst
„vor der Zeit gedruckt sind. Von und aus diesen hat die Kunst
„ihren Ursprung genommen, und ist viel meisterlicher und subtiler,
„als jene Manier war, und je länger, je mehr künstlicher worden."

„Der erste Erfinder der Druckerei ist gewesen ein Bürger
„zu Mainz, der war gebürtig von Straßburg, und hieß Junker
„Johann Gutenberg. Item, von Mainz ist die Kunst zu
„allererst gekommen nach Köln, dann nach Straßburg, und dann
„nach Venedig. Diesen Beginn und Fortgang der Kunst hat mir
„erzählt der ehrsame Meister Ullrich Zell von Hanau, Buch=
„drucker zu Köln noch zur Zeit 1499, durch den die Kunst nach
„Köln gekommen ist. Item, es sind noch ein Theil vorwitziger

„Menschen, die da sagen, man habe auch vormals Bücher gedruckt,
„aber dies ist nicht wahr, man findet in keinen Landen Bücher,
„die zu denselben Zeiten gedruckt sind."
Noch vollständiger spricht sich der gelehrte und berühmte
Trithem, Abt zu Spanheim, welcher von 1462—1560 lebte
aus. In seinen Annalen des Klosters Hirsau schreibt er bei dem
Jahre 1450:

„Um diese Zeit — sagt Trithem — wurde in der Stadt
„Mainz, und nicht in Italien, wie einige fälschlich geschrieben
„haben, jene bewunderungswerthe, früher unbekannte Kunst,
„Bücher durch einzelne Buchstaben zu drucken, von einem Mainzer
„Bürger, Johann Gutenberg, erfunden und ausgedacht, der,
„als er beinahe sein ganzes Vermögen für die Erfindung dieser
„Kunst aufgewendet hatte, und dem es, indem er mit den größten
„Schwierigkeiten kämpfte, bald in diesem, bald in jenem miß-
„glückte, so daß er beinahe verzweifelnd das Geschäft aufgegeben,
„bis er endlich mit dem Rath und Vorschuß der Kosten von
„Johann Fust, ebenfalls Mainzer Bürger, die angefangene
„Sache vollbrachte. Zuerst druckten sie mit hölzernen Tafeln,
„worin die Buchstaben nach der Ordnung eingeschnitten gewesen,
„und in zusammengesetzten Tafeln das Wörterbuch, Katholikon
„genannt, konnten aber mit denselben Tafeln nichts anderes
„drucken, weil die Buchstaben in dieselben eingeschnitten, und daher
„unbeweglich waren, wie wir sagten. Nach diesen Erfindungen
„gingen sie zu feineren über, und erfanden die Art, Formen aller
„Buchstaben des lateinischen Alphabetes zu gießen, welche sie
„Matrizen nannten, aus welchen sie wiederum zu jedem Drucke
„zureichende Buchstaben sowohl aus Erz, als aus Zinn gegossen,
„welche sie früher mit den Händen geschnitten hatten. In der
„That hörte ich vor beinahe dreißig Jahren von Peter Schöffer
„von Gernsheim, einem Mainzer Bürger und Schwiegersohn
„Johann Fust's; diese Kunst zu drucken habe im Anfange ihrer
„Erfindung viele Schwierigkeiten gehabt. Denn als sie die Bibel
„druckten, hatten sie über 4000 fl. ausgegeben, ehe sie die dritte
„Quaternion zu Stande gebracht hatten. Allein der erwähnte
„Peter Schöffer, damals Gehilfe, ein geistvoller und kluger
„Mensch, hatte eine leichtere Art, die Buchstaben zu gießen, aus-
„gedacht, und die Kunst zu der Vollkommenheit gebracht, wie sie
„jetzt ist. Und diese drei ersten Erfinder der Buchdruckerkunst,
„nämlich Johannes Gutenberg, Johannes Fust und Peter

„Schöffer wohnten im Hause zum „Jungen" genannt, welches „hernach bis zur gegenwärtigen Zeit das Druckhaus genannt „wird."

Diese zwei unleugbaren Zeugnisse stellen also Johannes von Gutenberg als den eigentlichen Erfinder des Buchdruckes histo= risch fest.

§. 1. Henne oder Johannes Gutenberg stammt aus dem alten, adeligen Patriciergeschlechte Gensfleisch zu Mainz, sein Vater war Friele von Friedrich Gensfleisch, seine Mutter Else (Elisabeth) Weirichin zu Gudenberg, brachte ihrem Manne den Hof zu Gudenberg in Mainz zu, und so erhielt Johannes durch Vereinigung beider Namen, den Namen Johannes Gens= fleisch zu Gutenberg. Er wurde zwischen 1395 und 1400 ge= boren, doch ist über seine Jugend nichts bekannt. Es ist aber wahr= scheinlich, daß er sich schon frühzeitig mit mechanischen Künsten be= schäftigte und diese ihm mehr zusagten als die ritterlichen Thaten.

Als aber im Jahre 1420 in Mainz ein Aufruhr der Bürger gegen den Adel ausbrach, sah sich Gutenberg veranlaßt, Mainz zu verlassen, aus welchem Anlasse ihm auch der Verlust des größten Theiles seines Vermögens getroffen zu haben scheint.

§. 2. Vierzehn Jahre später finden wir Gutenberg mittellos in Straßburg wieder, wo er sich mit verschiedenen mechanischen Künsten, wie Schleifen von Edelsteinen, Spiegelpoliren 2c. und mit den ersten Druckversuchen beschäftigte. Ob er damals noch auf ge= wöhnliche Weise mit Holztafeln druckte oder ob er schon die Tafeln in Worte, Silben und einzelne Buchstaben zerlegte, das läßt sich mit Sicherheit nicht angeben. In dieser Hinsicht sagt aber der Straßburger Chronikenschreiber Daniel Speckle:

„Ich habe die erste Preß, auch die Buchstaben gesehen, „waren von Holz geschnitten, ganze Wörter und Syllaben, hatten „Löchle und faßt man an eine Schnur nach einander mit einer „Nadel, zoge sie darnach den Zeilen in die Länge."

Um Geld zu verdienen, schloß Gutenberg über Ansuchen der wohlhabenden Bürger Andreas Dritzehen, Joh. Riffe und Andreas Heilmann einen Gesellschaftsvertrag, gemäß welchem er dieselben die Künste die er betreibe, als Edelsteinschleifen und Spiegel= belegen, gegen ein Lehrgeld lehren sollte. Da aber diese Gesell= schafter bemerkten, daß Gutenberg noch andere geheime Künste be= treibe, als welche er sie lehre, so drangen sie in ihn, sie auch diese

§. 1.
Johannes
Gutenberg.
1395—1400.

§. 2.
Gutenberg in
Straßburg.
Seine Verbin=
dung mit
Dritzehen.
1434.

Kunst gegen Erlegung von 250 Gulden, für jeden der Gesellschafter,
zu lehren. Gutenberg schloß dann mit diesen Gesellschaftern 1138
einen fünfjährigen Contract, und der Gegenstand desselben scheint
der geheim gehaltene Buchdruck gewesen zu sein, denn als Ende 1438
Dritzehen starb, verlangten seine zwei Brüder als die Erben in
den Contract einzutreten, was aber Gutenberg verweigerte, und
als er in diesem Prozesse obsiegte, so ließ er im Dritzehen'schen
Hause die Presse und eine viertheilige Form auseinandernehmen,
um das Geheimniß zu wahren. Nach dem Tode Dritzehen's
scheint sich die Gesellschaft aufgelöst zu haben und Gutenberg ver=
ließ Straßburg, ohne daß der eigentliche Grund bekannt geworden
wäre.

§. 3.
Gutenberg
verbindet sich
mit Johann
Fust. 1450.

§. 3. Im Jahre 1445 finden wir Gutenberg ganz mittellos
wieder in seiner Vaterstadt Mainz. Im Jahre 1450 verband er
sich sodann mit einem reichen Mainzer Bürger, Johannes Fust,
und schloß mit ihm einen Vertrag zur Errichtung einer Buchdruckerei.

Johann
Schöffer.
1453.

Johannes Fust oder auch Faust war selbst ein Rechts=
gelehrter, aber sein Bruder Jakob war Goldschmied, Graveur und
Gießer, und nützte daher dem Geschäfte mit seinem Rathe. Später
1453 wurde Johann Schöffer, ein geschickter Schönschreiber und
Zeichner in das Haus eingeführt, derselbe war ein heller Kopf, es
gelang ihm, stählerne Matrizen herzustellen, verbesserte die Drucker=
schwärze und gab den Buchstaben als Schönschreiber eine gefälligere
Form; da Schöffer für das Geschäft von einem außerordentlichen
Nutzen war und um die Tochter Fust's, Ernestine, warb, so
wurde er zum Theilhaber des Geschäftes und zum Schwiegersohne
Fust's gemacht.

Wo früher in dieser Druckerei nur kleine Produkte, als Schul=
bücher, Ablaßbriefe, Beichtspiegel ꝛc. gedruckt wurden, war mit dem
Jahre 1452 alles vorbereitet, um im größeren Maßstabe vollende=
tere Werke drucken zu können, und Gutenberg konnte jetzt den
Früchten seiner Mühen entgegensehen. Das erste vollständige Werk,
das jetzt im Drucke war, sollte die sogenannte 42=zeilige Bibel sein,
welche bei den damaligen hohen Bücherpreisen einen bedeutenden
Gewinn abwerfen mußte.

Gutenberg
wird aus dem
Vertrage her=
ausgedrängt.
1455.

Der schlaue Fust von Gewinnsucht geleitet, sah nur zu wohl
ein, welchen bedeutenden Gewinn ein solches Geschäft zu bringen
geeignet ist; diesen Gewinn aber allein einzuheimsen und noch dazu
die Ehre der Erfindung für sich in Anspruch zu nehmen, war
jetzt sein einziges Streben, ihm handelte es sich darum, den arg=

losen Gutenberg auf irgend eine Art zu entfernen, und dazu sollte ihm eben die lateinische Bibel den Vorwand liefern. Kaum waren 12 Bogen von dieser Bibel vollendet, als Just behauptete, der Druck habe zu große Kosten verursacht, er verlangte jetzt sein Geld mit Zinsen und Zinseszinsen zurück, und wurde wegen 2026 Gulden am 9. November 1455 bei dem Mainzer Gerichte gegen Gutenberg klagbar. Das Gericht erkannte, daß dieser ent=weder zahlen oder sich der Contraktsklausel der Pfändung der Druckerei unterwerfen müsse. In Folge dieses Urtheiles nahm so=dann Just nicht nur die ganze Druckerei, sondern auch alle Vor=räthe und die noch unfertige Auflage in Beschlag, und der bejahrte Gutenberg, der so um sein ganzes Vermögen kam, stand jetzt voll=kommen verarmt und seiner Rechte beraubt, da.

§. 4. Als Gutenberg sich in dieser Lage befand, da war es der Stadtsyndikus Dr. Humery von Mainz, der ihm Geld zur Errichtung einer neuen Druckerei vorstreckte und sich seiner wohl=wollend annahm. Gutenberg ging auch rastlos an die neue Ar=beit, da aber ein solches Unternehmen damals zeitraubend war, in=dem Alles zur Druckerei nöthige durch seine Hände erst angefertigt werden mußte, so konnte er den großen Vorsprung, den Just durch die Beschlagnahme der bereits vollkommen eingerichteten Druckerei und des theilweisen schon fertigen Druckes der Bibel erlangt hatte, nicht mehr einholen und erst 1460 erschien das erste Produkt seiner neuen Druckerei, ein 374 Bogen starkes Werk: „Joannis de Bal-„bis de Janua Summa quae vocatur Catholicon", dessen Inhalt eine lateinische Gramatik sammt einem etymologischen Wörter=buche war. Seine Druckerei hatte er damals im Hof zum „Jungen" aufgeschlagen, während Just und Schöffer die ihrige im Hof zum Humprecht hatten.

Im Jahre 1465 wandte sich aber das Schicksal Gutenberg's zum Besseren, indem er von dem Kurfürsten Adolf von Nassau für persönlich geleistete gute Dienste zum Hofkavalier mit einer lebenslänglichen Pension ernannt wurde. Er begab sich dann an den Hof des Kurfürsten zu Eltville und nahm auch seine Druckerei mit sich, die er dann später einem gewissen Bechtermünz mieth=weise abtrat und davon die Vorschüsse an Dr. Humery abzahlte. Seine neue Stellung als Hofkavalier genoß er jedoch nicht lange, indem er schon zu Anfang des Jahres 1468 gestorben sein muß, da er im Februar dieses Jahres schon unter den Verstorbenen ge=nannt wird.

§. 4.
Gutenberg's letzte Wirk=samkeit und Ende.
1456—1468.

§. 5.
Juſt
und Schöffer.

§ 5 Juſt und Schöffer benützten die auf eine ſo wenig ehrliche Art geſchaffenen Verhältniſſe zu ihrem Vortheile. Sie hatten jetzt eine vollſtändig eingerichtete Druckerei, arbeiteten rüſtig weiter und erwarben Reichthümer. Juſt widmete ſich dann blos der Verbreitung der Bücher, wo hingegen Schöffer die Druckerei beſorgte und der Handel muß ein ſehr ausgebreiteter geweſen ſein, weil Schöffer ſpäter in Paris ein eigenes Etabliſſement hatte.

Gutenberg theilte leider das Schickſal ſo vieler anderer Er‐ finder und Entdecker, denen die Früchte ihrer Mühen durch Andere entriſſen wurden und die ſelbſt verarmten, während durch ihre Ar‐ beit ſich Andere zum Wohlſtande aufſchwangen; ſo nahe als Guten‐ berg dem Ziele ſeiner Mühen war, ſo wurde er dennoch um den Lohn dieſer Mühen durch Juſt und Schöffer betrogen; ja die‐ ſelben waren ſogar bemüht, ihm die Ehre der Erfindung zu rauben und ſich dieſelbe zuzuwenden.

Die dankbare Nachwelt brachte aber das Andenken eines der größten Wohlthäter der Menſchheit wieder zur verdienten Ehre und ſeine Vaterſtadt Mainz errichtete ihm im Jahre 1837 durch Deutſch‐ lands und des Auslands Theilnahme unterſtützt, ein angemeſſenes Denkmal. Es beſteht aus einer Statue Gutenberg's, wozu das Modell von dem berühmten däniſchen Bildhauer Thorwaldſen in Rom gefertigt und von Crozatier in Paris in Guß darge‐ ſtellt wurde. Auf dem Fußgeſtelle von Marmor befinden ſich zwei in Erz gegoſſene lateiniſche Inſchriften.

Die vordere davon lautet ins Deutſche übertragen:

„Johann Gensfleiſch zu Gutenberg, Patrizier in Mainz,
„errichteten die Mainzer Bürger von den in ganz Europa ge‐
„ſammelten Beiträgen dies Denkmal 1837."

Die rückwärtige Inſchrift lautet:

„Die Kunſt, die weder die Griechen, noch die Lateiner
„kannten, dankt ihre Erfindung dem Forſchergeiſte des deutſchen
„Mannes. Durch dieſe wird nun Alles, was die Alten wußten
„und die Neueren entdeckten, nicht mehr ihr einzelnes, ſondern
„Eigenthum aller Nationen."

IV. Epoche.

Die Entdeckung Amerikas 1492.

Einleitung.

Indien, das Land des Goldes, der Perlen, der Edelsteine, der Gewürze, der prachtvollen Seidenstoffe und Kostbarkeiten aller Art, war schon im hohen Alterthume das begierig gesuchte Land. Die Aegyptier, Babylonier und Römer standen schon mit Indien in lebhaftem Verkehre, später hatten sich des indischen und levantinischen Handels auch die Republiken Genua und Venedig, dann der Sultan von Aegypten bemächtigt. — Beschwerlich, unsicher und weit waren aber die Wege, auf denen die Schätze Indiens dem Abendlande zugeführt werden konnten, denn damals gab es noch keinen direkten Seeweg von Europa nach Indien. Die Flotten der italienischen Handelsstädte fuhren deßhalb aus dem mittelländischen Meere nach Konstantinopel und dem schwarzen Meere, um hier einzukaufen, was die Caravanen auf Kamelzügen dem Markte zuführten. Diese Waaren kamen am Indus herauf, gingen von da zu Lande bis an den Oxusstrom (Amu, Sihon), auf dem sie dann ins kaspische Meer und von da ins schwarze Meer gelangten, und sodann erst in die Hände der Genueser und Venetianer kamen. Ein anderer Weg, auf welchem die Mohamedaner diesen Handel betrieben, war der, daß man die Waaren aus Indien zu Schiffe in den persischen Meerbusen, von da den Euphrat und Tigris bis Bagdad herauf, und sodann auf Kamelen durch die Wüste zu den Handelsplätzen des mittelländischen Meeres brachte.

Der Sultan von Aegypten als Herr von Arabien ließ auch die indischen Waaren über das rothe Meer, dann auf Kamelen durch die Wüste nach dem Ufer des Nils transportiren, von wo sie dann erst nach Italien kamen. Diese Wege waren also sehr lang, beschwerlich und so unsicher, daß man einen anderen Weg zu finden sehnlichst bestrebt war. Ein direkter Seeweg von Europa nach Indien war aber nur dann möglich, wenn man Afrika hätte umschiffen können. Nun fand aber die Annahme des Ptolomäus, welcher damals als die alleinige Autorität in der Erdkunde galt, allgemein den Glauben, daß sich das Festland von Afrika bis zum Süd= pole erstrecke, ohne irgendwo eine Durchfahrt zu gestatten.

Die Portugieser hatten schon verschiedene Entdeckungsreisen auf der Westküste Afrikas gemacht; so wurde 1419 die Insel Porto= Santo, 1420 Madeira (oder Waldinsel), 1431 die Klippe der Formigas, 1432 die Insel Seta.=Maria, 1444 San=Miguel, 1449 Terceira, San=Jorge und Fayal ꝛc. entdeckt.

Das größte Verdienst um das Seewesen der damaligen Zeit, und insbesondere um diese Entdeckungen, erwarb sich der Infant Don Enrico von Portugal, Sohn des Königs Juan's I., des Rächers, und seiner Gemalin Philippa's von Lancaster, der Schwester des Königs Heinrich IV. von England; denn dieser Prinz faßte den Entschluß, auf der Westküste von Afrika Entdeckungs= reisen vorzunehmen. Nicht ohne wissenschaftliche Vorbereitung ging er an dies Unternehmen; er zog sich auf sein Schloß bei Sagres zurück, wo er sich ausschließlich mit der Astronomie und Geografie befaßte und sich mit in der Schifffahrt erfahrenen Männern umgab, mit denen er in Erwägung zog, ob sich nicht durch Umschiffung Afrikas ein Seeweg nach Indien finden lasse. Durch ihn wurde ein Collegium des Seewesens und eine Sternwarte in Sagres errichtet, die älteren Karten berichtigt und die Anwendung des Compasses allgemeiner festgestellt. Das Gelingen der Umschiffung Afrikas er= lebte aber Don Enrico nicht, denn er starb 1473, und Vasco de Gama umschiffte das Vorgebirge der guten Hoffnung erst am 20. November 1497, also fünf Jahre darnach), als schon die neue Welt durch Columbus entdeckt war. — Während also das ge= sammte Europa mit höchster Spannung auf die Lösung der Aufgabe, einer Umschiffung Afrikas, — um eine direkte Verbindung mit Indien zu gewinnen — wartete, wollte der große Columbus diesen so sehr gewünschten und ersehnten Seeweg nach Indien in einer ganz anderen und zwar verkehrten Richtung aufsuchen.

Columbus ging hiebei von der Ansicht aus, daß, wenn die Erde eine Kugel sei, er dann von Westen ausgehend, den äußersten Osten (Indien) unbedingt erreichen müsse. Die Lehre von der Kugelgestalt der Erde war damals aber noch nicht bestätigt, obzwar sie die alten Philosofen für erwiesen gehalten haben, und es ist sichergestellt, daß Columbus die hierauf bezüglichen Meinungen und Stellen der Alten aus einem Werke des gelehrten Cardinals Peter von Ailly „de imagine mundi" geschöpft habe. Columbus war daher überzeugt, daß, wenn er in dem unendlichen Weltmeere immer westwärts weitersegeln würde, er endlich auf eine Vorküste Ostindiens gelangen müsse.

Es ist hiebei nur merkwürdig, daß ein starker Irrthum der alten Geografen dem Columbus die Schwierigkeit seines Unternehmens viel geringer erscheinen ließ, als dasselbe wirklich war. — Die alten Geografen dachten sich nämlich Asien viel weiter nach Osten reichend, als es wirklich ist, und Columbus basirte seine Idee gerade auf die Rechnung des Marinus von Tyrus, welcher diesen Irrthum am weitesten trieb, denn er beschränkte den Raum, der von den canarischen Inseln bis zu der Ostküste von Asien zurückgelegt werden muß, nur auf 135 Längengrade, während derselbe in Wahrheit 86 Grade mehr beträgt, und so kam es, daß man sich nach dieser Vorstellung die Dauer einer solchen Schifffahrt als weit kürzer denken konnte.

Es läßt sich nicht mit Bestimmtheit nachweisen, in welcher Zeit Columbus diesen großen Gedanken faßte, daß derselbe aber seinerseits das Resultat einer langen Ueberlegung war, das zeigen die Quellen, aus denen er seine Ueberzeugung schöpfte, daß es ihm gelingen werde, zur See auf geradem Wege von Westen aus die Küste des gesegneten Indiens zu erreichen, über welche Quellen uns die Abhandlung des Columbus „über die Bewohnbarkeit der fünf Zonen," und die von seinem Sohne Fernando herausgegebene Schrift: „die Beweggründe zur Fahrt nach Indien," die Auskunft geben. Hiernach hat Columbus sein Unternehmen gestützt: a) auf die Natur der Dinge, b) auf die Autorität gelehrter Schriftsteller, und c) auf die Berichte von Seeleuten. Namentlich die letzteren Berichte beziehen sich auf Sagen von wunderbaren Inseln, unter denen die Insel „Zipangu" und die Sage von dem Reiche des berühmten „Priesters Johannes" eine besondere Rolle spielten. Was die Insel „Zipangu" betrifft, so erzählt Marco Polo*), daß dieselbe 1800 Miglien von dem Morgenlande entfernt sei,

---

*) Marco Polo, der Herodot des Mittelalters, war ein Venetianer und brachte (1271—1298) 26 Jahre auf Reisen zu; er war der erste Europäer, der auf dem Landwege nach China gelangte, Tibet besuchte, und auf der Heimfahrt auch Vorderasien bereiste. Er schrieb dann seinen berühmten Reisebericht: „Mirabilia mundi".

die Einwohner derselben sollten Götzendiener sein, und die Insel an
Gold einen großen Ueberfluß haben. — Belangend das Reich des
Priesters Johannes, so sollte dieser ein christlicher Fürst mitten
unter heidnischen Völkern, und sein Reich sehr mächtig sein. Columbus wurde in seinen Ueberzeugungen noch weiter dadurch bestärkt,
daß portugiesische Seefahrer zuweilen sehr großes Schilfrohr, künst-
lich bearbeitetes Holz, ja sogar einmal zwei Leichname von fremd-
artiger Bildung vom Westen her über das Meer schwimmen, und
an die Küste der Azoren treiben sahen.

In seiner Ueberzeugung war es für Columbus die Hauptsache, zu dem östlichen Indien zu gelangen, die Möglichkeit des Da-
seins der dazwischenliegenden Länder kam bei ihm nicht in Betracht.

---

§. 1.
Christof
Columbus.
1436—1446.

§. 1. Weder das Geburtsjahr, noch der Geburtsort des Christof
Columbus oder wie er spanisch hieß: „Christobal Colon" lassen
sich mit Bestimmtheit angeben. Sein Geburtsjahr fällt zwischen die
Jahre 1436—1446, und Columbus selbst gibt Genua als seine
Geburtsstadt an. Sein Vater war Wollkämmer oder Tuchmacher,
wie es in einem im Jahre 1494 zu St.-Stefano aufgenommenen
Testamente heißt: „olim textor pannorum." Christof hatte noch
drei Geschwister, zwei jüngere Brüder, Bartolomeo und Diego,
und eine Schwester, welche an einen Wursthändler, Giacomo Ba-
varello in Genua verheirathet war. Von seinem 14. Jahre war
er auf der See gewesen und hatte in den häufigen Fehden der
italienischen Staaten unter einander sein Glück versucht. Nach dem
Jahre 1477 vertauschte Columbus seinen Aufenthalt zu Genua
mit Portugal, woselbst er die Tochter des Bartholomäus
Perestrello heirathete, der als Schiffshauptmann mehrere jener
Entdeckungen unter dem Infanten Don Enrico mitgemacht hatte und
von diesen Reisen Tagebücher, Zeichnungen und Karten besaß. Da
Columbus schon damals für einen der tüchtigsten Schiffer galt, so
gab ihm seine Schwiegermutter diese Tagebücher ihres verstorbenen
Gatten, die ihn nun unaufhörlich beschäftigten. Er unternahm selbst
Reisen nach den Küsten von Afrika und wohnte eine zeitlang auf
der Insel „Porto Santo."

Der Entdeckungstrieb, der damals Alles begeisterte, erweckte
auch in Columbus gemäß seiner Studien den großen Gedanken,
das gesegnete Indien auf dem ganz verkehrten Wege zu erreichen,
als auf welchem dasselbe jetzt gesucht wurde. Um das Jahr 1479
theilte er in einem Briefe seine diesfälligen Gedanken dem gelehrten

Florentiner Paul Toscanelli mit, der seinen Ansichten auch beipflichtete.

Jetzt handelte es sich also nur noch darum, eine Regierung zu finden, die geneigt wäre, diese Idee des Columbus zu verwirklichen, und es war daher ganz natürlich, daß er sich diesfalls in erster Linie an Portugal wendete.

§. 2. Zu Ende des Jahres 1482 oder Anfangs 1483 erhielt Columbus bei dem König Juan II. von Portugal eine Audienz, um ihm seinen Plan vorzulegen.

Don Juan II. beschäftigte sich sehr eingehend mit dem Seewesen und mit den Entdeckungen, und unter diesen Entwürfen war die Auffindung des Seeweges nach Indien ihm der beliebteste.

Der Plan, den Columbus dem Könige vorlegte, war: in gerader Richtung gegen Westen die Ostküste Indiens aufzusuchen. Vornehmlich suchte er den König durch die Beschreibung der Schätze der Insel Zipangu zu gewinnen und händigte ihm die sich auf diese Entdeckung beziehende Schrift ein.

Der König beauftragte sodann eine Junta, zu welcher auch der Beichtvater des Königs gehörte, mit der Prüfung dieses Vorschlages, dieselbe rieth aber dem Könige, sich auf diese träumerischen und ungewissen Pläne des Genuesers nicht einzulassen. Nichtsdestoweniger wurde aber dennoch im Geheimen ein Schiff ausgerüstet, welches unter dem Vorwande, Lebensmittel nach den capverdischen Inseln zu bringen, mit Benützung der Angaben des Columbus diese Entdeckungsreise unternehmen sollte. Der Capitän dieses Schiffes kehrte aber nach kurzer Zeit zurück und versicherte, das ganze Vorhaben sei eben so unvernünftig als gefährlich.

Unterdessen hatte Columbus seine Gattin verloren; ohne Vermögen, ohne Gönner und Freunde, von Mißgünstigen und Unverständigen gehöhnt, beschloß er daher Lissabon zu verlassen und ging mit seinem Knaben Diego nach Spanien.

§. 3. In Spanien wurde Columbus 1485 in dem Kloster Sta. Maria de Rabida unweit der kleinen Hafenstadt Palos von dem dortigen Abte gastfrei aufgenommen; sein Plan wurde dann unter den dortigen Seeleuten besprochen und keineswegs für verwerflich gehalten. Auch fand Columbus über Anempfehlung des Abtes an dem Herzoge von Medina Celi einen hohen Gönner, der ihn längere Zeit in seiner Villa aufnahm und ihn der Königin angelegentlichst empfahl. Im Frühjahre 1486 begab sich Columbus auch an den spanischen Hof nach Cordova. Seine Empfehlungen

§. 2. Columbus erbietet sich gegen den König Juan II. von Portugal den direkten Weg nach Indien aufzusuchen. 1482—83.

§. 3. Columbus bietet Spanien seinen Plan an. 1486.

8*

hatten hier aber keinen guten Erfolg, denn der Beichtvater der Königin nahm Anstand, Columbus den Majestäten zu empfehlen. Auch war jetzt die Zeit dafür nicht günstig, indem Ferdinand und Isabella gerade zum Kriege mit den Mauren rüsteten. Ueber Verwendung des Herzogs Medina Celi nahm aber der Finanz= minister Alonzo da Quintanilla den Columbus in sein Haus, wo Columbus Karten zeichnete und von diesem Erträgnisse lebte. Endlich, nachdem sich der Groß=Inquisitor Erzbischof von Toledo Pedro Gonzales de Mendoza überzeugt hatte, daß in den Entwürfen des Columbus nichts gegen die heilige Schrift anstößiges enthalten sei, nahm er erst keinen Anstand, dem König und der Königin Co= lumbus zu empfehlen, welche zur Prüfung der Pläne desselben eine Junta von gelehrten Theologen, Mönchen, Astronomen und Katheder= Professoren der hohen Schule zusammen zu berufen befahlen.

§. 4. Diese Junta versammelte sich im Februar 1487 in dem Dominikanerkloster zu St. Stefan in Salamanka, in welchem dem Columbus auch eine Wohnung angewiesen wurde. Als Co= lumbus der gelehrten Versammlung seine Entwürfe vortrug, wieder= fuhr ihm dasselbe, was er bereits in Portugal erlebt hatte. Die gelehrten Pedanten, die nichts anderes für wahr hielten, als was in ihren Büchern und Pergamenten stand, nannten den Columbus einen Phantasten und Träumer. Gegen die Kugelgestalt der Erde und gegen die Bewohner derselben, die man Gegenfüßler zu nennen pflegt, protestirten die Geistlichen und beriefen sich auf den hl. Pau= lus, Augustinus und Lactantius Firmianus, weil gegen die Kugelgestalt der 103. Psalm spreche, in dem es heißt: „der „Himmel ist ausgespannt, gleich einem Felle", die Annahme der Gegenfüßler aber der hl. Augustin für eine Ketzerei erkläre, und der hl. Lactantius es für einen Wahnsinn halte, daß es Gegen= füßler, d. h. solche Leute gebe, die mit in die Höhe gerichteten Beinen und herabhängenden Köpfen gehen, und wo es nach auf= wärts regnet und schneit. (?) — Die Herren von der Katheder gaben wohl die Kugelgestalt der Erde zu und ebenso, daß es Gegenfüßler geben könne, das Gelangen zu ihnen sei aber unmöglich, weil unter der heißen Zone das Meer in kochenden Wellen siede, und man selbst in dem glücklichen Falle, wenn man jenseits der heißen Zone an\käme, mindestens drei Jahre brauchen würde, um das Ufer des jenseitigen Festlandes zu erreichen; auch meinten dieselben, daß die Rückkehr ganz unmöglich wäre, weil Columbus dann gegen den Wasserberg nicht heraufsegeln könnte.

§. 4.
Die
Disputation
in Sala=
manka.
Februar 1487.

Nur einige Wenige erklärten sich für Columbus, die Anderen aber hielten ihn für einen „unstudirten Projectmacher" und erstatteten auch in diesem Sinne den Bericht an den König.

§. 5. Da jetzt aber der König von Portugal Columbus neuerdings zu sich einlud und die spanischen Monarchen davon Kenntniß erhielten, so wollten sie aus Eifersucht Portugal den Columbus doch nicht überlassen und hielten ihn dadurch zurück, daß sie ihm Geldunterstützungen zukommen ließen. Columbus zog dann während des ganzen Feldzuges der Spanier gegen die Mauren mit dem Hofe und theilte das Feldlager. Da aber seine Sache nicht von Statten kam, so entschloß er sich endlich nach Frankreich zu gehen.

§. 5.
Hintanhalten des Columbus.

Der Prior des Klosters Rabida Juan Perez, wo Columbus seinen Sohn erziehen ließ, brachte ihn aber auf andere Gedanken, und da Perez früher Beichtvater der Königin gewesen war, so sendete er an sie nochmals eine Empfehlung des Columbus. Er machte denselben auch mit Martin Alonzo Pinzon, einem vermögenden Schiffseigenthümer und Seefahrer in Palos, bekannt, welcher sich freiwillig erbot, Schiffe und Geld zu dem Unternehmen herzugeben und als Kapitän, Pilot oder Steuermann mitzugehen.

Da die Königin indessen auch von dem Herzoge Medina Celi gewonnen ward, so wünschte sie die Unterhandlungen wieder anzuknüpfen und Columbus wurde deßhalb neuerdings an den Hof nach Sta. Fé geladen. — Damals war gerade der maurische Krieg siegreich beendet und der letzte maurische König Boabdil gezwungen, die Schlüssel der Alhambra zu übergeben. Die Unterhandlungen wurden mit Columbus zwar wieder angeknüpft, doch nachdem man seine Forderungen für zu überspannt hielt, abermals abgebrochen und derselbe verließ hierauf voll Unwillen zum zweitenmale den Hof, um nach Frankreich zu ziehen.

Unter den Freunden des Columbus war Don Luis de San Angel, Obereinnehmer der geistlichen Einkünfte von Aragonien, der Einflußreichste. Dieser unternahm es nochmals, der Königin wegen den Entwürfen Colon's die eindringlichsten Vorstellungen zu machen, und die Königin fest entschlossen, Frankreich die Entwürfe Colon's nicht zukommen zu lassen, erklärte sich endlich bereit, selbst ihre Juwelen zu versetzen, um das Unternehmen auszuführen. Es wurde daher dem Columbus ein reitender Bote nachgesendet, der ihn zwei Stunden vor Granada einholte und ihn durch die überbrachten Briefe zur Umkehr nach Santa Fé bestimmte.

§. 6.
Abschluß der
Capitula-
tiones.
17. April
1492.

§. 6 Die Königin empfing sodann Columbus sehr freund lich und theilte ihm mit, daß der König seinen Secretär beauftragt habe, mit ihm den Vertrag abzuschließen.

Das Original dieses Vertrages befindet sich noch gegenwärtig in dem Familienarchive der Herzoge von Baragua, welche den Titel und die Wappen ihres berühmten Ahnherrn „Colon" führen, und da dieses Document es ist, auf welchem das ganze Unternehmen beruhte, so theilen wir es hier in der Uebersetzung wörtlich mit:

„Capitulationes zwischen Ihren Herrlichkeiten „den katholischen Majestäten und Cristobal Colon."

„Die erbetenen Punkte, und was Euere Hoheiten Don „Cristobal Colon geben und verwilligen zu einiger Satisfaktion „für dasjenige, was er in den oceanischen Meeren entdeckt hat, „und für die Reise, welche er gegenwärtig mit Gottes Hilfe und „Eurer Hoheiten Diensten dahin unternehmen wird, sind folgende: „Erstens : daß Ew. Hoheiten, als Herren jener oceanischen Meere, „den genannten Don Cristobal Colon von jetzt an zu Ihrem „Admiral ernennen auf allen Inseln und festen Ländern, welche „durch sein Werk oder seinen Betrieb in den genannten oceani= „schen Meeren entdeckt oder erworben werden, für seine Lebens= „zeit und nach seinem Tode übergehend auf seine Erben und „Nachfolger, von einem zum andern immerwährend, mit allen „denjenigen, einem solchen Amte zuständigen Vorzügen und Vor= „rechten, ebenso wie Don Alonzo Henriquez, Groß=Admiral „von Castilien und die anderen Vorgänger in diesem Amte sie „in ihren Distrikten besessen."

„Ist Ihren Hoheiten genehm."
„Juan de Coloma."

„Ferner : Daß Ew. Hoheiten den genannten Don C. Colon „zu Ihrem Vicekönig und General=Gouverneur in allen gedachten „Inseln und Festländern, welche er in den gedachten Meeren ent= „decken oder erwerben werde, ernennen, und daß er zur Regie= „rung derselben für eine jede Stelle drei Personen in Vorschlag „bringe, von denen Ew. Hoheiten nach Ihrem Belieben Einen „bestimmen und erwählen, und so werden die Länder, welche „unser Herr zu finden und Ew. Hoheiten Herrschaft anheimzu= „fallen gestattet, wohl regiert werden."

„Ist Ihren Hoheiten genehm."
„Juan de Coloma."

„Item: Daß von allen und jeden Waaren, es mögen nun
„Perlen, Edelsteine, Gold, Silber, Spezereien und von allen
„anderen Dingen und Waaren jeder Sorte, sie mögen gekauft,
„getauscht, gewonnen werden, oder innerhalb der genannten Admiral=
„schaft vorhanden sein, Ew. Hoheiten den genannten C. Colon
„für sich den zehnten Theil von Allem diesen, nach Bezahlung
„der dabei verwendeten Kosten, allergnädigst bewilligen. In der
„Art, daß nach Abzug der Kosten ihm der zehnte Theil frei über=
„lassen bleibe, um damit nach seinem Belieben zu schalten und
„die anderen neun Theile Ew. Hoheiten überlassen bleiben."

„Ihren Hoheiten genehm."

„Juan de Coloma."

„Deßgleichen: Wenn aus Anlaß der Waaren, welche er
„nach den gedachten neuentdeckten Inseln und Ländern führen
„würde, oder von anderen Kaufleuten aus jenen Ländern in die
„unseren geführt werden sollten, an dem Orte, wo dieser Handel
„betrieben werden wird, irgend ein Streit entstehen sollte so bitte
„er Ew. Hoheiten, daß mit Berücksichtigung seiner Admiralschaft,
„ihm oder seinem Statthalter, und keinem anderen Richter, die
„Sache zur Entscheidung überlassen werden möge."

„Ist Ihren Hoheiten genehm, wenn dergleichen zu dem
„Amte eines Admirals, wie es der Admiral Don Alfonso
„Enriques und seine Vorgänger verwaltet haben, gehört."

„Deßgleichen: Daß genannter Don Cristobal Colon zu
„allen Schiffen, wann und wie sie zu solchem Handel ausgerüstet
„werden mögen, wenn er will, den achten Theil der Ausrüstungs=
„kosten tragen könne, und dafür den achten Theil des Gewinnes
„erhalte."

„Genehmigt."

„Vollzogen und ausgefertiget mit der Antwort Ew. Hoheiten
„am Schluß eines Artikels. In der Stadt Santa Fé in der
„Vega von Granada unterm
„17. April 1492."

„Ich der König." „Ich die Königin." Auf Befehl des
„Königes und der Königin": „Juan de Coloma."

Außerdem wurde Columbus unter dem 30. April eine förm=
liche Bestallung als Admiral, Vicekönig und Gouverneur der zu ent=
deckenden Länder ausgefertigt und ihm der Titel „Don" verliehen.

§. 7. Zur Ausrüstung der Flotte wurde der Hafen von Palos,
wohin sich Colon am 12. Mai 1492 begab, gewählt. Durch einen

§. 7.
Die Aus=
rüstung.

königlichen Befehl vom 30. April 1492 wurde die städtische Behörde von Palos angewiesen, die beiden Caravelen zehn Tage nach Empfang des Befehles zum Auslaufen bereit zu halten und Colon zu übergeben, auch wurde befohlen, daß gegen Alle, welche als Matrosen mit Colon gehen, jede Kriminaluntersuchung einzustellen sei.

Mit der Ausrüstung ging es aber ungeachtet dieses Befehles dennoch nicht vorwärts, so daß ein neuer Befehl erlassen werden mußte, die Schiffe dazu zu pressen, und so wurden die Eigenthümer der Caravele „Pinta", Gomez Rascon und Cristobal Quintero mit ihrem Schiffe und Mannschaft gepreßt. Nur die Gebrüder Pinzon stellten nicht nur die versprochene Caravele Ninija (Nina), sondern es übernahm auch der älteste, Martin Alonzo Pinzon, eine Anstellung als Kapitän, der zweite, Francisco Martin als Steuermann auf der Pinta, und der dritte Bruder, Vincente, führte die zweite Caravele Nina. Das größere Schiff „Santa Maria" genannt, führte Columbus selbst und zog auf demselben die Admiralsflagge auf.

Die ganze Flotte war aber höchst armselig, denn die beiden Caravelen waren offene Fahrzeuge, die nur am Vorder- und Hintertheil gedeckte Kajüten hatten. Sie hatten nur zwei kurze Maste mit viereckigen Segeln, und die Nina hatte nur schmale dreieckige Segel, sogenannte lateinische, und diese Caravelen waren kaum größer als Stromkähne. Nur die Santa Maria hatte ein vollständiges Verdeck, faßte aber nur 120—150 Tonnen. Die gesammte Mannschaft bestand aus 120 Personen.

Außer den drei Pinzons hatte Columbus noch drei erfahrene Steuermänner angenommen: Sancho Ruiz, Pedro Alonzo Ninjo und Bartolomeo Roldan. Als königlicher Notar ging Rodrigo Escobar mit; ein Arzt und ein Wundarzt begleiteten gleichfalls die Expedition.

§. 8. **§. 8.** Den Tag vor der Abreise ging Columbus sammt den
Columbus Kapitänen und der Mannschaft nach dem Kloster Rabida zur Beichte,
erste Ent- Messe und dem Abendmahle, am nächsten Morgen, Freitag den
deckungsreise. 3. August 1492 vor Sonnenaufgang stieß die kleine Flotte vom
3. August Lande ab und steuerte in der Richtung der Canarien. Am 6. August
1492. brach das Steuer der Pinta, welcher Unfall Gomez Rascon zugeschrieben wurde, in der Absicht, um die Caravele nach Hause schicken zu können. Indessen wurde die Pinta auf den Canarien wieder ausgebessert und die Reise fortgesetzt. Als aber die Flotte immer weiter in das unbekannte Weltmeer drang, ließen selbst die

Beherzten den Muth sinken, und Columbus hatte zu thun, um ihnen Vertrauen einzuflößen. Als die Schiffe in die Passatströmung kamen, wurden sie mit großer Schnelle fortgetrieben, und obzwar Columbus dem Schiffsvolke immer eine geringere Strecke ansagte, als man in Wirklichkeit zurücklegte, so wuchs dennoch die Besorgniß desselben stets von Neuem. Manchmal richtete das Erscheinen unbekannter Seevögel die Hoffnung auf, da man nicht wußte, daß diese Vögel auf hunderte von Meilen zu fliegen pflegen. Auch erschien mit einem Male die See mit grünem Meergrase bedeckt, und als dann darauf wieder nur Wasser kam und man sich wieder nur im offenen Ocean befand, stiegen die ernsten Besorgnisse der Mannschaft, wie ihre gebrechlichen Fahrzeuge und ohne Proviant die Rückreise wieder zurücklegen werden können. Endlich faßten Einige den Gedanken, den Admiral in die See zu werfen. Columbus aber ließ sich nicht beirren und erklärte, daß er gewisse Hoffnung habe, sein Ziel zu erreichen. Gegen Ende der Reise verwandelte sich die Angst der Schiffsleute aber in Verzweiflung, und es ist ungewiß, wie sein Unternehmen ausgefallen wäre, wenn am folgenden Tage nicht das Land erschienen wäre.

Die Erzählung von dem Umstande, daß sich Columbus nur noch drei Tage von dem Schiffsvolke bedungen und dann die Umkehr zugesagt habe, wie sie Robertson in seiner „Geschichte Amerikas" anführt, ist eine bloße Sage und findet sich weder in dem Tagebuche des Columbus vom 10. und 12. Oktober, noch wird sie sonst von einem Schriftsteller bestätigt. Das Tagebuch des Columbus von Mittwoch den 10. Oktober 1492 lautet nämlich wörtlich :*)

„In südwestlicher Richtung, 59 Seemeilen, nur 44 wurden „aufgezeichnet. Hier nun wollte die Mannschaft nicht länger aus= „halten; sie beklagte sich über den langen Weg, allein der Admiral „machte ihnen Muth, so viel er es vermochte, indem er ihnen „große Hoffnung auf den Gewinn erweckte, welchen sie haben „können. Er fügte hinzu, daß es ganz vergebens sei, sich zu „beklagen, da er fest entschlossen sei, nach Indien zu gehen, und „seinen Weg verfolgen werde, bis er dies Land mit Hilfe unseres „Herrn werde erreicht haben."

Tagebuch des Columbus.

Ueber die erste Entdeckung des Landes sagt das Tagebuch folgendes :

---

*) In seinem Tagebuche schreibt Columbus immer in der dritten Person vom Admiral, der er war.

„Donnerstag den 11. Oktober. Man schiffte WSW. Rich-
„tung; das Meer ging höher, als auf der ganzen Reise. Man
„sah Sturmvögel und eine Bachstelze auf dem Admiralschiff. Die
„Mannschaft der Pinta sah ein Rohr, einen Stab und noch ein
„Stäbchen, wie es schien mit Eisen geschnitzt, ein Stückchen Rohr
„und anderes Kraut, das am Lande wächst, und ein kleines Brett.
„Die Leute der Nina sahen ebenfalls noch andere Anzeichen von
„Land, auch einen Zweig von einem wilden Rosenstock. Bei diesen
„Zeichen belebte sich Allen der Muth und sie freuten sich. Man
„machte bis Sonnenuntergang 27 Seemeilen. Nach Sonnen=
„untergang nahm der Admiral seine frühere Richtung gegen
„Westen; bis zwei Stunden nach Mitternacht hatte man 22 Stun=
„den zurückgelegt, und da die Caravele Pinta ein Schnellsegler
„war und dem Admiral vorausfuhr, so sah sie das Land und
„gab das befohlene Zeichen. Dies Land sah zuerst ein Matrose,
„der sich Rodrigo von Triana nannte.*) Als der Admiral um
„10 Uhr (des Abends vorher) auf dem Hinterkastell seines Schiffes
„stand, sah er ein Licht, war jedoch seiner Sache nicht sicher, um
„zu behaupten, daß es Land sei; dennoch rief er Pero Guttierrez,
„Aufseher über die kön. Fußteppiche und sagte ihm, daß das was
„er sehe, ein Licht zu sein scheine; er zeigte es ihm und dieser sah
„es auch. Der Admiral sagte es hierauf dem Rodrigo Sanchez
„von Segavia, welchen der König und die Königin der Armada
„als Rechnungsführer zugetheilt hatten, allein dieser sah nichts,
„da er nicht an dem Orte stand, wo man es sehen konnte. Nach=
„dem der Admiral es bemerkt hatte, sah man es nacheinander
„zweimal; es war wie eine Wachskerze, bald höher, bald niedriger,
„und dünkte nur Wenigen ein Anzeichen von Land zu sein. Der
„Admiral war aber fest überzeugt, daß sie dem Lande nahe

---

*) In dem Prozesse des Dingo Colon vom Jahre 1513 machte ein
gewisser Francisco Gracia, welcher als Matrose auf der Caravele Pinta
die Fahrt mitgemacht hatte, folgende Aussage über die Entdeckung des Landes:
„An jenem Donnerstage (11. Oktober 1492) war in der Nacht Monden=
„schein, und ein Matrose von dem gedachten Schiffe des Martin Alonzo
„Pinzon mit Namen Juan Rodriguez Bermejo, Einwohner von
„Molinos in der Provinz Sevilla, sah beim Mondenscheine einen weißen
„Sandhügel; er riß die Augen auf und sah das Land. Sogleich rannte er
„zu einer Kanone, gab Feuer und schrie: „Land! Land!" Die Mannschaft
„blieb auf, bis der Tag anbrach, Freitag den 12. Oktober. Der genannte
„Martin Alonzo entdeckte die erste Insel Guanahani, und dies weiß ich,
„weil ich es gesehen habe."　　　　　　Anmerk. des Verfassers.

„wären, als daher die Matrosen das „Salve" (ein Gebet) sagten,
„welches jeder auf seine Weise zu sagen und zu singen pflegte,
„wozu sie sich gegenseitig versammelten, bat und ermahnte sie der
„Admiral, daß sie auf dem Vorderkastell gute Wache halten und
„in der Richtung des Landes wohl Obacht geben möchten, und
„daß er demjenigen, welcher das Land zuerst sähe, ein seidenes
„Wamms schenken wolle, außer der von dem Könige und der
„Königin festgesetzten Belohnung, welche in einem Jahrgelde von
„10,000 Maravedis bestand."

„Um zwei Uhr nach Mitternacht erschien das Land in einer
„Entfernung von zwei Meilen. Wir zogen alle Segel ein und
„fuhren allein mit dem Tro (ein viereckiges Segel), legten bis
„zum Tagesanbruch (Freitag) bei, wo wir an einer der lucayischen
„Insel ankamen, welche die Indier in ihrer Sprache Guanahani
„nannten."

§. 9. Am Morgen des 12. Oktober 1492 lag vor den See= *§. 9.*
fahrern eine schöne grüne Insel und im unbeschreiblichen Jubel *Landung des*
stürzte einer in die Arme des Anderen, Manche schluchzten vor *Columbus auf*
Freude und Alle stimmten sodann in Andacht ein „Te Deum lau- *Guanahani*
damus" an. *(San Sal-*
vador).

Mit Sonnenaufgang bestiegen sie die Bote und ruderten mit *12. Oktober*
Kriegsmusik und fliegenden Fahnen ans Land, wo sich viele Ein- *1492.*
wohner der Insel versammelt hatten. Das Erstaunen war aber
gegenseitig. Die Einwohner waren alle nackt, und da ihre Sprache
etwas Unzusammenhängendes hatte, so dachten die Spanier Anfangs,
daß es gar keine Menschen seien.

Columbus im reichen Kleide, mit dem Schwert in der Hand
und das Banner tragend, stieg der erste an das Land und ihm
folgten dann die Anderen. Er nahm mit allen Feierlichkeiten die
Insel für die castilische Krone in Besitz. Die Wilden bezeichneten
die Insel mit dem Ausdrucke Guanahani, Columbus nannte sie
aber „San Salvador". — Indessen glaubte Columbus noch
immer, er sei in dem Archipel angelangt, der sich nach dem Berichte
des Marco Polo an der Ostküste von Asien hin erstrecke. Da er
aber sah, daß hier von den Schätzen Indiens nicht viel anzutreffen
sei, so beschloß er, weiter zu steuern, und da die Indianer die Sucht
der Spanier nach den Goldblechen bemerkten, welche einige von ihnen
in der Nase und Ohren trugen, und den Spaniern südwärts deuteten,
so glaubte Columbus, das gesuchte „Zipangu" in dieser Richtung
zu finden. Er verließ daher schon am 14. Oktober Guanahani

wieder, kam an vielen kleineren Inseln vorüber, landete auf einigen
von ihnen, namentlich auf der heutigen Insel „Rum Kay" und
„Long Island", die er Santa Maria de la Conception und
Fernandina nannte, und entdeckte dann wieder eine größere, welche
die Indianer „Cuba" nannten, und die Columbus Anfangs für
Zupango, dann aber für das Festland Asiens oder Indiens hielt.
Er steuerte hieraus an den Küsten umher und fand überall einen
Reichthum von Vegetation und Schönheit der Gegenden. Mehr als
fünf Wochen brachte Columbus mit seinen Forschungen an der
Küste von Cuba zu, ohne von seinem Irrthume zurückzukommen.
Am 6. Dezember kam er auf Haiti an, welche Insel er „Isla
Espanola" nannte, woraus dann das „Hispaniola" wurde. Die
Insulaner standen da unter Oberhäuptern, die sie Kaziken nannten
und einer derselben, Namens Guacanagari, erwies sich gegen die
Spanier besonders dienstfertig und suchte ihnen Gold, so viel er nur
aufzutreiben vermochte, zu verschaffen. Columbus wollte hier eine
Niederlassung gründen und ließ eine kleine Festung bauen, wobei
ihm die Einwohner behilflich waren. Er wollte zwar weiter nach
Süden, dem Goldlande, vordringen, doch dies erlaubte ihm der
Zustand seiner Schiffe nicht, denn Martin Alonzo Pinzon hatte
sich mit der Pinta, schon als sie bei Cuba landeten, heimlich ent-
fernt, um für sich das Goldland aufzusuchen, und das Hauptschiff
Santa Maria scheiterte in der Nacht des 25. Dezember auf einer
Sandbank, und so blieb dem Columbus nur die kleine Nina, das
schlechteste Schiff übrig, und mit diesem entschloß er sich, nach
Spanien zurückzukehren.

Columbus ließ in dem neuerbauten Fort, das er „Navidad"
nannte, 39 Spanier zurück, gab ihnen Verhaltungsmaßregeln und
ermahnte sie zu einem freundlichen Betragen gegen die Indianer.

§. 10.
Rückkehr Co-
lumbus' nach
Spanien.
4. Januar
1493.

§. 10. Am 4. Januar 1493 stach Columbus mit seinen
übrigen Gefährten und einigen mitgenommenen Indianern in See.
Am dritten Tage darauf traf er an der Küste von Hispaniola
mit dem treulosen Pinzon zusammen, der an der Küste von
Hispaniola einen sehr einträglichen Tauschhandel getrieben und viel
Gold zusammengebracht hatte. Ohne, daß ihm Columbus seine
Treulosigkeit hätte vorhalten dürfen, weil Pinzon bei der Mannschaft sehr beliebt war, segelte er mit ihm nach Spanien. Auf der
Heimreise überfiel die Seefahrer ein großer Sturm; auch der portugiesische Befehlshaber auf den Azoren lauerte Columbus auf,
um ihn festzunehmen, was jedoch nicht gelang. Am 4. März trieb

aber ein heftiger Sturm die Schiffe in den Tajostrom und hier erhielt Columbus den Befehl zum König Juan II. von Portugal nach Valparifio zu kommen. Da die Portugiesen das Glück der Spanier mit Mißgunst und Neid betrachteten, so riethen einige Hof= leute dem Könige Juan II., Columbus sogar ermorden zu lassen, was dieser aber mit Verachtung zurückwies und Columbus weiter= zuziehen erlaubte.

Am 15. März landete Columbus endlich wieder im Hafen von Palos, wo er mit Glockengeläute und Kanonenschüssen auf das Feierlichste empfangen wurde.

Landung in Palos. 15. März 1493.

§. 11. Von Palos begab sich Columbus nach Sevilla, um dort die weiteren Befehle des Königs und der Königin abzu= warten, welche damals ihr Hoflager in Barcellona hielten. Die Majestäten sandten an „ihren Admiral und Vicekönig der in Indien entdeckten Inseln" einen vornehmen Offizier ihres Hauses ab, um ihm die Aufträge zur Ausrüstung einer zweiten Unternehmung und die Einladung, an den Hof zu kommen, zu überbringen. Columbus reiste sodann mit einem Zuge von einigen zwanzig Pferden und Maulthieren mit seinem Gefolge und sechs mit Federkronen und Goldschmuck gezierten Indianern nach Barcellona. Sein Empfang daselbst fand in dem Thronsaale mit der ausgesuchtesten Feierlichkeit statt. Die Majestäten behandelten ihn auf das Huldreichste und gestatteten ihm, sich sogar in Ihrer Gegenwart in einem Lehnstuhle niederzusetzen. Zuerst erstattete Columbus den Bericht über die neuentdeckten Inseln, dann stellte er die mitgebrachten indianischen Männer und Frauen den Herrschern vor und legte die mitgebrachten Produkte und das Gold zur Prüfung vor. Der spanische Geschichts= schreiber Munjoz zählt die verschiedenen Dinge und Metalle auf: als Gold in Körnern und Stücken, Steine, Pflanzen und Thiere, welche auch Columbus mitgebracht hatte. Dieser Tag war der Glanzpunkt in Columbus' Leben. — Inzwischen durchflog die Nachricht der Ent= deckung der neuen Welt ganz Europa, und auch die Spanier nahmen daran den lebhaftesten Antheil, so daß in kurzer Zeit 15,000 Menschen zusammenkamen, die sich an dem zweiten Unternehmen betheiligen wollten. Die Regierung rüstete jetzt 17 Schiffe aus, sandte Handwerker und Bergleute mit, und ebenso wurde auch für europäische Hausthiere und Pflanzen gesorgt, um dieselben zur Colonisation mitzunehmen.

§. 11. Empfang bei dem spanischen Hofe. April 1493.

§. 12. Vor allen anderen Dingen wurde aber die päpstliche Einwilligung zu diesen Entdeckungen eingeholt, und der Papst säumte nicht, alle neu zu entdeckenden Länder der Krone von Castilien zu

§. 12. Die päpstliche Bulle betreff der Ent= deckungen.

schenken, nur daß er zu Gunsten Portugals diese Schenkungen auf die Länder jenseits einer Mittagslinie beschränkte, die er hundert Seemeilen westlich von den azorischen und capverdischen Inseln durch die Pole zog. Was diesseits gefunden würde, sollte den Portugiesen gehören. Da aber diese mit der Entscheidung nicht zu frieden waren, so kam es am 7. Juni 1494 zu einem Vertrage, welchem zufolge die Theilungslinie 370 Meilen westlich von jenen Inseln gezogen ward. Dieses hatte die Folge, daß Brasilien später Eigenthum Portugals wurde.

§. 13.
Columbus
zweite Reise.
(1493—1496).
25. September
1493.

§. 13. Am 25. September 1493 lief die neue Flotte, bestehend aus drei größeren Schiffen mit Verdeck, zwölf leichten und zwei schweren Caravelen mit 1500 Mann Besatzung, diesmal von Cadix aus, und nahm einen mehr südlicheren Curs. Am 3. November fand Columbus die erste der caraibischen Inseln, die er Dominica nannte, dann fand er Mariegalante, Guadelupe, Antigua und Portorico.

Da ihn die Sorge für seine Niederlassung auf Hispaniola antrieb, so eilte er dahin, kam dort am 22. November 1493 an, fand aber keine Spur mehr von der Niederlassung, weil die Spanier die Indianer durch Raub, Habsucht und Verführung ihrer Weiber zur Rache gereizt hatten und dann von denselben vernichtet wurden.

Columbus errichtete darauf eine neue Niederlassung dort,
Unzufrieden= die er „Isabella" nannte, welche die erste Stadt in der neuen
heit der Spa= Welt war. Als die Begleiter des Columbus sich aber in ihren
nier.
Erwartungen, Gold zu finden, getäuscht sahen, da der in Hispaniola vorkommende Goldsand ihrer Habgier nicht genügte und man anfing, Neid darüber zu empfinden, daß Columbus als ein Fremder so vielen Spaniern gebiete, wozu noch die Strenge kam, mit der er selbst Ritter und Adelige zur Thätigkeit anhalten mußte, so wuchs die Unzufriedenheit in Verbindung mit den durch das feucht=heiße Klima erzeugten Krankheiten immer mehr.

Columbus
neue Ent=
deckungen.
24. April
1494.

Columbus zog indessen am 24. April 1494 auf neue Entdeckungen aus; er entdeckte Jamaika und segelte dann nach Westen, noch immer in der Ueberzeugung an einem mit Hinterindien zusammenhängenden Lande hinzusegeln, doch mußte er wegen des schlechten Zustandes seiner Schiffe die Reise einstellen und nach
4. December Hispaniola zurückkehren, wo er von einer schweren Krankheit befallen
1494.
am 4. December ankam. Zwar traf er dort seinen Bruder Bar=
Gefährliche
Lage der Co= tholomäus, der mit drei Schiffen von Spanien angekommen war,
lonie.
doch fand er den Zustand der Colonie, durch den Ungehorsam eines

Theiles der Zurückgelassenen, sehr Gefahr drohend, weil die Indianer durch die in seiner Abwesenheit widerfahrene unmenschliche Behand= lung durch die Spanier, zur Vernichtung der Niederlassung ent= schlossen waren. Mit Ausnahme des Häuptlings Guacanagari, der den Spaniern freundlich blieb, standen alle Häuptlinge der Insel in Waffen gegen die Spanier. Am 24. März 1495 zog Colum= bus mit 200 Mann zu Fuß und 20 Reitern gegen 60,000 In= dianer, (wie es Columbus selbst angibt), doch der Donner der Schießgewehre der Weißen, und eine Anzahl gewaltiger Hunde, die auf die nackten Indianer gehetzt wurden, verschaffte den Spaniern einen raschen Sieg, so daß die sämmtlichen Kaziken der Insel unter= worfen wurden und einen Tribut an Gold und Baumwolle ab= liefern mußten.

Feindselig= keiten der In= dianer. 24. März 1495.

Indessen waren jene Unzufriedenen, welche während der Ent= deckungsreisen des Columbus Hispaniola verlassen hatten, in Spanien angekommen, und brachten so viele Verläumdungen und Klagen gegen Columbus vor, daß sich die Regierung bewogen fand, einen besonderen Bevollmächtigten Juan Aguado zur Unter= suchung dieser Beschwerden in die Colonie zu senden. Da sich aber Aguado mit viel Anmaßung benahm, so übergab Columbus den Befehl seinem Bruder Bartholomäus und segelte im März 1496 mit zwei Caravelen zu 200 Mann, worunter viele Kranke und Unzufriedene waren, nach Spanien. Nach einer sehr gefahrvollen Ueberfahrt kam Columbus am 9. Juni 1496 in Spanien an. Er hatte noch das Glück, dem Hofe eine sehr günstige Nachricht überbringen zu können, indem kurz vor seiner Abreise mehrere Gold= gruben, wie die von Cibao, in der Gegend des späteren San Domingo, entdeckt wurden.

Klagen und Verdächtigun= gen gegen Columbus.

Columbus Rückkehr nach Spanien. 9. Juni 1496.

§. 14. Columbus erhielt zwar eine freundliche Einladung an den Hof nach Burgos zu kommen, aber er empfand es, daß sich ungünstige Verhältnisse gegen ihn schon entwickelt hatten. Am 22. Juni 1496 wurde mit ihm ein neuer Vertrag abgeschlossen, worin er sich Eingriffe in seinen früheren Kontrakt gefallen lassen mußte, und worin ferner auch die Transportirung von Verbrechern nach der Colonie festgestellt, und ihm eine bestimmte Vollmacht be= treff der Gütervertheilung unter die Colonisten gegeben wurde. Ferner ward mit ihm von der Regierung eine Abrechnung gepflogen, wo man dem Admiral das Achtel der Kosten bei der Ausrüstung nachsah, er dagegen aber seine Ansprüche auf Alles, was seit drei Jahren aus den Inseln eingekommen war, aufgeben mußte. Nach

§. 14. Verhandlun= gen mit dem Hofe. 22. Juni 1496.

drei Jahren gestand man ihm dagegen ein Zehntel des Nettoertrages
jeder Reise zu. Er verlangte hierauf zwei Schiffe für die Colonie
und sechs für neue Entdeckungen, wurde aber damit lange hinge=
halten, von Fonseca chicanirt, so daß erst im Februar 1498 zwei
Schiffe mit Lebensmitteln nach Hayti abgingen.

§. 15.
Columbus
dritte Reise.
(1498 1500.)
30. Mai 1498.

§. 15. Erst am 30. Mai 1498 trat Columbus seine dritte
Reise an. Er richtete den Cours noch mehr nach Süden und kam
so in die Nähe des Aequators, wo die Schiffer durch die Hitze sehr
zu leiden hatten; die Luft war glühend heiß; der Theer schmolz
auf den Schiffen, so daß die Fugen auseinander gingen und die=
Lebensmittel verdarben. Alles dies und seine Krankheit (Gicht)
nöthigten Columbus den Lauf zu ändern. So kam er in eine
kühlere Region und am 31. Juli 1498 entdeckte er die Insel Tri=
nidad am Ausflusse des Orinocostromes. Aus der Größe dieses
Stromes schloß Columbus, daß dieser Strom von keiner Insel

Entdeckung
des amerika=
nischen Fest=
landes.
(Delta des
Orinoco)
1. August
1498.

kommen könne, und in der That hatte er am 1. August 1498, als
er das öde Delta des Orinoco zum erstenmale erblickte, den großen
amerikanischen Continent entdeckt. Seine Mannschaft be=
trat aber allein am 5. August, an der Trinidad gegenüberliegenden
Küste von Cumana, denselben, denn er selbst mußte, an einem
heftigen Augenübel erkrankt, an Bord zurückbleiben. Ungeachtet
aller dieser Umstände, war Columbus noch immer der Meinung,
er befinde sich in den asiatischen Gewässern und er habe nur einen
weiter gegen Süden und Osten gelegenen Punkt von Asien entdeckt.

Durch seine stets sich vermehrende Augenkrankheit wurde er
abermals gezwungen, an dieser Küste seine Entdeckungen aufzugeben
und nach Hayti zu steuern. Er langte dort am 30. August 1498
an, statt aber Ruhe zu finden, fand er dort nur Unglück, Verwirrung
und Drangsale. Sein Bruder Bartholomäus — der Adelantado,
hatte zwar die Angelegenheiten mit großer Umsicht geleitet, doch er
hatte gegen die Indianer zu kämpfen, welche die Feindseligkeiten mit
der Zerstörung einer Missionskapelle begonnen, und dann das eine
Fort (Isabella, später San Domingo genannt), bei den Goldminen
in der Provinz Faragua überfielen. Bartholomäus nahm zwar
den feindseligen Kaziken gefangen, schenkte ihm aber dann wieder

Verschwörung
des Francisco
Roldan.
1498.

die Freiheit. — Inzwischen war durch einen gewissen Francisco
Roldan, den Columbus aus dem Staube emporgehoben und zum
Oberrichter der Insel befördert hatte, eine Verschwörung ausgebrochen,
in Folge welcher Roldan das Land plünderte und verwüstete. Der
Adelantado konnte es in seiner Schwäche nicht wagen, die Rebellen

anzugreifen, und erst als mit zwei Schiffen aus Spanien neue Truppen ankamen, zog sich Roldan in die entferntere Provinz Jaragua zurück. So fand der Admiral die Lage bei seiner Ankunft am 30. August. Da Roldan indessen auch die Verbrecher von drei spanischen Caravelen, die an die Küste von Jaragua kamen, an sich gezogen hatte, so sah sich der Admiral gezwungen, den Empörern eine volle Amnestie zu bewilligen, und als die Rebellen auch darauf nicht eingingen, mußten ihnen sogar noch besondere Vortheile, und Roldan die Wiedereinsetzung in seine Stelle zugesagt werden. —

Während der Admiral an den König den wahren Bericht über Roldan und die Vorfälle auf der Insel einsendete, hatten auch Roldan und seine Genossen ihrerseits Briefe nach Spanien abgeschickt, in denen sie ihren Aufstand dadurch zu rechtfertigen suchten, daß sie Columbus und seinen Bruder der härtesten Bedrückungen gegen die Colonisten anklagten. Diese Verleumdungen waren den Feinden des Columbus am Hofe und namentlich dem Bischofe Fonseca, der von jeher Feindschaft gegen Columbus hegte, ganz willkommen, und so wurde der König mit Klagen über denselben bestürmt, und da auch er selbst jetzt der großen Gewalt, die er Columbus gegeben, mißtraute, so fanden diese Klagen bei ihm ein um so willigeres Ohr, weßhalb er Francisco Bobadilla, einen Beamten seines Hofes, mit Vollmachten abschickte um den ganzen Hergang in der Colonie zu untersuchen. Für den Fall, daß der Anhang des Columbus in der Colonie selbst zu bedeutend sein sollte, um seinen Sturz sofort zu gestatten, wurden Vollmachten ausgestellt, wovon die erstere Bobadilla nur das Gericht und die Untersuchung über die Unruhen, die zweite dagegen die Gouverneurstelle übertrug und die dritte dem Admiral die Uebergabe aller Festungen, Schiffe, Vorräthe ꝛc. anbefahl. Diese Vollmachten waren offenbar darauf berechnet, um eine nach der anderen benützt zu werden. Im August 1500 kam Bobadilla in die Colonie, setzte sich gewaltsam in den Besitz aller Festungen und eignete sich sogar das Haus des abwesenden Admirals, mit Allem, was er darin fand, an. Bobadilla lud zuerst die Brüder und dann den Admiral selbst vor sich und ließ sie alle in Ketten legen. Als dieser Befehl an Columbus vollstreckt werden sollte, erweckte dies den allgemeinen Unwillen der Colonisten, und Niemand wollte ihm die Ketten anlegen, bis endlich sein eigener Koch sich dazu verstand. Als Bobadilla den Prozeß des Columbus zu dessen sicherem Verderben eingeleitet hatte, schickte er ihn in Ketten nach Spanien. Die Brüder

Verfolgungen gegen Columbus. 1500.

Columbus in Ketten nach Spanien geführt. 1500.

desselben traf das gleiche Schicksal und jeder wurde auf ein anderes Schiff gebracht.

Als der Schiffskapitän dem Columbus die Ketten am Bord abnehmen wollte, ließ derselbe dies nicht zu und befahl später seinem Sohne, ihm diese Ketten mit in sein Grab zu legen.

§. 16.
Ankunft Co=
lumbus in
Spanien und
Aufnahme am
Hofe. Novem=
ber 1500.

§. 16. Die Rückkehr des gefesselten Columbus nach Spanien, die im November 1500 erfolgte, machte allgemeines Aufsehen und erregte solche Entrüstung im Volke, daß Fonseca es nicht wagen durfte, etwas gegen ihn weiter zu unternehmen. Die Königin sandte den Befehl nach Cadix, wo das Schiff gelandet war, Columbus sofort auf freien Fuß zu setzen, worauf er dann an den Hof ge= laden wurde. Als er dahin kam, warf er sich schweigend vor dem Throne nieder, und konnte vor Schluchzen kein Wort hervorbringen: er wurde von den Herrschern huldvoll und mit Schmeicheleien empfangen, getröstet, jede Mitschuld an seiner schimpflichen Behand= lung abgeleugnet und auf Bobadilla geschoben, der auch abgesetzt und ein anderer Gouverneur in der Person des Nicolas de Ovando bestellt wurde.

Die Wiedereinsetzung Columbus' in seine Stelle wurde aber unter dem Vorwande verschoben, daß die Gährung in der Colonie seiner Person Gefahr bringen könnte, auch wurde ihm volle Schadlos= haltung zugesagt, aber seine Stellung erhielt er nie wieder, denn der argwöhnische Ferdinand war entschlossen, die Macht, welche Columbus besessen, nie wieder einem Unterthan, und um so weniger einem Fremden zukommen zu lassen. Columbus konnte jedoch noch immer nicht an die Größe eines solchen Undankes glauben.

§. 17.
Columbus'
vierte Reise
und sein Tod.

§. 17. Indessen hatten die Portugiesen unter König Emanuel's Regierung in den afrikanischen Entdeckungen Fortschritte gemacht, und der Seefahrer Vasco de Gama hatte am 20. November 1497 Afrika umschifft und so den directen Seeweg nach Indien gefunden. Diese Entdeckungen regten Columbus zu neuer Thätigkeit an, er wollte noch immer auf seinem Wege nach Indien gelangen, und da er vermutbete, daß in dem von ihm aufgefundenen Festlande es irgendwo eine Durchfahrt nach dem indischen Meere geben müsse, so wollte er dieselbe südlich von Cuba aufsuchen.

Der König war bestrebt, Columbus los zu werden und übergab ihm vier ziemlich schlechte Schiffe, mit denen er am 9. Mai 1502 in Begleitung seines Bruders und seines Sohnes Cadix ver= ließ. Das eine dieser Schiffe war ein so schlechter Segler, daß er es in Hispaniola mit einem anderen vertauschen wollte. Der

Gouverneur auf Hispaniola verweigerte aber Columbus die Aufnahme in den Hafen.

Gerade in den Tagen, als Columbus vor Hispaniola verweilte, geschah es, daß Bobadilla und Raldan mit ihren geraubten Schätzen sich nach Spanien einschifften, hiebei erreichte sie aber
die Nemesis, indem ihr Schiff mit der ganzen Besatzung und allen
seinen Schätzen zu Grunde ging.

Von Hispaniola aus suchte Columbus das feste Land auf
und segelte längs der mittelamerikanischen Küste von Cap Gracias
a Dios südlich bis Portobello hin, fand aber die gehoffte
Durchfahrts-Straße nicht. Hier aber erhielt er durch Indianer die
erste Kunde von dem jenseitigen Meere, dem stillen Ocean. Doch die
ganze Reise war eine Kette von Unglücksfällen; durch Stürme verlor er zwei seiner Fahrzeuge und nach ungeheueren Schwierigkeiten erreichte er erst am 14. Juni 1503 Jamaica, wo die fast
zertrümmerten Schiffe auf den Strand getrieben werden mußten.
Jetzt war Columbus von Allem verlassen, mit seiner Mannschaft
auf sich selbst angewiesen, und die Schiffbrüchigen mußten sich nur
von Mais und Maniokwurzeln nähren. Um dies traurige Loos abzuwenden, entschloß sich der Spanier Diego Mendez mit einigen
Indianern in einem Canoe den 40 Seemeilen weiten Weg nach
Hispaniola zu machen, um von dem Gouverneur Ovando Hilfe
zu bringen. Dieser aber hielt Mendez treulos ein ganzes Jahr
hindurch zurück, ehe er Columbus mit einem Schiffe zu Hilfe kam,
und diese Zeit war für den großen greisen Entdecker die unglücklichste seines Lebens; Alter, Krankheit, Schmerzen und Sorgen hatten
seine Kräfte nach und nach aufgezehrt. Endlich kam von Ovando
am 28. Juni 1504 ein größeres Schiff, das Columbus aufnahm
und ihn am 13. August nach St. Domingo brachte.

Am 12. September schiffte er sich sodann nach Spanien ein,
wo er am 7. November 1504 ankam.

Zu seinem Unglück war aber die Königin Isabella, seine
Beschützerin, gestorben.

Schriftlich und mündlich, aber leider stets vergebens, forderte
er sodann zum wiederholten Male vom Könige die Wiedereinsetzung
in seine Würden, vergebens erschien er, so oft es ihm seine Krankheit nur erlaubte, persönlich am Hofe; er bekam immer nur ausweichende Antworten, so daß er in sehr gedrückter Lage lebte.

Endlich starb er am 20. Mai 1506 in Valladolid, und so
wurde der König von seinem mahnenden Gläubiger befreit.

Columbus'
Tod. 20. Mai
1506.

9*

Sein Sohn Diego bestand aber auf der Erfüllung des Ver
trages vom Jahre 1492 und suchte seine Rechte sogar im Rechts
wege geltend zu machen, durch welchen ihm eine günstige Entscheidung
zu Theil wurde. Trotzdem wäre aber Diego nicht zu seinem
Rechte gekommen, wenn er nicht die Tochter Ferdinand's von
Toledo, aus einem der vornehmsten Geschlechte Spaniens, gehei-
rathet hätte. Dieser und sein Bruder, der Herzog von Alba, der
ein Günstling König Ferdinand's war, drängten endlich den König
so lange, bis er nachgab und Diego sein Recht gewährte. Der
Gouverneur Ovando wurde zurückberufen und Diego an seine
Stelle nach Hispaniola gesendet. Doch auch Diego wurde sein
Amt durch Kränkungen und Demüthigungen verbittert.

Mit seinem Sohne Don Luis, der nur noch den Titel
eines Generalkapitains von Hispaniola führte, erlosch der Mannes-
stamm des Columbus.

Dem Columbus wurde nicht einmal die Ehre zu Theil, der
von ihm entdeckten neuen Welt seinen Namen geben zu können; dies
ward dem Florentiner Amerigo Vespucci vorbehalten, welcher
den Spanier Ojeda im Jahre 1499 auf einer Reise nach Westindien begleitete, wo man Anfang Juli 1499, — (also 11 Monate
später als Columbus das Orinoco-Delta entdeckte) — das Festland von Südamerika, nämlich die Küste von Guyana und dann
auch den Amazonenstrom erreichte. In einer Beschreibung, die
Amerigo Vespucci nach seiner Rückkehr seinen Landsleuten sandte,
gab er sich das Ansehen, als ob er zuerst das Festland von Amerika
betreten hätte, obschon er als Seemann allen Entdeckern seiner Zeit
weit nachstand.

Uebrigens hieß Amerika Anfangs immer nur die neue Welt,
und erst später kam der Name „Amerika" in Gebrauch.

Wie Columbus den Weg in die neue Welt einmal eröffnet
hatte, oder um in seinem Sinne zu sprechen, wie er den Leuten
einmal gezeigt hatte, wie das Ei auf der Spitze stehe, dann reihte
sich Entdeckung auf Entdeckung, denn die Theilnahme an denselben
wurde sodann zu einer Art Spekulation, wo die Einzelnen ihr Vermögen, Leben und Kräfte einsetzten, um zu Reichthum und Ansehen
zu gelangen.

Die Entdeckung der neuen Welt war eine epochemachende Thatsache von unübersehbaren Folgen, und mit unnennbaren Gefühlen empfing die alte Welt die Kunde von der Entdeckung einer neuen. Die zahlreichen Naturprodukte, die früher in Europa ganz unbekannt waren, erzeugten neue Bedürfnisse, die alle Gewerbe und Geschäfte neu belebten; der Mais, den schon im Jahre 1500 Columbus mitbrachte, ward ein neues Nahrungsmittel, dessen sich die Landwirthschaft bemächtigte (Tabak und Erdäpfel wurden erst später eingeführt), der Handel erhielt einen ganz neuen Aufschwung, da er an Ausbreitung und Mannigfaltigkeit außerordentlich zunahm; die Völker traten untereinander immer in engere Beziehungen; die Masse der edlen Metalle, die alljährlich nach Europa kamen, bewirkten in dem Geldwesen und Verkehre, in den Einnahmen und Ausgaben der Staaten, in den Preisen der Sachen große Veränderungen; die Colonien wurden für die seefahrenden Völker von einer unendlichen Wichtigkeit und führten die manigfachsten Kriege herbei.

Auch für die Wissenschaft war die Entdeckung der neuen Welt eine Epoche. Jetzt war der Beweis für die Kugelgestalt der Erde und für das Dasein der Gegenfüßler erbracht, und damit alle die kirchlichen Lehren über die Gestalt der Erde widerlegt. Die geografischen Kenntnisse bekamen eine ganz andere Richtung, man wußte nun, daß die neue Welt selbst wieder durch ein zweites, größeres Weltmeer von Asien geschieden sei; jetzt erkannte man die Verhältnisse des Landes und der Meere; man lernte die Vertheilung der Wärme auf der Erde kennen, und die alte Truglehre von der versengten und unbewohnten Zone mit ihren kochenden Meeren mußte jetzt der Wahrheit weichen; man lernte die Regelmäßigkeit der Luftströme innerhalb der Wendekreise und die Meeresströmungen kennen, und der menschlichen Forschung ward ein unabsehbares neues Feld geöffnet.

Die Entdeckung der neuen Welt übte auch in geistiger Beziehung auf die großen Bewegungen des 16. Jahrhunderts mit seinen reformatorischen Ideen den unverkennbarsten Einfluß.

V. Epoche.

Die Reformation des Katholicismus.

A) Wikleff Johann. (1324—1384.)
Huß Johann. (1369—1415.)

(Die Reformationsanfänge in Böhmen.)

Einleitung.

Der Zwiespalt, der in den Meinungen der Gläubigen sowohl
betreff der christlichen Lehre überhaupt, als auch betreff
der Verfassung und Verwaltung der abendländischen
Kirche insbesondere nach und nach entstand, war es,
der zur Reformation führte.

Dieses neue Element ergriff dann das ganze Volksleben,
drängte alle anderen geistigen und materiellen Interessen in den
Hintergrund, führte zu den gewaltigsten Bewegungen in der Christen=
heit, war die Ursache der verheerendsten Kriege und brachte die
bedeutendsten Umwälzungen im Volks= und Staatenleben hervor.

Der Zweifel, der der Reformation zu Grunde lag, läßt sich
in folgender inhaltsschweren Frage zusammenfassen:

„Ob das Christenthum so, wie es sich im Laufe der Zeiten
„in der abendländischen Kirche nach und nach ausgebildet hatte,
„dem Sinne seines göttlichen Stifters entsprach?, oder ob es in
„einigen Punkten davon nicht abgewichen war, und deßhalb in
„die ursprüngliche Bahn zurückgeführt werden sollte?“

Dies war die Frage, welche die Gläubigen beschäftigte, und
da traten zwei einander widersprechende Ansichten zu Tage. Der eine
Theil behauptete nun, daß die katholische Kirche von dem Geiste des
Heilandes nicht abgewichen sei, denn dieser Geist ruhe auf ihr, als
das Vermächtniß ihres heiligen Stifters; was sie glaube, was sie
lehre, sei daher die wahre christliche Lehre, außer ihr gebe es kein
Christenthum, und in ihrer Gesammtheit sei sie berufen, das Wahre
vom Falschen zu unterscheiden. — Ihre einzelnen Glieder können

zwar von ihr abfallen und auf Irrwege gerathen, sie selbst aber werde dadurch nicht geändert.

Der andere Theil behauptete dagegen: das wahre Vermächtniß Christi an seine Kirche seien die von seinen unmittelbaren Jüngern hinterlassenen Schriften des neuen Testamentes, welche vernünftig erklärt und angewendet, als alleinige Norm der christlichen Glaubens- und Sittenlehre zu gelten hätten.

Alles, was in der Kirche nicht unmittelbar oder mittelbar aus jener Norm fließe, sei menschliches Beiwerk und als solches entweder gleichgültig, oder falls es damit im Widerspruche stehe, sogar verwerflich.

Dies waren die schroffen Gegensätze, die einander berührten, und daß derartige einander diametral entgegenstehende Meinungen nicht auszugleichen waren, ja daß sich dieselben bei dem in früheren Zeiten herrschenden Verfalle des Clerus immer mehr zuspitzen mußten, ist leicht begreiflich.

———

§. 1. Wenn man von den albigensischen Bestrebungen aus dem zwölften Jahrhunderte, als den ersten reformatorischen Anfängen — vorderhand — absieht und nur die Hauptangriffe der Reformation auf den Katholicismus ins Auge faßt, so muß man die häufigen Reibungen der bischöflichen Gewalt mit den Orden der Bettelmönche, welche nur vom päpstlichen Stuhle allein abhingen und auf seine Hebung auch allein bedacht waren, als die vorzüglichsten Impulse zu solchen reformatorischen Anfängen bezeichnen.

§. 1.
Johann von
Wicleff.
1324—1384.

Die erste greifbare Form erhielten diese Verhältnisse durch Johann von Wicleff oder Wicliffe. Derselbe, im Jahre 1324 oder 1327 in der Grafschaft York geboren, war seiner Zeit ein berühmter Professor an der Universität in Oxford. Er gerieth schon im Jahre 1360 mit den Bettelmönchen in England in Streit, und als König Eduard III. von England im Jahre 1366 die Zahlung des sogenannten Peterszinses an den Papst einstellte und mehrere Einschränkungen der römischen Curie vornahm, war es Wicleff, der in einer gelehrten Schrift diese Anordnungen rechtfertigte und öffentlich vertheidigte.

Streit
Wicleff's mit
den Bettel-
mönchen.
1360.

Wicleff, welcher 1372 den Grad eines Doktors der Theologie erhielt, ging sodann auf die letzte Quelle der christlichen Lehre zurück und glaubte andere Grundlagen zu finden, als ihm die gewöhnliche Gelehrsamkeit seiner Zeit gab. Er sprach in mehreren Schriften seine Ueberzeugung von den schädlichen Wirkungen des

Mönchthumes, sowie von dem Verderbnisse des Papstthumes aus, wendete sich dann gegen die Lehre von der Brodverwandlung im Abendmahl, gegen den Ablaß und die Ohrenbeichte, und griff überhaupt das Dogmensystem der Kirche an. Bei dem Ausbruche des großen Schisma im Jahre 1378 wurde er noch kühner und übersetzte sogar auch die Bibel in die Landessprache. Schon im Jahre 1377 ordnete Papst Gregor XI. gegen ihn eine Untersuchung an, welche aber durch die Gunst der Großen, unter denen Wikleff viele Anhänger zählte und insbesonders durch den Einfluß des damaligen Regenten, des Herzogs von Lancaster, für ihn ohne Folgen abließ. Auf dem Concil zu London 1382 aber verdammte der Erzbischof von Canterbury 24 Sätze der Wikleff'schen Lehre als

Wikleff's Tod. 31. December 1384.

ketzerisch, worauf Wikleff sofort die Universität Oxford verlassen mußte. Er begab sich hierauf nach Lutterworth auf seine Pfarre, wo er weiter unangefochten lebte und am 31. December 1384 starb.

Ausbreitung der Wikleff'schen Lehren.

Obzwar Wikleff von der Universität Oxford abtrat, so hatte seine Lehre dennoch viele Anhänger gefunden, die Predigten desselben regten das Volk gegen die Geistlichkeit auf und die Bewegung wurde eine so ausgebreitete, daß sie erst nach einer Reihe blutiger Verfolgungen und mit ihnen die Wikleff'schen Lehren in England erst im Jahre 1416 unterdrückt werden konnten.

Aus Anlaß der Vermählung König Richard's II. von England mit der Tochter des Kaisers Karl IV., der böhmischen Prinzessin Anna (1381), entstand ein lebhafter Verkehr zwischen Böhmen und England, in Folge dessen die Schriften Wikleff's auch bald in Böhmen bekannt wurden und hier viele Anhänger fanden, denn auch da wurde der Kampf gegen den päpstlichen Stuhl und gegen den Clerus von angesehenen Geistlichen bereits seit Jahrzehnden mit Nachdruck und Erfolg geführt, denn schon Konrad Waldhauser, Milic von Kremsier, Mathias von Janow hatten in dieser Richtung, jeder in seiner Art, durch Predigten und Schriften die Christen zu einem freieren Urtheil herangebildet. Jetzt waren es besonders zwei Männer, die in Böhmen für die Wikleff'schen Lehren auftraten, und zwar der damalige Magister Johannes Huß und sein Freund Hieronymus von Prag, aus dem adeligen Geschlechte der Faulfisch.

§. 2. Magister Johannes Huß. 1369—1415.

§. 2. Johannes Huß, am 6. Juli 1369 in Husinec geboren, studierte auf der Prager Universität, wurde im Jahre 1393 Baccalaurus der freien Künste, im Jahre 1394 Baccalar der Theologie und im Jahre 1398 Magister der freien Künste. Er trat

schon im Jahre 1398 als öffentlicher Lehrer an der Prager Uni=
versität auf, vertheidigte die Wikleff'schen Lehrsätze, und obzwar er
deßhalb mit der Geistlichkeit in Streit gerieth, so wurde er dessen
ungeachtet im Jahre 1401 zum Dekan und mit April 1403 zum
Rektor der Universität in Prag gewählt.

§. 3. Hieronymus von Prag war von Jugend auf ein
Freund Huß', er studierte eine Zeit lang auf der Universität zu
Oxford und brachte dann von dort die Schriften Wikleff's nach
Böhmen. Er wurde 1398 Baccalar der freien Künste, studierte
dann weiter in Köln, Heidelberg und Paris, erlangte auf der
letzteren Universität den Grad eines Magisters, bereiste 1403 Palä=
stina, Jerusalem und andere Länder.

§. 3.
Magister
Johannes
Hieronymus.

§. 4. Diese beiden Männer, jeder von hervorragendem Cha=
rakter in seiner Art, waren es, die bei der damaligen Unzufrieden=
heit mit den kirchlichen Zuständen die Wikleff'schen Lehren durch
Vorträge auf der Universität und durch Predigten verbreiteten und
bald eine große Schaar Anhänger um sich versammelten.

§. 4.
Wikleff's
Lehre in
Böhmen.

Wie groß damals übrigens der Einfluß der Prager Univer=
sität auf das Allgemeine war, geht daraus hervor, daß dieselbe in
vier Nationen: die böhmische, baierische, sächsische und pol=
nische getheilt war, und daß ihre Frequenz fast ins Unglaubliche
ging, indem um das Jahr 1408 in Prag 200 Doktoren und
Magister, 500 Baccalauren und 30,000 Studenten sich befanden.

Einfluß der
Prager Uni=
versität.

Da jeder Magister berechtigt war, nach eigener Wahl öffent=
liche und Privatvorträge zu halten, und da jeder von ihnen sich hiebei
seiner eigenen Hefte bedienen konnte, nur die Baccalaren aber ge=
halten waren, sich bei ihren Vorlesungen der Hefte der bekannten
Magister von Prag, Paris oder Oxford zu bedienen, und wenn
damit in Verbindung gebracht wird, daß die Studenten die Vor=
träge ihrer Magister nachschrieben, so kann man den Einfluß solcher
Vorträge und die schriftliche Vervielfältigung derselben ermessen, ob=
zwar der Buchdruck erst um 1440 erfunden wurde.

§. 5. Als die Wikleff'schen Lehren immer mehr Boden in
Böhmen gewannen, wurde von dem damaligen Rektor der Uni=
versität M. Walter Harrasser, bairischer Abstammung (einem
Nachfolger Huß' im Rektorat), am 28. Mai 1404 die ganze Uni=
versität zu einer Beschlußfassung über 45 Wikleff'sche Lehrsätze be=
rufen und es wurde durch Stimmenmehrheit beschlossen, daß kein
Magister der Universität mehr einen dieser Artikel weder öffentlich
noch geheim lehren dürfe.

§. 5.
Verbot der
Verbreitung
Wikleff'scher
Lehren.
28. Mai 1404.

Auch der Prager Erzbischof Zbynek von Hasenburg wiederholte auf der im Jahre 1406 gehaltenen Provinzialsynode das
Verbot der Verbreitung dieser Lehren.

1106.

§. 6.
Streit König
Wenzel's IV.
mit der Prager
Universität.

§. 6. König Wenzel IV., der über Wunsch der französischen
Kardinäle dem Gegenpapste Gregor XII. die Obedienz (Gehorsam)
der Böhmen entziehen wollte, verlangte darüber von seinem Clerus
und der Prager Universität einen Beschluß nach seinem Sinne. Der
Prager Erzbischof und der Clerus, sowie die drei Nationen der
Universität lehnten sich aber dagegen auf, und nur Huß mit seinen,
dem Wiklefsismus geneigten Freunden, traten den Ansichten des
Königs bei. Der Erzbischof erklärte in Folge dessen den Huß als
einen ungehorsamen Sohn der Kirche und verbot ihm die Ausübung
des Predigeramtes, welches er seit 1402 in der Bethlehemskapelle
ausübte, welchem Verbote aber Huß nicht nachkam.

§. 7.
Beschränkung
des Stimmen-
verhältnisses
auf der Prager
Universität.
18. Januar
1409.

§. 7. König Wenzel IV. erließ hierauf am 18. Januar 1409
ein Dekret, daß die böhmische Nation nach dem Beispiele der Pariser
Universität bei allen Akten und Abstimmungen fortan drei Stimmen,
die fremden Nationen aber zusammen nur eine Stimme haben sollen.

Diese Verfügung erregte unter den anderen Nationen und
namentlich unter den Deutschen eine solche Entrüstung, daß die
fremden Nationen sofort Prag verließen und die anderen Universitäten bevölkerten; so wanderten allein nach Leipzig 5000 deutsche
Studenten mit ihren Professoren aus, wo sie Markgraf Friedrich
der Streitbare von Meißen mit offenen Armen aufnahm und noch
im selben Jahre 1409 die Universität in Leipzig stiftete.

Bei dem Streite des Königs mit dem Clerus eiferte Huß
öffentlich von der Kanzel herab gegen den Sittenverfall der Geistlichkeit und vertheidigte eifriger die Lehre Wikleff's.

§. 8.
Päpstliche
Bulle gegen
die Wikleff'-
schen Lehren.
20. Oktober
1409.

§. 8. Papst Alexander V., bei dem der Prager Erzbischof
den Magister Huß verklagte, erließ am 20. Oktober 1409 eine
besondere Bulle, in der die Verbreitung Wikleff'scher Lehren und
das Predigen derselben bei Strafe der Exkommunikation verboten
wurde. — In Folge dieser Bulle befahl hierauf der Erzbischof von
Prag, daß alle Wikleff'schen Schriften und Bücher abzuliefern seien,
worauf 200 derselben eingeliefert wurden. Ungeachtet der Protestation der Universität und der Gelehrten, ließ sodann der-

selbe diese Bücher am 16. Juli 1410 im Hofe der erzbischöflichen
Residenz unter Absingung des „Te deum laudamus" öffentlich
verbrennen.

Am 18. Juli 1410 wurde der Kirchenbann über Huß und seine Anhänger ausgesprochen, und am 25. Juli wurde er selbst vor das Forum des Papstes Johann XXIII. nach Rom geladen.

Bann über Huß und seine Vorladung nach Rom. 18. Juli 1410.

Da aber diese Exkomunikation in Prag keinen Eindruck machte, und über Befehl des Königs Wenzel IV. dem Prager Erzbischof sogar seine Einkünfte und Güter gesperrt und entzogen wurden, so belegte dieser dagegen die ganze Stadt Prag mit dem Interdikte, welches aber ebenfalls ohne besonderen Erfolg blieb und später zu einem Ausgleich des Erzbischofs mit Wenzel IV. führte.

§. 9. Als Papst Johann XXIII. hierauf aus eigenen politischen Motiven 1411 gegen König Ladislans von Neapel den Kreuzzug predigen ließ, und um Geld zu erhalten, den Ablaß für alle jene ausschrieb, die dazu beitragen würden, so griff Huß und Hieronymus dies als ein unchristliches Verfahren an, beide predigten dagegen rücksichtslos und stellten den Papst als den Antichrist dar.

§. 9. Huß und Hieronymus predigen gegen den Ablaß. 1411.

Das Volk wurde dadurch in eine solche Gährung gebracht, daß es zu Gewaltthaten und derartigem Unfug kam, daß der Prager Magistrat drei der Unruhestifter auf dem Altstädter Ringe enthaupten ließ. Dies vermehrte aber nur die Aufregung des Volkes, die Hingerichteten wurden als Märtyrer gepriesen und Hieronymus selbst hing die Kreuzbulle des Papstes zwei öffentlichen Dirnen auf die bloße Brust, führte sie durch die Straßen und verbrannte dann diese Bulle auf dem Pranger der Neustadt.

Papst Johannes verhängte hierauf den großen Bann sowohl über Huß, als auch über Hieronymus und das Interdikt über jeden Ort ihres Aufenthaltes, und da König Wenzel aus Furcht vor dem Papste jetzt Huß seinen Schutz entzog, so wurde derselbe 1412 gezwungen, aus Prag zu fliehen und predigte dann auf dem Lande unter freiem Himmel oft vor einer unglaublichen Zahl von Menschen.

§. 10. Auf Veranlassung des römischen Königs Sigmund wurde vorzüglich zur Schlichtung der kirchlichen Fragen für den 1. November 1414 ein großes allgemeines Concilium nach Konstanz einberufen und Huß von Sigmund dahin besonders eingeladen.

§. 10. Das Concilium zu Konstanz. 1414—1418. 1. November 1414.

Da König Sigmund dem Huß zu diesem Concilium nicht nur das freie Geleite, sondern auch seine besondere Mitwirkung zusagte, um seine Sache einem erwünschten Schluße zuzuführen, so nahm Huß auch keinen Anstand, in sein Erscheinen auf dem Concil einzuwilligen.

Dieses Konstanzer Concilium war unter allen Versammlungen des Mittelalters die größte und feierlichste und dauerte vom Jahre 1414 bis 1418.

Die Hauptzwecke desselben waren:

a) die Beseitigung des großen Schisma;

b) die Reformation der Kirche in Haupt und Gliedern; und

c) die Unterdrückung der wiklessischen und hussitischen Lehren, welche das ganze Gebäude der Hierarchie zu erschüttern drohten.

§. 11.
Ankunft Huß' in Konstanz. 3. November 1414.

§. 11. König Wenzel IV., die Königin Sofie und der ganze königliche Hof waren jetzt mehr als je den Lehren Huß' geneigt. Der König wollte daher Huß auf dem Concilium schützen und übergab ihn deßhalb drei böhmischen Baronen und zwar: Johann von Chlum, Wenzel von Duba und Heinrich von Chlum, welche über seine Sicherheit wachen sollten. Huß unternahm die Reise nach Konstanz auf eigene Kosten und unterstützt durch die freiwilligen Beiträge seiner Freunde und Verehrer. Am 11. Oktober 1414 trat derselbe in Begleitung seiner Beschützer und anderer Böhmen die Reise an, ohne den vom König Sigmund versprochenen Geleitbrief abzuwarten. — Am 3. November kam er in Konstanz an und erhielt erst hier am 5. November den schon am 11. Oktober ausgestellten Geleitbrief des Königs eingehändigt.

Geleitbrief Sigmund's vom 11. Oktober 1414.

§. 12.
Gefangenschaft und Prozeß Huß'. 28. November 1414.

§. 12. Auf das Geschrei einiger Prager Theologen, seiner Feinde, wurde aber Huß schon am 28. November mit List in die Wohnung des Papstes gebracht und dort gefangen genommen. — Sigmund gab zwar seinem Gesandten den Befehl, die Freilassung Huß' zu verlangen, aber die Kardinäle achteten nicht hierauf. Die Lage Huß' verschlimmerte sich noch mehr dadurch, daß indessen in Böhmen Jakob von Mies das Abendmahl unter beiderlei Gestalten austheilte und diese Neuerung unter die Anklagen gegen Huß aufgenommen wurde, denn es war im 13. Jahrhunderte Sitte geworden, den Laien den Kelch im Abendmahle zu entziehen, und ihn bloß den Priestern vorzubehalten, weil nach der scholastischen Spitzfindigkeit angenommen wurde, daß die doppelte Gestalt des Abendmahles unnütz sei, indem unter jeder Gestalt der ganze Christus gereicht und genossen werde.

Als Sigmund sodann nach Konstanz kam, war er wegen der Gefangennahme Huß' ungehalten, indem er in derselben eine Schmälerung seines königlichen Ansehens erblickte; da aber die Kardinäle behaupteten, daß es nur der Kirche zukomme, einen Ketzer nach

den kirchlichen Gesetzen zu richten und im Weigerungsfalle sogar
drohten, das Concil zu verlassen, so ließ Sigmund gleichgültig dem
Prozesse Huß' seinen Lauf und sein Geleitbrief wurde somit werth=
los. — Huß wurde darauf in das Dominikanerkloster in Gewahrsam
gebracht, wo er aber von einer schweren Krankheit befallen wurde,
und da indessen die Händel mit dem Papste Johann XXIII. die
Aufmerksamkeit des Concils in Anspruch nahmen, so blieb der Prozeß
Huß' eine Zeit lang unbeachtet und wurde erst nach der Absetzung
des Papstes Johann XXIII. wieder vorgenommen. Als jedoch
der Letztere am 20. März 1415 aus Konstanz entfloh, über= **Flucht Jo=**
gaben seine Diener die Schlüssel von Huß' Kerker dem Könige **hann XXIII.**
Sigmund, und derselbe hätte daher jetzt seinem Worte gemäß Huß **20. März**
aus dem Kerker entlassen können; dies that aber Sigmund nicht, **1415.**
sondern übergab im Gegentheile Huß in die Gewalt des Bischofs **Einkerkerung**
von Konstanz, welcher ihn sodann am 24. März bei Nacht auf seine **Huß' auf der**
Burg Gottlieben am Bodensee abführen ließ, wo Huß in einem **Burg Gott=**
einsamen Thurm eingekerkert, in Fesseln gelegt und selbst bei Nacht **lieben.**
mit den Händen an die Wand gebunden wurde. **24. März**
1415.

Am 5. Juni wurde sodann Huß in das Franziskanerkloster **Verhöre Huß'**
überführt; am 5., 7. und 8. Juni vor dem Concil verhört. Am **5., 7., 8. Juni**
6. Juli wurde er dann zum letztenmale vor das Concil gefordert, **und 6. Juli**
er mußte hiezu seine priesterlichen Gewänder anlegen und wurde in **1415.**
dem Münster auf einen Stein gestellt, welcher dort noch heute ge=
zeigt wird, und hier wurden ihm nochmals die wikleffischen Grund=
sätze und seine eigenen vermeintlichen Irrthümer vorgelesen. Als
ihm darauf das Wort gestattet wurde, erklärte er, daß er sich keiner
Ketzerei schuldig gemacht habe und nur im Vertrauen auf das sichere
Geleite des Königs gekommen sei, wobei er den erröthenden Sigmund
ansah. — Hierauf ward über ihn das „Schuldig" ausgesprochen,
ihm die Priesterkleider abgerissen, er mit einer papierenen Mütze,
worauf Flammen und Teufel gemalt waren, bekleidet, und so der
weltlichen Macht überwiesen.

König Sigmund trug sodann dem Pfalzgrafen Ludwig auf:
Huß „als einem Ketzer zu thun."

Auf des Pfalzgrafen Geheiß ward Huß dem Nachrichter über=
geben, daß er ihn verbrenne, und so wurde Huß gleich aus der
Sitzung des Concils zum Scheiterhaufen geführt.

Am Richtplatze band ihn der Nachrichter mit sechs Stricken **Huß' Feuer=**
an den Pfahl, legte noch um seinen Kopf eine Kette, und dann **tod. 6. Juli**
wurde er mit Holz und Stroh bis zum Halse umbunden. **1415.**

Als der Holzstoß angezündet war, hörte man ihn noch zwei
mal ausrufen: „Christus erbarme Dich mein," dann ward es stille,
und nur das prasselnde Feuer wurde noch gehört; der Wind trieb
dem Dulder den Qualm ins Gesicht, so daß er bald erstickt sein
mußte. Seine Asche wurde in den Rhein geworfen, damit die
Böhmen ja keine Reliquie von ihrem Lehrer nach Hause nehmen
könnten. —

§. 13.
Prozeß gegen Hieronymus und sein Feuertod.
30. Mai 1416.

§. 13. Hieronymus, welcher seinem Freunde Huß nach
Konstanz ohne ein freies Geleite nachkam und sein Schicksal theilen
wollte, befand sich bereits seit dem 24. Mai 1415 in der Gefangen=
schaft des Concils, doch erst nach dem Tode Huß' gewann man
Zeit, sich mit ihm zu beschäftigen. Da die Väter eingesehen hatten,
daß der Tod Huß' nicht die gewünschte Wirkung hervorbrachte, so
versuchten sie, Hieronymus durch Ueberredung zum Widerrufe zu
bewegen, was auch bei dem durch Kerker, Krankheit und Todes=
furcht gebeugten Körper desselben gelang. Er erklärte sodann in

23. Septem=ber 1415.

der öffentlichen Sitzung des Conciliums am 23. September 1415,
daß er sich der schädlichen Lehren Wikleff's und Huß' lossage.

26. Mai 1416.

Diesen Widerruf nahm aber Hieronymus am 26. Mai 1416 wieder
zurück und gab vor dem Concil in einer begeisterten Rede eine glän=
zende Rechtfertigung seiner selbst und seines Freundes Huß.

Er ward daher als rückfälliger Ketzer zum Feuertode am
30. Mai 1416 verurtheilt, den er auch am selben Tage standhaft ertrug.

§. 14.

§. 14. Die Folge dieser Vorgänge waren mithin die blutigen
und grausamen Hussitenkriege, welche durch volle 16 Jahre dauerten,
Böhmen und die Nachbarländer verwüsteten und erst mit der Schlacht
bei Lipan am 30. Mai 1434 endigten. Mit dieser Schlacht wurde
aber die Hussitenlehre in Böhmen nicht ausgerottet, sondern erhielt
in Folge des Vergleiches der Hussiten mit dem Baseler Concilium —
wie man es bei den Hussitenkriegen finden wird — durch die so=
genannten Compactaten vom 30. November 1433 und durch deren
Bestätigung vom Kaiser Sigmund auf dem Landtage zu Iglau
vom 5. Juli 1436 in Böhmen die weitere Duldung.

Schilderung Huß'.

Wie Huß von seinen Zeitgenossen geschildert wird, war er ein
Mann von gewaltigem Ernst des Charakters, ein frommes Gemüth,
ein Mann von so reinem Lebenswandel, an dem auch seine Feinde
nichts auszusetzen fanden; er war ein gelehrter scharfer Geist, ein
gediegener Schriftsteller, der für die sittliche Hebung des Volkes und
für die Verbesserung der kirchlichen Zustände seiner Zeit offen und
eifrig eintrat.

§. 15. In seiner Lehre ist Huß durchaus von Wikleff ab= §. 15.
hängig; das Gesetz Christi, d. h. die Offenbarung Gottes in der Huß' Lehre.
heiligen Schrift ist die Norm und Quelle der religiösen Erkenntniß,
und soll eine weit höhere Autorität, als die Traditionen der Kirche
und die Aussprüche der Päpste haben. Nach ihm ist die Kirche die
Gesammtheit der Erwählten und nicht die äußere Gemeinschaft derer,
welche den römischen Papst als ihr Oberhaupt und die römische
Hierarchie als das wahre Priesterthum anerkennen.

Nur in dem Punkte der Transsubstantion (Umwandlung im
heiligen Abendmahle) weicht Huß von Wikleff ab, denn er hat die
katholische Lehre von der Transsubstantion nie bekämpft, daher auch
den Genuß des heiligen Abendmahles unter beiderlei Gestalten
niemals als zum Seelenheile nothwendig, sondern nur als zulässig
bezeichnet.

Huß selbst hat nie zugegeben, daß er der Kirche feindselig
entgegengetreten sei, er hat im Gegentheile zu wiederholtenmalen
ein Lossagen von dem Stamme der Kirche selbst für eine teuflische
Ketzerei erklärt.

_____

B) Martin Luther. (1493—1546.)
(Die Reformation in Deutschland bis zum augsburgischen
Religionsfrieden. 1517—1555.)

§. 16. War der Sittenverfall der Geistlichkeit schon zu Huß' §. 16.
Zeiten Aergerniß erregend, so hatten die verflossenen 100 Jahre Kirchliche Zu=
dieses Aergerniß nicht nur nicht gemildert, sondern im Gegentheile stände zur Zeit
bedeutend noch erhöht. Luther's.

Wir wollen hier nicht die Schilderungen wiederholen, welche
von Papst Paul II. (1464—1471), von Sixtus IV. (1471—1484),
Innocenz VIII. (1484—1492), und endlich von Alexander VI.
(1492—1503) der Welt vorliegen.

Es war daher kein Wunder, wenn auch bei der niederen Geistlich=
keit eine ärgernißerregende Sittenverderbniß herrschte. Alle Geschichts=
schreiber jener Zeit sind voll von Schilderungen der Corruption des
Clerus, der Klöster und des Mönchwesens. Die Unwissenheit des
niederen Clerus war erschreckend, und ein Schriftsteller des XVI. Jahr=
hundertes klagt darüber, daß unter 1000 Geistlichen kaum Einer die
Universität auch nur gesehen habe. Selbst die Kenntniß der Bibel
unter der Geistlichkeit war eine sehr geringe.

Einer der schreiendsten Mißbräuche des damaligen Kirchen=
wesens war der Ablaßhandel. Um die Rechtmäßigkeit des allgemeinen Der Ablaß.

Ablasses zu begründen, erfanden die Scholastiker die Lehre von dem überfließenden Schatze der Verdienste Christi und der Heiligen, denn (so sagen die Scholastiker) „da die Heiligen unendlich mehr „thaten, als sie nach dem göttlichen Gesetze schuldig gewesen, so käme „der Ueberschuß ihrer guten Werke allen Christen zu Gute und bilde „für die Kirche einen Schatz, worüber dem Papste, als dem Statt= „halter Christi, die Verfügung zum Besten aller Sünder zustehe."

§. 17.

§. 17. **Martin Luther**, Sohn eines Bergmannes in Möra, einem Thüringer Dorfe, am 10. November 1483 geboren, studirte in Magdeburg und Eisenach, kam 1501 auf die Universität nach Erfurt, erhielt 1503 die philosophische Doktorswürde, trat 1505 in das Augustinerkloster in Erfurt und erhielt am 2. Mai 1507 die Priesterweihe. — Im Jahre 1508 wurde er zum Professor der Philosophie, d. i. der aristotelischen Physik und der Dialektik an der Universität zu Wittenberg ernannt. Im selben Jahre erwarb er das theologische Baccalaureat und damit das Recht, Vorlesungen über biblische Theologie zu halten.

(Marginalien:) Martin Luther 10. November 1483.

Im Jahre 1510 trat er in einer Klosterangelegenheit mit noch einem anderen Augustiner eine Reise nach Rom an, und war über das dortige sittenlose und lüderliche Leben der Geistlichen empört. — Im Jahre 1542 wurde er Doktor der Theologie.

§. 18.
Johann
Tetzel, der
Ablaßkrämer.
1517.

§. 18. Der verschwenderische Papst **Leo X.**, der schon im Jahre 1517 neue Geldsummen besonders zur Ausstattung seiner Schwester Margarethe brauchte, beabsichtigte, die Deutschen unter dem Vorgeben des Ausbaues der Peterskirche durch Ausschreibung eines Ablasses dazu beisteuern zu lassen. Der prachtliebende, sinn= liche und verschwenderische **Albrecht**, Erzbischof von **Mainz** und **Magdeburg**, übernahm den Generalpacht dieses Ablasses und ernannte den Dominikaner **Johann Tetzel** zu seinem Commissarius. Dieser durchstreifte nun Sachsen mit zwei großen Kisten, in deren einer er die päpstlichen Ablaßbriefe für alle möglichen begangenen und noch zu begehenden Sünden umhertrug, indeß er das Geld, das er den Leuten abnahm, in die andere Kiste stecken mußte, weil der= selbe bei diesem Geschäfte von einem zweiten päpstlichen Commissarius überwacht wurde, und der ganze Erlös erst später zwischen dem Papste und dem Pächter, Erzbischof von Mainz, in Anwesenheit beider Commissarien getheilt wurde.

In allen Städten, Märkten und Dörfern bot Tetzel seine Waare feil und ließ neben sich stets auch ein großes Kreuz auf= stellen. Er behauptete unter Vorzeigung der päpstlichen Bulle, daß er mit dem Ablasse mehr Seelen aus dem Fegefeuer erlöst habe, als Petrus mit seinem Evangelium!

Der Preis der Ablaßzettel war verschieden, je nach den verschiedenen Sünden. Eine Seele aus dem Fegefeuer zu erlösen, kostete nach unserem Gelde etwa 20 Kreuzer ö. W., für Unzucht und Vielweiberei zahlte man 1 Dukaten, für Meineid 9 Dukaten, für Mord 8 Dukaten ꝛc. In der Schweiz zog (1519) ein anderer Ablaßkrämer „Simson" herum, welcher einen billigeren Tarif hatte; so forderte er z. B. für Kindesmord nur 4 Livres und für Eltern= und Brudermord erst 1 Dukaten.

Preis der
Ablaßzettel.
§. 19.

Dieser mit einer beispiellosen Unverschämtheit getriebene Handel erregte vielfaches Aergerniß und die Fürsten beklagten sich deßhalb über die Ausbeutung ihrer Unterthanen; doch dieses war fruchtlos.

§. 19. Als Luther dieses Unwesen so in seiner Nähe sah, erhob er sich erst in den Predigten dagegen, schrieb dann an die Bischöfe, damit sie sich diesem groben Betruge widersetzen, und als dies nichts fruchtete, schlug er am Abend des 31. Oktober 1517 95 Thesen gegen den Ablaß an die Thüre der Schloßkirche zu Wittenberg an.

§. 19.
Luther schlägt
seine
95 Thesen
an die Kirchen=
thüre zu Wit=
tenberg.
31. Oft. 1517.

Diese 95 Sätze liefen bald durch ganz Deutschland und waren der Funke, der in die Mißstimmung der deutschen Nation gegen die kirchlichen Uebelstände fiel und alsbald dieselbe auch zur Flamme anfachte. Die nächste Folge des Auftretens Luther's war die, daß die Ablaßkrämer verhöhnt und beschimpft wurden. So hatte ein Edelmann, als Tetzel aus Jüterbok zog, wo er sich lange aufgehalten hatte, demselben im Walde aufgelauert, kaufte ihm dann einen Ablaß für eine künftige Sünde ab, doch als er den Zettel hatte, nahm er ihm die volle Geldtruhe und rief ihm höhnisch zu, daß dieses eben die Sünde sei, für die er den Ablaß gekauft. Noch heute wird diese Truhe in Jüterbok zum Andenken gezeigt.

Wenn auch Luther den Ablaß angriff, so war er damals noch weit entfernt, das Gebäude der Hierarchie erschüttern zu wollen, und er sagt in seinen Schriften selbst: „daß er damals noch so „trunken, ja ersoffen in den Lehren des Papstes gewesen sei, daß „er schier bereit gestanden, alle diejenigen zu tödten, welche dem „Papste auch nur mit einer Silbe den Gehorsam versagt hätten."

Damals träumte also selbst Luther von einer Reformation, wie sie später erfolgte, noch nichts, und erst durch die eingetretenen Verhältnisse wurde er nach und nach in den Pfad der späteren Reformation hineingedrängt, denn nur die Schriften und Thesen, welche die Dominikaner gegen Luther hierauf erließen und wodurch dieser zu Antworten gereizt wurde, brachten ihn auf dem Wege immer weiter, so daß er endlich Rom als den Sitz des Antichrist erklärte.

§. 20.
Vorladung Luther's nach Rom.

§. 20. Papst Leo X. ließ hierauf in Folge des Auftretens Luther's an denselben eine Vorladung nach Rom auf 60 Tage ergehen, wo er von seinem Unternehmen Red und Antwort zu geben habe. Hätte Luther dieser Vorladung Folge gegeben, so wäre er wahrscheinlich nimmer zurückgekehrt, da aber Kurfürst Friedrich aus Zuneigung zu Luther, als den Lehrer auf seiner Universität zu Wittenberg, mit Recht eine Gewaltthat befürchtete, so ersuchte er den Papst, die Sache in Deutschland abzumachen; Papst Leo, der der Sache als Mönchszänkerei bisher noch kein besonderes Gewicht beilegte und den Kurfürsten für die Wahl Karl's zum römischen König gewinnen wollte, gab nach. Luther erhielt daher den Befehl, sich bloß vor dem päpstlichen Nuntius, dem Kardinal Thomas de Vio (gewöhnlich Cajetanus genannt) in Augsburg zu stellen.

Luther vor dem päpstlichen Nuntius Cajetanus. Oktober 1518.

Anfangs Oktober 1518 erschien dann Luther, als eben der Reichstag zu Ende war, in Augsburg, und erhielt auf Betrieb einiger Rathsmitglieder hier erst ein sicheres Geleite vom Kaiser. Der Kardinal Cajetanus verlangte von ihm den Widerruf seiner Lehre, Luther weigerte dies und forderte, daß ihm seine Irrthümer nachgewiesen würden, worauf ihn der Kardinal mit den Worten entließ: „Gehe hin und komme nicht wieder, du wolltest denn einen Widerruf thun." — Luther setzte hierauf am 16. Oktober 1518 mit einem Notarius und Zeugen eine Appellation an den besser zu unterrichtenden Papst auf, welche Appellation 2 Tage nach seiner Abreise an dem Dome zu Augsburg angeschlagen wurde. Luther's Abreise geschah aus gerechten Besorgnissen schnell und heimlich, und seine Freunde ließen ihn nach Mitternacht aus einem Pförtchen zur Stadt hinaus. Am 30. Oktober kam er dann glücklich wieder in Wittenberg an.

Appellation Luthers an den Papst. 16. Okt. 1518.

Nachgiebigkeit Luthers.

Sehr betroffen über diesen Ausgang schrieb der Kardinal an den Kurfürsten und beschwor ihn, den Unruhestifter Luther nach Rom auszuliefern oder aus dem Lande zu jagen; der Kurfürst sandte diesen Brief an Luther; zugleich wurde aber von Rom aus der päpstliche Kammerherr von Miglitz an den Kurfürsten gesendet, um ihm eine vom Papste geweihte goldene Rose zu überbringen, deren alljährlich eine einem regierenden Haupte als ein besonderes Zeichen der Gnade des Papstes geschenkt zu werden pflegte. Dadurch sollte der Kurfürst gewonnen werden. Miglitz hatte zugleich auch den Auftrag erhalten, den Handel mit Luther zu schlichten und dies gelang ihm auch so trefflich, daß dieser sich erbot, in Zukunft von all den streitigen Lehrsätzen zu schweigen und nach seinem Ausdrucke: „den Handel sich zu Tode bluten zu lassen", wenn nur seine Gegner ebenfalls Stillschweigen beobachten wollen. Luther schrieb sodann an den Papst einen Brief voll Ehrfurcht, der den deutlichsten Beweis dafür liefert, daß er nicht im Sinne hatte, mit Rom und dem Papste zu brechen, oder überhaupt eine Reformation der Kirche, wie sie später erfolgte, zu veranlassen.

In diesem Briefe sagt Luther wörtlich:

„Ja ich bekenne frei, daß dieser Kirche Gewalt über Alles „sei, und ihr nichts weder im Himmel noch auf Erden könne „vorgezogen werden, denn allein Jesus Christus der Herr über „Alles. Ich will auch gerne Euerer Heiligkeit zusagen, daß ich „nochmals diese Materien vom Ablasse will fahren lassen und „aller Dinge stille schweigen. Allein, daß auch meine Widersacher „mit ihren unnützen Rühmen und aufgeblasenen, doch vergeblichen „und schändlichen Worten inne halten. Zudem will ich durch „eine öffentliche Schrift das Volk ermahnen, daß es lerne, die „römische Kirche mit rechtem Ernst zu ehren, und auch meine „Schärfe fahren lassen, die ich wider dieselbe gebraucht, ja miß= „braucht habe, denn ich habe ihr zu viel gethan, indem ich die „unnützen Wäscher so hart angetastet. Aber ich habe ja dieses „allein darum untersucht, daß nicht durch Schande fremden Geizes „die römische Kirche, unsere Mutter, befleckt, noch das Volk in „Irrthum verführt würde durch den Ablaß." ec. ec.

Dieser Brief Luther's zeigt es daher deutlich, daß er damals auf keine Reformation, wie er sie später durchführte, gedacht, und daß er die päpstliche Gewalt unangetastet lassen wollte, auf deren Zusammenbruch erst mit der Zeit seine Lehre aufgebaut wurde. Wäre für Luther jetzt kein äußerer Anlaß zum Streite vorgekommen, so wäre wahrscheinlich seine Reformation nie zum Ausbruche gekommen. Doch dies sollte durch einen äußeren Anstoß anders kommen und Luther in Bahnen gedrängt werden, welche ihn zu dem späteren Ziele von selbst führten.

§. 21. Die Gegner Luther's schwiegen jetzt aber nicht, und unter ihnen war es besonders der Doktor Eck, Professor der Universität zu Ingolstadt, der berühmteste scholastische Theologe und rüstigste gelehrte Streiter in Deutschland. Er hatte zu Luther's

10*

Thesen kritische Anmerkungen unter dem Titel „Obelisken" ver
öffentlicht, worauf Luther unter dem Titel „Asterisken" eine Er
widerung herausgab. Zwischen Dr. Eck und dem Wittenberger
Professor Andreas Bodenstein (gemeinhin Karlstadt genannt),
einem Anhänger Luther's, wurde dann in Leipzig eine öffentliche
Disputation verabredet, wo Bodenstein die Vertheidigung Luther's
führte. Dr. Eck gab sich aber mit dem Triumphe über Bodenstein
nicht zufrieden und wollte Luther selbst besiegen. Er gab daher
13 Sätze heraus, worin er Luther's vornehmste Lehren angriff,
unter denen auch der Lehrsatz war, daß die Oberhoheit der römischen
Bischöfe in der Kirche von jeher anerkannt worden sei. Obzwar
Luther in dem obigen Briefe an den Papst dessen Oberhoheit an=
erkannte, so widersprach er in den „Gegensätzen" die er heraus=
gab, dieser Behauptung, und als er nun weiter forschte, kam er auf
Entdeckungen, die er früher nicht geahnt hatte, und daß er damals
noch mit sich nicht ganz einig war, zeigt sein Brief aus dieser Zeit
(7. Februar 1519), wo er sagt:

„Ich habe nie im Sinne gehabt von dem apostolischen
„Stuhle abzufallen und will auch nicht bergen, daß ich deßhalb
„in meinem Gemüthe Scrupel habe rc."

Disputation
Luthers mit
Dr. Eck.
27. Juni
1519.

Am 27. Juni 1519 nahm die öffentliche Disputation Luther's
mit Eck in Leipzig ihren Anfang und dauerte bis 13. Juli, wo
jedesmal der Saal gedrängt voll von Zuhörern war. Man stritt
über den freien Willen, über die Hoheit des Papstes, über Ablaß
und Fegefeuer, und beide Theile legten sich dann den Sieg bei.
Eck wurde aber über diese Vorfallenheit so gereizt, daß er im fol=
genden Jahre persönlich nach Rom reiste, um gegen Luther etwas
Entschiedenes zu bewirken, und setzte es auch durch, daß vom

Päpstliche
Bulle gegen
Luther.
15. Juni
1520.

Papste am 15. Juni 1520 eine Bulle erlassen wurde, in der
41 Artikel der Lehren Luther's als ketzerisch, irrig und verführerisch
bezeichnet wurden. Luther und seinen Anhängern wurde sodann ein
Termin von 60 Tagen zugestanden, nach deren Verlaufe sie dem
Banne verfallen sollten, wenn sie nicht innerhalb dieser Zeit ihre
Irrthümer widerrufen würden.

Luther richtete hierauf an den Papst einen langen Brief,
von dem er, wie er sagt, selbst nichts erwartete, sondern wodurch
er nur seine Nachgiebigkeit beweisen wollte.

§. 22.
Luthers
Selbstständig=
keit und seine
Schriften.
(1520.)

§. 22. Hiedurch war der Wurf gethan oder wie Luther sagte:
„alea jacta est", wo er erst in seine Selbstständigkeit eintrat. In
seinem Beharren bei dem Unternehmen wurde er durch die Wahr=

nehmung gestärkt und ermuthigt, daß ihm eine bedeutende Theilnahme von dem Volke und dem Adel entgegengebracht wurde; so hat
ihm Franz von Sickingen und Silvester von Schaumburg,
zwei mächtige, deutsche Ritter geschrieben: er solle getrost sein Werk
fortsetzen, und wenn er in Wittenberg nicht sicher sei, solle er auf
ihre Burgen kommen, da wollten sie ihn gegen alle seine Feinde ritter-
lich beschützen. Auch der so bekannte, freie Mann und gefeierte Dichter
der damaligen Zeit, Ulrich von Hutten, bot ihm seinen Beistand an.

Diese zahlreichen Beweise der Anhänglichkeit an seine Lehren
veranlaßten Luther eine Schrift unter dem Titel: „An den christlichen
„Adel Deutscher Nation, von des geistlichen Standes Besserung"
herauszugeben, worin er die Nation auffordert, das römische Joch
abzuwerfen, dem Papste seinen bisherigen Einfluß auf die deutsche
Kirche und seine daraus gezogenen Einkünfte zu entziehen, den
Priestern den Ehestand wieder frei zu lassen, das Mönchwesen zu
reformiren und mit Aufhebung aller Bettelklöster den Anfang zu
machen, endlich aber sich mit den Böhmen auszusöhnen.

Die Wirkung dieser Schrift war eine ungeheuere, und der
Protestantismus war dadurch in seinen Hauptumrissen als eine für sich
dastehende selbstständige Kirche festgestellt. Bald darauf folgte eine
andere Schrift: „Von der babylonischen Gefangenschaft der Kirche,"
und diese griff alle Satzungen des Katholicismus an, von denen sich
die Protestanten in der Folge auch feierlich lossagten.

§. 23. Luther's Verfolger Dr. Eck, brachte die päpstliche Bulle
selbst nach Leipzig, doch hatte er damit ein schlechtes Glück, er ließ
dieselbe zwar in Leipzig anschlagen, sie wurde aber mit Koth beworfen und Dr. Eck entging den Mißhandlungen der Studenten
nur durch die Flucht. Ein Beweis, wie sehr die Lehre Luther's
ins Volk gedrungen und das Ansehen des Papstes gesunken war,
liegt auch in den Vorfällen, daß, wo an anderen Orten diese Bulle
angeschlagen wurde, dieselbe theils herabgerissen und beschimpft, theils
aber ihr Anschlagen von der Obrigkeit geradezu verweigert wurde.
An den Kurfürsten als den Landesherrn traten nun die zwei päpstlichen Legaten mit der Forderung heran, er solle die Schriften
Luther's verbrennen lassen, Luther selbst aber entweder bestrafen,
oder gefangennehmen und nach Rom zu senden. Der Kurfürst ließ aber
den Legaten sagen, die Sache müsse erst von unverdächtigen frommen
und gelehrten Leuten untersucht und Luther mit hinreichenden Gründen aus der heiligen Schrift überwiesen werden, ehe er auf ein
solches Ansinnen eingehen könne.

§. 23.
Verbrennung
der päpstlichen
Bulle.

Indessen wurden der Vorschrift der Bulle gemäß dennoch Luther's Bücher zu Antwerpen, Löwen, Mainz, Köln und Ingolstadt unter lauten Aeußerungen des Volksunwillens verbrannt. Hiedurch ließ sich aber Luther zu dem folgenden kühnsten Schritte, den er bisher gethan, verleiten. Er lud die Mitglieder der Universität Wittenberg durch einen öffentlichen Anschlag auf den 10. De-

10. Dezember zember 1520 Vormittags 9 Uhr vor das Elsterthor. Dort errichtete
1520. ein angesehener Magister einen Scheiterhaufen und legte die Bücher des canonischen Rechtes, die Verordnungen der Päpste und Ecks Schriften darauf, als dann der Scheiterhaufen angezündet war, warf Luther die päpstliche Bulle mit den biblischen Worten in die Flammen: „weil du den Heiligen des Herrn betrübt hast, so betrübe und ver-„zehre dich das Feuer."

Durch diese Handlung hatte Luther seine Gemeinschaft mit der römischen Kirche für immer gebrochen.

§. 24.
Melanchton,
Luther's Ge-
hilfe. 1497.

§. 24. Wenn von Luther gesprochen wird, so kann unmöglich der Name des edlen, sanften, gelehrten und charakterfesten Melanchton unerwähnt bleiben. Derselbe, am 16. Februar 1497 zu Bretten geboren, war schon im 21. Jahre seines Alters wegen seiner Kenntniße in der alten Literatur, Geschichte und Philosofie einer der ausgezeichnetsten Gelehrten seiner Zeit. Er war über Vorschlag Reuchlin's vom Kurfürsten von Sachsen als Professor der griechischen Sprache an der Universität Wittenberg angestellt worden und seine Vorlesungen wurden dort mit einem solchen Eifer besucht, daß er vor 2000 Zuhörern las, denn er besaß die Gabe eines angenehmen und faßlichen Vortrages.

Melanchton und Luther lernten sich in Wittenberg kennen, wurden Freunde und blieben es bis zum Tode. So verschieden diese beiden Naturen auch waren, so ergänzten sie sich doch gegenseitig, und Luther's Ungestüm wurde oft durch seines Freundes leitende Hand sehr heilsam gemildert.

§. 25.
Der Reichstag
zu Worms.
1521.

§. 25. Auf dem großen Reichstage zu Worms sollte über das Reichsregiment, welches wieder eingerichtet ward, über das Kammergericht, den Landfrieden, den Römerzug und endlich über die große kirchliche Angelegenheit, von der alle Gemüther erfüllt waren, verhandelt werden.

Kaiser Karl V. schrieb daher, ehe er selbst nach Worms kam, an den Kurfürsten von Sachsen, er solle Luther zum Reichstage mitbringen. Dieser Anordnung widersetzte sich aber der päpstliche Legat Alexander, weil es den Rechten des römischen Stuhles entgegen sei, einem bereits gerichteten Ketzer vor einer weltlichen Ver= sammlung nochmals Gehör zu geben und dies umsoweniger, als gegen Luther eine zweite Bannbulle ergangen sei, in der er und seine Beschützer wie Anhänger in den härtesten Ausdrücken verdammt wurden.

Der Kaiser achtete aber auf diese Einwände nicht, gab dem von den Ständen gemachten Antrage, Luther vor den Reichstag zu fordern nach, und stellte Luther einen Geleitbrief aus, der ihm für seine Person Sicherheit gewährte.

§. 26. Obzwar von einem schleichenden Fieber entkräftet, trat Luther dennoch am 4. April 1521 seine Reise von Wittenberg nach Worms an. Die Reise glich allenthalben einem Triumphzuge, und als ihn Spalatin, der Hofprediger des Kurfürsten vor der Reise nach Worms warnte, gab er ihm die bekannte Antwort: „Ich werde kommen und wären so viele Teufel in der Stadt, als „Ziegel auf den Dächern."

Am 16. April Morgens 10 Uhr langte er auf einem offenen Wagen in Worms an, und es war ihm eine große Menge Volkes zu Fuß und zu Pferde entgegengekommen. Am 17. April um 4 Uhr Nachmittags trat er den schweren Gang in die Reichsversammlung an und bei dieser Gelegenheit war es, wo der berühmte Feld= hauptmann Georg von Frundsberg ihm auf die Schulter klopfte, und theilnehmend sprach: „Mönchlein! Mönchlein! du gehst jetzt einen Gang, dergleichen ich und mancher Oberster auch in unserer allerernstesten Schlachtordnung nicht gethan haben!"

Der Eindruck, den die Persönlichkeit Luther's, von der Krank= heit abgemattet und bleich, auf die Versammlung machte, war kein vortheilhafter. Auf die Frage des kurtrierischen Offizials, ob er den Inhalt seiner Schriften widerrufen wolle, war er noch befangen und erbat sich darüber Bedenkzeit, welche ihm auch bis zum folgenden Tage gewährt wurde. Am folgenden Tage, 18. April, war aber alle Befangenheit von Luther gewichen, und er sprach mit Ruhe und Geistesgegenwart. Als ihn der Offizial aber damit unterbrach, daß man nicht hier sei, um zu disputiren, und es werde von ihm nur eine runde Antwort gefordert, ob er widerrufen wolle oder nicht, gab Luther folgende Antwort: „Wohl, weil denn eine schlichte und „einfältige Antwort verlangt wird, so will ich eine geben, die weder „Hörner noch Zähne haben soll, nämlich also: es sei denn, daß „ich mit Zeugnissen der heiligen Schrift oder mit klaren Gründen „überwunden werde, (denn ich glaube weder dem Papste, noch den

§. 26.
Luther auf dem Reichs= tage zu Worms.

16. April 1521.
17. April.

18. April.

„Concilien allein, weil es offenbar ist, daß sie oft geirrt und sich
„selbst widersprochen haben), so kann ich und will ich nichts wider
„rufen, weil es weder sicher noch gerathen ist, etwas wider das
„Gewissen zu thun. Hier stehe ich, ich kann nicht anders, Gott
„helfe mir! Amen." —

Hierauf ward vom Reichstage ein kleiner Ausschuß von Fürsten
gewählt, der durch Unterredungen Luther auf andere Gedanken bringen
sollte. Dieser beharrte aber auf seiner Erklärung.

Mehrere Fürsten und besonders die kirchlichen, wollten den
Kaiser bewegen, Luther das freie Geleite zu entziehen, Karl wies
aber einen solchen Treubruch entschieden von sich.

§. 27.
Luther's Ab-
reise.
26. April.
1521.

§. 27. Am 26. April 1521 erfolgte Luther's Abreise von
Worms in Begleitung des kaiserlichen Herolds und seiner Freunde;
in Friedberg entließ Luther den Herold und hielt sich einen Tag
im Dorfe Möra bei seinen Verwandten auf. Als er am 4. Mai
Morgens von dort abreiste, um über Altenstein weiterzufahren, wurde
über Veranstaltung des Kurfürsten von Sachsen der Wagen von fünf
verkappten Reitern plötzlich angehalten, Luther herausgerissen, mit
ihm waldeinwärts gejagt, und während seine Gesellschaft die Reise
allein fortsetzen mußte, wurde er auf die Wartburg gebracht.

Wormser
Edikt und die
Achtserklä-
rung Luther's.

Inzwischen erließ Kaiser Karl am 26. Mai eine Achtserklärung oder das sog. „Wormser Edikt" gegen Luther, worin
es hieß, daß den unter Menschengestalt versteckten Teufel (Luther)
Niemand hause, höfe, ätze oder tränke, sondern Jedermann solle ihn
fangen und dem Kaiser zusenden, seinen Anhängern soll ein Gleiches
widerfahren und ihre Güter eingezogen werden.

§. 28.
Luther
9 Monate auf
der Wartburg.
4. Mai 1521
bis März
1522.

§. 28. Luther war aber indessen auf der Wartburg in
voller Sicherheit, hier wurde ihm ein Zimmer, mit Schreibmaterialien
und allen Bequemlichkeiten ausgestattet, angewiesen, und ein ver-
schwiegener Haushofmeister besorgte seine Abwartung, da Niemand
wissen durfte, wo Luther wäre. Leute in der Nachbarschaft erfuhren
nicht, wer er sei, er galt für einen Staatsgefangenen und wenn er
ausritt, so hieß er Junker Georg, hatte eine ritterliche Kleidung an
und mußte den Bart gleich einem Kriegsmann tragen. Auf der Wartburg ward aber Luther nicht müde, seine Anhänger durch immer
neue Schriften aufzurichten, die denn allerdings bewiesen, daß er
sich noch immer am Leben befinde, obschon Niemand wußte, wo er
wäre. Die große Wirkung seiner Schriften begeisterte Luther immer
mehr und er schrieb an die Fürsten in einem Tone, der ihm beim
Volke den größten Beifall brachte, und hier war es, wo Luther die

Bibel ins Deutsche zu übersetzen anfing, diese Uebersetzung 1532 vollendete und so die Bibel dem Volke zugänglich machte.

§. 29. Nach mehr als neun Monaten verließ endlich Luther auf die Nachricht von den wilden Auftritten, die unter Karlstadt's (Bodenstein's) Leitung in Wittenberg vorfielen, die Wartburg. Durch die heftigen Predigten dieses Neuerers war es dahin gekommen, daß der christliche Sinn von Vielen in der Aufhebung und Zerstörung des ganzen äußeren Kirchenthums gesucht wurde. Es wurden nicht allein alle Ceremonien des römischen Gottesdienstes abgeschafft, sondern auch die Bilder aus den Kirchen geworfen, Altäre zerschlagen und gegen die Mönche allerlei Unfug verübt. Noch bedenklicher als in Wittenberg trat diese Schwärmerei in Zwickau auf, wo ein Tuchmacher Namens Nikolaus Storch an der Spitze eines großen Haufens stand, der an seine göttliche Eingebung glaubte.

Diese Dinge machten in Deutschland ein großes Aufsehen und Luther konnte mit Recht die übelsten Folgen für die ganze Kirchenreformation besorgen, und da er überzeugt war, daß nur seine Gegenwart in Wittenberg dem Uebel steuern könne, so verließ er trotz der Abmahnungen des Kurfürsten die Wartburg und eilte nach Wittenberg. Dort kam er am 7. März 1522 an und predigte durch acht Tage hintereinander gegen diese eingerissenen Unordnungen mit solcher Kraft und Wirkung, daß die Ruhe in kurzer Zeit wieder hergestellt wurde. Die gerade jetzt eingetretene lange Abwesenheit des Kaisers von Deutschland, der nach den Niederlanden und von da nach Spanien gereist war, kam der Reformation sehr zu Statten, dieselbe verbreitete sich über Sachsen hinaus, das Reichsregiment, das den Kaiser vertreten sollte und zu Nürnberg seinen Sitz hatte, war zum Theile unkräftig und zum Theile zählte es Gönner der neuen Lehre unter seinen Mitgliedern, und so kam es, daß die Vollziehung des Wormser Ediktes bald außer Beachtung kam.

§. 30. Der inzwischen gewählte Papst Hadrian ließ in einem zu Nürnberg 1522 zusammengekommenen Reichstage durch seinen Legaten Cheregato erklären: „es habe eine geraume Zeit viel „Verabscheuungswürdiges beim heiligen Stuhle stattgefunden, daher „sei er entschlossen, vor allen Dingen den römischen Hof zu refor„miren." — Zugleich forderte er die Vollstreckung des Ediktes an Luther, was aber die Stände ablehnten, und zur Heilung der Kirchenübel auf ein allgemeines Concilium antrugen, indem sie hundert Beschwerden der deutschen Nation über den heiligen Stuhl eingaben.

§. 29.
Luther und die Bilderstürmer.

7. März 1522.

§. 30.
Verlegenheit Roms.

Dieses Geständniß Hadrian's förderte nicht nur die Reformation, sondern zog demselben auch Haß und Feindschaft in Rom
zu. Der Nachfolger Hadrian's († 14. September 1523), Papst
Clemens VII. ließ zwar im Jahre 1524 die Aufforderung der
Vollziehung des Wormser Ediktes auf dem Reichstage zu Nürnberg
wiederholen, worauf aber die Stände wieder antworteten, daß sie
sich dem Wormser Edikt gemäß halten wollten, „so viel ihnen dieses
möglich wäre."

§. 31.   §. 31. Dieser Beschluß des Nürnberger Reichstages betreffs der
Fürstenbünd= Religion war also sowohl gegen den Sinn des päpstlichen Legaten
nisse für und als auch der katholischen Partei ausgefallen und deßhalb trat der
gegen die Re= Erzherzog Ferdinand von Oesterreich (Bruder des Kaisers) mit
formation. den Herzogen Wilhelm und Ludwig von Baiern, sowie mit
6. Juni 1524. den meisten süddeutschen Bischöfen am 6. Juni 1524 in Regensburg
zu einem Bündniß zusammen, dessen Zweck die Aufrechterhaltung der
katholischen Kirche und Lehre war.

Dem entgegen wurde wieder zwischen dem Landgrafen Philipp
von Hessen, dem glühendsten Anhänger der Reformation, und dem
neuen Kurfürsten von Sachsen, Johann dem Standhaften (dessen
Bruder der Kurfürst Friedrich der Weise — Beschützer Luther's —
Mai 1526. war bereits am 5. Mai 1525 gestorben), im Mai 1526 zu Torgau
ein Bündniß mit dem Inhalte geschlossen: daß — „weil durch die
„Geistlichen und ihre Anhänger eine Verbindung errichtet worden
„sei, um die alten und unchristlichen Mißbräuche ferner im
„Schwunge zu erhalten und diejenigen, welche sie abgeschafft hätten
„anzugreifen und zu verderben — sie einander gegen einen solchen
„Angriff mit allen ihren Kräften beistehen wollten."

Diesem Bündniß sind später noch vier Herzoge von Braun=
schweig=Lüneburg, Herzog Heinrich von Mecklenburg, Fürst
Wolfgang von Anhalt, zwei Grafen von Mansfeld und die
damals freie Stadt Magdeburg beigetreten.

Reichstag zu   Das Vertrauen auf diese Einigung war es, das den verbün=
Speier Juni deten Fürsten die Entschlossenheit gab, auf dem im Juni desselben
1526. Jahres zu Speier eröffneten Reichstage sich dem kaiserlichen Antrage
zur Vollziehung des Wormser Ediktes zu widersetzen, ja den Be=
schluß zu bewirken, daß bis zur völligen Entscheidung der Religions=
händel jeder Reichsstand sich in Bezug auf das Wormser Edikt so
verhalten solle, wie er es vor Gott und dem Kaiser zu ver=
antworten hoffe.

Unter dem Schutze dieses Reichsbeschlusses gewann die Reformation später einen noch schnelleren und leichteren Fortgang und die neue Lehre erhielt eine festere Grundlage. Indem aber die Refor= matoren viele Lehrsätze des katholischen Kirchenglaubens gänzlich be= stritten oder doch anders gestalteten, griff dies so tief in die Kirchen= verfassung ein, daß die Trennung eine immer entschiedenere werden mußte. Die Verwerfung der geistlichen Herrschaft des Papstes, des Cölibates und des Mönchwesens sprengte endlich die Kette der Hierarchie, und wenn die Dogmen von der Brotverwandlung, dem Meßopfer und der Fürbitte der Heiligen verlassen wurden, so mußten demgemäß auch die gottesdienstlichen Anstalten gänzlich abgeändert werden. Diesen Grundsätzen nach wurde dann die Messe abgeschafft, das Abendmahl unter beiderlei Gestalten ausgetheilt, die Anbetung der Bilder verworfen, die Muttersprache bei dem Gottesdienste ein= geführt und den Geistlichen die Ehe gestattet. Im Kurfürstenthume Sachsen wurden die Neuerungen durch Johann den Standhaften sogar behördlich angeordnet.

§. 32. Schon zu Ende des Jahres 1524 legte Luther die Augustinerkutte ab und trug von jetzt ab den bürgerlichen Rock. Am 13. Juni 1525 heirathete er, obzwar schon 42 Jahre alt, die ge= wesene Nonne Katharina Bora, doch ungeachtet dieser Ver= änderung seiner Verhältnisse war seine Thätigkeit unermüdlich, was die Zahl seiner Schriften — sie machen 22 Folianten aus — darthut.

§. 32.
Luther's häus=
liches Leben
und seine
Heirath.
13. Juni 1525.

§. 33. In Deutschland war der Landgraf von Hessen aber bemüht, seine evangelischen Glaubensgenossen vor allzu großer Sicherheit zu warnen, denn schon begann die blutige Verfolgung der Bekenner der neuen Lehre, und in Baiern und Köln ließ man schon mehrere lutherisch gesinnte Prediger den Feuertod sterben. Auch bekam der Landgraf die vertrauliche Nachricht, daß zwischen des Kaisers Bruder Ferdinand, den Kurfürsten von Mainz und Bran= denburg und den Herzogen von Baiern, nebst mehreren Bischöfen ein Bündniß zur gewaltsamen Unterdrückung und Ausrottung des Lutherthums geschlossen worden sei. Unter diesen Verhältnissen be= gegneten sich die Partheien auf dem Reichstage zu Speier im März 1529 mit unverhohlenem Grolle. Die Katholiken brachten es aber hier durch die Mehrheit der Stimmen zu dem Beschlusse, daß diejenigen Stände, in deren Landen die neue Lehre schon eingeführt sei, bis zu einem künftigen Concil alle weiteren Neuerungen ver= hüten, die übrigen Stände aber auch ferner bei dem Wormser Edikte verharren sollten. Da dies nichts anderes hieß, als jede

§. 33.
Die Protesta=
tion zu Speier.
März 1529.

V. Epoche

fernere Ausbreitung der reformirten Lehre für gesetzwidrig zu er=
Protestanten. klaren, so fanden sich die evangelischen Stände bewogen, am 16. April
16. April eine Protestation gegen jenen Beschluß einzulegen, von welchem sie
1529. seitdem den Namen **Protestanten** erhalten haben.

§. 34. §. 34. Kaiser Karl erließ hierauf von Bologna aus an
Das augs= die deutschen Stände ein Schreiben, worin er sie zu einem am
burgische 8. April 1530 in Augsburg zu eröffnenden Reichstage einlud.
Glaubens=
bekenntniß. Es fanden sich dazu eine große Anzahl Fürsten, Ritter und
25. Juni Geistliche ein, und Karl selbst kam am 15. Juni nach Augsburg.
1530. Als nun die Sitzungen ihren Anfang nahmen und die Religionssache
zuerst vorgenommen wurde, so ließen die protestantischen Stände
ein Bekenntniß ihrer Lehre und ihres Glaubens, die berühmte
„**Augsburgische Confession**" am 25. Juni vorlesen und über=
reichen. Dieses Glaubensbekenntniß war von Melanchton mit meister=
hafter Einfachheit, Klarheit, Milde und Mäßigung verfaßt. Der
Glaubenslehre waren 21 Artikel gewidmet, und in 7 anderen waren
die Mißbräuche angegeben, welche die Protestanten abgeschafft wissen
wollten.

Der Kaiser ließ hierauf eine Gegenschrift von einem Aus=
schusse der katholischen Theologen verfassen, die Protestanten jedoch
blieben beharrlich und veröffentlichten dagegen eine von Melanchton
verfaßte Gegenschrift.

Ohne die weiteren Ergebnisse abzuwarten, verließ aber der
Landgraf von Hessen in seinem Zorne den Reichstag, ohne von
jemanden auch nur Abschied genommen zu haben. Da alle Ver=
mittlungsversuche scheiterten, so befand sich der Kaiser in nicht ge=
ringer Verlegenheit und die Spannung zwischen den beiden Par=
theien wurde nun immer größer. Erst als auch der Kurfürst von
Sachsen, dann seine und die hessischen Abgesandten Augsburg ver=
Der Reichs= lassen hatten, erfolgte am 19. November die Bekanntmachung des
abschied. Reichsabschiedes, der alle Neuerungen der letzten Jahre in Deutsch=
19. November land verdammte, deren Wiederaufhebung verordnete und den Un=
1530. gehorsam mit der Achterklärung bedrohte.

§. 35. §. 35. Der Kaiser begab sich von Augsburg nach Köln, um
Ferdinand I. seinen Bruder Ferdinand zum römischen König wählen zu lassen.
zum römischen Die Wahl erfolgte auch am 5. Januar 1531, wogegen aber der
König ge= Kurfürst von Sachsen, da Ferdinand als ein Feind der Evan=
wählt. 5. Ja= gelischen bekannt war, durch seinen Sohn den Protest einlegen ließ.
nuar 1531. Ferdinand wurde am 11. Januar in Aachen gekrönt.

§. 36. Der Kurfürst von Sachsen berief sodann auf den 22. Dezember 1530 seine lutherisch gesinnten Bundesgenossen zu einer Unterredung nach Schmalkalden, um über die Mittel gegen die drohende Gefahr zu berathen. In dieser Versammlung wurde aber nichts Bestimmtes beschlossen, nur sollte man im Februar 1531 abermals zusammen kommen.

Bei der im Februar 1531 neuerdings stattgefundenen Versammlung schlossen Kurfürst Johann von Sachsen, der Landgraf Philipp von Hessen, die drei Herzoge von Braunschweig und Lüneburg, Fürst Wolfgang von Anhalt, zwei Grafen Mansfeld und 11 Reichsstädte (darunter Straßburg, Ulm, Kostnitz, Magdeburg, Lübeck und Bremen) einen gegenseitigen Bund, vermöge dessen sie nach ihren höchsten Kräften einander beistehen wollten, wenn sie wegen der Religion befehdet werden sollten. Einige andere Reichsstädte und der Markgraf Georg von Brandenburg traten zwar dem Bunde nicht förmlich bei, doch verbanden sie sich mit den Anderen in der Art, um in allen Prozessen, die beim Reichskammergerichte wider einzelne Stände in Religionssachen anhängig gemacht würden, gemeinschaftlich zu verfahren.

§. 37. Da der Kaiser aber vorläufig die Religionszwistigkeiten beigelegt wissen wollte, so bevollmächtigte er die Kurfürsten von Mainz und von der Pfalz als Vermittler aufzutreten. Die Unterhandlungen wurden dann mit den Protestanten eröffnet, und so kam am 23. Juli 1532 zu Nürnberg ein Religionsfriede zu Stande, in dem bestimmt wurde, daß binnen Jahresfrist ein allgemeines Concil abzuhalten sei und bis dahin beständiger Friede zwischen dem Kaiser und den Ständen bestehen und Keiner den Anderen des Glaubens wegen beleidigen oder bekriegen solle, auch seien bis dahin alle wider die Protestanten in Glaubenssachen angefangenen Kammergerichtsprozesse einzustellen.

Obzwar dieser Friede den heftigsten Unwillen des Landgrafen Philipp erregte, welchen Frieden er einen „löchrigen Frieden" nannte, so mußte er sich demselben dennoch fügen.

In dieser Zeit (16. August 1532) starb Johann der Standhafte und sein Sohn Johann Friedrich folgte ihm in der Regierung des Kurstaates.

§. 38. Im Jahre 1536 traten weiter dem schmalkaldischen Bunde noch bei: der Herzog von Würtemberg, die Herzoge Barnim und Philipp von Pommern, die Fürsten Johann Georg und Joachim von Anhalt, Graf von Nassau, dann die Städte:

§. 36. Der schmalkaldische Bund. 27. Februar 1531.

§. 37. Der Nürnberger Religionsfriede. 23. Juli 1532.

§. 38. Die Partheienreibungen in Deutschland. 1536—1540.

Augsburg, Frankfurt, Hannover, Hamburg und Kempten, ferner der Herzog Heinrich von Sachsen, sowie sogar die Bischöfe von Lübeck, Schwerin und Comin auch dem Protestantismus beitraten und derselbe sich überhaupt immer rascher verbreitete

Um diesen reißenden Fortschritten der Protestanten zu begegnen, gründete der kaiserliche Vicekanzler Held, ein besonderer Feind der Protestanten, im Jahre 1538 zu Nürnberg einen Gegenbund mehrerer katholischer geistlicher und weltlicher Fürsten, welcher Bund den Zweck der gegenseitigen Vertheidigung gegen die Angriffe der Protestanten hatte. In diesem Bunde wurde sogar auch der Kaiser als Mitglied genannt, da aber Held fortwährend hetzte und leidenschaftlich zum Kriege gegen die Protestanten reizte, so wurde er vom Kaiser seiner Dienste entlassen, und es kam dann im April 1539 zu Frankfurt zwischen den beiden Partheien zu einer vorläufigen Friedensverhandlung auf 15 Monate, und da die Protestanten über das Kammergericht wieder neue Klagen erhoben, so wurden auch alle Dekrete desselben gegen sie für diese Zeit behoben

Der Kaiser gab sich alle Mühe und Geduld, um eine Einigung der Partheien zu erzielen und ordnete Religionsgespräche an (25. Juni in Hagenau und 28. Oktober in Worms), ebenso bemühte er sich auf dem Reichstage zu Regensburg (5. April 1541) eine solche Einigung herbeizuführen, da aber alle diese Wege resultatlos verliefen, so mußte bis zur Einberufung eines allgemeinen Concils die Sache auf sich beruhen, und dies um so mehr, als die türkischen Unruhen jetzt dem Reiche mit ernster Gefahr drohten.

§. 39.
Luthers Tod.
18. Feber
1546.

§. 39. Luther, welcher ununterbrochen thätig war, sein Reformationswerk zu fördern, erkrankte im Jahre 1546 und starb auf einer Reise zu Eisleben am 18. Februar 1546. Die Leiche wurde nach Wittenberg überführt und dort am 22. Februar in die Gruft der Schloßkirche gesenkt. Er hinterließ eine Witwe und drei Söhne, von denen aber keiner eine Berühmtheit erlangte.

§. 40.
Reichstag zu
Regensburg.
5. Juni 1546.

§. 40. Der Kaiser schrieb jetzt für den 5. Juni einen Reichstag nach Regensburg aus, und da er die Anwesenheit der protestantischen Fürsten dabei wünschte, so pflog er diesfalls bereits früher in Speier mit dem Landgrafen von Hessen Unterhandlungen, doch der Landgraf verweigerte ungeachtet einer dreimaligen Aufforderung des Kaisers das Erscheinen auf diesem Reichstage. Auch ging jetzt im Reiche das Gerücht um, daß der Kaiser und der Papst sich vereinigt hätten, die Protestanten von drei Seiten anzugreifen, und zwar von Italien, Böhmen und den Niederlanden aus. In

Abwesenheit der protestantischen Fürsten mußten dann die Verhandlungen auf dem Reichstage zu Regensburg nur mit den betreffenden Gesandten gepflogen werden.

Die Weigerung der protestantischen Fürsten, auf dem Reichstage zu erscheinen, sah aber Kaiser Karl als eine Widerspenstigkeit an, und entschloß sich jetzt zum Kriege gegen dieselben. Er sandte daher von Regensburg einen Bevollmächtigten an den Papst, um schnell das Bündniß mit demselben zu vollziehen, und da er diesen Krieg für einen politischen und keineswegs für einen religiösen erklärte, so gewann er dazu sogar einige protestantische Fürsten, so den jüngeren Herzog Moriz von Sachsen und die brandenburgischen Markgrafen Johann von Küstrin und Albrecht von Baireuth, diesen gab er den Auftrag, für ihn Truppen zu werben, zugleich beorderte er den in den Niederlanden kommandirenden Grafen Maximilian von Büren, seine Truppen nach Deutschland zu führen.

§. 41. Der Herzog Moriz von Sachsen stammte aus der albertinischen Linie her; er folgte, 21 Jahre alt, seinem Vater, dem Herzoge Heinrich in der Regierung nach; er war selbst der lutherischen Religion beigetreten, schloß sich aber dem schmalkaldischen Bunde nicht an, obzwar der Landgraf Philipp, sein Schwiegervater und der Kurfürst von Sachsen sein Vetter war; er hegte überhaupt einen Widerwillen gegen seinen Vetter den Kurfürsten von Sachsen, und war gleich beim Antritte seiner Herrschaft mit demselben wegen dem Städtchen Wurzen in Streit gerathen. Sein jetziges Auftreten gegen seine Glaubensgenossen ist daher kaum zu rechtfertigen, wird aber durch die den Protestanten später geleisteten Dienste sehr gemildert. Schon auf dem Reichstage zu Regensburg schloß er am 19. Juni 1546 mit dem Kaiser ein geheimes Bündniß, in dem er ihm Gehorsam und Ergebenheit, sowie die Unterwerfung unter ein allgemeines Concil versprach, wogegen ihm der Kaiser das Schutzrecht über das Erzbisthum Magdeburg und das Bisthum Halberstadt übertrug und ihm für seine Dienste eine jährliche Pension von 5000 fl. zusicherte. Daß Moriz aus diesem Kriege auf eine Vergrößerung seiner Lande auf Kosten seines Vetters, des Kurfürsten dachte, ist wohl nach der Lage der Dinge zweifellos.

§. 42. Die Protestanten waren in ihren Gegenrüstungen aber rascher als der Kaiser, und während er noch in Regensburg weilte, zogen schon die Truppen aus Nord- und Süddeutschland gegen ihn.

§. 41.
Moriz von
Sachsen.

§. 42.
Der schmalkaldische Krieg.
1546.

Kaiser Karl hatte mit dem Papste das Bündniß auf die Bedingung hin geknüpft, daß der Krieg zur Vertheidigung der alten Religion gegen die Ketzer geführt werden solle. Der Papst versprach dem Kaiser 200,000 Kronen zu zahlen, 12,000 Fußsoldaten und 500 Reiter zu stellen, und für deren Unterhalt durch ein Jahr zu sorgen.

Kaiser Karl suchte aber in der Oeffentlichkeit den Krieg nur als einen politischen hinzustellen und verheimlichte deßhalb die Verabredungen mit dem Papste; er schrieb auch in diesem Sinne an die Reichsstädte des schmalkaldischen Bundes und namentlich an Straßburg, Nürnberg, Augsburg und Ulm. Doch diese Städte schenkten den Versicherungen des Kaisers umsoweniger Glauben, als der Papst seinerseits das Bündniß mit dem Kaiser nicht so geheim hielt, wie der Kaiser, sondern dasselbe anstandslos veröffentlichte, und überdies eine Bulle ergehen ließ, worin er Allen, die den Zug zur Ausrottung der Ketzer durch Almosen und Fasten unterstützen würden, den reichsten Ablaß versprach.

Die oberländischen Städte übergaben den Oberbefehl über die von ihnen aufgestellte Streitmacht dem alten, bewährten und in den Türkenkriegen erprobten Führer **Sebastian Schärtlein**, welcher im Augsburger Gebiete ansässig war. Leider aber, daß dieser vorzügliche Führer von den Bundeshäuptern abhängig gemacht wurde, die unter einander uneinig waren und die besten Pläne Schärtlein's verhinderten. So wollte Schärtlein auf einem großen Werbeplatz in Schwaben an der baierischen Grenze einige Tausend Mann, die der Kaiser geworben hatte, überfallen; da sich aber diese Truppen über Nacht auf das baierische Gebiet gezogen hatten, so wurde von Ulm aus Schärtlein verboten, dieselben anzugreifen. Derselbe wußte auch, daß die päpstlichen Truppen durch keinen anderen Paß nach Tyrol gelangen können, als über Innsbruck und die sogenannte Ehrenberger Klause, welche ein festes Schloß war. Es gelang ihm, diese Klause zu überrumpeln, und er wollte die zu Trient zum Concilium versammelten Geistlichen auseinanderjagen, erhielt aber am 20. Juli 1546 von den Bundeshäuptern den Befehl, Tyrol sogleich zu verlassen, um den König Ferdinand nicht zu reizen.

Der Kurfürst von Sachsen und der Landgraf stellten dann nach ihrer Vereinigung mit Schärtlein dem Kaiser ein Heer von 60—70,000 Mann entgegen, so daß sich Karl auf Landshut zurückziehen mußte, wo er sich verschanzte, wogegen die Verbündeten in ihrer Unschlüssigkeit bei Donauwörth liegen blieben. Inzwischen

Sebastian Schärtlein.

vereinigte sich der Kaiser mit 18,000 Mann Spaniern und Italienern, und bezog eine feste Stellung bei Regensburg. Am 30. und 31. August beschossen zwar die Verbündeten das kaiserliche Lager, doch als Schärtlein dasselbe stürmen wollte, verbot es wieder der Landgraf.

Der Graf Büren zog unterdessen aus den Niederlanden dem Kaiser zu Hilfe; die Verbündeten rückten ihm zwar entgegen, er wich ihnen aber aus und vereinigte sich am 15. September mit dem Kaiser. Dieser verließ nun sein Lager, machte sich zum Meister der Donau und bedrohte so die schwäbischen Reichsstädte.

Da die Bundesgenossen immer gegen den besseren Rath Schärtlein's die besten Gelegenheiten zum Schlagen des Feindes versäumten, so entstanden unter ihnen Uneinigkeiten, und da Augsburg Schärtlein zu seinem Schutze abrief, so blieben der Kurfürst und der Landgraf jetzt die einzigen Befehlshaber, die aber von jetzt an nichts Entscheidendes mehr wagten.

Da nun der Winter herangekommen war und die Soldaten mißmuthig wurden, so richteten die Verbündeten die Bitte um Frieden an den Kaiser, die aber von demselben nicht berücksichtigt wurde, indem er nur eine unbedingte Unterwerfung forderte. Beschämt und zerknirscht verließen am 23. November der Kurfürst und der Land=graf den Kriegsschauplatz und kehrten in ihre Länder zurück. 23. November.

Moriz von Sachsen, der schon am 1. August den Auftrag vom Kaiser erhalten hatte, gegen den Kurfürsten und Landgrafen die Acht zu vollstrecken, beeilte sich nicht, dies zu thun, erwirkte im Gegentheil von seinen Landständen die Einwilligung zu einer vor=läufigen Besetzung der kurfürstlichen Lande, indem er ihnen vor=stellte, daß dieselben dem „Fürstenhause Sachsen" zu erhalten wären, indem ihm daran die Lehn zustehe, und daß daher deren Uebergang in fremde Hände seinen Unterthanen nachtheilig wäre. Die Stände Sachsens schrien zwar über den Verrath Moriz', doch der Kaiser gab hiezu seine Billigung.

Als der Kurfürst und der Landgraf den Krieg aufgegeben hatten, trat Kaiser Karl den festen Städten gegenüber als Sieger auf. Bopfingen, Nördlingen, Dünkelsbühl, Rothenburg, Heilbronn und Schwäbisch=Hall öffneten ohne Schwertstreich dem Kaiser ihre Thore. Der Kurfürst von der Pfalz erhielt Ver=zeihung, der Herzog von Würtemberg mußte aber nebst der Abbitte noch 300,000 Gulden bezahlen. Ulm zahlte eine Geldstrafe von 100,000 Gulden, Augsburg, das in seinen Streitkräften stärker war, als

Strafe der oberländischen Städte. November und Dezember 1546.

der Kaiser und 200 Stück grobes Geschütz besaß, unterwarf sich auch,
zahlte 150,000 Gulden, verbannte Schärtlein, lieferte 12 Kanonen
aus und erhielt eine Besatzung von 12 kaiserlichen Fähnlein

So schmachvoll endete also dieser Feldzug, bloß durch die
Unfähigkeit der Führer.

§. 43.
Der Krieg in
Obersachsen.

§. 43. Als der Kurfürst in sein Land zurückkehrte, fand er es
bis auf drei Städte von Moriz von Sachsen besetzt und erobert
Vertrauend auf sein Heer und die Treue seines Volkes be
schloß er aber sein Land wieder zu erobern. Er nahm hierauf Halle,
griff Moriz' eigenes Land an und belagerte im Januar 1547
Leipzig, dessen Vorstädte Moriz selbst abgebrannt hatte, damit sich
der Feind darin nicht festsetzen könne. Obzwar der Kurfürst aber
40,000 Kugeln nach Leipzig warf, konnte er sich der Stadt dennoch
nicht bemächtigen und mußte unverrichteter Dinge wieder abziehen
Von dort begab er sich nach Altenburg.

Der Kaiser sandte jetzt den Markgrafen Albrecht von
Brandenburg, einen Jugendfreund Moriz' mit einigen Truppen
demselben zu Hilfe. Dem Kurfürsten aber gelang es, am 2. März
1547 den Markgrafen in Rochlitz zu überrumpeln und denselben
gefangen zu nehmen, worauf er dessen Truppen mit weißen Stäben,
dem Zeichen der Verschonung, entließ. Er nahm dann noch mehrere
Städte ein, so daß Moriz sich nach Dresden zurückziehen mußte,
und außer dieser Stadt ihm von seinem Lande nur noch Leipzig
und Pirna übrig blieben.

Der Grund, warum dem Herzoge Moriz auch König Ferdi=
nand nicht Hilfe leisten konnte, lag in den politischen Verhältnissen
Böhmens, denn die Utraquisten, welche unter den böhmischen Stän=
den die Oberhand hatten, betrachteten den Kurfürsten Johann Friedrich,
der zur augsburgischen Confession gehörig war, als ihren Religions=
verwandten, und weigerten jede Mithilfe gegen denselben. Hieburch
gerieth Moriz in eine sehr bedrängte Lage, und war jetzt im Be=
griffe, dasselbe Schicksal zu erleiden, welches er seinem Vetter, dem
Kurfürsten, hatte bereiten wollen.

Der Kurfürst stand nun bei Meißen und hatte einen Theil
seiner Truppen an die böhmische Grenze vorgeschoben, um Ferdinand
zu beobachten. Kaiser Karl brach aber in aller Stille mit seinem
Heere von Nürnberg auf, und ohne daß es der Kurfürst inne wurde,
kam derselbe am 5. April in Eger an, wo sowohl König Ferdi=
nand als auch Herzog Moriz sich befanden. Schon am 22. April
kam das kaiserliche Heer in die Nähe von Meißen, und erst jetzt

erkannte der Kurfürst in Wirklichkeit den Anzug des kaiserlichen Heeres, und da er auf dem rechten und der Kaiser auf dem linken Ufer der Elbe stand, so ließ er die Brücke bei Meißen abbrechen und zog gegen das Städtchen Mühlberg; Karl aber wollte es ver= Schlacht bei Mühlberg. 24. April 1547. hindern, daß der Kurfürst das feste Wittenberg erreiche, und zog deßhalb am Elbenfer, bis er Mühlberg gegenüberkam.

Am Morgen des 24. April gelang es den Kaiserlichen, theils auf Kähnen, theils durch eine Furth über die Elbe zu setzen, worauf der Kurfürst trachtete, mit seinem Heere so bald als möglich Wittenberg zu erreichen. Herzog Alba und Moriz, welche die kaiserliche Reiterei führten, verfolgten aber den Kurfürsten und brachten ihn auf der Lochauer Haide um 4 Uhr Nachmittags zum Stehen, so daß er in der hierauf sich entwickelnden Schlacht gänzlich geschlagen wurde. Er selbst versuchte noch, nach Wittenberg zu entfliehen, wurde aber von der leichten feindlichen Reiterei ein= geholt und gefangen. Als Herzog Alba dem Kaiser den Kurfürsten vorführte, jammerte letzterer: „Großmächtigster, allergnädigster Kaiser," worauf ihm Karl in die Rede fiel und bemerkte: „So, bin ich nun „Euer gnädigster Kaiser? so habt Ihr mich lange nicht geheißen!" Hierauf bat der Kurfürst nur um ein fürstliches Gefängniß.

Nach der Schlacht von Mühlberg ergab sich Torgau an den Kaiser, und derselbe zog dann nach Wittenberg. Der Kaiser ver= Wittenberger Vertrag. 18. Mai 1547. langte von dem Kurfürsten, er möge Wittenberg die Uebergabe an= befehlen und als sich dieser weigerte, bedrohte ihn ersterer mit dem Tode. Am 18. Mai kam folgender Vertrag zu Stande: Johann Friedrich mußte für sich und seine Nachkommen auf die Kurwürde verzichten und sie an Moriz abtreten; die Festungen Wittenberg und Gotha wurden dem Kaiser ausgeliefert, der Markgraf Albert wurde freigegeben, der Kurfürst aber sollte Gefangener des Kaisers bleiben, so lange als es diesem gefallen werde; die Länder des Kurfürsten übergingen an Moriz, nur sollte dieser den Kindern des Kurfürsten daraus ein jährliches Einkommen von 50,000 Meißner Gulden geben. Am 19. Mai zog der Kaiser in Wittenberg ein und besuchte bei dieser Gelegenheit das Grab Luther's, der ihm so viele Sorgen bereitet hatte.

Nach dem Abzug des Kaisers nahm Moriz Wittenberg in Besitz.

§. 44. Da der Landgraf Philipp von Hessen das Schicksal §. 44. Landgraf von Hessen gefan= gen. 19. Juni 1547. des Kurfürsten sah, zitterte er für sein eigenes und suchte daher mit dem Kaiser einen Ausgleich zu treffen. Er knüpfte durch Moriz

Unterhandlungen an, begab sich, um in der Nähe zu sein, nach Leipzig, und mußte schließlich folgende Bedingungen annehmen: Der Landgraf sollte sich dem Kaiser auf Gnade und Ungnade ergeben und ihn kniefällig um Verzeihung bitten; sich von dem schmalkaldischen Bündniße losjagen; dem Kaiser 150,000 Gulden zahlen; alle seine Festungen bis auf Kassel und Ziegenhain schleifen, und den Herzog Heinrich von Braunschweig und dessen Söhne freigeben. Als diese Bedingungen dem Landgrafen von Hessen eröffnet wurden, fügten die Vermittler bei, daß derselbe „weder an Leib und Gut, „noch mit Gefängniß beschwert werden solle."

Der Landgraf nahm diese Bedingungen an, und am 19. Juni ging die Ceremonie der Unterwerfung in dem großen Saale der Residenz in Halle vor sich, wo der Kaiser auf dem Throne saß. Als aber der Landgraf am Abend mit seinen Freunden und dem Herzog von Alba beim Mahle war, wurde er als Gefangener erklärt, und als er darüber die Entscheidung des Kaisers verlangte, sagte dieser, er habe nie versprochen, daß der Landgraf überhaupt nicht gefangen gehalten werden solle.

Somit waren die beiden Verbündeten, der Kurfürst und der Landgraf, Gefangene des Kaisers und mußten ihn überall hin begleiten, wohin er ging.

§. 45.
Das Interim.
15. Mai 1548.

§. 45. Das versprochene Concilium tagte bereits seit December 1545 und es waren auch schon mehrere Beschlüsse betreff der Kirchendisciplin gefaßt worden. Da die Legaten aber wenig Lust hatten, unter dem Einfluße des Kaisers weiter zu verhandeln, so trugen sie auf Verlegung des Concils nach Bologna an. Der Papst Paul III. billigte diesen Antrag und verlegte am 11. März das Concilium nach Bologna. Der Kaiser, der nun einsah, daß ihn die römische Curie hintergehen wolle und daß bei der Verlegung des Concils die Lutheraner dasselbe nicht anerkennen würden, befürchtete, daß alles vergebens sein werde.

Reichstag in Augsburg.
1. September 1547.

Er schrieb daher nach Augsburg einen Reichstag aus, damit die Religionshändel bis zum Schlusse des Concils einstweilen beigelegt würden. Am 1. September 1547 wurde dieser Reichstag eröffnet. Der Kaiser machte den Vorschlag, man solle durch gelehrte Männer ein Glaubensbekenntniß entwerfen lassen, welches einstweilen (interim), bis zur Austragung durch das Concil zu gelten hätte. Die Stände überließen die Wahl dieser Männer dem Kaiser, welcher die Arbeit dem Bischofe von Naumburg: Julius Pflug, dem Weihbischofe von Mainz: Michael Helding und dem brandenburgischen Hofprediger Michael Agricola übertrug; dieser Letztere, früher streng lutherisch, zeigte sich jetzt den Katholiken nachgiebig. So entstand dann eine Religionsvorschrift: „Das Augsburger Interim" genannt.

Das Interim lief im Wesentlichen durch versteckte Wortwendungen auf die Billigung der katholischen Lehren aus. Es bestand aus 26 Artikeln, meistens den Katholiken günstig, die sieben Sakramente nach dem katholischen Lehrbegriffe, die Messe, Fasten, Prozessionen, Verehrung der Heiligen, Klostergelübde, Papst und Bischöfe blieben aufrecht; was den Protestanten auf der anderen Seite zugestanden war, bestand darin, daß einige Feiertage abgeschafft und den verheiratheten Geistlichen ihre Weiber gelassen wurden.

Das Interim verfehlte somit seinen Zweck, denn weder die Katholiken noch die Protestanten waren damit zufrieden. Am 15. Mai 1548 wurde dasselbe in der Versammlung der Reichsstände vorgelesen, aber schon am Tage darauf übergab der neue Kurfürst, Moriz von Sachsen, schriftliche Einwendungen dagegen, und der Markgraf Johann von Küstrin, sowie der Pfalzgraf Wolfgang von Zweibrücken verweigerten auf das Bestimmteste die Annahme des Interim, was sogar auch der gefangene Kurfürst Johann Friedrich that.

Die Städte Augsburg und Ulm ließen sich durch des Kaisers Anwesenheit erschreckt, herbei, das Interim anzuerkennen, und da in Augsburg und Ulm insbesondere die Zunftverfassung für die neue Lehre wirkte, so hob der Kaiser dieselbe in beiden Orten auf und setzte dafür die früheren patricischen Geschlechter ein. Auch Constanz, Lindau, Frankfurt, Regensburg und Straßburg mußten, eingeschüchtert, das Interim annehmen, und dasselbe geschah auch in den meisten protestantischen Gebieten des Rheinlandes, Westphalens und Frankens. *Durchführung des Interim.*

Durch die Bemühungen Moriz' von Sachsen kam es dann für Kursachsen zwar zu einer neuen Religionsordnung, genannt das „Leipziger Interim", aber auch dieses war den Protestanten noch zu papistisch. *Leipziger Interim.*

Uebrigens nahm der Widerstand gegen das Interim immer mehr zu, und wo es auch eingeführt wurde, geschah es nur zum Scheine.

Auf demselben Reichstage wurde auch Moriz förmlich und feierlich mit dem Kurfürstenthume Sachsen belehnt, seine Bitten aber, dem Landgrafen Philipp die Freiheit zu geben, schlug der Kaiser ab. *Belehnung Moriz' mit Sachsen.*

§. 16.
Der Reichs-
tag in Augs-
burg im Jahre
1550- 51.

§. 16. Von dem Augsburger Reichstage begab sich Karl nach den Niederlanden, um dort seinem Sohne Philipp als seinem Nachfolger von den dortigen Ständen huldigen zu lassen und blieb dort fast zwei Jahre lang. Von hier schrieb er einen neuen Reichstag nach Augsburg aus, der vom Juli 1550 bis Februar 1551 dauerte, wo aber nichts Erhebliches ausgemacht wurde. Die Absicht Kaiser Karl's ging eigentlich dahin, seinem Sohne Philipp auch die deutsche Kaiserwürde zu verschaffen, und obzwar sich Ferdinand weigerte, seine Ansprüche aufzugeben, so wurde doch eine Uebereinkunft getroffen, daß Philipp dem Ferdinand nachfolgen solle.

Als sich aber das Gerücht verbreitete, daß der Kaiser das Kaiserthum in seinem Hause erblich machen wolle, erregte dieses unter den Fürsten große Besorgnisse, auch stieß sie die Persönlichkeit des finsteren und mißtrauischen Philipp ab, sie gingen auf die Pläne des Kaisers nicht ein und er mußte Philipp wieder nach Spanien zurückschicken.

Da Magdeburg die einzige Reichsstadt war, die das Interim nicht angenommen, dagegen die vertriebenen protestantischen Prediger aufgenommen hatte, so erklärte der Kaiser dieselbe bereits im Jahre 1549 von Brüssel aus in die Acht. Auf diesem Augsburger Reichstage übernahmen daher die Reichsstände die Exekution der Acht gegen Magdeburg, Moriz ward zum Obercommandanten ernannt, und zog schon im November 1550 zur Belagerung der Stadt; er betrieb aber die Belagerungsarbeiten deßhalb sehr lässig, weil es ihm darum zu thun war, unauffällig ein Heer gegen den Kaiser selbst zu besitzen. Deßhalb auch gewährte er am 7. November 1551 Magdeburg einen sehr vortheilhaften Frieden und nahm dann dessen Truppen in seinen Dienst.

Nach der Auflösung des Reichstages begab sich der Kaiser im Spätherbste 1551 nach Innsbruck, um dem Tridentiner Concilium, das seit dem 31. August 1551 wieder in Trident tagte, näher zu sein.

§. 47. Von jetzt an wurde das Vorgehen Moriz' gegen den Kaiser ein immer feindseligeres, ohne daß er seinen Plan verrathen hätte. Er hatte jetzt sein Ziel, das Kurfürstenthum zu erhalten, erreicht, und es ist gewiß, daß er die religiöse Einigung ebenso wenig wie ein anderer protestantischer Fürst wünschte, denn dann würden sie ja aufgehört haben selbst Landesbischöfe zu sein, und damit wären auch die Kirchengüter und die kirchlichen Herrschaften für die Fürsten verloren gewesen.

Melanchton, welcher Kunde von dem Plane Moriz' er=
hielt, warnte ihn vergebens vor dem Werke der Gewalt und des
Aufruhres. Die Behandlung des Landgrafen kränkte jedoch Moriz,
denn seit der Landgraf in den Niederlanden aus der Haft Karl's zu
entfliehen versuchte, wurde er fast wie ein gemeiner Verbrecher ge=
halten. Sein Gefängniß war eine 10 Fuß lange Kammer in der
Citadelle von Mecheln, deren Fenster man sogar vernagelt hatte.
Alle Versuche Moriz', seinen Schwiegervater zu befreien, scheiterten,
denn der Kaiser blieb unerbittlich. Diese Schmach des Gefangenen
erregte aber den allgemeinen Unwillen und erbitterte die Gemüther.
Es mögen daher auch diese Gründe Moriz zu seinem Vorgehen bewogen
haben und sein Oberbefehl über das magdeburgische Exekutionsheer
mag die Reise seiner Pläne befördert haben.

Da Moriz nun einmal entschlossen war, gegen den Kaiser
aufzutreten, dies aber allein der kaiserlichen Macht gegenüber nicht
thun konnte, so sah er sich zu seiner Stärkung nach französischer
Hilfe um.

Am 15. Oktober schloß er mit dem König Heinrich II. von
Frankreich auf dem Schlosse Lohe einen Vertrag dergestalt im
Geheimen ab, daß sogar seine eigenen Räthe davon nichts erfuhren.
Kraft dessen gestattete er dem König in seinem und im Namen des
jungen Landgrafen Wilhelm von Hessen, des Markgrafen Georg
Friedrich von Brandenburg = Anspach und des Herzogs
Johann Albrecht von Mecklenburg, die zum Reiche gehörigen
Städte Cambrai, Metz und Toul als Unterpfänder unter dem
Titel eines Reichsvikars zu besetzen, wogegen sich Heinrich anheischig
machte, die Fürsten in ihrem Kriege gegen den Kaiser zu unter=
stützen und für die drei ersten Monate 240,000, für jeden folgenden
Monat 60,000 französische Thaler zu zahlen.

Vertrag Moriz' mit Frankreich. 15. Okt. 1551.

Als nun Moriz nach Beendigung der Belagerung von Mag=
deburg seine Truppen nicht entließ, wurde selbst das Concilium
in Trient besorgt und es wollten dessen Mitglieder die Stadt ver=
lassen, Kaiser Karl erklärte aber am 3. Juni 1552 jeden Verdacht
gegen Moriz für grundlos, weil er an eine solche Undankbarkeit
unmöglich glauben könne. Moriz selbst bestärkte diesen Wahn des
Kaisers noch mehr, indem er Gesandte an das Concilium sandte
und vorgab, selbst am Wege dahin zu sein, wodurch der Kaiser
wieder in Sicherheit gewiegt wurde.

§. 48. Im März 1552 zog aber Moriz seine Truppen
schnell zusammen, rückte in Franken ein, wo sich die hessischen Völker

§. 48. Moriz erhebt sich offen gegen den Kaiser. März 1552.

und sein Freund Albrecht mit ihm vereinigten Indem sie darauf durch Norddeutschland zogen, verbreiteten sie durch das ganze Reich Mani feste, worin sie den Kaiser beschuldigten, daß er nur nach Erhöhung seiner Macht trachte und dabei die Ausrottung der wahren Religion bezwecke, daß er den Landgrafen fortwährend gefangen halte und daß man eine solche Infamie und Unbilligkeit nicht länger mit Geduld ansehen könne.

Anfangs April war Moriz schon in Augsburg, welches ihm die Thore öffnete; er führte dort den evangelischen Gottesdienst und den alten Stadtrath wieder ein. Von da ging er nach Ulm, das ihm aber den Einlaß versagte, und als er es zu belagern anfing, sich so energisch vertheidigte, daß er wieder abziehen mußte. Inzwischen waren aber die Franzosen schon in Lothringen eingebrochen, setzten die Regentin ab, besetzten Toul, Verdun und nahmen dann Metz ein.

Der Kaiser war jetzt in einer bösen Lage, die Truppen hatte er nach Italien entlassen, Geld hatte er keines, und weder Genua noch Venedig wollten ihm mehr Credit geben. In dieser Bedrängniß entschloß er sich zu Unterhandlungen und sein Bruder der König Ferdinand übernahm die Vermittlung. Er lud den Herzog Moriz nach Linz ein, wo dieser seine Forderungen stellte. Da aber Ferdinand erst die Einwilligung des Kaisers einholen mußte und auch Moriz ohne seinem Bundesgenossen nichts abschließen wollte, so wurde eine neue Zusammenkunft in Passau auf den 26. Mai verabredet.

Moriz wollte aber indessen den Kaiser aufheben, deßhalb drang er mit seinen Bundesgenossen in Tyrol ein, zerstreute am 18. Mai eine kaiserliche Heerschaar und ging auf die Ehrenhauser Klause los, die von kaiserlichen Truppen besetzt war. Dieselbe wurde auch erstürmt und so stand Moriz plötzlich nur zwei Tagreisen mehr weit von Innsbruck. Durch eine Forderung seiner Truppen wegen einem Extrasolde für das Sturmlaufen auf die Ehrenhauser Klause, wurde er aber in seinem Marsche einen Tag länger aufgehalten, und diese Zeit benützte der Kaiser, um am 20. Mai in der Nacht mit seinem Hofe von Innsbruck zu entfliehen, auf welcher Flucht der kranke Kaiser in einer Sänfte fortgeschafft werden mußte, worauf er sich dann nach Villach (in Kärnten) begab.

§. 49.
Der Passauer
Vertrag.
20. Aug. 1552.
§. 49. In Passau hatten sich außer Ferdinand und Moriz mehrere Fürsten und Gesandte eingefunden. Der Kaiser hatte schon bei seiner Flucht aus Innsbruck dem Kurfürsten von Sachsen aus

seiner Haft gegen das Versprechen entlassen, daß derselbe freiwillig
dem Hofe folge, und es kam endlich durch die Nachgiebigkeit des
Kaisers der sogenannte Passauer Vertrag zu Stande.
Die Originalurkunde desselben, so wie er vom Kaiser angenommen wurde, ist vom 16. Juli 1552 datirt; von Moriz und
seinen Verbündeten wurde derselbe am 29. Juli in Frankfurt unterzeichnet und endlich (nach Ranke) am 20. August vom Kaiser
ratificirt.

Nach diesem Vertrage erhielt Landgraf Philipp seine Freiheit,
mußte aber geloben, die hallische Capitulation (§. 44) zu halten und
seine Gefangenschaft nicht zu rächen. Die Religionssache sollte auf
dem nächsten, innerhalb sechs Monaten abzuhaltenden Reichstage
entschieden, mittlerweile aber Niemand wegen Glaubenssachen
angefochten werden; das Kammergericht sollte beiden Partheien
mit gleicher Gerechtigkeit dienen, auch sollten die Richter aus
beiden Partheien gewählt werden, eine allgemeine Amnestie sollte
gegeben und die Acht erlassen sein. — Das aber, was diesem
Vertrage die entscheidende Wichtigkeit gab, war die Bedingung:
„daß es bei dem verabredeten Friedensstande bleiben sollte, wenn
„auch kein Religionsvertrag zu Stande gebracht würde,"
denn alle bisherigen Friedensverträge waren von einer künftigen
Vereinigung abhängig gemacht worden und daher immer für die
Zukunft ungewiß; in diesem Vertrage war daher die künftige Sicherheit geboten, und ebenso lag in ihm die Anerkennung des Landes-
kirchenthums und des Besitzes der katholischen kirchlichen Güter. —
Der Landgraf Philipp wurde darauf aus seiner Haft entlassen.

§. 50.
Kaiser Karl's
letzte Feld-
züge
gegen die
Franzosen.
1552.

§. 50. Kaiser Karl wollte jetzt persönlich in Lothringen gegen
die Franzosen zu Felde ziehen. Schon im August 1552 stand Karl
an der Spitze eines großen Heeres (nach) manchen Angaben
116,000 Mann) und rückte gegen Metz vor. Die Franzosen aber,
welche die Wichtigkeit der Festung kannten, bereiteten sich auf die hartnäckigste Vertheidigung vor. Der Winter und die Krankheiten im
Heere verhinderten jedoch bei Karl einen Erfolg, und er befahl
daher am zweiten Weihnachtstage die Aufhebung der Belagerung. —
Gegen den
Markgrafen
von Branden-
burg. 1553. Der Markgraf Albrecht von Brandenburg, ein Waffenbruder
Moriz', welcher den Passauer Vertrag nicht anerkennen wollte und
dem Herzoge Moriz das Recht absprach, einen solchen Vertrag überhaupt abzuschließen, hatte die Waffen aber nicht niedergelegt, und
setzte daher den Krieg gegen die katholischen Reichsstände, als
Bundesgenossen Frankreichs, fort. Er brandschatzte die geistlichen

Bisthümer am Rhein und in Franken, ließ Städte, Dörfer, Kirchen, Klöster verwüsten und niederbrennen.

Treffen bei Sievershausen. 9. Juli 1553. Endlich rückte Moriz in Verbindung mit dem Herzoge von Braunschweig gegen den Markgrafen; sie trafen ihn bei Sievershausen auf der Lüneburger Haide, wo es am 9. Juli 1553 zu einem heißen Treffen kam, in welchem Moriz zwar siegte, aber tödtlich verwundet wurde, so daß er den zweiten Tag darauf, den 10. Juli,

Tod Moriz' von Sachsen. 10. Juli 1553. in seinem 32. Jahre starb.

Der Markgraf Albrecht wurde hierauf von den verbündeten Truppen am 18. September nochmals geschlagen, in die Acht erklärt und flüchtete nach vergeblichem Widerstande nach Frankreich. Er starb auf dem Schlosse zu Pforzheim am 8. Januar 1557.

§. 51. Der Augsburger Religionsfriede. 24. September 1555. §. 51. Der Reichstag zu Augsburg wurde endlich am 5. Februar 1555 eröffnet, und der König Ferdinand präsidirte demselben. — Auf diesem Reichstage handelte es sich nicht mehr um die Einigung der religiösen Meinungen, denn die Unmöglichkeit derselben hatte man bereits nur zu gut erkannt, sondern es handelte sich, wie es auch der König in seiner Eröffnungsrede betonte, nur darum, wie der Friede im Reiche auch bei der fortdauernden Verschiedenheit der religiösen Meinungen erhalten werden könnte. Jetzt war man also auf den Gedanken der gegenseitigen Duldung gelangt, welche die Lage der Dinge auch gebieterisch verlangte.

Es dauerte jedoch über ein halbes Jahr, bevor man über zwei Punkte hinauskam, die für beide Partheien gleich wichtig waren. Der eine Punkt betraf die Forderung der Protestanten, daß die Freistellung der Religion nicht bloß auf unmittelbare Reichsstände, sondern auch auf mittelbare protestantische Stände katholischer Landesherren bezogen werden solle. In dieser Beziehung konnten die protestantischen Stände aber nichts anderes bewirken, als die Bewilligung eines freien Abzuges für jene Unterthanen, die wegen der Religion auswandern wollten, und das Versprechen, daß die der protestantischen Lehre schon seit Jahren ergebenen Unterthanen geistlicher Stände der Religion wegen nicht bedrängt werden sollten.

Der zweite Punkt betraf die Frage: ob die Bischöfe und andere Prälaten, wenn sie zur lutherischen Religion überträten, ihre Stifte und Pfründen behalten sollen oder nicht. Die Katholiken verlangten, die geistlichen Stände müßten von der Freistellung der Religion insoferne ausgenommen werden, daß bei ihnen der Uebertritt von der alten Religion zur neuen den Verlust ihres Amtes und Standes unmittelbar nach sich ziehe. Ueber diesen Punkt war zwischen den Partheien eine Einigung aber absolut unmöglich, und es wurde dieser geistliche Vorbehalt, — wie man es nannte, — in das Friedensinstrument mit dem Beisatze aufgenommen, „daß sich „die Stände darüber nicht hätten einigen können."

Am 24. September 1555 wurde endlich der Religionsfriede unterzeichnet und der Hauptinhalt desselben war: daß sowohl die Stände, die sich zur augsburgischen Confession, als auch die, welche sich zu der alten Religion bekennen, völlig gleiche und unge= störte Freiheit genießen sollen. Die eingezogenen Kirchengüter, die nicht unmittelbaren Reichsständen zugehörig und in deren Besitz die Geistlichen zur Zeit des Passauer Vertrages nicht gewesen waren, sollten den Protestanten verbleiben. Weder protestantische, noch katho= lische Stände sollten einander zum Uebertritt zu verleiten suchen, oder fremde Unterthanen wider die Obrigkeit in Schutz nehmen. —

So war denn endlich ein Zustand geschaffen worden, der die gegenseitige Duldung und das Nebeneinanderbestehen der Religions= partheien ermöglichte, bis schließlich der dreißigjährige Krieg eine neue Gestaltung der Dinge herbeiführte.

Da wir hier am Schlusse der durch Luther geschaffenen Re= **Parallele:** formation angelangt sind, so kann ich nicht umhin, noch einer Frage **Huß—Luther.** zu gedenken, die sich hier wohl Jedermann aufdrängen muß und die dahin geht:

„Wie kam es, daß die Reformationsbestrebungen Huß „gänzlich paralisirt wurden, nur auf Böhmen allein beschränkt „bleiben und sozusagen ganz in Sand verlaufen konnten, wo doch „die ähnliche Reformation Luther's hundert Jahre später mit „einem so durchschlagenden Erfolge durchgeführt wurde, obzwar „schon zur Zeit Huß' das Bedürfniß einer Kirchenverbesserung „von den Gläubigen nicht minder, als zur Zeit Luther's empfun= „den wurde?" —

Die Faktoren, die hiebei maßgebend gewesen sein mögen, dürften sich in Folgendem zusammenfassen lassen:

a) war zur Zeit Huß' der Buchdruck noch nicht erfunden, die Verbreitung der Gedanken und Lehren konnte daher nur mittelst der bei den öffentlichen Vorträgen nachgeschriebenen Hefte, sowie durch die mündlichen Vorträge und die öffentlichen Predigten er= folgen, was der Verallgemeinung mächtig hindernd in den Weg trat. Dazu kam noch der Umstand, daß Huß böhmisch predigte, somit nur dem Volke dieser Zunge verständlich sein konnte, was auch von seinen böhmischen Schriften gilt, während seine lateinischen Abhandlungen und Schriften nur von der kleinen Zahl der Gelehrten, nicht aber von der Masse des Volkes verstanden wurden. Aus diesem Grunde fand auch seine Lehre bei den auf der Prager Universität befindlichen weiteren drei Nationalitäten: der baierischen, sächsischen und polnischen, keine oder doch nur geringe Aufnahme, so daß diese kirchliche Bewegung gleich vom Anfange her eine nationale Färbung hatte;

b) bestand zu Huß Zeiten auf der Prager Universität bei der Viertheilung der Nationalitäten zwischen den Böhmen und den anderen Völkern stets ein Zwist und eine Feindschaft, indem die Böhmen durch die mehreren Stimmen der Deutschen (Baiern und Sachsen) immer überstimmt wurden und ihnen dadurch lukrative Vortheile entgingen. Die Universität hatte nämlich damals das Recht, durch freie Wahl sich selbst zu administriren, durch die Mehrheit der Stimmen verfügten daher die Deutschen von jeher sowohl über die Aemter der Universität, als auch über den Genuß der Stiftungen und Collegiaturen, worüber schon Ende 1384 stürmische Unruhen ausbrachen. Als nun durch das Decret des Königs Wenzel IV. vom 18. Januar 1409 der böhmischen Nation auf der Prager Universität drei Stimmen, den andern drei Nationen aber nur eine Stimme zuerkannt wurden, entstand darüber eine so tiefe Entrüstung, daß die fremden Nationen die Prager Universität verließen und dann die deutschen Universitäten bevölkerten, weßhalb die hussitische Lehre aus nationaler Abneigung von den ausgewanderten deutschen Lehrern in Deutschland selbst keine Verbreitung fand und somit todtgeschwiegen wurde;

c) die hussitische Kirchenbewegung war eine rein religiöse, ohne jede Beimengung eines politischen Momentes; nicht so war es bei der lutherischen Reform der Fall. Mit dem Sturze der päpstlichen Gewalt sanken auch die vielen kirchlichen Güter und Stifte: diese wurden später von den einzelnen Landesherren eingezogen, wie wir dies aus dem ersten Fall an der im Jahre 1525 stattgefundenen Säkularisirung des Ordenslandes Preußen durch den Markgrafen Albrecht von Brandenburg sehen. Die lutherische Reformation war daher den Unabhängigkeits- und Annexionsgelüsten der deutschen Fürsten günstig; dazu kam noch, daß sich die deutschen Stände durch Kaiser Karl V. in ihrer Reichsfreiheit angegriffen sahen, was zur Bildung der protestantischen Union führte, welche dann der evangelischen Lehre eine Machtentfaltung zukommen ließ, ohne welche dieselbe die großen Erfolge schwerlich je erreicht hätte;

d) als Huß mit seiner Lehre auftrat, mußte er ihr vom Anfange an erst den Weg bahnen und den Boden dazu vorbereiten; Luther fand dagegen seine Zeit für eine Reformation schon mächtig vorbereitet. Das Ansehen des Papstes war tief gesunken; Geister, wie ein Sikingen, Hutten, Schaumburg, arbeiteten Luther in die Hände; das deutsche Volk und der Adel ermuthigten ihn, auf dem eingeschlagenen Wege vorwärtszuschreiten, und erst durch diese Aufmunterungen veranlaßt, forderte Luther die Nation und den Adel auf, das päpstliche Joch abzuwerfen, während er, wie es sein (im §. 30 citirter) Brief deutlich zeigt, lange Zeit an einen Abfall vom Papste selbst nicht dachte. Die Form des Protestantismus gestaltete sich daher erst durch das Hinzukommen dieser äußeren, für Luther so günstigen Umstände, und Luther wurde erst durch dieselben zur vollen Entfaltung der Reformation gedrängt;

e) ungeachtet des Bannstrahles und der Reichsacht fand Luther Schutz auf der Wartburg, wo er für die Reformation an dem mächtigsten Hebel der Verbreitung derselben, — der Uebersetzung der Bibel — arbeiten, und für dieselbe überhaupt thätig sein konnte. Huß aber fand statt der Wartburg den Scheiterhaufen und seine Thätigkeit für alle weiteren Reformarbeiten hatte damit ihren Abschluß;

f) ein Haupthinderniß der späteren Ausbreitung der hussitischen Lehre lag aber schließlich noch in den Hussitenkriegen und den verheerenden Raubzügen derselben in die Nachbarländer, vorzüglich Oesterreich, Schlesien und der Lausitz, wodurch die bitterste Feindschaft mit diesen Nachbarländern herbeigeführt und somit jeder Gedanke an eine gegenseitige Annäherung unmöglich gemacht wurde.

So wie Luther also durch die günstigen äußeren Verhältnisse zum vollen Erfolge der Reformation getragen wurde, so scheiterte die hussitische Reformation an den von Außen kommenden ungünstigen Einflüssen.

————————

C) Ulrich Zwingli. (1494—1531.)
Johann Calvin. (1509—1564.)
Die Reformation in der Schweiz. (1518.)

§. 52. Beiläufig zu derselben Zeit, als Luther in Sachsen auftrat, breitete sich auch in der Schweiz durch Zwingli, jedoch von Luther ganz unabhängig, — eine ähnliche Umgestaltung der kirchlichen Verhältnisse aus.

§. 52.
Zwingli.

Ulrich Zwingli, geboren 1484 zu Wildhausen in der Graf
schaft Toggenburg, war der Sohn des dortigen Amtmannes und
wurde für den geistlichen Stand bestimmt. Er studirte in Basel und
Bern, und brachte dann einige Jahre auf der Universität in Wien
zu, wo er sich mit dem Studium der Philosophie beschäftigte. Nach
seiner Rückkehr in die Schweiz ward er Schullehrer in Basel und
hier war Thomas Wittenbach sein Lehrer in der Theologie,
1506. besonders aber im Bibelstudium. Im Jahre 1506 wurde Zwingli
zum Priester geweiht, später Pfarrer und Prediger zu Glarus,
wo er sein Bibelstudium fleißig fortsetzte. Als die deutsche Reformation begann, war Zwingli Pfarrer in Einsiedeln im Kantone
Schwiz. Hier fing er an, in Gemeinschaft mit einigen gleichgesinnten
Mönchen des dortigen Klosters, gegen die Wallfahrten und Seelen-
messen zu predigen. Der Boden war auch in der Schweiz für die
Reformation schon vorbereitet, indem auch hier Unzufriedenheit über
den Verfall des geistlichen Standes, dessen Reichthum und schwel-
Zwingli in gerisches Leben herrschte. Zwingli wurde im Jahre 1518 zum Leut-
Zürich. priester in Zürich ernannt und trat am 1. Januar 1519 sein
neues Amt an. — In Zürich öffnete sich ihm auch ein größerer
Wirkungskreis. In seinen Vorträgen legte er das Hauptgewicht auf
die Erklärung der heiligen Schrift und fing er an, in zusammenhängenden Vorträgen dem Volke das ganze neue Testament zu erklären. Nach seiner Lehre sollte man sich nur an die heilige Schrift
halten, weil nur sie allein in Glaubenssachen entscheide. Die Aussprüche der Päpste, die Lehren der Kirchenväter und die Traditionen
solle man nur dann annehmen, wenn sie mit der Bibel überein-
stimmen. Damals trat in der Schweiz (1519) der Barfüßermönch
Der Ablaß- Samson mit den Ablaßbriefen auf, gegen welchen Zwingli ganz
krämer Sam- besonders eiferte, so daß dieser Mönch von vielen Gliedern der
son. 1519. schweizerischen Tagsatzung den Wink erhielt, mit dem Ablaßkrame
ein Ende zu machen.

Gerade aus dem Anlasse, daß Zwingli gegen den Ablaß
predigte, wurde ihm die Anschuldigung gemacht, daß er ein Lutheraner
sei; gegen diese Anschuldigung nahm er aber Gott zum Zeugen,
daß er an Luther nie einen Buchstaben geschrieben und sich nur
lediglich an die Bibel gehalten habe.

Seine Vorträge erregten großes Aufsehen und wurden mit
Beifall aufgenommen. Zwingli erwarb sich auch viele Freunde und
der Rath von Zürich kam ihm entgegen und befahl im Jahre 1520,
daß alle Pfarrer gleichmäßig über das neue Testament predigen,

sich nur an die Bibel halten und alle menschlichen Erfindungen weg=
lassen sollen. Der Bischof von Constanz trat zwar gegen Zwingli
auf, der Rath, unter dem damaligen Bürgermeister Max Röust
schützte aber Zwingli und da auch die Dominikaner Zwingli für
einen Ketzer erklärten, so ordnete der Rath am 29. Januar 1523
in der großen Rathsstube zu Zürich zwischen den beiden Partheien
ein Religionsgespräch an, bei dem 600 Zuhörer anwesend waren Religions=
gespräch.
29. Januar
1523.
und das für dieselben so überzeugend war, daß der Rath hierauf
erklärte, es habe Niemand den Dr. Zwingli einer Ketzerei aus der
Schrift überführen können und deßhalb solle derselbe fortfahren,
nach dem Geiste Gottes die hl. Schrift zu verkünden.

Zwingli schaffte sodann die lateinische Sprache im Gottes= Abschaffung
der Messe und
Bilder.
dienste sowie die Bilder ab und führte deutschen Gesang und deutsche
Lithurgie ein

§. 53. In derselben Zeit machte die Reformation auch in §. 53.
Reformation
in Basel.
Oecolam=
padius.
Basel bedeutende Fortschritte und hier war es der treffliche Theologe
Oecolampadius, ein Freund des Sikingen, welcher die neue Lehre
verbreitete. Der bekannte Dr. Eck hielt 1526 in Baden mit Zwingli
und Oecolampadius eine Disputation, und diese, sowie eine andere
im Jahre 1528 zu Bern abgehaltene, war für die Kantone ent=
scheidend, in Folge deren sich dann dort die Reformation gerade
ausbreitete.

§. 54. Die Reformation fand aber nicht überall in der §. 54.
Religions=
streit in der
Schweiz.
1529.
Schweiz die gleiche Ausbreitung und bald gab es Streit zwischen den
Katholiken und den Reformirten, denn die demokratisch regierten
alten Kantone: Schwyz, Uri, Unterwalden und Zug blieben
nicht blos katholisch, sondern wollten auch die neue Lehre in ihren
Gebieten nicht dulden. Die Zürcher, welche dies aber wieder nicht
leiden wollten, verlangten, daß darüber die Stimmenmehrheit auf
dem gemeinsamen Gebiete entscheiden solle. Beide Theile wandten
sich an ihre Unterthanen, von denen aber ein großer Theil der
Reform beitrat, wodurch dann die Macht der alten Kantone ge=
schwächt wurde. Die Kantone Zürich und Bern, welche die Refor=
mation angenommen hatten und welche die mächtigsten aristokratischen
Staaten waren, schlossen sodann mit einander ein Bündniß, in das
sie auch Biel, Mühlhausen, Basel und St. Gallen aufnahmen.
Als Gegengewicht schlossen wieder Schwyz, Uri, Unterwalden,
Zug und Luzern im Jahre 1529 gleichfalls ein Bündniß zum
Schutze ihres Glaubens, suchten zugleich Hilfe bei Ferdinand von
Oesterreich und gaben einander in Innsbruck das Wort, sich gegen=

jeitige Hilfe zu leisten; auch sollte alles, was innerhalb der Eid
genossenschaft erobert werde, den fünf Kantonen bleiben, alle aus
wärtigen Eroberungen aber sollten an König Ferdinand fallen.

Der Bruch zwischen den beiden Theilen wurde aber im
Jahre 1529 noch aufgehalten, indem der Landmann Johann Anbli
von Glarus zwischen den Katholiken und Reformirten einen Frieden
zu Wege brachte, nach dem jedem Kanton das Recht zukam, in seinem
Gebiete die Religion zu bestimmmen. Doch diese Verhältnisse konnten
offenbar keinen langen Bestand haben, und so brach denn auch bald
der wirkliche Bürgerkrieg aus.

§. 55.
Der
Religions-
Bürgerkrieg.
1531.

§. 55. Die alten fünf Kantone, welche den Frieden von 1529
für sich als nachtheilig erkannten, indem sich die Reformation dabei
immer mehr ausbreitete, klagten jetzt Zürich an, daß in St. Gallen,
wo der Abt die Flucht ergriffen hatte, der neue Gottesdienst und
mit ihm die weltliche Verwaltung eingerichtet werde.

In Zürich wünschte man zwar auch den Krieg, da aber
Bern sich dagegen erklärte und nicht Hilfe leisten wollte, so wurde
blos der Beschluß gefaßt, den fünf Orten die Zufuhr von Korn,
Salz, Wein und Eisen abzuschneiden, welche Maßregel die Bevölkerung aber auf das Höchste erbitterte. Die fünf Kantone ließen
daher 8,000 Mann in das Gebiet von Zürich einrücken; die Züricher,
die aber noch nicht vorbereitet waren, konnten dem Feinde nur
einen unordentlichen Haufen schnell zusammengeraffter Mannschaft
entgegenstellen, mit der auch Zwingli auszog.

Treffen bei
Kappel.
11. Okt. 1531.
Zwingli's
Tod.

Am 11. Oktober 1531 kam es zwischen den beiden Theilen
bei Kappel unweit Zürich zum Treffen, und da die Züricher nicht
nur schwächer waren, sondern auch keine Führung hatten, so wurden
sie auch gänzlich geschlagen und auch Zwingli wurde von dem
Unterwaldner Hauptmann Juckingen im Kampfe mit der Hellebarde niedergestochen und blieb tod am Schlachtfelde. Die Feinde
ließen dann den Leichnam Zwingl's viertheilen und verbrennen.

Mit diesem Treffen war aber der Bürgerkrieg noch nicht beendet, denn die reformirten Kantone Bern, Basel, Schaffhausen
und die anderen Orte sandten jetzt den Zürichern Hilfe, so daß ihr

Treffen bei
dem Zuger-
berg.
24. Okt. 1531.

Heer auf 24,000 Mann anwuchs. Vor dieser Macht mußten sich
die Katholischen zurückziehen, worauf dieselben dann eine feste Stellung
auf dem Zugerberge nahmen.

Friede.
16. November.

Den auf sie am 24. Oktober 1531 unternommenen Angriff
schlugen sie aber ab und siegten, worauf sodann am 16. November
ein Friede auf dem Hofe Teynikon abgeschlossen wurde. In diesem

Frieden versprach man sich gegenseitige Duldung und den Ge=
meinden, sowie den Vogteien sollte es gestattet sein, zum alten Glau=
ben zurückzukehren, in Folge welcher Bestimmung dann auch an vielen
Orten eine Restauration des Katholicismus, so in Glester, Glarus,
Rapperswyl, Argau ꝛc. eintrat. Doch viel mehr Boden, als der
Protestantismus durch diesen Krieg in der Schweiz verlor, gewann
er auf der anderen Seite zur selben Zeit wieder in Genf, wo
Calvin der Reformation eine folgenschwere Bewegung verschaffte.

§. 56. Johann Chauvin, latinisirt „Calvin", war am
10. Juli 1509 zu Noyon in der Piccardie, wo sein Vater könig=
licher Prokurator war, geboren. Er studierte Anfangs die Rechte,
wendete sich aber dann zur Theologie, und das Studium der Bibel
machte ihn zum Reformator; er schloß sich den in Paris befind=
lichen Protestanten an und predigte in ihren geheimen Versamm=
lungen, und schon damals, als er erst 24 Jahre alt war, erachteten
ihn dieselben für einen Hauptpfeiler ihrer Kirche, selbst die Königin
Margaretha von Navarra (Schwester Franz I.), die eine geheime
Anhängerin der protestantischen Lehre war, ließ ihn öfter im Ge=
heimen zu sich entbieten, um mit ihm Gegenstände der Religion zu
besprechen. Wegen den Verfolgungen, welchen die Protestanten aus=
gesetzt waren, mußte aber Calvin Frankreich verlassen. Er begab
sich sodann nach Basel, wo damals durch Zwingli bereits der
Katholicismus verdrängt war, er war auch da thätig und begab sich
sodann zur Erholung seiner geschwächten Gesundheit nach Italien,
mußte dasselbe aber wegen der Inquisition rasch wieder verlassen.
In Genf wurde indessen die neue Lehre seit einigen Jahren durch
zwei reformirte Prediger, Wilhelm Farel und Peter Biret ver=
breitet. Der Streit mit dem Bischof wurde von da an in Genf
immer heftiger; an der Spitze der Katholiken stand damals der
Chorherr Wernli, und es kam zu häufigen Aufläufen und
Kämpfen, in deren einem auch Wernli erschlagen wurde. Endlich
kündigte aber der Rath dem Bischofe den Gehorsam auf, und auf
seinen obrigkeitlichen Befehl wurde hierauf 1535 die Reformation in
Genf eingeführt.

Um diese Zeit — im August 1536 — kam Calvin nach Genf;
über Farel's Aufforderung mußte er dort predigen und seine Pre=
digten fanden so vielen Beifall, daß er als Prediger und Lehrer der
Theologie dort angestellt wurde. Calvin und Farel waren be=
strebt, die Kirche von der Staatsgewalt unabhängig zu machen,
beide machten sich aber so viele Feinde, daß sie 1538 aus der

§. 56.
Calvin.
1509—1564.

Stadt verwiesen wurden — Calvin wurde dann in Straßburg
zum Prediger ernannt, wo er gleichfalls viele Anhänger hatte

Da sich unterdessen aber in Genf indeß Vieles geändert und
Calvin's Partei wieder das Uebergewicht erhalten hatte, so wurde
er wieder zurückgerufen und kehrte dann im September 1541 nach
Genf zurück. — Von dieser Zeit an behielt Calvin den größten und
entscheidendsten Einfluß auf Genf's Kirchen- und Staatsregierung
Es wurde dann ein aus weltlichen und geistlichen Mitgliedern
zusammengesetztes Consistorium gebildet, welches ein Sittengericht für
das Volk war, und wie strenge es urtheilte, zeigen die Beispiele,
daß z. B. eine Putzmacherin zu drei Tagen Gefängniß verurtheilt
wurde, weil sie eine Braut zu reich geschmückt hatte; ein Kind wurde
sogar enthauptet, weil es die Eltern geschlagen hatte; die Karten-
spieler wurden auf den Pranger gestellt ꝛc. ꝛc.

Die eingeführte Härte und Strenge machte aber Viele in Genf
vor Ingrimm zittern, doch vergebens, es blieb von da an das
Zion der neuen Orthodoxie.

Wie hart und grausam Calvin übrigens gegen Anders-
denkende auftrat und wie er sich derselben Unduldsamkeit schuldig
machte, die er seinen Gegnern, den Katholiken vorwarf, beweist
folgender Fall:

Ein gewisser Michael Servetus (Servet), ein lebhafter
Kopf, hatte sich, gleich Calvin, dem Studium der Bibel und der
Kirchenväter gewidmet. In der Theologie hatte er sich ein System
gebildet, worin er besonders die Lehre von der Gottheit Christi, so,
wie sie von der Kirche allgemein angenommen und auch von den
Reformatoren nicht angefochten ward, bestritt, weßhalb er zu den
„Antitrinitariern" gerechnet wurde. — Seinen Angriff auf die
herrschende Lehre von der Dreieinigkeit hatte er schon 1531 unter dem
Titel „de trinitatis erroribus" in einem von ihm herausgegebenen
Buche gemacht, wodurch er sowohl bei den Katholiken, wie auch bei
den Protestanten verhaßt wurde. Als man daher entdeckte, daß
Servet der Verfasser sei, wurde er ins Gefängniß geworfen, aus
dem es ihm jedoch zu entspringen gelang. Nachdem er darauf in
der Welt herumgezogen war, kam er wieder, und zwar heimlich
nach Genf, wurde hier aber erkannt, und auf Calvin's Antrag
abermals eingekerkert. Letzterer suchte nun Servet zu bekehren; doch
da dieß fruchtlos blieb, wurde Servet über ausdrückliches Zuthun
Calvin's zum Feuertode verurtheilt, welche Hinrichtung derselbe
persönlich noch beschleunigte; Servet wurde hierauf am 27. Oktober

1553 nach unendlichen Qualen, da man zu dem Scheiterhaufen nasses Holz genommen hatte, verbrannt.

Mit diesem Verfahren waren selbst die Reformirten nicht einverstanden, weil sie besorgten, daß die Katholiken behaupten würden, daß die Protestanten die gerügten Grundsätze der Katholiken ebenfalls bei sich geltend machen.

Selbst Luther war in diesem Punkte duldsamer, als Calvin, indem er sagte, daß es genug sei, wenn falsche Lehrer von der Obrigkeit des Landes verwiesen würden.

Durch Calvin's Ruf wurden eine Menge Studenten nach Genf gelockt und daselbst durch ihn viele evangelische Religionslehrer ausgebildet. Auch brachte es Calvin durch eine Uebereinkunft mit den Züricher Theologen dahin, daß sich die Anhänger Zwingli's mit ihm vereinigten, so daß sie ferner keine getrennten evangelischen Kirchen mehr bildeten.

Calvin starb im 55. Jahre seines Alters am 27. Mai 1564. **Calvin's Tod. 27. Mai 1564.**

Anhang.

Durch die Reformations-Ideen des Katholicismus aller Zeiten zieht sich wie der rothe Faden in einem Gewebe, ein und derselbe Grundgedanke, auf den sich alle Reformationsbestrebungen zurückführen lassen. — Es ist dies das Anstreben gewesen, die christliche Kirche nur auf der Grundlage der heiligen Schrift festzustellen und Alles abzustreifen, was nicht ausdrücklich in derselben enthalten ist, und das erst später, durch Erläuterungen derselben, durch päpstliche Dekretalien und Concilien als weitere Glaubenssätze aufgestellt wurde. In den verschiedenen Reformationsperioden wurde hiezu vornehmlich die Lehre von der Suprematie des Papstes, von dem heil. Abendmahle, der Ohrenbeichte, dem Ablasse, dem Fegefeuer, der Anrufung der Heiligen, Verehrung der Bilder, der Priesterehe ꝛc. ꝛc., gerechnet.

Derartige Grundideen kamen aber nicht vielleicht erst mit Wikleff, Huß und Luther in die Welt, sondern sie waren schon drei Jahrhunderte vor Huß in Frankreich (Peter Bruys und Priester Heinrich) und bei den „Albigensern" vorhanden; auch heute sind die Bestrebungen der Reformation des Katholicismus noch nicht abgeschlossen, und derartige Grundideen sind heute noch thätig, wie wir es in unserer Gegenwart bei der Bildung der „altkatholischen Gemeinden" finden.

Soll daher die Epoche der Reformation vollständig sein und ihr Bild allseits abgerundet erscheinen, so muß noch der Bericht über die „Albigenser" aus dem zwölften Jahrhunderte, sowie über die neuesten Reformbestrebungen des neunzehnten Jahrhunderts betreff der Altkatholiken nachgetragen werden.

A) Die Albigenser. (1173—1229.)

§. 57. Die reformatorischen Hauptangriffe auf die römische Hierarchie datiren zwar erst — wie gezeigt wurde — seit Wikleff, Huß und Luther, nichtsdestoweniger aber äußerte sich schon drei Jahrhunderte früher mannigfacher Widerspruch von Seite der Katholiken gegen die unbedingte Macht der katholischen Kirche, und die Bemühungen der Päpste, ihr Ansehen ungeschmälert zu erhalten, waren auch durch derartige Angriffe auf dasselbe hervorgerufen worden. Insbesonders war es die Thätigkeit des Papstes Innocenz III. (1198—1216), in den eigentlichen Angelegenheiten der Kirche, welche für alle folgenden Zeiten die einflußreichste in der Ausbildung der Lehre des Kampfes gegen die Ketzer gewesen ist. Schon im Anfange des eilsten Jahrhundertes traten in der katholischen Kirche andersgläubige Partheien auf, welche zum Theile den Glauben auf die evangelische Einfachheit zurückführen, und die Erkenntniß Gottes nur aus dem Evangelium ableiten wollten. In solcher Art wirkte seit dem Anfange des zwölften Jahrhundertes ein Priester, Peter von Bruys und sein Nachfolger Namens Heinrich, in Frankreich, und zwar mit solchem Erfolge, daß namentlich in Toulouse und Albi die angesehensten Bürger, und auf den Schlössern die Herren zu dem neuen Glauben sich bekannten und, wie Abt Bernhard von Clairvaux sagt, die Kirchen dann ohne Gemeinden und die Gemeinden ohne Priester waren.

In gleicher Art entstand auch die Sekte der sogenannten „Waldenser" oder die „Armen von Lyon" genannt, deren Schöpfer 1173 Peter von Vaux oder Waldus ein reicher Kaufmann zu Lyon war. Er wurde dadurch, daß 1173 einer seiner Freunde plötzlich todt neben ihm zusammenstürzte, von einer so tiefen inneren Bewegung ergriffen, daß er den Entschluß faßte, der Welt zu entsagen, seine Habe den Armen zu geben und das Evangelium zu verkünden, um den früheren apostolischen Zustand der Kirche wieder herzustellen. Ihn und seine Anhänger beseelte der Sinn einer christlichen Frömmigkeit, welche die Freuden der Welt verachtete und Besserung der Sünder predigte. Sie beabsichtigten Anfangs keineswegs, sich von der Kirche zu trennen, erst als sie die Sittenlosigkeit der Geistlichen streng und offen tadelten, und Papst Lucius III. 1184 über sie den Bann aussprach, schieden sie aus der Kirche, doch ungeachtet aller Verfolgungen konnte es nicht verhindert werden, daß sie immer zahlreicheren Anhang fanden.

Der Sitz dieser Glaubenspartheien war das südliche Frankreich und vornehmlich die Grafschaft Toulouse und das Ländchen Albigeois, weßhalb sie auch den Gemeinnamen „Albigenser" erhielten, welche auch der große Dichter Lenau zum Gegenstande seines herrlichen Epos: „Die Albigenser," als freie Dichtung, machte.

Die
Albigenser.

Da die Zahl dieser Glaubensgenossen ungeachtet aller Unterdrückungsversuche immer mehr zunahm, so wurde endlich deren Ausrottung beschlossen, und Papst Innocenz III. sandte deßhalb im Frühjahre 1198 den Cisterziensermönch Rainer nach dem südlichen Frankreich, um gegen diese Ketzer einzuschreiten, den Bann über diejenigen, welche ihre Irrthümer nicht abschwuren, sowie deren Beschützer auszusprechen, und die weltlichen Herren unter Androhung von Bann und Interdikt dazu zu zwingen, daß sie die Exkommunicirten ächten und ihre Güter einziehen sollten.

Dem Mönche Rainer wurden später noch Peter von Castelnau, Archidiakonus von Maguelonne und der Abt Arnold von Citeaux als Legaten beigegeben. Als aber ihre Predigten und Disputationen gegen die Ketzer nichts fruchteten, wurde beschlossen, gegen dieselben Gewalt anzuwenden. Peter von Castelnau begab sich sodann in die Provence, um die Herren des Landes aufzufordern, die Ketzer mit Waffengewalt auszurotten, und da sich Graf Raimund IV. von Toulouse, als Herr des Landes weigerte, seine ruhigen und fleißigen Unterthanen der Verfolgungswuth preiszugeben, so wurde auch über ihn der Bann und über seine Länder das Interdikt ausgesprochen. — Da es sich hierauf ereignete, daß Peter von Castelnau, nachdem er den Grafen von Toulouse bei einer Zusammenkunft in St. Gilles neuerdings exkommunicirt hatte, und sich von demselben in heftigem Zorne trennte, gleich darauf am 15. Januar 1208 an der Rhone ermordet gefunden wurde, so schrieb der Papst diesen Mord Peter's dem Grafen zu, obzwar dafür keine Beweise vorlagen, und forderte sodann

den König Philipp von Frankreich, die Barone und die Bevölkerung des Landes auf, den Grafen und seine Freunde ihrer
Länder zu berauben, die ketzerischen Bewohner auszurotten und an
deren Stelle Rechtgläubige zu setzen. Zugleich ließ er gegen diese
Ketzer das Kreuz predigen, und sagte Jedem, der die Waffen gegen
den Grafen und die Ketzer ergreifen würde, den vollen Ablaß zu.
Bestürzt über diese Vorfälle unterwarf sich Graf Raimund den Forderungen des Papstes, übergab demselben im Juni 1209 sieben seiner
Schlösser und schwur, allen Befehlen des Papstes und seiner Legaten
gehorsam sein zu wollen. Erst hierauf sprach der päpstliche Legat Milo
den Grafen von dem Banne los, und indem er ihn geißelte, führte
er ihn an einer Stola, welche dem Grafen um den Hals gelegt war,
in die Kirche. — Sechszehn der angesehensten Barone mußten dort
gleichfalls schwören, den Befehlen des Papstes und der Legaten
gehorchen zu wollen, worauf der Graf erst das Kreuz erhielt.

Indessen zogen aus allen Theilen Frankreichs nach Lyon,
dem Schauplatze, Schaaren von Kreuzfahrern, welche die Habsucht
nach reicher Beute in die wohlhabenden Gegenden des südlichen
Frankreichs trieb. Unter den Kreuzfahrern waren viele angesehene
geistliche und weltliche Herren, namentlich Odo III. von Burgund, die Grafen Nevers, S. Pol und Bar an der Seine und
Simon von Montfort, der den Kreuzzug des Dogen Dondolo
verlassen hatte (s. I. Epoche §. 38). — Der Abt Arnold wurde
sodann zum Anführer des Kreuzzuges gewählt, und Graf Raimund
mußte sich diesem Kreuzheere anschließen.

Der Sturm ging zuerst gegen den Vizgrafen den Vicomte
Roger von Beziers, der vergeblich zu Montpellier durch Vorstellungen die Gefahr abzuwenden versuchte, er mußte sich daher zur
Vertheidigung entschließen, worauf er sich nach Carcassone begab.
Am 22. Juli 1209 erschien das Kreuzheer vor der Stadt Beziers;
diese wurde in kaum drei Stunden erstürmt, ausgeplündert und verbrannt; kein Stand, kein Alter und Geschlecht wurde verschont,
20,000 Menschen wurden erschlagen und in der Magdalenenkirche
viele Tausende verbrannt und zwar ohne Unterschied, ob Ketzer oder
Katholiken, indem der Abt von Citrang meinte: „Schlagt nur todt,
„der Herr wird die Seinen schon erkennen."

Erschreckt durch diese Metzelei, flüchteten die Besitzer von mehr
als hundert der umliegenden Orte in die unwegsamen Gebirge der
Umgegend.

1209.

Kreuzzug
gegen die
Albigenser.
1209.

Zerstörung
von Beziers.
22. Juli 1209.

Am 1. August 1209 rückte das Kreuzheer vor die durch Kunst und Natur feste, reiche und sehr bevölkerte Stadt Carcaffone, welche belagert wurde. Da aber die Festigkeit der Stadt dem Kreuz= heere widerstand, so ließ der Legat den Vizgrafen Roger von Beziers zur Verhandlung eines Vergleiches in das Lager ein= laden, wobei dem Grafen zugeschworen wurde, daß er sicher kommen und wieder gehen könne. Da in der Stadt bereits die Brunnen durch die Hitze ausgetrocknet und Krankheiten entstanden waren, so folgte der Vizgraf, nichts Böses ahnend und dem Schwure ver= trauend, der Einladung. Allein bei seiner Rückkehr wurde er gefangen genommen und die Zusicherung der Gewährung des freien Geleites nicht eingehalten. Sobald nun die Einwohner von Carcoffone diesen Treubruch erfuhren, flüchteten sie durch einen unterirdischen Gang in die Wälder, so daß nur einige Hundert in die Hände der Kreuzfahrer fielen, welche auf Arnold's Befehl lebendig verbrannt wurden. Die Besitzungen des Vizgrafen wurden sodann von den Legaten an Simon von Montfort geschenkt, welcher dafür die Abgabe der Zehnten, Erstlinge und drei Deniers von jedem Hause an die Kirche zusagte. Der gefangene Vizgraf starb aber bald darauf im Gefäng= nisse, wahrscheinlich an Gift.

Nach der Eroberung der Länder des Vizgrafen wandte sich der Kreuzzug gegen das Land des Grafen von Toulouse; dieser Krieg wurde mit fürchterlicher Grausamkeit geführt und die Ketzer selbst dann verbrannt, wenn sie auch abschwören wollten. Da der Graf von Toulouse in neuen Verdacht der Ketzerei kam, so wurde über ihn 1211 der Bann neuerdings verhängt, derselbe im Treffen bei Muret am 12. September 1213 von Simon von Montfort gänzlich geschlagen, worauf Letzterer auch von der Graf= schaft Toulouse Besitz nahm. Das zwei Jahre darnach zu Rom ab= gehaltene Concilium sprach dann auch die Besitzungen der Grafen von Toulouse dem Grafen Simon von Montfort zu. Nur die Güter in der Provence sollten dem Sohne des Grafen von Toulouse, Rai= mund VII., verbleiben. Dieser aber führte den Krieg gegen Mont= fort unermüdet weiter; es gelang ihm, sich der Stadt Toulouse wieder zu bemächtigen, und Simon von Montfort, welcher hierauf (1217) die Stadt belagerte, wurde durch einen Steinwurf getödtet. Nach dem Tode Montfort's setzte aber dessen Sohn Amalrich den Krieg mit Raimund fort, hatte aber an demselben einen so tüchtigen und glücklichen Gegner, daß Amalrich, um doch etwas für sich zu retten, im Jahre 1224 alle seine Rechte auf Toulouse an den König

von Frankreich übertrug. — In Folge dessen mußte sich Raimund
von Toulouse auf dem Concil zu Paris im Jahre 1229 zu einem
Frieden bequemen, der ihn nöthigte, seine Tochter Johanna an
Alfons, den Bruder Ludwig's IX. zu verheirathen, sich zeitlebens
nur mit den in den Bisthümern Toulouse, Cahors und Agen
liegenden Gütern zu begnügen, die Burg Toulouse und Alles,
jenseits der Rhone liegende Gebiet sogleich abzutreten und das Uebrige
nach seinem Tode seiner Tochter, ihrem Gemahle und ihren Erben
zuzusichern, nebstdem noch fünf Jahre lang gegen die Saracenen zu
fechten und endlich zu Paris öffentlich Kirchenbuße zu thun. — So
endeten also nach 20 Jahren die Albigenserkriege, deren politische
Folge die Unterdrückung der einst so mächtigen Grafen von Toulouse
war. Die fleißigen, betriebsamen und friedfertigen Bewohner der
Grafschaften waren gewaltsam ausgerottet, der Gewerbefleiß vernichtet und die fruchtbaren Landstrecken in Einöden verwandelt!

§. 58. Eine andere kirchliche Folge dieses Krieges war dann
die Einführung der Inquisition (Glaubensgericht). Dieses neue
Ketzergericht hatte mit dem früheren Aufsichtsrechte der Bischöfe
nichts gemein, der Schwerpunkt desselben lag in der Heimlichkeit
der Ankläger, die dem Angeklagten eben so wenig, als der ganze
Umfang der Klage bekannt wurden, und in der Heimlichkeit des
Rechtsganges, von dem außer dem Bereich der Inquisitoren durchaus nichts verlautete, so daß der Ausspruch, der über Vermögen,
Ehre und Leben entschied, bei der Schwierigkeit der Appellation an
den Papst ganz unumstößlich war.

Schon auf dem im November 1229 zu Toulouse abgehaltenen
Concil wurde bei Errichtung der Inquisition folgendes genauer festgestellt: „Die Erzbischöfe und Bischöfe sollen in jeder Parochie
„zwei bis drei Geistliche oder im Nothfalle mehrere Laien durch
„einen Eid verpflichten, den Ketzern nachzuspüren, und deßhalb alle
„Häuser, die irgend verdächtigen unterirdischen Gemächer und jeden
„anderen Schlupfwinkel zu durchsuchen, und die aufgefundenen
„Ketzer zur Strafe anzuzeigen. Die Grundbesitzer sollen sich die
„Aufsuchung der Ketzer in den Dörfern, Häusern und Wäldern,
„und die Zerstörung der Schlupfwinkel angelegen sein lassen; die-
„jenigen, welche den Ketzern den Aufenthalt gestatten, sollen ihr
„Land verlieren und die Häuser, in welchen sie gefunden würden,
„sollen zerstört werden. Jeder sollte das Recht haben, auch auf
„den Besitzungen Anderer Ketzer aufzusuchen und dieselben gefangen
„nehmen. Alle Männer vom vierzehnten und alle Frauen vom

„zwölften Jahre an, sollen jede Ketzerei abschwören und eidlich ge=
„loben, dem katholischen Glauben treu zu bleiben, die Ketzer zu ver=
„folgen und anzuzeigen, und Jeder soll, wofern er sich der Ketzerei
„nicht verdächtig machen will, jährlich dreimal beichten und com=
„municiren. Endlich wurde den Laien der Besitz der Bücher des
„alten und neuen Testamentes aufs strengste untersagt, mit Aus=
„nahme des Psalters, doch sollten sie auch diesen nicht in einer Ueber=
„setzung in der Landessprache besitzen.*)

Im Jahre 1233 gestaltete Papst Gregor IX. die von dem
Concilium zu Toulouse angeordnete Einrichtung der Inquisition
dahin um, daß er das Geschäft der Ketzerverfolgung den Domini=
kanermönchen übertrug; durch dieselben wurde dann die Inquisition
aber noch unmenschlicher und willkührlicher, so daß in dieser Zeit
die Consulen in Narbonne in einem Schreiben an die Consulen
von Nismes klagten: „daß die Inquisitoren sich weder um die
„Bestimmungen des kanonischen noch des bürgerlichen Rechtes küm=
„merten, daß sie Leute, auf welche auch nicht einmal ein Verdacht
„falle, gefangen setzen und ihre Güter in Beschlag nehmen und ver=
„theilen. Einige hätten zwar ihre Freiheit wieder erhalten, aber
„erst dann, bis sie ihres Eigenthumes beraubt worden seien; Andere
„würden dagegen im Gefängnisse getödtet, ohne daß über ihren
„Glauben eine Untersuchung angestellt, ein Urtheil gesprochen sei,
„und durch verfängliche Fragen suchten sie einfache und ungebildete
„Leute zu ketzerischen Antworten zu verlocken.**)“

Gegen das Ende des 15. Jahrhunderts bildete sich dann die
Inquisition namentlich in Spanien zu der fürchterlichen Höhe aus,
daß sie gleich den Molochdienern des Alterthumes, Gott durch
Menschenopfer zu ehren glaubte und der Großinquisitor Peter Ar=
bues († 15. September 1485) sich rühmen konnte, allein 30,000
Ketzer vertilgt zu haben!

B) Die Altkatholiken. (1870.)

§. 59. Unter dem Pontifikate Papst Pius IX. tagte vom
8. Oktober 1869 bis zum 20. Oktober 1870 das Vatikanische Con=
cilium, dessen Hauptergebniß die „Dogmatisirung der päpst=
lichen Infalibität ex cathedra" war.

§. 59.
Das vatika=
nische Conci=
lium.
(8. Okt. 1869
bis
20. Okt. 1870.)

*) Acta concil. alos, bei Mausi XXIII, 191—204. (wörtlich).
**) Menard, histoire de Nismes I pg. 74. (wörtlich).

An diesem Concil nahmen von 1044 Berechtigten 767 Väter Antheil

Die Dogmatisirung der päpstlichen Unfehlbarkeit wurde übrigens seit Jahren vorbereitet und namentlich waren dafür in Frankreich die Kundgebungen so bedeutend, daß dies dem sterbenden Montalembert die Worte auspreßte: „Ihr macht im Vatikan einen Götzen!"

Der Papst selbst bereitete auch seinerseits die katholische Welt sowohl auf seine Unfehlbarkeit, sowie auf die Richtung, in der dieselbe gebraucht werden sollte, vor. Die Definition von der unbefleckten Empfängniß und der Syllabus mit seiner Verdammung der Gewissensfreiheit und der Gleichberechtigung der Confessionen wurde schon als das Präcedenz eines neuen katholischen Glaubensartikels geschaffen.

Die deutschen Bischöfe, welche es wußten, wozu sie nach Rom berufen werden, kamen am Grabe des hl. Bonifacius zusammen und von hier aus gaben sie dem katholischen Volke die Versicherung, daß das Concil keine neue Lehre aussprechen werde, welche nicht in der hl. Schrift oder in der Ueberlieferung enthalten sei.

Deßwegen hatten, während noch die Verhandlungen über die päpstliche Unfehlbarkeit im Zuge waren, die deutschen Bischöfe schon auf die Gefahren einer Kirchenspaltung hingewiesen, welche durch die Proklamirung des neuen Dogma heraufbeschworen würden, doch dies war vergebens, und Papst Pius IX. wies einen opponirenden Bischof, welcher die Unfehlbarkeit des Papstes als einen Selbstmord der Kirche (suicidium ecclesiae) bezeichnete und sich auf die Tradition berief, mit den Worten zurück: „Die Tradition, das bin ich."

Ungeachtet aller Vorstellungen erfolgte am 13. Juli 1870 die Abstimmung über das neue Dogma. 371 Mitglieder stimmten mit „Ja", 60 stimmten nur bedingt „Ja", und 88 stimmten mit „Nein." Am 18. Juli 1870 fand dann die feierliche Proklamation des neuen Dogma der päpstlichen Unfehlbarkeit statt!

Das Dogma der Unfehlbarkeit des Papstes.
18. Juli 1870.

§. 60. Mit dem Proteste, welchen die Minorität der Versammlung eingebracht hatte, schien die Sache abgethan zu sein; der geringe Umfang der oppositionellen Bewegung ließ das Concilium hoffen, daß die Widerstrebenden leicht zum Gehorsam zurückgeführt werden, und so schien der Widerspruch sich nur auf Universitätskreise beschränken zu wollen.

Die Reformbewegung. Allein der katholische Professor Michelis in Braunsberg war der erste, der noch im Juli 1870 gegen den sich vergötternden

Papst, als gegen einen Häretiker und Verwüster der Kirche, in der Oeffentlichkeit die Anklage erhob. In München war es der erste der katholischen Theologen, der Stiftsprobst von Döllinger, der sich an die Spitze der Opposition stellte und dem sich Professor Friedrich anschloß. Döllinger erklärte, daß die Unfehlbarkeits=bulle nicht als Ausfluß eines ökumenischen Concils anerkannt werden könne, vielmehr als eine neue, von der Kirche niemals anerkannte Lehre zu verwerfen sei.

Mit Döllinger vereinigten sich dann 44 Münchner Pro=fessoren zu einem Proteste gegen die bindende Kraft des vatikanischen Concils und gegen die Gültigkeit seiner Beschlüsse. Diesem Pro=teste ist hierauf eine Anzahl katholischer Professoren zu Bonn, Bres=lau, Freiburg und Gießen beigetreten, und die Führer der Be=wegung traten Ende August 1870 in Nürnberg zu einer Con=ferenz zusammen. Aus dieser Conferenz wurde eine von Döllinger und Friedrich in München, Knoodt in Bonn und dem ausge=zeichneten Canonisten Dr. Schulte in Prag gegen die vatikanischen Beschlüsse unterzeichnete Erklärung in der Presse veröffentlicht. *Conferenz in Nürnberg. August 1870.*

Jetzt war aber auch der Augenblick gekommen, wo die Bischöfe zu kirchlichen Maßregeln griffen, um die drohende Bewegung zu unterdrücken.

Die Bischöfe verlangten daher von den katholisch=theologischen Fakultäten die Ausstellung von Reversen, gemäß welchen sie ihre Unterwerfung unter das Concil und das neue Dogma erklären sollten. Einige, wie Haneberg in München und Dieringer in Bonn, stellten diese Reverse aus und wurden in den Schooß der Kirche zurückgeführt. Gegen die Anderen aber, welche sich nicht fügten, unter denen sich außer den oben Genannten auch die Bonner Professoren: Reusch, Langen und Hilgers befanden, giengen die Bischöfe zuerst mit der missio canonica und der Suspension von allen priesterlichen Funktionen, und zuletzt mit der Excommunication vor. Dieses Schicksal traf auch die Pfarrer und Religionslehrer; so den Militärpfarrer Grunert zu Insterburg, den Religionslehrer Wollmann und den Seminardirektor Treibl in Braunsberg, den Pfarrer Tangermann zu Unkel am Rhein, den Weltpriester Hirsch=walder in Breslau, die Pfarrer: Bernard zu Kiefersfelden und Hosemann zu Tuntenhausen in Baiern. Jetzt trat aber die preußische und baierische Regierung dagegen auf und beide schützten die Gemaßregelten in ihren Aemtern, und die preußische Re=gierung verbot sodann den theologischen Fakultäten jeden direkten Ver= *Kirchliche Maßregeln gegen die Be=wegung.* *Regierungs=maßregeln.*

fehr mit ihren Bischöfen Die gemaßregelten Professoren durften daher troß der bischöflichen Verbote ihre Vorlesungen wieder fortsetzen.

Bewegung in Laienkreisen. Bisher war die Bewegung noch immer nur auf theologische Kreise beschränkt geblieben, jetzt aber bemächtigten sich derselben auch die Laienkreise, und es liefen Erklärungen auch aus diesen ein, so der Protest einer Versammlung zu Königswinter am Rhein, 14. August 1870, dann ein Protest der Altkatholiken zu München, und es fingen sich hie und da die ersten altkatholischen Gemeinden zu bilden an, so zu Mehring in der Augsburger Diöcese und zu Kathowitz in Schlesien. Vom 20.—24. September tagte dann der Altkatholiken-Congreß zu München, wo der Beschluß gefaßt wurde: überall, wo das Bedürfniß vorhanden sei, eine regelmäßige Seelsorge herzustellen und sonach eigene Pfarreien und Gemeinden zu gründen, und nach den Beschlüssen dieses Congresses sollte die katholische Kirche so erhalten bleiben, wie sie vor dem verhängnißvollen 18. Juli 1870 bestand.

Altkatholiken-Congreß zu München. 20.—24. September 1871.

Altkatholische Gemeinden. In Folge dieses Beschlusses konstituirten sich sobann altkatholische Gemeinden zu Passau, München, Straubing, Kempten, Kaiserslautern, Köln, Bonn, Elberfeld, Heidelberg und Freiburg. Die Münchner Gemeinde erhielt die Nikolaikirche und in Straubing die Garnisonskirche eingeräumt und übernahm hier der excommunicirte Priester Max Hort die Seelsorge. In Köln wurde der altkatholischen Gemeinde die Garnisonskirche St. Pantaleon zur Benützung eingeräumt, und als der Armeebischof durch die altkatholische Messe diese Kirche für entweiht erklärte und dem altkatholischen Pfarrer die Einstellung des Gottesdienstes befahl, leitete die Regierung gegen den Armeebischof die Disciplinaruntersuchung ein.

Der zweite altkatholische Congreß zu Köln. 20.—24. September 1872. Der zweite altkatholische Congreß tagte vom 20.—24. September 1872 zu Köln und erlangte eine besondere Wichtigkeit durch die abgegebene Erklärung: „daß die Proklamation der päpstlichen „Unfehlbarkeit nicht bloß den objektiven Gehalt der Kirchenlehre, „sondern auch die Substanz des lehrenden Subjektus selbst ver- „ändert, und damit eine ultramontane Gegenkirche constituirt habe. „In Folge dessen habe das neukatholische Episkopat seine bisherige „Jurisdiktion über die der alten Kirche treu gebliebenen Glieder „verloren, und die Staatsgewalt habe die Pflicht, die Altkatholiken „in ihren kirchlichen Rechten zu schützen, und ihre Bischöfe und „Pfarrer anzuerkennen, und sie von der Beitragspflicht zu dem „neukatholischen Kirchenwesen zu entbinden.""

Der zweite Schritt, der zu Köln geschah, war die am 4. Juni 1873 vorgenommene Wahl des ersten altkatholischen Bischofs, und es wurde als solcher Dr. Reinkens, seither Professor der Kirchen=geschichte zu Breslau, den ein längerer Aufenthalt in Rom von jeder Idealisirung des Papstes geheilt hatte, zum ersten altkatholischen Bischofe gewählt.

Der dritte altkatholische Congreß tagte vom 11.—24. September 1873 zu Konstanz und beschäftigte sich mit der Synodal= und Gemeindeordnung; auf Grund desselben trat dann zu Bonn am 27.—29. Mai 1874 die altkatholische Synode zusammen, welche eine Reihe von Beschlüssen über Ohrenbeichte, Fasten, Abstinenz, und über die Einführung der Volkssprache im Gottesdienste faßte.

Der vierte altkatholische Congreß tagte vom 5.—9. September 1874 in Freiburg.

Der dritte altkatholische Congreß zu Konstanz. 11.—24. September 1873.

Der vierte altkatholische Congreß in Freiburg. 5.—9. September 1874.

§. 61. Seit dem Jahre 1874 nimmt die Bewegung des Alt=katholicismus, obzwar langsam, aber dennoch in Preußen, Baden, Hessen, Oldenburg und Baiern stetig zu. In Preußen sind die gebildeten altkatholischen Gemeinden auf Grund des Gesetzes vom 4. Juli 1875, und in Baden auf Grund des Gesetzes vom 15. Juli 1874 staatlich anerkannt. In Oesterreich beschränkt sich der Alt=katholicismus heute auf Wien, Ried und das nördliche Böhmen, wo kurz nach der Proklamirung der päpstlichen Unfehlbarkeit am 16. März 1872 in Warnsdorf eine altkatholische Gemeinde ge=gründet wurde, zu der alle jene im Lande zerstreut lebenden Alt=katholiken gehören, die nicht näher zur altkatholischen Gemeinde in Wien oder Ried (in Oberösterreich) haben. Am 18. Oktober 1877 erschien eine Verordnung des österr. Cultusministeriums, wodurch die altkatholische Kirche in Oesterreich gesetzlich anerkannt, und allen anderen in Oesterreich anerkannten Religionsgenossenschaften gleich=gestellt wurde. In letzterer Zeit ist auch die neue Gemeinde der Altkatholiken im Isergebirge mit dem Sitze in Dessendorf in Bildung begriffen.

§. 61. Stand des Altkatholi=cismus.

Obzwar der Altkatholicismus schon 15 Jahre besteht, so stehen noch immer in Deutschland nur 50,000 Altkatholiken den 14 Millionen Neukatholiken gegenüber. Dieses Procent ist wohl ein sehr minimales, doch darf man daraus keineswegs schließen, daß das Infallibilitäts=Dogma von den 14 Millionen des deutschen Volkes anerkannt, an=genommen und geglaubt werde, denn diese minimale Zahl hat mit

dem Dogma nichts zu thun, vielmehr liegen die Ursachen dieser geringen Ausbreitung des Altkatholicismus, als ein eigenes Zeichen
unserer Zeit, in ganz anderen Verhältnissen, und es läßt sich diese
Erscheinung, auf welche man die Maßstäbe der Reformationszeit des
16. Jahrhundertes nicht anlegen darf, aus den heutigen Verhält
nissen der Gesellschaft leicht erklären, die es zuließen, daß man dem
aufgeklärten 19. Jahrhunderte ein Dogma zu glauben zumuthen
kann, welches nicht einmal dem 12. Jahrhunderte zu glauben zu=
gemuthet wurde.

Ein Grund dieser sonderbaren Erscheinung liegt in der ge=
änderten religiösen Erregbarkeit, die in der Gegenwart, im Gegen=
satze zu jener des 16. Jahrhundertes, besteht. In der Reformations=
zeit des 16. Jahrhundertes war die religiöse Stimmung eine welt=
beherrschende, welche alle Gemüther bewegte und bei jedem Katholiken
die Frage nach der Sicherung seines Seelenheiles in die erste Linie
drängte. Heute hat dieses religiöse Bedürfniß eine ganz geänderte
Gestalt angenommen und es fußt zumeist in der eigenen religiösen
Ueberzeugung, welche, da ihr die staatlichen Gesetze und Verordnun=
gen nicht mehr den Gewissenszwang, wie in den früheren Jahr=
hunderten aufdrängen und dieselbe nicht mehr bevormunden, einem
Indifferentismus gegenüber den Formen erzeugte, welcher sich bis
zur gesetzlich gestatteten Konfessionslosigkeit ausbildete.

Hiezu kommt andererseits ein stark herrschender Scepticismus
mit Verzichtleistung auf die religiöse Wahrheit überhaupt.

Solche Zustände waren zur Zeit des 16. Jahrhundertes ganz
unbekannt, und diese sind es daher, die der Ausbreitung des Alt=
katholicismus jetzt hindernd in den Weg treten. Als das Dogma
der Unfehlbarkeit proklamirt wurde, geschah der Uebertritt von
Tausenden zum Altkatholicismus unter dem widrigen ersten Ein=
drucke, welche ihren Widerspruch hiedurch manifestiren wollten; als
aber dieser Eindruck dann wieder erblaßte, so trat der Indifferen=
tismus wieder ein, weßhalb der weitere Uebertritt unterblieb. Dieser
Indifferentismus läßt also den Altkatholicismus wohl geschehen, unter=
stützt ihn aber nicht in der Bewegung und Entfaltung.

Wenn es überhaupt möglich wäre, sich in gleicher Art die
statistischen Zahlen betreff der Annahme des neuen Dogma von jedem
Katholiken zu verschaffen, wie sie z. B. bei einer Volkszählung sich
ergeben, so dürfte das jetzt bestehende Verhältniß der 50,000 Alt=
katholiken zu den 14 Millionen deutschen Neukatholiken umso wahr=
scheinlicher ein vollkommen umgekehrtes sein, als selbst die 88 Bischöfe,

die mit einem unbedingten „Nein" gegen das Dogma gestimmt hatten, erst nachträglich sich der Anerkennung desselben aus Oportunitätsrück= sichten fügten, welcher Schritt sonach an ihrer früheren Ueberzeugung gewiß nichts änderte. Uebrigens waren unter den 371 Mitgliedern, die unbedingt mit „Ja" stimmten, viele bloße Titularbischöfe und sehr viele tägliche Kostgänger des Papstes!

Ein weiterer gewichtiger Grund, welcher die Ausbreitung des Altkatholicismus sozusagen auf sich selbst anweist, liegt in dem Unterschied der Methode, nach welcher der Protestantismus im 16. Jahrhunderte ausgebreitet wurde, und wie jetzt die Ausbreitung des Altkatholicismus stattfindet. Wir haben es bei der Reformation gesehen, welche gewichtigen politischen Motive damals mit thätig waren, ja damals waren es die Obrigkeiten selbst, welche die neue Lehre bei ihren Unterthanen einführten, und Glaubenszwang gab es damals auf beiden Seiten, so gut bei den Katholiken, wie auch bei den Protestanten. Wäre der Protestantismus damals ebenso nur auf sich selbst angewiesen gewesen, wie es heute der Altkatholicismus ist, so ist es sehr fraglich, wie die endgiltigen Resultate ausgefallen wären. Damals erfreute sich daher der Protestantismus der Hilfe und Pflege der Regierungen, wo dagegen heute der Altkatholicismus bloß einer kühlen und nicht sehr freundlichen Neutralität der Staatsgewalt begegnet. Angenommen, wenn beim Ausbruche des Altkatholicismus ein deutscher Fürst, z. B. König Ludwig von Baiern, sich ebenso, wie es im 16. Jahrhunderte der Kurfürst von Sachsen that, der Bewegung angeschlossen hätte, so wären wahrscheinlich noch größere Massenresultate erzielt worden, als bei dem Protestantismus. —

Will man diese hier angeregten Gedanken noch weiter aus= bauen, so wird man für das Verhältniß der 50,000 Altkatholiken zu den 14 Millionen Neukatholiken gewiß das richtige Verständniß erhalten.

§. 62. Da aber das vatikanische Dogma der Unfehlbarkeit des Papstes nunmehr eine vollendete Thatsache ist, so entsteht auch naturgemäß die weitere Frage nach der praktischen Bedeutung dieser Thatsache, und in dieser Beziehung muß man diesem Dogma die eminenteste praktische Bedeutung von der größten Tragweite beilegen, und es sind hauptsächlich zwei Errungenschaften für den päpstlichen Stuhl, die gewichtig schwer in die Wagschale fallen.

§. 62.
Die Bedeutung des Dogma für den römischen Stuhl.

Der erste Gewinn ist ein hierarchischer und liegt in der Concentration der unbedingten Priesterherrschaft in der einzigen Hand des im Vatikan residirenden sichtbaren Menschen, des Papstes. So

lange die Unfehlbarkeit nur dem ökumenischen (allgemeinen) Concilium, d. i. der Versammlung der Gesammtheit der Bischöfe, zulam,
insolange ließ sich die Selbstständigkeit des Episkopates, die Gleich-
stellung und Ebenbürtigkeit aller Bischöfe, trotz des Vorranges des
Papstes, als des ersten Bischofes, nicht aus dem Rechte der Kirche
hinwegschaffen, und es konnten Zeiten kommen, in denen ein Widerspruch der Bischöfe gegen die Befehle des Papstes in einem allgemeinen
Concil ganz wohl erhoben werden konnte, und, wie es die Geschichte
lehrt, sind derartige Fälle auch öfter vorgekommen. Mit der Proklamirung des neuen Dogma ist aber einem solchen Widerspruche
gründlich vorgebeugt, denn jetzt ist der Papst der absolute Herr der
Kirche; er allein ist die Tradition, er kann jetzt allein ex cathedra
neue Glaubenslehren ohne einem ökumenischen Concil und ohne die
Bischöfe, produciren, und so sind die letzteren von nun an nichts mehr,
als — die bloßen päpstlichen Vikare, und die frühere Selbstständigkeit und das Selbstbewußtsein der Bischöfe ist in dem neuen Dogma
somit gänzlich untergegangen. — Der Papst koncentrirt daher in Folge
dieses Dogma omnipotent die Allgewalt der Kirche einzig und allein
in seiner Hand, und von nun an müssen die Bischöfe den unfehlbaren Befehlen des Papstes die unbedingte Obedienz leisten, selbst
dann, wenn dieselben auch die Erkenntniß anderer Pflichten gegen
das Volk und das Vaterland haben sollten.

Der zweite Hauptgewinn, welcher der Ausfluß des neuen
Dogma für den päpstlichen Stuhl ist, liegt auf dem politischen
Gebiete:

Bisher hat es noch kein Concil ausgesprochen und es zu einem
Glaubensdogma gemacht, daß die weltliche Macht der päpstlichen
unterthan sei. Die Geschichte erzählt uns wohl reichliche Beispiele,
daß manche Päpste derartige Anforderungen machten, und dieselben
auch durchgeführt haben. Seitdem aber die Unfehlbarkeit des Papstes
dogmatisirt wurde, hat für den strenggläubig römischen Katholiken
die weltliche Obrigkeit desselben aufgehört, der römischen Oberhoheit
gegenüber eine andere selbstständige göttliche Ordnung zu sein, welcher
er mehr zu gehorchen hätte, als den dogmatischen Lehren und
Befehlen des unfehlbaren Papstes. Zugleich fließt aber aus der
Dogmatisirung dieser Unfehlbarkeit auch noch mit logischer Nothwendigkeit die weitere Konsequenz: „daß alle früheren Kathedral-
„aussprüche der Päpste unfehlbar und daher für die römischen
„Katholiken als Glaubenslehrsätze stets bindend waren und es noch
„heute sind!"

Nach diesem war und ist somit jetzt noch z. B. die Bulle des Papstes Bonifacius VIII. (1303.): „Unam sanctam," ein Glaubenslehrsatz, in welchem es ausdrücklich heißt: „Es gezieme sich, „daß ein Schwert unter dem anderen Schwerte sei," und dann weiter der Beisatz folgt: „Wir erklären, sagen aus, entscheiden und „verkünden, daß es jeder menschlichen Obrigkeit schlechthin zum Heile „nothwendig sei, dem römischen Pontifex unterthan zu sein."

Durch einen solchen unfehlbaren Ausspruch ist daher die Unter= werfung jeder weltlichen Gewalt unter das römische Pontifikat zweifellos ausgesprochen.

Dies hat auch der bekannte Bischof Dupanloup von Orleans in seinem Gutachten über das beabsichtigte Dogma mit den bezeich= nenden Worten ausgesprochen:

„Wenn einer solchen Definition stattgegeben wird, so wird „der Papst entscheiden können: über die weltliche Herrschaft, über „deren Maß, über die Gewalt Könige abzusetzen, und über das „Zwangsverfahren gegen die Ketzer."

Daß übrigens bei der römischen Curie solche Gedanken und Grundsätze seit jeher ausgebildet waren, das lehrt uns die Geschichte, die uns z. B. in Papst Gregor VII. (1073.) die verkörperte Idee eines absoluten Papstregimentes vorführt; und die darauffolgende tiefe Demüthigung des Kaisers Heinrich IV., in den Tagen vom 25.—28. Januar 1077 in dem Hofe von Canossa liefert dazu eine zu sprechende Illustration.

In gleicher Art ist diese Idee in dem Doppelbanne aus= gesprochen, welchen Papst Gregor IX. über den Staufenkaiser Friedrich II. am 29. September 1227 und 23. März 1228 ver= hängte, und ein Beispiel, wie über ganze Länder päpstlicherseits beliebig verfügt wurde, zeigt uns das Vorgehen des Papstes Sixtus V., welcher 1587, in Consequenz des über die Königin Elisabeth von England verhängten Bannes, das ganze König= reich England an den König Philipp von Spanien als ein römisches Lehen übertrug. (Siehe VI. Epoche, 2. Abtheilung §. 18 dieses Werkes.)

Auch die neueste Geschichte liefert uns für diese römischen Grundsätze einen weiteren Beleg, indem Papst Pius VII. selbst gegen Napoleon I. im Jahre 1808 den Grundsatz aufstellte: „daß dem Papste die oberste Aufsicht über alle weltliche Macht zu= stehe," und am 10. Juni 1809 gegen denselben die Bannbulle in der Peterskirche anschlagen ließ. (S. IX. Epoche §. 118 dieses Werkes.)

Die Darlegung dieser zwei Haupterrungenschaften, welche die Dogmatisirung der päpstlichen Unfehlbarkeit dem römischen Stuhle zubrachte, möge hier genügen, um zu zeigen, wie durch dieses Dogma die katholische Lehre betreff des Verhältnisses der Kirche zum Staate wesentlich verschoben wurde, indem in Folge dieses Dogmas der Staat der Kirche unterstellt wird.

Wollte man hier einwenden, daß obzwar das fragliche Dogma bereits 15 Jahre besteht, noch kein solcher Gebrauch davon gegen den Staat gemacht wurde, so müßte man darauf antworten, daß die verflossenen 15 Jahre noch keinen Beweis dafür abgeben, daß eine solche Anwendung überhaupt nie davon gemacht werde, denn Niemand kann die Verwickelungen der Zukunft vorhersehen und ein gefährliches Samenkorn kann, wenn auch später, dennoch aufkeimen, und seine Früchte tragen.

——————

§. 63.
Die alt=
katholische
Glaubens=
lehre und Or=
ganisation der
Kirche.

§. 63. Was das Wesen der altkatholischen Kirche in ihren Glaubenslehren, als auch in ihrer Organisation betrifft, so ist die= selbe auf den Principien der alten christlichen Kirche aufgebaut.

In Bezug auf ihre Glaubenssätze verwirft sie Alles, was von Rom im Interesse seiner Herrschaft seit der Trennung der christ= lichen Kirche in eine orientalische und occidentalische als Glaubens= satz aufgestellt worden ist, und indem sie sich hiemit auf den Stand= punkt der noch ungetheilten Kirche stellt, strebt sie die Wiedervereini= gung der anglikanischen, evangelischen, griechischen und altkatholischen Kirchen an; sie verwirft daher unbedingt das Dogma der Infalli= bilität des Papstes, den Beicht= und Fastenzwang, das Cölibat, verbannt den Gebrauch der lateinischen Sprache beim Gottesdienste und verlangt die Abhaltung desselben in der Muttersprache, als dem Volke verständlich.

Was die Organisation der altkatholischen Kirche anbelangt, so beruht dieselbe auf der demokratischen Einrichtung der ersten christ= lichen Gemeinden, wie sie beschaffen waren, ehe noch die Hierarchie sich der Herrschaft bemächtigte.

Das erste Glied in dieser Organisation ist der Kirchenrath. Die stimmberechtigten Mitglieder einer altkatholischen Gemeinde wählen aus ihrer Mitte 6—18 Mitglieder als den Kirchenrath, welchem die Besorgung aller jener Gemeindeangelegenheiten obliegt, welche nicht zur Seelsorge gehören. Der Pfarrer ist als solcher stets Mitglied des Kirchenrathes.

Das zweite Glied in der Organisation bildet die Haupt=
versammlung der Gemeinde. Der Kirchenrath hat alljährlich die
Hauptversammlung der Gemeinde einzuberufen, um derselben den
Rechenschaftsbericht über die Gebarung des Gemeindevermögens vor=
zulegen. Das wichtigste Recht der Gemeinde ist die Wahl ihres
Pfarrers, indem in altkatholischen Gemeinden kein Geistlicher ohne
Einverständniß der Gemeindeglieder angestellt werden darf.

Das letzte Glied in dieser Organisation ist die Synode. —
Dieselbe wird alljährlich einmal zur Behandlung aller gemeinsamen
Dinge der altkatholischen Gemeinden, welche die Leitung der kirch=
lichen Angelegenheiten, die Disciplinarsachen gegen Geistliche und
Laien rc. betreffen, einberufen. Mitglieder der Synode sind je ein
Delegirter auf 100 selbstständige Mitglieder einer jeden altkatholischen
Gemeinde, sowie alle Geistlichen derselben.

Als Exekutionsorgan ihrer Beschlüsse wählt die Synode einen
Synodalrath, bestehend aus fünf Laien und vier Geistlichen, und
hat das Recht, einen Bischof zu wählen.

Dies ist der heutige Stand des Altkatholicismus.

––––––

Wenn man die in dieser Epoche dargelegte Geschichte der ver=
schiedenen Reformationen, wie sie in den Jahrhunderten auftraten,
mit der letzten Reformation durch den Altkatholicismus, unter
einander vergleicht, so findet man in dieser letzten Reformation aber=
mals eine Wiederholung jener Vorgänge sammt dem gebräuchlichen
Bannfluche, wie sie in den Reformationsperioden früherer Jahr=
hunderte vorkamen, und fast scheint es, daß gewisse Kreise aus der
Geschichte nichts gelernt hätten, und stationär geblieben wären. —
Welche Wendung nun diese kirchliche Gährung noch nehmen wird,
vermag Niemand vorherzusehen; Kreuzzüge gegen die Ketzer und
Religionskriege überhaupt wird es heute nicht mehr geben, aber das
Eine steht schon heute fest, und das ist: daß ein Ausgleich zwischen
dem Alt= und Neukatholicismus, so wie er z. B. durch die Com=
paktaten im Jahre 1433 die hussitische Bewegung beilegte, unmög=
lich sei, denn damals handelte es sich um kein Glaubensdogma; heute
ist aber die Infallibilität des Papstes zum Dogma geworden, und
über Dogmen ist jeder Ausgleich undenkbar! —

VI. Epoche.

Die großen Kämpfe der Reformation gegen die Reaktion des Katholicismus.

Einleitung.

Da überall, wo reformatorische Bestrebungen des Katholi=
cismus auftraten, dieselben auch einer Reaktion begegneten,
so ist es selbstverständlich, daß der Zusammenstoß dieser
Gegensätze dann zu den gegenseitigen heftigsten Kämpfen
führen mußte, und jeder dieser Kämpfe mußte sich dann folgerichtig
um so erbitterter gestalten, je größer die Mittel und Kräfte der
Partheien waren. Bei solchen schroffen Gegensätzen war dann auch
ein gegenseitiges Einverständniß und eine freiwillige Duldung
Andersdenkender ganz ausgeschlossen, so daß diese Kämpfe entweder
nur durch völlige Besiegung des einen Theiles beendet, oder im Falle
gleicher Kräfte, nur durch beiderseitige Erschöpfung ein gegenseitiges
gezwungenes Dulden erreicht werden konnte. Daher kam es auch),
daß jeder der Glaubenskriege eine so lange Dauer hatte, was wir
selbst bei dem Albigenser Kriege, der doch eine so geringe Lokalab=
grenzung hatte, sehen. In größtem Maßstabe tritt aber diese Er=
scheinung bei jenen Religionskriegen auf, welche in Folge der Lutheri=
schen Reformation entstanden, weil eben diese Reformation in Europa
die weiteste Verbreitung fand. Aus dieser Ursache entwickelte sich
daher um die Mitte des 16. Jahrhunderts, mit dem Wachsthume
der Gefahr, auch die mächtigste Reaktion des Katholicismus, denn
damals hatte die katholische Kirche in Folge der Lutherischen Refor=
mation nicht nur das zu beschützen, was sie noch besaß, sondern
möglicher Weise auch noch dasjenige wieder zu gewinnen, was sie
bereits schon verloren hatte.

Zu den großen Glaubenskriegen, welche die Reformations=
bestrebungen des Katholicismus herbeigeführt haben, rechnen wir
folgende fünf:

a) bie Hussitenkriege;

b) die großen Reformatorischen Kämpfe der Niederlande gegen die spanische Herrschaft;

c) die Hugenottenkriege in Frankreich;

d) die blutigen Reformationsbewegungen unter Heinrich VIII. in England, und

e) den 30=jährigen Krieg.

Bei diesen fünf Religionskriegen begegnen wir aber der eigen= thümlichen Erscheinung, daß nur der erste derselben, „der Hussiten= krieg", eigentlich ein Glaubenskrieg genannt werden könne, welcher nur wegen Glaubensansichten geführt wurde und der nur die reli= giöse Meinung, ohne jede Beimengung eines politischen Momentes, zum Gegenstande hatte, wo hingegen bei den vier anderen Kriegen allerdings die Glaubens= und Gewissensfreiheit ebenfalls die mit= veranlassende Grund=Ursache war, in dieselbe aber später andere politische Momente in dem Grade eingemengt wurden, als der ur= sprüngliche Religionskampf an Kraft und Widerstandsfähigkeit zu= nahm, und eben dadurch zur Durchführung anderer nebenherlaufender politischer Absichten und Interessen geeignet erschien.

Wir wollen jetzt diese Religionskriege in möglichster Kürze, soweit dies ohne Beeinträchtigung des allgemeinen Verständnisses geschehen kann, besprechen.

I. Abtheilung.
Die Hussitenkriege. (1419—1434.)

§. 1. Als die Nachricht von dem grausamen Feuertode des *Der Eindruck* Huß in Böhmen bekannt wurde, brachte sie im ganzen Lande Ent= *der Verurthei=* setzen, Wuth und den allgemeinen Unmuth des Volkes hervor; der *lung Huß' in* Rachegeschrei über den Tod des Volkslehrers steigerte sich dann aller *Böhmen.* Orten, und an dem Scheiterhaufen Huß' entzündete sich eine Kriegs= fackel, welche durch 16 Jahre Böhmen und die umliegenden Länder durch einen grausamen Krieg, dem beiderseits die Mensch= lichkeit ferne war, verheerte, und dessen bedeutsames Symbol der den Bekennern Huß' Lehre im Abendmahle verweigerte Kelch, wurde. Die wilde, aus religiöser Ueberzeugung hervorgegangene Leidenschaft der Hussiten wandte sich zuerst gegen die Priester und Mönche, welche dem Volke den Kelch im Abendmahle verweigerten, weil das

Concilium die Austheilung desselben ausdrücklich für letzerisch erklärt hatte. Die Priester wurden mißhandelt, die Klöster und Stifte ge plündert und zum Theile zerstört.

Protest der böhmischen Stände an das Constanzer Concilium. September 1415. Noch im September 1415 erließen die böhmischen und mähri schen Stände an die Constanzer Kirchenversammlung ein Schreiben, in welchem sie in den heftigsten Worten das Vorgehen dieser Ver sammlung bei der Verurtheilung des Huß tadelten, in dem sie sich weiter gegen jeden Vorwurf einer Ketzerei verwahrten und zugleich erklärten, daß sie ihre Prediger bis aufs Blut schützen und ver= theidigen würden.

Bündniß des Landtages. In gleicher Art beschloß der versammelte böhmische Landtag ein Bündniß aufzurichten, daß Gottes Wort frei nach der Schrift gelehrt, keinem Bannsluche in diesen Sachen Folge geleistet werden möge, und der bischöflichen Gewalt solle nur in so lange gehorcht werden, als sie nach der heiligen Schrift verfahre, sonst aber solle man sich an die Aussprüche der Prager Universität halten.

König Wenzel IV. ließ sich zwar zu diesem Bündnisse nicht herbei, doch hinderte er die Ausbreitung desselben in keiner Art.

In Constanz erließen wohl der Papst und die Prälaten allgemeine Schreiben (von denen eines nicht weniger als 452 Siegel anhängen hatte), in denen über alle diejenigen, welche die Lehre Huß annehmen oder verbreiten würden, die Excommunication und der Feuertod verhängt würde, allein alle diese Drohungen waren dem leidenschaftlich aufgeregten und Rache fordernden Volke gegen= über wirkungslos, im Gegentheile nahm dadurch die Bewegung nur noch größere Dimensionen an.

Nur König Wenzel IV., welcher von seinem Bruder Kaiser Sigismund dazu aufgefordert wurde, entließ von seinen Hofleuten alle jene, welche hussitisch gesinnt waren, und unter ihnen den Nikolaus von Hussinez und Johann Zizka von Trocnow, die sich dann um so eifriger an die Seite des Volkes stellten und seine Führer wurden.

Gewaltthätig= keiten der Ultraquisten. Die Gährung im Volke wurde immer stärker, und bald ver= mochte die Strömung der Leidenschaften nichts mehr zu hemmen. Das Volk hatte sich der Stefanskirche in der Neustadt Prag's mit Gewalt bemächtiget und hielt dort den utraquistischen Gottesdienst.

30. Juli 1419. Als sodann am 30. Juli 1419 eine Prozession bei dem Neustädter Rathhause vorbei zog, blieb dieselbe dort stehen und das Volk ver= langte von dem Bürgermeister die Entlassung einiger daselbst be= findlicher hussitischer Gefangenen. Da dieses Begehren aber zurück=

gewiesen, die Hussiten aus den Fenstern des Rathhauses mit Steinen
beworfen wurden und ein Steinwurf den Geistlichen, der den Kelch
trug, traf, so stürmte Zizka an der Spitze eines Haufens das
Rathhaus, worauf dann die Rathsherren aus den Fenstern in die
Spieße der Hussiten geworfen wurden.

Diese Gewaltthat reizte den Zorn des Königs auf das Höchste, **Tod König**
und es ist fraglich, welche Wendung die Sache genommen hätte, **Wenzel's IV.**
wenn er nicht schon am 16. August 1419 plötzlich gestorben wäre. **16.Aug.1419.**

§. 2.   Der Tod des Königs löste vollends alle Bande der   **§. 2.**
Ordnung auf.   Die Bevölkerung, welche zum großen Theile hussitisch **Unruhen nach**
gesinnt war, ließ nun ihrem Hasse gegen die Geistlichen und Mönche **dem Tode des**
die Zügel schießen; Kirchen und Klöster wurden geplündert, zum **Königs.**
Theile verbrannt, die Geistlichen mißhandelt und von Prag aus
verbreiteten sich diese Gewaltthaten im Lande immer weiter.

Kaiser Sigismund ward jetzt der Thronerbe Böhmens, er **Regentschaft.**
bestellte die Königin Wittwe Sophie als Regentin des Königreiches
an seiner Statt, gab ihr einen Regentschaftsrath aus ihm ergebenen
Baronen bei und setzte an dessen Spitze den obersten Burggrafen
des Königreiches, Čeněk von Wartenberg.

Der hierauf berufene allgemeine Landtag forderte von Sigis= **Der Landtag.**
mund die Zusicherung einer vollkommenen Religionsfreiheit für die
Hussiten; König Sigismund sollte nämlich das Communiciren unter
beiderlei Gestalten in allen Kirchen des Landes freigeben und das
Verketzern der Utraquisten unter Strafe der Landesverweisung ver=
bieten, keine Geistlichen bei den weltlichen Aemtern anstellen und
ihnen überhaupt keine weltliche Herrschaft zugestehen.

Da die Antwort Sigismund's ausweichend war, der Papst
und das Concilium übrigens den Bann über die Hussiten bereits
ausgesprochen und gegen dieselben den weltlichen Arm zur Züchti=
gung angerufen hatte, so war der Religionskrieg unvermeidlich
geworden.

§. 3.   Die nächsten Ereignisse des Jahres 1419 bestanden **§. 3.**
dann in Volksversammlungen auf den Bergen „Tabor", „Oreb", **Volksver=**
bei den „Kreuzen", einer Höhe hinter Jessenitz, welche sehr zahl= **sammlungen.**
reich besucht waren, wo Predigten über das Wort Gottes und das **Vorberei=**
Communiciren unter beiderlei Gestalt an der Tagesordnung war, **tungen zum**
und mit denen Gewaltthätigkeiten gegen Klöster und Mönche ver= **Kriege.**
bunden waren.

Nikolaus von Hussinetz und Zizka von Trocnow sahen
aber den unvermeidlichen Kampf voraus, machten sich auf denselben

gefaßt und trachteten die schlecht bewaffneten und undisciplinirten Volkshaufen kriegstüchtig und widerstandsfähig zu machen

Diesen Vorbereitungen entgegen schloß der Prager Magistrat *Bewaffneter am 6. Oktober 1419 mit der Königin Regentin Sophie, einigen Bund. — Er-Prälaten, Rittern und Städten einen bewaffneten Bund, und die richtung eines Regentin nahm dann eine große Zahl deutscher Truppen in ihren stehenden Sold, errichtete so ein stehendes Heer, das sie unter den Befehl des Heeres. Oktober 1419. Cenek von Wartenberg stellte und ließ die Prager Burg und andere feste Gebäude und Klöster besetzen. Auch auf dem Lande wurden mehrere Edelleute in regelmäßigen Sold genommen und die Burggrafen erhielten die Weisung, keine Volksversammlungen mehr zu dulden.

Die ersten Als sodann am 1. November das Volk zu einer angesagten Kämpfe. Volksversammlung nach Prag zog, kam es bei Kuin zwischen diesen Nov. 1419. Schaaren und den gegen dieselben ausgesandten Söldnern zu dem ersten blutigen Zusammenstoß, in dem die Letzteren geworfen wurden. Eben so gab es in Prag zwischen den Hussiten und den Soldtruppen blutige Kämpfe, welche bis in die Nacht dauerten, wobei mehrere Häuser eingeäschert wurden, bis die Prager endlich den Sieg er- fochten und die Königin Witwe auf die Burg Kundratitz flüchten mußte. Diese Kämpfe dauerten noch weitere vier Tage lang in Der Waffen-Prag fort, bis es endlich am 13. November gelang, einen Waffen- stillstand. stillstand, der bis zum 23. April 1420 dauern sollte, abzuschließen, 13. November in dem den Hussiten die Communion unter beiderlei Gestalt ge- 1419. stattet wurde. Zizka und mehrere andere Eiferer, die mit dem Waffenstillstande unzufrieden waren, zogen hierauf nach Pilsen.

Vorgänge in Da der Partheienhaß einmal zum vollen Ausbruche gekommen Kuttenberg. war und die Kuttenberger Bergleute die entschiedensten Ketzerfeinde 4. November. waren, so benützten dieselben die Kämpfe in Prag, um die in Kuttenberg wohnenden Hussiten zu vertilgen. Es wurden dann am 4. November alle Hussiten, deren man habhaft werden konnte, hin- gerichtet, indem man sie köpfte, verbrannte, oder lebend in die tiefste Schacht hinabstürzte. Da die Bergleute für jeden eingelieferten Hussiten einen Schock, für einen hussitischen Geistlichen aber fünf Schock Prager Groschen zahlten, so mehrte sich die Zahl der einge- brachten Opfer und in kurzer Zeit wurden derart 1600 Menschen ums Leben gebracht. Auch in anderen Städten wurden gleiche Gräuel an den Hussiten verübt.

Nachdem auf dem Landtage in Brünn am 25. Dezember 1419 die böhmischen und die utraquistischen Stände dem König Sigismund

gehuldigt hatten, der König gegen die Huſſiten ſtrenge auftrat und
Prag die Straßenketten und alle von den Huſſiten aufgeworfenen
Vertheidigungen zu entfernen befahl, ſo ſtanden die eifrigen Huſſiten
in Gefahr vernichtet zu werden, und jetzt war es Ziſka, welcher
durch die Macht ſeines Talentes und durch die Energie ſeines
Willens über die Huſſiten eine wahre Regierungsgewalt ausübte.

Ziſka, Führer der Huſſiten. 1420.

Er befeſtigte ſich in Pilſen, übte die Huſſiten in den Waffen und
wehrte alle Angriffe des Bohuslav von Schwamberg, welcher
der Führer des königlichen Heeres war, glücklich ab. Inzwiſchen
wurde im Februar 1420 die Stadt Hradiſcht von einem Schwarm
der Huſſiten eingenommen, befeſtigt, und bald ſtand an der alten
Stelle eine neue huſſitiſche Stadt, die von der Parthei den Namen
„Tabor" (Lager) erhielt. Als ſich daher um Pilſen das königliche
Heer immer mehrte und Ziſka fort und fort bedrängt wurde, ver=
ließ er am 20. März 1420 mit ſeinem Haufen Pilſen, und zog ſich
nach Tabor, welches von da an der Sitz der Huſſiten wurde, die
dann auch nach dieſer Stadt ſich Taboriten nannten. In Tabor
wurde ſodann eine förmliche Regierung gebildet; Ziſka organiſirte
dort ſeine Kriegsmacht, unternahm von da Streifzüge ins Land, und
hatte bald ein zwar kleines, aber ein vollſtändig regelmäßiges und
durch tägliche Kriegsübungen abgerichtetes Heer, das er jeder feind=
lichen Macht getroſt entgegenſtellen konnte.

Die Huſſiten in Tabor.

§. 4. König Sigismund hielt ſich indeſſen vom Januar bis
April 1420 auf dem Reichstage in Breslau auf, wo er Anſtalten
gegen die Huſſiten traf. Ueber ſein Verlangen erließ Papſt Mar=
tin V. am 1. März 1420 die Kreuzbulle (omnium plasmatoris
domini), worin er die ganze Chriſtenheit zu den Waffen, zur Ver=
tilgung der Wikleſſiſten und Huſſiten rief. — Die Kreuzbulle wurde
dann in allen Ländern verbreitet und König Sigismund forderte
ſämmtliche Fürſten und Stände des Reiches auf, Anſtalten zur Ver=
tilgung der Ketzer in Böhmen zu treffen.

§. 4. Die Kreuz= bulle gegen die Huſſiten. 1. März 1420.

Dieſe Vorgänge auf dem Breslauer Reichstage ſteigerten in
Böhmen nur noch mehr die allgemeine Empörung; der huſſitiſche
Prediger Johann von Selau fanatiſirte die Bevölkerung von
Prag derart, daß ſich am 3. April 1420 die Gemeinde von Prag
mit den Stadtſchöppen zur Vertheidigung des utraquiſtiſchen Glau=
bens verband, und der böhmiſche Adel ſammt dem Burggrafen
Ćenĕk von Wartenberg ſich dem Volke anſchloſſen. Letzterer
ſandte auch dem Könige Sigismund einen Abſagebrief, und forderte
in einem Aufrufe alle Böhmen und Mährer auf, dem Könige den

Gehorsam zu versagen; zugleich wurde aber auch mit dem Könige Wladislaw von Polen wegen der Uebernahme der Krone von Böhmen unterhandelt.

Aufruhr in Prag. April 1420. — Mai. Doch schon am 7. April wurde Čeněk von Wartenberg zum Verräther an der Sache, und übergab an diesem Tage das Prager Schloß an 4000 königliche Truppen, worauf ein Aufruhr in Prag entstand, der zu blutigen Gefechten führte, in denen die Kleinseite Prags in Flammen aufging, so daß nur wenige feste Häuser bewohnbar blieben. Nachdem der Kampf mehrere Tage gedauert hatte, wurde der Wunsch nach Friedensunterhandlungen rege, und es begab sich daher eine Prager Gesandtschaft zum Könige nach Kuttenberg. Nachdem aber dieser die Gesandtschaft mit hochmüthiger Härte empfing, steigerte dieses den Mißmuth bis zur Verzweiflung, und jetzt ward die allgemeine Losung : „Krieg bis in den Tod." Die Stadt Prag wurde in Vertheidigungszustand gesetzt, die Hussiten von Tabor wurden zu Hilfe gerufen und so wurde der Entscheidungskampf beschlossen.

§. 5. Der erste Kreuzzug gegen die Hussiten. §. 5. Die päpstliche Kreuzbulle, durch welche die gesammte Christenheit gegen die Böhmen in Waffen gerufen wurde, verhieß Jedem den vollkommenen Ablaß, der das Kreuz nehmen oder wenigstens einen Anderen an seiner statt und auf seine Kosten zum Kriege ausrüsten würde. Die Wirkung dieser Bulle war in Europa eine ungewöhnliche, indem nicht nur aus den, Sigismund unterthänigen Ländern, insbesondere aus Deutschland, sondern auch aus Polen, England, Frankreich, und sogar aus Arragonien ein mächtiges Heer zusammengebracht wurde, welches jetzt langsam gegen die Grenzen Böhmens heranrückte. Sigismund war bereits mit seinen aus Ungarn, Schlesien und Mähren zusammengebrachten Schaaren in Böhmen nach Kuttenberg eingerückt und erwartete dort nur die Ankunft des großen Kreuzheeres.

Gefecht bei Poric. Als Žižka dann mit 9000 Streitern den Pragern zu Hilfe zog, sandte Sigismund 10,000 Reiter gegen ihn, um ihn auf dem Wege aufzuhalten, bei Poric an der Sazawa wurden aber die **20. Mai 1420.** Königlichen zurückgetrieben, und Žižka zog am 20. Mai 1420 in Prag ein. Während die Prager im Vereine mit den Taboriten das Prager Schloß belagerten, gelang es Sigismund, sich der Städte Schlan und Laun zu bemächtigen; auch ließ er zugleich durch Ulrich von Rosenberg den Tabor Žižka's belagern. Als Rosenberg jedoch um Mitte Juni den Tabor mit großer Macht belagerte, wurde ihm von Nikolaus Huß am 30. Juni eine solche

Niederlage beigebracht, daß sein ganzes Lager sammt Allem in die Hände der Hussiten gerieth. Auch gelang es demselben am 25. Juni sich der von Sigismund besetzten Stadt Königgräz zu bemächtigen. Nach Mitte Juni zeigten sich in Böhmen schon die ersten Haufen des erwarteten Kreuzheeres, das aus allen Nationen bestand, und 100,000 Streiter stark gewesen sein dürfte. — Friedrich, Markgraf von Brandenburg, führte allein 10,000, die beiden Markgrafen von Meißen 30,000 Bewaffnete heran, und bei dem Kreuzheere befanden sich nicht nur alle deutschen Kurfürsten, sondern auch andere 43 Fürsten, ferner viele Prälaten, Bischöfe, Reichsgrafen, Ritter und Herren der verschiedensten Länder. Schon am 30. Juni begann die Belagerung Prags; König Sigismund befand sich auf dem Prager Schlosse und das Kreuzheer lagerte um die Stadt herum. Sigismund ließ aber zwei Wochen verstreichen, ehe es zum ernsten Kampfe kam.

Das Kreuz-
heer vor Prag.
30. Juni 1420.

Der allgemeine Angriff auf die Stadt Prag wurde am 14. Juli unternommen. Der Plan war so entworfen, daß die Königlichen, 16,000 Mann stark, vom Prager Schlosse sich auf die Kleinseite, die Wischehrader Besatzung auf die Neustadt, und das übrige Kreuzheer stürmend auf die Altstadt werfen sollen; der König stellte sich mit drei Haufen in die Reserve. Nachmittags begann der Kampf und wüthete am heftigsten auf dem Berge Wittkow, welchen Zizka seiner Wichtigkeit wegen besetzt hielt, und der später der Zizkaberg genannt wurde. Hier wurden endlich die Königlichen in eine solche Verwirrung gebracht, daß sie 500 Todte am Schlacht-felde ließen und entflohen. Auch die Prager schlugen überall den Sturm ab.

Angriff auf
Prag; die
Schlacht am
Zizkaberge.
14. Juli 1420.

Nach diesem Mißerfolge schien sich Sigismund einem Vergleiche hinzuneigen, und nachdem sich alle hussitischen Partheien, sowohl die Prager, als auch die Horebiten und Taboriten gegenseitig einverstanden, kamen die sogenannten vier Prager Artikel zu Stande, die im Wesentlichen dahin lauteten:

Die vier
Prager Ar-
tikel.

1. daß das Wort Gottes im Königreiche Böhmen frei und ohne Hinderniß verkündet werden dürfe;

2. daß das heilige Sakrament unter beiderlei Gestalt gereicht werden solle;

3. daß den Mönchen und Priestern, welche über übermäßig irdisches Gut herrschen, diese weltliche Herrschaft genommen und eingestellt werde, und daß die Priester gemäß der heiligen Schrift musterhaft leben sollen; und

..4 daß alle Todsünden (Unzucht, Völlerei, Diebstahl, Mord, Lüge, Betrug ꝛc.) eingestellt und gestraft werden sollen

Nach langem Verhandeln wurde endlich festgesetzt, daß die Theologen beider Partheien auf der Kleinseite Prags unter freiem Himmel über diese Artikel eine gemeinschaftliche Unterredung haben sollen, welche auch am 20. Juli stattfand. Von Seite des Königs erschienen die Legaten : Ludwig Patriarch von Aquileja, und Simon von Ragusa, Bischof von Trau, an der Spitze mehrerer Doktoren und Herren. Von Seite der Hussiten wurde M. Johann von Přibram als Hauptredner gewählt. — Doch führte diese Besprechung zu keinem Ziele und die Parteien gingen unverrichteter Sache wieder auseinander.

§. 6.
Aufhebung der Belagerung Prags.

§. 6. Indessen brach der Haß der Partheien desto heftiger wieder hervor, und beiderseits wurden große Grausamkeiten begangen. Da nun im Kreuzlager zufällig Feuer ausbrach, dort auch Mangel an Lebensmitteln und große Unreinlichkeit im Gefolge von Insekten und Ungeziefer entstand, so entsagte Sigismund der Hoffnung, Prag zu erobern und hob die Belagerung auf. Nichtsdestoweniger wollte er die Prager Burg nicht früher verlassen, als bis er zum böhmischen Könige gekrönt worden wäre, da er es für nöthig erachtete, durch die Krönung die Heiligung seines Rechtes darzuthun.

Krönung Sigismund's. 28. Juli 1420.

Nach seinem Wunsche wurde er daher auch am 28. Juli durch den Prager Erzbischof Conrad in der Domkirche zu Sct. Veit gekrönt.

§. 7.
Trennung der Taboriten von den Pragern. 22. August 1420.

§. 7. Nachdem die Gefahr für die Prager beseitigt war und die Taboriten in ihrer Zuchtlosigkeit abermals Klöster zerstörten, so trennten sich die zwei Partheien und Žižka verließ am 22. August mit seiner ganzen Parthei Prag und begab sich in die südlichen Kreise Böhmens.

Nun nahmen die Prager wieder den Gedanken auf, dem polnischen Könige die böhmische Krone anzutragen, und selbst Žižka war mit diesem Vorschlage einverstanden. Diesem gemäß wurde daher im Laufe des August eine Gesandtschaft an Wladislaw Jagello abgesendet, welche demselben die böhmische Krone gegen Annahme der vier Prager Artikel antrug. Da aber Jagello der Gesandtschaft nur unbestimmte Zusagen machte, so zogen sich die diesfälligen Unterhandlungen einige Jahre hin.

§. 8.
Belagerung des Wyschehrad. 15. September. 1420.

§. 8. Am 15. September schlossen die Prager darauf den Wyschehrad ein, und da sie den Belagerten alle Zufuhr an Lebensmitteln absperrten, so wandte sich der Befehlshaber Johann

Schembera von Boskowic an König Sigismund, der im Lande die Städte verwüstend, herumzog, um Entsatz und Hilfe.

Am 31. Oktober erschien auch Sigismund mit seinem Heere zum Entsatze, wurde aber in der am 1. November 1420 erfolgten Schlacht so vollständig geschlagen, daß auf dem Schlachtfelde die Blüthe des böhmischen und mährischen Adels blieb und Sigismund in aller Eile entfliehen mußte, worauf sich Wyschehrad den Pragern ergab.

Schlacht bei Wyschehrad. 1. November 1420.

§. 9. Während sich diese Vorfälle in Prag ereigneten, kämpfte Zizka im südlichen Böhmen gegen die hussitenfeindlichen Städte und namentlich gegen Ulrich von Rosenberg, welchen er am 12. Oktober bei Vor schlug, worauf er die Stadt Prachatic wegen ihrer Grausamkeit gegen die Hussiten am 12. November 1420 schwer züchtigte. Zizka eroberte und zerstörte sodann mehrere Burgen und Städte, und schloß endlich am 18. November mit Ulrich von Rosenberg einen Waffenstillstand bis zum 4. Februar gegen dem, daß auf den rosenbergischen Herrschaften der hussitische Gottesdienst nicht behindert und die vier Prager Artikel beachtet werden sollten.

§. 9. Zizka im südlichen Böhmen.

§. 10. Nach der Schlacht bei Wyschehrad fiel die oberste Gewalt im Lande der Stadt Prag zu, und dieselbe stand so an der Spitze der Parthei, während Zizka indessen abenteuernd im Lande herumzog. Die Verfassung Prags hatte damals bis zur Wahl eines Königs die Form einer theokratischen Republik. Zwischen den Pragern und den Taboriten brachen aber schon 1420 Religionsmeinungsverschiedenheiten aus, woraus zwischen diesen zwei Partheien eine gegenseitige Feindschaft erwuchs. — Dabei dauerte der Bürgerkrieg in Böhmen im Kleinen ununterbrochen fort und überall gab es geplünderte, verbrannte Städte, Klöster und Burgen; der gegenseitigen Grausamkeiten war kein Ende, und die Prager im Vereine mit Zizka unterwarfen sich bald die ihnen feindlichen Städte. Schon am 25. April 1421 verkündete daher Ulrich von Rosenberg im Namen König Sigismund's, „daß Se. königliche Majestät „den vier Artikeln die Freiheit gestattet habe, bis zum ordentlichen „Verhör," und auch der Erzbischof von Prag, Conrad, nahm am 21. April 1421 diese vier Artikel an. Da sich auch das Prager Schloß am 7. Juni den Pragern ergab, so erhielten dieselben hiemit das volle Uebergewicht im Lande.

§. 10. Der innere Bürgerkrieg. 1421.

§. 11. Am 3. Juni 1421 wurde der große Landtag in Caslan eröffnet. Dies war der erste bedeutende Versuch, um endlich wieder Ruhe und Ordnung in das Königreich zu bringen. Derselbe

§. 11. Der Landtag in Caslan. 3. Juni 1421.

war von einer großen Zahl nicht nur hussitischer, sondern auch katholischer Stände besucht, sogar König Sigismund ließ denselben durch seine Gesandten beschicken. Am 7. Juni wurde darauf folgender Vertrag und Bund als Landtagsbeschluß gefaßt: 1. daß sie Alle die vier Prager Artikel schützen und wahren wollen; 2. daß sie den ungarischen König Sigismund nicht als König der böhmischen Krone anerkennen, deren er sich unwürdig gemacht habe; 3. daß sie 20 Männer zu Verwesern der böhmischen Krone bis zum nächsten Wenzelstage erwählen, außer es erhielte das Land noch früher einen König; und 4. daß durch eine allgemeine Versammlung der älteren Priester die kirchliche Ordnung bestimmt werden solle. Die Gesandten Sigismund's übergaben dann dem Landtage ein fast demüthiges Schreiben desselben, worin er betheuerte, daß er gerne das Fehlerhafte wieder verbessern und sich belehren lassen wolle. Dessenungeachtet sagten ihm aber die Stände nichts zu. Die beschlossene Kirchenversammlung hatte jedoch nicht den erwarteten Erfolg, indem sich die Beschlüsse nur auf die vier Artikel beschränkten und alle weiteren Lehren der Taboriten entweder unberücksichtigt blieben, oder verworfen wurden.

§. 12. König Sigismund überließ sich aber hierauf der Unthätigkeit, obzwar ihn Papst Martin V. fortwährend zur größeren Thätigkeit anzuspornen bemüht war.

§. 12.

Der Nürnberger Reichsfürstenbund. 23. April 1421.

Die Reichsstände und besonders die Erzbischöfe am Rhein brachten es jedoch dahin, daß Sigismund für den 13. April doch einen Reichstag nach Nürnberg ausschrieb. Da aber Sigismund auf diesem Reichstage nicht erschien und sein Nichterscheinen damit entschuldigte, daß er die Ungarn vor den Türken zu schützen habe, so traten am 23. April zu Nürnberg die Erzbischöfe Conrad von Mainz, Otto von Trier und Dietrich von Köln mit Ludwig, Pfalzgrafen am Rhein, aus eigenem Antriebe in einen Bund, sich wechselseitig zur Ausrottung der Ketzerei in Böhmen verpflichtend. Bei einer neuerlichen Zusammenkunft zu Wesel fand sich auch der Cardinal Branda ein, den Papst Martin zu seinem Legaten in Deutschland ernannt hatte. Dieser Legat brachte es dann bei dem Fürsten dahin, daß auf den Bartholomäustag ein Kriegszug mit starken Heeresmassen aus Deutschland nach Böhmen angeordnet und Sigismund aufgefordert wurde, zur selben Zeit von der anderen Seite zum Einfalle ins Land bereit zu sein.

§. 13.
Einfall der Schlesier. Mai 1421.

§. 13. Auf Antrieb Sigismund's wurde aber indessen veranlaßt, daß Ende Mai 1421 die schlesischen Fürsten mit einem

Heere von 20,000 Mann in Böhmen in der Umgegend von Polic, Trautenau und Nachod einfielen und mit unerhörter Grausamkeit die Einwohner mordeten, indem sie ihnen die Füße, Hände und Nasen abhieben.

Als aber der Landtag von Caslau ein öffentliches Aufgebot wider diese Feinde anordnete, das sich bei Nachod zusammenschaaren sollte, so räumten die Schlesier hierauf das Land.

Ueber Verlangen der Saazer und Brünner Bürger sandten hierauf die Prager ihr Heer in den Biliner Kreis, damit es von dort die Feinde verjage und den Kreis den Hussiten unterwerfe. Die Stadt Bilin wurde auch am 12. Juli mit Sturm genommen, worauf das Schloß Brüx belagert wurde, hier aber wurden die Prager von dem Markgrafen Friedrich von Meißen, der sich mit einigin böhmischen Baronen verband, völlig geschlagen und mußten ihr Heil in wilder Flucht suchen.

Niederlage der Hussiten bei Brüx. 5. August 1421.

Zizka war in der unglücklichen Schlacht von Brüx nicht zugegen gewesen, denn er erhielt bei der Belagerung des Schlosses Raby einen Pfeilschuß in sein einziges noch gesundes Auge. Er befand sich in Prag, in den Händen der Aerzte, welche zwar die Pfeilspitze entfernten, Zizka aber vollends erblindete.

Erblindung Zizka's.

§. 14. Für den verabredeten zweiten großen Kreuzzug, der von Deutschland aus nach Böhmen stattfinden sollte, war sowohl der Papst als der König mit allen Kräften thätig, eine möglichst große Zahl von Streitern zusammen zu bringen; so kam denn nebst der gewöhnlichen Kriegsmacht der Reichsfürsten und Städte auch eine große Masse Freiwilliger zusammen, welchen der Kardinal Branda reichlichen Ablaß spendete. Die Stärke dieses neuen Kreuzheeres wird auf 200,000 Streitern angegeben. Persönlich gegenwärtig waren außer dem Kardinal Branda noch fünf Kurfürsten, drei Erzbischöfe, Markgrafen und viele regierende Personen. Es war bestimmt, daß wenn diese Macht gegen Eger vorrücke, König Sigismund mit dem Erzherzog Albrecht von Oesterreich zu gleicher Zeit von der anderen Seite durch Mähren in Böhmen einbreche.

§. 14. Der zweite Kreuzzug gegen die Hussiten.

Um den 10. September überschritt darauf dieses Kreuzheer die Grenze Böhmens bei Eger.

Das Meißner Heer vereint mit einigen böhmischen Baronen war schon früher gegen die Böhmen ins Feld gezogen und nahm einige Städte weg; als es aber Bilin belagerte und gegen dasselbe ein Theil der Prager rückte, so ergriffen die Meißner am 13. Sep-

Flucht des Meißner Heeres. 13. September 1421.

tember die Flucht und räumten das Feld, ohne das andere Kreuzheer abzuwarten.

Indessen war das eigentliche Kreuzheer unter Verübung aller
Grausamkeiten bis gegen die Stadt Saaz gekommen, welche es mit
seiner ganzen Macht einschloß und am 19. September sechsmal
stürmte, da aber jeder Sturm mißlang, so wartete das Kreuzheer
auf den Einbruch des Königs und plünderte und mordete einstweilen in der Umgegend „grausamer als die Heiden".

Die Hauptmacht des böhmischen Heeres stand indessen bei
Schlan. Als nun die böhmischen Anführer in Erfahrung brachten,
daß König Sigismund nicht kommen werde, rückten sie gegen Saaz.

Die Reichsfürsten, welche keinen gemeinschaftlichen Anführer
hatten und unter sich uneins waren, beschlossen jedoch, das böhmische
Heer, an dessen Spitze Zižka war, nicht abzuwarten, sie verbrannten
daher die Zelte und wandten sich am 2. Oktober 1421 in Unordnung zur Flucht. Als die belagerten Saazer dies bemerkten,
stürzten sie auf das fliehende Kreuzheer und brachten ihm große
Verluste bei.

Die Kreuzfürsten schrieben aber diese Schmach dem König zu,
obzwar sie mehr als hinreichend stark waren, den Husssiten allein
begegnen zu können.

§. 15. Da unter den Husssiten in Prag jetzt die Reibungen
immer heftiger wurden und die Herrschaft des Pöbels von Tag zu
Tag höher wuchs, so sagten sich die angesehensten böhmischen Barone, unter ihnen Čeněk von Wartenberg, Ulrich von Rosenberg von den Pragern und den Utraquisten überhaupt los und
suchten bei Sigismund um Gnade nach, indem sie ihn wieder als
ihren Herrn anerkannten.

§. 16. Das Mißlingen des Kreuzzuges benahm aber Sigismund nicht die Hoffnung, daß er allein mit dem Herzoge von
Oesterreich im Stande sein werde, die Husssiten in Böhmen und
Mähren zu unterdrücken. Er sammelte daher im Herbste des Jahres
1421 in Ungarn, Siebenbürgen, Serbien und Kroatien ein mächtiges Heer, das 80,000 Bewaffnete zählte und Herzog Albrecht
sollte ihm weitere 12,000 Mann zuführen. Sigismund sandte sodann
seinen Feldherrn Pipo von Florenz am 26. Oktober mit zahlreichen Schaaren nach Mähren, wo die husssitischen Barone Mährens
sodann bedrängt und geplündert wurden; auch Herzog Albrecht
lagerte am 21. Oktober vor der Stadt Jaispitz, das dem Sezima
von Kunstatt gehörte, eroberte das Schloß und die Stadt am

26. Oktober und nahm den Besitzer sammt seiner Familie gefangen. Auch Pipo verbreitete in Mähren einen solchen Schrecken, daß sich alle Barone dem Könige unterwarfen und nur zweie: Hašchek Ostrovský und Wenzel von Krawař=Strašnickú im Auf= ruhre gegen den König verblieben und nach Böhmen entflohen. Sigismund ließ sodann für den 1. November 1421 in Brünn einen Landtag ansagen. Als dieser Landtag am 10. November zusammen= trat und der Landtagssaal von ungarischen Truppen eingeschlossen war, forderte Sigismund die völlige Abschwörung der vier Prager Artikel und der gesammten hussitischen Lehre. Eingeschlossen, wie es die Stände waren, erfolgte dann von ihnen diese Abschwörung, worauf dieselben Vergebung von Sigismund erhielten. Nach dem Landtage zog ein Theil des königlichen Heeres nach Böhmen.

Landtag in Brünn. 10. November 1421.

§. 17. Die Größe der Gefahr, die dem Lande jetzt drohte, erschreckte nun die Prager und sie riefen Žižka, welcher indessen im Lande gegen Rosenberg und die Stadt Pilsen kämpfte, um Hilfe an. Am 1. Dezember kam Žižka auch in Prag an, wo er feierlich empfangen wurde und zog sodann schon am 8. Dezember gegen Kuttenberg, wohin ihm die Prager den zweiten Tag auch nachfolgten.

§. 17.

Der Mittelpunkt des jetzt folgenden Krieges wurde Kutten= berg, und Sigismund hatte ein wohlbewaffnetes, kampfgewohntes Heer, das dreimal stärker war, als jenes der Hussiten und das von einem erfahrenen Feldherrn, wie Pipo, geführt wurde. Als sich das königliche Heer näherte und auf seinem Wege die unmensch= lichsten Grausamkeiten an den Hussiten beging, zog Žižka am 21. Dezember mit seinem Heere auf die Straße gegen Kaurim, wo er sich bei der Annäherung der Königlichen hinter seine Wagen= burg verschanzte. Die Ungarn, welche die Wagenburg erstürmen wollten, wurden jedoch durch Schießen aus den Geschützen und mit Dreschflegeln der Hussiten jedesmal zurückgeschlagen, und diese Kämpfe dauerten bis in die Nacht. Während der Kampf außer Kuttenberg tobte, wurde aber Sigismund das eine Thor der Stadt durch Verrath geöffnet und die Königlichen mordeten darauf jeden, der ihnen das Losungswort nicht geben konnte. Von Kuttenberg aus fiel Sigismund sodann den Hussiten in den Rücken und umzingelte mit seinem Heere das Lager derselben derart, daß es wie eine Insel von Feinden umgeben war. In der Dämmerung jedoch griffen die Hussiten das königliche Heer an, vertrieben es aus seinen Stellungen und durchbrachen dasselbe.

Die Kämpfe bei Kuttenberg. 21. 22. Dzber. 1421.

Am zweiten Tage den 22 Dezember Morgens stellten sich die Hussiten dann bei der Stadt Gang auf, wurden aber hier wieder von den Königlichen eingeschlossen, die sich aber in keinen Kampf mehr einließen, sondern die Hussiten durch Hunger in ihrer Wagen burg zur Uebergabe zwingen wollten. Zizka verschob aber den Kampf bis zur Nacht, wo er plötzlich mit Schießen und großem Lärm das königliche Heer angriff, und abermals durchbrach und ohne allen Verlust den Abzug erzwang.

Sigismund, welcher sich indessen in Kuttenberg aufhielt, glaubte daß das Ketzerheer bereits zerstreut und auf der Flucht sei, und erlaubte deßhalb seinen Söldnern, die um Kuttenberg liegenden Orte zu plündern.

Zizka verstärkte aber indessen sein Heer in Gitschin und Trautenau, und kehrte sodann mit dem auf diese Art verstärkten Heere gegen Kolin zurück.

Sigismund's
Flucht aus
Kuttenberg.
6. Januar
1422.

Am Dreikönigstage, den 6. Januar 1422, als Sigmund in voller Ruhe zu Kuttenberg weilte und sein Heer — wie gesagt — in der Umgebung zerstreut war, stürzten sich die Hussiten ganz unvermuthet auf die Königlichen, unter denen sie einen solchen Schrecken verbreiteten, daß Sigismund schleunigst aus Kuttenberg entfloh und aus Grimm die Stadt noch an mehreren Orten zugleich anzünden ließ. Er floh nach Deutschbrod, während am 8. Januar der Feldherr Pipo sein Heer nochmals den Hussiten bei Habern entgegenstellte. Doch bei dem ersten Anlaufe der Hussiten rissen die

Niederlage
Sigismund's
bei Deutsch-
brod.
8. Jan. 1422.

Ungarn aus, und erst bei der befestigten Stadt Deutschbrod stellten sich dieselben gegen Abend zum neuen Widerstande auf, um dem König weitere Zeit zur Flucht zu lassen. Zizka griff aber noch denselben Abend die Königlichen an, viele wurden erschlagen und ein Theil flüchtete über den gefrornen Fluß Sazawa, wo das Eis unter der Masse der Flüchtigen brach und ein großer Theil ertrank. Am folgenden Tage wurde die Stadt Deutschbrod von den Hussiten genommen und darin so grausam gehaust, daß die Stadt sieben Jahre lang wüste lag und die Wölfe die Leichname am Stadtplatze fraßen.

Die Niederlage Sigismund's war nun vollständig und der Verlust des Königs groß, denn 12,000 Königliche wurden erschlagen, viele Vornehme gefangen und 500 Wagen mit verschiedener Ladung erbeutet.

Der moralische Eindruck aber, den diese Niederlage auf die ganze Christenheit machte, war noch größer. Die Trümmer der

Königlichen flohen sodann nach Mähren, wohin sie Zizka jedoch nicht verfolgte.

§. 18. Die gemäßigten Hussiten, welche sich eben so vor dem Joche Sigismund's als auch jenem der wilden Taboriten schützen wollten, hatten — wie schon erwähnt — die böhmische Krone zuerst dem polnischen König Wladislaw Jagello, und als dieser dieselbe ausschlug, seinem Vetter, dem Großfürsten Alexander Witold angetragen. Doch auch der Großfürst Witold wollte sich auf dieses gefährliche Geschenk nicht einlassen, sondern sandte den Prinzen Sigmund Korybut, Neffen des Königs Wladislaw von Polen, mit 5000 Reitern, bloß als Landesverweser nach Böhmen, welcher am 17. Mai 1422 in Prag seinen Einzug hielt, und von allen Partheien und sogar von Zizka anerkannt wurde, wodurch der Partheienstreit für den Augenblick gehoben erschien. Bald nach der Ankunft Korybut's war auch das Prager Heer zur Belagerung der Burg Karlstein ausgezogen, von welcher es aber am 8. November, nach 6 Monaten, abstehen mußte und einen Waffenstillstand auf ein Jahr schloß.

Als nun König Sigismund die Macht Korybut's in Böhmen gedeihen sah, versöhnte er sich mit Wladislaw und Witold, und diese riefen demzufolge Korybut von Böhmen wieder ab; Korybut verließ hierauf zwar am 24. Dezember Prag, blieb aber nichtsdestoweniger in Böhmen und widersetzte sich dem Befehle seines Onkels, nach Polen zurückzukehren.

Am 24. März 1423 fand sodann zwischen Sigmund, Wladislaw und Witold an der Grenze Polens und Ungarns bei Altdorf eine Zusammenkunft statt, und die polnischen Fürsten erließen noch vom Orte der Zusammenkunft Fehdebriefe an die Böhmen und schrieben bald darauf auch in ihren Ländern einen allgemeinen Kriegszug gegen die Böhmen aus. Ueber Andrängen des Papstes wurde dann der neue Kreuzzug gegen Böhmen auch in den deutschen Ländern gepredigt und eben so sollte Schweden, Dänemark, Savoyen, der Herzog von Sachsen, der Markgraf von Meissen und Albrecht von Oesterreich mit dem König Sigismund sich gegen Böhmen vereinigen.

Dieser Kreuzzug kam jedoch in der beabsichtigten Art nicht zu Stande, denn die auswärtigen Völker zeigten nirgends eine große Bereitwilligkeit zu einem Kriege mit Böhmen, und die Polen und Russen weigerten sich geradezu gegen Korybut zu kämpfen.

§. 18.
Prinz Sigmund Korybut als böhmischer Landesverweser.
17. Mai 1422.

Fürstencongreß bei Altdorf.

14*

§. 19.
Innere Un-
ruhen in
Böhmen.
1423.

§ 19. Als die Böhmen keinen äußeren Feind zu fürchten hatten, traten ihre inneren Zwistigkeiten und Kämpfe nach dem Ab-zuge Korybut's mit erneuerter Schärfe wieder auf. Die religiösen Fraktionen drehten sich darum, daß ein Theil, sowie Žižka an die Transsubstantion glaubte, Fasten hielt, die Heiligen verehrte und den Gottesdienst in Ornaten verrichtet haben wollte, wo hingegen die Taboriten wieder dies Alles heftig verwarfen und die Prager oder Kelchner sich wieder mehr zu Rom hinneigten, wie ähnliche Glaubensdifferenzen auch hundert Jahre später zwischen Luther und Calvin vorkamen.

Die kirchlichen und politischen Fraktionen arteten jetzt bis zu den erbittertsten und blutigsten Partheikämpfen aus, welche endlich am

24. Juni
1423.

24. Juni 1423 für eine Zeit durch eine Disputation und Versöh-nung zu Konopischt beigelegt wurden. Allein nichts desto weniger wiederholten sich die gegenseitigen Parthei-Reibungen abermals, so

4. August
1423.

daß es am 4. August 1423 bei Königgrätz zu einer förmlichen und verheerenden Schlacht unter den Utraquisten selbst kam. Auch der St. Galli-Landtag in Prag und die auf demselben gefaßten Be-schlüsse, sowie die für Brünn in Aussicht genommene Disputation über die vier Prager Artikel, brachten keine Aenderung in diesen Verhältnissen hervor.

§. 20.
Das
Concilium zu
Siena.
21. Juli 1423.

§. 20. Am 21. Juli 1423 kam das in der Kirchenversamm-lung zu Constanz in Aussicht genommene Concilium (statt in Pavia) in Siena zusammen und obzwar gleich Anfangs Differenzen zwischen Papst Martin V. und den Vätern ausbrachen, so waren doch alle Partheien in einer Sache einig, und das war: die Strenge gegen

8. November.

das Hussitenthum; und so wurde am 8. November von dem Concil an die ganze Christenheit der Befehl herausgegeben, jeden Handels-verkehr mit den Hussiten abzubrechen, ihnen weder Nahrung noch Salz oder Waffen und andere Artikel zu liefern, und jedem der Ablaß zugesagt, der einen Ketzer gefangen nehmen, oder ihn wenig-stens aus seinem Eigenthume drängen würde.

Wegen den immer heftiger werdenden Differenzen löste aber

7. März 1424. Papst Martin am 7. März 1424 das Concil wieder auf.

§. 21.

§. 21. Das Jahr 1224 ist in des blinden Feldherrn Žižka's Leben das blutigste, denn er begann im Lande wieder den grau-samen Partheienkampf, zog herum, zerstörte Städte, Dörfer und Klöster, verbrannte Mönche und Nonnen, und brachte den Pragern, die gegen ihn ausgezogen waren, am 7. Juni bei Maleschau eine schwere Niederlage bei.

Obzwar Wladislaw von Polen zu einem Kreuzzuge gegen Böhmen rüstete und Korybut die Rückkehr nach Böhmen verbot, so kehrte dieser über den Ruf der Böhmen dennoch am 29. Juni 1424 nach Prag zurück und wurde nunmehr als der „erwählte Herr" der Prager, mit der höchsten Leitung aller ihrer politischen Angelegenheiten betraut, wobei ihm die Prager alle Städte, in deren Besitz sie waren, sowie alle Kloster- und geistlichen Güter, die sie inne hatten, abtraten. — Inzwischen zog Žižka gegen Prag, das er als Haupthinderniß der Ausbreitung des göttlichen Gesetzes und als die Bundesgenossin des Adels ansah, und schwor, keinen Stein auf dem andern zu lassen. Als aber in seinem Lager eine Gesandtschaft im Namen Korybut's und der Prager Raths-herren erschien und der Gesandte M. Johann Rokycana mit Beredtsamkeit um Frieden und Versöhnung bat, kam am 14. September 1424 ein Vergleich zu Stande, und es wurde sodann zwischen den Partheien der Friede geschlossen.

§. 22. In Folge dieses Vergleiches trat jetzt Ruhe im Lande ein, und Ende September begann dann ein allgemeiner Kriegszug sämmtlicher Hussiten zur Befreiung Mährens, an dem sich auch Žižka betheiligte. Auf diesem Zuge aber, bei der Belagerung der Stad Přibislau erkrankte Žižka an der Pest und starb am 11. Oktober 1424. — Der Zug ging aber nichtsdestoweniger nach Mähren fort, viele Städte und Schlösser wurden erobert, die Mährer erneuerten den Bund mit den böhmischen Hussiten wieder, worauf der Zug nach Böhmen zurückkehrte.

§. 23. Durch den Tod Žižka's löste sich die Einigkeit unter den Hussiten vollends auf. Die Taboriten zerfielen in zwei Haufen: der eine erkannte nach dem letzten Willen Žižka's, Prokop den Großen, der auch „Holy" „der Geschworne" hieß, weil er früher Mönch gewesen war, als Führer an; der andere Haufe bestand aus den wildesten Hussiten, die sich in Folge des Todes Žižka's die „Waisen" nannten, indem sie in ihm — wie sie sagten — den Vater verloren, und die sich der Führung eines Anderen, Prokop des „Kleinen" (auch Prokupek genannt) überließen; daneben bestanden noch die Partheien der „Horebiten" (so genannt vom Berge Horeb, wo sie sich zuerst versammelt hatten), und dann jene der „Prager" unter dem Prinzen Korybut. — Unter diesen Partheien entstanden nun zahlreiche Kämpfe, welche in der ersten Hälfte 1425 in Böhmen wütheten, indem in diesen Partheien sich wieder neue Verbindungen, nämlich jene aus dem Herrenstande und

Korybut wieder in Prag. 29. Juni 1424.

Friede der Prager mit Žižka. 14. September 1424.

§. 22.
Zug nach Mähren. September 1424.

Žižka's Tod. 11. Oktober 1424.

§. 23.
Hussiten-partheien.

Adel, dann aus dem Bauern und Bürgerstande bildeten — Den gegenseitigen Verfolgungen wurde aber erst durch den Frieden von Wožic, der am 18. Oktober 1425 zwischen den Taboriten einerseits und den Pragern sammt ihrer Union andererseits, geschlossen wurde, zum Theile Einhalt gethan.

Friede von Wožic. 18. Oktober 1425.

§. 24.

§. 24. Die Verheerungszüge der Hussiten. 1426.

§. 24. Die geeinigte böhmisch hussitische Kriegsmacht wandte sich nach dem geschlossenen Waffenstillstand gegen die auswärtigen Fürsten, namentlich gegen den Herzog von Sachsen und Herzog von Oesterreich, denn beide hatten über Auftrag Sigismund's in den letzten Jahren einige zu Böhmen gehörige Landstriche in Besitz genommen. Ein Theil des Heeres zog sodann nach Mähren, wo dasselbe verheerend hauste; andere Haufen gingen nach Baiern, und die Taboriten und Waisen zogen im April 1426 in das nördliche Böhmen, wo sie die entweder den königlichen Baronen gehörigen oder die von dem Herzoge von Sachsen besetzten Städte und Burgen belagerten.

Als nun die dem Herzoge von Sachsen verpfändete Stadt Aussig an der Elbe von den Pragern und den Taboriten belagert wurde, rückte gegen dieselben ein deutsches Heer von 70,000 Mann mit 3000 Wagen und 180 Geschützen. Am 16. Juni 1426 kam es zur Schlacht, die äußerst blutig und mörderisch war, und in der die Hussiten einen so vollständigen Sieg erfochten, daß 15,000 erschlagene Feinde das Schlachtfeld deckten. Am Tage nach der Schlacht wurde Aussig zerstört.

Schlacht bei Aussig. 16. Juni 1426.

Befürchtungen in Deutschland.

Dieser blutige Tag bei Aussig verbreitete in allen deutschen Gauen Schrecken und Entsetzen, und überall begann man jetzt den Einfall der Hussiten zu fürchten. Erfurt, Jena, Halle, ja sogar Magdeburg rüsteten zur Vertheidigung. Die Fürsten, die in Nürnberg tagten, stellten auf Verlangen des neuen Cardinals Jordan Orsini und des Herzogs Friedrich des Streitbaren eine bedeutende Macht ins Feld, so daß nach drei Wochen schon neue Heere abermals gegen die böhmische Grenze zogen, wodurch sich die Kämpfe für die Hussiten in der zweiten Hälfte 1426 ins Zahllose vervielfältigten; zudem begann auch noch der alte Streit und die inneren Zwistigkeiten unter den Hussiten von Neuem, indem Prokop gleich nach der Schlacht von Aussig verlangte, es sollten alle böhmischen Heere ohne Verzug in Deutschland einfallen, was aber die Prager wieder verweigerten, und so erwuchs aus diesem großen Siege für die Hussiten nur Streit und Schaden und kein Vortheil.

Die Prager zogen dann gegen das Schloß von Brüx und belagerten dasselbe, bis am 5. August ein deutsches Heer erschien und die Prager in der darauffolgenden sehr blutigen Schlacht das Feld räumen mußten.

Als hierauf Herzog Albrecht von Oesterreich die Stadt Lundenburg, in der sich eine starke Besatzung der Taboriten befand, mit etwa 40,000 Mann belagerte, griff Prokop Holy plötzlich die Oesterreicher mit einer bedeutenden Macht an, durchbrach ihre Reihen und zwang dieselben, am 19. November 1426 das Feld zu räumen.

§. 25. Aus Anlaß der Reibungen der kirchlichen Fractionen unter den Hussiten und weil sich Korybut auch den Ruhm erwerben wollte, die Hussiten in den Gehorsam der Kirche wieder zurückgeführt zu haben, und er auch seine beiden Oheime zugleich wieder zu begütigen hoffte, ordnete er eine geheime Gesandtschaft an den Papst Martin ab, und zeigte ihm an, daß die Böhmen bereit seien, in den Schooß der Kirche zurückzukehren, wenn sie vom päpstlichen Stuhle unmittelbar gehört würden, auch schrieb er an den polnischen König Wladislaw und an den Fürsten Witold, damit sie in dieser Sache als Vermittler auftreten, da sie bei den Böhmen ein größeres Vertrauen genößen, als Sigismund.

Da aber eine solche Annäherung nicht im Sinne der Prager lag, und denselben aus den aufgefangenen Briefen Korybut's der ganze Plan bekannt wurde, so verrieth der Prager Prediger Joh. Rokycana am 17. April 1427 diesen Plan dem Volke. Darüber entstand sodann in Prag unter dem Volke eine so große Gährung, daß Sturm geläutet, Korybut von bewaffneten Schaaren gefangen genommen und auf dem Prager Schlosse in Verwahrung gehalten wurde. Von da wurde er später heimlich auf die Burg Waldstein geführt, so daß seine Getreuen seinen Aufenthalt nicht erfuhren. — Die Polen und des Prinzen Gefolge mußten aber am 2. Mai Böhmen verlassen.

§. 26. Nach der Entfernung Korybut's erhielt die äußerste Parthei der Taboriten und Waisen wieder die Oberherrschaft, welche dem Adel und den Pragern entrissen wurde. Die Taboriten und die Waisen begannen nun in die umliegenden Länder zerstörend und raubend einzufallen, und ebenso wurden die Burgen der königlichen Parthei belagert und geplündert. Mit der fremden Beute wurde dann die Noth daheim, welche durch die Vernachlässigung der ordentlichen Erwerbszweige entstanden war, gedeckt.

Einfälle in
Oesterreich.
1427.

Schon zu Anfang des Jahres 1427 hatten die Taboriten
und Waisen verheerende Einfälle in Oesterreich gemacht; sie ver
brannten und zerstörten das Schloß Zwettel, und als sie bei der
Belagerung der letzteren Stadt von einem österreichischen Heere an
gegriffen wurden, brachten sie demselben am 12. März 1427 eine
solche Niederlage bei, daß 9000 Feinde am Schlachtfelde blieben.

Huffitenzug
nach Schlesien
und die Lausitz.
Mai 1427.

Im Mai 1427 verheerten 18,000 Taboriten unter der An
führung der beiden Priester Protop die Lausitz und Schlesien,
und obwohl ihnen große bewaffnete Schaaren entgegengesandt wur
den, so wagten es dieselben dennoch nicht, die Huffiten anzugreifen
Die Beute, welche die Taboriten aus Schlesien mitbrachten, soll an
Gold, Silber und Kostbarkeiten sehr groß gewesen sein, und an
Vieh allein wurde so viel erbeutet, daß 15 Kühe um zwei Schock
Groschen verkauft wurden.

§. 27.
Der dritte
Kreuzzug
gegen die
Huffiten.
1427.

§. 27. Da König Sigismund um diese Zeit in den unteren
Donauländern gegen die Türken beschäftigt war, so bestrebte sich
Papst Martin um so eifriger, einen neuen Kreuzzug gegen die
Böhmen zu Stande zu bringen.

Schon im Jahre 1426 hatte er den Bruder des englischen
Königs Heinrich IV., Heinrich von Belfort, Bischof zu Win=
chester, zum Kardinal erhoben, um ihn an die Spitze des Kreuz=
zuges zu stellen, und auf dem Reichstage zu Frankfurt wurde
sodann am 4. Mai 1427 dieser neue Kreuzzug beschlossen. Die
Theilnahme an demselben war auch in allen Ländern des deutschen
Reiches eine bedeutende; Kardinal Heinrich war mit 1000 engli=
schen Schützen erschienen und die Deutschen zählten allein 80,000 Be=
waffnete; Ende Juni standen bereits schon zahlreiche Schaaren an
den Grenzen Böhmens. Der Herzog von Sachsen ließ sodann am
6. Juli unter seinem Sohne 20,000 Bewaffnete ins Feld rücken;
von Regensburg rückte am 8. Juli ein anderes Heer aus, und
am 12. Juli brach dann Otto, Erzbischof und Kurfürst von Trier
mit den Rheinländern, Schwaben und Baiern als Oberbefehlshaber
des ganzen Kreuzheeres, das 200,000 Streiter gezählt haben soll,

Belagerung
von Mies.
23. Juli 1427.

auf. Am 23. Juli begann sodann das Kreuzheer die Stadt Mies
zu belagern, welches Pribik von Klenau mit 400 Mann Huffiten
besetzt hielt, mit denen er sich gegen das große Kreuzheer, welches
mit groben Geschützen gegen die Stadtmauern nachdrücklich operirte,
tapfer wehrte.

Vereinigung
der huffitischen
Parteien.

Durch Vertreibung der sich zu Rom hinneigenden Huffiten,
hatte in Prag die Parthei der eifrigen Utraquisten wieder das Ueber=

gewicht bekommen, und diese säumte nicht, mit den Taboriten und Waisen den alten Freundschaftsbund jetzt wieder zu erneuern. Als daher die neue Gefahr herankam, kehrte die Eintracht unter die Hussiten wieder zurück. — Am 15. Juli kam Prokop mit dem Hauptheere der Hussiten nach Prag und zog gegen den Feind, wohin ihm die Prager den zweiten Tag nachfolgten. Die Stärke des gesammten böhmischen Heeres wird (wohl zu niedrig) auf 1500 Reiter und 16,000 Fußgänger angegeben, die mit den nöthigen Wägen und Geschütz unter dem Oberbefehle Prokop's standen.

Als sich nun das hussitische Heer am 2. August Mies näherte, überkam das deutsche Heer plötzlich ein so panischer Schrecken, daß es von der Belagerung abließ und gegen Tachau zu fliehen begann. Der päpstliche Legat, Kardinal Heinrich, der sich in Deutschland verspätet hatte, erreichte das Kreuzheer erst bei Tachau, wo er es mit dem Kreuze in der Hand, mit einer donnernden Rede zum Stehen brachte, und die Fürsten dazu vermochte, die Kreuzsache nicht zu verlassen. — Als aber das hussitische Heer am 4. August in Schlachtordnung auch gegen Tachau anrückte, da sank den Kreuzfahrern abermals der Muth, und dieselben begannen schon vor Beginn des Kampfes wieder zu fliehen. Da alle Ermahnungen des Kardinals vergebens waren, zerriß er die Reichsfahne und schleuderte selbe unter fürchterlichen Flüchen den Fürsten vor die Füße; um aber nicht selbst gefangen zu werden, mußte auch er fliehen.

Flucht des Kreuzheeres von Mies. 2. August 1427.

Flucht des Kreuzheeres vor Tachau. 4. August 1427.

Die Hussiten stürzten den Fliehenden nach und erschlugen ihrer Tausende.

Tachau wurde dann am 14. August erstürmt und darin alle Männer erschlagen.

Mit den Pilsnern aber schlossen die Hussiten einen Waffenstillstand.

Von den übrigen zwei Heeren, die auf Befehl des Frankfurter Reichstages gegen Böhmen zogen, kamen nur die Schlesier in den Kampf, indem sie in großer Zahl bei Nachod einfielen, und hier der Hussitenabtheilung unter dem Befehle des Johann Capek von San am 9. August eine schimpfliche Niederlage beibrachten. Die Schlesier verbrannten dann die Vorstadt Nachod's, nachdem sie aber die Nachricht von dem Unglücke des Kreuzheeres bei Tachau erhielten, verließen auch sie Böhmen.

Niederlage der Hussiten vor Nachod. 9. August 1427.

§. 28. Während des auswärtigen Krieges begann sich in Böhmen die Parthei Korybut's wieder zu regen, und Hynek von Waldstein, Johann Smiřitzky und Andere, faßten den Plan,

§. 28. Einfall Waldstein's und Smiřitzky's in Prag zu Gunsten Korybut's. 6. September 1427.

Prag zu überrumpeln und die Befreiung Korybut's zu erzwingen. Dieser Plan wurde aber verrathen, und als Smiřiýly am 6. September mit 600 Reitern durch die geöffneten Thore in Prag einfiel, wurden dieselben vom Volke erschlagen und nur sehr Wenigen davon gelang es, zu entfliehen.

Korybut in Freiheit gesetzt. 9. September 1427.

Für den Prinzen Korybut hatte dieses Unternehmen aber das Gute, daß die Hussiten, die einen solchen Anlaß zum Streite nicht länger unter sich lassen wollten, denselben am 9. September aus der Gefangenschaft entließen, und ihn über die Grenze geleiteten.

§. 29.

Neuer Reichstag in Frankfurt. 16. November 1427.

§. 29. Das Mißlingen des großen Kreuzzuges hatte in den christlichen Ländern einen tiefen Eindruck hervorgebracht, und es wurden sogar die Fürsten absichtlicher Verrätherei beschuldigt. Der Kardinallegat Heinrich schrieb das Unglück dem Mangel der Taktik der deutschen Truppen zu und entschied sich dahin, daß, um die Hussiten zu bekämpfen, nicht zahlreiche, aber kriegsgewohnte und geübte Heere nothwendig seien. Dies war auch die Absicht und der Zweck seiner Verhandlungen auf dem Reichstage, welcher am 16. November 1427 zu Frankfurt zusammentrat.

Die Hussitensteuer. 3. December 1427.

Am 3. Dezember wurde hierauf von dem Reichstage der Beschluß gefaßt, zur Führung des Krieges gegen die Hussiten im ganzen deutschen Reiche eine Steuer (Hussitensteuer) zu erheben, von deren Zahlung keine Person über 15 Jahre, und weder der geistliche, noch der weltliche Stand ausgenommen sein sollte. Alle Geistlichen sollten fünf Procent ihres Einkommens, diejenigen Laien aber, die kein Einkommen hätten, wenigstens zwei Groschen per Kopf, jene, welche 1000 Gulden bezogen, einen halben Gulden, jeder Jude einen Gulden, jeder Edle drei Gulden, jeder Ritter fünf Gulden, jeder Graf 25 Gulden ꝛc. zahlen. Zu Oberhauptleuten des künftigen Kreuzheeres wurde der Legat Heinrich und der Markgraf Friedrich von Brandenburg ernannt. Dieser neue Kreuzzug wurde auf den Johannistag 1428 in der Art bestimmt, daß an diesem Tage aus allen Ländern die Kreuzschaaren an den Grenzen Böhmens bereit stehen sollten. — Papst Martin hatte schon am 25. Oktober 1427 zum Zwecke dieses Kreuzzuges den fünften Theil sämmtlicher Zolleinkünfte der apostolischen Kammer bestimmt.

§. 30.

Verheerungszug der Hussiten nach Ungarn und Schlesien. 1428.

§. 30. Die vereinigten Hussiten unternahmen aber, ohne Rücksicht der Gefahr des drohenden Kreuzzuges, und zwar die Taboriten unter Prokop dem Großen, die Waisen unter Profupek und die Prager unter Johann Towačowský in der Mitte des Winters 1428 einen neuen Verheerungszug nach Ungarn und verheerten dasselbe, ohne einen ernsten Widerstand zu finden. — Hierauf zogen dieselben nach Schlesien, wo sie am 13. März 1428 Glogau mit Sturm einnahmen, und ein ihnen von den Fürsten, den Städten und dem Bischofe von Breslau am 18. März bei Neiße entgegengestelltes Heer schlugen, was einen solchen Schrecken verursachte, daß Niemand mehr den Ketzern Stand halten wollte; eine große Anzahl Städte fielen sodann in die Hände der Hussiten.

Indessen sammelte sich bei Liegnitz wieder ein starkes Heer gegen die Hussiten. — Von der einen Seite stand nämlich Bischof Konrad von Breslau in Neiße, von der anderen Seite lagerten Fürst Ruprecht aus dem Maltheserorden, Fürst Sagan und Andere hinter Liegnitz bei Haynau. Als die Hussiten jedoch gegen dieses Heer anrückten und kaum daß die Deutschen ihrer ansichtig wurden, so zerstoben dieselben abermals und flüchteten in die festen Plätze. Die Hussiten nahmen dann die Stadt Haynau mit Sturm, wo sie eine Menge Menschen ermordeten und verbrannten. Andere Städte kauften sich durch Brandschatzungszahlungen von der ihnen drohenden Gefahr los. Auch der Fürst von Ratibor und der Fürst von Teschen schlossen mit den Hussiten Vergleiche ab, worauf dieselben mit großer Beute nach Böhmen zurückkehrten.

Eine Abtheilung von 10,000 Mann Hussiten verheerte indessen die Umgebung von Nußdorf und eine andere Abtheilung verwüstete die Grenzen von Baiern.

Von Deutschland, woher der eigentliche Kreuzzug gegen Böhmen ergehen sollte, wurde aber nichts unternommen, indem über die Hussitensteuer ein allgemeines Murren entstand und die Ritterschaft meinte, daß sie zum Kriegführen, nicht aber zum Steuerzahlen ver= pflichtet sei.

§. 31. Anfangs 1429 kam König Sigismund nach Preß= burg; die böhmischen und mährischen Heere, an deren Spitze Mein= hard von Neuhaus stand, benützten diese Gelegenheit, um den König und die hussitischen Feldherren zu einer persönlichen Zusammen= kunft zu bewegen. Diese Zusammenkunft erfolgte auch am 4. April 1429 in Preßburg, wohin Prokop mit seinem Gefolge kam. Beim Könige befanden sich damals in Preßburg: Herzog Albrecht von Oesterreich, die Fürsten von Baiern, die schlesischen Fürsten, böhmische Herren und einige Prager Bürger mit 200 Reitern. Die Unterhandlungen jedoch, die bis 9. April währten, hatten aber, da Sigismund auf das zusammenberufene Concil in Basel hinwies,

Einfälle der Hussiten in Oesterreich und Baiern.

§. 31. Friedensver= handlungen. 4—9. April 1429.

ebensowenig einen Erfolg, wie der in Prag am 23. Mai abgehal
tene große Landtag.

König Sigismund hatte daher auch gleich nach der ersten
Conferenz in Preßburg einen Befehl an das deutsche Reich erlassen,
daß man nunmehr dem früheren Beschlusse gemäß bereit sein solle,
am Johannistage (24. Juni) gegen die Böhmen aufzubrechen. Auch
Papst Martin V. hatte den Kreuzzug gegen die Böhmen von
Neuem verkünden lassen und es wurden mit Hilfe von Kirchen-
und Ablaßgeldern allerorten Truppen geworben. Doch alle diese
Anstalten und Entwürfe wurden wieder vereitelt, indem der Kar-
dinal-Legat Heinrich vom König Heinrich IV. den Befehl erhielt,
in den Krieg der Engländer gegen die Franzosen, wo gerade die
Jungfrau von Orleans aufgetreten war, zurückzukehren.

§. 32. Schon im Juni 1429 unternahmen die Hussiten unter
Prokop dem Großen wieder einen Verheerungszug nach der Lausitz,
wo sie Städte und Ortschaften verwüsteten und verbrannten.

Ein zweiter Zug wurde von den Taboriten, den Waisen und
den Pragern von mehr als 4000 Reitern, 40,000 Fußgängern und
2,500 Kriegswagen, unter Anführung Prokops des Großen,
dann dem Prager Hauptmann Sigmund unter Anschluß vieler
Adeliger nach Sachsen unternommen, welcher Zug am 14. Dezember
von Prag aus über Teplitz und Graupen gegen Pirna und Dresden
abging. Die Hussiten verwüsteten Sachsen, ohne daß ihnen ein
ernstlicher Widerstand entgegengesetzt worden wäre, und eine große
Menge von Städten, Schlössern und Ortschaften wurde dem Verderben geweiht. Endlich bewirkte der Kurfürst Friedrich von Brandenburg am 6. Februar 1430 einen Vergleich und Waffenstillstand,
vermöge dessen den Hussiten die Bamberger und Forchheimer
12,000, die Nürnberger 12,000, Kurfürst Friedrich 9000, Fürst
Johann von Baiern 8000 2c. in rheinischen Gulden zahlen mußten.
Zugleich wurde auch eine Disputation, welche beide Partheien am
23. April 1430 in Nürnberg über die vier Prager Artikel halten
sollten, mit dem Beisatze angeordnet, daß jenes, was dort aus der Bibel
dargethun wird, beiderseits als der christliche Glaube angenommen
werden müsse. Die Hussiten waren in diesem Zuge derart mit
Beute beladen, daß bei der ungeheueren Schwere der Wagen wenigstens sechs, ja auch vierzehn Pferde vor einen Wagen vorgespannt
werden mußten.

§. 33. Im Jahre 1430 wiederholten sich die Einfälle der
Hussiten nach Schlesien, Ungarn und Mähren, und es verbreitete

§. 32.
Neue Ver-
wüstungszüge
der Hussiten
nach der
Lausitz. 1429.

Heerzug nach
Sachsen.
1429—1430.

§. 33.
Bemühungen
des Papst
Martin V.
1430.

sich in Europa immer mehr die Ansicht, daß die Böhmen eher im gütlichen Wege als durch das Schwert zu unterjochen wären, und man hoffte daher, daß der Kirchenversammlung, die am 3. März 1431 in Basel ihren Anfang nehmen sollte, ein solcher Ausgleich gelingen werde. Papst Martin war jedoch der Kirchenversammlung abhold, weil die Kirchenväter wegen dem Vorrange mit ihm im Streite lagen, und da er von dem Zusammentreffen eines großen Reichstages, der am 9. Februar 1431 in Nürnberg stattfinden sollte, die Nachricht erhielt, so wollte er es versuchen, auf diesem Reichstage alle Kräfte Deutschlands zum Kriege gegen die Ketzer wieder anzurufen, und ernannte deßhalb den Kardinal Julian Cesarini zum Legaten, welcher dann nach Nürnberg abging; ihm an die Seite wurde der Kardinal Gabriel Condolmieri beigegeben. Papst Martin starb aber bereits am 2. Februar und zu seinem Nachfolger wurde eben der Kardinal Condolmieri als Eugenius IV. erwählt.

Der Reichstag zu Nürnberg, der am 9. Februar 1431 seinen Anfang nahm, war der wichtigste und besuchteste seines Jahrhunderts. Außer Sigismund waren alle Kurfürsten, dann viele Fürsten, Grafen, Bischöfe und Städte anwesend. Der Hauptgegenstand der Berathung war der neue Kriegszug gegen die Böhmen, zu diesem Zwecke wurden alle Verabredungen und Anträge von den Jahren 1422 und 1427 erneuert, und das neue Kreuzheer sollte am 24. Juni an den böhmischen Grenzen sich versammeln und der Kardinal Julian übernahm dann die Verkündigung des Kreuzzuges im ganzen Reiche.

Reichstag zu Nürnberg. 9. Febr. 1431.

§. 34. Dieses Kreuzheer versammelte sich aber sehr langsam und zum obersten Anführer wurde wieder Markgraf Friedrich von Brandenburg ernannt. Als Versammlungsort wurde das Städtchen Weiden an der Raab bestimmt. Kardinal Julian rückte dann am 7. Juli mit großer Feierlichkeit aus Nürnberg ins Feld und mit ihm zogen der oberste Anführer mit der Reichsfahne, der Erzbischof von Köln, der Herzog von Sachsen unter der päpstlichen Fahne, der Würzburger Bischof unter der Fahne des Königreiches Böhmen aus, dazu kamen noch die drei Fürsten von Baiern, der Graf von Würtemberg und mehrere Bischöfe.

§. 34. Der vierte und letzte Kreuzzug gegen die Hussiten. 1431.

Je näher die Gefahr an die Böhmen heranrückte, desto mehr Einigkeit zeigte sich unter ihnen, und Prokop der Große übte über das Heer eine diktatorische Macht aus. Das Hussitenheer bestand aus 5000 Reitern und 50,000 Fußgängern mit 3000 Wagen und einer Menge Geschütze. Diese Kriegsmacht erwartete den Feind im Pilsner Kreise, als aber die Deutschen zauderten in Böhmen einzu rücken und es den Böhmen an Lebensmitteln gebrach, so gingen dieselben auseinander, damit sich jede Schaar Lebensmittel hole, mit der Verpflichtung jedoch, sich ungesäumt zu sammeln, sobald der Feind erscheinen würde.

Zug des Kreuzheeres. August 1431. Das deutsche Kreuzheer hatte 40,000 Reiter, 90,000 Fuß gänger mit einer Menge Wagen, Büchsen und Kriegsbedarf. Da die Deutschen in dem Zurückweichen der Hussiten ein Zeichen der Furcht und Uneinigkeit der Feinde erblickten, so wuchs ihr Muth und Kar dinal Julian verlangte am 1. August die sofortige Berennung der Stadt Tachau. Da sie jedoch den Ort mit Geschütz und Mann schaft wohl besetzt fanden, so verließen sie selbe wieder und zogen gegen das Städtchen Bruck, das sie im Sturme einnahmen, alle Einwohner ermordeten und die Stadt zerstörten. Hierauf ver wüsteten sie in der ganzen Umgegend alle Dörfer und Städtchen.

7. August 1431. Am 7. August theilten sie das Kreuzheer sodann in drei Heere, eines unter dem Kardinal und dem Herzog von Sachsen, das zweite unter dem Markgrafen von Brandenburg und das dritte unter den Fürsten von Baiern. Diese rückten hierauf nach Art der Hussiten geschaart, eines von dem anderen eine Meile entfernt, jedes mit fünf Wagenreihen in der Richtung gegen das Kloster Kladrau und Taus.

Andere Kreuz heere. Indessen strömte vom Erzgebirge am 11. August ein anderes Kreuzheer ins Land und zog gegen Saaz; Hans von Polensk mit den Lausitzern lagerte sich vor Löbau, wo die Waisen damals eine Besatzung hatten und die Schlesier begannen mit Nachdruck die Stadt Nimtsch zu belagern. Der wichtigste Feind der Böhmen aber war Herzog Albrecht von Oesterreich, der gemäß der Verab redung schon Anfangs Juli mit seiner ganzen Kriegsmacht ins Feld rückte. Von böhmischer Seite wurde auch gegen Albrecht ein eigenes Heer ausgehoben, das vor Laa gegen ihn zog.

Die Flucht des Kreuzheeres bei Taus. 14. August 1431. Nach dem Einbruche der Kreuzfahrer ins Land concentrirte sich das Hussitenheer im Pilsner Kreise und zog gegen Taus, wo es demselben eine Schlacht liefern wollte. Am 14. August Nach mittags verbreitete sich im Kreuzheere vor Taus die Kunde von dem Anzuge der Hussiten, und obwohl dieselben fast noch eine Meile entfernt und nicht wahrzunehmen waren, so hörte man doch schon vom Weiten den lauten Kirchengesang des Hussitenheeres. Kardinal Julian bestieg mit dem Herzoge von Sachsen einen Berg,

um die Uebersicht des Wahlplatzes zu haben; plötzlich erblickte er
aber im deutschen Lager eine sonderbare Bewegung, Alles drängte
sich hin und her, die Wagen stürzten aus den Reihen, die Reiter
stoben auseinander und Alles drängte nach rückwärts. Ehe der
Kardinal zur Besinnung kommen konnte, erhielt er vom Markgrafen
von Brandenburg die Nachricht, daß alle Truppen auf der Flucht
und nicht aufzuhalten seien, und er (Kardinal) möge daher auch auf
seine Sicherheit denken. Die Flucht des Heeres war auch allgemein,
die Wagen jagten in Unordnung dahin und warfen, um leichter
fort zu kommen, Proviant und Ladung ab. Die leichten Reiter der
Böhmen flogen aber heran, nahmen Viele gefangen und erschlugen
Tausende. Der Kardinal konnte selbst nur mit Mühe entfliehen;
die Flucht des Kreuzheeres war aber so grenzenlos, daß viele aus
Irrthum den Weg ins Innere Böhmens nahmen und die Böhmen
dann die Kreuzfahrer im Walde auf den Bäumen verkrochen ge=
fangen nahmen. Die Beute der Hussiten war unermeßlich, von
4000 Wagen der Kreuzfahrer kehrten nur 300 zurück, Büchsen,
Fahnen, Zelte, Waffen, Geld, Proviant und sogar die päpstliche
Bulle, welche zum Kreuzzuge aufforderte, fiel sammt dem goldenen
Kruzifix des Kardinals, seinem Mantel und Rock in die Hände der
Hussiten. Diese letzteren Gegenstände wurden noch durch 200 Jahre
in Taus zum Andenken aufbewahrt und gezeigt, und die erbeuteten
Fahnen wurden auf dem Prager Ringe aufgepflanzt.

Als das andere Kreuzheer, das (wie oben berichtet) gegen
Saaz gezogen war, von dem Unglücke bei Taus Nachricht erhielt,
zog es aus dem Lande und auch der Herzog Albrecht von Oesterreich verließ Böhmen.

§. 35. Durch die Katastrophe bei Taus erhielt die Hussiten=
macht ihre größte Bedeutung, indem die übrige Christenheit wider
ihren Willen dazu gebracht wurde, einzusehen, daß man mit Friedens=
unterhandlungen leichter und früher zum Ziele gelangen könne, als
durch die Aufstellung neuer Heere, und deßhalb wurde auch überall
die Nothwendigkeit einer Kirchenreformation anerkannt.

Für die Böhmen selbst waren die Hussitensiege nicht heil=
bringend, denn die Vernichtung der alten Autorität zog auch die
Vernichtung der nationalen Eintracht und Einheit nach sich, und was
jetzt die Partheien und Sekten schied, war nicht mehr das Glaubens=
bekenntniß allein, sondern es waren auch politische Grundsätze, die
zwischen dem feudalen Adel und der Demokratie den Kampf hervor-
riefen und neben den drei kirchlichen Partheien: den Taboriten,

Pragern und Waisen standen jetzt noch zwei politische Partheien da, nämlich der Abel und das Volk.

Schreiben des
Concils an
die Hussiten.
September
1431.
Der Kardinal Julian, welcher den Vorsitz in dem Baseler Concilium zu führen berufen war, erwartete jetzt nur noch Hoffnung und Hilfe von diesem, und deßhalb erließ auch das Concilium zur Anbahnung des Vergleiches an die Hussiten ein sehr freundliches Einladungsschreiben, in dem Alles vermieden wurde, was bei den Hussiten irgend ein Mißtrauen hätte erwecken können. Da die Hussiten noch im Banne waren, und ihnen somit dieses Schreiben nicht direkt vom Concilium zukommen konnte, so erhielten die Prager ein Exemplar durch den König Sigismund, das zweite durch den Stadtrath in Nürnberg, und das dritte von der Stadt Eger.

Die Prager und die ihnen gleichgesinnten Kelchner gaben sogleich ihre Einwilligung zum Erscheinen auf dem Concilium; auch die Waisen, die damals mit den Taboriten wieder entzweit waren, neigten sich den Pragern zu, nur die Taboriten verweigerten ihre Zustimmung.

§. 36.
Unterhand-
lungen mit
den Böhmen.
§. 36. Das Concilium, welches jede Verzögerung fürchtete, und auch die deutschen Länder beruhigen wollte, damit dieselben nicht einseitig mit den Böhmen Verträge abschließen möchten, entsendete zwei Gesandte, und zwar Johann Nieder, Prior des Dominikaner-klosters zu Basel, und den Cisterzienjermönch Geilhausen als Gesandte nach Böhmen, um dort wegen dem Eintritte ins Concil zu unterhandeln.

Auf dem Landtage zu Prag am 10. Februar 1432 versöhnten sich die Taboriten mit den Waisen, und es wurde dabei beschlossen, durch Gesandte in Eger mit den Abgeordneten von Basel über die Art und Bedingungen des Eintrittes in das Concil zu unterhandeln.

Verhandlun-
gen zu Eger.
27. April
1432.
Am 27. April 1432 kamen die Baseler Abgeordneten nach Eger, und es wurde dann am 9. Mai mit den Böhmen ein Ueber-einkommen über freies Gehör auf dem Concil, über die Konferenzen, über den Platz im Concil, über den Gang der Verhandlungen selbst ꝛc. getroffen.

Auf dem am 6. Dezember 1432 abgehaltenen Landtage zu Kuttenberg wurden von den Hussiten zu ihren wirklichen Gesandten nach Basel, sieben weltliche und sieben geistliche Männer gewählt; unter den Letzteren befand sich Johann Rokycana und Prokop der Große.

Die Hussiten
in Basel.
4. Januar
1433.
Diese Gesandten wurden mit sicherem Geleite durch Deutsch-land geführt und kamen am 4. Januar 1433 in Basel an, wo sie

mit Ehren empfangen wurden. Die gegenseitigen Disputationen, in denen Rokycana der Einflußreichste war, fingen sogleich an und dauerten bis 10. März, wo die böhmischen Gesandten das Concil ersuchten, dasselbe möge eine Gesandtschaft nach Böhmen abordnen, damit dort auf dem Landtage unmittelbar mit dem Volke verhandelt werden könne, indem die Gesandten zu der Bewilligung so wichtiger Dinge, welche von ihnen verlangt wurden, keine Vollmacht hätten. Am 14. April reisten dann die böhmischen Gesandten und mit ihnen der neu ernannte Legat mit den Abgeordneten des Conciliums nach Böhmen ab.

Am 12. Juni 1433 wurde in Prag der Landtag eröffnet, Landtag in Prag. 12. Juni. und nachdem Rokycana den Bericht über die Baseler Vorkommnisse erstattet hatte, führte er am 13. Juni die Baseler Abgeordneten in den Landtag ein. — Nach fruchtlosen Verhandlungen wurden jedoch die vornehmsten calixtinischen Adeligen heimlich in die Wohnung Die Baseler Legaten und der böhmische Adel. 25. Juni 1433. des Rokycana berufen, wohin auch die Baseler Abgeordneten kamen, und hier den Adeligen vorhielten, wie ungeziemend es sei, daß sie, denen die Verwaltung des Königreiches zukomme, jetzt Solchen gehorchen müßten, die sonst nicht werth wären, ihre Diener zu sein, dagegen gebe es aber nur ein Mittel, nämlich: in den Schooß der Kirche zurückzukehren, was leicht möglich sei, indem betreffs der Communion unter beiderlei Gestalt das Concil ihren Wünschen will= fahren würde. Die Adeligen bezeugten hierüber eine große Freude, und Meinhard von Neuhaus, der sich an ihre Spitze stellte, suchte auf diesem Wege die Ruhe des Vaterlandes zu erreichen. — Da aber auf dem Landtage die Verhandlungen zu keinem Resultate geführt hatten, nahmen die Legaten Abschied und kehrten mit den neuen böhmischen Abgeordneten am 11. Juli nach Basel zurück. Die Hauptsache, die sie mitzuerreichen bemüht waren, nämlich den Abschluß eines allgemeinen Waffenstillstandes, hatten sie aber doch nicht erreicht, indem Prokop der Große darauf bestand, daß erst dann, bis die Anstände betreffs der vier Artikel behoben sein würden, der Friede mit der Christenheit eintreten könne. Den neuen böhmischen Abgeordneten wurden aber von dem Concilium nur Andeutungen betreffs der Bewilligung ihrer Forderungen wegen der Communion unter beiderlei Gestalt und der anderen Artikeln gegeben und ver= sprochen, diesfalls wieder neue Legaten nach Böhmen senden zu wollen.

§. 37. Während die kirchlichen Verhandlungen nur sehr lang= §. 37. Weitere Heeres= und Raubzüge der Hussiten. 1433. sam von der Stelle kamen, ruhten die Waffen der Hussiten nicht, denn schon im Monate Februar 1433 wurde ein neuer Heereszug derselben nach Oesterreich unternommen. Im April machten dann die Taboriten mit 700 Reitern, 8000 Fußgängern und 300 Wagen über die Karpathen einen Einfall in die Zips und nach Ungarn: Käßmark gerieth in Feindeshand, die umliegenden Flecken und Dörfer wurden geplündert, der Zipser Probst gerieth in Gefangenschaft und starb später in Prag in der Haft. Von da wandten sich die Taboriten gegen die Stadt Kremnitz, machten in der Umgegend große Beute und kehrten ohne Kampf nach Böhmen zurück.

Ein zweiter Zug, von dem Waisenhauptmann Capet geführt, drang in's Polnische, von da nach Neumark in die preußischen Länder, wo sie 12 Städte eroberten, die ganze Gegend plünderten und unterwarfen. Nur die feste Stadt Lemberg hielt Stand; von da rückten die Hussiten am 6. Juli vor die feste Stadt Konitz, welche sie aber durch sechs Wochen vergebens belagerten, dann wandten sie sich gegen die Stadt Dirschau, welche sie verbrannten, und zogen sodann über Danzig bis an die Ostsee, wo sie zu Ehren und zur Erinnerung dieses Zuges Festlichkeiten ungewöhnlicher Art begingen. Dieser Zug kam erst um Galli (15. Oktober) nach Böhmen zurück, und betheiligte sich dann an der Belagerung von Pilsen.

Belagerung von Pilsen. 14. Juli 1433. Da die Stadt Pilsen katholisch war und den vier Prager Artikeln keinen Eingang gestattete, die Hussiten bei der durch das Concilium erfahrenen Täuschung zu der Ueberzeugung kamen, daß ihre kirchliche Stellung auch in Zukunft immer nur eine Ausnahmsstellung sein werde, indem das Concilium den Katholiken in Böhmen nie anbefehlen werde, hussitisch zu werden, so wurde die Belagerung dieser Stadt durch die gesammte Hussitenmacht beschlossen, und am 14. Juli lagerten auch 36,000 Mann in fünf Heere getheilt um Pilsen. Nur der hussitische Adel blieb diesmal unthätig.

Die Belagerung dauerte zehn Monate, und endlich hoben die Hussiten dieselbe auf, nachdem sie durch die nachfolgenden wichtigen Vorfälle in Böhmen dazu gezwungen wurden.

§. 38.
Die ersten Prager Compaktaten.
30. November 1433.

§. 38. Am 22. Oktober 1433 kamen die neuen Baseler Concilslegaten nach Prag und nun begannen die Verhandlungen über die kirchlichen Fragen von Neuem. Auf dem St. Martinilandtage in Prag wurden am 26. November 1433 von dem Legaten folgende Compactaten vorgelegt: 1. von dem ersten Artikel betreffs des Kelches hieß es, daß die Böhmen und Mährer, wenn sie sich im Glauben durch nichts anderes von der Kirche unterscheiden, als durch die

Communion unter beiderlei Gestalt, sie vermöge der Anordnung Christi und der heiligen Kirche auch so communiciren können; die Frage, ob diese Communion allgemein angeordnet werden solle, werde aber das Concil erst später gründlich erwägen; das Concil verleihe aber den Priestern die Macht, das heilige Altarsakrament unter beiderlei Gestalt allen Erwachsenen, die es begehren würden, jedoch immer nur mit dem Beisatze zu verabreichen, daß in der Gestalt des Brodes nicht bloß Christi Leib, noch in der Gestalt des Weines bloß Christi Blut, sondern in jeder Gestalt Christus ganz vollständig gegen= wärtig sei;

2. bei dem Artikel der Einstellung und Bestrafung der Sünder solle dieses nur den Aemtern zukommen, und zwar den geistlichen über Geistliche, den weltlichen über Weltliche;

3. in Betreff des Artikels über die freie Verkündigung des Wortes Gottes wird festgesetzt, daß die Prediger von ihren Vor= gesetzten erst bestimmt und dann abgeordnet werden müssen;

4. bezüglich der weltlichen Herrschaft der Kirche wurde die Sache dahin ausgelegt, daß die Kirche Landgüter erblich besitzen dürfe, und daß die Geistlichen als Verweser des kirchlichen Gutes dieses treu verwalten sollten.

Dies waren die ersten wirklichen Verträge zwischen den Par= theien über diese hochwichtigen Fragen.

Die Parthei der Magister und Priester Prags war mit diesen Concessionen einverstanden, keineswegs aber Rokycana, die Tabo= riten und die Waisen. Mit der Parthei der Magister und Priester aber stimmte auch der größere Theil der Adeligen, und so erfolgte ungeachtet des theilweisen Widerspruches am 30. November 1433 die Bestätigung und Annahme dieser ersten Compactaten, woraus dann nothwendiger Weise ein Zwiespalt der Partheien hervorgehen mußte.

So war denn jetzt der Zeitpunkt eingetreten, wo das Concil und seine Gesandten aus der Uneinigkeit der Böhmen Vortheil ziehen konnten, denn jetzt trat wieder die Volksdemokratie auf; ihr gegen= über aber stand der Adel unter Anführung Meinhard's von Neu= haus da, welcher seit Jahren den Schauplatz verlassen hatte, jetzt aber die Gelegenheit ergriff, einerseits die Verbindung mit dem Adel und den Pragern, und anderseits mit dem Könige und dem Concil, zu dem Behufe herzustellen, um Letzteren ins Land führen zu können. Ueber Anregung Meinhard's wurde daher auf diesem Landtage Aleš von Riesenburg zum Landesverweser ernannt und ihm zwölf Personen als Räthe beigegeben, damit es nicht den Anschein habe, als ob der Adel die Landesregierung an sich reißen wolle.

§. 39.

§. 39. Die Austragung der Spaltung unter den böhmischen Partheien wurde jetzt von Seite des Königs und des Concils den Waffen überlassen. Der Legat begab sich abermals mit Geld versehen nach Böhmen, um die Pilsener zu unterstützen und schloß diesfalls auch mit den böhmischen Baronen und dem Herzog Johann von Baiern einen Vertrag ab; auch die mährischen Barone, sowie Herr von Rosenberg, welchen der König zu seinem Bevollmächtigten ernannte, sagten die Stellung eines Heeres zu. Die Barone Böhmens und Mährens, die Altstadt Prags und andere Gemeinden bildeten sodann einen Bund, um sich wechselseitige Hilfe auf Leben und Tod zu leisten; zu diesem Ende sollte der Landfriede in allen Kreisen verkündet werden, dem stehenden Heere oder den hussitischen Kriegsrotten wurde aber befohlen, sie sollten auseinander gehen und das Land nicht ferner verwüsten, auch wurde beschlossen, ein neues Heer zu sammeln und die Brüder aus den Kriegsrotten aufzufordern, gegen Sold in demselben Dienst zu nehmen.

Als Prokop der Große sah, was der Adel vorbereite und wohin er ziele, entschloß er sich wieder zum Kriege, um die Freiheit des Gesetzes Gottes zu schützen, und übernahm dann wieder den Oberbefehl über die gesammte Kriegsmacht der Taboriten und der Waisen.

Der verhängnißvolle letzte Kampf begann zu Prag. Der Verweser Ales und die Altstädter Herren forderten nämlich die Neustädter auf, dem Herrenbunde gleichfalls beizutreten. Da sich aber dieselben weigerten, diesem Ansinnen nachzukommen, so wurde das geworbene Heer am 5. Mai 1434 nach Prag berufen und durch seine Uebermacht die Neustadt erobert, worauf Prokop der Große aus Prag entfloh.

Jetzt gab es in Böhmen eigentlich nur zwei Partheien, die des Adels, ohne Unterschied des Glaubensbekenntnisses, und die der Städte- oder Volksparthei. Zu der ersteren gehörten außer dem Adel die Städte: Prag, Pilsen und Melnik, zu der der Städte- oder demokratischen Parthei bekannten sich außer den Taboriten- und Waisengemeinden alle anderen böhmischen Städte und Ortschaften.

Die entscheidende Schlacht zwischen beiden Partheien fand am 30. Mai 1434 bei Lipau statt, und die Städteparthei, welche 18,000 Mann stark war, wurde durch die Uebermacht der Krieger des Herrenbundes gänzlich geschlagen. — Wie hartnäckig aber der

Marginal notes:

§. 39. Vorbereitungen zum Kriege.

Der Herrenbund.

Die Prager Neustadt erobert. 6. Mai 1434.

Schlacht bei Lipau, und Untergang der Hussiten. 30. Mai 1434.

Widerstand in dieser Schlacht war, zeigt der Umstand, daß der ent=
scheidende Kampf den ganzen Tag und die ganze Nacht bis zum
Morgen des nächsten Tages währte. In dieser Schlacht ging end=
lich die Hauptmacht der Taboriten und der Waisen für immer zu
Grunde, die beiden Profope und an 13,000 ihrer Krieger, die
durch so viele Jahre der Schrecken Aller gewesen waren, blieben auf
dem Schlachtfelde, nur 700 wurden gefangen. Dies war die letzte
Huffiten=Schlacht gewesen und damit war endlich die große Huffiten=
bewegung nach 16 Jahren beendet; jetzt schwieg der Waffenlärm und
der Friede kehrte ins Land zurück.

Sigismund, der in der Zwischenzeit in Italien zum Kaiser
gekrönt worden war, benützte dieses Ereigniß und leitete sofort
Unterhandlungen mit den böhmischen Ständen ein, die seine An=
erkennung als König von Böhmen zum Zwecke hatten. Diese
Anerkennung erfolgte aber erst nach zwei Jahren, nachdem Sigis=
mund auf dem Landtage zu Iglau am 5. Juli 1436 die Bedin=
gungen, unter denen die Bestätigung der Compactaten, Duldung des
huffitischen Gottesdienstes und eine Amnestie die vorzüglichsten waren,
angenommen hatte.

Am 23. August 1436 hielt dann Sigismund in Prag seinen
feierlichen Einzug.

II. Abtheilung.

Der Reformationskampf der Niederlande und Abfall derselben von der spanischen Regierung. (1564—1609.)

(Bis zum 12=jährigen Waffenstillstande vom 9. April 1609.)

§. 1. Schon unter Kaiser Karl V., dem Beherrscher des
ungeheueren Reiches, in dem — wie es rühmend hieß — die Sonne
nie unterging, hatte in seinem Geburtslande, den Niederlanden, die
Reformation Eingang gefunden, wo sie noch durch besondere reli=
giöse Schauspiele, welche die Verspottung der Geistlichkeit zum Zwecke
hatten, befördert wurde.

Kaiser Karl V. erließ schon damals Befehle, durch welche
über die Ketzer die schwersten Strafen an Leib und Leben verhängt
wurden; doch vermochten diese Maßregeln die Ausbreitung der Re=
formation nicht zu hindern. Im Jahre 1550 erschien ein neues

§. 1.
Die Lage der
Niederlande
im Jahre
1555.

Edikt, welches dem Angeber der Ketzer die Hälfte der Besitzungen derjenigen versprach, die er dem Gerichte in die Hände liefern würde, zugleich ward der Name der Inquisition deutlicher als zuvor aus gesprochen.

Der Schrecken dieses Tribunales, dessen Gräuel damals in Spanien eine erschreckende Höhe erreicht hatte, wirkte eben namentlich in Antwerpen derart, daß viele Kaufleute sich lieber zum Auswandern entschlossen, so daß über die nachdrücklichen Vorstellungen derselben Karl V. sich entschloß, das Wort Inquisition aus der Verordnung zu streichen und dafür die Benennung „geistliche Richter" zu setzen. — Ungeachtet des Mißvergnügens über die Verfolgung der Protestanten bestand aber dennoch zwischen Karl V. und den Niederländern ein sehr gutes Verhältniß, denn das Volk liebte Karl als einen geborenen Niederländer wegen seiner Freundlichkeit im Umgange, und auch Karl zog die Niederländer überall den Spaniern vor und vertraute ihnen die wichtigsten Stellen an.

So war die Lage Niederlands im Jahre 1555, als Karl's Sohn Philipp II. dahin kam.

§. 2. Thronentsagung Karl's V. und Regierungsantritt Philipp's II. 25. Okt. 1555.

§. 2. Der 55=jährige Kaiser Karl V. übertrug, durch schwere körperliche Leiden bewogen, am 25. Oktober 1555 in einer feierlichen Versammlung zu Brüssel, wo er sich seines kaiserlichen Ornates entkleidete, die Regierung der Niederlande seinem Sohne Philipp II. und begab sich nach Spanien in das Kloster St. Just, wo er auch am 21. September 1558 starb.

Philipp II., jetzt Erbe so vieler Kronen, aber seinem Vater sehr unähnlich, klein, mager, von einem scheuen, finsteren, unansehnlichen Aeußeren, war ein despotischer, tyrannischer und mißtrauischer Fürst, von dem man sagt, daß er nur ein einzigesmal in seinem Leben gelacht habe und zwar damals, als er die Nachricht von dem Niedermetzeln der Hugenotten in der Bartholomäusnacht erhalten habe.

In Spanien erzogen, sprach er keine andere Sprache als die kastilianische, und stets nur von Spaniern umgeben, traute er Niemand als nur dieser Nation und insbesondere nur der Geistlichkeit, unter deren Vormundschaft er stand und die seinen Geist ganz beherrschte. — Die Niederländer erkannten auch bald mit Schrecken, daß in dem Körper Philipp's kein Herz wohne. Gegen die Ketzer war Philipp von einem nicht zu stillenden und unversöhnlichen, grausamen Hasse beseelt und die Geschichte seiner grausamen Regierung der Niederlande ist mit einem blutigen Griffel geschrieben, ebenso wie die Geschichte Philipp II. auch des Mordes seines Sohnes Don Carlos, seiner (Philipp) zweiten Gemahlin Elisabeth von Frankreich, als auch seines unehelichen Bruders Don Juan d'Austria anklagt. Die Inquisition hatte sich unter seiner Regierung zu ihrer höchsten Blüthe entwickelt; verbreitete ihre Schreckensherrschaft in allen Kreisen und für Philipp gab es keinen herrlicheren Anblick, als die lodernden Scheiterhaufen der Ketzer. Spanien stand damals als die erste Weltmacht mit den unermeßlichen Zerstörungsmitteln des Krieges ausgerüstet da, und es ist deßhalb der erhebendste Anblick und jeder Bewunderung werth, wenn man berücksichtiget, daß, obzwar die anderen europäischen Mächte sich vor der spanischen Uebermacht beugten, das kleine Volk der Niederländer, so geknechtet als es durch die blutige Strenge der spanischen Regierung auch war, dennoch mit dem ausdauerndsten und zähesten Muthe den Kampf mit diesem Riesen aufnahm, um seine politische und Gewissensfreiheit zu erkämpfen. Bei dem Regierungsantritte Philipp's waren die Niederlande eines der reichsten und blühendsten Länder Europa's und Philipp gab anstandslos dieses schöne Land der Verwüstung Preis, um nur auch die verhaßten Ketzer darin zu vernichten.

§. 3. Auch das katholischeste Land „Spanien" wurde von der Reformation im Stillen angesteckt und die Inquisition nahm zu ihrem Schrecken plötzlich gewahr, welche Fortschritte dieselbe dort schon gemacht hatte und wie groß bereits die Zahl der heimlichen Protestanten war. Jetzt schritt die Inquisition sofort zu Einkerkerungen, Folterqualen, Hinrichtungen und die Scheiterhaufen loderten immer zahlreicher im Lande. Dabei schonte die Inquisition Niemand, indem sie auch Personen des hohen Adels mit gleichem Eifer verfolgte und dieselben hinrichten ließ. Ja sogar der Primas des Reiches, der Erzbischof von Toledo, Bartholomäus Carranza, wurde der Ketzerei angeklagt und ins Gefängniß geworfen. Vornehmlich waren es die Ueberbleibsel der Mauren, die Moriskos, welche sich zum Christenthume bekehrt hatten und die man im Verdachte hatte, heimlich dennoch dem Islam anzuhängen. Unter der Regierung Philipp's wurde daher gegen dieselben mit der äußersten Strenge vorgegangen, man verlangte, daß sie ihrer Sprache, ihrer Kleidung, ihren Sitten und Gebräuchen entsagen, und als sich dieselben deßhalb empörten, wurden sie mit Waffengewalt unter Strömen von Blut erdrückt und der kleine Ueberrest derselben nach zahllosen Hinrichtungen endlich aus Granada fortgeschafft und in die inneren Provinzen gebracht.

§. 3.
Die Reformation in Spanien.

So hatten die Scheiterhaufen Spanien von der Reformation
endlich gereinigt!

§. 4. Philipp wollte nun auch in Italien die Inquisition
einführen, mußte aber diesen Plan wegen der darüber in Mailand
und Neapel ausgebrochenen Unruhen aufgeben

In den Niederlanden aber glaubte er sich jede Despotie erlauben zu können und hielt die Verfolgung der Ketzer für seine
vornehmste Regentenpflicht.

Vor seiner Abreise aus den Niederlanden setzte er im Jahre
1559 seine Halbschwester, Margaretha von Parma, eine Frau
von edlem und männlichem Geiste, zur Statthalterin der Niederlande ein. Ihr wurde ein Staatsrath untergeordnet, dessen mäch-
tigstes und einflußreichstes Mitglied, ein Ausländer, der Bischof von
Arras, Granvella, eine den Niederländern wegen seinem Fanatismus in der Verfolgung der Ketzer äußerst verhaßte Persönlichkeit
war. — Zur Befestigung des katholischen Glaubens wurden zu den
im Lande bereits bestehenden vier Bisthümern noch vierzehn neue
errichtet, über welche alle Granvella, als Erzbischof von Mecheln,
das Primat sammt dem Kardinalshute erhielt. Da die Protestanten
aber fürchteten, daß diesen neuen Bisthümern die Einführung der
Inquisition folgen werde, so erregte diese Maßregel das allgemeine
Mißvergnügen. Dieses Mißvergnügen richtete sich auch gegen die
spanischen Truppen, welche gegen die Verfassung des Landes darin
gehalten wurden, weßhalb die Statthalterin zur Erhaltung der Ruhe
dieselben entfernte, ohne daß jedoch durch diese Maßregel dem allgemeinen Unwillen abgeholfen worden wäre, denn das Volk sah in
Granvella den Urheber aller dem Lande verderblichen Maßregeln,
und der Haß gegen denselben war ein allgemeiner. In Entgegen-
haltung damit liebte und ehrte das Volk den Prinzen von Nassau-
Oranien und die Grafen von Egmont und Horn als die Vertreter und Vertheidiger der Volksinteressen.

Der Prinz Wilhelm von Oranien, Statthalter von Holland, Seeland und Utrecht, war ein Mann von tiefem Scharfblick und zähem Charakter; Graf Egmont war Statthalter von
Flandern und ein tapferer Feldherr, und Graf Horn, Admiral,
war für die Wohlfahrt und die Freiheiten des Landes, gleich den
beiden Ersteren wohlgesinnt.

Diese drei Männer sahen sich aber in ihren Bestrebungen für
das Wohl des Landes in dem Staatsrathe zu wirken so gehemmt,
daß sie der Regentin schriftlich anzeigten, daß sie in den Staatsrath

§. 1.
Die Regent-
schaft der
Niederlande.

Margaretha
von Parma.
1559.
Kardinal
Granvella.

Wilhelm von
Oranien.
Graf Egmont.
Graf Horn.

nicht mehr kommen können, indem sie dort keine Schatten des Kardinal Granvella abgeben wollen.

Margaretha erwirkte darauf zwar von Philipp II. die
Entlassung Granvella's, die am 13. März 1564 erfolgte, doch im
Staatsrathe blieb die Parthei Granvella's, die kardinalistische, wie
man sie nannte, zurück, und die Ketzerverfolgungen blieben nach wie
vor im Zuge. Philipp befahl aber der Regentin unbeugsam die
Einführung der Beschlüsse des damals beendeten tridentinischen
Conciliums durchzuführen, und als die Regentin dagegen die Aufhebung und Milderung der Strafbefehle über die Ketzer verlangte,
befahl Philipp im Gegentheile eine vermehrte Strenge gegen die
Ketzer, bei denen nur die Strafen heimlich zu vollziehen wären,
damit nicht der Schein des Märtyrerthums den Ausgang der Ketzer
verherrliche und Andere zum Abfall verleite.

Entlassung
Granvella's.
13. März
1564.

§. 5. Die Hoffnung auf Duldung, der sich nach Granvella's
Entlassung die Gemüther hingegeben hatten, wurde durch die letzten
Edikte Philipp's grausam getäuscht, und diese Täuschung führte dann
leicht zum Widerstande. Die Revolution, durch den großen Adel
vorbereitet, kam nun in die Hände des niederen Adels, welcher durch
Vergeudung seiner Besitzungen aus Anlaß der Anwesenheit Philipp's
in den Niederlanden in drückende Schulden gerathen war und zum
Theile auch aus diesem Grunde eine Aenderung wünschte. Unter
den Edlen des zweiten Ranges, die keine Vließritter, Statthalter
und Mitglieder des Staatsrathes waren, zeichneten sich besonders
drei Männer durch Enthusiasmus vor den Anderen aus, es waren
dies: Heinrich von Brederode, Ludwig von Nassau und
Philipp Marnix von St. Aldegonde, und namentlich war es
der Letztere, welchem, als einem Schüler Calvin's, der Bund des
Adels die Bildung und das Entstehen des Compromisses verdankte.

§. 5.
Der Bund des
Adels (die
Geusen).
November
1565.

Im November 1565 verbanden sich daher die entschlossensten
Glieder des niederländischen Adels mit einem feierlichen Eide schriftlich, sich mit aller ihrer Macht der Einführung der Inquisition zu
widersetzen und bei den Verfolgungen wegen der Religion sich gegenseitig beizustehen.

Am 5. April 1566, als die Regentin den Staatsrath einberufen hatte, erschienen 300 Edle, jedoch unbewaffnet, zu Brüssel,
und zogen mit Heinrich von Brederode gliederweise an den Hof
der Regentin, welcher sie eine Bittschrift wegen der Aufhebung der
Ketzergesetze überreichten. Als der große Trupp der Regentin Furcht
einzuflößen schien, sprach ihr der Staatsrath Herr von Barlai-

5. April
1566.

ment mit den Worten Muth zu: „ce n'est qu'une troupe de
gueux" (es ist nur eine Bettlerbande). Die Worte, von den Um-
stehenden gehört, wurden sogleich bekannt, und der Schimpfname
„gueux" wurde von den Verbündeten als Ehrenname angenommen, und sie nannten sich von nun an selbst „Gueux oder Geusen."
Bei dem hierauf auf Kosten Brederodes gehaltenen Gastmahle
hing sich derselbe die Bettlertasche um und trank auf die Gesund
heit des Geusenbundes aus einem hölzernen Napfe, in den dann
jeder der Gäste zum Zeichen des Beitrittes einen Nagel einschlug.
Auch Egmont und Oranien, die zu diesem Gastmahle zufällig
kamen, tranken aus dem hölzernen Napfe, was später Egmont als
eine todeswürdige Handlung angerechnet wurde. Viele Edle kleideten
sich darauf aschgrau, wie Bettelmönche, und die anderen trugen
wieder den Geusenpfennig, an dessen einer Seite das Bild des
Königs und auf der anderen Seite eine Bettlertasche zwischen zwei
Hände geprägt war, an der Brust.

Da nun das Volk sah, daß es einen Anhalt habe, indem die
Edlen nach der Audienz bei der Regentin eine drohende Zusammenkunft in St. Trond im Lüttichischen hielten, und die Milderung
der Edikte, welche die Statthalterin inzwischen einführte, dem allgemeinen Verlangen nicht entsprach, so fing das Volk an, sich selbst
zu helfen.

§. 6.
Die öffent-
lichen Predig-
ten und der
Bildersturm.

§. 6. Frankreich war damals die stärkste Stütze der Protestanten, dort stand die calvinische Parthei unter Männern wie
Condé und Coligny auf der höchsten Stufe des Ansehens, sie
konnte dem Hofe die Waage halten und dem Papstthume gelang es
erst, durch den gräßlichen Meuchelmord in der Bartholomäusnacht
(24. August 1572) die Hugenottenmacht zu schwächen. In Folge der
Zustände in den Niederlanden kamen dann eine Menge Glaubens-
brüder und deren Prediger aus Frankreich nach dem benachbarten
wallonischen Flandern, wo die erste Predigt unter freiem Himmel
abgehalten wurde. Jede solche Predigt erwarb der neuen Lehre neue
Anhänger; es bildeten sich große Verbindungen in Artois und
Westflandern, worauf in der ganzen Provinz eine Menge derartiger Versammlungen entstanden. Von Gent verbreitete sich die
Bewegung sodann nach Antwerpen u. s. w. Die Predigten, die
Anfangs in französischer Sprache gehalten wurden, fanden später in
der Landessprache statt. Nach Holland kamen die Prediger von
Emden, und vorzüglich war Johann Arends einer der vorzüg-
lichsten Missionäre des neuen Glaubens. Die Prediger standen oft

auf einer Kanzel, die auf einem Wagen angebracht war; um den
Prediger war die Menge gelagert, in erster Reihe die Frauen, und
dann im weiteren Kreise die Männer mit ihren Waffen. Die Volks=
menge bei diesen Predigten war stets sehr groß.

Eine Anzahl fremder Abenteurer benützte aber die ohnehin
schon gestiegene Erbitterung der niederen Volksklassen gegen die, den
neuen Glauben verfolgende reiche Geistlichkeit, und gegen die prächtigen
Kirchen, um diese Erbitterung noch mehr zu steigern, und so kam es,
daß die Hefe des Volkes sich der schwersten Gewaltthaten gegen die
Kirchen schuldig machte. In 10—12 Tagen wurde fast eine un=
glaubliche Zahl von Kirchen aller ihrer Bilder, Gemälde, Zierrathen,
bischöflicher Bibliotheken, Altäre, Meßgewänder und Bücher beraubt
und viele Kunstwerke zerstört. So wurde auch in Antwerpen die
schöne Kathedrale in wenigen Stunden von Schulknaben und Er=
wachsenen verwüstet, und in kurzer Zeit zählte man 400 solcher
verwüsteter Gotteshäuser im Lande.

Die über diese Gewaltthätigkeiten höchst erschreckte Statthalterin
mußte endlich völlige Religionsfreiheit, ja sogar Abtretung einiger
Kirchen an die Protestanten gutheißen. Der erzürnte König aber
befahl der Statthalterin, Truppen zu werben, um sich mit Gewalt
Gehorsam zu verschaffen; und mit den geworbenen Truppen wurden
später die rebellischen Städte schnell überfallen und zur Unterwer=
fung gebracht. In den südlichen Provinzen waren Doornic und
Valenciennes die Brennpunkte der Opposition. In erstere setzte
daher Herr von Noircarmes, Statthalter von Henegau, Besatzung,
und Valenciennes wurde mit Sturm und Bombardement ein=
genommen; so hatte also bald jeder Widerstand aufgehört, und
Niemand rührte sich weiter, als die Bilderstürmer zur Strafe ge=
zogen wurden.

Der Adelsbund der Geusen ging, da der Bildersturm ihn
unter sich veruneinigt hatte, auseinander, und war auch Oranien
über die Niederlage seiner Parthei nicht mehr zweifelhaft. Er erhielt
übrigens um diese Zeit aus Frankreich Abschriften von Briefen des
spanischen Gesandten, worin der ganze Plan Philipp's aufgedeckt
war, wo man Oranien, Egmont und Horn als die drei Häupter
des Aufstandes bezeichnete, die der verdienten Strafe nicht entgehen
sollen, worin aber zugleich der Rath gegeben wurde, es solle vor=
derhand die Regentin diese Häupter mit scheinbarer Freundlichkeit
erst sicher machen. Oranien zeigte diese Briefe Egmont und Horn,
doch ersterer wollte an die Möglichkeit einer solchen Falschheit des

Königs nicht glauben, und sein Vertrauen zu diesem blieb unerschütterlich Oranien kannte aber Philipp besser, er opferte lieber Würden und Güter, um der Gefangenschaft und dem Tode zu entgehen, und begab sich ins Nassauische zu seinem Bruder Johann. Auch Brederode verließ bei dem Gerüchte von der Annäherung der Spanier Amsterdam und ging nach Emden, wo er bald darauf starb. Egmont und Horn blieben aber vertrauensselig trotz der ihnen drohenden Gefahr in den Niederlanden.

§. 7.
Blutige Regierung Alba's
(Tyrannei von 1567 und 1573).

§. 7. Die Nachricht von dem Bildersturm erregte in Spanien Wuth und Schaudern, und obgleich jetzt in den Niederlanden die Ruhe wiederhergestellt war, und es daher der Waffengewalt nicht mehr bedurfte, so gab dennoch König Philipp dem als Feldherrn gefürchteten und durch seine Grausamkeit, ebenso wie durch seinen Ketzerhaß berüchtigten Herzog Alba den Auftrag, ein Kriegsheer von Spaniern und Italienern in die Niederlande zu führen Schon auf die Nachricht dieser Verfügung hin ergriff die Niederländer das Entsetzen, worauf mehr als 100,000 Menschen auswanderten und ihr Vermögen und ihre Arbeit anderen Ländern zuwandten. Alba zog indessen ohne Widerstand durch die Freigrafschaft Burgund und Lothringen nach Luxemburg, wo er Barlaimont und Noircarmes, die ihn bewillkommneten, seine Vollmacht als Oberbefehlshaber vorzeigte, und worin die bürgerliche Regierung zwar Margarethen empfohlen blieb, der Herzog jedoch die Vergehungen gegen die Religion und des Hochverrathes allein strafen sollte. — Ebenso hatte Alba auch sogar die Vollmacht, die vergangenen Vergehungen jetzt zu untersuchen und nachträglich zu bestrafen.

August 1567.

Im August 1567 rückte der furchtbare Rächer endlich in Brüssel ein, wo ihm Egmont entgegenkam, doch sowohl Egmont als Horn hatten ihre Vertrauensseligkeit jetzt schwer zu büßen, indem beide in der Wohnung Alba's, während sie mit dem Sohne desselben Karten spielten, gefangen genommen und eingekerkert wurden. Gleich darauf errichtete Alba jenen berüchtigten „Rath der Unruhen," der im Volke nur der „Blutrath" genannt wurde, und an seine Spitze setzte er den Spanier Vargas, einen wegen seiner ungewöhnlichen Grausamkeit bekannten Mann. Die weiteren eilf Mitglieder dieses Rathes hatten gegen den Willen Alba's und Vargas' keine Macht.

Gefangennahme Egmont's und Horn's.

Rücktritt der Statthalterin Margaretha. Dezember 1567.

Die Statthalterin Margaretha, welche sich in ihrer Macht beschränkt sah, und sich den grausamen Bluturtheilen die jetzt erfolgten, nicht widersetzen konnte, erbat sich deßhalb vom Könige die

Entlassung, verließ im Dezember 1567 die Niederlande und begab sich nach Italien.

Jetzt begann im Lande eine Tyrannei, die weder Maß noch Ziel kannte, der Blutrath erklärte Alles, ja sogar die Eingabe von Bittschriften, für Hochverrath. Auch der Prinz von Oranien, sein Bruder Ludwig, die Grafen von Hoogstraten und Kuilenburg, sowie andere Ausgewanderte wurden vor den Blutrath geladen.

Blutdurst und Tyrannei. 1568.

Im Lande selbst kannte die Grausamkeit aber kein Maß mehr und in den Provinzen war Niemand seines Kopfes sicher, da man zu Gerichte saß, wo es keine Berufung auf ein höheres Tribunal gab, sondern Alles von zwei oder drei Elenden, die nur einem Alba gehorchten, entschieden ward. So wurden denn jetzt von allen Seiten Personen jedes Geschlechtes, Alters und Standes in den Kerker geworfen und hingerichtet. Die Galgen, die Räder, sogar Pfähle und Bäume an den Wegen, mit Erwürgten, Enthaupteten, Verbrannten beladen, boten ein entsetzliches Schauspiel; jeden Tag sah man Menschen hängen, köpfen und viertheilen. Da die Güter der Verurtheilten in des Königs Schatz flossen, so war dies ein Grund mehr, die Todesstrafen nicht zu mildern, und gleichwie in der Schreckenszeit von Paris auf dem Revolutionsplatze, so schlug man jetzt Geld auf dem Richtplatze zu Brüssel. Die ganze Summe der auf eine solche Art eingezogenen Güter wird auf mehr als 20 Millionen französischer Thaler gerechnet, eine für die damalige Zeit ungeheuere Summe.

Auch die Grafen Egmont und Horn, die bisher in der Citadelle in Gent gefangen saßen, wurden öffentlich auf dem Marktplatze von Brüssel am 5. Juni 1568 enthauptet. Die Trauer der Niederländer war daher unermeßlich und selbst die spanischen Soldaten wurden über die Grausamkeiten, denen sie zusehen mußten, zu Thränen gerührt. Die Tyrannei ging sogar so weit, daß der Sohn Oraniens, Philipp Wilhelm, von der Universität zu Leyden aufgehoben und nach Spanien abgeführt wurde; der Geheimsekretär des Grafen Egmont, Bakkerzoel wurde auf die Folter gespannt, um die Schätze seines Herrn zu verrathen; selbst der Papst rieth jetzt dem König Philipp zur Mäßigung, doch dieser wollte zuerst die Inquisition hören und diese gab das Urtheil ab, daß die Niederländer entweder alle Ketzer oder Ketzerbeschützer, und daher alle Hochverräther seien. Philipp bestätigte dann diesen Ausspruch und übergab so seine Unterthanen dem Henkerbeil. Durch solche

Hinrichtung der Grafen Egmont und Horn. 5. Juni 1568.

Gräuel wurde das Land verwüstet; in Gent waren mehr als die Hälfte der Häuser verlassen und unbewohnt; die Leute vom geringeren Stande, die nicht auswandern konnten, hatten sich in die Wälder Westflanderns versteckt, von wo aus sie die Klöster überfielen, die Mönche mißhandelten und überall raubten

§. 8.
Beginn des 80-jährigen Kampfes gegen Spanien. 1568.

§. 8. Eine solche tiefe Unterdrückung mußte den Widerstand wecken, denn dadurch war die niederländische Nation auf das Aeußerste gebracht, und eine solche Schreckensregierung entfremdete sogar selbst die Katholiken dem Könige. Oranien, der den Fesseln Alba's entwischt war, sammelte indessen in Deutschland ein Heer, wozu ihm

Wilhelm Oranien's unglücklicher Feldzug.

mehrere Staaten (Pfalz, Würtemberg, Baden, Hessen und Nassau) Hilfe boten, er verpfändete zum Zwecke des Krieges sein Silberzeug und Hausgeräthe, wie es auch sein Bruder Johann mit den nassaudillenburgischen Landen that. Ein kleines Heer von 7000 Mann unter dem Grafen Ludwig eröffnete im Frühjahre 1568 in der Provinz Gröningen den Feldzug, wurde aber in der Schlacht bei

Schlacht bei Heiligerlee. 1568.

Heiligerlee gänzlich geschlagen, so daß alles Geschütz, Fahnen und Feldgeräthe verloren gingen, wofür der Papst ein dreitägiges Dankgebet anordnete.

Indessen hatte Prinz Oranien sein Hauptheer von 20,000 Mann, wovon Ludwig's Truppen nur die Vorhut waren, dem Herzog Alba entgegengeführt, doch dieser verweigerte jede Schlacht, und so mußte endlich Oranien aus Mangel an Geld und Lebensmitteln sein Heer wieder entlassen, worauf er sich nach Frankreich begab.

§. 9.
Die Steuer des zehnten Pfennigs. 1572.

§. 9. Da die Kriege Philipp's unermeßliche Summen kosteten und er Alba daher nicht mit so viel Geld unterstützen konnte, als dieser brauchte, so wurde beschlossen, daß Alba die Niederlande selbst besteuern sollte. Alba legte somit den Niederländern eine dreifache Steuer auf, und zwar ein Percent von allen beweglichen und unbeweglichen Capitalien einmal zu erheben; fünf Percent von allen unbeweglichen und zehn Percent von allen beweglichen Gütern, jedesmal beim Verkaufe zu entrichten. Sie sollten aber nur die Kauf- und Handelsleute treffen. Diesen Steuern, welchen man den Namen des „zehnten Pfenniges" beilegte, erregte den größten Unwillen im Volke, reizte dasselbe zum ernstesten Widerstande auf; als Alba daher im Frühjahre 1562 in Brüssel den zehnten Pfennig einzuheben befahl, schlossen die Krämer, Fischer, Bäcker, Brauer 2c. ihre Läden, worauf Alba die Widerspänstigen vor ihren Häusern aufhängen zu lassen drohte, wozu er auch schon die Anstalten traf,

als plötzlich die Nachricht kam, daß die Wassergeusen im Norden
eingebrochen seien.

§. 10. Der Prinz Oranien war indessen seit 1568 nicht
unthätig gewesen, seine öfteren Unterredungen mit dem Oberhaupte
der französischen Reformirten, dem Admiral Coligny, hatten ihn
auf die Idee gebracht, sein Glück auf dem Meere, dem eigentlichen
Elemente der Holländer, zu versuchen, und die Flüchtlinge ergriffen
dieses Mittel mit Freuden, um sich an ihren Bedrückern zu rächen.
Mit des Prinzen Kaperbriefen versehen, machten darauf die hollän=
dischen Schiffe Jagd auf die reichen spanischen und niederländischen
Fahrzeuge. Da die Wassergeusen früher ihren Aufenthalt in Eng=
land hatten und die Königin Elisabeth sich mit Spanien nicht über=
werfen wollte, so verbot sie, über Alba's Aufforderung, den Wasser=
geusen den längeren Aufenthalt in England. Die Wassergeusen ver=
ließen unter Führung eines lütticher Edelmannes, Wilhelm Lumey
von der Mark, England, und wollten den Texel gewinnen, aber
widrige Winde trieben sie nach der Maas, an deren Mündung das
starke Städtchen Brielle liegt. Da Alba unbegreiflicher Weise die
Küsten nicht besetzt hatte und die Besatzung der Spanier von Brielle
zur Bedrückung Utrechts ausgezogen waren, so überrumpelten An=
fangs April 1572 die Wassergeusen Brielle und setzten sich dort
fest. Alba befahl zwar dem Statthalter von Holland Bossu, Brielle
wieder zu nehmen, doch der Muth der Geusen, die sich durch Ueber=
schwemmung des Landes deckten und schließlich die feindlichen Schiffe
anzündeten, trieben ihn zurück.

So wurde Brielle zur Wiege der niederländischen Freiheit,
denn Lumey schwor, die Stadt und Insel Voorne für den Prinzen
von Oranien zu behaupten, und seitdem sollte Spanien nie wieder
vollkommen Meister der Niederlande werden.

§. 11. Die jetzt folgenden Ereignisse bieten ein Bild dar,
wie es die Geschichte nur einmal verzeichnete, als der Griechenbund
den Perserkönig besiegte. Hier sehen wir dasselbe, denn zwei kleine
Provinzen, wovon noch die Hauptstädte sich in den Händen der
Feinde befanden, führen durch vier Jahre lang den ungleichen
Kampf gegen die spanische Riesenmacht, und dieser Kampf ist voll
von heldenmüthiger Aufopferung, sowohl der Männer als auch der
Frauen.

Vließingen war die erste seeländische Stadt, die sich selbst
befreite, dann folgte das Städtchen Vere; in Holland war Ent=
huizen die erste Stadt, die den Prinzen Oranien anerkannte, dann

§. 10.
Die Meer=
geusen.
1570.

Die Einnahme
von Brielle.
April 1572.

§. 11.
Freiheits=
kampf Hol=
lands und
Seelands.
1572—1576.

kamen die nordholländischen Städte Gutewater, Gouda, Leyden, Dortrecht und Gornum. Zu gleicher Zeit überrumpelte der unermüdliche Ludwig von Nassau mit französischen Truppen die Stadt Mons oder Bergen im Hennegau. Der Prinz selbst kam mit 17,000 Mann und 7000 Reitern nach den Niederlanden und nahm Ruremonde mit Sturm. Da Alba Mons wieder belagerte, zog der Prinz zum Entsatze desselben und es ergaben sich ihm dann mehrere Städte in Brabant und Flandern, doch jetzt erhielt er die Nachricht von der Pariser Bluthochzeit (Bartholomäusnacht), und da er von Frankreich weiter kein Geld erhalten konnte, so mußte er seine Soldaten wieder abdanken und seine Eroberungen gingen dann wieder verloren.

So war der ganze Krieg dann nur auf Holland hingewälzt, und die Grausamkeiten, welche Alba verüben ließ, sind unbeschreiblich, aber auch die Thaten der Niederländer sind groß und bewunderungswerth.

Rücktritt Alba's und Statthalter Requesens. 1573.

Philipp, der einsah, daß Alba, mit den Niederländern in seiner Art nicht fertig werden könne, rief ihn endlich zurück und berief den Mailänder Statthalter Don Louis de Zuniga y Requesens an seine Stelle. — Alba verließ sodann die Niederlande mit dem Bewußtsein, innerhalb sechs Jahren 18,000 Ketzer dem Henkerbeile überliefert zu haben.

Sein Nachfolger Requesens fand aber den Bruch bereits schon so weitgehend, daß auch unter ihm der Krieg fortdauerte.

Die Schlacht auf der Mooker Haide. 14. April 1574.

Er schlug zwar später die Niederländer in der Schlacht auf der Mooker Haide am 14. April 1574, in der die beiden Brüder des Prinzen Oranien, Ludwig und Heinrich den Heldentod fanden, doch hatte dieser Sieg nur eine untergeordnete Bedeutung für Spanien, indem die Niederländer noch immer im Besitze Leyden's blieben und somit nach der Lage dieser Stadt noch immer Herren des Landes waren.

Belagerung Leydens. 1574.

Aus dieser Ursache unternahmen sodann die Spanier auch die Belagerung Leyden's.

Da nun die Geusen nur zu Wasser die Herren waren, aber kein Landheer besaßen, so war es Oranien sehr schwer, der Stadt Hilfe zu bringen. Deßwegen ließ er die Schleußen öffnen, die Dämme durchstechen und dergestalt die Spanier wegschwemmen. Die brave Stadt hatte sich trotz Hunger und Pest dennoch den Spaniern nicht ergeben, und die Geusen kamen ihm jetzt auf dem über-

schwemmten Lande mit ihren flachen Kähnen zu Hilfe und ver=
jagten so die Spanier.

Bei der höchsten Anstrengung der Holländer und Seeländer
waren ihre materiellen Kräfte doch zum längeren Widerstande gegen
Spanien ohne fremde Hilfe zu schwach, und obzwar der Prinz sich
bei seinen Nachbarn den Deutschen, Engländern und Franzosen um
diese Hilfe bewarb, erhielt er selbe nicht. Der Feind näherte sich
doch, und der Prinz äußerte schon mit Unmuth, daß ihm kein
anderes Mittel übrig bleiben werde, als alle Deiche und Dämme
durchzustechen und mit Frauen und Kindern ein neues Vaterland
zu suchen.

In dieser gefährlichen Lage half die Vorsehung, denn Re=
quesens starb nach kurzer Krankheit, ohne einen Nachfolger hinter=
lassen zu haben, am 5. März 1576.

§. 12. Der Tod Requesens traf die spanischen Niederlande
gerade zu einer Zeit, als die Hilfsquellen Philipp's durchaus er=
schöpft waren. Der Krieg hatte dem Könige schon 42 Millionen
Piaster gekostet; er war schon 14½ Millionen fremden Kaufleuten
schuldig, doch verminderte er ehrlos nach erhaltener Erlaubniß des
Papstes am 5. Dezember 1577 die gesetzlichen Renten dieser Summe,
und machte so Staatsbankerot.

Auch die spanischen Truppen hatten seit 22 Monaten keinen
Sold bekommen; aus dieser Ursache brach jetzt unter ihnen die
Meuterei los, und mit Hintansetzung jeder Kriegszucht verließen sie
sodann eigenmächtig Seeland, und warfen sich auf das reiche
Brabant und Flandern, das sie brandschatzten und ausraubten. —
Die meuterischen Truppen überfielen dann namentlich die reichen
Städte, wie Mastricht, Antwerpen ꝛc. und plünderten dieselben
unter grausamen Mißhandlungen der Einwohner, ein Theil von
Antwerpen wurde am 4. November 1576 sogar in Asche gelegt. —
Diese schrecklichen Verwüstungen beförderten jetzt den Friedensschluß
zwischen Holland, Seeland und den meisten übrigen Provinzen,
welcher dann den Namen der Pacifikation von Gent erhielt.
Da jetzt alle Gemüther von Haß gegen Spanien erfüllt waren und
selbst die Katholiken, ja sogar die Geistlichen ihren Haß gegen die
Ketzer vergaßen und für die Vertreibung der Spanier stimmten, so
dauerten die Unterhandlungen wegen der Pacifikation nur 19 Tage,
vom 19. Oktober bis 8. November 1576, und es einigten sich beide
Theile dahin, die Spanier aus dem Lande zu treiben, die Ge=
neralstaaten einzuberufen, und den Prinzen von Oranien als

Tod
Requesens.
5. März 1576.

§. 12.
Die spanische
Meuterei.
1576.

Die
Pacifikation
von Gent.
19. Okt. bis
8. Nov. 1576.

Statthalter anzuerkennen. Leider daß diese Uebereinkunft später wieder dadurch unhaltbar wurde, weil die öffentliche Religionsübung außer der Kirche keiner Secte gestattet war.

§. 13. Unter diesen Verhältnissen ernannte jetzt König Philipp II. seinen Halbbruder Don Juan d'Austria (Sohn Karl's V. mit der Bürgerstochter Barbara Blumberg aus Regensburg) zum Statthalter der Niederlande.

Don Juan kam am nämlichen Tage in Luxemburg an, an welchem von den spanischen Meutern Antwerpen geplündert wurde (4. November 1576). Da er vom Könige den unbedingten Befehl er=halten hatte, den Krieg beizulegen, so sah er sich endlich nach langem Zaudern genöthigt, zu Marche en Famine den Genter Frieden durch das sogenannte „ewige Edikt" am 17. Februar 1577 an=zuerkennen. Der Genter Friede, die Versammlung der General=staaten und die Räumung des Landes von den spanischen Truppen wurde zwar bewilligt, doch zugleich die Uebung der katholischen Re=ligion, Gehorsam dem Könige, Anerkennung Don Juan's als Land=vogt und Abdankung der fremden Truppen von den Staaten ver=sprochen.

Die spanischen Truppen kamen sodann in Mastricht zusammen und verließen (jedoch ohne den Deutschen) zum unbeschreiblichen Jubel des Volkes das Land. (April 1577.)

Das ewige Edikt wurde aber von Holland und Seeland nicht anerkannt, denn diese argwohnten, daß Don Juan geheime Absichten habe, welche Furcht sich auch bestätigte, als er sich plötz=lich und listiger Weise des Schlosses von Namur und der Feste Charlemont bemächtigte. Jetzt erkannte man die Falschheit Juan's, und alle Provinzen mit Ausnahme Namur und Luxemburg erklärten sich gegen ihn; Alles bewaffnete sich gegen denselben und er wurde darauf als der gemeinsame Feind erklärt. Die Ein=wohner von Antwerpen und Brüssel, wie die von Gent, wollten aber den Retter des Vaterlandes in ihrer Mitte haben, und so wurde Oranien zum Ruward (Ruhmwart) von Brabant ernannt, welche Würde mit jener eines Diktators gleich war. Allein Ar=schot, das Haupt des mächtigen Hauses von Croy, wurde mit einem Theile des brabantischen Adels darüber eifersüchtig und rief dem entgegen den österreichischen Erzherzog Mathias, Bruder des Kaiser Rudolf II. herbei, um ihm die Regierung zu übergeben. Erzherzog Mathias legte auch am 20. Januar 1578 den Eid auf die Verfassung ab, wobei er einem Staatsrathe und den

§ 13.

Statthalter Don Juan d'Austria. 1576.

Das ewige Edikt. 17. Februar 1577.

April 1577.

Erzherzog Mathias von Oesterreich zum Regenten erwählt. 20. Jan. 1578.

Generalstaaten untergeordnet, der Prinz von Oranien aber nach dem Wunsche der Staaten zu seinem Generalstatthalter und zum Statthalter von Brabant ernannt wurde.

Da aber der Krieg jetzt aufs Neue losbrach, so brachten die Staaten ein Heer von 20,000 Mann zusammen. Juan rief dagegen seine alten, schon nach Genua zurückgekehrten spanischen Banden wieder zurück, und dieselben wurden dann unter den Befehl des jungen Alexander Farnese, Prinzen von Parma (Sohn der vorigen Statthalterin Margaretha und des Prinzen von Farnese) gestellt. Obzwar die Niederländer nun auch in der Schlacht bei Gemblours geschlagen wurden, so waren ihnen die Waffen Juan's doch viel weniger gefährlich als die abermalige Uneinigkeit der ein= zelnen Provinzen unter einander.

Die religiöse Duldung war damals sowohl den Protestanten wie den Katholiken eine Gräuel; in Amsterdam verschworen sich die Protestanten gegen die Katholiken; am 26. Mai 1578 wurde das Rathhaus überwältigt, die Geistlichkeit verjagt und alle Kirchen den Reformirten eingeräumt. Zu Harlem wurde der Priester am Altare ermordet und auch in den südlichen Provinzen machte sich die demokratisch=religiöse Neuerungssucht geltend.

Oranien suchte demnach nach einem Mittel, um der Anarchie vorzubeugen und die entzweiten Gemüther wieder zu versöhnen. Er glaubte dieses Mittel in der Toleranz zu finden und es wurde unter seinem Einfluße am 22. Juli 1578 der Religionsfriede (als Gesetz) gegeben, worin den Reformirten überall freie Uebung ihres Gottesdienstes zugestanden ward und die beiderseitigen Religions= verwandten einander freundlich begegnen sollten.

In Gent gab dieser Religionsfriede jedoch das Signal zu neuen Gewaltstreichen; die Kirchen wurden abermals beraubt und zerstört; auch die eifrig katholische Bevölkerung der französisch spre= chenden oder wallonischen Provinzen war mit diesem Religionsfrieden nicht zufrieden, und so kam es, daß die Genter sich auf einen fremden Fürsten, den Pfalzgrafen Johann Casimir, der den Niederlanden zu Hilfe kam, stützten, welchen die Königin Elisabeth von England mit einer Heeresmacht sandte: die katholischen Mit= glieder des Bundes aber dem entgegen wieder den Herzog von Alençon, den Bruder des französischen Königs, herbeiriefen, um ihren Gegnern die Waage zu halten. In dieser Zeit der sich immer mehr verwirrenden Verhältnisse starb Don Juan in der Gegend von Namur am 1. Oktober 1578. — Johann Casimir kam zwar

16*

Der Krieg unter Don Juan. 1578.

Schlacht bei Gemblours.

Religions= gräuel 1578.

Religions= friede. 22. Juli 1578.

Don Juan's Tod. 1. Okt. 1578.

den Gentern zu Hilfe, doch kehrte er bald wieder nach Deutschland
zurück, deßgleichen auch Anjou, beide wegen Mangel an Bezahlung.

§. 14. Der Nachfolger Don Juan's war Alexander Farnese, Herzog von Parma, ein kluger und thätiger Fürst. Um
den gänzlichen Abfall der Niederlande von Spanien zu verhüten,
bediente er sich mit großer Klugheit sowohl der Zwistigkeiten unter
den Niederländern, als auch der Eifersucht ihrer Befehlshaber; er
suchte daher theils den Religionseifer der Wallonen zu erhöhen,
und andererseits das Mißvergnügen und den Neid des Adels

über Oraniens großen Einfluß zu schüren. — Die wallonischen
Landschaften Artois, Hennegau und Douai schlossen am
5. Januar 1579 einen Bund zur Aufrechterhaltung der katholischen
Religion.

Dagegen kam wieder am 23. Januar 1579 unter den De=
putirten Hollands, Seelands, Utrechts, Gelderlands und der Grönin=
ger Landdistrikte zu Utrecht, die berühmte „Utrechter Union"
zu Stande, der später dann auch Friesland und Oberyssel, sowie
auch die Stadt Gröningen beitraten. Diese Union der vereinigten
Niederlande bezweckte den wechselseitigen Schutz und sollte jede
Provinz in Glaubenssachen es zwar nach ihrem Gutachten halten,
doch sollte die Gewissensfreiheit nirgend durch Glaubensuntersuchun=
gen gestört werden. — Obzwar unter diesen Umständen die Ober=
hoheit des Königs Philipp nur noch ein Schatten war, so wurde
demselben doch erst zwei Jahre später von der Union der Gehorsam
förmlich aufgekündigt.

Der Herzog von Parma führte indessen den Krieg mit Nach=
druck fort. Er eroberte am 29. Juni 1579 die blühende Stadt
Mastricht, es wurden aber dabei von den Soldaten solche Grausamkeiten und Mordthaten verübt, daß sie zuletzt fast als die einzigen Bewohner der Stadt zurückblieben; doch dieser Erfolg nöthigte
die Wallonen sich dem Könige wieder zu unterwerfen.

Dagegen schlossen sich aber die nördlichen Provinzen, um
Niederland von dem verhaßten Joche Spaniens zu befreien, unter
dem Einflusse Oraniens, an den französischen Prinzen Franz von
Anjou an, und erkoren ihn zum künftigen Herrscher der Nieder=
lande. Zu Tours bei Paris, wo der Herzog sich aufhielt, wurden
die diesfälligen Unterhandlungen gepflogen. Obzwar die Bedingungen,
die dem Herzoge von Anjou gestellt wurden, sehr lästig und dabei
für ihn demüthigend waren, so nahm sie derselbe dennoch an, wahr=
scheinlich nur deßhalb, weil er im Voraus entschlossen war, selbe-

nicht zu halten. Auf diese Bedingungen hin ward dann am 16. Sep=
tember 1580 der Vertrag mit dem Herzoge abgeschlossen, im Januar
1581 zu Bordeaux durch einen Eid bekräftigt, und dieser Bund
von der Versammlung in Delft bestätigt. — Der Erzherzog
Mathias, der jetzt ganz überflüssig geworden war, erhielt einen
ehrenvollen Abschied und man versprach, ihm jährlich 50,000 Gulden
zu zahlen, die er aber nie erhielt.

Selbst die herannahende Gefahr und die Noth der Finanzen
konnten die Staaten nicht von dem entscheidenden Schritte des Ab=
falles vom König Philipp zurückhalten, und es waren die Staaten
der Utrechter Union, welche am 26. Juli 1581 in ihrer Versamm=
lung in Haag folgendes höchst merkwürdige Manifest bekannt
machten. Sie erklärten:*) „daß ein Fürst von Gott über seine
„Unterthanen gesetzt ist, um sie zu beschützen und zu behüten, daß
„die Unterthanen nicht zum Behufe des Fürsten erschaffen sind, um
„ihm Sklavendienste zu leisten, sondern der Fürst um der Unter=
„thanen willen, ohne denen er kein Fürst ist, um sie billig und
„väterlich zu regieren; wenn er dies vernachlässigt, muß er nicht
„als Regent, sondern als Tyrann betrachtet werden, und alsdann
„haben die Unterthanen und deren Stellvertreter, die Stände, das
„Recht, an seiner statt einen anderen zu ihrem Schutze zu ernennen,
„vorzüglich nach fruchtlosen Versuchen ihn von seinen tyrannischen
„Maßregeln durch Vorstellungen abzubringen, und wenn sie also
„kein anderes Mittel haben, ihre angeborene Freiheit zu schützen,
„woran sie nach den Naturgesetzen Gut und Blut setzen sollen,
„besonders in Ländern, die seit undenklichen Zeiten nach beschwornen
„Bedingungen regiert sind, und nach Verträgen, deren Bruch zu=
„gleich den Verlust des fürstlichen Rechtes mit sich führt."

Manifest gegen Philipp von Spanien. 26. Juli 1581.

Anjou hielt hierauf im Februar 1581 seinen feierlichen Ein=
zug in Antwerpen und wurde dort zum Herzoge von Brabant und
Markgrafen des heil. römischen Reiches erklärt.

Da die Staaten indeß die Mittel fanden, die Macht Anjou's
noch mehr zu beschränken, und noch überdies Oranien nach dem
neuen Konstitutions=Entwurfe (Oktober 1581) als Souverän oder
hohe Obrigkeit über Holland und Seeland ernannt wurde, so trachtete
Anjou auch seinerseits nach Erweiterung seiner Macht und wollte
sich deßhalb mit List mehrerer wichtiger Städte bemächtigen; in

---

*) Wörtlich nach van Kämpen. Das ganze Manifest bei Matern.
Fol. 185 - 187.

Anjou über-
rumpelt
Antwerpen.
15. Januar
1583.

Anjou verläßt
wieder die
Niederlande.
(† 1584.)

Ermordung
Wilhelm's
von Oranien.
10. Juli 1584.

dieser Absicht überrumpelte er plötzlich Antwerpen, doch hier ver einigte sich die ganze Bevölkerung gegen ihn und fiel am 17. Januar 1583 mit einer solchen Wuth über die Franzosen her, daß sie die Stadt wieder verlassen mußten und dabei 2000 Mann einbüßten.

Anjou hatte sich hiedurch aber so verhaßt gemacht, daß er die Niederlande verlassen mußte, und bald darauf (1584) in Chateau Thierry an einem Blutsturz starb. — Diese Verwirrungen benutzte aber Parma auf das Beste und unterwarf sich eine Reihe von Städten in Flandern. — In Friesland, Gröningen und Overyssel dauerte aber der Krieg seit 1580 mit abwechselndem Glücke fort.

Um das Volk seines Hauptes, Oraniens, zu berauben, hatte Philipp II. denselben bereits schon im Jahre 1580 geächtet und 20,000 Goldkronen und die Verleihung des Adels darauf gesetzt, wenn Jemand denselben todt oder lebendig einliefert. Den ersten Versuch hiezu unternahm ein Franzose Namens Johann Jauregui, den sein Herr, ein biscaischer Kaufmann zu Antwerpen, Namens Anastro dazu anspornte. — Er offenbarte sein Vorhaben einem Dominikaner in der Beichte, empfing die Lossprechung und darauf das heil. Abendmahl.

Demzufolge schoß Jauregui am 18. März 1582 im Antwer= pener Schlosse, wo er Oranien eine Bittschrift überreichte, eine Pistole auf denselben ab, verwundete ihn auch am Kopfe; doch genas Oranien wieder von der Verwundung.

Der zweite Versuch hatte leider einen besseren Erfolg. Ein Mann, der sich Franz Guion nannte, sich in das Vertrauen Oranien's einzuschmeicheln wußte, und in seinen Diensten stand, schoß am 10. Juli 1584 den Prinzen Oranien, während er zu Tische saß, von rückwärts in den Leib, worauf Oranien sogleich seinen Geist aufgab. Er war 52 Jahre alt geworden.

Der Mörder gestand darauf im peinlichen Verhöre, daß er eigentlich Balthasar Gerhard heiße, und daß er die That nur deßhalb begangen habe, weil ihm ein Franziskaner zu Tournay und ein Jesuite zu Trier dafür die Märtyrerkrone versprochen. Er wurde auf eine entsetzliche Art hingerichtet.

§. 15. Wilhelm von Oranien hinterließ außer dem in der spanischen Gefangenschaft schmachtenden Sohn Philipp Wilhelm (§. 7.) noch zwei andere Söhne, wovon der ältere, Moritz, 17 Jahre alt, noch an der Universität Leyden studirte. — Noch am Tage des Mordes theilten die Staaten ihren Feldherren: Grafen von Hohenlohe, dem Statthalter von Friesland, dem Grafen von Bra=

bant und den übrigen Befehlshabern an der Grenze ihren Beschluß mit: „die gute Sache bis aufs Aeußerste zu vertheidigen, ohne Gut und Blut zu sparen." — Die Generalstaaten der näheren Union vereinigten sich aber am 18. August 1584 zu Delft und ernann= ten zur Regierung des Landes einen gemeinschaftlichen Staatsrath von 18 Personen aus den Provinzen Brabant, Flandern, Mecheln, Holland, Seeland, Utrecht und Friesland, und setzten an die Spitze dieses Rathes den würdigen Sohn des Verstorbenen, den Prinzen Moritz von Oranien.

Indessen gestaltete sich die Lage der Staaten immer gefähr= licher, das Glück des Herzogs von Parma im Kriege dauerte fort, und auch seine Unterhandlungen fielen für ihn günstig aus. Er brachte Brügge zu einem Vertrage, wodurch es sich dem Könige unterwarf, dann nahm er Gent und Brüssel durch Hunger ein. Da er billige Bedingungen stellte, so wuchs gerade durch diese Milde, die den Abfall beförderte, die Gefahr für die Union. In dieser Lage trugen daher die Staaten dem Könige Heinrich III. von Frank= reich die Oberherrschaft der Niederlande an, die Verhandlungen dauerten diesfalls vom Juli 1584 bis März 1585, doch wurde endlich der Antrag abgelehnt.

§. 16. Der Prinz von Parma hatte indessen seine Operationen auch gegen das höchstwichtige Antwerpen gewendet, und belagerte dasselbe. Um der Stadt die Zufuhr abzuschneiden, ließ der Prinz auf der Schelde, wo dieselbe die geringste Breite hat und ·eine Krümmung macht, Pfahlwerke einschlagen, und diese quer über den Fluß hin mit 32 flachen Fahrzeugen, durch Masten, Balken, Bretter und Kabeltaue zu einem von 97 Kanonen vertheidigten Ganzen vereinigen. Ein italienischer Baumeister Namens Gianibelli in Antwerpen, ließ zwar zwei mit besonderer Kunst verfertigte Brander gegen die Brücke losgehen und zerstörte auch einen Theil derselben, wobei 800 Spanier getödtet wurden, doch die Stadt wurde leider von den ausgesendeten Spähschiffen irrig dahin berichtet, daß das Unternehmen mißlungen sei, und da die Stadt daher nichts that, um die begonnene Zerstörung der Brücke zu vollenden, und die Hungersnoth in ihren Mauern immer größer wurde, so mußte sich dieselbe nach einer vierzehnmonatlichen Belagerung am 17. August 1584 ergeben, und die Einwohner waren gezwungen, sich uner= bittlich dem katholischen Glauben zu fügen.

Der Fall von Antwerpen entschied das Schicksal der süd= lichen Niederlande. Von nun an war zwischen ihnen und den nörd=

Verhandlun= gen mit Frank= reich. 1584/5.

§. 16. Verlust von Flandern und Brabant. 1585.

Fall von Antwerpen. 17. August 1585.

lichen, durch die Utrechter Union vereinigten Provinzen eine eherne
Mauer aufgerichtet, und Spanien errichtete hierauf durch die Ein-
führung der Jesuiten eine noch kräftigere Schutzwehr gegen die
Letzteren, als durch seine Krieger.

§. 17.

§. 17. Die immer drohendere Gefahr zwang die Staaten, sich
an die Königin Elisabeth von England zu wenden, welcher sie die
Souveränität über die Niederlande antrugen. Elisabeth nahm
diesen Antrag wohl nicht an, aber sie versprach 5000 Fußtruppen
und 1000 Reiter zu Hilfe zu schicken, wofür sie die Festungen
Vließingen und Rammekens in Seeland und Brielle in Holland als Pfandstädte für die Rückzahlung der Kosten des Heeres
bekommen sollte. Die Befehlshaber dieser Pfandstädte und noch zwei
andere Engländer und der allgemeine, von der Königin abhängige
Statthalter sollten Mitglieder des künftigen Staatsrathes sein.

Zum Befehlshaber der Engländer ward Robert Dudley
Graf von Leicester, der Günstling Elisabeth's, ernannt. Leicester
erschien am 20. Dezember 1585 in Vließingen, wo er mit Jubel
empfangen, und mit der Macht des Generalstatthalters bekleidet
wurde. Die holländischen Staaten jedoch, welche die Absichten
Elisabeth's durchschauten und von einer besonderen Instruktion
Leicester's wußten, ernannten über Antrag des Pensionärs von
Rotterdam, Johann von Oldenbarnevelt, den Prinzen Moritz
zum besonderen Statthalter über Holland und Seeland, mit
der Würde eines Generalkapitäns der Land- und Seemacht der
Provinz.

Die Regierung Leicester's war übrigens eine unglückliche,
während er für die Vertheidigung im Felde so wenig that, daß
Herzog von Parma Meister des ganzen Laufes der Maas bis an
die holländischen Grenzen wurde, waltete er so willkürlich, daß
darüber die Klagen und der Argwohn im Volke so allgemein und
laut wurden, daß sich Leicester gezwungen sah, das Land, das er
so schlecht vertheidigte, wieder zu verlassen. Auf Befehl der Königin
Elisabeth selbst legte Leicester in den letzten Tagen des Jahres 1587
seine Statthalterschaft wieder nieder.

§. 18. Die Staaten standen jedoch beim Abgange Leicester's
am Abgrunde des Verderbens, in den sie auch unbedingt hätten
stürzen müssen, wenn Philipp II. zu ihrem Glücke jetzt nicht einen
anderen Plan verfolgt hätte.

Der starre Katholik Philipp ging darauf aus, England zu
erobern, und schloß — weil Elisabeth von England im Banne

Die Engländer in Holland und Leicester's Regierung.

20. Dezember 1585.

Leicester legt die Statthalterschaft nieder. Dezember 1587.

§. 18.

Die unüber-
windliche
Flotte.
28. Mai bis
11. Septem-
ber 1588.

war — bereits im Jahre 1587 mit dem Papste Sixtus V. einen Bund, wobei England der spanischen Krone vom Papste als ein römisches Lehen übertragen wurde. Mit den Vorbereitungen zu diesem Kriege verflossen indeß drei Jahre, bis zum Frühjahre 1588. Philipp hatte übrigens auch persönliche Gründe zur Rache an Elisabeth: denn schon vor 30 Jahren war er durch einen verschmäh= ten Heirathsantrag von Elisabeth beleidigt worden; nun aber hatte Elisabeth durch den den Niederländern gewährten Schutz den Krieg veranlaßt; dabei ließ der religiöse Eifer Philipp's gegen die protestan= tische Königin ihn diesen Krieg als einen Kreuzzug gegen die Ketzer und als eine besondere Gewissenssache erscheinen und schließlich war es die 1587 erfolgte Hinrichtung der Königin Maria Stuart, die seinen Zorn vollends in heftige Bewegung versetzte.

Die Flotte, die von ihm ausgerüstet wurde, bestand aus 130 Kriegsschiffen mit 3165 Stück Geschützen und mehr als 20,000 Soldaten. Der Herzog von Medina Sidonia sollte diese Flotte führen. Philipp selbst nannte die Flotte: die unüberwind= liche, und zweifelte keinen Augenblick daran, daß er schon in Kürze Beherrscher von England sein werde. Die Kosten der Ausrüstung betrugen 60 Millionen Thaler und die Erhaltung der Flotte sammt der Macht Parmas kostete täglich 30,000 Dukaten.

Die unüberwindliche Flotte lief am 28., 29. und 30. Mai 1588 aus dem Hafen von Lissabon aus, hatte jedoch gleich vom Anfang an mit widrigen Stürmen zu kämpfen.

Königin Elisabeth wurde erst durch die Nachricht des Aus= laufens der Flotte aus ihrer Sicherheit plötzlich aufgeschreckt und bat jetzt die Niederländer um Hilfe von 20 Kriegsschiffen. Trotz der Beschwerden der Letzteren gegen England lieferten die Nieder= länder diese 20 Schiffe. Es wurden auch von ihrer Seite alle Vorkehrungen gegen eine Landung in Holland getroffen, man rüstete Kauffahrtei= in Kriegsschiffe um, und der Viceadmiral Just de Moor legte sich mit einer Flotte von 90 Schiffen vor Dünkirchen, um Parma an dem Auslaufen zu hindern, denn auch dieser sollte sich mit der großen Flotte vereinigen.

Als nun die Flotte der Spanier im Kanal erschien, griffen sie die Engländer siegreich an, die großen, schwerfälligen spanischen Schiffe konnten gegen die kleinen Schnellsegler der Gegner nichts ausrichten, und ankerten darauf in der Straße von Calais in Er= wartung der Hilfe von Parma, allein dieser wurde durch die hollän= dische Flotte am Auslaufen verhindert. Zu den englischen Schiffen, welche die große Flotte im Kanal jetzt anfielen, gehörten auch die Holländer. Das Glück begünstigte dieselben auch so gut, daß Medina Sidonia sich endlich zum Rückzuge entschließen mußte; allein da befand er sich in einer bösen Lage, denn dieser Rückzug war ihm im Kanale abgeschnitten, und er konnte denselben nur auf dem un= geheueren Umwege über Schottland und Irland nehmen; von den Engländern unter Lord Seymur stets verfolgt, wollte er schon mit dem Feinde in Unterhandlungen treten, als am 11. September ein so furchtbarer Sturm losbrach, daß er die ganze spanische Flotte zerstreute. Die meisten Schiffe wurden versenkt, viele warf der Sturm an die Küste von Connaught, wo die wildesten Stämme der Irländer wohnten, welche ohne Rücksicht auf die Religionsverwandt= schaft die meisten Spanier ermordeten. Einer dieser Barbaren soll allein 80 Spanier ermordet haben. Einige Schiffe trieben in eng= lische und schottische Häfen, und wurden dort genommen.

Von der so furchtbaren Flotte, die im Mai ausgelaufen war, kehrte nach kaum vier Monaten — Anfangs Oktober — der un= glückliche Admiral nur noch mit einigen wenigen Schiffen nach Spanien zurück.

England und Holland feierten aber mit Dankgebeten die Ret= tung. — Der Untergang der großen Flotte brachte darauf einen Wendepunkt in dem Schicksale der Niederlande hervor; auch waren England und Niederland durch die gemeinschaftliche Gefahr jetzt versöhnt und lernten den gegenseitigen Werth kennen. Philipp's Hilfsquellen waren dagegen durch die Vernichtung seiner Flotte ganz erschöpft und der spanische Handel erlitt durch die Wegnahme seiner reichsten Handelsschiffe durch die Engländer einen unberechen= baren Schaden, denn nicht weniger als 16 Jahre dauerten diese Feindseligkeiten, denen Spanien von nun an nichts entgegensetzen konnte.

§. 19.
Günstigere
Lage der
Niederlande.
Moritz' Feld=
züge. 1590 u.
1591.

§. 19. Ein weiterer glücklicher Umstand für die Niederlande war Philipp's II. Einmischung in die französischen Staatshändel, und während Herzog von Parma, gegen seinen besseren Rath, 1590 und 1591 die Feldzüge gegen die Hugenotten in Frankreich (s. §. 38, III. Abtheilung) auf Befehl des Königs Philipp machen mußte, erhoben sich die Niederländer unter Prinz Moritz' Führung in den Feldzügen 1590 und 1591 zu neuen Thaten, und Moritz, der ein ausnehmendes Feldherrntalent besaß, that den spanischen Eroberungen nicht nur Einhalt, sondern entriß den Spaniern auch eine Reihe von wichtigen Festungen und Städten.

Die letzten Jahre des Herzogs von Parma waren sehr un= ☙ Tod Herzogs v. Parma. 2. Dezember 1592.
glücklich, die Mannszucht war aus seinem Heere ganz gewichen, vor=
züglich der ungeheuren Mißbräuche in der Kriegsverwaltung wegen,
und so starb er endlich am 2. Dezember 1592 zu Arras in Frank=
reich, nach Einigen am langsamen Gifte, das ihm von Spaniern
beigebracht wurde, nach Anderen aus Verdruß über seine Mißerfolge.
Sein Nachfolger war der alte Graf von Mansfeld, der Krieg
aber hatte noch nicht aufgehört.

§. 20. Philipp wollte jetzt den Niederlanden den Beweis ☙ §. 20. Philipp II. übergibt seiner Tochter Isabella die Niederlande. 6. Mai 1598.
seiner veränderten Gesinnung dadurch geben, daß er sie von der
spanischen Krone trennte und als ein unabhängiges Gebiet
seiner geliebten Tochter Isabella am 6. Mai 1598 als Braut=
schatz gab, welche sich alsdann mit Albrecht von Oesterreich,
dem damaligen Statthalter (Bruder des Mathias), vermählen sollte.
Nur sollte, wenn diese Ehe unfruchtbar bliebe, das Land wieder an
Spanien zurückfallen.

Die Staaten der unter Spaniens Botmäßigkeit stehenden
Provinzen der Niederlande fügten sich kriechend diesem Vorschlage,
nicht aber die vereinigten freien Provinzen, in deren Gemüthern
die Gräuel der spanischen Herrschaft fortlebte.

Noch im nämlichen Jahre 1598 trat schon Albrecht von
Oesterreich die Herrschaft der spanischen Niederlande an, und als
Isabella (Clara Eugenia) ankam, trachtete man auch die Republik
zur Unterwerfung zu bereden, was aber nicht gelang, und es be=
gann der Krieg aufs Neue.

§. 21. Inzwischen war Philipp am Ende seiner Laufbahn ☙ §. 21. Philipp's II. Tod. 13. September 1598.
angelangt; nach 42=jährigem Bemühen sich auf dem Gipfel der Macht
zu erhalten, sah er sich zuletzt vom Auslande verachtet und an
materiellen Kräften so erschöpft, daß er in Spanien durch Geist=
liche eine Beisteuer von Haus zu Haus für sich einsammeln lassen
mußte.

Die Einkünfte des Reiches waren verpfändet, Castilien ganz
ausgesogen, und von der aufgenommenen Summe von 140 Millionen
Dukaten mußten jährlich ungeheure Zinsen ins Ausland gehen, so
daß die Einkünfte aus den mexikanischen und peruanischen Berg=
werken kaum dazu hinreichten.

Philipp verlegte jetzt seinen Sitz ins Escurial, einem Hierony=
miterkloster, zu dessen Erbauung er schon am 23. April 1563 den
Grund gelegt hatte. Hier starb er endlich in seinem 71. Jahre an
einer schrecklichen Krankheit (der Läusesucht), wo sein Körper mit

böjen Geſchwüren, die Schwärme von Läuſe erzeugten, bedeckt war, und in welchem Zuſtande er noch über 50 Tage lebte.

Ihm folgte ſein Sohn aus der vierten Ehe mit Anna von Oeſterreich, **Philipp III.**

§. 22.
Krieg
Albrecht's und Iſabella's
gegen die
Niederländer.

§. 22. Da die Provinzen der Utrechter-Union die Anträge des Erzherzogs Albrecht verworfen hatten, welcher mit ſeiner Ge= mahlin Iſabella die Regierung der ſüblichen Provinzen angetreten hatte, ſo ſetzte er den Krieg mit den nördlichen Provinzen fort. Der ſpaniſche Miniſter, Herzog von Lerma, glaubte den Provinzen eine vorzügliche Quelle zu verſtopfen, indem er ihnen den trotz des Krieges bisher erlaubten Handel mit Spanien verbot. Allein die Niederländer rüſteten eine große Flotte aus und verbaten ihrerſeits allen neutralen Völkern den Handel mit Spanien, wenn ſie nicht als Feinde betrachtet werden wollten, was dieſen einen unberechen= baren Schaden zufügte.

Einnahme von
Oſtende durch
die Spanier.
1604.

Indeſſen hatte auch der Landkrieg ſeinen Fortgang, und in ſeinem Verlaufe iſt die Belagerung von Oſtende die bemerkens= wertheſte Thatſache. Oſtende war den vereinigten Provinzen ein offenes Thor nach Flandern, und es war daher der Beſitz desſelben den Spaniern äußerſt wichtig. Erzherzog Albrecht begann dieſe Be= lagerung im Juli 1601, und erſt 1604 ward Oſtende durch den Genueſen Ambroſia Spinola, einen ausgezeichneten Feldherrn, eingenommen. Bei ſeinem Einzug in Oſtende fand aber der Erz= herzog nichts als einen leeren Platz voll unförmlicher Hügel und Gräben vor, die Einwohner ſelbſt hatten ſich nach Sluis begeben, und es dauerte lange, ehe ſich Leute fanden, welche den mit fau= lenden Leichen angefüllten Ort wieder bewohnen wollten.

Beſonders glücklich waren aber die Holländer zur See, die reichen ſpaniſch=amerikaniſchen Flotten waren ſtets in Gefahr, auf= gefangen zu werden, und der ſpaniſche Handel ward immer mehr zerſtört.

Vorläufige
Anerkennung
der nieder=
ländiſchen Un=
abhängigkeit.

Aus dieſen Gründen und weil eine Vereinigung der Provinzen mit Frankreich noch bedenklicher erſchien als ihre Selbſtſtändigkeit, wünſchte ſowohl Spanien als auch der Erzherzog die Beendi= gung des Kampfes; da ſich aber einem definitiven Frieden noch große Schwierigkeiten entgegenſtellten, ſo wurde auf der einen Seite zwiſchen Spanien, dem Erzherzog und ſeiner Gemahlin, und auf der anderen Seite zwiſchen den vereinigten Niederlanden, die als freie Provinzen anerkannt wurden, ein Waffenſtillſtand auf 12 Jahre abgeſchloſſen, welchem zu Folge jeder Theil im Beſitze deſſen blieb,

Zwölfjähriger
Waffen=
ſtillſtand.
9. April 1609.

was er im Augenblicke des Abschlusses inne hatte. Hiedurch kam Holland in die Reihe selbstständiger Staaten und seine Freundschaft wurde von den anderen europäischen Staaten gesucht.

§. 23. Im Jahre 1622 begann dann der Krieg abermals §. 23. und wurde mit wechselndem Glücke neben dem 30=jährigen Kriege Der definitive fortgeführt, bis in dem westphälischen auch der definitive Friede Friede. mit den Generalstaaten zu Münster am 30. Januar 1648 unter= 30. Jan. 1648. zeichnet wurde, in welchem Philipp IV. von Spanien die ge= sammten Stände der vereinigten Niederlande für frei und sou= verain erklärte, auf jeden Anspruch, betreff der Oberherrlichkeit, verzichtete, und den gegenwärtigen Besitzstand anerkannte.

III. Abtheilung.
Die Hugenottenkriege*) in Frankreich. (1562—1598.)
(Bis zum Edikte von Nantes.)

Einleitung.
Frankreichs Zustände in der Reformationszeit.

Schon frühzeitig hatte die Reformation in Frankreich Eingang und Verbreitung gefunden, und schon im Jahre 1521 erklärte die Sorbonne, als die erbitterte Feindin der Reformation (weil durch sie ihre bisherige, auf die Herrschaft der scholastischen Theologie des Mittelalters sich stützende Bedeutung bedroht wurde): daß Luther einer der ärgsten Ketzer sei, und daß seine Bücher verbrannt werden sollen.

*) Die Benennung „Hugenotte" entstand aus dem deutschen Namen: „Eidgenosse" oder „Eidgenots", wie sich die schweizer Eidgenossen nannten, von woher die französischen Reformirten ihre Prediger erhielten. Durch Ver= stümmelung und Umdeutung ist dann der Name „Hugenotte" hervorgegangen. — Da dieser Name zuerst in Tours vorkam, so wollen Einige den Namen „Hugenotte" auch von dem in Tours herrschenden Aberglauben ableiten, daß in den Straßen zur Nachtzeit ein Gespenst herumstreife, das die Bewohner von Tours den König Hugo nannten, und weil die Reformirten ihre Ver= sammlungen auch nur in der Nacht hielten, so entstand für sie der Spottname „Hugenotte." Die Reformation nahm dann aber diesen Namen als Ehren= namen an. (Comme si en cecy ils fussent disciples et sectateurs de cest esprit.) Dieser Spottname findet sich in den Briefen des Kardinals von Lothringen als „hucquenots" geschrieben. Anmerk. d. Verfassers.

Da im November 1534 mehrere Lutheraner in Paris einige Grundsätze ihres Glaubens, welche sie im heftigen, spottenden Tone gegen die Messe und die Brotverwandlung im Abendmahle aussprachen, an den Straßenecken in Paris anschlagen ließen, so gerieth darüber König Franz I. von Frankreich in den heftigsten Zorn und beschloß die lutherische Religion gänzlich auszurotten.

In kurzer Zeit waren daher die Gefängnisse in Paris mit Männern und Frauen angefüllt, welche dann als Lutheraner zur Sühne des an dem Sakramente begangenen Frevels bei einer im Jänner 1535 stattgehabten feierlichen Prozession, an welcher der König mit seinen drei Söhnen Theil nahm, auf den sechs Hauptplätzen von Paris auf Scheiterhaufen verbrannt wurden.

Allein in derselben Zeit, wo der König die Ketzer auszurotten dachte, begann die Wirksamkeit eines Mannes, welcher der Reformation eine raschere Ausbreitung und eine solche Festigkeit gab, daß ferner keine Verfolgung dieselbe wieder vernichten konnte.

Dieser Mann war Calvin, den wir schon aus der Schweizer Reformation kennen, der schon früher in Paris in den geheimen Versammlungen die neue Lehre verbreitete, dessen System dann der Vereinigungspunkt für die französischen Reformirten wurde und dessen Einrichtungen in Genf denselben daher auch zum Vorbilde dienten.

König Heinrich II. 1547—1559. König Franz I. starb am 31. März 1547, und ihm folgte sein Sohn Heinrich II. An die ränkevolle und gewissenlose Italienerin Katharina von Medici verheirathet, liebte er die Königin nicht, und zog ihr seine Geliebte, Diana von Poitiers, Herzogin von Valentinois, öffentlich vor, die eine seltene Schönheit, — obzwar um 20 Jahre älter als der König, — ihn dennoch ganz beherrschte, und einen allgewaltigen Einfluß auf ihn ausübte.

Unter den Rathschlägen seines verstorbenen Vaters, die aber Heinrich nicht befolgte, war auch der, die Guisen nicht zu mächtig werden zu lassen.

Die Guisen. Claudius, Herzog von Guise, der Stammvater dieses Hauses war ein nachgeborener Sohn des Herzogs Renatus von Lothringen; zwei seiner Söhne haben auf Frankreich einen besonderen Einfluß ausgeübt: der älteste, Franz, Herzog von Guise, hatte bereits im Kriege seine Tapferkeit bewiesen, und war mit Anna von Este, Tochter des Herzogs von Ferrara und Renata's von Frankreich (Tochter Ludwig's XII.) vermählt. Der zweite Sohn Karl war Kardinal und Erzbischof von Rheims, und

wurde gewöhnlich nur der „Kardinal von Lothringen"
genannt.

Beide dieser Brüder standen nun dem Throne am nächsten.
Ebenso schenkte der König dem Connetable von Montmorency,
den Franz I. vom Hofe verbannt hatte, sein Vertrauen. Noch größer
aber, als der Einfluß dieser Männer auf den König, war jener
der Maitresse desselben, Diana von Poitiers.

Der Protestantismus fand unter Heinrich II. immer mehr
Anhänger in Frankreich, und wenn es ihnen früher am Zusammen=
hange und an Uebereinstimmung ihrer Lehre fehlte, so wurde jetzt
das System Calvin's für sie der Vereinigungspunkt, und die Kirchen=
einrichtung in Genf ihr Vorbild.

Die Verfolgungen der Reformirten in Frankreich waren durch
die Verbindung Heinrich's II. mit den deutschen Protestanten nicht
gehemmt, sondern im Gegentheile noch heftiger geworden. Schon
am 27. Juni 1551 erließ er daher gegen dieselben ein sehr strenges
Edikt zu Chateaubriand, wo die Verfolgung der Ketzer sowohl den
geistlichen Gerichten, als auch den Parlamenten und Landgerichten
aufgetragen wurde. Der Kardinal von Lothringen wollte sogar die
Inquisition wie in Spanien gegen dieselben eingeführt wissen und
als das Parlament sich weigerte, ein diesbezügliches Dekret zu re=
gistriren, so erwirkte Kardinal Lothringen im April 1557 von Papst
Paul IV. eine Bulle, durch welche ein Inquisitionsgericht in der
Art, wie es in Rom bestand, in Frankreich eingeführt wurde; der
Papst ernannte darin die Kardinäle von Lothringen und Bourbon
zu Inquisitoren, und der König befahl die Durchführung dieser
Bulle. Wie übrigens in Frankreich gegen die Reformirten mit aus=
gesuchter Grausamkeit verfahren wurde, zeigt der Fall, daß am
Greveplatz unter verschiedenen Gerüsten Feuer angemacht wurden,
über welche man die Ketzer an Ketten, welche in Rollen liefen,
bald hinabließ, bald wieder hinaufzog, um ihre Qualen zu ver=
längern. Zu den Urhebern dieser Verfolgungen gehörten vor Allem
die Guisen und Diana von Poitiers, weßhalb selbe von den
Reformirten tödtlich gehaßt wurden. An dieser Verfolgung der
Ketzer durch Diana und die Günstlinge des Königs nahm aber auch
die Habsucht derselben einen großen Theil, indem Heinrich diesen
Personen die Güter der Ketzer in den Provinzen zum Geschenke
machte.

Heinrich II. starb am 10. Juli 1549 in Folge einer Ver= 10. Juli 1549.
wundung, die er im Turniere vom Grafen Montgommery erhal-

Franz II.
1549.

ten hatte. — Ihm folgte sein 16 Jahre alter Sohn Franz II., ein an Leib und Geist schwacher Jüngling, der ganz der fremden Leitung anheimfiel. -- Er war mit der schönen Tochter König Jakob's V. von Schottland, der nachmals so berühmt gewordenen Maria Stuart vermählt, und weil diese eine Nichte der Guisen war, so wurde dadurch der Einfluß derselben auf den König ein

Die Partheien besonders mächtiger. Die herrschsüchtige Königin-Mutter Katharina
in Frankreich. Medicis verband sich nun zur Begründung ihrer Macht mit den beiden Brüdern Guise; Franz Guise wurde Befehlshaber über die Heere, und der Kardinal von Lothringen wurde Staats=minister. Der Connetable Montmorency wurde aber vom Hofe entfernt. Diese Macht der Günstlinge Guise fand aber den meisten Widerspruch an der Familie Bourbon, indem diese nach ihrer Ab=stammung, als Nachkomme eines jüngeren Sohnes Ludwig's IX., des Grafen von Clermont, Besitzers der Grafschaft Bourbon, dem Throne am nächsten stand. Das Haupt dieser Familie war jetzt Anton von Bourbon, Herzog von Vendôme, welcher durch Vermählung mit Johanna von Albert zu dem Titel eines Königs von Navarra, und zum Besitze von Bearn gelangt war. Anton von Bourbon, der sich den Reformirten zuneigte, hatte zwei Brüder, und zwar: Karl, den Erzbischof von Rouen, und Ludwig, Prinz von Condé. Weder Anton von Bourbon, noch sein Bruder, der Kardinal hatten einen Unternehmungsgeist, nur der Prinz von Condé war ein feiner, unternehmender Kopf, ein ehrgeiziger Hofmann und zugleich ein trefflicher Soldat.

Diese drei Brüder, obwohl dem Throne die nächsten, waren aber jetzt durch die Guisen von der Staatsverwaltung ausgeschlossen.

Die Guisen suchten ihre Macht besonders dadurch zu befestigen, daß sie als eifrige Verfechter des Katholicismus auftraten. Durch Bekämpfung des neuen Glaubens gewannen sie dann die Geistlich=keit und die große Masse der Franzosen, namentlich des niederen Volkes für sich, und dieses Verfahren schien ihnen auch das geeig=netste Mittel zu sein, um ihre gefährlichen Gegner zu vernichten, welche eben die Reformirten waren.

Der Prinz von Condé suchte dagegen, um den Guisen ein Gegengewicht zu bieten, auch tüchtige Männer an sich zu ziehen, welche wie er, Ursache hatten, mit dem Hofe unzufrieden zu sein. Ihm gesellte sich dann zu: der alte verdiente, vom Hofe entfernte Connetable von Montmorency, obzwar er gegen die Reformation selbst den bittersten Haß hegte, dann zwei von den drei Söhnen seiner Schwester, und zwar Franz von Chatillon, Herr von Andelot, Generaloberst der französischen Infanterie, und der zweite, Kaspar von Chatillon, Herr von Coligny, Admiral von Frankreich, welche beide der Reformirtenparthei angehörten. — So standen sich die Partheien Bourbon und Guise feindlich gegenüber.

In einer Zusammenkunft der bourbonischen Parthei in Verdun wurde über Coligny's Vorschlag der Entschluß gefaßt, sich an die Reformirten anzuschließen, um so mit dem Staatsvortheil der Bourbonen auch den Vortheil der Religion zu verbinden, weil die Reformirten jetzt eine nicht zu unterschätzende Kraft waren, denn ungeachtet aller Verfolgungen stieg dennoch ihre Anzahl, und durch die immer heftiger auftretenden Verfolgungen wurden dieselben immer mehr zum Widerstande angeeifert. Wie grausam aber diese Verfolgungen waren, zeigt das Edikt vom 14. November 1559, worin den Reformirten bei Todesstrafe untersagt war, ihre gottesdienstlichen Versammlungen abzuhalten, die bisher zu ihren Versammlungen benützten Gebäude sollten aber niedergerissen und nicht wieder aufgebaut werden. — Bei jedem Parlamente wurde nun eine eigene, besondere Kammer eingerichtet, die einzig und allein das Geschäft hatte, die Protestanten auszuforschen und zu bestrafen. Diese Kammern wurden Feuerkammern (chambres ardentes) genannt, weil die Untersuchten von dort auf den Scheiterhaufen kamen. Uebrigens wurde noch ein ausgebreitetes Spioniersystem eingeführt, welches den Protestanten nachzuspüren hatte; und ein gewisser Mouchi, Inquisitionsrath, warb ganze Banden der verworfensten Menschen zu diesem Kundschafterdienste, die dann nach ihm nur die „Mouchard's" hießen.

Durch solche grausame Verfolgungen stieg die Erbitterung der Reformirten, welche jetzt allgemein mit dem Namen „Hugenotten" bezeichnet wurden, immer höher.

Durch die von den Protestanten verbreiteten Schriften wurden die Guisen als die Anstifter aller dieser Unterdrückungen der Reformirten bezeichnet, und diese aufgefordert, gegen die Guisen, als die angemaßten Gewalthaber, in Masse aufzutreten. In Folge dessen trat ein gewisser La Renaudie, ein Edelmann aus Perigord, an die Spitze einer Verschwörung, die den Zweck hatte, den ganzen Hof in Blois — seinem Sommeraufenthalte — zu überfallen, die Guisen entweder zu tödten, oder auf irgend eine Art zu entfernen, die Königin-Mutter von den Regierungsgeschäften aber auszuschließen, und den König zu nöthigen, künftig den Rathschlägen der Bourbons

Marginalia: Verfolgung der Protestanten. Edikt. 14. November 1559.

Marginalia: Chambres ardentes. Mouchard's.

Marginalia: Mouchard's.

Marginalia: Die Verschwörung und das Blutbad von Amboise. März. 1560.

zu folgen. La Renaudie wohnte damals bei dem Advokaten Avenelles, und da diesem die vielen Besuche, die La Renaudie empfing, auffielen, so sah sich Letzterer genöthigt, Avenelles den Plan, wenn auch nur im Allgemeinen mitzutheilen, und dieser — obwohl selbst ein Reformirter — verrieth sobann, was er wußte, den Guisen. Der Hof verließ in Folge dieses Verrathes Blois und begab sich nach Amboise, wo der Herzog von Guise alle Vorkehrungen gegen einen Ueberfall traf, auch benützte er gleichzeitig diese Gelegenheit, um sich mit einer großen Macht bekleiden zu lassen, was jedoch die Königin-Mutter nur sehr ungerne sah.

La Renaudie, der von dem Verrathe nichts ahnte, rückte dennoch auf Ambois los und hatte den Plan, während eine Anzahl Unbewaffneter den König um Religionsfreiheit bitten sollten, die aus den Provinzen heimlich Herangerückten aus ihren Verstecken hervorbrechen zu lassen. Allein die Unbewaffneten wurden ergriffen, gefoltert und hingerichtet. Die einzelnen Haufen wurden von königlichen Truppen überfallen, vernichtet, und la Renaudie selbst fiel am 18. März 1560 in einem dieser Gefechte. Die Gefangenen wurden dann alle gerädert.

Da Condé in Folge dieses Vorfalles den Verdacht hegte, daß die Guisen sich auch seiner Person bemächtigen möchten, so ging er zu seinem Bruder, dem König von Navarra, nach Nerac, wo sich auch die angesehendsten reformirten Edelleute einfanden und den beiden Prinzen vorstellten, daß sie nicht nur berechtigt, sondern auch verpflichtet seien, das Reich von der habsüchtigen Macht der Guisen zu befreien. Die Prinzen stellten sich sodann an die Spitze der Reformirten den Guisen offen entgegen.

Die Versammlung der Notablen in Fontainebleau. 15. Aug. 1560.

Katharina von Medicis und der Kanzler von Frankreich, Michael von L'Hopital, welche dem Bürgerkriege vorbeugen wollten, trugen jetzt im Staatsrathe darauf an, daß der König die angesehensten Männer seines Reiches versammle, um zu berathen, auf welche Art man die durch die Religionsstreitigkeiten hervorgerufenen Unruhen beseitigen könne, und es wurde diese Versammlung für den 15. August 1560 nach Fontainebleau berufen. Zu dieser Versammlung erschien aber weder der König von Navarra, noch der Prinz Condé, weil sie die schlimmen Absichten gegen sie ahnten; der Connetable kam zwar, aber in Begleitung von 800 Reitern,

23. August. auch Coligny fand sich ein und übergab am 23. August eine Bittschrift der Hugenotten aus der Normandie, und fügte bei, daß in dieser Provinz 50,000 Menschen diese Bittschrift zu unterzeichnen

bereit seien. In dieser Versammlung wurde über Antrag des Kar=
dinals von Lothringen die Einberufung einer allgemeinen Stände=
versammlung (Nationalconcil) für den 10. Dezember in Orleans
beschlossen. Die Guisen hatten sich diesem Beschlusse mit dem Hinter=
gedanken gefügt, einen Handstreich gegen die Bourbons dabei auszu=
führen, und dies um so mehr, als man Briefe aufgefangen hatte,
in denen die Pläne der Bourbons gegen die Guisen klar enthalten
waren; auch wollten die Guisen auf dieser Versammlung überhaupt
ein Verdammungsurtheil gegen die Protestanten hervorrufen.

Die Bourbonen trugen Anfangs Bedenken zu der Stände= Die Stände=
versammlung nach Orleans zu gehen, ließen sich aber später den= versammlung
noch dazu bewegen, doch schon bei ihrer Ankunft in Orleans fanden in Orleans
und Gefangen=
sie die Stadt voll kriegerischer Zurüstungen und gleich bei der ersten nahme der
Zusammenkunft mit dem König wurde der Prinz Condé verhaftet, Bourbons.
der König aber strenge bewacht. — Der Letztere ernannte dann eine 29. Oktober
Commission, um den Prinzen von Condé wegen des Verbrechens 1560.
der beleidigten Majestät zu verhören. Condé berief sich zwar auf
sein Recht, als Prinz von königlichem Geblüt, nur von den Pairs
und dem Parlamente verhört zu werden, allein seine Appellation
wurde verworfen, und da er sich zum reformirten Glauben be=
kannte, so wurde er von dem zusammengesetzten Gerichte am 26. No= Verurtheilung
vember 1560 als geheimes Haupt der Verschwörung von Amboise Condé's.
und als Anhänger ketzerischer Meinungen zur Enthauptung ver= 26. November
1560.
urtheilt.

Die Guisen hätten gerne auch dem Könige von Navarra und Todt
dem Admiral Coligny dasselbe Schicksal bereitet, doch der uner= Franz II.
wartete Tod des erst 18 Jahre alten Königs Franz II. am 5. De= 5. Dezember
1560.
zember 1560 veränderte plötzlich die Lage der Dinge.

Franz II. folgte sein nächster Bruder Karl IX. auf dem Karl IX.
Throne, da aber Karl erst 10 Jahre alt war, so mußte eine
Regentschaft eingesetzt werden, und Katharina wußte sich derselben
schnell zu versichern. Obzwar nun die Guisen in die Königin
Mutter drangen, den Prinzen Condé dennoch hinrichten zu lassen,
so suchte sie demselben das Leben aus dem Grunde zu erhalten,
um die Guisen nicht zu mächtig werden zu lassen und ihnen in
Condé ein Gegengewicht zu bieten. Katharina setzte sich also jetzt
die Aufgabe, die erbitterten Bourbonen zu gewinnen, ohne den
Guisen verdächtig zu werden, und obzwar der Kardinal von
Lothringen sich gegen jede Aussöhnung mit den Bourbonen heftig
sträubte, so gelang Katharina diese Versöhnung dennoch. Der König

von Navarra, der als Prinz von Geblüt jetzt den ersten Anspruch auf die Vormundschaft hatte, verlangte aber die Entfernung der Guisen und die Religionsfreiheit für die Reformirten; begnügte sich aber schließlich mit dem heimlichen Versprechen der Königin, daß sie Weibes nach und nach erfüllen wolle.

Die Reichs=
versammlung.
13. Dezember
1560.
Schon am 13. Dezember war die Reichsversammlung in Gegenwart des jungen Königs von dem Kanzler L'Hôpital mit einer versöhnlichen Rede eröffnet worden. Rochefort, der Sprecher der drei Stände rügte die unter der Geistlichkeit herrschenden Gebrechen, ihre Unwissenheit, Habsucht, ihre Pracht und Verschwendung, und verlangte dagegen Abhilfe. Der Deputirte Quintin dagegen sprach von der Unfehlbarkeit der Kirche; verlangte, daß der Geistlichkeit die Freiheit von den Abgaben bewilligt und die Ketzer ausgerottet würden. Zu einer Entscheidung aber kam es in dieser Versammlung nicht, weil das Hauptübel des Staates die Finanzen waren und in dieser Beziehung die Deputirten behaupteten, daß sie zu Bewilligungen keine Vollmacht hätten, und daß daher nur die Provincialstände dazu berufen seien.

Lossprechung
Condé's.
Da der König von Navarra zur Bedingung seiner Aussöhnung auch die Lossprechung des Prinzen Condé machte, so wurde jetzt das Urtheil über diesen vom Parlamente in feierlicher Art wieder für nichtig erklärt.

Der König von Navarra wurde also zum Generalstatthalter des Reiches ernannt, der Kardinal von Lothringen erhielt die Aufsicht über die Finanzen, Katharina wurde Regentin, der Connetable von Montmorency wurde an den Hof berufen, Condé und Admiral Coligny erhielten Sitz und Stimme im Conseil.

Das
Partheien=
Triumvirat.
Der Connetable sah jedoch seine Hoffnung, daß er fortan einen Einfluß auf die Staatsgeschäfte haben werde, bald getäuscht; ferner war er auch als Katholik sehr unwillig, daß die neue Lehre immer mehr Ausbreitung fand und sogar im königlichen Palaste, in den Zimmern Condé's und des Admirals gepredigt wurde.

Auch die Guisen wurden gegen die Königin=Mutter immer mißtrauischer und versteckten ihre Leidenschaft hinter dem Eifer für die katholische Religion, für die sie einzig zu kämpfen vorgaben. Durch alle diese Verhältnisse lockten die Guisen den Connetable an ihre Seite und so entstand schließlich ein Bündniß zwischen dem Herzoge Franz Guise, dem Connetable und dem reichen Marschall von St. André, welches von den Reformirten den Spottnamen „Triumvirat" erhielt.

Da der König von Navarra jetzt immer mehr auf die Er=
füllung des geheimen Versprechens der Königin drang, die Guisen
zu entfernen, so wuchs die Verlegenheit derselben immer mehr. Sie
gehörte wohl dem katholischen Glauben an, doch war ihr die Religion
gleichgültig und sie benützte dieselbe nur zur Erreichung ihrer poli=
tischen Zwecke und zur Festigung ihrer Herrschaft.

Inzwischen hatten sich die Stände der Form nach in Ausschüssen **Die**
aus den 13 Gouvernements versammelt; der Adel und der dritte **Reichsstände.**
Stand verlangten einmüthig, daß die Entscheidung der religiösen
Streitigkeiten nach der Lehre des Evangeliums durch ein freies
Nationalconcil erfolge, und daß den Neugläubigen in jeder Stadt
eine Kirche eingeräumt werden solle, damit Jedermann hören könne,
was da gelehrt werde. Weiter wurden auch Reformen in der Justiz=
Verwaltung und =Verfassung verlangt.

Durch den Einfluß der Königin und des Kanzlers L'Hopital **Das Edikt**
kam dann am 17. Januar 1562 ein Edikt zu Stande, in dem **vom 17. Jan.**
den Reformirten zwar anbefohlen wurde, alle Kirchen= und Kirchen= **1560.**
güter, deren sie sich bemächtiget hatten, herauszugeben, ihnen aber
dagegen gestattet wurde, sich außerhalb der Städte versammeln und
ihre Religionsübungen abhalten zu dürfen.

Mit dem Inhalte dieses Ediktes waren aber sowohl Refor=
mirte als auch Katholiken unzufrieden, erstere: weil sie größere Con=
zessionen erwartet hatten, letztere: weil ihnen diese Zugeständnisse
an die Reformirten wieder zu groß erschienen.

Da aber durch dieses Edikt der Protestantismus dennoch einen **Verbreitung**
festen Boden und vor der Hand eine gesicherte Existenz erhielt, so **der Refor=**
bekam er jetzt in Frankreich die weiteste Verbreitung, zu welcher **mation in**
er überhaupt in diesem Lande je gelangte. Der größte Theil des **Folge des**
niederen Adels, die meisten Gelehrten und Gebildeten des Bürger= **Ediktes.**
standes bekannten sich zu demselben, während nur das Landvolk
noch dem alten Glauben treu blieb. Ueberall in den Feldern und
Gärten predigten jetzt reformirte Prediger, und die Zahl der refor=
mirten Gemeinden vergrößerte sich besonders in der Normandie,
in Guienne und Languedoc; in vielen Gemeinden waren die
Reformirten zahlreicher als die Katholiken; in La Rochelle wurde
der alte Glaube ganz verdrängt, und in den Cevennen bekannte
sich die ganze Bevölkerung zu dem neuen Glauben. Auch im mitt=
leren Frankreich war die Ausbreitung der Reformation in Le Mans,
Poitiers, Tours, Blois, Samur und Meaux bedeutend, und
ebenso wurde in der Picardie die neue Lehre sehr befördert. Mit

der Verbreitung derselben steigerte sich aber auch der gegenseitige Haß der beiden Religionspartheien.

Den Guisen handelte es sich jetzt darum, den König von Navarra von der Königin abzuziehen und an sich zu fesseln, und dieses gelang ihnen auch mit Hilfe des spanischen Gesandten, der ihr Vertrauter war, und mit Hilfe des schlauen päpstlichen Legaten, des Kardinals von Ferrara. Diese Beiden eröffneten dem schwachen König von Navarra die Aussicht, daß, wenn er die Reformirten nicht weiter begünstigen wolle, ihm der König von Spanien, Philipp II., seine Ansprüche auf Navarra-Sardinien abtreten würde. König Anton ging darauf ein und erklärte sich nach dem Januar-Edikte dann offen für die Katholiken.

Durch diesen Wechsel wurde aber die Königin-Mutter behufs der Behauptung ihrer Macht veranlaßt, sich wieder dem Prinzen Condé näher anzuschließen.

Die Guisen trachteten jetzt den Religionshaß so hoch wie möglich zu steigern, damit endlich ein Ausbruch der Feindseligkeiten erfolge. Als nun Franz Guise bei Gelegenheit einer Reise am 1. März 1562 mit einem zahlreichen Gefolge durch die kleine Stadt Vassy in der Champagne zog, hielten gerade die Hugenotten in einer Scheune ihren Gottesdienst. Einige seiner Leute fingen mit den Hugenotten Händel an, und da sich diese vertheidigten und hiebei den Herzog Guise ein Steinwurf ins Gesicht traf, so fiel das Gefolge Guise's mit den Waffen über die Hugenotten und metzelte 60 Menschen, Männer, Weiber und Kinder nieder. Als sich aber der Richter des Ortes auf das Edikt berief, schlug Guise an seinen Degen und rief: „dieser soll das verfluchte Edikt zerhauen!"

Ueber diese That jauchzten die heißblütigen Katholiken und priesen den Herzog als den Helden ihres Glaubens, welcher angeeifert durch diesen Beifall, beschloß, sich jetzt des Königs zu bemächtigen. Er zog deßhalb mit 2000 Reitern in Paris ein, und da die Königin-Mutter mit dem jungen Könige nach Fontainebleau floh, so führte der Herzog den König nach Paris zurück, wo er jetzt ganz in den Händen des Triumvirates war. Condé zog wohl jetzt Truppen zusammen, aber er kam zu spät, um diese That verhüten zu können. Auch der Connetable Montmorency ließ hierauf seinem Hasse gegen die Hugenotten freien Lauf und brach an der Spitze der Soldaten in die Versammlungshäuser derselben und zerstörte und zertrümmerte Alles darin.

Jetzt war also die Zeit da, wo die Hugenotten sich wehren mußten, wenn sie nicht unterliegen sollten.

Dies waren die Verhältnisse in Frankreich im Jahre 1561, die den Ausbruch der Hugenottenkriege herbeiführten.

§. 1. Zu Meaux hatten sich Coligny, Andelot und viele andere Edelleute mit Condé vereinigt, welcher sich am 2. April der Stadt Orleans bemächtigt hatte. Am 11. April unterzeichneten Condé, Coligny, Andelot, Anton von Croy, Prinz von Portier, Franz von La Rochefoucauld, Condé's Schwager, und der mächtigste Herr in Poitu, der Vicomte Rohan, das Haupt der Reformirten in der Bretagne, sowie der Graf von Gramont aus der Gascogne und andere, einen Bundesakt, in welchem erklärt wurde, der Zweck des Krieges sei nur die Ehre Gottes, die Befreiung des Königs und der Königin, die Erhaltung der vom König gegebenen Edikte und die Züchtigung der Verräther.

§. 1.
Der erste
Hugenotten-
Bürgerkrieg.
1562.

Die Guisen dagegen ließen dem König erklären, daß er nicht gefangen, sondern frei sei.

Während dieses Schriftenwechsels wurde beiderseits eifrig gerüstet, und von beiden Seiten fremde Hilfe gesucht. Die Guisen ließen in Deutschland und den katholischen Kantonen der Schweiz werben, König Philipp II. von Spanien, die Herzoge von Savoyen, Ferrara und Mantua schickten ebenfalls Truppen. Condé erhielt dagegen von den protestantischen deutschen Fürsten Hilfstruppen, und Elisabeth von England schloß mit ihm am 20. September einen Vertrag, worin sie versprach, ihn mit Geld und 6000 Mann unterstützen zu wollen, wofür sie dagegen Havre de Grace eingeräumt erhielt.

Schon während diesen Rüstungen brach aber allerorts der Kampf der Partheien aus; beide griffen einander mit unaussprechlicher Wuth an. Die Protestanten beraubten und schändeten die katholischen Kirchen und Klöster, tödteten Priester und Mönche und die Katholiken hausten nicht minder grausam. Weiber und Mädchen wurden mit thierischer Wuth geschändet, Kinder zerfleischt und Männer unter Folterqualen langsam getödtet, schwangeren Weibern wurde der Bauch aufgeschlitzt und das Kind den Hunden vorgeworfen, zu Agen wurden allein 500 Menschen aufgehängt; viele wurden geblendet, bei den Füßen aufgehangen, kurz die schaudervollsten Mordthaten verübt. In Paris dagegen erklärte das Parlament die Reformirten für vogelfrei, forderte die Katholiken auf, über die Refor-

Gräuel des
Religions-
krieges.

mitten herzufallen, und solche Aufforderungen wurden dem Volke sogar von der Kanzel verkündet.

Indessen verzögerte sich der Ausbruch der geordneten Feindseligkeiten zwischen den beiden feindlichen Heeren noch immer; denn es war in der Absicht der Triumviren gelegen, Condé so lange hin zuhalten, bis die Guisen vollkommen gerüstet wären. Obwohl Coligny auf rasche Entschlüsse und unverzügliche Ausführung drang, so ließ sich Condé dennoch zu Unterhandlungen mit der Königin herbei, weil er den Ausbruch eines Krieges noch immer zu vermeiden wünschte; allein diese Unterredungen zwischen ihm und der Königin blieben ohne Erfolg, seine zwei Forderungen, daß sich die Triumviren bis zur Volljährigkeit des Königs vom Hofe entfernen, und daß das Edikt vom Januar beobachtet werde, wurden zurückgewiesen, und er überzeugte sich endlich, daß seine Feinde keinen Frieden wollen.

§. 2. §. 2. Anfangs Juli wollte Condé die Königlichen überfallen,
Ausbruch des doch mißglückte ihm dieses, indem Guise so lange jeder Schlacht
Krieges. Juli geschickt auswich, bis er sich durch die Schweizer Truppen verstärkt
1562. hatte. Mit dieser Verstärkung rückte er dann auf Orleans los, bog aber plötzlich von seiner Marschlinie ab, nahm die Städte Blois, Tours, Saumur, und bemächtigte sich fast des ganzen Ufers der Loire von Beaugency bis Angers, und verstärkte sich dann noch mit deutschen Landsknechten. Ebenso nahm der Marschall am 1. August St. André, Poitiers, und als später auch Bourges genommen wurde, war Orleans von jeder Hilfe abgeschnitten. Als aber diese Stadt belagert werden sollte, verlangte die Königin-Mutter und Anton von Navarra wieder, daß man sich zuerst gegen Rouen wenden solle, da die Engländer in diese Stadt Verstärkungen zu bringen im Begriffe waren. Die Belagerung von Rouen wurde daher
Tod des Ende September begonnen, bei derselben wurde aber König Anton
Königs Anton von Navarra verwundet und starb in Folge dieser Verwundung am
von Navarra. 17. November 1562. — Am 26. Oktober wurde Rouen noch vor
17. November Ankunft der Engländer erstürmt, geplündert und viele protestantische
1562. Bürger hingerichtet, wie überhaupt in diesem Kriege die königlichen Truppen überall die wildesten Grausamkeiten verübten. Unter dem reformirten Kriegsvolke herrschte Anfangs wohl eine strengere Kriegszucht, doch später arteten dieselben ebenso aus, wie die Katholischen.

Condé war während dieser Zeit zu Orleans geblieben, weil seine Kriegsmacht zu schwach war, und erst als er dieselbe verstärkt hatte, brach er auf, nahm Etampes, Dourdan und Montchery, und wollte Paris überrumpeln, allein Guise kam ihm zuvor, indem er

selbst Paris besetzte. Der Admiral rieth nun, lieber nach der reichen
Normandie zu ziehen und sich dort mit einem englischen Hilfscorps zu
vereinigen, und dann erst Etwas gegen die Königlichen zu unternehmen.
So geschah es auch; aber die königliche Armee folgte Condé zur Seite,
und es kam am 19. Dezember bei Dreux zur Schlacht. — Obwohl
der Admiral durch seine Geschicklichkeit die feindliche Reiterei bereits
in die Flucht gejagt hatte, ging nichtsdestoweniger für Condé die Schlacht
verloren, und derselbe wurde auf dem Rückzuge sogar gefangen. —
Dagegen fiel aber wieder der Befehlshaber der Königlichen, der
Connetable Montmorency, den Reformirten in die Hände, und der
Marschall St. André wurde in dieser Schlacht getödtet.

 Als Condé dem Herzoge von Guise vorgeführt wurde, nahm
ihn dieser mit aller gebührenden Achtung auf, speiste mit ihm an
einer Tafel, und da sich in dem Quartiere Guise's nur ein Bett
befand, so schliefen beide erbitterten Feinde in einem und demselben
Bette. — Die Schlacht hatte von 1—5 Uhr gedauert, und die
Verluste waren beiderseits bedeutend.

 Coligny, der sodann in Abwesenheit Condé's von den Reformirten zum Befehlshaber erwählt wurde, zog sich langsam hinter
die Loire zurück.

 Der Herzog von Guise aber, dem die Königin-Mutter jetzt bei
der Gefangennahme des Connetable den Oberbefehl über die Königlichen übergeben mußte, zog erst im Januar 1563, nachdem er Verstärkung an sich gezogen hatte, zur Belagerung von Orleans.

 §. 3. Coligny übertrug die Vertheidigung von Orleans seinem
Bruder Andelot und brach mit 3500 Reitern am 1. Februar
wieder nach der Normandie auf, um Verstärkungen zu holen. —
Guise hatte indessen, am 5. Februar 1563, mit einem Heere von
20,000 Mann die Belagerung von Orleans begonnen, und hoffte,
die Stadt noch vor der Rückkehr des Admirals einnehmen zu können.
Nach Eroberung einiger Außenwerke beschloß Guise am 18. Februar,
einen Sturm, dessen Erfolg ihm nicht zweifelhaft schien, am folgen-
genden Tage zu unternehmen, allein am Nachmittage jenes Tages
wurde derselbe, als er mit seinem schwachen Gefolge in sein Quartier
ritt, von einem jungen calvinischen Edelmanne Namens Johann
Poltrot von Mercy mit drei vergifteten Kugeln in die Schulter
geschossen, worauf er am 24. Februar starb. Poltrot wurde ergriffen,
und behauptete, daß ihn Coligny zu dem Morde, als einer ver-
dienstvollen Handlung, aufgefordert habe, daß auch Beza ihn dazu
gemahnt, und auch La Rochefoucauld davon gewußt habe. Obzwar

Schlacht bei
Dreux. —
Gefangen-
nahme Con-
dé's. 19. De-
zember 1562.

§. 3.
Belagerung
von Orleans
und Ermor-
dung Franz
von Guise's.
18. Februar
1563.

Coligny dieser Angabe widersprach), blieb nichtsdestoweniger dieser
Verdacht auf ihm ruhen. Poltrot wurde vom Parlamente zum Tode
verurtheilt, und am 18. März von Pferden zerrissen.

Der Vertrag von Orleans.   Der Tod des Herzogs von Guise machte nun einen Frieden,
welchen auch die Königin sehr wünschte, möglich, da sie besorgte, daß
die Engländer sich in der Normandie festsetzen könnten; Condé und
Montmorency, welche das Ende ihrer Gefangenschaft wünschten,
betheiligten sich auch vorzugsweise an den Verhandlungen, und hatten
7. März 1563. am 7. März auf einer Insel der Loire eine Unterredung — Der
Connetable widersprach aber auf das Nachdrücklichste der Wiederherstellung des Ediktes vom Januar, Condé ließ sich von der Königin
durch das Versprechen, daß er die Würde eines Generallieutenants
des Königreiches erhalten solle, zur Nachgiebigkeit bewegen, und willigte in die Beschränkung des Ediktes.

Die zu Orleans befindlichen Edelleute billigten dies, weil sie
des Krieges müde waren, und dieser Vertrag wurde darauf vom
Edikt von Amboise. 19. März. Könige am 19. März in Amboise in Form eines Ediktes bekannt
gemacht. — Den Reformirten wurde allgemeine Gewissensfreiheit
bewilligt, sie sollten in ihren Häusern überall frei (librement) leben,
ohne daß sie des Gewissens wegen durch Nachsuchungen, oder auf
andere Weise belästigt, oder ihnen Gewalt und Zwang zugefügt
würde. Freie Religionsübung wurde dagegen nur den Edelleuten,
welche hohe Gerichtsbarkeit besaßen, in dem von ihnen bewohnten
Hause, für sich, ihre Familien und denen ihrer Unterthanen, welche
sich dazu freiwillig, ohne Zwang, einfinden wollten, und den anderen
Edelleuten, welche Lehen besaßen, nur für sich und ihre Familien
zugestanden; außerdem sollte in jeder Bailliage und jedem Gouvernement eine Stadt bestimmt werden, in deren Vorstädten reformirter
Gottesdienst stattfinden könne, und dieser sollte auch in allen Städten,
in welchen er bis zum 7. März gehalten worden sei, fortdauern.
In Paris und dessen Umgebung sollten die Reformirten zwar die
ihnen bewilligte Gewissensfreiheit, wie auch ihre Güter und Einkünfte
genießen, aber die Ausübung ihrer Religion wurde ihnen nicht
gestattet. — Den Prinzen Condé, sammt Allen, welche sich demselben im Kriege angeschlossen hatten, erklärte darauf der König für
getreue Unterthanen und Diener.

Coligny hatte indessen mit englischer Hilfe den Katholiken in
der unteren Normandie, mit Ausnahme von Cherbourg, Granville und
Mont-St.-Michel alle festen Plätze entrissen, und deßhalb sprach er
laut seinen Unwillen gegen Condé darüber aus, daß man durch diesen

Vertrag mehr reformirte Kirchen zu Grunde gerichtet habe, als dies die Macht der Feinde in zehn Jahren vermocht hätte; seine Be=
mühungen, Aenderungen herbeizuführen, blieben aber fruchtlos.

So endete also der erste Hugenotten=Bürgerkrieg, und so kurz derselbe auch war, seine Folgen blieben für das Land sehr verderb=
lich : der Feldbau lag darnieder, zahllose Dörfer und Städte waren verbrannt, zerstört und ausgeplündert, die armen Landleute, sowohl Katholiken als Reformirte, waren entflohen, Handel und Gewerbe zerstört.

Der erste Hugenottenkrieg war es auch, welcher den Sieg, oder wenigstens das Uebergewicht, welches ohne denselben der Protestan=
tismus wahrscheinlich erlangt hätte, verhinderte. Die Zahl der Re=
formirten war durch die blutigen Verfolgungen sehr vermindert worden, und die Leidenschaft der Katholiken gegen die Reformirten hatte sich wegen den verübten Grausamkeiten nur noch mehr gesteigert.

§. 4. Die Königin=Mutter hatte zwar durch den Tod Franz von Guise die Hände etwas freier bekommen, denn von den drei Söhnen Franz' von Guise's war selbst der älteste noch viel zu jung, um handelnd auftreten zu können, und so waren jetzt nur der Kar=
dinal von Lothringen und Montmorency als die Häupter der Katholiken noch übrig. Um nun die Ansprüche der Prinzen von Geblüt ein für allemal zu brechen, und sich allein die Macht und Herrschaft zuzuwenden, ließ die Königin=Mutter Katharina den König Karl IX., der am 27. Juni 1563 sein vierzehntes Lebensjahr erreicht hatte, vor dem Parlamente als mündig erklären und als Selbstregenten anerkennen. —

König Karl IX. war zwar ein Fürst von Verstand und Urtheil, aber seine vielen bösen Eigenschaften brachten über Frank=
reich viel Unheil, denn er war heftig, zornig, grausam, treulos ; später wurde er auch meineidig, und lernte die Verstellungskunst von seiner Mutter. Die nächsten zwei Jahre (1564—65) bereiste er mit dieser das Land.

§. 5. Das Verhältniß der beiden Religionspartheien wurde immer feindseliger, die gegenseitigen Beschuldigungen immer zahl=
reicher und heftiger; die Katholiken warfen den Reformirten vor, daß sie das Edikt übertreten, die Reformirten klagten wieder über Druck, daß man ihnen die Kirchen nicht einräume, daß sie von den Gouverneuren mißhandelt würden, und in manchen Städten der Wuth des Volkes ausgesetzt seien, welche kein Geschlecht und kein Alter verschone. — In zahlreichen Schriften wurden die gegenseitigen

§. 4.
Mündigkeit
des Königs
Karl IX.
27. Juni
1563.

§. 5.
Groll und
Pläne der
Partheien.
1566.

Beschuldigungen verbreitet, und es kam zu argen und häufigen Kämpfen der Partheien. Die Reformirten versorgten sich wie in einem feindlichen Lande, mit Waffen und Vorräthen, und das gegenseitige Mißtrauen wuchs täglich mehr.

Auch die guisische Parthei beschuldigte fortwährend den Admiral Coligny, daß er Theilnehmer an der Ermordung des Herzogs Guise sei. Um sich endlich von dieser Beschuldigung zu befreien, betheuerte Coligny in einer Versammlung zu Moulins am 29. Januar 1566 unter Anrufung Gottes seine Unschuld, worauf sich der Kardinal von Lothringen mit ihm scheinbar aussöhnte.

Im darauffolgenden Jahre wurde den Protestanten auch die Haltung der Königin Katharina immer verdächtiger, denn der Hof warb in der Schweiz Truppen, verstärkte die Ordonanzcompagnie, und gab als Vorwand an, daß dies wegen den in den Niederlanden ausgebrochenen Unruhen geschehe. Condé erhielt aber die Nachricht von einem neuen geheimen Anschlag gegen ihn und den Admiral, welcher dahin ging, sich ihrer Personen zu bemächtigen, den Einen (Admiral) zu ermorden, und den Zweiten (Condé) in Gefangenschaft zu halten; auch sollten die Schweizer nach Paris, Orleans und Poitiers vertheilt und dann das Edikt von Amboise aufgehoben werden. Hierüber wurde von den Führern der Reformirten berathschlagt, und der Beschluß gefaßt, dem Anschlage mit Waffengewalt zuvorzukommen und am 29. September eine allgemeine Erhebung zu veranstalten. Man wollte sich in den Besitz der Städte Lyon, Troyes und Toulouse setzen, und den Kardinal von Lothringen als den gemeinschaftlichen Feind vom Hofe entfernen.

Das Geheimniß des gefaßten Beschlusses wurde auch bis zum Augenblicke der Ausführung völlig bewahrt und schon am 27. September stand der größte Theil des Landes wieder in Flammen des Krieges; zwar mißlang der Versuch, sich der genannten Städte zu bemächtigen, dafür wurden aber 50 andere Städte ohne Anstand von den Reformirten genommen.

§. 6.
Der zweite Hugenotten-Bürgerkrieg. 1567.

29. September.

§. 6. Eine große Anzahl reformirter Edelleute war aufgefordert worden, sich am 29. September zu Rozoy in Brie, acht Lieues von der Stadt Meaux, in deren Nähe sich der Hof im Schlosse Monceaux damals aufhielt, einzufinden. Condé, Coligny, Andelot und La Rochefoucauld kamen auch zur festgesetzten Zeit, und obzwar sie nur 4—500 Edelleute vorfanden, brachen sie doch gegen Meaux auf, wohin sich indessen eben der Hof begeben hatte. Jetzt bemächtigte sich Schrecken des Hofes, und Katharina zog schnell die gemietheten 6000 Schweizer heran, und begab sich in ihrer Begleitung sammt dem Hofe nach Paris. Auf diese Nachricht hin brach zwar Condé sogleich auf, allein die Zahl seiner Edelleute war zu gering um in die Reihen der Schweizer einbrechen zu können, er blieb aber immer zur Seite der königlichen Eskorte, und als der Hof Paris erreichte, besetzte Condé am 2. Oktober St. Denis, und beschloß jetzt, der Stadt Paris die Zufuhr abzuschneiden. Da sich um ihn in dieser Zeit ein Heer von mehreren Tausend Mann gesammelt hatte, und der Connetable keinen Angriff wagte, so besetzte Condé die Stadtthore, bemächtigte sich der Brücken und Schlösser an den Heerstraßen, verbrannte die Mühlen, und wollte so Paris aus= hungern. Das Heer der Katholiken hatte sich aber indessen so ver= stärkt, daß dasselbe den Hugenotten überlegen war, und so rückte denn der Connetable am 10. November mit 16,000 Fußgängern, 3000 Reitern und 16 Kanonen gegen St. Denis vor, um Condé anzu= greifen. Obzwar dieser nur 1500 zum Theile schlecht bewaffnete Reiter und 1200 Fußgänger, aber kein einziges Geschütz hatte, so nahm er doch die Schlacht an. Der Connetable wußte aber seine Ueberlegenheit nicht zu benützen, griff erst Nachmittags an, fand einen tapferen Widerstand, und wurde im Kampfe selbst tödtlich verwundet. Bei der eintretenden Dunkelheit zogen sich die Reformir= ten sodann nach St. Denis, und die Königlichen kehrten am andern Morgen nach Paris zurück, wo der Connetable starb.

Schlacht bei St. Denis. 10. Novem= ber 1567.

Condé, mit dem sich Andelot inzwischen um Mitternacht ver= einiget hatte, stellte sich den zweiten Tag in den Vorstädten von Paris auf; die Königlichen nahmen aber die angebotene Schlacht nicht an. Nach einigen Tagen brach er darauf nach der Champagne auf, um sich dort mit den deutschen Söldnern, die ihm der Pfalz= graf Kasimir zuführte, zu vereinigen. Der Papst schickte dagegen den Königlichen durch den Herzog von Gonzaga 14,000 geworbene Italiener und Schweizer zu.

Der Königin=Mutter kam der Tod des Connetable sehr ge= legen, und um sich nicht wieder durch einen neuen Connetable beschränken zu lassen, bewog sie den König, ihren Lieblingssohn, den 16=jährigen Heinrich Herzog von Anjou, dessen sie sich als eines Werkzeuges zu bedienen gedachte, zum Generalstatthalter des Reiches zu ernennen.

Jetzt war auch der Krieg in den Provinzen entbrannt, Condé zwang die Katholiken, die Belagerung von Orleans aufzuheben, rückte dann auf Chartres los und die Einschließung dieser nur

18 Stunden von Paris entfernten Stadt, schüchterte den Hof so sehr ein, daß die Königin wieder zu Unterhandlungen griff.

Im Dorfe zu Longjumeau wurde hierauf von den Bevollmächtigten beider Theile ein Vergleich geschlossen, welcher durch ein königliches Dekret vom 23. März 1568 bekannt gemacht wurde. Hiedurch wurde die vollständige Ausführung des Ediktes von Amboise anbefohlen, alle Beschränkungen desselben wurden aufgehoben, den Reformirten die ihnen genommenen Güter, Aemter und Würden zurückgegeben und alle Urtheilssprüche gegen sie für ungültig erklärt.

§. 7. Diesen Frieden nannte man dann den „kleinen", wegen seiner kurzen Dauer; auch wurde durch denselben das gegenseitige Mißtrauen nicht aufgehoben. Die Reformirten hatten zwar die Waffen niedergelegt und die Söldner entlassen, die königlichen Truppen aber wurden nicht vermindert, ja es wurden in jene Städte, wo die Reformirten zahlreicher waren, stärkere Besatzungen königlicher Truppen gelegt; die Zusage wegen Rückerstattung ihrer Aemter, wurde denselben auch nicht gehalten, ein königliches Dekret befahl sogar, daß fernerhin keine Reformirten zu öffentlichen Aemtern zugelassen werden dürfen, und mitten im Frieden wurden gegen dieselben die alten Gräuel der Verfolgung wieder verübt, sehr viele ermordet, so daß die Zahl der ermordeten Reformirten in den drei Monaten 10000 betragen haben soll. Einige derselben wurden sogar mitten im Frieden öffentlich verbrannt.

Die Absicht des Hofes, den Krieg wieder zu beginnen, ging weiter auch unzweifelhaft aus der Thatsache hervor, daß Papst Pius V. dem König die Erlaubniß gab, geistliche Güter bis zum Betrage von 150,000 Lire zu veräußern, damit das Geld zur Ausrottung der Reformirten verwendet würde.

Zu all dem erfuhren die Häupter der Reformirten, daß die Königin sich zunächst Condé's und Coligny's, welche sich damals zu Noyers in Burgund, einer Besitzung der Prinzessin von Condé aufhielten, bemächtigen wolle, und weil Condé heimlich gewarnt wurde, so verließ derselbe mit dem Admiral, als sich dem Orte am 23. August 1568 bereits zahlreiche Truppen näherten, denselben, und es gelang ihnen, obwohl verfolgt, nach Rochelle, dem damaligen Versammlungsorte der Reformirten, zu entkommen, wohin sie sodann auch die verwitwete Königin Johanna von Navarra, die dem reformirten Cultus ebenfalls angehörte und mit ihren Kindern auch aufgehoben werden sollte, beriefen.

Die Königin-Mutter entließ jetzt den edlen Kanzler L'Hopital, der ihr unbequem geworden war und berief in ihren Rath den Bischof von Orleans, einen Freund der Guisen, und da jetzt jede Verstellung überflüßig war, erschien am 28. September 1568 ein könig= liches Dekret, welches alle bewilligten Freiheiten der Reformirten widerrief und ihren Gottesdienst bei Todesstrafe neuerdings verbot.

28. September 1568.

§. 8. Jetzt rüsteten abermals beide Theile mit Nachdruck zum neuen Kriege; die Stärke Condé's stieg bis auf 18,000 Fußgänger und 3000 Reiter, und so war er im Stande, sich des größten Theiles von Poitou und der Städte St. Jean d'Angely und An= goulême zu bemächtigen. Die königliche Armee von 18,000 Mann Fußgängern und 4000 Reitern rückte Anfangs März 1569 ins Feld und es war die Absicht der Anführer, eine Schlacht zu liefern. Condé und Coligny suchten dagegen der Schlacht auszu= weichen, weil die Königlichen in ihrer jetzigen Ausrüstung ihnen überlegen waren, doch während sich das reformirte Heer auf Cognac zurückziehen wollte, wurde es bei Jarnac am 13. März von den verfolgenden Feinden eingeholt und geschlagen, wobei Condé, welcher verwundet sich noch knieend vertheidigte, von dem Schweizerhaupt= mann Montesquiou durch den Kopf geschossen wurde.

§. 8. Der dritte Hugenotten= krieg. 1569.

Die Schlacht von Jarnac. 13. März 1569.

Tod Condé's. 13. März 1569.

Ungeachtet dieses Verlustes der Reformirten waren sie dennoch nicht verlassen, denn der Admiral Coligny zog die Reste seiner Truppen zusammen und versammelte die Häupter der Parthei in Tonnay=Charente, wohin auch die kluge Königin Johanna von Navarra mit ihrem 15 Jahre alten Sohne Heinrich von Bearn kam. Sie begeisterte mit ihren Worten die Reformirten und der junge Heinrich von Bearn schwor die Religion vertheidigen und zur gemeinschaftlichen Sache treu stehen zu wollen. — Die Reformirten erkannten dann den Prinzen Heinrich als ihr neues Oberhaupt an, so daß der Admiral seine Befehle jetzt im Namen Heinrich's von Navarra gab.

Heinrich von Bearn.

Weitere Verluste trafen die Reformirten durch den Tod des Herzogs Wolfgang von Zweibrücken, der dem Admiral 5000 deutsche Landsknechte und 6000 Reiter zugeführt hatte.

Da der französische Hof jetzt in Coligny die Seele der Hu= genotten erblickte, so erging gegen denselben am 13. September ein Urtheilsspruch des Pariser Parlaments, der ihn als Hochverräther zum Tode verurtheilte und sein Bild auf dem Galgen zu hängen befahl. Auch wurde auf seine Ergreifung 50,000 Thaler Beloh= nung gesetzt.

Urtheilsspruch gegen Coligny. 13. September 1569.

Nichts desto weniger wurde aber der Krieg weiter fortgeführt. Coligny erfocht zwar einen Sieg über die Königlichen bei La Roche-Abeille, doch hatte dieser Sieg keine Folge, weil die Reformirten die Belagerung von Poiton dennoch aufgeben mußten und dann am

Schlacht bei Montcontour.
5. October 1569.

5. October bei Montcontour von den Königlichen so total geschlagen wurden, daß sie mehr als 5000 Mann verloren.

Nach dieser Schlacht hielten die Katholiken die Protestanten für vernichtet und wahrscheinlich wären sie es auch ohne dem festen Muthe der Königin von Navarra und der unerschütterlichen Standhaftigkeit des Admirals gewesen.

Während die Reformirten in Einigkeit handelten, wurden aber die Königlichen durch Uneinigkeit geschwächt. Der König war auf den Ruhm seines Bruders Heinrich eifersüchtig und untersagte ihm den erfochtenen Sieg weiter zu verfolgen, die königliche Armee zersplitterte sich sodann in der Belagerung von Festungen der Reformirten, wurde auch durch Krankheiten sehr geschwächt und endlich während des Winters in Besatzungen vertheilt. Coligny brach

1570.

dagegen am 18. October von Saintes mit 9000 Mann auf, vereinigte sich mit dem Grafen Montgommery, welcher den Krieg bisher in Bearn geführt hatte, zog zu Anfang des Jahres 1570 durch Languedoc und schlug den Marschall Cosse, der an der Stelle des Prinzen Anjou die Königlichen befehligte.

Da auch in der Gascogne und Dauphiné jetzt wieder mit größerer Kraft gefochten wurde, so wünschte die Königin die Beendigung des Krieges und machte deßhalb Coligny Vergleichsvorschläge. Derselbe wollte aber diesmal Gewähr für die Einhaltung der Versprechungen haben, und da auch die Königin noch immer daran dachte, die Reformirten zu ihren Zwecken benützen zu können, so

Der dritte Hugenotten-friede zu St. Germain en Laye.
8. Aug. 1570.

gab sie nach, und so kam am 8. August 1570 der dritte Friede mit den Hugenotten zu St. Germain en Laye zu Stande, und wurde drei Tage später durch ein königliches Decret verkündet. Den Reformirten wurde allgemein wieder Gewissensfreiheit, Amnestie, Wiedereinsetzung in ihre Rechte, Würden und Güter und der Widerruf eines jeden, gegen sie eingeleiteten Verfahrens zugesagt.

§. 9.
Vermählung Karl IX.
26. Nov. 1570.

§. 9. König Karl hatte jetzt sein 21=tes Jahr erreicht, und sein Charakter hatte sich, unter den Einflüssen seiner ränkesüchtigen Mutter, zur Grausamkeit, Verstellung und Hinterlistigkeit ausgebildet; er haßte die Reformirten weniger als Ketzer, sondern als rebellische Unterthanen, denn jeder Widerstand gegen seinen Willen brachte ihn zum heftigsten Zorn. Der Bevormundung seiner Mutter wurde er

immer mehr überdrüssig; gegen seinen Bruder Heinrich von Anjou
nährte er den bittersten Haß, und schenkte sein Vertrauen nur einem
einzigen Manne, und dies war der Marschall Montmorency. —
Er vermählte sich am 26. November 1570 zu Mezieres mit Elisa=
beth der zweiten Tochter Maximilian's II. und man hoffte von dem
sanften, gutmüthigen Sinne der jungen Königin, die später an diesem
verderbten Hofe wirklich eine Heilige war, einen wohlthätigen Ein=
fluß auf den König.

§. 10. Katharina wollte sich jedoch in ihrer Macht erhalten,
sie wollte daher die Häupter der Hugenotten jetzt nur einschläfern
und sicher machen, um sie dann, wenn sie ihr im Wege wären,
desto sicherer verderben zu können.

§. 10.
Die Auszeich=
nungen der
Hugenotten.

König Karl scheint es dagegen damals mit den Hugenotten
aufrichtig gemeint zu haben, denn er erklärte dem Parlamente, daß
er den Frieden mit Nachdruck und Eifer erhalten, und die Wunden
des Bürgerkrieges heilen wolle.

Als sich die Reformirten über die nachtheiligen Deutungen
des Friedensediktes beklagten, sandte er im April 1571 den Mar=
schall Cossé nach La Rochelle, wo sich damals noch die Königin
Johanna von Navarra, die beiden Prinzen Heinrich von Bearn
und Heinrich Condé (Sohn des verstorbenen Ludwig Condé), Co=
ligny und andere angesehene Reformirte befanden, um mit ihnen
über die richtige Ausführung des Ediktes zu verhandeln; er er=
klärte den reformirten Abgesandten La Roue und Teligny, daß
er sogar seine Schwester Margaretha mit dem Prinzen Heinrich
von Navarra. als dem Haupte der Reformirten, verheirathen wolle,
um nur den Frieden zu befestigen; eben so wollte er mit Coligny
über den Krieg mit Spanien verhandeln.

Die reformirten Abgeordneten kehrten mit der Ueberzeugung
nach Rochelle zurück, daß es der König diesmal ehrlich meine. Die
Königin von Navarra zauderte zwar Anfangs aus Mißtrauen ihre
Einwilligung zu der vorgeschlagenen Vermählung ihres Sohnes mit
der Prinzessin Margaretha zu ertheilen, ging aber endlich im In=
teresse ihres Hauses und ihrer Parthei auf diese Heirathsangelegen=
heit ein, nur wagte sie nicht nach Blois, wo sich der Hof auf=
hielt, zu gehen.

Da wir jetzt bei einer That angelangt sind, welche die Welt
erschauern machte und die schon so oft von Dramatikern und Ro=
mantikern als Stoff benützt wurde, es sich hier aber nur um die
strenge historische Wahrheit handelt, so bringen wir darüber dem

Leser nur dasjenige, was aus den glaubwürdigsten historischen Quellen ohne jede Phantasiebeimengung als wahr nachgewiesen ist.

Es läßt sich nicht nachweisen, inwieferne die Königin Mutter an der Sinnesänderung Karl's IX. gegen die Hugenotten betheiligt war, doch ist es mit großer Wahrscheinlichkeit anzunehmen, daß sie dieselbe herbeigeführt habe, um die Hugenottenparthei, wenn ihr die=selbe lästig fallen würde, in ihrer Hand zu haben und dieselbe sodann sicherer ins Verderben stürzen zu können. Thatsache ist es, daß Katharina ihre Tochter Margaretha (Margot) gegen deren Willen zu der Verbindung mit dem Bearner zwang und es ist wahrscheinlich, daß Katharina den jungen König Heinrich von Navarra nur deßhalb an sich ziehen wollte, um ihn nach ihrem Gefallen den Reformirten gegenüber zu benützen. Es scheinen daher die nachfolgenden Schritte im Plane Katharina's gelegen zu haben.

Coligni wurde zuerst vom Hofe mit Freundschaftsbeweisen überhäuft und auf das Eindringlichste zu einer Zusammenkunft mit dem Könige Karl IX. eingeladen; so mißtrauisch auch Coligny war, so ließ er sich zu dieser Zusammenkunft um so mehr bereden, als er erfuhr, daß der König auf einen Krieg gegen Spanien sinne, welches Unternehmen bei Coligny betreff der unterdrückten Refor=mirten in den Niederlanden von jeher eine Lieblingsidee war.

§. 11.
Coligny bei
Hofe.
18. Septem=
ber 1571.

§. 11. Coligny reiste daher am 18. September 1571 an den Hof nach Blois und wurde vom Könige, der Königin-Mutter und dem Herzog von Anjou auf das Ehrenvollste und Freund=lichste empfangen. Der König nannte ihn seinen „Vater", nahm ihn bei der Hand und äußerte: „Jetzt werden wir Sie festhalten und Sie dürfen uns nicht mehr entrinnen." Der König erklärte auch, daß dies sein schönster Tag im Leben sei, wo die Unruhen im Lande beendet seien. Der Admiral erhielt sodann seinen Sitz im Staatsrathe wieder, der König gab ihm für seine Verluste 100,000 Livres und bewilligte ihm nebstdem die reichen Pfründen seines verstorbenen Bruders, des Kardinals von Chatillon. Coligny wurde dann, wenn er sich nach seinem Schlosse Chatillon begab, schriftlich von allen wichtigen Staatsangelegenheiten verständigt, um Rath gefragt und er fühlte sich so geschmeichelt, daß er alles erlittene Unrecht um so mehr vergaß, als ihm gestattet war, sich zu seinem

§. 12.
Die Königin
Johanna von
Navarra bei
Hofe.
4. März 1572.

Schutze von 50 bewaffneten Edelleuten seines Glaubens umgeben zu dürfen.

§. 12. Nun war es Coligny selbst, der die Heirathsangelegen=heit mit dem jungen Könige Heinrich betrieb und die Königin

Johanna von Navarra bestimmte nach Blois zu kommen. Sie kam auch am 4. März 1572 in Begleitung des Grafen von Nassau und einem großen Gefolge nach Blois. Die Königin-Mutter behandelte Johanna von Navarra zwar in geringschätziger Weise, der König aber empfing sie mit der größten Auszeichnung, er nannte sie seine „Großtante", seine „Bestgeliebte" und als sie die Besorgniß äußerte: ob der Papst die Dispensation zur Trauung wegen der Religionsverschiedenheit Heinrich's und Margaretha's nicht versagen werde, so äußerte sich Karl: „daß er sie mehr als den Papst ver= ehre, und wenn dieser einen Dummkopf machen werde, so wolle er (Karl) seine Schwester selbst bei der Hand nehmen und sie zur Trauung führen."

Am 11. April wurde auch der Ehevertrag, welcher nun die Bestimmungen über Mitgift und Wittthum enthielt, unterzeichnet.

Am 15. Mai folgte Königin Johanna dem Hofe nach Paris, starb dort aber schon am 10. Juni nach einer Krankheit von nur fünf Tagen, was den Verdacht erregte, daß sie durch ein Paar Handschuhe, welche ihr der Parfümeur der Königin-Mutter, ein italienischer Chemiker, Charlatan und ein Mensch des übelsten Rufes brachte, vergiftet worden wäre. Sicherstellen ließ sich dieser Verdacht nicht, denn, wie es hieß, soll die Leichenöffnung diesen Verdacht widerlegt haben; allein das Mißtrauen der Reformirten gegen den Hof und namentlich gegen die Königin-Mutter wurde dadurch rege gemacht.

Tod der Kö= nigin von Na= varra. 10. Juni 1572.

In den ersten Tagen des August trafen auch die Prinzen Heinrich von Navarra und Heinrich von Condé trotz allen Warnungen mit einem sehr zahlreichen Gefolge protestantischer Edel= leuten in Paris ein, und auch der Admiral Coligny folgte ihnen ungeachtet der dringenden Bitten seiner Freunde, nicht hin zu gehen. Der König schien jedoch dem Admiral immer gewogener zu sein, wobei ihm derselbe darüber Vorstellungen machte, daß er jetzt endlich selbstständig die Zügel der Regierung ergreifen möchte. Die Königin-Mutter erschrak aber, als sie den immer größer werdenden Einfluß des Kardinals auf den König inne wurde, und da mögen in ihrem Gemüthe die Rachegedanken gegen Coligny zur Reife gekommen sein.

So waren nun endlich alle die großen Häupter der Hugenotten in Paris versammelt.

Von den Guisen, die sich aus Mißvergnügen wegen der ge= ringen Achtung, die ihnen der König zu Theil werden ließ, vom

Hofe entfernt hatten, kehrte jetzt der junge Herzog Guise auch nach Paris zurück, während der Kardinal von Lothringen wegen des Todes des Papstes sich nach Rom begab.

Der König bewog jetzt auch Guise und Coligny sich zu versöhnen und befahl ihnen für die Zukunft, sich gegenseitig nur Freundschaft zu erweisen.

§. 13.
Die Hochzeit Heinrich's von Navarra mit Margaretha von Valois. 18. August 1572.

§ 13. Auf die Anzeige des französischen Gesandten in Rom, daß die Dispensation in der vom Kardinal von Bourbon verlangten Form von dem Papste bewilligt worden sei und in kurzer Zeit nach geschickt werden sollte, fand am 18. August die Trauung des Königs Heinrich von Navarra mit der Prinzessin Margaretha von Valois auf einem Gerüste vor dem Eingange der Notredame-Kirche durch den Kardinal statt, nach der Ceremonie jedoch entfernte sich Heinrich, um der reformirten Predigt beizuwohnen, während Margaretha in der Kirche die Messe hörte, welche der Kardinal hielt.

Hierauf fanden bis zum 21. August bei Hofe zur Feier dieser Vermählung besondere glänzende Feste statt.

§. 14.
Der Mordversuch an Coligny. 22. August.

§. 14. Die Gunst und das Vertrauen, welches der König den Reformirten, vor Allem aber dem Admiral Coligny fortwährend erwies, hatte das Mißvergnügen aller Derer erregt, welche sich dadurch in ihrem Einflusse auf den König und auf die Staatsgeschäfte beraubt sahen, so wie auch Derer, welche gegen die Reformirten als Ketzer einen unversöhnlichen Haß hegten und im kirchlichen Interesse eine enge Verbindung mit Spanien wünschten, oder auch blos durch persönliche Rachsucht dazu bestimmt wurden.

Die Zuversicht, mit welcher manche Reformirte im Vertrauen auf die Gunst des Königs den ihnen feindlich Gesinnten entgegentraten, steigerte endlich die Erbitterung gegen dieselben noch mehr.

Die Königin-Mutter Katharina schwankte lange, was sie für einen Entschluß sie fassen sollte, da sie aber sah, daß ihr der Admiral allen Einfluß auf den König rauben könnte und der König sich dem zu Folge gegen sie immer finsterer zeigte, sie so ihren Einfluß auf die Staatsgeschäfte zu verlieren im Begriffe war, so entschloß sich ihr maßloser Ehrgeiz durch die Ermordung Coligny's die verlorene Gewalt wieder zu erhalten und dadurch die Kraft der Reformirten zu brechen. Sie faßte diesen Entschluß gemeinsam mit dem Herzoge Anjou, der ihren Haß gegen Coligny theilte, und indem sie ihren Entschluß auch der Herzogin von Nemours, der Mutter des Herzogs von Guise, mittheilte und der Herzog von Aumale die Ausführung übernahm, mochte sie hoffen, daß der

Mord nur als eine Rache der Guisen erscheinen und sie außer jedem Verdachte kommen werde. Ein gewisser Maurevert, ein schon erprobter Mörder, der im Volke nur die Benennung: „der Henker der Königin" hatte, wurde zu dem Morde gedungen, und der Herzog von Aumale verbarg ihn zu diesem Zwecke in einem Hause, welches einem seiner Dienstmänner gehörte. An diesem Hause pflegte Coligny täglich vorbeizukommen, wenn er vom Louvre nach seiner Wohnung zurückkehrte. Als nun am Freitag den 22. August der Admiral langsam eine ihm zufällig übergebene Schrift lesend, bei diesem Hause vorüberging, fiel aus einem, mit einem Vorhange versehenen Fenster jenes Hauses ein Schuß und der Admiral wurde von zwei Kugeln getroffen, deren eine ihm den Zeigefinger der rechten Hand wegriß und die andere ihn am linken Arme schwer verwundete. Das Haus, dessen Thüre verrammelt war, wurde zwar von den Begleitern des Admirals sogleich erbrochen, allein sie fanden darin nur zwei Dienstboten und das Gewehr des Mörders, indem sich dieser indessen durch die Hinterthüre des Hauses auf einem dort bereit gehaltenen Pferde bereits geflüchtet hatte.

§. 15. Bei der Nachricht von diesem Vorfalle zeigte König Karl den heftigsten Unwillen und stieß Drohungen gegen die Guisen aus, in welchen er die Anstifter vermuthete. Dem König von Navarra und dem Prinzen von Condé, welche sich über die That beklagten und Paris verlassen wollten, da sie und die ihrigen daselbst sich nicht mehr sicher fühlten, gab er die nachdrücklichste Versicherung, daß er die Anstifter, Ausführer und Mitwisser der That in einer Weise bestrafen werde, die zum Beispiele für die Zukunft dienen solle. Als auch Katharina dieselbe Versicherung gab, so gaben die Prinzen ihre Absicht, Paris zu verlassen, auf. Am Nachmittage des Mordanfalles besuchte dann König Karl, begleitet von seiner Mutter, seinen Brüdern, den Herzogen von Anjou und Alençon und vielen anderen Höflingen den Admiral, bezeigten ihm den tiefsten Schmerz über seine Verwundung und schwur ihm unter starken Flüchen (wie es seine Gewohnheit war), daß er die Mörder so bestrafen werde, daß man es nicht vergessen solle. Der Admiral bat hiebei den König um eine geheime Unterredung, welche derselbe auch bewilligte, und seiner Mutter und seinen Brüdern durch ein Zeichen befahl, sich in die Mitte des Zimmers zurückzuziehen. Die Königin Katharina aber unterbrach bald die Unterredung des Königs mit dem Admiral unter dem Vorwande, daß eine längere Dauer

§. 15.
Folgen des
Mord-
versuches.
23. August.

dem Admiral schaden dürfte, und als sie und Anjou den König am
Heimwege wiederholt nach dem Inhalte des Gespräches frugen, gab
er mit Leidenschaftlichkeit die Antwort: „der Admiral habe ihm vorgestellt, daß die Macht und Leitung aller Staatsgeschäfte allmälig
in die Hände der Königin übergangen sei, daß dieses ihm und dem
Staate einst sehr verderblich werden könnte, und daß er (der König)
dies abstellen müsse."

Diese Mittheilung entschied mit einemmale bei der Königin
Katharina über das Schicksal der Hugenotten, denn dieselbe sah
wie Anjou, ihren Einfluß bei dem König so bedroht, daß Beide
vernichtet werden könnten, und jetzt war der Tod Coligny's und
der anderen Hugenotten eine beschlossene Sache.

§. 16.   §. 16. Um aber alle Hugenotten mit einemmale vertilgen zu
Die Einwilli- können, dazu war die Einwilligung des Königs nothwendig. Die
gung des   Königin Katharina machte wohl diesfalls beim König Versuche,
Königs.   welche aber scheiterten, und noch am Vormittage des 23. August
zeigte sich Karl IX. den Guisen gegenüber sehr ungnädig und drohend.

Am Nachmittag des 23. fand bei Katharina eine Berathung
statt, bei welcher der Siegelbewahrer Birago, der Herzog von Nevers, Graf von Retz, Herzog von Anjou und Graf von Angouleme, Marschall Tavannes und andere für die Massen-Ermor-
dung der Hugenotten stimmten.

Nachdem der Plan festgestellt war, begab sich die Königin mit
allen diesen Rathgebern zum König; man erinnerte ihn auf das
Attentat von Amboise, überredete ihn, daß die Reformirten wegen
der Verwundung Coligny's gegen ihn rüsten; die Königin malte
ihm die Gefahr, in welcher er und seine Krone sich befände, aus,
wobei sie zeigte, daß auch die Katholiken eine Ligue bilden und
an deren Spitze einen eigenen Generalkapitän setzen wollen, wo er
(der König) dann ganz ohne Ansehen sein und ein blutiger Krieg
ihn und das Reich zu Grunde richten werde, während doch jetzt
der Tod des Admirals und einiger Protestanten dieses Unheil ab-
wenden könne; man enthüllte ihm jetzt, daß das Attentat an Coligny von der Königin ausgegangen sei und seine Seele wurde mit
den gräßlichsten Bildern von den Anschlägen der Hugenotten erfüllt.

König Karl gerieth darüber in einen heftigen Zorn, und da
er von allen Anwesenden bestürmt wurde, gab er endlich nach und
rief in seiner leidenschaftlichen Weise: „Bei Gottes Tod! ich wollte,
„daß nicht allein der Admiral, sondern alle Hugenotten in Frank-
„reich getödtet würden und keiner übrig bliebe, um mir Vorwürfe

„machen zu können!" — Karl befahl sodann den Anwesenden, so=
fort für die Ausführung des Planes zu sorgen.

§. 17. Der Plan für die Niedermetzelung der Hugenotten
war folgender: In der Nacht vom 23. zum 24. August (Bartholo=
mäustag) sollten alle Häupter der Hugenotten überfallen und nebst
allen anderen Hugenotten, deren man habhaft werden konnte, ermor=
det werden. Der Marschall Tavannes erhielt den Auftrag, die
katholischen Bürger zu unterrichten, was sie zu thun haben; dem
Herzog von Guise wurde die oberste Leitung der Ausführung und
insbesonders die Ermordung des Admirals, mit welcher zuerst be=
gonnen werden sollte, aufgetragen; der Herzog von Montpensier
sollte im Louvre die protestantischen Edelleute der Bourbonen um=
bringen, doch wurden die beiden Prinzen, Heinrich von Navarra und
Condé davon ausgenommen. Am Abend erhielt der Prevot der
Kaufleute dann den Befehl, sich der Stadtschlüssel zu versichern und
die Thore geschlossen zu halten. Der Herzog von Guise ver=
sammelte die Offiziere der Truppen und theilte ihnen den Befehl
des Königs mit; die Anführer der Bürgermiliz wurden sodann um
Mitternacht vor dem Stadthause versammelt und ihnen der Plan
mitgetheilt, und als dieselben dagegen Einwendungen erhoben, ihnen
von Tavannes mit dem Zorne des Königs gedroht. Das Zeichen
zum Morden sollte mit der Glocke des Louvre gegeben und darauf
in alle Fenster der Häuser Fackeln gesteckt werden; weißes Tuch um
den Arm gebunden und ein weißes Kreuz am Hute sollte das Er=
kennungszeichen der Katholiken sein; auf allen Plätzen und Kreuz=
wegen wurden Wachen aufgestellt und die Straßen mit Ketten
gesperrt.

Alle diese Vorkehrungen wurden mit einer solchen Heimlichkeit
getroffen, daß kein Reformirter davon etwas erfuhr.

§. 18. Als die Nacht vorrückte, sprach die Königin=Mutter
dem König, der zu zagen begann, Muth ein, und es mußte ihm
der Befehl zum Glockenzeichen der Kirche von St. Germain
l'Auxerrois abgenöthiget werden. Der Herzog von Guise hatte
gleich bei dem Zeichen der Glocke mit dem Herzog von Aumale
und Johann von Angouleme, Großprior des Malteserordens in
Frankreich, von 300 Bewaffneten begleitet, das Haus des Admirals
besetzt, einige Geharnischte stürmten die Treppe hinauf, nach dem
Schlafzimmer Coligny's, derselbe war gerade aufgestanden und lehnte
an der Wand; auf die Frage, ob er Coligny sei, antwortete er
bejahend und wurde darauf von dem einen Mörder, Namens

§. 17.
Vorbereitung
zur Mord=
nacht.

§. 18.
Die Bartholo=
mäusnacht.
(Pariser
Bluthochzeit.)
24. August
1572.

Tianowitz mit dem Degen niedergestochen, worauf die anderen
Helfershelfer ihn mit ihren Degen in den Hals, in die Brust und ins
Gesicht stießen, bis er kein Lebenszeichen mehr von sich gab: der
Leichnam wurde darauf aus dem Fenster geworfen und fiel zu Guise's
Füßen, Augouleme gab dem Leichnam noch einen Stoß mit dem
Fuße, worauf derselbe durch die Straßen geschleift und endlich an
den Galgen gehängt wurde. — Auf das Glockenzeichen hatten sich
aber auch die anderen Mörderschaaren durch die ganze Stadt ver
breitet, und bald schlossen sich ihnen Pöbelhaufen an, um ebensowohl
zu rauben, als auch zu morden. Rachsucht aller Art, desgleichen
Wollust wurden reichlich befriedigt; Schuldner stießen ihre Gläubiger,
Diener ihre Herren nieder, und der Privathaß band sich an keine
Religion. Die Herzoge von Nevers, Guise und Montpensier,
sowie der Marschall von Tavennes durchritten die Straßen und
entflammten die Wuth der Mörder noch mehr, indem sie Coligny
und die Hugenotten einer Verschwörung gegen den König beschuldigten. In das Gebrüll der Mörder mischten sich noch die Klagen
und das Röcheln der Sterbenden; in allen Straßen wurde geschossen, überall gab es Blut, welches den Boden schlüpfrig machte:
weder Alter, noch Geschlecht wurde geschont, auf den Straßen und
in den erbrochenen Häusern wurde gemordet, und die Leichname
bei den Fenstern hinausgeworfen; viele Reformirte wurden in den
Betten ermordet, und selbst die in Louvre befindlichen protestantischen
Edelleute wurden hingeschlachtet. Man schleppte sie in den Hof und
ermordete sie vor den Augen der Königin Katharina, die mit scham-
loser Neugierde in Begleitung ihrer Hofdamen die nackten Körper
der Ermordeten betrachtete. Es war 3 Uhr Morgens; das Wimmern
der Glocken und das Wüthen der Mörder steigerte sich immer mehr;
Raserei bemächtigte sich des Königs und er rief zum Fenster hinaus:
„tödtet! tödtet!"

Der junge König von Navarra und Prinz Condé wurden
vor den König gebracht, welcher ihnen heftig erzürnt zuschrie, er
wolle nur eine Religion im Reiche, und sie möchten wählen: „die
Messe oder den Tod." Navarra wagte in seinem Schrecken
keinen Widerspruch, Condé aber erinnerte den König an sein, den
Protestanten gegebenes Wort, dieser gab ihnen aber nur eine
dreitägige Bedenkzeit.

Zu den vielen angesehenen reformirten Edelleuten, welche in
dieser Nacht den Tod fanden, gehörten auch La Rochefoucauld
und Teligny, und Letzterer flüchtete sogar verwundet bis in die

Zimmer der jungen Königin Margaretha von Navarra, und selbst da wurde er von den Verfolgern niedergestoßen.

Die jenseits der Seine in der Vorstadt St. Germain wohnenden reformirten Edelleute, und unter ihnen der Graf von Montgommery, der Vidame von Chartres und Briquemault, entgingen dem Morden nur durch einen glücklichen Zufall, denn die Abtheilung der Soldaten, welche sie zu überfallen bestimmt war, hatte sich durch die Schuld des Offiziers verspätet; ein Reformirter, welcher die Ermordung Coligny's gesehen hatte, schwamm durch den Fluß und benachrichtigte seine Genossen von diesem Ereignisse, sie wollten sich nach der Stadt begeben, da sie an die Mitschuld des Königs nicht glauben konnten; als sie aber am jenseitigen Ufer zahlreiche Abtheilungen von Soldaten in die Schiffe steigen sahen, und als vom Louvre aus Schüsse fielen, ergriffen sie die Flucht, ohne daß sie eingeholt werden konnten.

Das Morden dauerte noch hin und wieder durch drei Tage fort, obzwar der König den Befehl erlassen hatte, daß sich Jeder in seine Wohnung zurückziehen solle.

Die Zahl der in Paris Ermordeten ist nicht mit Bestimmtheit sicherzustellen; so gibt Davila in seinen Berichten die Zahl der am 24. und 25. August in Paris Ermordeten auf 10,000, Thou wieder auf 2000 an. Die Leichname wurden in die Seine geworfen, wo sie sich bei einer kleinen Insel, dem Louvre gegenüber zusammendrängten, und in der Gegend von St. Cloud, Auteuil und Challeau wurden binnen wenigen Tagen allein 1100 Todte begraben.

§. 19. Am folgenden Tage sah man die vornehmsten Damen und Herren des Hofes durch die mit Blut gefärbten Straßen wandeln, und unter Gelächter über die nackten Leichen Bemerkungen machen.

§. 19.
Nach der
Mordnacht.

Der ganze Hof mit dem König und der Königin-Mutter zog aber nach dem Dorfe Montfaucon, wo die Galgen standen, und wo das wüthende Volk an einen derselben den Admiral an den Füßen aufgehängt hatte, und wie Papyr Masson erzählt, äußerte sich da der König, als Einige aus dem Gefolge wegen des üblen Geruches nicht näher treten wollten : „der Geruch eines todten Feindes ist immer lieblich und angenehm."

Der Marschall Montmorency ließ später heimlich Coligny's Leichnam vom Galgen abnehmen, wo er schließlich nach Chatillon in die Gruft der Coligny's beigesetzt wurde.

§. 20. Am 25. August schrieb der König an die Statthalter und die Gesandten der protestantischen Höfe, daß er an diesen Vorgängen kein Verschulden trage, sondern daß dieselben nur eine Frucht des Hasses der Guisen gegen die Familie des Admirals seien; da aber die Guisen dagegen protestirten, und die Königin dem König darüber Vorstellungen machte, daß er sich die Guisen zu Feinden mache und zugleich sein eigenes Ansehen herabsetze, indem vor seinen Augen von Anderen gegen seinen Willen solche Unordnungen stattfinden können, bekannte sich der König öffentlich als Urheber dieser Metzelei, und begab sich am 26. August ins Parlament, wo er in einer feierlichen Sitzung erklärte, daß Coligny gesucht habe, den König und die königliche Familie aus dem Wege zu räumen, um den Prinzen Condé auf den Thron zu setzen; er, der König, sei daher zu dieser That gezwungen gewesen.

Das Parlament gab sich auch dazu her, den ermordeten Admiral für einen Hochverräther zu erklären, worauf eine Strohpuppe, als der Admiral, an den Galgen gehängt wurde.

Am 28. August, an welchem Tage in Paris ein allgemeines Dankgebet für die glückliche Ausführung abgehalten wurde, erließ der König eine ähnliche Proklamation an das Volk, in welcher Coligny der Verschwörung gegen den König beschuldigt wurde.

§. 21. Die Gräuel der Bartholomäusnacht, die man die „Pariser Mette," und mit Rücksicht auf die Hochzeit des Königs von Navarra auch die „Pariser Bluthochzeit" nannte, blieb aber nicht auf Paris allein beschränkt, sondern verbreitete sich auch in den Provinzen; so wurden zu Orleans 3000, zu Lyon 900, zu Bordeaux 274, zu Toulouse 200 Menschen ermordet, und auch die kleineren Städte folgten dem Beispiele nach.

Wie viele im Ganzen in Frankreich so den Tod fanden, läßt sich auch nicht bestimmen, indem die Angaben der französischen Schriftsteller in dieser Hinsicht bedeutend von einander abweichen und die Zahlen zwischen 40,000—100,000 Ermordeten wechseln.

§. 22. Der Eindruck, den die Pariser Metzeleien im Auslande hervorbrachten, war nach den Ländern verschieden. König Philipp II. von Spanien und der Papst triumphirten; Letzterer ließ kirchliche Dankfeier abhalten, in Rom wurden Kanonen gelöst, Freudenfeuer wurden angezündet; auch ließ der Papst eigens eine Festmedaille auf die Niedermetzelung der Hugenotten anfertigen, sie trug die Umschrift: „Hugenotorum strages" und die Inschrift: „Pontifex Colignii necem probat."

In England und Deutschland erweckte aber diese fluchwürdige That den gerechten Abscheu und die Verdammung.

§. 23. Der König Heinrich von Navarra und Heinrich von Condé wurden indessen durch Geistliche im katholischen Glauben unterrichtet, da sie sich aber dennoch weigerten, überzutreten, gerieth der König in einen so heftigen Zorn, daß er selbst den Henker an ihnen machen wollte, was nur die Fürbitte der edlen jungen Königin Elisabeth verhinderte.

§. 23. Uebertritt Heinrich's von Navarra und Condé's zum Katholicismus. 3. Oktober 1572.

Unnachsichtig gedrängt traten sodann Heinrich von Navarra und seine Schwester Katharina und später auch Condé zur katholischen Kirche über, um ihr Leben zu retten. Am 3. Oktober erbaten die beiden Prinzen vom Papste die Aufnahme in den Schooß der katholischen Kirche, und Papst Gregor XIII. ratificirte hierauf die Ehe Heinrich's mit Margaretha.

Der König Heinrich von Navarra mußte hierauf durch ein ihm abgenöthigtes Edikt vom 18. Oktober in allen seinen Besitzungen, und namentlich in Bearne, die Ausübung der reformirten Lehre zu verbieten und den reformirten Geistlichen befehlen das Land zu verlassen; allein die Bearner wiesen dieses Dekret zurück, weil es der König als Gefangener erlassen hatte.

§. 24. Jetzt war die Zahl der Reformirten durch Mord, Auswanderung und Abfall sehr verringert; sie waren fast aller ihrer Häupter beraubt, auch konnten sie weder von den protestantischen Fürsten des Auslandes, noch von Elisabeth von England, noch von den deutschen Protestanten überhaupt eine Hilfe erwarten; sie waren durch das über sie hereingebrochene Unglück so niedergebeugt und entmuthiget, daß sie auf eine Rettung selbst nicht mehr hofften. Der gänzliche Untergang des reformirten Glaubens in Frankreich schien auch unabwendbar. — Die einzige Stadt, welche jetzt noch der Hauptsitz des reformirten Glaubens blieb, war La Rochelle, dorthin hatten sich daher viele reformirte Edelleute und Geistliche und an 1500 Waffenfähige geflüchtet, und hier widerstanden sie allen Drohungen des Hofes; auch mehrere kleinere Orte, welche von Protestanten besetzt waren, schlossen vor den Königlichen die Thore. Jetzt hing also von dem Schicksale La Rochelle's das Loos aller Reformirten ab.

§. 24. Lage der Reformirten und der vierte Hugenottenkrieg. 1572 3.

Am 4. Dezember 1572 hatte sich Biron mit dem königlichen Heere vor La Rochelle gelagert und am 7. Februar traf Herzog von Anjou, als Generallieutenant des Königs, begleitet von seinem Bruder Alençon, dann den Herzogen von Guise und Aumale

Belagerung von La Rochelle. 7. Februar 1573.

daselbst ein Auch Heinrich von Navarra und der Prinz Condé
mußten das königliche Heer begleiten, um der Hugenottenparthei
diese Namen entgegenzustellen

Die Rocheller, deren Verbindung mit dem Meere offen blieb,
vertheidigten sich auf der Landseite tapfer; obzwar gegen ihre Mauern
30,000 Kanonenkugeln abgeschossen wurden, schlugen sie die wieder
holten Stürme der Belagerer ab, setzten den Mienen derselben andere
entgegen, und es gelang ihnen, die Absichten ihrer Feinde um so
leichter zu vereiteln, als im Lager der Prinzen Eifersucht und Zwie=
tracht herrschte, und die Rocheller von den geheimsten Beschlüssen
ihrer Gegner sogleich unterrichtet wurden. Das königliche Heer er=
litt durch die vielen Kämpfe zahlreiche Verluste, auch die Krankheiten
lichteten dasselbe, und der zunehmende Geldmangel hemmte die
Unternehmungen; dazu kam noch, daß der Herzog von Anjou,
welcher sich um die polnische Krone beworben hatte, am 9. Mai
zum König von Polen gewählt wurde, und er demzufolge die
Beendigung des Krieges wünschte.

Der Friede
vom 24. Juni
1573.

Die gegenseitigen Unterhandlungen, die jetzt eingeleitet wurden,
führten daher am 24. Juni 1573 zu einem Vergleiche, welcher im
Wesentlichen den vierten Hugenottenkrieg beendigte, und welcher im
Juli durch ein königliches Edikt veröffentlicht wurde, wodurch zwar
sämmtlichen Reformirten Gewissensfreiheit, doch nur in den drei
Städten: Rochelle, Montauban und Nismes die öffentliche
Uebung des reformirten Gottesdienstes gestattet wurde.

Das gleichfalls belagerte Sancerre war aber in diesem Ver=
trage nicht begriffen, und nachdem die Belagerung acht Monate ge=
dauert hatte, und die Einwohner eine furchtbare Hungersnoth, in
der die eckelhaftesten Speisen genossen wurden, durchmachen mußten,
wurde auch für Sancerre am 19. August ein Vertrag bewilligt,
der ihnen Gewissensfreiheit zugestand, wo sie aber die Plünderung
ihrer Häuser durch eine beträchtliche Summe abkaufen mußten.

§. 25.
Die Parthei
der Politiker.
Der fünfte
Hugenotten=
krieg. 1574.

§. 25. Als Heinrich von Anjou, der gewählte König von
Polen, Frankreich verlassen hatte, trat daselbst eine Spaltung unter
den Katholiken ein, und führte zur Bildung der „Parthei der
Politiker," darum so benannt, weil sie das Staatsinteresse dem
religiösen voransetzten. — An ihrer Spitze stand der Herzog von
Alençon, die Familie Montmorency, der König von Navarra,
Heinrich Condé und viele Andere.

Dem Herzog von Alençon, welcher nach dem Abgange seines
Bruders Anjou die Würde eines Generalstatthalters von Karl IX.

verlangte, wurde dieses Anjuchen nicht bewilligt, und dies brachte seine Parthei zu einer Unternehmung gegen den Hof, welche Alençon in Gemeinschaft mit den Reformirten auszuführen unternahm. Der Plan ging dahin: nach dem Tode Karl's IX., Katharina zu entfernen, und statt den König von Polen (Anjou), den jüngsten Bruder des Königs, den Herzog Franz von Alençon auf den Thron zu bringen. Zu diesem Ende wollte man sich der Provinz Languedoc versichern. Durch die Uebereilung der Reformirten mißlang aber dieser Plan; Herzog von Alençon und Heinrich von Navarra kehrten darauf mit der Königin nach Paris zurück, als ob sie von dem Unternehmen nichts gewußt hätten, und stellten daher auch jede Mitwissenschaft in Abrede; Heinrich von Condé aber entfloh, und nur die bei dem Unternehmen gefangenen Edelleute, unter ihnen La Mole und Caconas wurden hingerichtet. — Die Waffenerhebung der Reformirten war daher auch nur dort von bedeutenderem Erfolge, wo dieselbe unter dem Befehle La Roue's stand. —

§. 26. König Karl IX., welcher von einer entnervenden Krankheit befallen war, wurde seit der Bartholomäusnacht von Gewissensqualen verfolgt; schlafend und wachend glaubte er die Leichname der Gemordeten um sich zu sehen, und in seinen letzten Lebensstunden sah er nur Blut und Mord, und so starb er am 30. Mai 1574 noch nicht 24 Jahre alt, wie man vermuthet an Gift, das ihm durch seine eigene Mutter Katharina beigebracht worden sein soll. Katharina, welche bis zur Ankunft des Königs von Polen (Heinrich III.) die Regentschaft führte, hielt aber den Entschluß, die Reformirten durch den Krieg auszurotten, fest, und warb dafür 6000 Schweizer nebst einigen Geschwadern deutscher Reiter.

Ueber den Rath und das Andringen der Königin Katharina und des Kardinals von Lothringen wurde der weitere Krieg gegen die Hugenotten sodann beschlossen.

So entzündete sich der Krieg denn mit erneuerter Stärke; der Prinz Condé, der sich in Deutschland aufhielt, warb dort in Verbindung mit dem Pfalzgrafen Johann Kasimir ein Heer und rückte gegen die französische Grenze. Der Herzog von Alençon, welcher so wie der König von Navarra, am französischen Hofe genau überwacht wurde, entfloh aber am 15. September nach Dreux, das zu seiner Appanage gehörte, und erließ von dort ein Manifest, in welchem er die Absicht aussprach, die Störer der öffentlichen Ruhe zu vertreiben. Die Reformirten sahen ihn mit Freuden an ihrer

§. 26.
Tod König
Karl's IX.
30. Mai
1574.

Der sechste
Hugenottenkrieg. 1575.

Spitze, und bald versammelte sich um ihn eine große Zahl katholischer und reformirter Edelleute.

Königin Katharina, welche aber den Herzog von Alençon von den Reformirten abziehen, und zu weiteren Rüstungen gegen dieselben Zeit gewinnen wollte, schloß hierauf einen sehr demüthigenden siebenmonatlichen Waffenstillstand ab. Da aber derselbe bald wieder gebrochen wurde, so fing der Krieg von Neuem an.

Obzwar Heinrich von Navarra am Hofe strenge bewacht
3. Februar wurde, so gelang es ihm dennoch, am 3. Februar 1576 zu ent-
1576. fliehen; er begab sich nach seinem Gouvernement Guienne, erklärte sich für Condé und Alençon, und trat zum reformirten Glauben wieder über.

Friedens=
vertrag. Da die Verlegenheit des Königs Heinrich III. und seiner
21 April Mutter Katharina immer größer wurde, so bewilligten sie jetzt am
1576. 21. April 1576 den Reformirten einen neuen Vertrag, der vortheil=
hafter als alle die vorangegangenen für dieselben war, und der darauf im Mai durch ein Edikt des Königs veröffentlicht wurde. Hiedurch erhielten sie im ganzen Reiche die freie Religionsausübung, in jedem Parlamente Kammern, die zur Hälfte mit ihren Glaubensgenossen besetzt waren, gleiche Ansprüche mit den Katholiken auf Aemter und Würden, und außer La Rochelle, Nismes und Montauban noch acht Sicherheitsplätze. Dem Herzog Alençon, jetzt Anjou genannt, wurde die Statthalterschaft von Berry, Touraine und Anjou zugesichert, denn Katharina wollte denselben vor Allem von den Reformirten trennen.

§. 27.
Die §. 27. König Heinrich III., welcher ein Mann ohne jede
heilige Ligue. Kraft des Willens und Charakters und nur in Ausschweifungen
1576. versunken war, wurde im Volke wegen seiner Trägheit, Müssiggang, wegen den immer drückenderen Abgaben, seiner Verschwendung, seiner lächerlichen Liebhaberei für Hunde und Affen, immer verhaßter; das letzte Friedensedikt veranlaßte aber bei den Katholiken den hef= tigsten Unwillen, welcher durch Geistliche und Mönche noch mehr entflammt wurde, besonders durch die Jesuiten, die sich unter dem Schutze der Guisen immer mehr ausbreiteten, sowie durch die Capu= ziner, die sich in dieser Zeit (zuerst 1574) in Frankreich angesiedelt hatten. Man erhob gegen den König die Anklage, daß er weder fähig noch würdig sei, an der Spitze des Kampfes gegen die Ketzer zu stehen, und man wandte sich diesfalls an die Familie Guise, die dann der Mittelpunkt dieser Bewegung wurde; und da war es be= sonders Herzog Heinrich von Guise, Sohn des aus der Bartholo-

mäußnacht bekannten Franz Guise, der jetzt 26 Jahre alt und reich an Vorzügen war, der sodann das Haupt dieser Parthei wurde.

Der Gouverneur von Peronne, Jakob von Humiers, grün= dete im Jahre 1576 in der Picardie einen Verein, dem fast alle Edelleute und höheren Beamte dieser Provinz beitraten und der sich schnell über ganz Frankreich ausbreitete; dieser Bund hieß, weil er für den katholischen Glauben geschlossen war, die „heilige Ligue". Die Theilnehmer verpflichteten sich, in der Ligua zu leben und zu sterben für die Ehre und Erhaltung des katholischen Glaubens; es wurde auch ein Oberhaupt gewählt, welches zwar nicht genannt wurde, von dem aber jeder wußte, daß es der Herzog von Guise sei. Dieser Bund war eine offenbare Auflehnung gegen das Ansehen des Königs und der Zweck desselben ging eigentlich dahin, nach Ausrottung der Hugenotten den König in ein Kloster zu sperren, den Herzog von Anjou als einen Begünstiger der Ketzer zu richten, den Herzog von Guise aber als König auf den Thron zu setzen.

§. 28. Die Reformirten waren die ersten, die dem König von dem ihn bedrohenden Bunde der Ligua Nachricht gaben; doch Heinrich wollte es nicht glauben, bis ihn auch der spanische Ge= sandte davon überzeugte. Da der König den Bund nicht mißbilligen durfte, so trat er demselben selbst bei, ließ daher die Artikel über die Ligua verfassen, schickte sie an alle Abtheilungen in den Pro= vinzen und erklärte sich zum Oberhaupte derselben; wodurch er aber nur den Guisen in die Hände gearbeitet hatte.

§. 29. Unterdessen waren die Stände am 6. Dezember 1576 in Blois zusammengetreten, um über die Finanzen und die Reli= gionssachen zu berathen. Der dritte Stand war wohl für die Er= haltung des Friedens, der Hof und die Geistlichkeit wollten aber die Unterwerfung der Hugenotten.

Am 26. Dezember faßte dann auch der dritte Stand den Be= schluß, den König zu bitten, daß er alle seine Unterthanen in der katholischen Religion vereinige und jede Ausübung der reformirten Religion untersage.

Es wurde hierauf der Beschluß gefaßt, an die Hugenotten= häupter Abgeordnete zu senden, sie aufzufordern, die Autorität der Versammlung in Blois anzuerkennen und ihnen die Nothwendigkeit nur einer Religion im Reiche vorzustellen.

Der Prinz von Condé nahm die Botschaft gar nicht an, und Heinrich von Navarra antwortete verneinend.

(Randnoten rechts:)

Die heilige Ligue 1576

§. 28. Heinrich III. und die Ligue.

§. 29. Die Stände= versammlung in Blois. Dezember 1576.

§. 30. Es brach daher der neue Hugenottenkrieg wieder aus, doch war er für dieselben unglücklich, weil sich die „Politiker" von ihnen getrennt hatten und auf die Seite des Hofes getreten waren.

Obzwar der Reichstag dem König die zum Kriege nöthigen Mittel nicht bewilliget hatte, so machten es ihm doch die früheren geheimen Rüstungen der Liga möglich, zwei Armeen aufzustellen, die eine an der Loire unter seinem Bruder Anjou, bei welcher sich auch die Herzoge von Guise, Aumale und Nevers befanden, und die andere unter dem Herzoge von Mayenne, dem älteren der beiden Brüder des Herzogs von Guise, in Saintonge. Der Herzog von Anjou nöthigte dann La Charité am 30. April 1577 zur Uebergabe, Jssoire wurde am 12. Juni verbrannt und in Saintonge verbreitete das Einrücken Mayenne's solchen Schrecken, daß die Reformirten Rochefort, noch ehe es angegriffen, verließen. Die Flotte der Rocheller wurde von einer in Bordeaux ausgerüsteten königlichen Flotte besiegt; Brouage ergab sich am 28. August und Rochelle wurde jetzt wieder bedroht.

Da aber einestheils die Mittel des Königs erschöpft waren und er andererseits die Vernichtung der reformirten Parthei doch nicht wünschen konnte, weil ihm dieselbe gegen Guise und die Liga wieder zum Gegengewichte dienen sollte, so kam es zu Unterhand= lungen und am 17. September 1577 zu dem Frieden von Ber= gerac, welchen der König in dem am 5. Oktober zu Poitires erlassenen Edikte bestätigte. Den Reformirten wurde abermals im ganzen Reiche die Gewissensfreiheit bewilliget und ihnen die Zu= lassung zu allen Würden und Aemtern bestätiget.

§. 31. Am 10. Juni 1584 starb der Herzog von Anjou in seinem dreißigsten Lebensjahre, und dieser Tod war in den dama= ligen Verhältnissen in Frankreich für die Thronfolge ein Ereigniß von der größten Bedeutung, indem nach dem französischen Staats= rechte, wenn König Heinrich III. ohne Leibeserben sterben sollte, was bei seiner Entnervung, trotz seiner Jugend, zu erwarten stand, die Valois ausgestorben, die Bourbons und unter ihnen zuerst Heinrich von Navarra zum Throne berufen worden wäre. Der größte Theil der katholischen Franzosen wies aber den Gedanken, einen rückfälligen Ketzer zum Throne gelangen zu lassen, mit Entrüstung zurück. Eine enge Verbindung der Katholiken unter einander war also das einzige Mittel, um die Herrschaft eines Ketzers nicht auf= kommen zu lassen.

Die Ligue, die jetzt durch den Herzog Heinrich von Guise ein neues Leben erhielt, welcher sein Streben, selbst den französischen Thron zu besteigen, hinter seinen Eifer für den Katholicismus verbarg, erklärte sich für den Oheim des Heinrich von Navarra, den eben so schwachen als willenlosen Kardinal Karl von Bourbon, als den künftigen französischen König, und dieser ließ sich auch überreden, an die Spitze der Ligue zu treten. Philipp II. von Spanien schloß nun am 31. Dezember 1584 mit derselben einen förmlichen Vertrag, der am 16. Januar 1586 zu Joinville von beiden Theilen unterzeichnet ward, worin man den Kardinal von Bourbon als den rechtmäßigen Thronerben Frankreichs anerkannte, und Spanien sich erbot, den Katholiken, wenn sie die Waffen ergreifen, monatlich 50,000 Goldthaler zu zahlen; auch der Papst Gregor XIII. bestätigte jetzt die Ligue und billigte ihre Pläne.

Die Agitationen der Ligue. 1584—85.

Der Kardinal von Bourbon machte sodann in einem Manifeste bekannt, daß wegen der üblen Lage, in der sich das Reich befinde, ein Bund zur Aufrechthaltung der katholischen Religion, zum Schutze der Rechte des Adels und der Parlamente, und zur Erleichterung der Lasten des Volkes geschlossen worden sei.

Unter Einem griff die Ligue zu den Waffen und bemächtigte sich einer Reihe wichtiger Städte.

König Heinrich III., der darüber in große Bestürzung gerieth, beauftragte seine Mutter, mit den Liguisten zu unterhandeln. Die Königin-Mutter willigte endlich in die gestellten Forderungen der Letzteren und schloß im Namen des Königs am 7. Juli 1585 zu Nemours einen Vertrag ab, in welchem festgesetzt wurde: „durch „ein ewiges und unwiderrufliches Edikt werde jede Ausübung der „neuen Religion verboten und erklärt, daß fortan keine andere, als „die katholische Religion ausgeübt werden dürfe, und die Ketzer zu „allen öffentlichen Aemtern für unfähig erklärt seien.“ Der König erließ auch am 18. Juli ein im Parlamente registrirtes Edikt, in welchem er alle früher bewilligten Friedensedikte der Reformirten aufhob.

Vertrag von Nemours. 7. Juli 1585.

Der Papst Sixtus V. erklärte darauf am 9. September den König von Navarra und den Prinzen von Condé als Ketzer, und Rückfällige des Verbrechens der beleidigten Majestät schuldig, und entband deren Unterthanen von ihrem Eide der Treue. Hiemit war den Reformirten wieder ein neuer Krieg erklärt, der auch sofort begann.

§. 32. Der achte Hugenottenkrieg begann damit, daß die Reformirten sich nicht allein zur Vertheidigung rüsteten, sondern sich

§. 32. Der achte Hugenottenkrieg. 1586—87.

auch in Languedoc, Guienne und der Dauphiné mehrerer Festen und Städte bemächtigten. — Heinrich III. mußte auch über Ver anlassung der Ligue am 17. Oktober 1586 ein Edikt herausgeben, kraft dessen alle Reformirten in 14 Tagen zur katholischen Religion übertreten oder das Königreich verlassen sollten.

Der Herzog von Mayenne, welcher dem Könige von Na varra entgegengesendet wurde, rückte zwar im Jahre 1586 gegen die Garonne vor, seine Unternehmungen beschränkten sich aber nur auf die Einnahme mehrerer von den Reformirten verlassenen Plätze.

Schlacht bei Coutras. **20. Oktober 1587.** Im Jahre 1587 war Poitou der Hauptschauplatz des Krieges, wo Heinrich von Navarra, dessen strategische Fähigkeiten sich immer mehr entwickelt hatten, viele Plätze eroberte und die liguistische Armee, unter dem Befehle des Herzogs von Joyeuse, einem Günst= ling des Königs, am 20. Oktober 1587, in der Schlacht bei Con= tras, in welcher Joyeuse selbst getödtet wurde, schlug. Die Vor= theile des glänzenden Sieges waren jedoch unbedeutend, indem der größere Theil des Heeres des Königs von Navarra darauf in die Heimath zurückkehrte, da demselben die Geldmittel zur Fortsetzung des Krieges fehlten, die Hilfstruppen aber, welche die protestantischen Fürsten den Hugenotten schickten, vom Herzog Guise geschlagen wurden.

Auch erlitt die hugenott'sche Parthei bald darauf einen großen **Prinz Condé's Tod. 5. März 1588.** Verlust durch den Tod des Prinzen von Condé, welcher am 5. März 1588 in seinem fünfunddreißigsten Jahre in Folge einer Vergiftung starb, und es fällt diesfalls der Verdacht auf seine eigene Gemahlin.

§. 33.

Guise gegen den König. §. 33. Paris wurde immer mehr der Mittelpunkt des Volks= hasses gegen die Reformirten, aber auch der König wurde dem Volke immer verhaßter, und Guise unterließ es nicht, den Brand immer mehr zu schüren. Es wurde ein neuer Bund gestiftet, welcher der Bund der „sechszehn" genannt wurde, weil für jeden der sechszehn Stadtviertel von Paris einer zum Führer der Verbindung ernannt war. Als der König am 22. Dezember 1587 nach Paris kam, wurde er von den Einwohnern mit Gleichgültigkeit empfangen; die Prediger aber verkündeten öffentlich, daß ohne der Tüchtigkeit des Herzogs von Guise die Ketzerei über die Religion triumphirt hätte. — Die „Sechszehn" der Stadtviertel beriefen dann Guise, **9. Mai 1588.** der sich in Nancy aufhielt, nach Paris, welcher auch am 9. Mai 1588 mit nur wenig Begleitern dahin kam, dort aber gleich beim Eintritte von vielen tausenden der Bürger (die man auf 30,000 Mann rechnen konnte) umgeben wurde, welche die Sechszehn zu stellen in der Lage waren. Der König wurde zwar durch einen Verräther von allen Anschlägen, welche der Rath der Sechszehn gegen ihn plante, unterrichtet, doch wagte er es nicht, sich dieses Rathes zu bemächtigen.

Guise besuchte den König, wurde aber von ihm sehr ungnädig aufgenommen, und sah, daß er sich in seiner Hoffnung ihn einzuschüchtern, getäuscht habe. — Er versammelte mehrere Hundert Edelleute in seinem Hause und traf alle Vorbereitungen, damit sich die ihm ergebenen Bürger jeden Augenblick versammeln könnten.

Zwei Tage später fand zwischen dem König und Guise eine zweite Unterredung statt, bei welcher dieser von 400 Edelleuten begleitet wurde und sich dem König gegenüber sehr stolz benahm, worauf Letzterer zu seinem Schutze 4000 Schweizer nach Paris einrücken ließ.

Dieses erhöhte nur noch das Mißtrauen der Sechszehn und Guise verbreitete das Gerücht, daß der König die Liguisten überfallen wolle. Als die Schweizer hierauf am 12. Mai in den Straßen vertheilt wurden, entstand unter den Bürgern ein Aufruhr; die Straßen wurden mit Ketten gesperrt, mit Balken, Brettern, Fässern ꝛc. verrammelt, und so die einzelnen Truppentheile der Schweizer von einander abgeschnitten; überall versammelten sich von Edelleuten geführte Bürger, und da die Truppen den Befehl hatten, keine Gewalt zu gebrauchen, so mußten sie es ruhig ertragen, von dem Volke verhöhnt zu werden, bis endlich Mittags dennoch der gegenseitige Kampf begann. Da aber die Schweizer Truppen außer Stand waren, sich zu vereinigen, so mußten sie endlich die Waffen strecken und sich ergeben. — Guise ließ darauf die so gefangenen Truppen aus Paris abziehen und begab sich als Sieger nach dem Stadthause. — Dieser Tag wurde später der „Barrikadentag" genannt.

Der Barrikadentag.
12. Mai 1588.

Königin Katharina versuchte darauf, mit Guise zu unterhandeln, welcher aber seine Ernennung zum Generallieutenant des Königreiches und die Einberufung der Reichsversammlung nach Paris verlangte. Am zweiten Tage (13. Mai) begab sich Katharina wieder zu Guise, als ihr aber am Weg ein Bürger zuflüsterte, daß der Louvre von der rückwärtigen Seite gestürmt werden solle, ließ sie dies sogleich dem König melden, welcher auch sofort nach Chartres entfloh. Die Königin-Mutter aber blieb in Paris zurück.

Die Gouverneure von Vincennes und der Bastille übergaben darauf diese Festungen an Guise.

19*

Das Unions-
edikt. 19. Juli
1588.
In Folge der gepflogenen Unterhandlungen erließ der König
ein Edikt, welches am 19. Juli auch registrirt wurde, in dem
er alle seine Unterthanen aufforderte, sich durch einen Eidschwur
gegen die Ketzer zu verbinden. Die geheimen Artikel dieses Ediktes
betrafen Sicherheitsplätze und andere Vortheile für die Ligue —
Dieses Edikt wurde später das „Unionsedikt" genannt, und Guise
wurde hierauf zum Generalstatthalter des Königreiches ernannt.

§. 34.
Reichstag zu
Blois.
16. Oktober
1588.
§. 34. Schon am 31. Mai hatte der König die Abgeordneten
der drei Stände des Reiches nach Blois berufen, um ihre Vor=
stellungen und Klagen zu hören. Die Wahlen fielen alle zu Gunsten
der Ligue aus, der Reichstag (Ständeverjammlung) wurde am
16. Oktober 1588 eröffnet, und bestand aus 4 Erzbischöfen,
21 Bischöfen, 109 anderen Geistlichen, 180 Edelleuten und aus
191 Deputirten.

Am 4. November faßte der geistliche Stand den Beschluß, daß
der König von Navarra der Beleidigung der göttlichen und mensch=
lichen Majestät schuldig, und so sammt seiner Nachkommenschaft des
Thrones nicht würdig sei: zugleich wurde der König angegangen,
eine größere Entlastung des Volkes von den Abgaben eintreten zu
lassen; die Einwendung des Königs aber, daß gerade jetzt die noth=
wendigen Gelder für den Krieg mit den Ketzern berathen werden
sollten, fand keine Berücksichtigung und ebenso wenig die Forderung,
daß man die Mittel zur Unterhaltung des Hofstaates sicherstelle.

Da der König bei der Ständeverjammlung gegen die An=
maßungen des Herzogs Guise keinen Beistand finden konnte, er im
Gegentheil in seinen Rechten beschränkt und gedemüthigt wurde, es
auch klar vorlag, daß Guise insgeheim die Berathungen und Be=
schlüsse der Ständeversammlung leite, so stieg die Erbitterung des
Königs derart, daß er die Ermordung Guise's beschloß.

§. 35.
Ermordung
des Herzogs
Heinrich von
Guise.
23. Dezember
1588.
§. 35. Heinrich III. dachte mit Guise als dem Haupte der
Ligue, den ganzen Bund zu treffen, hielt er dies für das einzige Mittel,
um wieder in den Besitz seiner vollen königlichen Macht zu kommen
und sich die Krone zu sichern.

Nur wenigen Personen, namentlich dem Marschall von
Aumont und dem Obersten Ornano, theilte er seine Absicht mit.
Montpezat, Herr von Lognac, übernahm die Ausführung des
Anschlages, und gewann dafür acht von den 45 Edelleuten, mit
denen sich der König seit 1585 zur Sicherheit seiner Person um=
geben hatte, und dieser selbst theilte dabei unter dieselben die
Dolche aus.

Am Morgen des 23. Dezember 1588 berief der König die Mitglieder des Staatsrathes unter dem Vorwande, daß er sich zu einer Andachtsübung nach einem nahen Landhause begeben, zuerst aber mehrere wichtige Geschäfte abmachen wolle. Als Guise in den königlichen Palast kam, traten verabredeterweise ein Gardekapitän und mehrere Gardisten an ihn heran, und baten ihn, die Auszahlung des Soldes zu bewirken, und indem sie dann auf der Treppe des Saales, in welchem sich der Staatsrath versammelte, stehen blieben, trennten sie Guise von seinem Gefolge. — Bald darauf ersuchte ihn der Staatsrath Revol, sich zum König zu begeben. Als Guise darauf in das Vorzimmer des Königs trat, befanden sich in diesem nur die acht ausgewählten Edelleute, und als er die Hand aus= streckte, um den Vorhang aufzuheben, welcher vor der Thüre des Cabinets hing, stieß ihm einer dieser Edelleute den Dolch von rück= wärts in den Hals, so daß ihm das aus dem Munde stürzende Blut das Sprechen unmöglich machte, sogleich hieben auch die Anderen mit ihren Degen auf ihn ein; er stürzte mit vielen Wun= den bedeckt, und starb sogleich.

Der König trat aus seinem Cabinete, sah den Leichnam einen Augenblick an und ließ ihn in den Fußteppich wickeln.

Der Erzbischof von Lyon und der Kardinal Guise, die schon früher gekommen waren, wurden als Gefangene in ein oberes Zimmer gebracht, und der König ließ den Kardinal zwei Tage später erschießen.

Auch der Kardinal von Bourbon, Guise's Mutter, und sein Sohn, Prinz Karl von Joinville, sowie die Herzoge von Nemours und Elboeuf, welche im Schlosse wohnten, wurden ver= haftet. — Als der König der Königin=Mutter, die krank zu Bette lag, den Vorfall mittheilte, rieth sie ihm zur Entschlossenheit und Schnelligkeit gegen die Ligue, er aber befolgte diesen Rath nicht, indem er dachte, daß durch den Tod der Häupter die Ligue sich ohnehin auflösen müsse.

Die Leichname der beiden Brüder Guise wurden in eine Kalk= grube gelegt, ihre Gebeine verbrannt und in den Fluß geworfen. Der dritte Bruder Guise's, der Herzog von Mayenne, der sich in Lyon befand, entfloh, als er hörte, daß der König ihm ebenfalls nachstelle.

Als in Paris am 24. Dezember die Ermordung der Guisen bekannt wurde, verursachte sie im Volke eine unbeschreibliche Wuth, die „Sechszehn" forderten das Volk auf, sich zu bewaffnen, und von

Kardinal von Guise ermor= det. 24. De= zember 1588.

der Kanzel herab wurde dem Volke gepredigt, das dasselbe Heinrich
von Valois nicht mehr als König ansehen dürfe, und daß es Rache
an den Tyrannen nehmen solle. — Gleich darauf (5. Januar 1589)
starb auch die Königin-Mutter, und so stand jetzt der König ganz
verlassen da.

Der Aufruhr brach darauf nicht nur in Paris, sondern in
vielen Provinzen aus, und ein großer Theil des Reiches fiel von
dem Könige ab.

§. 36.

§. 36. Der Herzog von Mayenne kam sodann am
15. Februar 1589 nach Paris, trat an die Spitze der Ligue, und
übernahm deren oberste Leitung. Er berief eine Versammlung der
königlichen und städtischen Beamten und Bürgerdeputationen nach
dem Rathhause zur Errichtung eines obersten Rathes der Union,
und von diesem errichteten Rathe der Union der Katholiken wurde
dem Herzog von Mayenne bis zur Versammlung der Reichsstände,
unter dem Titel eines Generallieutenant die ganze Staatsgewalt
übertragen.

§. 37.

§. 37. König Heinrich III., von Allen verlassen, hatte jetzt
keinen anderen Ausweg, als sich in die Arme der Hugenotten zu
werfen, und es wurde demzufolge am 3. April zu Tours ein Vertrag unterzeichnet, in welchem sich Heinrich von Navarra verpflichtete, mit allen seinen Mitteln gegen Alle jene aufzutreten, welche
das Ansehen des Königs verletzen und die Ruhe des Reiches stören
würden, und versprach dem König Heinrich III. zu dienen. Um dem
König von Navarra die Versammlung größerer Streitkräfte zu ermöglichen, wurde zwischen ihm und dem Könige Heinrich ein Waffenstillstand auf ein Jahr geschlossen und Letzterer versprach dagegen, dem
König von Navarra am 10. April Pont de Cé zu übergeben.

Indessen brach der Unwille des Papstes Sixtus V. über
König Heinrich III. los, denn die Ermordung des Herzogs und
besonders des Kardinals von Guise, sowie die jetzige Verbindung
Heinrich's III. mit dem Ketzer von Navarra reizten den Papst, und
er ließ am 24. Mai zu Rom ein Monitorium bekannt machen, in
welchem er befahl, daß der französische König binnen zehn Tagen
nach der Publikation den Kardinal von Bourbon freilasse, widrigen-
falls er excommunicirt werde, und daß er selbst binnen 60 Tagen
sich nach Rom zu begeben habe, um die Gründe vorzulegen, welche
er gegen seine Excommunikation wegen der Ermordung des Kardinals
von Guise vorlegen könne.

Ungeachtet dieses Verfahrens des Papstes nahm indessen die Zahl der katholischen Edelleute, die an den Hof kamen, immer mehr zu, und so bildete sich hier eine bedeutende Kriegsmacht gegen die Ligue.

Der Herzog von Aumale wurde von den Königlichen am 17. Mai bei der Belagerung von Senlis gänzlich geschlagen, was in Paris eine solche Bestürzung hervorbrachte, daß der Herzog von Mayenne dahin zurückkehren mußte.

Darauf führten die beiden Könige Heinrich das vereinigte, durch Schweizer verstärkte Heer gegen Paris und belagerten die Stadt, ohne daß es die Liguisten verhindern konnten. Am 31. Juli bemächtigten sie sich St. Clouds und der Seinebrücke nächst diesem Orte, wonach der Angriff auf Paris beschlossen wurde. Dazu kam es jedoch nicht, weil König Heinrich III. indessen durch die Hand eines Meuchelmörders um das Leben kam.

Ermordung König Hein= rich's III. 1. August 1689.

Ein 22 Jahre alter Dominikanermönch, Jakob Clement, war von den aufrührerischen Predigten derart fanatisirt worden, daß er sich entschloß, den Himmelslohn zu gewinnen, indem er den König Heinrich III. ermorde, und wie man vermuthet, wurde Clement auch durch eine von der schönen Herzogin von Mont= pensier erwiesene besondere weibliche Gunstbezeugung in diesem Vorsatze noch bestärkt. Jakob Clement begab sich von Paris in das Lager des Königs, und wurde unter dem Vorgeben, dem König einen Brief des Parlamentspräsidenten übergeben zu wollen, am 1. August 1589 vor denselben geführt. Clement übergab auch diesen Brief dem König, äußerte aber, daß er ihm noch etwas Geheimes mitzutheilen habe; als darauf der König mit Clement bei Seite trat, zog dieser rasch ein Messer aus seinem Kleide und stieß es zweimal dem König in den Leib. Dieser zog selbst noch das Messer aus seinem Körper und verwundete damit Clement am Kopfe. Die im Zimmer anwesenden Edelleute hieben alsdann den Mönch sogleich nieder.

Die Wunde des Königs, die Anfangs nicht gefährlich schien, verschlimmerte sich jedoch rasch, er ernannte noch Heinrich von Na= varra zu seinem Nachfolger und verschied. Er war 38 Jahre alt und mit ihm erlosch das Haus Valois.

§. 38. Heinrich von Navarra war jetzt nach dem Staats= rechte und nach der Verfügung Heinrich's III. wohl König von Frankreich, doch mußte er beinahe fünf Jahre lang um diese Krone kämpfen.

§. 38. Heinrich von Navarra als König Hein= rich IV. von Frankreich.

Krieg mit der
Ligue.
1589–1591.

Die Liguisten waren unter Herzog Mayenne stark und einig, wo hingegen ein Theil des katholischen Adels gleich nach dem Tode Heinrich's III. das Heer Heinrich's von Navarra verließ.

Herzog Mayenne ließ sodann den Karbinal von Bourbon als Karl X. zum König ausrufen und brach mit 25,000 Mann auf, um Heinrich von Navarra — wie er sich ausdrückte zu fangen.

Dieser aber hatte sich in die Normandie gezogen, um Hilfs-truppen von England abzuwarten, und verschanzte sich mit 7000 Mann bei Dieppe.

Obwohl Mayenne, der viermal stärker war als Heinrich, dessen Schanzen bestürmte, mußte er sich doch unverrichteter Dinge wieder nach Amiens zurückziehen. — Als Heinrich hierauf neue Truppen aus der Piccardie, Champagne und von den Engländern erhielt, ging er wieder auf Paris los, um dasselbe zu überrumpeln. Dies gelang ihm aber nicht, indem Mayenne ihn umging und sich in die Stadt warf.

Bei der Ligue handelte es sich jetzt darum, wer nach dem Tode des Scheinkönigs Karl X. der eigentliche König sein solle. — König Philipp II. von Spanien trachtete, den französischen Thron für seine Tochter, die er mit seiner dritten Gemahlin, Elisabeth, einer Schwester Heinrich's III., erzeugte, die also eine Valois aus weiblicher Linie war, zu erhalten. Für Heinrich von Navarra lag die Aussicht auf den Thron um so weiter, als gerade jetzt die Sorbonne alle diejenigen in den Bann that, die ihn als König anerkennen würden.

Unter solchen Umständen ging also der Krieg weiter, und Heinrich von Navarra war gerade mit der Belagerung von Dreux beschäftigt, als Mayenne mit einem starken Heere, in dem sich Spanier und Deutsche befanden, gegen ihn anrückte. In der

Schlacht bei
Jvry.
14. März
1590.

Nähe von Jvry kam es am 14. März 1590 zur Schlacht, in der Heinrich über Mayenne einen vollständigen Sieg erfocht.

14 Tage darauf erschien Heinrich wieder vor Paris, während Mayenne nach den Niederlanden gereist war, um mit dem dortigen Statthalter neue Maßregeln zu verabreden und Truppen zu holen. Gerade jetzt starb der Karbinal von Bourbon (Karl X.) am 8. Mai 1590.

Heinrich, der Paris so enge eingeschlossen hatte, daß daselbst schon die Hungersnoth herrschte, vermochte aber dennoch nicht, das-selbe zu gewinnen; da jetzt auch Mayenne mit einem spanischen Heere im Anzuge war, wurde die Lage Heinrich's immer schwieriger, und er sah ein, daß ihn das Volk leichter als König anerkennen werde, wenn er zur katholischen Religion übertreten würde.

Im Jahre 1591 erhielt er wieder englische und deutsche Hilfstruppen, und es kam ihm auch die Uneinigkeit seiner Gegner zu Hilfe, denn ein Sohn des ermordeten Herzogs Heinrich von Guise, Karl, entkam aus seinem Gefängnisse, bildete eine Parthei gegen Mayenne, und in Paris, wo König Philipp II. großen Einfluß ausübte, herrschte wieder eine arge revolutionäre Tyrannei.

§. 39. Jetzt gab Heinrich sowohl dem Drängen seiner katho= lischen Anhänger, als auch seiner protestantischen Freunde nach, und schwur in der Kirche zu St. Denis am 25. Juli 1593 unter vielen Förmlichkeiten öffentlich vor dem Erzbischofe von Bourgos der reformirten Religion ab, schickte eine Gesandtschaft nach Rom, Papst Clemens VIII. um seine Bestätigung und Lossprechung zu bitten, und ließ sich dann am 27. Februar 1594 in Chartres als Heinrich IV. zum König krönen.

§. 40. Mayenne, der noch immer auf Unterstützung vom Papst und Spanien hoffte, reiste am 6. März 1594 von Paris ab, um die Truppen, die ihm Graf Ernst von Mannsfeld zuführen sollte, in Empfang zu nehmen, und übergab während seiner Ab= wesenheit den Oberbefehl über Paris dem Grafen Brissac. — Dieser wünschte aber mit dem Könige Frieden zu machen, und da er denselben für seine Forderungen geneigt fand, welche für Brissac in der Ertheilung der Marschallswürde, ferner Zahlung von 200,000 Thalern und einer allgemeinen Amnestie für Paris be= standen, so öffnete er in der Nacht vom 21. zum 22. März 1594 heimlich die Thore der Stadt, worauf Heinrich in Paris einzog, und schließlich mit dem Rufe: „Es lebe der König" vom Volke empfangen wurde.

Indessen blieb Heinrich noch Vieles zu thun übrig, denn der Krieg gegen Mayenne dauerte fort; der junge Herzog Guise verließ aber Mayenne, unterwarf sich dem König und dieser eilte dann von Sieg zu Sieg.

Am 27. Dezember 1594 unternahm ein Jesuitenschüler, Johann Chabel, der Sohn eines Pariser Tuchhändlers, erst 19 Jahre alt, aus Fanatismus gegen Heinrich einen Mordversuch, welcher aber mißlang, weil sich Heinrich, gerade als der Dolchstoß

Margin notes:

1591.

§. 39.
Uebertritt
Heinrich's IV.
zur katholi=
schen Religion.
25. Juli 1593.
Krönung
Heinrich's IV.
27. Februar
1594.

§. 40.
Uebergabe
von Paris.
21. März
1594.

Mordversuch
gegen Hein=
rich IV.
27. Dezember
1594.

geführt wurde, buckte, und der Stoß nur die Lippen und ein Paar Zähne traf. — Als endlich am 17 September 1595 die Los-sprechung des Papstes erfolgte, unterwarf sich auch Mayenne und Heinrich IV. ward als König allgemein anerkannt.

Um die kirchliche und staatsbürgerliche Stellung seiner feuheren Glaubensgenossen endlich zu sichern, erließ König Heinrich IV. am 15. April 1598 das berühmte Edikt von Nantes. In demselben wurde den Reformirten völlige Gewissensfreiheit zugesichert, öffent-licher Gottesdienst, ungefähr mit den Beschränkungen, wie er ihnen in den früheren günstigen, aber nicht gehaltenen Edikten eingeräumt war, dann der Zutritt zu allen Würden und Stellen im Reiche, zugestanden, und auch Verfügungen betreffs ihrer Sicherheit vor den Gerichten getroffen. Auch berechtigte sie eine besondere Bestim-mung, eine Anzahl von Plätzen für eine gewisse Zeit besetzt zu halten.

Heinrich IV. starb keines natürlichen Todes, sondern wurde am 14. Mai 1610 während einer Spazierfahrt in der Straße la Feronnerie in Paris durch Franz Ravaillac aus An-goulême, früherem Laienbruder im Mönchsorden der Feuillants, ermordet.

Durch das Edikt von Nantes erhielten die französischen Pro-testanten die Grundlage ihrer religiösen und politischen Existenz, eine Begünstigung, deren sich die deutschen Protestanten erst 50 Jahre später, nach einem dreißigjährigen verwüstenden Krieg in Folge des westfälischen Friedens erfreuen konnten. — 24 Jahre ruhten in Frankreich die Hugenottenkriege, bevor die zwei letzten derselben wieder ausbrachen.

Der erste dieser Kriege fand denn im Jahre 1621, wo in Böhmen der dreißigjährige Krieg begann, statt, — und zwar unter Ludwig XIII. Dieser Krieg wurde mit dem Frieden vom 12. Ok-tober 1622 beendet, und durch demselben wurde das Edikt von Nantes neuerdings bestätigt, nur sollten die Reformirten in Zukunft ohne Bewilligung des Königs keine allgemeinen Versammlungen über politische Angelegenheiten abhalten dürfen.

Der zweite und letzte dieser Kriege fand unter Richelieu's Staatsverwaltung im Jahre 1627 statt, und wurde mit der Ein-nahme von La Rochelle durch die königlichen Truppen am 30. Oktober 1628 beendet. In dem hierauf geschlossenen Frieden vom 28. Juni 1629 wurde das Edikt von Nantes abermals bestätigt, und die Protestanten behielten alle ihnen durch dieses Edikt eingeräumten Rechte, nur als politischer Körper im Staate sollten die Reformirten nicht länger bestehen.

Das Edikt von Nantes blieb also für die französischen Protestanten stets das Palladium ihrer Gewissensfreiheit.

IV. Abtheilung.

Die blutige Reformbewegung in England unter Heinrich VIII. bis auf Elisabeth. (1527—1558.)

§. 1. Die englische Reformation bietet uns ein ganz eigenes Bild; denn während in Deutschland die Reformation aus einer tiefen, inneren religiösen Ueberzeugung hervorgegangen war, sehen wir, daß in England eine große, eigene Reformbewegung in Kirchensachen aus der Leidenschaft eines Mannes für Frauenschönheit hervorgeht, wo noch dazu dieser Mann (Heinrich VIII.) früher der wärmste Anhänger des Papstes war, und von diesem den Ehrentitel „Vertheidiger des Glaubens" (defensor of the faith) erhielt.

§. 1.
England zur Zeit Heinrich's VIII.
1509—1447.

König Heinrich VII. starb im 52=ten Lebensjahre am 22. April 1509, ihm folgte sein 18 Jahre alter Sohn Heinrich VIII. und gewann bald die Liebe seines Volkes. Heinrich hatte einen älteren Bruder Arthur gehabt, der aber vor dem Vater starb, und die Witwe Katharina, Tochter Ferdinand's des Katholischen (Tante Kaiser Karl V.), hinterließ. Da es aus politischen Rücksichten wünschenswerth war, daß Heinrich seine Schwägerin heirathe, Katharina auch einen liebenswürdigen Charakter hatte, Heinrich Neigung zu ihr fühlte, sie übrigens betheuerte, daß ihre Ehe mit Arthur nie vollzogen worden sei, und der Papst die Dispensation zu dieser Ehe gab, so heirathete auch Heinrich VIII. am 24. Juni 1509 seine Schwägerin. Sie gebar ihm drei Söhne und zwei Töchter, diese starben aber alle in ihrer Kindheit, bis auf die im Jahre 1515 geborene Prinzessin Maria (nochmals Maria die Blutige). Da die Königin älter als Heinrich war, ihre Gesundheit immer schwächer, sie auch mit den Jahren immer melancholischer wurde, so begann bei Heinrich die Neigung zu ihr immer mehr abzunehmen. Er, der männliche Nachkommen wünschte, gab unter diesen Umständen die Hoffnung diesfalls auf und ließ deßhalb seine Tochter Maria (1518) als Prinzessin von Wales anerkennen.

Heinrich heirathet Katharina von Arragonien. 24. Juni 1509.

§. 2.
Die lutherische
Reformation
in England.

§. 2. Die Reformation hatte sich, so wie überall hin, auch nach England erstreckt, wo die Lehre Wicleff's, trotz aller Gegenbemühungen der Geistlichkeit und ungeachtet des Schreckens der Scheiterhaufen, insgeheim weit um sich gegriffen hatte. Die Schriften Luthers, dessen Lehrsätze mit dem englischen Reformator Wicleff in naher Verwandtschaft standen, wurden deßhalb gleich übersetzt und begierig gekauft. Die Bischöfe boten dagegen Alles auf, um den neuen Glauben zu unterdrücken. Sie verfuhren mit der Verfolgung schon auf den leisesten Verdacht hin, und der bloße Umstand, seinen Kindern den Glauben, das Vaterunser und die zehn Gebote in der Muttersprache gelehrt zu haben, war hinreichend, einen Mann auf den Scheiterhaufen zu bringen.

Um den Geist der Reformation zu brechen, trat selbst der König Heinrich VIII. als gelehrter Kämpfer für die katholische Kirche auf. Seine Studien hatten ihn in den Geist der Scholastiker eingeführt, wobei er besonderes Wohlgefallen an den Schriften des Thomas von Aquin fand. Da Luther in seiner Schrift: „Babilonische Gefangenschaft" diese Werke auf das heftigste angriff, so entbrannte der Zorn des Königs (der ohnehin nur zu leicht zum Zorne geneigt war), und er beschloß deßhalb, mit Luther in die Schranken zu treten. Er veröffentlichte daher im Jahre 1521 mit Hilfe seiner Bischöfe und besonders des gelehrten Thomas Moore, ein Werk, welches den Titel führte: „Die Vertheidigung der sieben Sakramente", und dedicirte dasselbe dem Papste, welcher es mit großem Danke annahm und dafür Heinrich VIII. den Ehrentitel: „Vertheidiger des Glaubens" beilegte, welcher Titel — (defensor of the faith) — sonderbarer Weise bis jetzt noch von den protestantischen Königen Englands beibehalten wurde.

Luther, welcher dieses Werk mit sehr geringer Achtung aufnahm, wurde nach dem Gebrauche jener Zeit von dem Könige mit Schimpfnamen belegt, die er aber diesem mit reichen Zinsen wieder zurückgab.

Aus der Freundschaft des Königs für den Papst sollte aber bald eine erbitterte beiderseitige Feindschaft entstehen.

§. 3.
Anna Boleyn.
1527.

§. 3. Als die junge Witwe Ludwig's XII. von Frankreich nach England zurückkehrte, blieb Anna, die Tochter des Thomas Boleyn, in Frankreich zurück und wurde von der Königin Claude (Gemahlin Franz I.) als Hoffräulein in Dienst genommen. Einige Jahre darauf wurde Anna Boleyn aber nach England zurückberufen und da sie schön, von feinen Sitten, verständig und von lebhafter Unterhaltung war, so erregte sie die allgemeine Bewunderung, so daß Lord Henry Percy, der Erbe des Hauses Northumber= land, sich um sie bewarb. Aber auch König Heinrich VIII. entbrannte in Leidenschaft zu ihr, weßhalb er dem Staatskanzler, Erzbischof von York, Kardinal von Wolsey, den Auftrag gab, diese Heirath zu hintertreiben; er gestand hierauf der schönen Anna seine Leidenschaft, sie aber fiel ihm zu Füßen und erklärte, da sie seine eheliche Gemahlin nicht sein könne, seine Metze nicht sein wolle.

§. 4. Jetzt bekam der König mit einemmale Bedenken gegen die Rechtmäßigkeit seiner Heirath mit Katharina, indem es verboten sei, die Witwe seines Bruders zu heirathen; er beschloß daher vom päpstlichen Stuhle die Erlaubniß zur Scheidung seiner Ehe zu er= wirken, und einer seiner Geheimschreiber, Dr. Knight, wurde im Juli 1527 in dieser Angelegenheit nach Rom geschickt.

§. 4.
Der König
will sich von
Katharina
scheiden.
1527.

Der Papst Clemens VII. war aber damals gerade in der Engelsburg von den Truppen des Kaisers Karl V. eingeschlossen, welche kurz zuvor Rom eingenommen und dasselbe geplündert hatten. Da Papst Clemens VII. ein furchtsamer, unschlüssiger Mann war, so gerieth er durch das Ansinnen des Königs Heinrich in die peinlichste Verlegenheit, denn den Kaiser Karl V. durfte er in seiner Tante Katharina nicht beleidigen und andererseits durfte er wieder dem König von England nicht schroff entgegentreten, indem gerade damals sich England mit Frankreich verbunden hatte, um den Papst zu befreien. Kaiser Karl V. aber erklärte die Scheidung Heinrich's von Katharina für einen Schimpf, der ihm angethan würde. Auch Heinrich's Staatskanzler Wolsey war in keiner geringen Verlegen= heit, denn einmal hatte er dem König die Scheidung als leicht dar= gestellt, was sich jetzt nicht bewährte und worüber ihm der König bittere Vorwürfe machte, und auf der anderen Seite hatte er Frank= reich das Versprechen gegeben, die Heirath des Königs mit einer französischen Prinzessin durchzusetzen, und jetzt erkannte er, daß wie die Scheidung erfolgen möchte, der König nicht die französische Prin= zessin, sondern Anna Boleyn heirathen würde.

Der Papst suchte nun Zeit zu gewinnen, und auf weiteres Andringen bewilligte er eine gerichtliche Untersuchung über die Ehe Heinrich's und betraute dann Wolsey und den Kardinal Cam= peggio mit der Führung dieser Untersuchung, welche aber Beide von ihm die geheime Weisung hatten, die Sache in die Länge zu ziehen, weßhalb auch Campeggio nur sehr langsam nach England reiste. Der ungeduldige Heinrich stellte deßhalb an Rom die Frage: „ob er, so wie die alten Patriarchen, nicht zwei Frauen haben dürfe", der Papst erwiderte ihm aber hierauf: „er wolle ihm in Allem ge „fällig sein, nur solle er von ihm keine offenbare Ungerechtigkeit verlangen."

Der Prozeß.
31. Mai 1529.
Endlich mußte Campeggio in England aber dennoch ankommen, und so fand sodann am 31. Mai 1529 im Kloster der „Schwarzen Brüder" (Black friars, Dominikaner) die erste Sitzung des Legaten= gerichtshofes statt, bei welcher der König und die Königin Katharina anwesend waren, doch Campeggio verzögerte jetzt die Sache auf= fallend, indem er sich der verschiedensten Einwendungen und Be= denken bediente, um die Sache in die Länge zu ziehen, und erklärte endlich am 23. Juli 1529, daß, weil Katharina die vom Papste bestimmten Richter verworfen habe, die Sache nur der apostolische Stuhl entscheiden könne. Damit war der König eigentlich abgewiesen und dem zu Folge wurde derselbe und die Königin am 4. August sodann nach Rom geladen. Dieser Umstand entschied auch den Fall Wolsey's, der deßhalb seiner Stellung enthoben wurde und sich auf sein Erzbisthum York zurückzog, wo er am 28. November 1530 starb.

§. 5.
Dr. Thomas
Cranmer.
§. 5. In dieser Lage betrat eine neue Person die Bühne. Auf einer Jagd in Waltham wurden die Begleiter des Königs, Fox und Gardiner, bei einem Gentleman Namens Cressi bewirthet, dort fanden dieselben einen alten Universitätsfreund, Dr. Thomas Cranmer, einen Privatdocenten der Theologie in Cambridge, welcher sich über den Fall des Königs dahin aussprach, daß man darüber das Gutachten der Universitäten und der ausgezeichneten Theologen einholen sollte. Als dieses sodann dem König hinter= bracht wurde, sagte er in seiner Art: „Meiner Treu, ich merke wohl, der Mann hat die Sau bei dem rechten Ohr" (verba ipsissima) und ließ Cranmer holen. Der Plan Cranmer's wurde auch in Ausführung gebracht; die eigenen Universitäten Oxford und Cambridge gaben das Urtheil dahin ab, daß die Ehe ungültig sei, und ebenso liefen auch von den französischen Universitäten, ja sogar von der Universität zu Bologna für Heinrich günstige Gutachten ein. Mit diesen Gutachten wandte sich Heinrich wieder an den Papst, welcher aber nur von einer Trauung mit Anna Boleyn zur linken Hand wissen wollte, welchen Antrag jedoch Heinrich verwarf und beschloß, sich von nun an um den Papst nicht weiter zu kümmern.

§. 6. Thomas Cromwell, den Wolsey früher schon wegen seinem Talente in seine Dienste genommen hatte und der auch Wolsey treu war, befand sich jetzt im Dienste des Königs und gab ihm den Rath, dem Beispiele der deutschen Fürsten, die das römische Joch abgeworfen hatten, nachzuahmen, und sich mit Zustimmung des Parlamentes zum Oberhaupte der Kirche seines Reiches zu erklären. Der König, der ihn mit Beifall anhörte, befolgte diesen Plan und ernannte Cromwell sogleich zum Mitgliede des geheimen Rathes. Da Wolsey zur Rechtfertigung der Ausübung der Legatengewalt sich nicht auf die vom König erhaltene Erlaubniß berufen hatte, so stand jetzt die ganze Geistlichkeit als schuldig da, weil sie in Anerkennung der Gerichtsbarkeit Wolsey's an seinem Vergehen Theil genommen hatte und fiel somit dem Statut „Praemunire" anheim, es wurden demzufolge gegen dieselbe jetzt Untersuchungen eingeleitet und die Gnade des Königs wurde dem geängstigten Clerus nur dann zugestanden, wenn derselbe den König als den Beschützer und als das alleinige Oberhaupt der Kirche anerkannte. Der Clerus fügte sich diesem Befehle, jedoch nur mit der Clausel: „in so weit es Christi Gebot gestatte."

Auch das Parlament kam dem König bei diesem Schritte entgegen, denn in England hatte sich die Reformation ebenso wie in anderen Ländern bereits verbreitet. Auf diese Schritte antwortete Rom mit der Klage, daß Heinrich noch immer mit seiner Buhlerin lebe, und bedrohte ihn mit dem Banne, wenn er sich von Anna nicht trenne.

Auf dieses hin ließ der König der Königin Katharina am 14. Juli 1531 bedeuten, daß sie den Hof von Windsor zu verlassen, und sich auf einen der ihr bestimmten drei Orte zu begeben habe, worauf sich dieselbe sodann nach Ampthill in Bedfordshire begab.

Heinrich ernannte darauf im Herbste 1531 Anna Boleyn zur Marquise von Pembroke, ließ sich am 23. Jänner 1533 durch seinen Kaplan, Dr. Rowland Lee, heimlich mit ihr trauen und am 1. Juni erfolgte sodann die Krönung derselben durch den Primas. Am 7. September 1533 wurde die neue Königin Anna, acht Monate nach ihrer Vermählung, von einer Prinzessin entbunden, welche in der Taufe den Namen „Elisabeth" erhielt, und gleich ihrer Halbschwester Maria zur Prinzessin von Wales ernannt wurde.

§. 6.
England trennt sich von Rom.

Vermählung Heinrich's mit Anna. 25. Jänner 1533.

Geburt der Prinzessin Elisabeth. 7. Sept. 1533.

§. 7.
Suprematie
des Königs.
Verfolgungen.
1534. 1535.

§ 7. Im Jahre 1534 wurden von dem Parlamente zur Abwerfung der päpstlichen Gewalt noch weitere Schritte gethan; Provisionen, Bullen ꝛc. wurden abgeschafft, kein Geld durfte mehr nach Rom gehen, die Klöster waren dem Könige allein unterworfen und die Bischöfe sollten fernerhin nur von der Krone ernannt werden. Zugleich wurde ein Gesetz erlassen, das die Thronfolge feststellte, in diesem wurde die Vermählung mit Katharina für Null und nichtig erklärt, und jene mit Anna bestätigt; die Krone sollte sich auf die Nachkommenschaft aus dieser Ehe forterben, und wer es anders anstrebe, der sollte den Tod der Hochverräther sterben. Auf die strenge Befolgung dieser Anordnung wurde sodann der Eid von Jedermann verlangt, und der treffliche und gelehrte frühere Kanzler Thomas Moore und der greise Bischof von Rochester Johann Fisher, wurden deßhalb hingerichtet, weil sie sich weigerten, diesen Eid zu leisten.

Die geistliche Oberhoheit des Königs war demgemäß eine allgemein anerkannte und der Bruch mit Rom daher vollzogen. — Die Ordensgeistlichkeit zeigte sich jedoch mit diesen Aenderungen sehr unzufrieden, und die Vorzeichen der Widersetzlichkeit ergaben sich zuerst im Karthäuserkloster zu London, dessen Bewohner der Ueberzeugung waren, daß die Oberherrschaft des Papstes zum Seelenheile noth= wendig sei, welche Lehre sie auch ihren Beichtkindern einzuprägen suchten, und die Mönche bereiteten sich für ihre Lehre, selbst als Märtyrer zu sterben, vor. Die Prioren von zwei anderen Klöstern traten ihnen bei, und so wurde das System des Widerstandes immer ausgebreiteter. Die drei Prioren nebst mehreren anderen Mönchen wurden hierauf des Hochverrathes angeklagt und in Tiburn hin= gerichtet. Um dieselbe Zeit starben auch 14 Reformirte, die sich aus Holland nach England geflüchtet hatten, am Scheiterhaufen, und so wüthete Heinrich sowohl gegen Katholiken, als auch gegen Reformirte.

Bannbulle
gegen Hein=
rich VIII.
30. August
1535.

Als die Nachricht von diesen Vorgängen nach Rom kam, war die Erbitterung und der Zorn des Papstes und der Kardinäle ohne Grenzen.

Am 30. August 1535 wurde daher gegen Heinrich eine donnernde Bulle geschleudert: in der ihm gedroht wurde, daß falls er nicht umkehre, er mit allen seinen Helfern excommunicirt werden solle, er würde des Thrones entsetzt und seine Unterthanen vom Gehorsam entbunden sein; die Kinder Anna's wurden in der Bulle als unehelich bezeichnet, überdies wurde jeder fremde Verkehr mit England untersagt und alle Verträge für Null und nichtig erklärt.

Heinrich traf aber die geeigneten Maßregeln, damit die Bulle nicht in sein Reich gelange, und hob auch 376 kleine Klöster auf.

Aufhebung der kleinen Klöster.

§. 8. Am 8. Januar 1536 verschied die Königin Katharina im fünfzigsten Lebensjahre in Kimbolton. Heinrich ordnete ihr ein prachtvolles Leichenbegängniß an, und die Leiche wurde in Peterbrough beigesetzt. Die Königin Anna konnte sich aber nicht enthalten, über den Tod ihrer Nebenbuhlerin Freude zu äußern, und obgleich der ganze Hof Trauer anlegen mußte, kleidete sich Anna dagegen in gelbe Seide; doch stand sie schon damals am Rande des Abgrundes.

§. 8. Tod der Königin Katharina. 8. Januar 1536.

§. 9. Am 29. Januar 1536 gebar Anna einen todten Knaben, weßhalb ihr der König die rohesten Vorwürfe machte; übrigens war seine Neigung zu ihr bereits verschwunden, denn eine neue Leidenschaft war in ihm für das Hoffräulein Johanna Seymour, Tochter des Sir John Seymour, entbrannt. — Er suchte nun nach einem Scheidungsgrunde, und es wurden einige Vorfälle, die aus der Leichtfertigkeit Anna's entsprungen waren, als Bruch der ehelichen Treue aufgefaßt, am 25. April 1536 eine Untersuchung gegen dieselbe angeordnet und sie verhaftet. — Zu gleicher Zeit mit ihr wurden ihr Bruder Lord Rochefort und Noris, dann Sir Francis Weston und William Brereton, geheime Kämmerlinge, als die muthmaßlichen Nebenbuhler des Königs, und ein Musiker Namens Marcus Smeaton, verhaftet.

§. 9. Hinrichtung der Königin Anna Boleyn. Johanna Seymour. 19. Mai 1536.

Am 12. Mai wurden dann die nichtadeligen Beschuldigten von dem gemeinen Geschwornengerichte für schuldig erkannt; am 15. Mai wurde auch Anna und ihr Bruder im Saale des Tower unter dem Vorsitze des Herzogs Norfolk von den Pairs vernommen, des blutschänderischen Ehebruches für schuldig erkannt, und das Urtheil ging dahin, daß sie verbrannt oder enthauptet werden sollten, wie es dem König gefallen würde.

Am 17. Mai wurde sodann Rochefort mit seinen Gefährten, und am 19. Mai Anna Boleyn auf dem grünen Rasenplatze im Hofe des Tower mit dem Schwerte hingerichtet.

Schon Tags darauf, 20. Mai, ließ sich Heinrich mit Johanna Seymour trauen.

Heinrich heirathet Johanna Seymour. 20. Mai 1536.

§. 10. Die Entrüstung über die Reformen des Königs und über die Noth der verjagten, von Haus zu Haus um Brot bettelnden Mönche erregte im Volke eine solche Aufregung, daß es zu mehrfachen Aufständen kam. In Linkolnshire erhob sich im Oktober 1536 das Landvolk, 20,000 Mann stark, unter Führung des

§. 10. Religionsaufstände. 1536/7.

Dr. Mackrel, der früher Prior von Barlings war; die Aufstän
dischen gingen jedoch in Folge von Unterhandlungen wieder aus
einander. Der zweite Aufstand war die sogenannte „Wallfahrt
der Gnade," weil auf den Fahnen Christus am Kreuze und der
Kelch sammt der Hostie abgebildet zu sehen war; dieser Aufstand
war bedeutend, er dehnte sich von der schottischen Grenze bis zum
Humber aus; ihr Anführer war ein Rechtsgelehrter Namens Robert
Aske, und der Aufstand umfaßte 30,000 Mann. — Da die Regierung demselben jedoch kein Heer entgegenzustellen hatte, so unterhandelte sie so lange, bis Spaltungen unter den Aufständischen ausbrachen, und als dieselbe dann eine Kriegsmacht aufgebracht hatte,
wurden die Anführer gefangen und hingerichtet.

§. 11. Am 12. Oktober 1537 gebar Königin Johanna einen
Sohn, der den Namen Eduard erhielt, doch nur wenige Tage
überlebte sie die Geburt, und starb im Wochenbettfieber. Der König,
welcher jetzt die Aussicht hatte, daß die Gefahr einer bestrittenen
Thronfolge beseitigt sei, erhob Eduard zum Prinzen von Wallis,
und sein Oheim Sir William Seymour wurde zum Grafen von
Hertfort ernannt. — Für die Königin mag es ein Glück gewesen
sein, daß sie eines natürlichen Todes starb, denn sonst hätte sie
wahrscheinlich in Kurzem auch das Schicksal ihrer Vorgängerin
theilen müssen.

§. 12. Von den gegenpäpstlichen Gesinnungen des Königs
hätte man erwarten sollen, daß er sich der Lehre der deutschen und
schweizerischen Reformatoren anschließen werde, da auch der Erzbischof
Cranmer, der Staatssekretär Thomas Cromwell — jetzt ein
besonderer Günstling des Königs — und selbst die Königin der
evangelischen Glaubenslehre geneigt waren. Heinrich war zwar im
Ganzen den alten Lehren selbst noch zugethan, fühlte aber einen
besonderen Stolz betreffs seiner theologischen Gelehrsamkeit, auch war
er zugleich durch das schroffe Auftreten Luther's ihm gegenüber ver-
letzt worden, und deßhalb schlug er bei seinen Reformen in seiner
Launenhaftigkeit einen Mittelweg zwischen den beiden Kirchen ein,
denn seine Reformation war mehr gegen das Papstthum, als gegen
die katholische Kirche gerichtet, deren Dogmen er meist beibehielt,
und aus diesen Ursachen verfolgte er hierauf die eigentlichen Protestanten mit gleich blutiger Strenge, wie die Anhänger des Papstes.
Gegen Ende des Jahres 1537 erschien auf Befehl des Königs ein
Buch, unter dem Titel: „Die fromme gottselige Verfassung eines
Christenmenschen," das von seinen Bischöfen verfaßt und vom König

durchgesehen war. Dasselbe war in Abschnitte getheilt, welche von dem Glaubensbekenntnisse, den Sakramenten, den zehn Geboten, dem Vaterunser, Ave Maria und dem Fegefeuer handelten; auch erfolgte die königliche Bewilligung zur Herausgabe der durch Tyndale und Coverdale hergestellten englischen Bibelübersetzung.

Jetzt ward auch die Aufhebung der sämmtlichen Klöster be= **Aufhebung der** schlossen, denn ihr Reichthum machte sie zu einem Gegenstande der **sämmtlichen** Begierde des Königs. Im Ganzen wurden sodann 645 Klöster, **Klöster.** 90 Collegien, 2374 Stifte und Kapellen, und 110 Hospitäler auf= gehoben, deren Einkünfte von 161,000 Pfund der Krone zufielen. Eine große Zahl der schönsten Kirchen, Gebäude und Kunstwerke **Vandalismus.** wurden aus Haß, Geiz und Dummheit zerstört, verbrannt und zer= schlagen. Fand sich in einem Buche ein Kreuz, so wurde es als papistisch zerrissen, Linien und Figuren galten als Zaubermittel; kostbare Bibliotheken wurden sinnlos verschleudert, so daß z. B. ein Krämer zwei große Bibliotheken um 40 Shillinge kaufte, und dabei meinte, daß er in seinem Laden jetzt 20 Jahre mit dem Papier der= selben auskommen würde. Durch solchen Vandalismus wurde der englischen Geschichte und der classischen Literatur überhaupt ein un= ersetzlicher Verlust zugefügt. Die Verschwendung und Verschleude= rung der geistlichen Güter ging aber bis ins Sinnlose, so daß z. B. Heinrich auf einen Pasch im Spiele das Glockenspiel einer Kirche setzte, und oft wurden so die Einkünfte eines Klosters an Hofschranzen, Köche und Köchinnen, die einen guten Puding zu be= reiten verstanden, verschleudert.

Als die Kunde von der Aufhebung der Klöster nach Rom kam, erregte sie die ungemessenste Erbitterung, und unzählige Schmäh= schriften stellten Heinrich als einen Tyrannen dar, der in der Ge= schichte nicht seines Gleichen habe. — Heinrich war aber nichts= destoweniger eifrigst bemüht, seine Glaubensartikel aufrecht zu er= halten und verfolgte als Inquisitionsrichter unerbittlich alle Anders= denkenden; so wurde ein gewisser Lambert, welcher Zwingli's Lehre angenommen hatte — daß das Abendmahl bloß ein Gedächtnißmahl sei — vom König verhört und zum Tode verurtheilt.

Das Parlament von 1539 setzte hierauf einen Ausschuß nieder, um solche Glaubensartikel abzufassen, die den Religionsstreitigkeiten ein Ende machen würden. Dieser Ausschuß bestand aus Cromwell, den beiden Erzbischöfen, den Bischöfen von Dürham, Bath, Ely, Bangor, Carlisle und Worcester. Da aber in dem Ausschuße beide Religions=Partheien gleich stark vertreten waren, so ließ sich nicht erwarten, daß sie überhaupt einig würden. Am 16. Mai stellte daher der Herzog von Norfolk sechs Fragen an das Haus, welche vorläufig entschieden werden sollten. Cranmer und seine Freunde erhoben ihre Stimmen für die Sätze der Neuerer, die entgegen gesetzte Ansicht wurde aber von Lee, Tumstall und der römischen Parthei behauptet. Der König brachte aber mit einemmale alle Widerrede zum Schweigen; die römische Parthei erhielt die königliche Zustimmung und am 30. Mai befahl er nur über die Sätze

Das blutige dieser Parthei zu berathen, und so ging am 10. Juni die Alte
Statut. (Die der „sechs Artikeln", „das blutige Statut", oder wie sie dann
Peitsche mit im Volke gewöhnlich genannt wurden: „die Peitsche mit sechs
sechs Riemen.) Riemen" durch. Diese Artikel waren folgende: 1) der natürliche
10.Juni 1539. Leib Christi ist gegenwärtig im Abendmahle unter der Gestalt, aber ohne die Substanz von Brod und Wein. 2) Die Communion unter beiderlei Gestalt ist nicht nothwendig. 3) Priester sollen nicht heirathen. 4) Keuschheitsgelübde sollen gehalten werden. 5) Privatmessen sind beizubehalten — und 6) Die Ohrenbeichte ist nützlich und nothwendig. — Die Widersetzlichkeit gegen den Punkt 1) wurde ohne Gnade mit dem Tode bestraft; die Verletzung der anderen Punkte wurde als Verbrechen bestraft.

§. 13. §. 13. Da Heinrich jetzt schon zwei Jahre Wittwer war,
Heirath Hein- so wählte er, nach einem Bilde von Holbein, die Tochter des
rich's mit Herzogs von Cleve („Anna"); Cromwell betrieb diese Heirath,
Anna von weil ihre Schwester die Gemahlin Johann Friedrich's von Sachsen
Cleve. war und er durch sie für lutherische Interessen zu wirken hoffte.
6. Jan. 1540. Am Neujahrstage kam Anna von Cleve nach Rochester, wohin ihr Heinrich entgegengeeilt war, aber er erschrak, als er sie sah, denn groß und voll war sie zwar, aber ihre Züge waren ausdruckslos; sie hatte keinen Anstand und sprach nur ihre Muttersprache. Heinrich fluchte seinen Freunden, daß sie ihm eine „flandrische Mähre" gebracht hätten und verlangte einen Ausweg, um die Heirath abzubrechen, da es aber keinen Ausweg gab, so ließ er sich mit ihr zwar am 6. Januar 1540 trauen, betrieb aber zugleich die Scheidung.

Indessen lernte er die Nichte der Herzogs von Norfolk, Katharina Howard kennen; eine junge Dame, nicht besonders hübsch, von kleiner Statur, aber lebhaft, von einem sehr gewinnenden Betragen und entbrannte in Leidenschaft für sie; dies steigerte noch

Sturz Crom- den Haß gegen Cromwell, der ihm Anna von Cleve zugeführt
well's. hatte, so daß er ihn am 10. Juni verhaften und zu Towerhill am
10.Juni 1540. 28. Juli wegen Hochverrath enthaupten ließ.

Indessen wurde die Scheidung vom Parlamente am 3. Juli 1540 ausgesprochen. Anna von Cleve erhielt einen Jahresgehalt von 3000 Pfund mit dem Titel einer Adoptivschwester des Königs, bekam dazu noch einen eigenen Palast, und war froh, auf so gute Weise losgekommen zu sein. Sie starb 1557 und war allgemein beliebt.

§. 14. Am 8. August wurde Katharina Howard bei Hof als Königin vorgestellt und ihre Vermählung dann mit Heinrich vollzogen.

Am Allerheiligenfeste 1541 empfing der König das Abend= mahl und erstattete Gott seinen Dank für das glückliche Leben, das er mit seinem Weibe führe. Tags darauf aber händigte ihm Cranmer ein Verzeichniß von Anklagen gegen Katharina ein, worin ihr Unzüchtigkeit noch vor ihrer Vermählung mit dem König nachgewiesen wurde. Sie gestand dies zwar selbst zu, behauptete aber, daß sie sich gegen den König nicht verfehlt habe. Das Par= lament verurtheilte sie aber, sowie ihren früheren Liebhaber, und noch einen anderen Hofkavalier zum Tode.

Am 13. Februar 1542 wurde Katharina Howard darauf mit dem Beile hingerichtet. Das Parlament erließ hierauf noch eine Akte: daß jedes Frauenzimmer, welches auf dem Punkte stehe, den König zu heirathen und keine Jungfrau sei, ihre Schande offen= baren solle, sonst verfalle sie der Strafe des Hochverrathes.

§. 15. Sowohl Protestanten als Katholiken, welche gegen das blutige Statut sich vergingen, wurden mit gleicher Grausamkeit be= handelt; und weil der König seine Unpartheilichkeit bei den gleich= zeitigen Hinrichtungen beweisen wollte, so ließ er auf Schleifen je zwei und zwei, allemal je einen von der anderen Parthei zur Richt= stätte schleppen, wo die Protestanten als Ketzer, und die Römisch= Katholischen als Hochverräther den Scheiterhaufen bestiegen.

§. 16. Da jetzt kein Mädchen mehr den König heirathen wollte, so vermählte er sich endlich am 12. Juli 1542 mit der schönen Witwe Katharina Parr, welche früher an Lord Litinger ver= ehelicht gewesen war und die sich heimlich zu der neuen Lehre bekannte.

§. 17. Im Jahre 1543 wurde eine neue Glaubens= und Sittenlehre veröffentlicht, die den Titel führte: „Eine nothwendige Lehre und Unterricht für jedweden Christenmenschen", das allgemein nur unter dem Namen: das „Königsbuch" bekannt war. Es war von gemischtem Charakter, zu viel mit papistischen Lehren, um die Neuerer zufrieden zu stellen, und wieder zu viel mit biblischer

Wahrheit ausgestattet, um bei den römisch Gesinnten Gefallen zu finden

Je älter der König wurde, um so grimmiger wüthete er gegen Protestanten und Katholiken, und die Flammen am Smithfield loderten stets vom Neuen auf. Das vornehmste Opfer war eine Frau vom Stande, Namens Anna Askew, welche gegen die sechs Artikel verstieß und im Verdachte war, der Königin einige religiöse Schriften überbracht zu haben.

§. 18.

§. 18. Der König wurde jetzt wegen seiner Fettleibigkeit mit

Die Gefahr Katharina's. jedem Jahre körperlich schwerfälliger, geistig immer empfindlicher und übellauniger. Zur Verfolgung der Protestanten war er aber stets um so geneigter, als zwei eifrige Feinde derselben, der Bischof Gardiner und der Kanzler Wriothesley, jetzt sein ganzes Vertrauen besaßen. Wie erwähnt, war Katharina den Lehren der evangelischen Religion heimlich zugeneigt, und hatte, auf des Königs Neigung zu ihr bauend, die Unklugheit begangen, ihre Ansicht durchblicken zu lassen. Heinrich, darüber entsetzt, theilte seine Unzufriedenheit hierüber dem Bischof Gardiner mit, dieser ergriff die sich ihm bietende Gelegenheit, um die Königin zu stürzen, und bewog den König, daß er dieselbe wegen Ketzerei verfolgen lasse, worauf ihm dieser den Auftrag gab, die Anklageartikel gegen die Königin aufzusetzen. — Schon hatte der König die Artikel gegen sie unterzeichnet, als jene Person, welche die Schrift zu befördern hatte, dieselbe (wahrscheinlich geflissentlich) fallen ließ, die dann ein Freund der Königin aufhob und derselben übergab. — Sie erschrak darüber heftig, doch rechnete sie auf ihre Schlauheit und machte daher am zweiten Tage ihren Besuch beim König wie immer. Als dieser dann, wie gewöhnlich, mit ihr ein orthodoxes Gespräch begann, so lenkte sie mit der Bemerkung ab, daß so tiefe Untersuchungen die Kräfte des weiblichen Geschlechtes übersteigen, und der Gattin es gebühre, dem Gemahle, der die richtigsten Grundsätze für alle Völker zu entwerfen im Stande sei, zu folgen. — Diese Bemerkung entwaffnete den König derart, daß er, als den zweiten Tag Gardiner mit den Häschern kam, um die Königin zu verhaften, denselben unter Beschimpfungen fortjagte. — So rettete Katharina in kluger Art ihren Kopf.

§. 19.
Heinrich VIII.
Letzte Zeit.

§. 19. Die Tage des Königs neigten sich jetzt schnell dem Ende zu. Er war so beleibt und unbeholfen geworden, daß er blos noch in einem Rollstuhl von einem Platz zum andern gebracht werden konnte; auch verbreitete ein Geschwür an einem seiner Beine

einen so üblen Geruch, daß die ihn umgebenden Personen es kaum
bei ihm aushielten, nichtsdestoweniger aber schlief seine Grausamkeit
nicht, und der Herzog Norfolk, das Haupt der römischen Parthei
wurde so wie Graf von Surrey unter nichtigen Anklagen zum
Tode verurtheilt, das Haupt Surrey's fiel unter dem Beile, und
Norfolk sollte am 27. Januar 1547 hingerichtet werden, als ihn
der Tod des Königs rettete, denn Heinrich starb schon am
25. Januar desselben Jahres.

Selbstsucht im vollsten Umfange des Wortes war der Haupt=
zug in Heinrich's Charakter; in seinem Zorne schonte er keines
Mannes, in seiner Leidenschaft keines Weibes, und Alles mußte sich
einzig und allein vor seinem Willen beugen.

§. 20. Da der neue Monarch, Eduard VI., erst 10 Jahre
alt war, so hatte Heinrich in seinem Testamente einen Rath von
16 Personen eingesetzt, welcher die Regierung führen sollte. Zugleich
war ein anderer Rath von 12 Personen ernannt, welcher dem
ersteren in schwierigen Fällen an die Hand zu gehen hatte.

§. 20.
Eduard VI.
1547—1553.

Hertford und seine Freunde hatten das Uebergewicht in der
Statthalterschaft, und eine der ersten Handlungen des Rathes war,
ihn mit dem Amte eines Reichsprotektors und Vormund des jungen
Königs zu bekleiden. Die Mitglieder des Rathes hatten sich dann mit
Titeln und Gütern versehen, indem Sir Anthony Denny und die
Anderen versicherten, daß dies die Absicht des verstorbenen Königs
gewesen war. — Hertford wurde zum Herzog von Sommerset
erhoben, Essex, der Bruder der Königin zum Marquis von
Northampton, Lord Leslie zum Grafen von Warwick, Wrio=
thesley zum Grafen von Southampton, und Seymur, Rich,
Willoughby und Sheffield zu Baronen ernannt; es wurden ihnen
Ländereien aus dem Kirchengute übertragen, und Sommerset sowie
die Anderen eigneten sich die Einkünfte verschiedener Dechanten=
sitze an. Der junge König Eduard wurde hierauf am 20. Februar
gekrönt.

§. 21. Die Protestanten trugen sich jetzt mit großen Hoff=
nungen betreffs der Ausbreitung ihrer Lehre, denn der junge König
war ihnen günstig, und in ihren Grundsätzen auferzogen. —
Der Protektor, und mit Ausnahme des Bischofs von Durham,
alle übrigen Mitglieder des Rathes waren dieser Lehre ebenfalls
zugethan, und Cranmer war ein Mann von ausnehmender Mäßi=
gung und Behutsamkeit.

§. 21.
Neue Refor=
men.

Mit den Reformen jedoch ging man jetzt behutsam vor, und da man von dem Grundsatze ausging, daß mit dem Tode des Königs, als dem Oberhaupte der Kirche, die Gewalt der Bischöfe erloschen sei, so kam Cranmer, in der Absicht, die anderen Bischöfe gleichfalls dazu zu zwingen, schlauer Weise schon am 7. Februar um seine neue Bestallung beim Kabinete ein, und die übrigen Bischöfe mußten somit diesem Beispiele folgen. Ferner wurde eine königliche Visitation der Kirche angeordnet, und sobald die Visitatoren in einen Bezirk kamen, hörte alle Gewalt der Geistlichen auf, bis sie von dem Protektor und dem Erzbischof von Canterbury von Neuem bestätigt wurden. Jetzt wurden alle abergläubigen Gebräuche, als: das Besprengen der Betten mit Weihwasser, der Gebrauch geweihter Kerzen, um den Teufel auszutreiben zc. abgeschafft; jedes Kirchen- spiel mußte die Sammlung der von Cranmer verfaßten Homilien, und ein Exemplar der Auslegung des neuen Testamentes haben; die Gesetze gegen die Lollarden, das Verbot, die heilige Schrift zu lesen, das Statut der sechs Artikel wurde widerrufen, die Spen- dung des heiligen Sakramentes unter beiderlei Gestalt für angemessen erklärt, und die Wahl der Bischöfe der Krone überlassen; Cranmer verfaßte dann einen Katechismus und eine Liturgie in englischer Sprache. Durch eine besondere Bill wurde zwar die Ehelosigkeit beim Clerus als wünschenswerth bezeichnet, der gottseelige Gebrauch der Ehe aber dem Clerus doch gestattet. Ebenso sollten jährlich vier Predigten gegen das Papstthum und gegen das Anbeten von Bildern gehalten werden, und jeder Geistliche sollte sich nur der Liturgie bedienen, welche der Primas und seine Amtsbrüder ausgearbeitet hatten.

Jene Bischöfe, welche widersprachen, wie der Bischof Gardiner von Winchester und Bischof Bonner von London, wurden ins Gefängniß gesetzt.

Ohne Widerstand von Seite des Volkes konnten aber die Neuerungen nicht so leicht durchgeführt werden, und es erfolgten daher auch mehrere Aufstände, welche blutig unterdrückt werden mußten.

§. 22. Der Bruder des Protektors war unter dem Titel Seymour von Sudely zum Baron erhoben worden, und der Graf von Warwik hatte ihm den Posten eines Admirals abgetreten. — Seymour war ein stolzer hochstrebender Mann, er hatte sich schon früher um Katharina Parr beworben, bevor noch Heinrich VIII. selbe ehelichte, und sie blieb auch Seymour treu. Kaum hatte daher

Heinrich die Augen geschloßen, als sie ihren früheren Geliebten schon die Hand gab. Alle Hoffnungen aber, die Seymour für seine ehrgeizigen Pläne aus dieser Heirath erwartete, wurden zu nichte, indem Katharina schon im September 1548 im Wochenbette starb. — Seymour warf daher jetzt seine Blicke auf die fünfzehnjährige Prinzessin Elisabeth, welche unter der Obhut Katharina's gelebt hatte; ebenso suchte derselbe die Gunst des jungen Königs zu gewinnen, und entwarf sogar einen Plan, den König zu entführen. Der Kabinetsrath, welcher aber die Umtriebe Seymour's im Januar erfuhr, ließ hierauf denselben in Haft nehmen; am 25. Februar wurde dann eine Bill, welche auf die Reichsacht gegen ihn antrug, durchgebracht; am 14. März wurde der Befehl zur Hinrichtung vom Kabinetsrath unterzeichnet, welchen Somerset, als Bruder Seymour's, mit seinem Namen gleich den Andern ebenfalls unterzeichnete, und er wurde sodann am 20. März 1549 enthauptet.

§. 23. Der Protektor Somerset war durch den Tod seines Bruders Seymour zwar von einem gefährlichen Gegner befreit worden, allein sein Fall sollte nichtsdestoweniger rasch nachfolgen. Die Katholiken haßten ihn wegen seiner Thätigkeit für die Reformation, der Adel grollte ihm seines Uebermuthes wegen, weil er sich wie ein König benahm; sein hauptsächlichster Gegner war aber Dudley Graf von Warwick, ein verschmitzter, gewissenloser Mann.

Am 6. Oktober 1549 traten deßhalb die mißvergnügten Lords Warwick, Southampton, der Präsident St. John, Lord Arundel, und fünf Andere in Elyhouse zusammen, und indem sie sich die volle Gewalt des Kabinetsrathes anmaßten, erließen sie an den Adel einen Aufruf um Hilfe, und an den Lord-Mayor von London eine Weisung, nur ihren Befehlen, und nicht jenen des Protektors mehr zu folgen. Da sich diese Lords des Towers bemächtigt hatten, entfloh Somerset mit dem Könige nach Windsor, um dort Streitkräfte zu sammeln. Die Seinen fielen jedoch von ihm ab, und da er keine weitere Rettung sah, ergab er sich am 14. Oktober dem Kabinetsrathe; er wurde am 23. Dezember vor denselben gestellt, bekannte knieend seine Schuld, wurde zwar nicht mit dem Leben gestraft, verlor aber seine Würden, und Warwick trat an seine Stelle.

§. 24. Die Katholiken, welche auf Warwick große Hoffnungen gesetzt hatten, sahen sich abermals getäuscht, denn derselbe beschloß, die Reformation durchzusetzen. Sein Ehrgeiz begann sich auch unverholen zu regen, und da jetzt der Titel von Northumberland durch den Tod des letzten Grafen ohne Erben erledigt worden war, ließ

Seymour enthauptet.
20. März 1549.

§. 23.
Somerset gestürzt.
14. Oktober 1549.

§. 24.
Warwick wird Herzog von Northumberland. 1549.

er den größten Theil dieser Besitzungen mit dem Titel eines Herzogs von Northumberland auf sich übertragen. Da er aber den
gestürzten Somerset noch immer als ein Hinderniß für seinen Ehrgeiz ansah, so beschloß er, denselben auch vollends zu stürzen. Er
brachte ihn daher unter der Anklage auf Hochverrath ins Gefängniß,
worauf dessen Verurtheilung und am 22. Januar 1552 seine Hinrichtung erfolgte.

Im Monate April 1553 wurde der König von den Kinder-
pocken befallen, und da er ohnehin an der Schwindsucht litt, so waren
seine Tage gezählt. Warwick, oder wie er damals hieß, Northumberland, wußte aber nur zu wohl, daß er von der Nachfolgerin
Eduards, seiner Schwester Maria, das Aeußerste zu befürchten habe,
und wollte daher die ganze Macht des Reiches seinem Hause zuwenden, um sich sicherzustellen. Er stellte daher dem Könige vor,
daß, wenn Maria, die religiöse Katholikin, zum Throne gelangen
sollte, der neue Glaube vernichtet wäre, überdies sei Maria und
Elisabeth durch ein Statut für unehelich erklärt, es gebühre daher
die Thronfolge dem Erben der ältesten Schwester Heinrich's VIII.,
Maria, der früheren Gemahlin Ludwig's XII., der Herzogin von
Suffolk, somit der Enkelin der jetzigen Lady Johanna Gray,
welche eine gute Protestantin sei. — Diesen Einwendungen schenkte
der König ein williges Ohr, und Northumberland vermählte
hierauf Lady Jane Gray mit seinem vierten Sohne, Lord Guilford Dudley, wodurch er sich die Macht erhalten zu haben wähnte.
Eduard unterzeichnete wirklich die Urkunde, welche Jeane Gray
und ihren männlichen Erben die Nachfolge im Reiche zusprach; obschon der geheime Rath dagegen seine Einwendungen machte, und
das Parlament seine Einwilligung dazu noch nicht gegeben hatte.
Northumberland aber hatte indessen Alles vorbereitet, um Jeane
Gray nach dem Tode Eduard's als Königin ausrufen zu lassen.
Am 6. Juli 1553 starb Eduard VI.

Tod
Eduard's VI.
6. Juli 1553.

§. 25.
Warwick's
Bestrebungen
und sein
Untergang.

§. 25. Northumberland beabsichtigte, den Tod Eduard's
noch so lange geheim zu halten, bis er die beiden Prinzessinnen,
Maria und Elisabeth in seine Gewalt bekomme. Aus dieser
Ursache lud er beide Schwestern zu einem Krankenbesuche des Bruders
nach London ein. Die Prinzessin Maria hatte gerade Hutsdon
am Abend desselben Tages, an dem Eduard starb, erreicht; da sie
aber hier eine von Lord Arundel gesandte geheime Botschaft erhielt,
die sie von dem Vorfalle unterrichtete, setzte sie sich zu Pferde und
entfloh nach Kenninghall in Norfolk.

Am 10. Juni 1553 begab sich dann Northumberland sammt den Anderen vom geheimen Rathe zu Lady Jeane Gray, und während Alle vor ihr niederknieten, eröffnete er ihr, daß sie nach dem Testamente Eduard's jetzt Königin sei. — Diese, damals erst 16 Jahre alt, zitterte und fiel bei dieser Mittheilung in Ohnmacht; die Lords aber schworen, ihr Blut für sie zu geben, und gleich darauf wurde sie in London als Königin ausgerufen.

Nun kam aber von Maria an den geheimen Rath ein Schreiben, worin sie sich beschwerte, daß man ihr den Tod ihres Bruders nicht gemeldet habe, und in dem sie weiter befahl, ihre Thronbesteigung sogleich zu proklamiren.

Obgleich die Regierung, der Staatsschatz, die Flotte, das Heer und die Festungen in den Händen der Anhänger Jeane's waren, so hatte dennoch auf der andern Seite Maria eine mächtige Stütze in dem Glauben des Volkes an ihr besseres Recht, und in dem allgemein unter der Masse verbreiteten Abscheu gegen Northumberland. Die Einwohner von Norfolk, welche von demselben in dem letzten Aufstande einen schweren Druck zu erdulden gehabt hatten, standen deßhalb Maria bei, und sie wurde auch schon am 13. Juli in Norwich als Königin ausgerufen. Dieselbe stand daher bald an der Spitze eines Heeres, und auch auf der Flotte, die ihr entgegengesandt wurde, um ihr den Ausweg abzuschneiden, erklärte sich das Schiffsvolk für sie.

Beim Empfange der Nachricht über das Vordringen Maria's gab der Kabinetsrath dem Herzog von Suffolk die Weisung, mit den zusammengebrachten Truppen gegen die Prinzessin Maria zu ziehen. — Da Suffolk's Unfähigkeit aber bekannt war, so übernahm Northumberland selbst den Befehl über die Truppen. — Je weiter derselbe aber vorrückte, desto mehr sah er überall die Begeisterung des Volkes für Maria, und deßhalb fand er es für gut, sich zurückzuziehen, und nach Cambridge zurückzukehren. — Indessen hatten auch die Dinge in London eine andere Wendung genommen; am 19. Juli hatten sich daselbst viele Lords mit ihren Anhängern versammelt und Maria als Königin ausgerufen. — Johanna legte hierauf nach der kurzen Herrschaft von zehn Tagen die Krone nieder, und zog sich nach Sionhouse zurück, während Northumberland am 22. Juli verhaftet wurde.

Maria zog am 31. Juli 1553, ihre Schwester Elisabeth an ihrer Seite, in London ein; Maria, klein, schwachleibig und schmächtig, stach wesentlich von Elisabeth ab, die von stattlichem

Marginalia:

Lady Jeane Gray wird als Königin ausgerufen. 10. Juni 1553.

Die Königin Maria (die „Blutige"). 1553—1558.

Einzug Maria's in London. 31. Juli 1553.

Wuchse, hübsch und wohlgeformt war. Bei Bildung ihres Kabinets ertheilte Maria an Gardiner, der aus der Gefangenschaft noch hochjahrender als früher hervorging, die Kanzlerwürde.

Krönung
Maria's.
30. Septem-
ber.

Am 30. September fand sodann ihre Krönung mit allem Glanze statt; alle ihre Kleider wurden geweiht, sie empfing die Salbung am Haupt und an verschiedenen Theilen des Körpers und Gardiner sang die Messe.

Hinrichtung
Northumber-
land's.
21. August.

Am 18. August wurden hierauf Northumberland, sein Sohn Lord Warwick, Marquis von Northampton, Sir John und Sir Gates, Sir Andrey Dudley und Thomas Palmer als Rebellen vor Gericht gestellt, und schon am 21. August wurde Northumberland, Gates und Palmer mit dem Beile hin-gerichtet, die übrigen Gefangenen aber mit Ausnahme Lady Jeane's und ihres Gemahls wieder freigelassen.

§. 26.
Katholische
Reaktion.

§. 26. Maria gab sich keine Mühe, ihre Anhänglichkeit an die römische Kirche zu verbergen, obgleich sie noch immer versicherte, daß sie der freien Religionsübung des Volkes nichts in den Weg legen wolle.

Kühner als je erhoben die katholischen Priester ihr Haupt, und feierten öffentlich die Messe; Bouren, einer der Kapläne der Königin, erlaubte sich sogar in einer Predigt am St. Paulskreuz, die unter der vorherigen Regierung betreffs der Religion getroffenen Verfügungen offen anzugreifen, welches aber das Volk derart auf-brachte, daß man nach ihm mit Steinen warf, und er seine Rettung nur zwei reformirten Priestern zu verdanken hatte. Wie übrigens Maria die Gewissensfreiheit behandelte und was sie darunter ver-stand, das erfuhr ihre Schwester Elisabeth bald, indem sie als Protestantin es wegen ihrer Sicherheit dennoch für nothwendig fand, die Messe zu besuchen, und mit demüthiger Gleißnerei an Kaiser Karl V. zu schreiben, ihr ein Crucifix, einen Kelch und andere Meßgeräthe zu schicken, damit sie in ihrer Privatkapelle die Messe feiern könne.

Die meisten Häupter der Protestanten waren jetzt im Gefäng-nisse, so Ridley, Hooper, Bischof von Gloucester, und Andere, auch Cranmer wurde am 14. September wegen Hochverrath in den Tower geschickt. — Als die Einwohner von Suffolk Abgeordnete an die Königin sandten, um sie an ihr Versprechen zu erinnern, wurden sie mit Hohn und Verachtung behandelt, und einer von ihnen Namens Dobbe wurde sogar an den Pranger gestellt.

Als die Nachricht von Maria's Thronbesteigung nach Rom

kam, bestellte der heilige Vater unverzüglich den Kardinal Pole als päpstlichen Legaten für England, und ein römischer Geschäftsträger Namens Commendone, der nach England gegangen war, brachte dem Papste einen Brief von der Hand der Königin Maria, worin sie sich für ihre und ihres Reiches Rückkehr unter die Botmäßigkeit des heiligen Stuhles verbürgte.

Das nun am 5. Oktober 1553 einberufene Parlament war vermöge der Bemühungen der Katholiken und vermöge dem Einflusse des Hofes für Letzteren gestimmt; mit offener Verletzung der in Kraft stehenden Gesetze wurde bei der Eröffnung des Parlamentes vor den beiden Häusern eine lateinische Messe gelesen, und als Taylor, der Bischof von Linkoln, sich weigerte niederzuknieen, wurde derselbe aus dem Hause gewiesen. Der Erzbischof von York war Tags vorher in den Tower gesetzt worden, und Harley, der einzige noch übrige protestantische Prälat, wurde nicht in das Haus gelassen, weil er ein verheiratheter Mann sei. — Die wichtigste, in diesem Parlamente getroffene Verfügung war ein Akt, welcher die Geburt der Königin für rechtmäßig, und die durch Cranmer ausgesprochene Scheidung für Null und nichtig erklärte; ein weiterer Akt schaffte ferner alle, die Religion betreffenden Statuten Eduard's VI. ab, überdies wurde auch festgesetzt, daß vom 20. Dezember angefangen kein anderer Gottesdienst erlaubt sein solle, als der in der letzten Zeit König Heinrich's VIII. gebräuchlich gewesen. Es wurden ferner gegen Lady Jeane Gray und ihren Gemahl, gegen Lord Ambroise Dudley und den Erzbischof Cranmer die Reichsacht ausgesprochen. Die vier Letztgenannten wurden dann am 13. November in Guildhall vor Gericht gestellt, und plaidirten für „schuldig."

§. 27. Eine Angelegenheit, welche sowohl die Aufmerksamkeit der Königin, als auch des Cabinets besonders beschäftigte, war die Vermählung der Königin. Die allgemeine Meinung ging dahin, daß sie den jungen Courtenay heirathe, den sie zum Grafen von Devonshire gemacht hatte. Es wurde auch eine Heirath mit dem Kardinal Poll, der zu dieser Heirath die päpstliche Dispens erhalten sollte, in Aussicht genommen, das Cabinet stimmte wieder für Norfolk, Arundel und Paget, und Frankreich begünstigte Courtenay. Doch als am 2. Januar 1554 vier außerordentliche kaiserliche Gesandte einen Heirathsantrag von dem Kronprinzen von Spanien brachten, nahm Maria denselben zum Schrecken des Landes sofort an.

5. Oktober.

§. 27.
Vermäh-
lungspläne.

2. Januar
1554.

§. 28.
Aufstände.

§ 28 Die Härte, mit der gegen die Reformation verfahren wurde, und die spanische Heirath, brachten die Unzufriedenheit des Volkes zum Ausbruche. Eine Verschwörung, welche von dem französischen Botschafter Noailles unterstützt wurde, ging dahin, Aufstände in Devenshire zu erregen und Courtenay mit Elisabeth zu vermählen. Diese Verschwörung wurde aber noch vor ihrem Ausbruche unterdrückt.

Wyat.
24. Jänner 1554.

Am 24. Januar 1554 steckte Sir Thomas Wyat in Maidstone das Banner der Empörung auf und zog gegen London, so daß Maria in großer Gefahr war, doch auch dieser Aufstand wurde endlich blutig unterdrückt, und jetzt begann dafür ein furchtbares

Verfolgungen.

Gericht über alle Verdächtigen. Gleich nach der Gefangennahme Wyat's am 8. Februar unterschrieb Maria den Befehl für die Hinrichtung Guilford Dudley's und seines Weibes. Lady Jeane sollte aber zuvor zum Katholicismus bekehrt werden, welche

Enthauptung Dudley's und beide Gatten Jeane Gray. 12. Februar 1554.

Versuche jedoch scheiterten. Am 12. Februar 1554 wurden dann beide Gatten hingerichtet, Lord Guilford wurde auf Towerhill öffentlich enthauptet und Jeanne Gray sah vom Fenster aus, wie man seinen blutenden Rumpf auf einen Karren zurückbrachte, sie selbst wurde innerhalb des Towers hingerichtet. Der Herzog von Suffulk, Lord Thomas Gray, dann Wyat wurden mit den

Massenhinrichtungen.

Anderen hingerichtet, und sowohl der französische als der kaiserliche Gesandte gaben an, daß damals zugleich mehr als 400 Personen gehängt worden seien.

Elisabeth gefangen.

Das Hauptaugenmerk Maria's und ihres Cabinetsrathes war jetzt auf die Prinzessin Elisabeth gerichtet, um auch dieselbe ins Garn zu bringen, da der deutsche Kaiser auf ihre Hinrichtung drang. Elisabeth wurde daher beschuldigt, von dem Aufstande gewußt zu haben, und da sie sich seit Dezember 1553 auf ihrem Landsitze Ashridge bei Verhampstead befand, so wurden 500 Reiter mit dem Befehle dahin gesendet, dieselbe „todt oder lebendig" einzuliefern. Elisabeth, welche krank zu Bette lag, wurde in einer Sänfte nach London und sodann in den Tower geschafft. Maria, in deren Busen fanatischer Religionseifer alle anderen Gefühle erstickt hatte, war jetzt bereit, auch das Blut ihrer Schwester zu vergießen, selbst Arundel und Paget stimmten dafür, da aber Gardiner erklärte, daß weder Elisabeth noch Courtenay unter die Bestimmungen des Statutes von Eduard III., dem nunmehr einzig gültigen Hochverrathsgesetze, gebracht werden können, so schreckte doch Maria davor zurück, diese Hinrichtung anzubefehlen, und es wurde sodann

Elisabeth am 19. Mai nach dem Schloß Woodstock in eine strenge Haft gebracht.

§. 29. Wenn man den französischen Berichten Glauben schenken darf, so stellte Maria ihre Sehnsucht nach ihrem spanischen Bräutigam in sehr lächerlicher Weise zur Schau; sie war schon heftig in ihn verliebt, ehe sie ihn noch gesehen hatte, und es kränkte sie, daß sie eilf Jahre älter als er sei. Um die große Unzufriedenheit im Volke zu mildern, wurde festgesetzt: daß Philipp zwar den königlichen Titel mit der Königin zu führen habe, ihr aber allein die Regierung überlassen bleiben solle, und daß kein Spanier zu Hof- und Staatsämtern gelangen dürfe.

Endlich zu ihrer großen Freude, landete Philipp zu Southampton am 19. Juli 1554, zog nach kurzem Aufenthalt nach Winchester, wo die Königin seiner harrte, und am Tage des hl. Jakob (Schutzpatron Spaniens) 25. Juli, wurde sodann die Trauung durch den Bischof Gardiner vollzogen.

§. 30. Was aber der Königin am meisten am Herzen lag, war, ihr Königreich in den Schooß der römischen Kirche wieder zurückzuführen, sie schaffte sich daher auch ein fügsames Haus der Gemeinen, indem die Sheriffs angewiesen wurden, nur katholische Mitglieder wählen zu lassen. Am 1. November 1554 wurde sodann das so zusammengesetzte Parlament mit einer Rede des Kanzlers eröffnet, in der es besonders hieß, die Königin und der König erwartete, daß die Lords und Gemeinen die Wiedervereinigung des Reiches mit der katholischen Kirche ins Werk setzen werden.

Unterdessen war der neue Legat des Papstes Julius III., der Cardinal Pole, nach London gekommen und empfing am Hofe die Lords und die Gemeinen, denen er seine Bereitwilligkeit zur Wiederherstellung der Einigkeit mit der römischen Kirche ausdrückte.

Am folgenden Tage wurde hierauf vom Parlamente einstimmig eine Bittschrift an den König und die Königin beschlossen, worin das tiefe Bedauern über den Abfall des Reiches vom römischen Stuhle und die Hoffnung ausgedrückt wurde, durch Vermittlung Ihrer Majestäten aufs Neue in den Schooß der allein seligmachenden Kirche aufgenommen zu werden.

In einer feierlichen Sitzung, in der die Königin am Throne saß, wurde dann am zweiten Tage hierauf diese Bittschrift vorgelesen und der päpstliche Legat sprach das Land von dem Banne los, worauf ein feierliches Tedeum laudamus erfolgte.

Das Parlament ließ jetzt bereitwillig die Bill gegen die Ketzer durchgehen, und weil Maria sich einbildete, guter Hoffnung zu sein, wurden öffentliche Gebete für die glückliche Niederkunft der Königin angeordnet. Durch Verwendung Philipp's wurde dann die Freilassung Derer, welche im Tower wegen Hochverrath gefangen saßen, und unter ihnen auch für Courtenay erwirkt. Eben so wurde über sein Bemühen die Prinzessin Elisabeth aus ihrer Haft in Woodstock entlassen und unter die menschliche Obhut Sir Thomas Pape's in Asham gesetzt.

§. 31.
Greuel der katholischen Reaktion.
1555.

§. 31. Das Jahr 1555 wurde mit trüben Aussichten für die Protestanten eröffnet, indem Maria jetzt die strengste schriftliche Weisung zur Verfolgung der Ketzer gab.

Am 23. Januar begaben sich alle Bischöfe nach Lambeth, um den Segen des Legaten zu empfangen. Am 25. Januar fand eine feierliche Prozession von 160 Priestern in London statt, welche als Dankgebet dafür gebracht wurde, daß sich das Reich wieder mit der Kirche versöhnt habe, und es ward festgesetzt, daß dieser Tag alljährlich unter dem Namen der „Versöhnungstag" gefeiert werden sollte.

Am 28. Januar eröffnete der Kanzler Gardiner mit Beiziehung der Bischöfe Bonner, Tunstal, Heath, Thirlby und anderen Prälaten unter der Autorität des Legaten den neuen Gerichtshof zur Untersuchung der Ketzer, und von jetzt an lohten die Scheiterhaufen überall auf, denn die Grausamkeit fand kein Ende.

Die Bischöfe Hooper, Ferrar und Roger wurden am Scheiterhaufen unter grausamen Qualen verbrannt, weil dieselben aus nassem Holz bestanden. (5—9. Feber.) Ihnen folgten Taylor, Saunders, Bradford, Craumer, Ridley, Latimer (Oktober), und es starben auf den Scheiterhaufen Männer, Weiber und sogar Kinder. Ueberallhin wurden Kundschafter, ganz nach Art der Inquisition ausgesendet; wer nicht bekennen wollte, wurde auf die Folter gespannt; auch war der Befehl gegeben, daß Jeder, der ein ketzerisches Buch besitze und es nicht verbrenne, hingerichtet werden solle.

Bonner, Bischof von London, war Gardiner's thätiger Gehilfe; er verdammte nicht nur die Ketzer, sondern machte sich ein Vergnügen daraus, sie eigenhändig zu geißeln und zu martern, und verließ häufig das Gefängniß nicht früher, als bis er vor Müdigkeit die Peitsche nicht mehr in der Hand halten konnte. Einem Weber, der nicht abschwören wollte, riß er den Bart aus und hielt ihm die Hand über das Feuer; einer schwangeren Frau, die am

Scheiterhaufen niederkam, wurde das Kind in die Flamme nach=
geworfen. Königin Maria hatte endlich die Genugthuung, daß sie
über 300 Protestanten, darunter 55 Weiber und vier Kinder als
Ketzer verbrannt hatte.

Während Maria in so grausamer Art die reformirte Lehre
ausrottete, war sie andererseits bemüht, die Mönche in die Klöster
wieder einzuführen; so wurden jetzt die grauen Brüder (Kapuziner)
in Greenwich, die Karthäuser in Shene, die Brigitterinen in Sion=
haus eingeführt und Westminster in eine Abtei verwandelt.

§. 32. Philipp, der sich nach der eingebildeten Schwangerschaft
Maria's nach Flandern zurückbegab, um die dortige Regierung an=
zutreten, zog dann 1557 England mit in den Krieg gegen Frank=
reich. Um Geld herbeizuschaffen wurde dasselbe überall mit Zwang
eingetrieben und, um dem Ausbruche der Unruhen vorzubeugen,
wurden viele angesehene Edelleute des Nachts verhaftet und in den
Tower geschleppt. So mußte England seine Kräfte für einen fremden
Herrscher anstrengen, den es haßte, und dabei war der Erfolg dieses
Krieges für England kein anderer, als der Verlust von Calais
(1558), eine Kränkung der Nationalehre, die alle Engländer mit
tiefer Trauer erfüllte.

§. 33. Maria's unheilvolle Regierung neigte sich endlich ihrem
Ende zu, sie war siech und fühlte es wohl, daß sie durch ihre knech=
tische Unterwürfigkeit unter den Willen Spaniens, durch ihre Geld=
erpressungen und die schrecklichen Verfolgungen Andersdenkender die
Zuneigung ihres Volkes gänzlich verloren habe, dabei hatte sie noch
die betrübende Gewißheit, daß sie alle ihre Grausamkeiten vergeblich
verübt habe, indem die Ketzerei dadurch nur wenig in Schranken
gehalten war. Auch wußte sie, daß ihre Nachfolgerin Elisabeth der
neuen Lehre anhing und dieselbe daher wieder einführen werde. In
diesem Gemüthszustande erkrankte sie an dem damals herrschenden
Fieber und nach dreimonatlichem Leiden verschied sie, während in
ihrem Bettgemache die Messe gehalten wurde, am 17. November 1558,
dem Lande zum Glück.

§. 34. Gleich nach dem Tode Maria's wurde ihre Schwester
Elisabeth unter dem lauten Jubel des Volkes zur Königin ausgerufen.
Mit dem Tode Maria's endigte für immer die Herrschaft
des Papstthums in England. Die von Maria verübten Grausam=
keiten gegen die reformirte Lehre gereichten dieser sogar zum Vortheil,
denn das Volk hatte Abscheu gegen diese Art der Grausamkeiten und
das Schauspiel der Standhaftigkeit, womit die Märtirer ihrem Tode

(Marginal notes:)

Restaurirung der Klöster.

§. 32.
Krieg mit
Frankreich.
1557,8.
Erpressungen.

§. 33.
Maria's Tod.
17. November
1558.

§. 34.
Königin
Elisabeth.
1558—1603.

entgegen giengen, erzeugte neben dem Mitleid für diese Opfer eine
Vorliebe für diese Religion, wogegen sie Zweifel gegen die Wahrheit
des Systems erregte, das die Scheiterhaufen zu Hilfe rufen mußte.
Unter Elisabeth wurde dann die neue englische Kirche dauernd
und für immer befestigt.

In die Regierung Elisabeth's fällt auch die Hinrichtung der Königin Maria Stuart, welche am 7. Februar 1587 in Fotheringhay
enthauptet wurde; dieser Akt hat aber mit der Religion nichts zu thun,
indem dabei nur politische und dynastische Gründe maßgebend waren.

V. Abtheilung.
Der dreißigjährige Krieg. (1618—1648.)

Einleitung.

Die Reformation, welche Huß (1369—1415) angebahnt und
welche unter Luther (1453—1546) durchgeführt wurde, hatte sowohl
ihre religiöse als auch politische Seite. Die vielen Mißbräuche der
alten Kirche, die Sittenverderbniß des Klerus, das Abgeschmackte
mancher ihrer Lehren, z. B. jene vom Ablasse (Tetzel 1512—1517),
mußten in den Gemüthern das Verlangen nach einer verbesserten
Religion erwecken. Der Reiz der Unabhängigkeit im Staatenleben,
die reiche Beute der geistlichen Güter und Stifte mußten andererseits wieder die Regenten einer Religionsänderung geneigt machen,
welche ihnen solche Vortheile darbot.

Hätte Kaiser Karl V. die Reichsfreiheit der deutschen Stände
nicht angegriffen, so hätte sich schwerlich je ein protestantischer Bund
für die Glaubensfreiheit bewaffnet.

Für die Völker war es ein Glück, daß die Fürsten mit ihnen
Hand in Hand gingen, um die Glaubensfreiheit mit ihnen zu schützen
und für die Fürsten war es wieder ein Vortheil, daß der Religions-
enthusiasmus des Volkes ihnen Armeen lieferte.

Als am 15. Juni 1530 auf dem großen Reichstage zu Augsburg die Protestanten ihr Glaubensbekenntniß übergaben (V. Epoche,
§. 34), wurde dadurch der Zunder zu dem dreißigjährigen Kriege
gelegt und die Verletzung des Majestätsbriefes, den Kaiser Rudolf II.
den böhmischen Protestanten am 11. Juli 1609 ertheilte und den
Ferdinand II. bei seiner am 29. Juni 1617 erfolgten Krönung zum
böhmischen Könige bestätigte, war dann die unmittelbare Ursache
des Ausbruches dieses Krieges.

A) Ausbruch des Krieges in Böhmen.

§. 1. Gedrängt und erschreckt durch die Unruhen der böhmischen Protestanten unterschrieb Kaiser Rudolf II. am 11. Juli 1609 zu Prag den berühmten Majestätsbrief, der die Bewilligung aller Forderungen der böhmischen Protestanten enthielt. Demselben zu Folge sollten die Nichtkatholiken völlige Religionsfreiheit nach dem Augsburger Glaubensbekenntnisse genießen; sie sollten das Recht haben, neue Kirchen und Schulen zu bauen und aus ihrer Mitte Desensoren oder Glaubensbeschützer zu erwählen, deren Bestätigung jedoch vom Könige abhängen sollte. Bald darauf wurden diese Freiheiten auch auf Schlesien ausgedehnt.

Ueber Anregung des Prager Erzbischofs als Besitzer des Städtchens Klostergrab und des Abtes von Braunau als Besitzer des Städtchens Braunau wurden im Dezember 1617 in den genannten zwei Städtchen die von den dortigen Protestanten erbauten protestantischen Kirchen auf Befehl des Königs Mathias gesperrt und geschleift.

Auf die Kunde von diesem Vorfalle beriefen die nach dem Majestätsbriefe gewählten böhmischen Desensoren aus jedem Kreise Böhmens sechs Abgeordnete ihrer Parthei auf den 6. März 1618 nach Prag zu einer Versammlung. Hier wurde eine Vorstellung an den Kaiser gegen dieses Verfahren abgefaßt, zugleich auch eine neue Zusammenkunft auf den 21. Mai verabredet.

Mathias als König von Böhmen hatte die Regierung in seiner Abwesenheit von Böhmen zehn Statthaltern anvertraut, von denen sieben der katholischen und drei der evangelischen Parthei angehörten. An diese Statthalter erließ der Kaiser (als böhmischer König) am 21. März ein Reskript, worin er sich mißfällig über die Versammlung der Desensoren äußerte und alle neuen Zusammenkünfte untersagte. Auch an die Desensoren erließ der Kaiser ein Schreiben, das aber keine Antwort auf ihre Beschwerden enthielt, sondern in dem ihnen einfach nur die Auflösung der Versammlung anbefohlen wurde.

§. 2. Diese Antwort erregte eine außerordentliche Bestürzung unter den utraquistischen Ständen Böhmens, denn sie sahen in diesem Vorgange eine offene Verletzung des ihnen ertheilten Majestätsbriefes.

Unter den Statthaltern waren es aber besonders der oberste Landrichter Wilhelm von Slavata und Jaroslav Graf Mar-

§. 1.
Der Majestätsbrief.

1618.
Ausbruch der Unruhen.

6. März.

21. März.

§. 2.
Der Prager Fenstersturz.
23. Mai.

tiniy, welche als Feinde der Protestanten galten und denen die Stände jetzt die Beeinflussung des kaiserlichen Bescheides zur Schuld legten.

Gegen Mittag des 23. Mai 1618 zogen daher die utraquistischen Stände in Prag, Alle bewaffnet und von bewaffneten Knechten begleitet, an ihrer Spitze Graf Mathias Thurn, einer der Defensoren, auf das Prager Schloß, wo sie die beiden Statthalter über die kaiserliche Antwort zur Rede stellten und selbe endlich über Vorschlag des Paul von Rzican und Wenzel von Raupova zum Fenster der Landstube, drei Stock hoch, herabstürzten. Zuerst wurde nämlich Graf Martiniy von Wilhelm von Lobkoviy umschlungen, zum Fenster gedrängt und dann von Ullrich Kinsky, Kaplir und Smirizky zum Fenster herabgestürzt und sodann mit Slavata und dem Schreiber Fabricius Platter in gleicher Weise verfahren. Doch kamen alle drei Herabgestürzten mit dem Leben davon und es gelang ihnen dann zu entfliehen.

§. 3. Wahl der 30 Direktoren. 25. Mai.

§. 3. Am 25. Mai versammelten sich hierauf die böhmischen Stände und wählten dreißig Direktoren, welche die Verwaltung des Landes zu führen hatten, zugleich richteten dieselben eine Vertheidigungsschrift (Apologie) betreff ihres Vorgehens an den König und ernannten den Grafen Mathias Thurn zum böhmischen Generallieutenant.

§. 4. Ausbruch des Krieges. August.

§. 4. Da Budweis dem Könige treu geblieben war, so unternahm Thurn die Belagerung dieser Stadt, doch schon im August 1618 erschien der kaiserliche General Graf Dampierre zum Entsatze von Budweis, wurde aber von Thurn bei Caslau und Lomniy geschlagen.

Nach diesem Siege Thurn's erhielten dann die böhmischen Protestanten von den Schlesiern und Lausiyern, welche mit Böhmen zur Aufrechterhaltung der freien Religionsübung eine Conföderation geschlossen hatten, Verstärkungen an Truppen und auch Graf Mannsfeld führte ihnen 4000 Mann zu.

Indessen war Graf Boucquoi dem Dampierre in dem kaiserlichen Commando gefolgt und belagerte Neuhaus, doch wurde auch er hier von Thurn geschlagen, worauf Graf Mannsfeld am 21. November 1618 Pilsen nahm und sich dort festsetzte.

1619. §. 5. Tod Kaiser Mathias. 20. März.

§. 5. Der Winter 1618/19 verging unter fruchtlosen Verhandlungen, denn Kaiser Mathias war am 20. März 1619 gestorben und so lag dem Könige Ferdinand II., der am 1. Juli 1618 auch zum Könige von Ungarn erwählt und gekrönt wurde, von nun an die Erhaltung der österreichischen Macht und des Katholicismus in Deutschland allein ob.

Im April 1619 eröffnete sodann Thurn den Feldzug mit 16,000 Mann in Mähren, während Mannsfeld die Aufgabe hatte, Bouequoi in Böhmen zu beschäftigen, doch schon am 6. Juni erschien Thurn vor Wien und versetzte dadurch die katholische Bevölkerung der Stadt in Schrecken.

Anstatt aber Wien in einem raschen Angriffe zu nehmen, pflog Thurn mit den protestantischen österreichischen Ständen Unterhandlungen betreff ihres Anschlusses an Böhmen. In Folge dieser Unterhandlungen schickten diese Stände sodann am 11. Juni eine Deputation an den König Ferdinand in die Wiener Burg, welche unter Führung Andreas Thonrabtel's, Herrn von Obergassing, die Einwilligung zur Bewaffnung der protestantischen Stände verlangen sollte. Hierbei kam es aber vor, daß einer der Deputirten die Einwilligung des Königs mit Gewalt erzwingen wollte, Letzteren an den Knöpfen des Wamjes an der Brust faßte und ihm zurief: „Nandl, willst Du unterschreiben?" Doch in diesem Augenblicke der Noth für den König schmetterten vom Burghofe herauf die Trompeten des Küraffier-Regimentes „Dampierre", welches im Durchzuge begriffen war, was die Deputirten derart in Furcht versetzte, daß sie aus der Burg entflohen.

Da jedoch indessen Mannsfeld am 9. Juni bei Zablot von Bouequoi geschlagen wurde, so riefen die Böhmen zu ihrem Schutz Thurn von Wien zurück, welcher in Folge dessen auch am 22. Juni die Belagerung von Wien aufhob.

§. 6. Ferdinand II. begab sich hierauf nach Frankfurt zur Kaiserwahl, hielt sich am 19. Juni beim Herzoge Maximilian von Baiern auf und erhielt von ihm hier die Zusage der Hilfe der Liga gegen die Protestanten. Ungeachtet die Pfalz, Sachsen und Brandenburg der neuen Lehre anhingen, wurde Ferdinand dennoch am 28. August zum Kaiser gewählt und am 9. September gekrönt.

§. 7. Die Böhmen waren jetzt zu weit gegangen, um nicht noch den äußersten Schritt zu thun. Die in Prag versammelten Stände von Böhmen, Schlesien und Mähren erklärten daher Ferdinand II. der Krone von Böhmen für verlustig und indem sie sich auf das freie böhmische Wahlrecht beriefen, wählten sie am 19. August den Kurfürsten von der Pfalz Friedrich V. zum böhmischen König.

1619.

Thurn
vor Wien.
6. Juni.

Ferdinand II.
Standhaftigkeit.
11. Juni.

§. 6.
Ferdinand's
Wahl zum
deutschen Kaiser und seine
Unterhandlung mit Herzog Maximilian v. Baiern.
19. Juni.
28. August.
9. September.

7. §.
Ferdinand II.
wird der böhm.
Krone für verlustig erklärt
u. Wahl Friedrich's von der
Pfalz z. böhm.
Könige.
19. August.

1619.

§. 8.
Friedrich V.
von der Pfalz.
(Winterkönig.)
31. Oktober.

§. 8. Friedrich V. von der Pfalz nahm auch die Wahl zum böhmischen König an, erschien am 24. Oktober an der böhmischen Grenze, zog am 31. Oktober in Prag ein und wurde daselbst nach einigen Tagen gekrönt, worauf er auch die Huldigung von Mähren und Schlesien erhielt.

§. 9.
Die Liga ge-
gen Böhmen.
8. Oktober.

§. 9. Indessen gelang es am 8. Oktober 1619 Ferdinand II. in Würzburg, wo sich die Fürsten der Liga versammelt hatten, die Hilfe derselben gegen Böhmen und die Protestanten zu erhalten. Es sollte ein Bundesheer von 21,000 Fußsoldaten und 4000 Reitern aufgestellt und so lange unterhalten werden, als Gefahr für den katholischen Glauben vorhanden sein würde und Herzog Maximilian schloß sodann mit Ferdinand II. ein besonderes Bündniß zur Rettung Oesterreichs ab.

§. 10.
Fürst Bethlen
Gábor gegen
den Kaiser.

Thurn zum
zweitenmale
vor Wien.
2. November.

§. 10. Inzwischen war der Fürst von Siebenbürgen Bethlen Gábor in Oberungarn eingefallen, hatte Preßburg eingenommen und war dann rasch gegen Wien vorgedrungen, weßhalb gegen ihn der kaiserliche Feldherr Boucquoi von der böhmischen Grenze be= rufen wurde. Thurn folgte aber dem abziehenden Boucquoi, vereinigte sich mit den Siebenbürgern und stand so am 2. November zum zweitenmale in diesem Jahre vor Wien. Bethlen aber darüber mißvergnügt, daß er die böhmische Krone nicht erhielt, vereinigte sich hierauf mit Thurn, schloß deßwegen mit Ferdinand einen einseitigen Waffenstillstand ab und zog hierauf nach Oberungarn zurück.

1620.
§. 11.
Vergleich zwi=
schen d. Union
und der Liga.
3. Juli.

§. 11. Durch die drohenden Rüstungen der Liga wurden jedoch die deutschen protestantischen Fürsten, welche die „Union" bildeten, besorgt, rüsteten deßhalb ebenfalls und frugen bei der Liga an, welche Gesinnungen sie mit den Rüstungen gegen die Union hege. In der im Februar 1620 zu Mühlhausen stattgefundenen Zusammen= kunft erhielt aber der protestantische Kurfürst Johann Georg von Sachsen die beruhigende schriftliche Versicherung, daß die Liga keinen der evangelischen Reichsstände deßhalb mit Krieg überziehen wolle, um ihm die an sich gebrachten geistlichen Güter zu entreißen. Dadurch wurde der Kurfürst Johann Georg von Sachsen ge= wonnen und erklärte sich demzufolge gegen das Oberhaupt der Union, den Pfalzgrafen Friedrich V. Am 3. Juli 1620 kam dann zu Ulm zwischen der Union und der Liga ein Vergleich zu Stande, daß sie nichts Feindliches gegen einander unternehmen würden. In diesem Vergleiche wurden jedoch nur die Reichsländer, nicht aber Böhmen inbegriffen und dadurch gab die Union ihr Oberhaupt den

Pfalzgrafen Friedrich V. als König von Böhmen an Oesterreich 　1620.
preis, weßhalb derselbe in dem beginnenden Kampfe ohne Unter=
stützung seiner Religionsgenossen nur auf sich allein angewiesen blieb.

§. 12. Herzog Maximilian von Baiern hatte als Ober= 　§. 12.
haupt der Liga diesen Vertrag deßhalb betrieben, damit der Kaiser **Krieg der Liga gegen Böhmen.**
vor dem Ausbruche eines großen Krieges wenigstens in seinen Erb=
ländern sein Ansehen befestigen könnte. Er führte sodann das
liguistische Heer, 26,000 Fußgänger und 3000 Reiter, gegen die
Aufständischen in Oberösterreich und stand am 14. Juli mit seinem
Heere bei Schärding, wodurch er die oberösterreichischen Stände, die
keines Einbruches gewärtig waren, zur Huldigung an den Kaiser
zwang.

Hierauf vereinigte sich Maximilian mit dem kaiserlichen
Feldherrn Boucquoi und rückte in Böhmen ein. Die liguistischen
Truppen wurden unter Maximilian von dem baierischen Feld=
herrn Tzerklas Freiherrn von Tilly kommandirt. Um diese
Zeit brach auch der Kurfürst von Sachsen als kaiserlicher Com=
missarius mit 15,000 Mann auf und besetzte die Lausitz, so daß
Böhmen auch die Hilfe dieser Provinz entzogen wurde und der
König Sigismund III. von Polen sandte dem Kaiser 8000 Ko=
saken zu Hilfe.

§. 13. In diesen Tagen der Gefahr, wo über Böhmen der 　§. 13.
drohende Sturm loszubrechen im Begriffe war, fand Friedrich V. **Schlacht am**
bei den Böhmen nicht jene Unterstützung, die nöthig gewesen wäre, **weißen Berge.**
um die ihm übertragene Krone zu schützen, denn sein Hang zum 　**8. November.**
Wohlleben, seine Sorglosigkeit, sein unklug vertheidigter Calvinismus
hatten ihm nach und nach die Gemüther entfremdet. Der König
Friedrich übergab den Oberbefehl über das böhmische Heer dem
Fürsten Christian von Anhalt, wodurch er die Unzufriedenheit
Thurn's und Mannsfeld's hervorrief. Die vereinigten Truppen
Maximilian's und Boucquoi's nahmen sodann Prachatitz und
Pisek und trafen am 20. Oktober vor Pilsen ein; das böhmische 　20. Oktober.
Heer unter Christian von Anhalt stand dagegen bei Březnitz.
Maximilian wies alle ihm gemachten Vorschläge Friedrich's V.
ab und verlangte nur die Niederlegung der Krone, und da er jetzt
Prag bedrohte, so eilte Anhalt mit dem böhmischen Heere in an=
gestrengten Märschen, um Prag zu decken, und stellte dasselbe, 21,000
Mann stark, auf dem weißen Berge bei Prag in Schlachtordnung
auf und hier kam es am 8. November zu der Entscheidungsschlacht. 　**8. November.**
Um zwölf Uhr Mittags führten Tilly und Tiefenbach das erste

1620. Treffen den Berg herauf. Von lebhaftem Geschützfeuer empfangen, begannen die Kaiserlichen zu wanken, und Anhalt formirte eine Colonne, um seinerseits den günstigen Augenblick zu benützen; doch das Thurn'sche Regiment ergriff plötzlich die Flucht, dessen ungeachtet stürmte aber der junge Fürst von Anhalt gegen den Feind, so daß dieser schon zu fliehen begann, als Tilly den anhaltischen Schaaren in die Flanke fiel, sie dann warf, und den jungen Anhalt gefangen nahm. Dies entschied die Schlacht, und da die Mährer und Schlesier den vordringenden Feind nicht mehr aufhalten konnten, so löste sich das böhmische Heer in wilder Flucht auf. Eine Stunde hatte über das Schicksal Böhmens und Friedrich's entschieden, 4000 Mann blieben auf dem Schlachtfelde, 10 Geschütze und 100 Fahnen fielen den Siegern in die Hände.

§. 14.
Flucht
Friedrich's V.
9. November.

§. 14. König Friedrich V., der die Nacht im Prager Schlosse zugebracht hatte, saß eben an der Tafel, als ihm die Nachricht vom Beginne der Schlacht zugekommen war. Er eilte sogleich auf den Wall, sah aber schon die Seinen fliehen. — Maximilian forderte ihn hierauf auf, sich binnen acht Stunden zu erklären, ob er auf die Krone Verzicht leisten wolle. Obgleich Friedrich's Heer nicht vernichtet, sondern nur zerstreut war, ein Theil davon sich sogar in der Stadt befand, Mannsfeld noch mit weiteren 12,000 Mann bei Pilsen stand, und überdies 8000 Ungarn ihm von Bethlen Gábor zu Hülfe gesendet, nur vier Meilen von Prag entfernt waren, und die Bürgerschaft daselbst sich erbot, die Mauern zu vertheidigen, diese Belagerung übrigens wegen der vorgerückten Jahreszeit ohnehin nicht lange und kräftig hätte fortgesetzt werden können, wußte Friedrich doch keinen anderen Entschluß zu fassen, als am andern Morgen mit dem Grafen von Anhalt, mit Hohenlohe und Thurn nach Breslau zu entfliehen.

§. 15.

§. 15. Am 9. November hielt Maximilian seinen Einzug in Prag. — Friedrich's Begleiter beschworen ihn aber, noch nicht alle Hoffnung aufzugeben, sondern sich in Schlesien neu zu bewaffnen. Doch der König hatte keine Selbstständigkeit, und obzwar Schlesien sich zu allen Opfern erbot, und Bethlen Gábor bis an die mährische Grenze vordrang, floh Friedrich dennoch unausgesetzt bis Berlin. Von dort wandte er sich nach Holland, wo er auf Kosten seines Schwiegervaters (des Königs von England) lebte.

Achts=
erklärung
Friedrich's V.
22. Jänner
1621.

Der Kaiser sandte ihm am 22. Jänner 1621 eine Achts=erklärung zu, in welche auch Christian von Anhalt, sowie die Grafen Hohenlohe und Thurn mitinbegriffen waren.

Durch die Schlacht am weißen Berge erhielt Kaiser Ferdi=
nand II. in allen seinen Ländern eine Macht, wie selbe keiner
seiner Vorgänger besessen hatte. Mähren, Schlesien und Böhmen
unterwarfen sich, und Ferdinand II. benützte diese Macht, um die
Herstellung des Katholicismus überall durchzuführen, und den
Protestantismus auszurotten.

§. 16. Dem Fürsten Lichtenstein, der schon am
17. November 1620 zum Statthalter von Böhmen ernannt worden
war, wurde darauf die Untersuchung gegen die Compromittirten auf=
getragen. Länger als drei Monate nach der Schlacht am weißen
Berge war jedoch in Böhmen Alles ruhig geblieben, und schon über=
ließen sich Alle der völligen Sorglosigkeit über die Folgen der
Erhebung, als plötzlich in der Nacht des 20. Februar 1620 zu einer
und derselben Stunde 48 der vornehmsten Häupter des Aufstandes
ins Gefängniß geworfen, und gegen sie der Prozeß geführt wurde.

Unter dem Vorsitze des Statthalters, Fürsten Lichtenstein,
trat sodann eine eigene Kommission zusammen, die aus dem Oberst=
landhofmeister Adam Waldstein, dem Präsidenten des Appellations=
gerichtes, Friedrich von Thalberg, dem Hauptmanne der Klein=
seite, Christof Wratislav von Mitrowitz, vier böhmischen
Appellations= und zwei Regierungsräthen bestand; von dieser Kom=
mission wurde sodann das Urtheil gefällt, welches, wenige aus=
genommen, über alle Gefangenen die Todesstrafe mit verschiedenen
Verschärfungen verhängte.

Dieses Urtheil wurde schließlich dem Kaiser Ferdinand II.
vorgelegt, und somit lag einzig und allein in seinen Händen das
Leben der Gefangenen, und er soll auch zur Gnade geneigt gewesen
sein, doch sollen Slavata und Martiniz, sowie der Beichtvater des
Kaisers ihn zur Strenge bestimmt haben.

Dem Statthalter, Fürsten Lichtenstein, ging darauf von
Wien der Befehl zu, am 21. Juni die genehmigten Hinrichtungen
vollziehen zu lassen.

Vier Tage früher rückten sieben Schwadronen sächsische Reiter
in Prag ein, um das Volk im Zaume zu halten.

Am 18. Juni wurde auf dem Altstädter=Ringe die Blutbühne
aufgeschlagen, und am 19. Juni die Gefangenen von den verschiede=
nen Orten, wo sie eingekerkert waren, nach dem Prager Schlosse
gebracht.

In der sogenannten Reichshofraths=Stube empfing hierauf
vor der Kommission ein Gefangener nach dem andern sein Urtheil.

Von 43 Verurtheilten wurden 27, und zwar 3 vom Herren-, 7 vom Ritter-, die Uebrigen vom Bürgerstande, den Tod zu erleiden verdammt. Alle verloren jedoch Ehre, Habe und Gut.

Nach dem empfangenen Urtheile durften die Verurtheilten von ihren Verwandten und Freunden Abschied nehmen. Montag den 21. Juni (11. alten Styls) Morgens 5 Uhr verkündigten Schüsse aus grobem Geschütz den Anfang der Hinrichtungen. Auf der Altane des Rathhauses nahmen die Richter, die kaiserlichen Kommissäre und der Altstädter Rath ihre Plätze ein. Die Blutbühne war von Soldtruppen umgeben, drei Scharfrichter betraten dieselbe und ein vermummter Diener steckte auf derselben das Krucifix auf, vor dem jeder Verurtheilte zuvor niederknieen mußte, bevor er seine Strafe erhielt. Während der Execution wurde von den Truppen unaufhörlich die Trommel gerührt, damit das Volk die Reden der Verurtheilten nicht höre.

Zuerst betrat Graf Joachim Andreas Schlik, böhmischer Oberlandrichter, ungefesselt — wie überhaupt alle Verurtheilten — die Blutbühne, kniete nieder und empfing den Todesstreich, darauf hob der Diener des Grafen dessen rechte Hand auf den Block und der Scharfrichter hieb dieselbe ab. Der Rumpf wurde dann in ein schwarzes Tuch gehüllt und weggetragen, während der Scharfrichter den Kopf und die Hand an sich nahm. — Hierauf wurden die anderen Verurtheilten hingerichtet, und so oft ein Kopf fiel, holten sechs schwarzvermummte Diener den Leichnam ab, und breiteten für den Nächstfolgenden wieder ein neues schwarzes Tuch aus. So fielen die Köpfe der Verurtheilten, und als die Reihe an Johann Jessenius von Jessen, einem berühmten Arzt und Rector der Prager Universität kam, band ihm der Scharfrichter die Hände auf den Rücken, zog ihm die Zunge aus dem Munde heraus, schnitt sie ab und trennte erst hierauf den Kopf vom Rumpfe. — Ferner wurde der Altstädter Bürgermeister Johann Kutnauer und der Rath Suschitzky auf einem Balken zum Fenster des Rathhauses heraus-, und ein Anderer an einen gewöhnlichen Galgen gehängt.

Die Execution dauerte vier Stunden, worauf auf dem Prager Brückenthurme zwölf Köpfe aufgesteckt wurden, und zwar sechs gegen die Brücke, sechs jedoch gegen die Altstadt gewendet; ebendaselbst nagelte man auch die abgehauenen Hände an. — Der Rumpf des gewesenen Rectors Jessenius wurde geviertheilt, und die Theile vor dem Galgenthore aufgesteckt, zwei Köpfe wurden nach Saaz

und Kuttenberg gesandt, um dort an den Galgen genagelt zu
werden.

So endete dieses fürchterliche Blutgericht durch die dabei ver=
übte Barbarei, ein Brandmal der Justiz! —

Ueber die genaue Beschreibung dieses Blutgerichtes besitzen wir
übrigens ein authentisch=historisches Document, welches sich in der
Prager k. k. Universitäts = Bibliothek unter der Bezeichnung:
„ex L. I. A. 31. N. 10" befindet, und das bisher noch nirgend
veröffentlicht wurde. Es ist dies ein gedrucktes Flugblatt, welches
von Seite der Kommission nach der vollführten Execution unter
das Volk vertheilt wurde, denn schon damals war es, wie noch
heute, Sitte, nach einem vollstreckten Todesurtheile von der Straf=
behörde unter das Volk Flugblätter zu vertheilen, welche eine kurze
Beschreibung der That des Hingerichteten enthielten. Von den zu
jener Zeit in dieser Art vertheilten Flugblättern hat sich aber bis
auf unsere Zeit nur noch ein einziges erhalten, und dieses ist das
soeben erwähnte.

Dieses Flugblatt führt die Ueberschrift: „Eigentliche Ab=
„bildung der Pragerischen Execution, Welcher massen
„auff befehl der Röm: Kay: Magtt die hinunten beschrie=
„benen Grafen, Herrn, Ritter und Burgerstandes Per=
„sonen den 11 (21) Junij dieß 1621 Jahrs zu Prag justi=
„ficirt und hingericht worden."

Die obere Hälfte des Großquart=Blattes zeigt im Holzschnitt
die Abbildung der Execution selbst, die untere Hälfte enthält die
Beschreibung der Execution und lautet wörtlich wie folgt:

„Nachdem die Röm: Kays: auch zu Hungarn und Böheim
„Mayestät, unser allergnädigster Herr nach dem im verschienen
„Jahr vor Prag erhaltenen herrlichen Viktory etliche angemasst
„gewesene Böhmische Directores, und andern Dero Widerwärtigen,
„gefänglich annehmen und dieselben gebührlich examiren vund auff
„ihr Verbrechen die Urtheil verfassen, als haben Jhre Kayserl.
„Mayest. zu dem Execution, Montag den 11 (21) Junii dieses
„1621 Jahres bestimmen und ansetzen lassen.

„Sambstags den 9 (19) Junii zuvor hat man diejenigen
„Gefangenen, so inn der Alten vund Newen Stadt Prag gelegen,
„ins Königliche Sloß, mit begleitung einer starken Guardi zu Roß
„und Fuß geführt, vund daselbsten in der Reichs=Hofrahtstuben
„vor Jh: fürstl. Gn. Carle Fürsten zu Lichtenstein, vund

1621. „anderen verordneten Herrn Kayſ. Commiſſarien, ihnen ſampt
„lichen, einem nach dem anderen, ſeinen Sentenz vnd Urtheil,
„Böhmiſch vnd Teutſch vorgeleſen, Darauff ihnen ihr peinlicher
„Rechts Tag angekündigt, vnnd obwoln ihre verfaßte Urtheil zum
„mehrerentheil viel ſchärffer geweſen, ſo haben doch Ihre Kayſ.
„Mayeſt. denſelben limitirt, vnnd gemiltert.

„Daß erſtlich Wilhelm Poppel von Loblowitz, geweſener
„Landhofmeiſter. 2) Paul Richitſchan. 3) Johann von
„Woſtrowetz. 4) Felix Wentzel Pettipneſky. 5) Doctor
„Matthias Vorbonius. 6) D. Friedrich Georg. 7) Elias
„Ruſſin der Elterer. Und 8) Lukas Karban, (anſtatt be=
„gehabten Urtheils zum Schwert) ewig gefangen liegen ſollen.

„Ferner, 9) ſoll Wolffgang Hoßlawer, vnnd 10) Melchior
„Teiprecht, anſtatt ewiger Landesverweiſung, gen Raab inn die
„Eyſen geführt werden.

„Zum 11) ſoll Caspor Vßler (anſtatt daß er zur New=
„ſtädter Rathhauß hat gehengt werden ſollen) noch bis auf fernere
„Verordnung gefangen gehalten. Item 12) Georg Zawetta,
„anſtatt ewiger Verweiſung länger carcerirt. 13) Paul Prtſchka
„ein Jahr beſängnuſſt. Vnnd zum 14) Johann Camerit auff
„ein Jahr bandeſirt werden.

„Die anderen zum Tode verurtheilten Gefangenen aber
„ſind nach beſag ihrer limitirten vnd gemilderten Vrtheil, ſolcher
„geſtalt, wie folgen ſoll, juſtificirt, vnd hingerichtet worden.

„Zuvor hero aber, hat man auff dem Altſtädter Ring,
„oder Platz, eine gevierdete Bühn, wie in der Figur mit litera A
„ſignirt zu ſehen, (welche vier Elen hoch, 22 Schritt breit, vnd
„22 Schritt lang geweſen) aufgeſchlagen, vnd allenthalben mit
„ſchwarzem Tuch überzogen.

„Sambſtag zuvor, Abends, hat man die Gefangenen alle
„vom Schloß herab auffs Altſtädter Rathhauß B geführt, vnnd
„am Montag zu frü auff die Bühn ein Crucifix C, bey welchem
„die Verurtheilten auff ein ſchwarzes Tuch (denn man einem
„jeden ein beſonderes vnd newes Tuch hat auffgebreitet) nieder=
„geknyet, vnd ihre Lebensſtraff außgeſtanden, geſteckt. Auff dem
„Althan am Rahthauß D ſind die Kayſerliche Richter vund andere
„fürnehme Herrn geſeſſen. Auch hat man einen Gang aus dem
„Rahthauß E auff die Bühn gemacht gehabt, auf welchem man
„die erſten 24 Abgeleibten (doch alle vnd einen jeden gantz frey
„vnnd ungebunden) zur Wahlſtatt beglaytet. Aber vmb die Bühn

„herum haben zwei Cornet Reuter F, und drey Fahnen Fuß=
„volk G, in ihrer Rüstung vund Ordnung, mit stätslaut schlagen=
„den Trommeln, daß keiner seines eigenenn worts hören könnten,
„gehalten. Darauff hat man die Execution vor die Hand genom=
„men, und folgende Personen inn hernach stehender Ordnung,
„nach einander hingerichtet.

„Auß dem Herrn Stand.

1) Ist Herrn Graf Joachim Andreas Schlicken, gewese=
„nen Böhmischen Ober Land Richter, auch geheimer Raht, Director
„und Landvogt in Ober Lausitz, wie bei litera H zu sehen,
„nachdem sich derselbe mit Hülff seines Dieners entblöset, und
„niedergeknyet hatte, das Haupt, vund hernach die rechte Hand,
„(welche des Grafen Diener auf ein Stöcklein gelegt) abgehawen;
„Darauff von sechs schwartzen verkappten Männern I, der Leichnam
„von der Bühn hinweg getragen, vund von dem Nachrichter nicht
„angerühret worden, welches auch also gegen allen denen, so man
„mit dem Schwerte gerichtet, geschehen.

„2) Herr Wentzel von Budowa der elter 2c. Appellation
„Präsident, Bund 3) Herr Christoph von Harant, Böhmischer
„Cammer=Präsident, beide Directores, sind mit dem Schwerte
„gerichtet worden.

„Auß dem Ritter Stand.

„4) Bohnslav von Michalowitz, 2c. der Elterer, Burg=
„graf deß König Grätzer Craises vund Director ist enthauptet,
„vund ihme die rechte Hand abgeschlagen.

„5) Caspar Capler obrister Landschreiber. 6) Heinrich
„Otto von Loß 2c. Unter Burggraf zum Carlstein, und Böh=
„mischer Unter Cammerer. 7) Procopius Dworschetzky Unter
„Land Cämmerer. 8) Friedrich von Bilaw Teutscher Lehns=
„hauptmann. 9) Wilhelm Konetzchlumsky (alle fünf gewesene
„Directores) vund 10) Dionysius Tschernin Schloßhauptmann
„zu Prag, sind alle enthauptet worden.

„Auß dem Burgerstand.

„11) Leander Rüppel, Churfürstl. Pfältzischer Heidel=
„bergischer Geheimer Raht, auch anderer Fürsten Consulent vund
„Agent. Bund 12) Georg Hawenschildt Appellation Raht,
„Advocat vund Comißarius, sind beyde enthauptet, vund die rechte
„Händ abgehawen, (diese sind am Sambstag zuvor nicht mit den
„anderen verurtheilet, sondern ihnen selbige Nacht ihr Vrtheil
„schrifftlich ins Gefängnuß geschickt worden.)

„13) Valentin Kochan. 14) Tobias Steffel. Und
„15) Christoph Kober der Eltrer. Mehr 16) Johann
„Schultheiß Primas von Kuttenberg. 17) Maximilian Hoich-
„talet Primas zu Saß. 18) Wentzl von Jisbiß Maschte-
„rowsky. 19) Heinrich Kojel. 20) Andreas Keßauer
„21) Georg Rschutschißky. 22) Michael Widmann. Und
„23) Simon Wokatsch, seyend alle eylff mit dem Schwerte
„gerichtet worden.

„24) D. Johanni Jessenio, einem für trefflichen weit
„berühmbten Kayserl Oratorn auch Professoren deß Colegii
„Carolini, in der Alten Stadt Prag, hat man erstlich die Zung
„abgeschnitten, darnach ihn enthauptet, fürters deß folgenden
„Tages vor dem Galgenthor geviertheilt, und die Viertel wie
„litera K zu sehen, bei dem Rabenstein auff die Strassen gesteckt.
„25) Johann Kottnauer der Alten Stadt Burgerhauptmann,
„Und 26) Suschißky des Rahts ꝛc., sind beyde am Altstädter
„Rahthauß an einen Balken zum Fenster herauß L aufgehenkt.
„Und 27) Nathaniel Wodniannsky Böhemischer Procurator,
„auff dem Altstädter Plaß an die Justitia sub lit M gehenkt
„worden.

„Johann Theodorus Sixt hat zwar schon auff der
„Bühn zu seiner Enthauptung niederknyen wollen, Ist aber er-
„beten und wiederumb ins Gefängniß geführt worden.

„Darauff hat man zwölf Köpff auff den Bruckenthurm zu
„Prag, nähmlich des Grafen Schlicken, Budowa, Michalo-
„wiß, Caplers, Loß, Dworschißky, Bilaw, Hawenschildt,
„Kochan, Steffel, Kobers vund Jessenii, auff jede seyten
„sechs, wie litera N zu sehen, auffgesteckt, dem Grafen Schlicken
„die Hand auff den Mund, dem Michalowiß und Hawen-
„schildt aber, auff den Kopff gelegt.

„Deß Rüppels Hand hat man am Rahthauß auff den
„Pranger genagelt. Die Cörper vund übrige Köpff aber den be-
„trübten Witwen vund Kindern, ꝛc. zu begraben folgen lassen.

„Deß decollirten Johann Schultheißen Kopff hat man
„gen Kuttenberg, und des Maximilian Hoschtalets nach Saß
„geschickt, solche allda, auff die Justitia zu stecken.

„Folgenden Dienstag hat man dem Wentzel Poscheßky,
„Joseff Kubin vund Johann Schwela, darunter zwen
„Böhemische Procuratores gewesen, mit Ruten außgehawen O,
„und des Lands ewig verwiesen. So ist auch Nikolaus Diewisch,

„des Altstädter Burgermeisters Diener, mit seiner Zungen am
„Galgen P" genagelt worden, daran er eine Stund stehen müssen.
„Aber wegen der ausgestandenen grossen Qual vund Marter, ist
„er deß folgenden Tages gestorben, vund solcher gestalt diese
„Execution wider die Verurtheilten vollzogen, Auch beneben alle
„ihre Güter confiscirt worden. Welche alle mit einander ganz
„getrost, standhafft, Christlich und gedulbig gestorben vund ab=
„geschieden sind. Gott gnade ihren Seelen, Amen.
1621.

„Ende."

Nach der Vollziehung des Bluturtheiles wurden auch alle
Landsassen aufgefordert, sich selbst wegen der Rebellion anzuklagen,
wenn sie Verzeihung erhalten wollten. Fast der ganze Adel des
Landes, 728 Barone und Ritter erschienen auf dieses Wort und
wurden dafür entweder ihres ganzen Vermögens oder eines Theiles
desselben beraubt. Am 13. September mußten alle Prediger der
neuen Lehre das Land verlassen, an ihre Stelle traten dann Domini=
kaner, Franziskaner und Carmeliter in großer Zahl, und das con=
fiscirte Eigenthum wurde größtentheils der Kirche überwiesen. Die
Jesuiten führten dann alljährlich viele Tausende in den Schooß der
Kirche zurück und deßhalb wanderten auch 30,000 Familien lieber
aus, um nur ihren Glauben zu erhalten.

Weitere Fol=
gen der
Schlacht am
weißen Berge.

Vertreibung
der evangeli=
schen Prediger.
13. Septem=
ber.

Kaiser Ferdinand zerriß darauf die Urkunden und Zeugnisse
der böhmischen Nation und schnitt von dem Majestätsbriefe das
Sigill und die Unterschrift weg.

So wie Kaiser Ferdinand seine Feinde mit schonungsloser
Strenge bestrafte, so belohnte er auch seine Freunde. Der Kurfürst
von Sachsen erhielt die Lausitz, Maximilian von Baiern die
Oberpfalz, nachdem Tilly aus derselben die mannsfeldischen Schaaren
vertrieben hatte, und Baiern wurde mit der pfälzischen Kurwürde
belehnt.

B) Ausbreitung des Krieges in Deutschland.

§. 17. Nun stand Graf Mannsfeld, den Friedrich V. zum
Feldmarschall ernannt hatte, als Einziger für den enthronten König
von Böhmen noch in den Waffen, und die Sache des Protestan=
tismus beruhte eine Zeit hindurch einzig auf seinen Schaaren. Er
blieb einige Zeit noch in Pilsen, Tabor und Elbogen stehen, rückte
dann in die Oberpfalz ein, und nachdem ihn Tilly aus derselben

1622.
§. 17.
Mannsfeld
und Tilly.

1622. verdrängte, zog er nach Franken, wo er die Bisthümer Bamberg, Würzburg und Eichstädt brandschatzte und eilte dann an den Rhein, wo er Speier und Mainz bedrückte. Hierauf wandte er sich nach Elsaß Zabern, wo er am flachen Lande die Klöster plünderte. — Friedrich V., der wieder Muth faßte, begab sich verkleidet in das Treffen bei Lager Mannsfeld's, dieser zog dann mit ihm über den Rhein, und Wiesloch. schlug durch geschickte Benützung der Umstände am 27. April 1622 27. April. Tilly bei Wiesloch.

§. 13.   §. 18. Jetzt erhob sich auch noch ein neuer Kämpfer für die Markgraf von Sache Friedrich's V., nämlich der Markgraf Georg Friedrich von Baden-Durlach. Baden-Durlach. Durch die Erfolge Mannsfeld's ermuthigt, warb er ein Heer, trat sein Land zu Karlsburg seinem Sohne ab, brach nach der Pfalz auf und vereinigte sich dann bei Gernsheim mit Mannsfeld. Tilly wich den Verbündeten Anfangs aus, doch als Treffen bei sich bald darauf Friedrich von Baden von Mannsfeld wieder getrennt Wimpfen und hatte, überfiel ihn Tilly am 6. Mai 1622 bei Wimpfen und Niederlage des brachte ihm eine solche Niederlage bei, daß sich der Markgraf nur Markgrafen durch die heldenmüthige Aufopferung von 300 Pforzheimer Bürgern, von Baden. an deren Spitze der Bürgermeister Deimling stand, retten konnte. 6. Mai. Er entfloh hierauf ins Ausland.

§. 19.   §. 19. Unterdessen hatte schon ein dritter Kämpfer für die Herzog Sache Friedrich's V. das Schwert erhoben. Es war dies der Herzog Christian, der Christian, Administrator des Bisthums Halberstadt, Bruder des Administrator regierenden Herzogs von Braunschweig, Friedrich Ulrich. Er war von Halber- früher in holländischen Diensten als Rittmeister gestanden, und hatte stadt. dort den geflüchteten Kurfürsten Friedrich V. kennen gelernt, und wie man sagt, soll ihn ein persönliches Interesse für Elisabeth, der Gemahlin des Kurfürsten, zu dem kühnen Entschlusse gebracht haben, sich dem Kaiser zum offenen Feinde zu machen. Nach Rittersitte steckte er Elisabeth's Handschuh auf den Hut, und schwur, denselben nicht früher herabzunehmen, bis dem Kurfürsten Recht widerfahren wäre. Er trat bereits im Oktober 1621 für Friedrich V. in die Waffen, und stand in Westphalen an der Spitze einer bedeutenden Truppenmacht. In der Hauptkirche zu Paderborn fand er die zwölf Apostel aus gediegenem Silber; er ließ dieselben umschmelzen, um Münzen daraus zu prägen, indem er scherzend meinte, daß die Apostel den Auftrag hätten, in alle Welt zu gehen. Seine Münzen führten die Aufschrift: „Gottes Freund, der Pfaffen Feind."

Als aber Christian die Vereinigung seines 20,000 Mann starken Heeres mit Mannsfeld bewirken wollte, wurde er am

20. Juni 1622 von Tilly angegriffen, sein Fußvolk vernichtet, so daß er sich nur noch mit seiner Reiterei mit Mannsfeld vereinigen konnte.

Christian und Mannsfeld zogen hierauf nach Elsaß-Zabern, wo sie am 13. Juli 1622 von Friedrich V. ein Schreiben empfingen, das ihre Entlassung aus seinen Diensten enthielt. Diesen Schritt that Friedrich über Veranlassung des Königs von Dänemark und Kurhessens, welche ihm versprachen, seine Aussöhnung mit dem Kaiser anzubahnen, dabei aber die Entlassung Mannsfeld's und Christian's als Bedingung aufstellten.

Unbekümmert hierüber schalteten jedoch Mannsfeld und Christian am Rheine nach wie vor, dieselben wandten sich sogar nach Lothringen und verbreiteten Schrecken bis Paris. — Ueber Anerbieten der Holländer traten sie sodann für einige Monate in holländische Dienste, kämpften gegen Spanien und schlugen die Spanier unter Verdugo, wobei Christian einen Arm verlor, und der spanische General Spinola die Belagerung von Bergenopzoom aufheben mußte.

Die holländischen Dienste verlassend, brachen sie hierauf in Westphalen ein, wo sie sich jedoch trennten; Mannsfeld richtete seinen Marsch über Osnabrück nach Ostfriesland, und Christian zog nach Niedersachsen, wo er auf Antrieb seines Bruders von den Ständen dieses Kreises als Kreisgeneral in Dienst genommen wurde, weil jetzt die immer mehr um sich greifende Macht des Katholicismus die Fürsten und Länder zur eigenen Rüstung veranlaßte.

Da aber Christian auf eigene Faust den Krieg führen wollte und nach Böhmen zu ziehen beabsichtigte, um sich dort mit Bethlen Gábor zu vereinigen und den Kurfürsten Friedrich wieder auf den Thron zu setzen, verließ er schon nach vier Wochen den neuen Dienst, zog sich aber vor den ihm überlegenen Streitkräften Tilly's nach Westphalen zurück. Er kam jedoch nicht weit, denn schon bei Stadtlohn zwang ihn Tilly zum Stehen und schlug sein Heer in einer dreitägigen mörderischen Schlacht aufs Haupt. Christian wandte sich hierauf zu Mannsfeld nach Ostfriesland. Um aber sowohl Mannsfeld's als auch Christian's Truppen los zu werden, erbot sich der König von Dänemark und der Graf von Oldenburg, diesen Truppen den Sold auszuzahlen, worauf Mannsfeld und Christian ihre Truppen entließen. Ersterer begab sich an den Hof nach London, letzterer nach Paris.

Indessen hatte auch Bethlen Gábor am 8. Mai 1624 mit dem Kaiser Frieden geschlossen.

1622.
Treffen bei
Höchst.
20. Juni.
13. Juli.

Mannsfeld
und Christian
in holländischen Diensten.

1623.
Christian's
Niederlage in
der Schlacht
bei Stadtlohn.
6. August.

Auflösung des
mannsfeldischen Heeres.

1623.

C) Dänemarks Einmischung in den deutschen Krieg.

(Der niedersächsisch-dänische Feldzug.)

§. 20.

§. 20. Der Kaiser stand nun siegreich in Deutschland da, und es gab für ihn keine Widersacher mehr, denn die drei Kriegs-fürsten, die gegen ihn gekämpft hatten, waren vom Boden Deutsch lands vertrieben worden.

Richelieu's Politik.

Der französische Staatsmann Richelieu, der jedoch das Ueber-gewicht Oesterreichs in Deutschland nicht mit seiner Politik vereinbar fand, beabsichtigte deßhalb eine combinirte Bewegung gegen die habs-burgische Macht hervorzurufen. Er streckte den Holländern zur Kriegführung Geld vor, versprach dem Grafen Mannsfeld bedeutende monatliche Zahlungen zu neuen Rüstungen und brachte eine An-näherung Frankreichs und Englands zu Wege, denn auch König Jakob I. von England wollte für seinen Schwiegersohn, den Kur-fürsten von der Pfalz, Friedrich V., die Pfalz wieder erobern. Es kam im Haag ein Bündniß zwischen England, Holland und Däne-mark zu Stande, wonach sich die ersteren Staaten verpflichteten,

König Christian IV. von Dänemark.

dem König Christian IV. von Dänemark, als Herzog von Holstein und deutschen Reichsfürsten, im Kriege mit dem Kaiser und der Liga, Hilfsgelder zu zahlen und seine Armee durch ein Corps, unter Mannsfeld und Christian von Braunschweig, dem Halber-städter, zu verstärken. König Jakob ernannte den Grafen Manns-feld zu seinem General, und Christian, der Halberstädter, über-

1625.

nahm ein Cavallerie-Commando. Beide wurden im Frühjahr 1625 mit englischen Truppen in Holland ausgeschifft und rückten ins Clevische ein, um dort die Unternehmungen des Königs Christian abzuwarten.

Gestützt auf diese Wendung der europäischen Politik, erhoben nun auch die Protestanten im nördlichen Deutschland ihr Haupt. Die Mehrzahl der Fürsten und Städte Niedersachsens beschlossen im Mai 1625 zu Braunschweig, Truppen zu werben und den König Christian IV. von Dänemark, der als Besitzer von Holstein, ihre Interessen theilte, zum Kriegsobersten zu wählen. König Christian von Dänemark sammelte dann seine Armee zu Itzehoe und brach gegen Hameln auf, das er auch am 24. Juli be-setzte, hier aber stießen seine Streifparthien bereits auf die Truppen Tilly's. Christian traf jedoch in Hameln der unglückliche Zufall, daß er eines Abends auf dem dortigen Walle mit dem Pferde in eine, nur mit losen Brettern bedeckte Grube stürzte und sich dabei so schwer beschädigte, daß er durch drei Tage sprachlos und ohne **1625.** Besinnung da lag, weßhalb während seiner Krankheit seine Haupt- leute den Rückzug nach Verden antraten. Tilly rückte hierauf in Hameln ein, nahm das Schloß Stolzenau und ging auf Nienburg los, das er auch einschloß.

König Christian, der inzwischen hergestellt wurde, brach hierauf am 11. September 1625 zum Ersatze von Nienburg auf und Tilly zog sich am 24. September 1625 auf Minden zurück. **24. Septemb.** Graf Mannsfeld war indessen mit 8000 Mann von Emmerich, wo er unthätig lag, nach Bremen marschirt, und von da zog er ins Lübeksche, wo er Winterquartier nahm. Christian von Braun- schweig, der Halberstädter, stieß im September noch zu den Dänen, doch hatten Hunger und Krankheit seine Truppen bis auf einige tausend Mann herabgebracht.

§. 21. Alles was bisher für den Kaiser geschah, war nur **§. 21.** das Werk des Herzogs Maximilian von Bayern und der Liga gewesen, wodurch der Kaiser in die volle Abhängigkeit von dem- selben gerieth. Da es aber für ihn bedenklich war, die Geschicke Deutschlands ganz von dem Herzog von Bayern abhängig zu machen, so war die Aufstellung eines eigenen Heeres für ihn höchst wünschens- werth; doch fehlte Ferdinand hiezu Alles, sowohl Geld als auch Feldherren; Dampierre und Buquoi waren gefallen, die Geldverlegen- heiten des Kaisers erschienen unüberwindlich, und ein Finanzbericht des Grafen Brenner gestand, daß er auch nicht einmal 10,000 Gulden aufzubringen vermöge.

In dieser Noth erstand dem Kaiser plötzlich ein Helfer in der **Wallenstein.** Person des böhmischen Edelmannes, des Grafen Albrecht von Wallenstein. Wallenstein war am 15. September 1583 in Prag geboren. Er war ein Zögling der Jesuiten und erwarb durch die Heirath mit einer sehr begüterten mährischen Witwe, Lukretia von Landek, ein sehr ansehnliches Vermögen, das ihm nach ihrem, im Jahre 1614 erfolgten Tode, zufiel. Er hatte schon früher unter Dampierre gedient, wo er auf eigene Kosten 200 Dragoner ins Feld gestellt hatte. Noch vor dem Ausbruche der böhmischen Un- ruhen hatte er sich zum zweitenmale mit der Tochter des kaiserlichen Geheimrathes, Grafen von Harrach, der beim Kaiser in hoher Gunst stand, vermählt. Bei dem Ausbruche der böhmischen Unruhen warb er ein Kürassierregiment und stieß damit zum Grafen Buquoi gegen Friedrich V. Der Kaiser belohnte darauf Wallenstein im Jahre 1622 mit der erledigten Herrschaft Friedland und dem Reichs-

22*

1625.

grafentitel, worauf im folgenden Jahre auch noch seine Erhebung in den Fürstenstand folgte. Sein großer Reichthum stammte aus den nach der Schlacht am weißen Berge verhängten Confiscationen der böhmischen Güter her, von denen Wallenstein in zwei Jahren für nicht weniger als sieben und ¹⁄₄ Million Gulden auflaufte, und dem Kaiser dafür die Zahlung theils baar, theils in Regimentern leistete. Nach mäßiger Schätzung wurde der Werth seiner liegenden Güter auf 30 Millionen Gulden veranschlagt.

Wallenstein stellt für den Kaiser ein Heer auf.

Im Frühlinge 1625 trat er mit dem Antrage hervor, ein Heer für den Kaiser auf seine Kosten zu stellen, wenn ihm der Oberbefehl darüber zugestanden würde und wenn ihn der Kaiser aus den eroberten Ländern entschädigen wolle. Hierauf erhielt Wallenstein auch eine, auf die Werbung von 24,000 Mann lautende Vollmacht vom Kaiser. Er schlug dann in Böhmen, Franken und Schwaben Werbeplätze auf, und die neu geworbenen Schaaren wurden in dem schwäbischen und fränkischen Kreise einquartiert.

1626.

§. 22.

Niederlage Mannsfeld's an der Dessauer Brücke. 25. April.

§. 22. Der Plan Christian's von Dänemark für den Feldzug 1626 ging dahin, die Vereinigung Tilly's mit Wallenstein zu verhindern, dabei sollte Mannsfeld sich nach Schlesien ziehen, und von da vereint mit Bethlen Gábor in Böhmen oder Oberösterreich einbrechen.

Wallenstein vereinigte sich aber nicht mit Tilly, sondern überließ diesem den König von Dänemark, er selbst sicherte sich durch eine bei Dessau über die Elbe geschlagene Brücke den Uebergang und die Verbindung mit dem rechten Ufer dieses Flußes, und sein Oberst Altringer hielt den dießfälligen Brückenkopf besetzt.

Mannsfeld, welcher schon im Februar 1626 aufbrach und durch die Altmark zog, versuchte am 12. und 21. April vergebliche Angriffe auf die Dessauer Brücke, und als er hierauf den Angriff am 25. April abermals erneuerte, hatte Wallenstein indessen Zeit gehabt, auf dem bedrohten Punkte seine Streitkräfte zu vereinigen und Mannsfeld eine bedeutende Niederlage beizubringen, welche ihm sein ganzes Geschütz und 700 Mann kostete.

Mannsfeld's Tod. 30. Novemb.

Mannsfeld erholte sich aber im Brandenburgischen bald wieder, und nachdem er 5000 dänische Reiter unter Oberst Baudissin an sich gezogen hatte, brach er mit 20,000 Mann Ende Juni nach Schlesien auf. Wallenstein zog ihm zwar nach, aber Mannsfeld wartete ihn nicht ab, überstieg die Karpathen und ging Anfang September über die Waag, um sich mit Bethlen zu vereinigen. Nach einem sehr beschwerlichen Marsche erreichte er den

Jablunka-Paß und vereinigte sich hier mit Ersterem. Da er ihm
aber Truppen und Geld bringen sollte, ihm jedoch jetzt beides
mangelte, so mußte er sogar sein Geschütz verkaufen und wollte sich
hierauf über Venedig nach England, wahrscheinlich um Geld wenden.
Er kam aber nicht weit, denn schon in dem bosnischen Dorfe Ura=
kowitz erkrankte er und starb am 30. November 1626 an einem
bösen Fieber. Als er den Tod nahen fühlte, ließ er sich den Har=
nisch anlegen, das Schwert umgürten, und so starb er von zwei
Offizieren gehalten, stehend, im 46. Lebensjahre. Er wurde in
Spalato begraben.

Herzog Christian der Halberstädter war ihm schon am
16. Juni 1626 in die Ewigkeit vorangegangen.

Wallenstein, der Mannsfeld in das Gebirge nachgefolgt
war, kam gleichfalls in eine üble Lage, denn er verlor durch Hunger
und Krankheit an 20,000 Mann, weßhalb er sich dann auf die
Insel Schütt zurückziehen mußte.

Mit Bethlen Gábor wurde aber zu Preßburg im Dezember
der Friede abgeschlossen, indem dieser die sieben ungarischen Gespan=
schaften, die ihm schon früher abgetreten worden waren, behielt. Er
starb aber schon im Jahre 1629.

§. 23. Tilly brach im Frühjahre aus seinem Quartier in
den Harzgegenden auf, nahm am 30. Mai 1626 Minden mit
Sturm und ließ alle Soldaten bis auf sieben Mann und den
größten Theil der Bürgerschaft niederhauen. Er belagerte sodann
Göttingen, das er am 30. Juli mittelst Capitulation erhielt.

König Christian IV., aus seiner Unthätigkeit erwachend, rückte
nun gegen Nordheim, doch wünschte er eine Feldschlacht zu vermeiden
und zog deßhalb gegen Wolfenbüttel. Am 27. August 1626 wurde
er aber von Tilly, der eine Verstärkung von Wallenstein unter
Oberst Desour an sich gezogen hatte, bei Lutter am Baren=
berge eingeholt und zum Treffen genöthiget. Um 10 Uhr Morgens
griff Tilly das Heer Christian's an und schlug es so total, daß
sich Christian IV. nur mit geringen Resten seiner Truppen nach
Wolfenbüttel retten konnte; 2000 Gefangene, 22 Geschütze, 80 Fahnen,
die Kriegskassa, sämmtliches Schanz= und Lagerzeug fielen in die
Hände des Siegers.

Tilly bemächtigte sich hierauf des ganzen niedersächsischen
Kreises.

Christian IV. versah sodann Wolfenbüttel mit einer starken
Besatzung, zog nach Stade und stand in Kurzem wieder an der

1626.

§. 23.
Einnahme von
Minden und
Göttingen
durch Tilly.
30. Mai und
30. Juli.

Niederlage
Christian's IV.
in der Schlacht
bei Lutter am
Barenberge.
27. August.

1627. Spitze eines bedeutenden Heeres. Er ließ das Mecklenburgische, als die Vormauer seiner Staaten, besetzen und übergab das Commando dem Markgrafen Christian Wilhelm von Brandenburg, dem Administrator des Erzstistes Magdeburg.

§. 21.
Niederlage
Christian's 17.
und
Beendigung
des dänischen
Krieges.

§. 24. Die Aussichten auf den Feldzug des nächsten Jahres 1627 waren aber für den König von Dänemark traurig. Zwar erschien vom König Karl I. von England der General Morgan mit 3000 Engländer und der Markgraf von Baden=Turlach mit weiteren 5000 Mann, allein der Adel und die dänischen Stände zeigten keine Lust mehr zur weiteren Unterstützung des Königs, so daß dessen Streitkräfte gegen die feindlichen unverhältnißmäßig zurückblieben, wobei der König wieder den Fehler beging, daß er seine Vertheidigungslinie, die von Bremen über Lauenburg bis Mecklenburg gieng und nach Schlesien verlängert werden sollte, zu sehr ausdehnte, um die Verbindung mit den dortigen Truppen wieder herstellen zu können.

Tilly zog aber seine Armee im Lüneburgschen zusammen, vertrieb die Dänen aus Lauenburg und Neuhaus, und General Arnim, von Wallenstein vorausgesendet, rückte in Mecklenburg ein.

Wallenstein, der inzwischen vom Kaiser das Herzogthum Sagan durch Kauf erhalten hatte, indem der Letztere, wie bei der Herrschaft Friedland, einen Theil der Forderungen Wallenstein's an ihn an Zahlungsstatt gelten ließ, vertrieb indessen im Juni 1627 die Dänen aus Schlesien, nahm Neisse, Leobschütz, Jägerndorf; im Juli Kosel und Troppau, und zwang den Rest der dänischen Truppen unter dem General Baudissin zum Rückzuge nach der Warthe, welch Letzterer sich dann mit dem Reste seiner Truppen im September 1627 in Glückstadt mit dem dänischen König vereinigte.

Jetzt zeigte sich Wallenstein's Thatkraft; am 1. August war er in Troppau, am 27. August schon in Havelberg und am 30. in Dömitz, er besetzte dann Mecklenburg und vereinigte sich in der Gegend von Lauenburg mit Tilly, wo sich beide über den gemeinschaftlichen Angriff auf den dänischen König besprachen.

September. Nachdem die dänischen Truppen aus ihren Schanzen bei Hamburg verjagt waren, drangen Wallenstein und Tilly im September 1627 in Holstein ein und Christian bat nun um Frieden; da aber Wallenstein ungeheuere Forderungen machte, so brannte der dänische König auf seiner Flucht lieber die eigenen Flecken und Dörfer nieder, um sie nicht dem Feinde in die Hände fallen zu lassen, und übergab dann dem böhmischen Grafen Thurn und dem Markgrafen

von Baden-Durlach den Oberbefehl über die Truppen. Wallen= 1627.
stein drängte aber die Dänen immer weiter, nahm alle ihre festen
Plätze in Holstein, so daß ihnen daselbst nur noch Krämpe und Glück=
stadt übrig blieben, die ganze übrige curische Halbinsel aber in den
Besitz der Kaiserlichen kam. Nur die Besatzung von Wolfenbüttel
hielt sich vier Monate lang und erhielt darauf eine ehrenvolle
Kapitulation.

Wallenstein verlegte sodann seine Truppen bis Pommern
ins Winterquartier; Tilly jedoch trennte sich, wahrscheinlich Wallen=
steins hochmüthigen Benehmens wegen, von demselben und ging an
die Weser.

§. 25. Kaiser Ferdinand II. stand nun zum zweitenmale 1628.
in Deutschland als Sieger da, denn es gab wieder keinen Feind, §. 25.
der ihm entgegentreten konnte.

Wallenstein
mit Mecklen=
burg belehnt.
1. Februar.

Wallenstein dachte aber nicht daran, sein Heer zu entlassen,
sondern verstärkte dasselbe nur noch mehr. Da er aber Mecklenburg
für sich zu erhalten wünschte, reiste er schon im Winter 1627 nach
Prag, wo sich der Kaiser eben aufhielt, und wußte alle Schwierig=
keiten, die der Uebertragung Mecklenburgs an ihn im Wege standen,
zu beseitigen, so daß schon am 1. Februar 1628 eine Kundmachung Die Herzoge
des Kaisers erschien, worin die Herzoge von Mecklenburg ihrer Lande von Mecklen=
verlustig erklärt und Wallenstein mit Mecklenburg unter dem Titel burg werden
„fürstliche Hoheit" als Unterpfand für seine Kriegskosten belehnt ihrer Länder
wurde. Schon am 29. April mußten die mecklenburgischen Stände verlustig
Wallenstein huldigen, und im Juni 1629 wurde Wallenstein mit 1. Februar.
Mecklenburg förmlich belehnt.

§. 26. Schon im November 1627 war auch der Herzog von §. 26.
Pommern, Boguslaw XIV., aufgefordert worden, kaiserliche Belagerung
Regimenter als Besatzung in seine Städte aufzunehmen, und mußte von Stralsund.
sich fügen, sein Land Wallenstein's Schaaren preiszugeben. Nur 24. Mai —
die Stadt Stralsund, als Hansastadt reich und mächtig, und durch 22. Juli.
ihre Lage am Meere stark, widersetzte sich der Einlagerung wallen=
steinischer Völker, und berief sich auf ihre Privilegien. Da aber
Wallenstein auf seiner Forderung bestand, bemächtigte sich sein
Feldmarschall Hans Georg von Arnim am 13. Februar 1628
der den Hafen von Stralsund beherrschenden kleinen Insel Dönholm,
welche er sodann befestigen ließ. Die Bürger von Stralsund ver=
trieben jedoch die Kaiserlichen von da, und verbanden sich am
9. April durch einen gemeinschaftlichen Eid, bei der wahren Religion, 9. April.

der augsburgischen Confession, bis zum letzten Blutstropfen verbleiben zu wollen.

Sie beschlossen sodann eine allgemeine Bewaffnung, und riefen Schweden und Dänemark, sowie die Hansastädte um ihre Hilfe an Dänemark sandte ein Schiff und Gustav Adolf von Schweden

Pulver. Am 24. Mai schloß Arnim die Stadt mit 8000 Mann ein, und unternahm am 17. und 24. Mai zwei vergebliche Stürme gegen dieselbe. Oberst Holf kam hierauf von Dänemark nach Stralsund, und übernahm das Commando über die Vertheidigung der Stadt.

Am 7. Juli erschien aber Wallenstein selbst vor Stralsund, und ließ schon am folgenden Abend stürmen, was sich jedoch vergeblich erwies, worauf am 29. Juli die Stadt heftig bombar= dirt wurde. — Da in diesen Tagen der Noth am 19. Juli wieder 400 Dänen zur Vertheidigung in Stralsund anlangten, die Besatzung aber selbst so glückliche Ausfälle machte, daß bei einem derselben das ganze tiefenbachische Regiment, eines der besten des kaiserlichen Heeres, zu Grunde gerichtet wurde, und da am 26. Juli noch 2000 Schweden in Stralsund landeten, der König von Dänemark sich indeß mit einer Flotte an den Küsten von Mecklen= burg wieder sehen ließ, Wallenstein selbst aber keine Seemacht hatte, mußte er die Hoffnung aufgeben, Stralsund zu erobern, und

ließ daher die Belagerung am 22. Juli aufheben.

§. 27. Um nun vor Allem die Gefahr einer Vereinigung Schwedens mit Dänemark zu verhüten, wurden nunmehr am 26. Januar 1629 Friedensunterhandlungen mit Dänemark zu Lübeck eröffnet. — Wallenstein, der jetzt sein neues Herzogthum Mecklenburg vor den dänischen Einfällen sichern wollte, leitete deß= halb selbst die Friedensunterhandlungen in Güstrow, und wurde schließlich dem Könige von Dänemark am 22. Mai 1629 unter sehr guten Bedingungen der Friede bewilligt, wobei er seine eroberten Länder zurückbekam, keine Kriegskosten zu bezahlen hatte, sondern nur geloben mußte, sich künftig mit Niemand gegen den Kaiser ver= binden zu wollen.

§. 28. Jetzt, wo der Kaiser wieder als Sieger dastand, be= schäftigte er sich abermals mit der Herstellung der katholischen Kirche; auf Betrieb des päpstlichen Nuntius und im Einverständnisse mit den katholischen Kurfürsten wurde am 6. März 1629 das sogenannte Restitutionsedikt erlassen. Kraft desselben sollten die Lutheraner gehalten sein, alle Stifte, Klöster und Prälaturen, selbst die unter

der Botmäßigkeit der Reichsstände gelegenen, die seit dem Passauer 1629.
Vertrage (s. V. Epoche §. 49) und wider den geistlichen Vorbehalt
reformirt oder sonst verwendet worden wären, der katholischen Kirche
zurückzustellen. Auf die Calvinisten, so hieß es, fände der Religions=
friede keine Anwendung. Ebensowenig sei derselbe für die Landsassen
und Unterthanen der einzelnen Stände jemals vorhanden gewesen,
da die Reichsstände denselben unter sich abgeschlossen hätten; sie
könnten deßhalb von ihrem Landesherrn zur Annahme der katholi=
schen Religion oder zur Auswanderung gezwungen werden. — Das
Kammergericht wurde angewiesen, nach diesen Grundsätzen zu ver=
fahren, und es wurde eine Kommission zur Execution desselben in
alle Kreise entsendet. Drei Erzbisthümer, fünfzehn Bisthümer und
fast alle norddeutschen Stifte und Abteien fielen durch dieses Edikt
den Katholiken wieder zu. Nur der Kurfürst von Sachsen sollte,
theils als Belohnung für seine Dienste, theils um ihn nicht zu
Feindseligkeiten zu reizen, seine drei Hochstifte: Merseburg, Naum=
burg und Meißen behalten dürfen.

Die Protestanten erhoben nun über dieses Edikt von allen **Die Durchfüh=**
Seiten die lautesten Klagen, und obzwar dasselbe eine sehr unheil= **rung des Re=**
volle Maßregel war, wurde es überall und zunächst in den Reichs= **stitutions=**
städten: Ulm, Augsburg, Regensburg ꝛc. mit Waffengewalt **ediktes.**
durchgeführt, besonders wurde Augsburg sehr hart behandelt, indem
diese berühmte Stadt durch das tyrannische Verfahren der kaiserl.
Kommissäre, und durch die Vertreibung der evangelischen Bürger
sehr von ihrer Höhe herabsank. Obzwar jetzt Niemand mehr Wider=
stand wagte, so wuchs dafür die Erbitterung im Stillen desto mehr.

Nur die einzige Stadt Magdeburg wagte es, sich dem **Magdeburg**
Restitutionsedikte zu widersetzen, und verweigerte die Aufnahme einer **widersetzt sich**
kaiserlichen Besatzung. **dem Resti=**
tutionsedikte.
Da durch das Restitutionsedikt das wiederhergestellte Magde= **Juli.**
burger Erzbisthum dem Sohne des Kaisers, Leopold Wilhelm,
übertragen worden war, mußte der Widerstand der Magdeburger
gebrochen werden.

Wallenstein ordnete zwar im Juli 1629 die Belagerung
von Magdeburg durch die Oberste Pappenheim und Beker an,
die Kroaten verwüsteten auch die Umgebung von Magdeburg und
verbreiteten überall Mord und Brand, doch gelang es endlich im
Herbste der Hansa, zu welcher auch Magdeburg gehörte, einen Ver=
gleich zu vermitteln, in Folge dessen gegen Zahlung von 10,000 Tha=
lern, als Entschädigung für die den Kaiserlichen weggenommenen

1629.
29. Dezember.

(Getreideschiffe, am 29. Dezember 1629 die Belagerung aufgehoben wurde.

Unterdessen hatte Wallenstein das Restitutionsedikt in Halberstadt mit besonderer Härte vollzogen. — Sein Heer soll damals 150,000 Mann stark gewesen sein, und die Gräuel, welche die Soldateska in Deutschland verübte, wird als maßlos geschildert; willkürliches Brandschatzen, Weiberschänden, Ohren- und Nasenabschneiden, sowie Martern des Volkes aller Art, war eine alltägliche Sache.

1630.
§. 29.
Der Kurfürstentag zu Regensburg.
19. Juni bis 12. November.

§. 29. So war der Zustand des Reiches beschaffen, als Ferdinand II. im Februar 1630 einen allgemeinen Kurfürstentag für Juni einberief, indem er wünschte, daß sein ältester Sohn zum römischen Könige erwählt werden möge. Die vier katholischen Kurfürsten erschienen persönlich, nicht so aber Sachsen und Brandenburg. — Der Kaiser traf am 19. Juni 1630 in Regensburg ein. Hier wurden aber Klagen über die Zuchtlosigkeit des wallensteinischen Kriegsvolkes vorgebracht; die Kurfürsten beschwerten sich über die Barbareien desselben, verlangten die Verminderung des Heeres, forderten direct die Absetzung Wallenstein's, und die Führung des kaiserlichen Heeres durch einen Reichsfürsten, welchen Forderungen die drohende Heeresmacht der Liga den gehörigen Nachdruck gab. — Besonders war es der Herzog Maximilian von Baiern, der als Haupt der Liga entschieden Wallenstein's Absetzung forderte, denn Maximilian haßte diesen als einen Emporkömmling, der sich unter die alten Fürstengeschlechter eindränge. Uebrigens fürchteten die katholischen Fürsten die steigende Macht des Kaisers, um nicht später selbst unterdrückt zu werden, und Richelieu unterstützte den Herzog Maximilian in diesem Vorgehen.

Wallenstein's erster Sturz.
6. September.

Nur gezwungen und ungerne willigte daher der Kaiser am 14. August in die Absetzung seines Feldherrn, dem er Alles verdankte, und am 6. September kam die Absetzung zur Ausführung. Zwei alte Freunde Wallenstein's, der Hofkanzler von Werdenberg und der Kriegsrath von Questenberg, übernahmen es, Wallenstein die Absetzung zu überbringen. Derselbe nahm diese gelassen an, legte sein Commando nieder, und begab sich nach Böhmen auf seine Güter. Seine Einkünfte, die sich jährlich auf 6 Millionen beliefen, gestatteten ihm auch jeglichen Aufwand.

Kaiser Ferdinand, der die Wahl seines Sohnes zum römischen König nicht durchgesetzt hatte, schloß den Reichstag am

12. November. 12. November 1630.

b) Auftreten Schwedens auf dem Kriegsschauplatze.

§. 30. Als die Sache der Protestanten in Deutschland nahezu ganz unterdrückt war, erschien zur Rettung der gemeinsamen Religion und Freiheit in Gustav Adolf, König von Schweden, Sohn Königs Karl IX., von Außen her die so nothwendige Hülfe.

Schon früher suchte der Staatsmann Richelieu, seiner Politik getreu, Oesterreich nicht übermächtig werden zu lassen, Gustav Adolf zu diesem Krieg zu bewegen.

Die Gründe, welche Gustav Adolf den Krieg in Deutschland beginnen ließen, waren: Oesterreichs Pläne auf die Ostsee, die für Schweden bedenklich waren, zu vernichten, die Uebermacht Oester= reichs überhaupt einzuschränken; vor Allem aber der fromme Wunsch, als Schützer und Rächer der Unterdrückten aufzutreten, den evan= gelischen Glauben zu retten und zu befreien. Im Frühjahre 1630 schloß er daher mit Frankreich ein Bündniß derart ab, daß er zur Herstellung der Gerechtsame der deutschen Stände, zur Entfernung der deutschen Truppen, und zur Sicherung der Seefahrt und des Handels ein Heer nach Deutschland führen werde, wobei Frankreich ihn mit einer angemessenen Summe unterstützen sollte.

Nachdem Gustav Adolf seine Rüstungen vollendet hatte, übertrug er die Regierung des Landes während seiner Abwesenheit dem Reichsrathe, nahm am 27. Mai 1630 von den Reichsständen Abschied und schiffte sich am 23. Juni mit 15,000 Mann ein.

General Banner führte das Fußvolk, General Torstenson die Artillerie und General Horn sollte ihm aus Preußen weitere 10,000 Mann zuführen.

Am 4. Juli 1630 landeten die Schweden bei dem Dorfe Peenemünde auf Usedam. Am 20. Juli rückten sie in Stralsund ein, nachdem der König mit dem pommerischen Herzog Bogislaw XIV. ein Bündniß auf gegenseitige Hülfeleistung geschlossen hatte.

Bis Ende des Jahres 1630 waren auch die Kaiserlichen aus ganz Pommern vertrieben.

Am 13. Januar 1631 unterzeichnete Gustav Adolf zu Bärenwalde einen weiteren Subsistenzvertrag mit Frankreich, nach welchem sich der König von Frankreich verpflichtete, jährlich 400,000 Thaler Kriegskosten zu zahlen, ohne sich jedoch am Kriege selbst zu betheiligen.

§. 31. Bei Ankunft der Schweden erwachten endlich die deutschen Protestanten aus ihrer Verzagtheit, und wieder war es

1631.
Magdeburg.
August.
die Stadt Magdeburg, die zuerst thätig auftrat und den früheren Administrator des Erzbisthums, Christian Wilhelm, der heimlich in die Stadt kam und derselben die Hülfe der Schweden verkündete, aufnahm. Christian Wilhelm warb sodann im August 1630 Truppen, griff die im Erzstifte liegenden kaiserlichen Schaaren an und nahm nebst anderen Orten Halle ein. In der Stadt commandirte der Oberst Dietrich von Falkenberg, den der König von Schweden heimlich hingesendet hatte.

Hessen.
November.
Dem Beispiele Magdeburgs folgte zunächst die Landgräfin von Hessen, welche im November 1630 für ihren Sohn Wilhelm einen Bund mit Gustav Adolf schloß.

Der Leipziger
Bund.
12. April.
Der Kurfürst Johann Georg von Sachsen, dessen Länder bisher unberührt geblieben waren, wies zwar die Anträge Gustav Adolf's, sich mit ihm zu verbünden, aus Furcht vor dem Kaiser zurück, doch hatte er schon im Februar 1631 die protestantischen Fürsten nach Leipzig einberufen, welche ungeachtet der Einflüsterungen des Kaisers am 12. April 1631 den Beschluß faßten, den Widerruf des Restitutionsediktes zu verlangen, und zu rüsten, um jeder Gewalt widerstehen zu können. Der schwedische Gesandte wurde aber zu dieser Versammlung nicht zugelassen.

Nur die Herzoge von Weimar: Bernhard, Wilhelm Ernst, die beiden Herzoge von Sachsen-Lauenburg, Franz und Franz Albrecht, sowie der Herzog von Lüneburg stellten sich sogleich auf Seite der Schweden.

§. 32.
Gustav Adolf
und Tilly.
§. 32. Diese waren indessen längs der Oder hinaufgerückt, während Tilly, der jetzt den Oberbefehl über das kaiserliche Heer führte, im Februar 1631 bei Frankfurt anlangte, um ihnen den Weg zu versperren.

Gustav Adolf wandte sich hierauf ins Mecklenburgische und nahm Malchin, Neubrandenburg und Demmin weg; Tilly verfolgte ihn aber und eroberte Neubrandenburg wieder, wobei er die ganze schwedische Besatzung von 2000 Mann grausam niederhauen ließ, welche Grausamkeit später bei den Schweden, wenn sie Repressalien übten, den Spottnamen „Brandenburgisch-Quartier" erhielt.

Tilly zog hierauf gegen Magdeburg, um an dieser Stadt ein abschreckendes Beispiel zu geben.

Erstürmung
Frankfurts.
13. April.
Gustav Adolf erstürmte indessen am 13. April Frankfurt, wo Tiefenbach mit 6000 Mann Kaiserlichen zurückgeblieben war, und nahm durch Capitulation am 16. April Landsberg an der Warthe. — So gerne er nun auch Magdeburg, das von Tilly

belagert wurde, zu Hülfe geeilt wäre, mußte er sich doch zuvor des Kurfürsten von Brandenburg versichern, um im Falle eines Rückzuges von da nicht im Rücken bedroht zu werden. Er ließ daher den Magdeburgern sagen, sie möchten sich nur drei Wochen halten, da er ihnen dann Hülfe bringen werde.

Gustav Adolf forderte hierauf von dem Kurfürsten Georg Wilhelm von Brandenburg die Ueberlassung der Festungen Spandau und Küstrin, was aber der Letztere verweigerte, weßhalb Gustav Adolf am 13. Mai vor Berlin rückte. Am 14. Mai kam jedoch ein Uebereinkommen zu Stande, kraft dessen den Schweden Spandau eingeräumt und eine monatliche Zahlung von 30,000 Thalern zugesichert wurde.

Gleich darauf brach Gustav Adolf über Potsdam und Brandenburg gegen die Elbe auf, wo ihm aber der Uebergang über die Brücke in Wittenberg wieder von dem Kurfürsten von Sachsen verweigert wurde. Als aber dann plötzlich die Nachricht von der Erstürmung und Zerstörung Magdeburgs kam, gab Gustav Adolf in einer Proklamation den Kurfürsten von Brandenburg und Sachsen die Schuld an dem Unglücke dieser Stadt.

§. 33. Nachdem der Administrator von Magdeburg, Christian Wilhelm, als Verbündeter Schwedens den Krieg schon im vorigen Jahre eröffnet hatte, waren auch im September 1630 die kaiserlichen Truppen vor Magdeburg erschienen.

Im Winter 1630 lagerte Pappenheim mit 10,000 Mann in der Umgegend, da aber Tilly den größten Theil seiner Truppen noch in Frankfurt und Meklenburg verwendete, so konnte nichts Ernstliches gegen die Stadt unternommen werden, bis endlich Tilly selbst mit 30,000 Mann an Ort und Stelle anlangte. Jetzt wurde mit dem heftigsten Nachdruck ein Außenwerk nach dem anderen erstürmt, bis nach vier · Wochen die Kaiserlichen dicht an die Stadtmauern vordrangen.

Der Oberst Dietrich von Falkenberg, als Vertheidiger der Stadt, that alles, was man von einem ausdauernden Commandanten nur fordern kann; er hatte aber nur 2000 Fußgänger und kaum 300 Reiter, und die bewaffneten Bürger in der Anzahl von 5000 unterstützten ihn nur lau. Doch hoffte Alles auf einen baldigen Entsatz durch Gustav Adolf.

Tilly aber beschloß, die Stadt mit Sturm zu nehmen und versprach deßhalb seinen Truppen, eine dreitägige Plünderung gestatten zu wollen.

1631.

Gustav Adolf und der Kurfürst von Brandenburg.
14. Mai.

§. 33.
Magdeburgs Untergang.
20. Mai.

Am 20. Mai 1631 Morgens meldeten die Thurmwächter, daß das Lager der Kaiserlichen in voller Bewegung sei Es wurde Sturm geblasen und Alles eilte auf die Mauern, allein es war schon zu spät. Pappenheim hatte den Angriff zwischen 6 und 7 Uhr eröffnet, und da die Sturmpfähle im Graben bereits umgehauen waren, konnten die Kaiserlichen ohne Mühe ihre Leitern anlegen, und so drangen die Pappenheimer in die Stadt. Oberst Falkenberg führte sein Regiment nichtsdestoweniger gegen den Feind, fiel aber an der Spitze desselben; der Widerstand, der nun in der Stadt geleistet wurde, war verzweifelt, aber die Kaiserlichen drangen unaufhaltsam in hellen Haufen ein, und um 9 Uhr Früh war Magdeburg erobert. Furchtbar waren die Gräuel, die jetzt von Blutdurst, Wollust und Raubsucht geübt wurden. Es ist kaum zu sagen, ob die Schmach der Weiber oder die Verletzungen der Männer schrecklicher waren. In der Katharinenkirche fand man 53 Weiber mit abgeschlagenen Köpfen und die Straßen waren mit zuckenden Leichnamen bedeckt. Da die Stadt auch in Brand gesteckt wurde, so griff das Feuer derart um sich, daß es sogar die Plünderer vertrieb und diejenigen Bewohner, die sich versteckt hatten, kamen in den Flammen jämmerlich um; die Kroaten spießten kleine Kinder auf und warfen sie in die Flammen. Dem Wüthen derselben und jenem der Wallonen konnte selbst Picolomini nicht Einhalt thun. Von 35,000 Einwohnern sollen nur 5000 das Blutbad überlebt haben.

Von der schönen Stadt blieb nur noch die Domkirche übrig, die Tilly durch 500 Mann bewachen und vor dem Feuer retten ließ, alles andere war Schutt und Asche. Am zweiten Tage wurde die Plünderung fortgesetzt und am 25. Mai hielt Tilly in die zerstörte Stadt seinen feierlichen Einzug.

§. 34. Der Fall von Magdeburg erregte im protestantischen Deutschland einen furchtbaren Schrecken und Gustav Adolf vernahm diese Nachricht mit großem Schmerz.

Nachdem Tilly einen Theil des kaiserlichen Heeres unter Pappenheim an der Elbe zurückgelassen hatte, züchtigte er hierauf zuerst den Herzog Wilhelm von Weimar, der dem Landgrafen von Hessen Truppen geschickt hatte, durch die Verwüstung seines Landes, und würde auch den Letzteren angegriffen haben, wenn er daran nicht durch den Uebergang des Königs von Schweden über die Elbe gehindert worden wäre.

Der König von Schweden versicherte sich jetzt des rechten Elbe-

ufers und bezog am 10. Juli 1631 bei Werden ein festes Lager.
Tilly legte sich ihm gegenüber; da aber der König keine Schlacht
annahm, so zog Tilly wegen Mangel an Nahrungsmitteln sodann
nach Wollmirstädt. Gustav Adolf benützte aber diese Zeit und
setzte die alten Herzoge von Mecklenburg wieder in ihr Land ein.

§. 35. Um dem weiteren Fortschritt der schwedischen Waffen §. 35.
in Deutschland zu begegnen, wollte sich Tilly der Hilfsquellen Verfahren
Sachsens bemächtigen und ließ dem Kurfürsten Georg I. von Tilly's gegen
Sachsen am 24. August 1631 anzeigen, er solle die Rüstungen Sachsen.
des Leipziger Bundes einstellen ihm (Tilly) die Kriegssteuer zahlen, 24. August.
Lieferungen geben und ihm den Durchmarsch durch sein Land nicht
weiter verweigern.

Da sich der Kurfürst dessen aber weigerte, so beschloß Tilly,
seine Unterwerfung zu erzwingen. Er nahm daher Halle, Eisleben,
Naumburg, Zeitz und andere Orte in Besitz und legte ihnen starke
Contributionen auf.

Dieser Vorgang veranlaßte nun den erbitterten Kurfürsten, Bündniß des
sich den Schweden in die Arme zu werfen, und obzwar Gustav Kurfürsten
Adolf die harte Bedingung machte, Wittenberg auszuliefern und von Sachsen
den Kronprinzen als Geißel für die aufrichtige Gesinnung des Kur= mit Gustav
fürsten zu geben, so schloß Letzterer am 14. September mit ihm 14. Septemb.
doch das Bündniß, wobei der Schwedenkönig aber von seinen harten
Bedingungen freiwillig abging.

Tilly war inzwischen vor Leipzig angekommen, beschoß die Tilly's
Stadt, welche ihm den Proviant verweigert hatte und verbrannte Niederlage in
deren Vorstädte. Von Feuerkugeln geängstiget, ergaben sich hierauf der Schlacht
die Bürger und die Kaiserlichen erwarteten hier die Verbündeten. bei Leipzig
Tilly zog seine Truppen auf die Anhöhen längs der Dörfer (Breitenfeld).
Breitenfeld, Lindenthal und Wiederschitz, und am 17. Sep= 17. Septemb.
tember kamen auch schon die Schweden dem Feinde zu Gesicht.
Beide Heere waren sich an Stärke ziemlich gleich, und es mochte
jedes 40,000 Mann zählen. Um Mittag begann sodann die Schlacht;
Tilly warf sich auf die Sachsen und der Kurfürst war einer der
Ersten, der die Flucht ergriff; auch die Sachsen flohen bis auf
wenige Regimenter. Gustav Adolf aber wies den siebenmaligen
Ansturm Pappenheim's zurück, ging dann selbst zum Angriff über,
nahm die auf der Höhe postirten kaiserlichen Geschütze weg, richtete
diese selbst auf die Kaiserlichen und brachte dem Tilly eine volle
Niederlage bei. Dieser selbst konnte sich nur mit genauer Mühe
und verwundet, in der Nacht retten. Erst in Halle fanden sich

1631.   Tilly und Pappenheim mit einem kleinen Häuslein jenes Heeres zusammen, das so lange der Schrecken Deutschlands gewesen war.

Dieser entscheidende und große Sieg änderte plötzlich im ganzen Reiche die Lage der Dinge und entriß dem Kaiser alle die Vortheile, welche er durch den zwölfjährigen Krieg erlangt hatte.

Nach der Schlacht fand sich der Kurfürst von Sachsen wieder bei dem König von Schweden ein. Dieser empfing den Kurfürsten freundlich und dankte ihm, daß er ihm (dem König) die Schlacht aufgedrungen habe. Nun kam man überein, daß die Sachsen den Kaiser in Böhmen und Schlesien angreifen, die Schweden hingegen nach Franken vordringen, den Protestanten in Süddeutschland Luft machen, und die Staaten der katholischen Fürsten erobern sollten, damit man so das Schicksal des Reiches in die Hände bekäme.

Durch diese Schlacht erhielt also der Protestantismus und Gustav Adolf das Uebergewicht in Deutschland.

§. 36.
Die Folgen
der Schlacht
bei Leipzig.
Gustav Adolf
am Rhein und
Main.

§. 36. Gustav Adolf's Zug ging hierauf von Halle nach Erfurt, Schweinfurt und Würzburg, das eingenommen wurde: die schöne Büchersammlung der Jesuiten in letzterer Stadt schenkte er der Universität in Upsala. Hierauf nahm er Wertheim, Rothen- burg an der Tauber, ferner Hanau, und zog nach Frankfurt am Main. Alle diese Städte wurden nicht ohne Schwierigkeiten eingenommen; auch Frankfurt verweigerte dem Könige Anfangs den Durchzug, indessen wurde es sehr bald zur Nachgiebigkeit gebracht. — Am 27. November 1631 hielt der König mit ungewöhnlicher Pracht seinen Einzug in die Stadt, dem Wahlort der deutschen Kaiser. Hier kam auch der vertriebene böhmische Exkönig Friedrich V. von der Pfalz zu Gustav Adolf, welcher ihn wohl freundlich aufnahm, ohne ihm jedoch Hoffnung auf die Wiedereinsetzung zu geben. In Mainz legte Gustav Adolf endlich seine Truppen ins Winterquartiere.

Die Sachsen
in Prag.
11. Novemb.

Während Gustav Adolf im Reiche so glückliche Fortschritte machte, war auch das sächsische Heer unter Feldmarschall von Arnim, gemäß dem Kriegsplane, in Böhmen eingebrochen und hatte Prag eingenommen. Am 11. November 1631 hielt hier der Kurfürst seinen Einzug; derselbe bezeigte dem kaiserlichen Eigenthume aber überall die höchste Achtung, er bezog deßhalb nicht die Burg, sondern ließ die Zimmer des Kaisers Ferdinand versiegeln. Es fanden auch keine Verfolgungen der Katholiken statt, nur die Jesuiten wurden vertrieben und den Protestanten einige Kirchen geöffnet. Graf Thurn und andere Vertriebene, kehrten jetzt zurück und setzten sich wieder in den Besitz ihrer Güter.

Im oberrheinischen und westphälischen Kreisen fochten indessen der Landgraf von Hessen-Kassel und Bernhard von Weimar gegen einzelne Tilly'sche Corps.

§. 37. Während dem Laufe dieser Begebenheiten, lebte Wallen-stein theils auf seinem Herzogthume Friedland, theils in seinem Palaste in Prag, von einem königlichem Pomp umgeben.

Da jetzt sowohl das Heer des Kaisers, als der Liga, ver-nichtet war, so wurden in dieser Nothlage mit Wallenstein aber-mals Verhandlungen wegen der Uebernahme des Oberbefehles in Gang gesetzt und Ende Dezember 1631 der Fürst Eggenberg vom Kaiser mit Anträgen an Wallenstein abgesendet. Doch dieser wies alle Anträge zurück, die dahin gingen, daß des Kaisers Sohn, der König von Ungarn, neben Wallenstein stehen und dem Namen nach den Oberbefehl führen sollte. Endlich verstand er sich aber doch dazu, dem Kaiser ein Heer von 40,000 Mann bis zum nächsten Frühjahre aufzubringen und auch die Kosten der Werbung und Aus-rüstung zu übernehmen, nur weigerte er, den Oberbefehl darüber zu führen.

Alsbald zeigte sich seine ganze schöpferische Kraft. Er ver-sammelte seine Freunde um sich, theilte Geld mit vollen Händen aus; auf seinen Ruf strömten dann die Söldner schaarenweise zu seinen Fahnen, da sie außer der Aussicht auf Plünderung und Beute noch einen ansehnlichen Sold erhielten, denn der schwere Reiter bezog damals 9 Gulden, der leichte 6 Gulden und der Fußknecht 4 Gulden monatlich und dazu eine reichliche Kost mit Fleisch, Wein und Bier.

Im März 1632 hatte Wallenstein schon die Organisation seines Heeres vollendet und die Truppen standen in ihren Quartieren in Mähren.

Nunmehr begannen neue Unterhandlungen wegen der Durch-führung des Oberkommandos. Nach vielfältigen Bitten und Unter-handlungen mußte sich der Kaiser diesfalls zu den demüthigendsten Bedingungen verstehen, ehe Wallenstein das Oberkommando über-nahm, sie lauteten folgendermaßen: „Der Herzog von Friedland „wird Generalissimus des Kaisers, des ganzen Erzhauses und der „Krone von Spanien. Er erhält den Oberbefehl in absolutissima „forma. Zur Gewißheit der ordentlichen Belohnung wird ihm ein „österreichisches Erbland zugesagt und verschrieben. Als außerordent-„liche Belohnung erhält er aber noch die Oberlehnsherrschaft über „die Länder, die er künftig erobern wird. Die Confiscationen im „Reiche, desgleichen die Begnadigungen, hängen ganz allein von ihm

Marginalien:
1631.

§. 37. Wallenstein's Wieder-erhebung.

1632.

„ab, so daß weder das Reichskammergericht noch Reichshofrath darin
„mitsprechen dürften. Im künftigen Frieden muß ihm Mecklenburg
„wieder zugesprochen werden. Alle Geldmittel zum Kriege werden
„ihm überwiesen und im Nothfalle müssen ihm die österreichischen
„Erblande zum Schutze offen stehen."

§. 38. Tilly hatte indessen im Winter wieder gerüstet, bedrohte jetzt Schweinfurt und den Mainstrom, und rückte nach
Franken, wo der König von Schweden seinen Feldmarschall Horn
mit 8000 Mann zurückgelassen hatte. Tilly's überlegene Macht
setzte ihn in den Besitz von Bamberg und der Schwedenkönig eilte
seinem Feldherrn zu Hülfe. — Er brach am 13. März 1632 von
Mainz auf, vereinigte sich am 21-ten mit Horn zu Kitzingen
und ging am 31. März auf Nürnberg los, mit dem er ein festes
Bündniß abschloß. Hierauf wandte er sich nach Baiern, wohin ihm
Tilly vorangegangen war, um die Grenzen Baierns zu decken.
Tilly wählte jetzt seine Stellung am Zusammenflusse des Lechs
mit der Donau und hier kam es sodann zur Schlacht. Die Brücken
über den Lech waren zwar abgeworfen, Gustav Adolf ließ aber am
15. April 1632 unter dem Schutze von zwei Batterien über den
Fluß eine neue Brücke schlagen. Dreihundert Finnen gingen zuerst
hinüber und hielten die Angriffe des Feindes so lange aus, bis
auch die schwedische Reiterei das Ufer genommen hatte. Nachdem
die übrigen Truppen gefolgt waren, vertrieben die Schweden sodann
die Baiern mit Verlust von 3000 Mann bis in die Mauern von
Rain; Tilly selbst wurde in dem Gefechte von einer dreipfündigen
Stückkugel über dem rechten Knie so gefährlich verwundet, daß er
in Ingolstadt, wohin der Rückzug der Baiern ging, wenige Tage
darauf in seinem 73. Lebensjahre starb. Er war mäßig im Essen,
trank niemals Wein, und hat, wie er sich rühmte, auch nie ein
Weib berührt. Herzog Maximilian zog sich dann nach Ingol-

stadt zurück, Gustav Adolf aber zog, um die Baiern ganz vom
Lech zu vertreiben, nach Augsburg, wo er am 27. April feierlich
einzog und sich huldigen ließ.

§. 39. Ende April 1632 brach Wallenstein mit seinem
Heere von Mähren nach Böhmen auf, um die Sachsen zu vertreiben; während er mit dem Kurfürsten unterhandelte, rückte er vor
Prag, der Kurfürst hatte dasselbe aber schon verlassen, und nur auf
dem Hradschin war eine geringe sächsische Besatzung geblieben, welche

kapitulirte, worauf Wallenstein am 5. Mai 1632 in Prag einrückte. Auch die sächsischen Besatzungen von Eger und Elbogen

wurden von den Kaiserlichen überwältigt, so daß Mitte Juni kein Sachse mehr in Böhmen war. Der sächsische Feldherr Arnim zog, um nicht abgeschnitten zu werden, nach Schlesien, weßhalb auch ganz Sachsen den Kaiserlichen jetzt offen lag. — Um das Bündniß Sachsens mit Schweden nicht nur zu lockern, sondern dasselbe vollends zu lösen, unterhielt Wallenstein mit seinem ehemaligen Obersten und jetzigen sächsischen Feldherrn Arnim eine geheime Correspondenz, so daß weder Arnim, noch dem Kurfürsten mehr an dem schwedischen Bündniß etwas lag.

§. 40. Nach der Schlacht am Lech versuchte Gustav Adolf Ingolstadt zu belagern, da aber der Kurfürst von Baiern indessen Regensburg besetzte, rückte er auf München zu. Obzwar die Baiern früher alle Grausamkeiten an den Schweden verübt hatten, behandelte Gustav Adolf München doch milde, und ließ es sich mit 100,000 Thalern von der Plünderung loskaufen. Am 17. Mai hielt er seinen Einzug in diese Stadt, und in seinem Gefolge war damals auch der unglückliche Kurfürst Friedrich V. Von München ging der Schwedenkönig nach Schwaben, um sich überhaupt der größeren Reichsstädte, und besonders Ulms zu versichern.

§. 41. In seiner Bedrängniß sah sich nun der Kurfürst Maximilian von Baiern genöthigt, bei seinem Gegner Wallenstein, den er früher so gedemüthigt hatte, Hülfe zu suchen, und Maximilian mußte sich jetzt die Bedingung gefallen lassen, daß Wallenstein im Falle einer Schlacht die verbündeten Truppen allein zu commandiren habe.

§. 41.
Vereinigung
des Kurfürsten
Maximilian
mit Wallen=
stein.

Wallenstein bestimmte Eger als den Vereinigungspunkt, indem Nürnberg genommen werden sollte.

§. 42. Als sich diese beiden Armeen vereinigt hatten, war Gustav Adolf's Heer nur 18,000 Mann stark, so daß er es nicht wagen konnte, den Verbündeten entgegenzutreten, da dieselben min= destens 50,000 Mann zählten. Er beschloß daher, sich bei Nürn= berg zu verschanzen. — Die Bürgerschaft arbeitete eifrig an den Schanzen mit, so daß das schwedische Lager schon innerhalb zwei Tagen im Vertheidigungszustande war.

§. 42.
Die Wallen=
steinische und
baierische
Armee vor
Nürnberg.
6. Juli.

Am 6. Juli erschien hierauf die vereinigte Armee Wallenstein's und der Baiern vor dem schwedischen Lager, und verschanzte sich gleichfalls zwei Stunden von Nürnberg — hinter der Regnitz — um den Schweden die Zufuhren abzuschneiden, und so standen sich die beiden Heere zwei Monate hindurch unthätig gegenüber. —

1632.
Kämpfe bei
Nüruberg.
3. September.

Indessen hatte Gustav Adolf, den es zur Entscheidung drängte, seine zerstreuten Kräfte an sich gezogen, und so trafen der Landgraf Wilhelm von Hessen, der Pfalzgraf von Birken= feld, Bernhard von Weimar, im Ganzen 40,000 Mann im Lager der Schweden ein. Am 3. September wurde die Position der Kaiserlichen 10 Stunden hindurch gestürmt, doch mußten die Schweden unverrichteter Dinge wieder abziehen.

Vierzehn Tage wartete der König noch, ob Wallenstein von Hunger getrieben nicht zu einer Feldschlacht in die Ebene herabsteigen werde. Da dies aber nicht stattfand, zog Gustav Adolf am 18. September unter Trommelschlag an dem Feinde vorüber und nahm seine Richtung nach der Donau. In Nürnberg blieb nur eine starke Besatzung zurück.

23. Septem=
ber.

Als die Schweden abgezogen waren, brach auch Wallenstein am 23. September auf, und verbrannte sein Lager. Er wollte dem Schwedenkönig nicht folgen, sondern rückte nach Sachsen, um dasselbe von dem Bunde mit Schweden abzuziehen.

Der Kurfürst Maximilian trennte sich aber von Wallenstein, um seinen Staaten zu Hülfe zu kommen.

Wallenstein
und die
Schweden in
Sachsen.

Die wallensteinischen Schaaren verheerten und brannten ganz barbarisch auf ihrem Wege, und verbreiteten überall den größten Schrecken; Gustav Adolf eilte deßhalb seinem sächsischen Bundes= genossen zu Hülfe und traf am 11. November in Naumburg ein, wo er als Retter Sachsens empfangen wurde.

Unterdessen hatte Wallenstein Leipzig eingenommen, und bewerkstelligte zu Merseburg seine Vereinigung mit Pappenheim. Da er aber hörte, daß der Schwedenkönig sich bei Nauenburg ver= schanze, hielt er den Feldzug für dieses Jahr als schon beendet, ließ deßhalb seine Truppen um Leipzig Winterquartiere beziehen, und sandte Pappenheim mit zehn Regimentern, um einen Winterfeld= zug am Rhein zu unternehmen und Köln zu entsetzen, das von schwedischen Truppen belagert wurde.

§. 43.
Die Schlacht
bei Lützen. —
Gustav Adolf's
Tod.
16. November.

§. 43. Als aber der Schwedenkönig von dieser Verfügung Kenntniß erhielt, brach er am 15. November Morgens 4 Uhr auf, um Wallenstein's Truppen vereinzelt anzugreifen und zu schlagen. Gegen Abend erreichten die Schweden den Paß über die Rippach, den Isolani mit 20 Geschwadern Kroaten vertheidigte, die Schweden vertrieben die Kaiserlichen und lagerten während der Nacht eine Stunde weit von Lützen.

Auf diese Nachricht nahm Wallenstein seine Stellung nördlich von der Landstraße nach Leipzig, und es wurde die ganze Nacht an den Verschanzungen gearbeitet; er besetzte den Windmühlberg als den höchsten Punkt der Gegend mit 14 Geschützen, und sandte Pappenheim Boten nach, damit er schleunigst umkehre und in die Schlachtordnung einrücke.

Am Morgen des 16. November ordnete der Schwedenkönig seine Schaaren in zwei Treffen; nach 10 Uhr begann sodann die Schlacht, und das wallensteinische Geschütz arbeitete fürchterlich unter den Schweden. Als hierauf das Anfangs siegreiche schwedische Fuß= volk wieder zu weichen begann, sprengte der König voran gegen die kaiserlichen Reiter, nur von einem Diener und seinem Pagen August von Leubelfing gefolgt; des Königs Pferd erhielt aber einen Pistolenschuß in den Hals, ein anderer zerschmetterte dem König den linken Arm, und im selben Augenblicke erhielt er auch eine Kugel in den Rücken, welche der kaiserliche Oberstlieutenant Falkenberg abgefeuert haben soll, worauf der König vom Pferde stürzte. Bald jagten kaiserliche Küraffiere herbei, unter ihren Schüssen und Hieben hauchte dann Gustav Adolf seine edle Seele aus, und sein Leichnam wurde bis aufs Hemd ausgeplündert.

Als der Tod des Königs dem Herzog von Weimar gemel= det wurde, führte er die Schweden zur Rache für den Tod des Königs von Neuem gegen den Feind und racheschnaubend nahmen dieselben darauf die feindlichen Stellungen. Zwischen 2—3 Uhr er= schien aber Pappenheim mit seinen Reitern auf dem Schlachtfelde und stellte die für die Kaiserlichen bereits verlorene Schlacht wieder her.

So begann jetzt eine zweite Schlacht, in der auch Pappen= heim fiel; dadurch geriethen die Kaiserlichen in Unordnung, und rissen endlich zur wilden Flucht aus. Die Nacht und die Ermüdung hielten die Schweden jedoch von der Verfolgung ab, sie lagerten auf dem Schlachtfelde und das ganze feindliche Geschütz fiel ihnen zur Beute.

Am folgenden Tage kamen 15 österreichische Bataillone ohne Waffen und Fahnen in Leipzig an und nahmen mit Wallenstein den Weg nach Böhmen. Die Leiche des Königs Gustav Adolf wurde nicht ohne Mühe am Schlachtfelde, nackt, von Huftritten ent= stellt, aufgefunden. Herzog Bernhard von Weimar ließ dieselbe sodann nach Weißenfels bringen, wo die Königin Maria Eleonora die Leiche ihres theueren Gatten empfing und dieselbe nach Stock=

1632.

holm überführen ließ. — Der König stand im achtunddreißigsten Lebensjahre.

§. 44.
Axel Oxen-
stierna und die
Kriegslage.

§. 44. Nach einer Verfügung des Königs wurde seine kleine Tochter Christine als Königin von Schweden gekrönt und der Kanzler Axel Oxenstierna übernahm die Führung der deutschen Angelegenheiten. Dem Herzog Bernhard von Weimar wurde das Commando in Franken übergeben; in Elsaß stand damals der Feldmarschall Horn, in Baiern General Banner, am Niederrhein General Baudissin, in Schlesien der alte Graf Thurn und in Westphalen vereinigte sich General Kniphausen mit dem Herzog von Lüneburg. Der Kanzler Oxenstierna verband hierauf zunächst

Heilbronner
Vertrag.

die fränkisch-schwäbischen und rheinischen Kreise durch den Heilbronner Vertrag mit Schweden.

1633.
Feldzug Bern-
hard's von
Weimar.
Jänner.

Bernhard von Weimar überraschte auf seinem Zuge nach Franken im Jänner 1633 Bamberg, erstürmte Hochstädt, trieb die Baiern und Altringer's Corps zurück und vereinigte sich bei Donau-wörth mit dem Feldmarschall Horn, der ebenfalls vorgerückt war.

Die Truppen waren jedoch wegen dem ausständigen Solde unzufrieden und versagten jetzt den Gehorsam, nicht minder ver-langten die Offiziere den ihnen versprochenen Länderbesitz an deutschem Boden und auch Bernhard von Weimar forderte vom Kanzler

Forderungen
der Schweden
an Oxen-
stierna.

Oxenstierna die Verleihung des Herzogthums Franken, wodurch er sich zum Oberhaupte des Heilbronner Bundes machen wollte. Oxenstierna mußte sich fügen, Bernhard von Weimar wurde mit Würzburg und Bamberg belehnt, nahm die Huldigung ent-gegen, vertheilte unter die Offiziere eine Menge von Gütern und Herrschaften und die Truppen wurden durch Vertheilung von Geld zufriedengestellt.

§. 45.
Wallenstein's
Strafgericht
über sein Heer.
14. Februar.

§. 45. Der Verlust der Schlacht von Lützen kränkte Wallen-stein auf das Aeußerste und da er denselben dem schlechten Benehmen der Offiziere und der Truppen beimaß, so hielt er am 14. Februar 1633 in Prag ein strenges Gericht über sein Heer, es wurden zwei Oberstlieutenants, mehrere Offiziere enthauptet und mehrere gemeine Reiter gehängt.

Das verlorene Geschütz wurde durch eingeschmolzene Glocken zwar bald wieder ersetzt und sein Heer durch neue Werbungen auf mehr als 40,000 Mann gebracht, allein ungeachtet aller dieser

Wallenstein's
räthselhaftes
Vorgehen.

Vorkehrungen erfolgte keine dem entsprechende Thätigkeit und von nun an wird das Vorgehen Wallensteins immer räthselhafter. Er unterhandelte jetzt mit den deutschen Protestanten und diese Unterhandlungen lassen es für die Partheien zweifelhaft, ob er es auf= **1633.** richtig meinte oder ob er sie im Einverständnisse mit dem Kaiser nur täuschen wollte. Mit dem Kaiser trat aber ein gespanntes Ver= hältniß ein und das Ganze hatte den Anschein, als ob Wallenstein mit dem Verrathe liebäugeln und doch wieder zögern würde, dem= selben offen die Hand zu reichen.

Im Mai 1633 wandte sich Wallenstein hierauf nach **Mai.** Schlesien, wo die verbündeten Sachsen, Brandenburger und Schweden unter dem Grafen Thurn, dem Feldmarschall Arnim und dem Herzoge Albrecht von Sachsen=Lauenburg einige Fortschritte gegen die kaiserlichen Truppen machten. Als aber sein Heer mit dem Feinde zusammenkam, schloß er am 7. Juni 1633 ganz un= **7. Juni.** erwartet einen Waffenstillstand ab, machte den Verbündeten Friedens= vorschläge und äußerte sich hierbei, daß der Kaiser einen billigen Frieden machen müsse, wozu er auch mit Gewalt gezwungen werden könne und wofür er, Wallenstein, die Mittel habe.

Am 24. Juni belagerte Wallenstein darauf Schweidnitz, **24. Juni.** dessen Besatzung der brandenburgische Oberst Burgsdorf befehligte, als die Verbündeten aber zum Entsatze kamen, zog Wallenstein ohne Gefecht wieder ab, bezog ein Lager und stand lange Zeit dem Feinde gegenüber ohne etwas zu unternehmen, während seine und des Feindes Truppen mit unerhörter Grausamkeit die Bauern der Um= gegend behandelten und der Wallenstein'sche General Holk, der ins Erzgebirge gesandt wurde, als eine furchtbare Geisel im Lande hauste.

Indessen knüpfte Wallenstein wieder Unterhandlungen mit Arnim an, schloß einen abermaligen Waffenstillstand mit Sachsen und alle seine Unterhandlungen deuteten jetzt auf ein friedliches Verhältniß zum Kaiser. Um dieselbe Zeit im Sommer 1633 ent= **Wallenstein's** wickelten sich durch die Vermittelung des dem Wallenstein verwandten **Unterhand=** Grafen Kinsky und des französischen Gesandten Feuquiéres, **lungen.** die heimlichen Beziehungen Wallenstein's zu Frankreich immer mehr, **Sommer.** und der König Ludwig XIII., von Richelieu geleitet, erbot sich unterm 19. Juni und 16. Juli 1633 Wallenstein die Königs= **19. Juni und** krone von Böhmen zu garantiren, ihm zunächst eine Million Livres **16. Juli.** zu zahlen, wenn er offen mit dem Kaiser breche und gegen Oester= reich marschire, auch wurde ihm der Oberbefehl über alle verbün= deten Truppen und das Preisgeben des Kurfürsten von Baiern in Aussicht gestellt.

Wallenstein hätte jetzt am liebsten Sachsen und Branden= burg zu seinen Bundesgenossen genommen, um dadurch seinen For=

1633.
derungen bei Frankreich und Schweden noch mehr Nachdruck geben zu können. Um nun diese Bundesgenossen fügsam und den Werth seiner Freundschaft ihnen recht fühlbar zu machen, kündigte er den Verbündeten den geschlossenen Waffenstillstand, überfiel hierauf am 11. Oktober 1633 bei Steinau ein schwedisches Corps von 5000 Mann, nahm dasselbe sammt dem Grafen Thurn gefangen, entließ den Letzteren aber wieder aus der Gefangenschaft, obzwar derselbe der Anstifter des böhmischen Aufstandes und der größte Feind des Reiches war. Dieses Verfahren wurde dann auch in Wien auf das Gehässigste gedeutet.

Ueberfall bei Steinau. 11. Oktober.

§. 46.
Herzog Feria im Elsaß. August.

§. 46. Dem Kaiser Ferdinand, der die Abhängigkeit von Wallenstein immer mehr empfand, handelte es sich jetzt darum, ein anderes von Wallenstein unabhängiges Heer zu schaffen. Ueber Auftrag des Kaisers sammelte daher der Kardinal Infant (Bruder Philipp IV. von Spanien) in Mailand eine Armee von 14,000 Mann, welche sodann Herzog Feria kommandirte. Derselbe vereinigte sich im August 1633 mit dem kaiserlichen General Altringer, und rückte in Elsaß ein, um Breisach zu entsetzen, und den siegreichen Fortschritten des Rheingrafen Otto Ludwig zu begegnen. Der schwedische Feldherr und der Pfalzgraf von Birkenfeld vertrieben aber die Kaiserlichen rasch aus dem Elsaß, so daß Feria wieder den Rückzug antreten mußte. Die rauhe Herbstzeit, sowie Hunger und Krankheit rieben die italienischen Truppen Feria's auf dem Rückzuge fast vollends auf, so daß derselbe aus Gram über den mißlungenen Feldzug starb.

§. 47.
Einnahme von Regensburg durch Bernhard von Weimar. 15. November. 24. November.

§. 47. Bernhard von Weimar belagerte indessen das wichtige Regensburg, und obzwar der Kaiser sieben Eilboten an Wallenstein sandte, um Regensburg zu Hülfe zu eilen, veranlaßte derselbe dennoch nichts, so daß Regensburg am 18. November capituliren mußte. Bernhard nahm dann am 24. November noch Straubing und ging über die Isar, um sich mit den kurhessischen Truppen zu vereinigen.

§. 48.
Spannung zwischen Wallenstein und dem Kaiser. 14. Dezember.

§. 48. Wallenstein ging jetzt mit seinem Heere nach Böhmen und nahm unter dem Vorgeben, daß die Jahreszeit bereits zu weit vorgerückt sei, daselbst Winterquartiere ein. Das ganze Gebahren Wallenstein's erregte aber die Unzufriedenheit des Kaisers, und er sandte an denselben am 14. Dezember den directen Befehl, in Baiern einzurücken und beorderte den in Niederösterreich stehenden Generalwachtmeister de Suys, nach Linz vorzugehen, um gegen Bernhard von Weimar bei der Hand zu sein. Zugleich erhielt der Hofkriegsrath Questenberg den Auftrag, im Haupt= quartier Wallenstein's, das sich in Pilsen befand, die Verlegung der Winterquartiere außerhalb der kaiserlichen Erblande zu veranlassen. Doch Alles dies war vergeblich; Wallenstein berief sich auf seine Vollmacht, befahl sogar de Suys bei Todesstrafe, nicht weiter zu marschiren, sondern die Truppen nach Oberösterreich zurückzuführen, und der Kaiser mußte schließlich am 3. Januar alle Maßnahmen Wallenstein's genehmigen.

Solche Anlässe machten beide Seiten nur noch unmuthiger und mißtrauischer; Wallenstein war jetzt überzeugt, daß man ihm zum zweitenmale die Armee entwinden wolle, und handelte daher nach dieser Ueberzeugung. In einem Briefe des Grafen Trzka vom 26. Dezember 1633 an den Grafen Kinsky heißt es: „der Herzog „sei nicht allein entschlossen, sich mit den beiden Kurfürsten von „Sachsen und Brandenburg, sondern auch mit Schweden und Frank= „reich zu verständigen." Auch dem französischen Gesandten Feuquiers wurde von Kinsky unterm 1. Januar 1634 eröffnet, daß der Herzog bereit sei, auf die früher vorgeschlagenen Bedingungen hin, mit Frankreich abzuschließen. Jetzt handelte es sich daher bei Wallen= stein noch darum, sich der Stimmung seiner Generale und Oberste zu versichern, dieselben zu erproben und fest an sich zu ketten. — Schon am 12. Januar 1634 hatte er die Offiziere seines Heeres in sein Hauptquartier nach Pilsen einberufen. Hier gab er sich nun das Ansehen, als ob er wegen der gegen ihn gebrauchten Umtriebe der spanischen und jesuitischen Parthei überdrüssig, abdanken wollte; darüber erschraken die Oberste, weil sie ihre Privatinteressen dadurch gefährdet sahen und wünschten, Wallenstein möge in seiner Stellung verbleiben.

Feldmarschall Illo, einer der Vertrauten Wallenstein's, be= nützte diese Stimmung und brachte es dahin, daß eine militärische Eidverbrüderung stattfand. Zu diesem Ende legten Illo und Trzka bei einem Bankette den Obersten des Heeres einen Revers vor, kraft dessen die Unterzeichner sich dem Herzog gegenüber statt eines geleisteten Eides auf folgende Weise verpflichteten: „ehrbar und getreu bei „ihm zu halten, so lange er in kaiserlichen Diensten ver= „bleiben, oder der Kaiser ihn zu seiner Dienste Beförde= „rung gebrauchen werde, und für Alles das ihren letzten Bluts= „tropfen ungespart aufzusetzen."*)

*) Wörtlich aus den Acten.

Wallenstein's Verrath. Illo's Thätig= keit.

Das Pilsener Bankett. 12. Januar.

Bei Unterzeichnung der Urkunde ging es aber sehr stürmisch her, denn diese Unterzeichnung ging am Schlusse eines Gastmahles vor sich, als die Offiziere schon stark trunken waren, und es wurde ihnen durch Illo ein anderer Revers zur Unterschrift untergeschoben, welcher die Klausel „von des Kaisers Diensten" nicht enthielt. — Als nun dieser Betrug von ihnen später entdeckt wurde, beschwichtigte Wallenstein die Zögernden, so daß auch diese unterzeichneten.

Der Kaiser setzt Wallenstein ab. 24. Januar.

Seit Anfang Januar wurde der Kaiser schon zum Auftreten gegen Wallenstein gedrängt, dennoch entschloß er sich aber erst dazu, als er durch den Herzog von Savoyen über die Unterhandlungen Kinsky's mit Frankreich und durch den baierischen Gesandten Richel, von dem Pilsener Bunde Kunde erhielt. Die dem Kaiser ergebenen Generale Piccolomini, Gallas und Altringer boten hierauf zum Sturze Wallenstein's die Hand.

Am 24. Januar 1634 unterzeichnete der Kaiser daher ein an alle Generale, Oberste und andere hohen Offiziere gerichtetes Patent, in welchem er ihnen anzeigte, daß er aus hochwichtigen Ursachen mit seinem obersten Feldhauptmann eine Aenderung beschlossen, und den Oberbefehl einstweilen dem Generallieutenant Gallas übertragen habe. Außerdem erhielt derselbe den besonderen Befehl, Wallenstein und seine vornehmsten Anhänger, Illo und den Grafen Trzka, welche von dem Pardon ausgenommen waren, zur gefänglichen Haft zu bringen, und für den Fall eines Widerstandes bis **18. Februar.** zum „Aeußersten" zu schreiten. Am 18. Februar erfolgte ein zweites Patent, das an alle Soldaten zu Fuß und zu Roß gerichtet war: „von nun an nur Gallas, Altringer, Marradas, Piccolomini und Coloredo zu folgen," und wahrscheinlich wurde dieses Patent **22. Februar.** am 22. Februar in Prag verlautbart. — Kinsky betrieb indessen im Namen Wallenstein's die Verhandlungen mit Frankreich, und jetzt wurde auch Oxenstierna von Kinsky über den Entschluß Wallenstein's, sich gegen den Kaiser zu wenden, verständigt. Wallenstein wollte zwar am 22. Februar zu der Truppenversammlung nach Prag aufbrechen. Als er aber durch den Obersten Sparr erfuhr, wie in Prag die Obersten und Soldaten für den Kaiser bereits gewonnen seien, und daß Gallas gegen ihn nach Pilsen aufzubrechen gesonnen sei, beschloß er von dort abzuziehen und sich nach Eger zu wenden, wohin ihn auch die Depeschen Kinsky's riefen. — In Eger befehligte der Schotte Gordon, dem Wallen**Wallenstein in Eger.** stein umsomehr traute, als er ihn vom Gemeinen zum Obersten befördert hatte. Am 23. Februar brach daher Wallenstein mit

Illo, Trzka und Kinsky von zehn Reitercompagnien begleitet, von Pilsen auf, und langte am 24. Februar Nachmittags 4 Uhr in Eger an. — Oberst Buttler, ein Irländer, der bei Mies mit 600 Dragonern zu Wallenstein gestoßen war, hatte die Absicht gehabt, ihn schon auf dem Wege nach Eger zusammenzuhauen, doch gab er diesen Gedanken auf, weil er doch die Begleitung Wallenstein's fürchtete.

In Eger nahm Wallenstein beim Bürgermeister Pachhälbl am Marktplatz seine Wohnung und entsendete sogleich Eilboten an Arnim und an den Markgrafen Christian von Brandenburg in Pläsnburg bei Culmbach, welchen er sagen ließ: „er wolle jetzt Frieden machen und mit Frankreich abschließen." Seine Vertrauten sprachen jetzt schon offen von ihren verrätherischen Plänen, und forderten Gordon, dessen Oberstwachtmeister Leslie und den Obersten Buttler auf, sich vom Kaiser loszusagen, erhielten aber von diesem keine befriedigende Antwort.

Buttler dagegen hatte gleich nach seiner Ankunft in Eger Gordon und Leslie mit dem Befehle Gallas bekannt gemacht, — worauf sich diese drei am 25. Februar Morgens dahin verschworen, 25. Februar. zuerst des Herzogs Freunde und schließlich ihn selbst zu ermorden. Es wurde deßhalb von ihnen für den Abend ein Schmaus in der Citadelle angesagt und die Freunde Wallenstein's dazu eingeladen. Dieser aber, der an Podagra litt, war in seinem Quartier geblieben. Im Laufe des Tages riefen die Verschworenen noch die ihnen ergebenen Offiziere und Soldaten zusammen und weihten sie in das Geheimniß ein.

Um 6 Uhr Abends erschienen die vier Geladenen: Feldmarschall Illo, die Grafen Trzka und Kinsky, sowie der Rittmeister Neumann, der zu den vertraulichen Correspondenzen Wallenstein's verwendet wurde. — Während sie sorglos tafelten, hatte sich der Oberstwachtmeister Geraldin mit 30 buttlerischen Dragonern in die Citadelle eingeschlichen, die Thüren des Saales besetzt und die Citadelle gesperrt. — Gegen acht Uhr sandte man die fremden Diener weg und sperrte sie in ein Zimmer. — Endlich trat Geraldin mit sechs Dragonern durch eine Thür von der einen Seite und Hauptmann Deveroux mit 24 Dragonern von der anderen Seite in den Saal und riefen: „Es lebe das Haus Oesterreich! wer ist gut katholisch?" Gordon, Leslie und Buttler ergriffen die Leuchter und unter dem Ausrufe: „vivat Ferdinandus" traten sie auf die Seite, um den Dragonern Platz zu machen. Diese drangen

Bankett im Egerer Schlosse. 25. Februar.

sofort auf die Gäste ein, Kinsky fiel zuerst, dann ward Illo niedergehauen, endlich sank Trzka; Neumann entkam bis in den Vorsaal und wurde erst dort niedergemacht; auch die eingesperrten Diener wurden niedergehauen. Der Speisesaal sah nach der Aeuße rung eines Augenzeugen, wie eine Schlachtbank aus.

Leslie führte hierauf zwei Compagnien in die Stadt und besetzte den Marktplatz. Hierauf besetzten um 11 Uhr Abends auch Buttler, Geraldin und Hauptmann Deveroux mit einer Anzahl Dragoner die vordere und hintere Hausthüre der Wohnung Wallen= stein's; Deveroux stieg mit sechs Dragonern die Treppe hinauf, stieß einen Diener Wallenstein's, der sich ihm in den Weg stellte, nieder, und rannte die Thüre des Schlafzimmers ein. Wallen= stein, der über den Lärm erwachte, sprang im Hemde aus dem Bette, um beim Fenster die Schildwache zu fragen, was der Lärm zu bedeuten habe, in diesem Augenblicke drang aber schon Deveroux mit der Hellebarde auf ihn ein, und stieß ihn mit den Worten: „Bist Du der Schelm, der Sr. Majestät die Krone vom Haupte reißen will?" nieder. Ohne einen Laut von sich zu geben, empfing Wallenstein den Stoß in die Eingeweide und wälzte sich in seinem Blute. — Er war 51 Jahre alt geworden.

Deveroux hüllte hierauf die Leiche in den rothen Fußteppich und ließ sie in die Citadelle bringen, wo sie den darauffolgenden ganzen Tag (Sonntag 26. Februar) im Hofe liegen blieb, und durch die Kälte so erstarrte, daß die Glieder gebrochen werden mußten, um die Leiche in den Sarg legen zu können.

Der Kaiser befahl, für die Seele Wallenstein's 3000 Seelen= messen zu lesen, und ließ seiner Witwe die Herrschaft Neuschloß in Mähren zum Aufenthalte anweisen. Die Leiche Wallenstein's wurde zwei Jahre später in der Karthause bei Gitschin beigesetzt.

Die materiellen Vortheile dieser Katastrophe wurden wohl aus= gebeutet: Gallas bekam die Herrschaft Friedland, das Herzogthum Sagan behielt aber der Kaiser, und mit den übrigen wallensteinischen Herrschaften wurden die Anderen bedacht.

§. 49. Nach dem Tode Wallenstein's übernahm Ferdinand III., König von Ungarn nominell den Oberbefehl des Heeres, und General Gallas wurde der eigentliche Befehlshaber. Die Ermor= dung Wallenstein's und die dadurch entstandene Unordnung benützten aber die Feinde nicht, obzwar Bernhard von Weimar seine Vor= posten bis an die Thore von Eger vorgeschoben hatte, und da er trotz seinem Andrängen von Sachsen keine Unterstützung erhielt, führte er hierauf sein Heer nach Schwaben, wo Horn seine Quartiere hatte. Dies gab aber Veranlassung zu Streitigkeiten, welche Altringer benützte, um mit seinen aus spanischen und baierischen Truppen bestehenden Heere nach der Donau vorzudringen, während der König von Ungarn und Gallas aus Böhmen hervorbrachen. Bei Regensburg vereinigten sich beide Heere, welche Stadt auch am 18. Juli 1634 durch Capitulation an die Kaiserlichen überging.

§. 50. Die Kaiserlichen drangen von Regensburg aus über Ingolstadt und Donauwörth gegen Nördlingen, welches den Schweden treu anhing. — Bernhard eilte aber mit Horn Nördlingen zu Hülfe, und obzwar Horn Bernhard von einer Schlacht abrieth, bestand Letzterer dennoch auf derselben. — Diese wurde sodann am 6. September 1634 geschlagen; Bernhard erlitt aber eine so totale Niederlage, daß der größte Theil seines Fußvolkes sammt dem Feldherrn Horn gefangen wurde. — 170 Fahnen, 80 Geschütze und das ganze Gepäck wurden Beute des Siegers. Horn verblieb bis zum Jahre 1640 in der Gefangenschaft, wo er erst ausgetauscht werden mußte.

§. 51. Durch die Schlacht von Nördlingen wurde das schwedische Uebergewicht in Deutschland gebrochen; die Kaiserlichen konnten sich jetzt wieder ausbreiten, und Schwaben sowie Würtemberg wurde von ihnen unterworfen. Dazu fiel aber auch Sachsen von den Schweden ab. — Diese Vorgänge trieben hierauf Oxenstierna in die Arme Frankreichs, und schon am 1. November 1634 wurde ein Vertrag mit Frankreich geschlossen, wodurch demselben Philippsburg eingeräumt wurde, und in welchem die protestantischen Stände der vier oberen Kreise von Deutschland dem Könige von Frankreich auch Elsaß und Breisach zur Verwahrung (en depot) übergaben. Da aber Bernhard die kaiserlichen Waffen in Deutschland nicht aufzuhalten vermochte, eilte Oxenstierna im April 1635 persönlich nach Frankreich, um womöglich dasselbe in einen offenen Krieg mit dem Kaiser von Oesterreich zu verwickeln. Zwei Tage nach seiner Ankunft in Paris kam auch das Bündniß auf Grundlage der wechselseitigen Hülfeleistung zu Stande.

§. 52. Da dem Kaiser besonders daran lag, den Kurfürsten Johann Georg I. von Sachsen von dem Bunde mit Schweden ganz zu trennen, so kam am 30. Mai 1635 zu Prag der förmliche Friede zwischen dem Kaiser und dem Kurfürsten zu Stande. Da das Restitutionsedikt den Bruch mit Sachsen hervorgebracht hatte, so wurde in dem Prager Frieden dieses Edikt dahin modificirt, daß

Marginalien:

1634.

Capitulation von Regensburg. 18. Juli.

§. 50. Schlacht bei Nördlingen. 6. September.

§. 51. Vertrag Schwedens mit Frankreich. 1. November 1634 und April 1635.

1635.

§. 52. Der Prager Friede mit Sachsen. 30. Mai.

1635.

alle unmittelbaren Stifte, und unter den mittelbaren diejenigen, welche nach dem Passauer Vertrage von den Protestanten einge zogen und besessen wurden, noch 40 Jahre in dem Stande bleiben sollten, in dem sie sich bei dem Restitutionsedikte befunden haben. Erst nach Ablauf der 40 Jahre sollte dann eine Commission von beiderseitigen Religionsverwandten gleicher Anzahl friedlich und gesetz= mäßig darüber verfügen.

Hiedurch war das Restitutionsedikt wohl nicht aufgehoben, doch aber auf 40 Jahre suspendirt.

Beitritte zum Prager Frieden.

Diesem Frieden traten im Sommer 1635 der Herzog Wil helm von Weimar, die Herzoge von Mecklenburg, die Herzoge Georg und August von Braunschweig, der Kurfürst von Bran= denburg, die Hansestädte und Frankfurt bei.

Da dieser Friede die Schweden in Deutschland im höchsten Maße gefährdete, indem sie die Alliirten verließen, so lehnte sich Oxenstierna, Bernhard von Braunschweig und der Landgraf von Hessen dagegen heftig auf. Oxenstierna erkaufte deßhalb von Polen, durch Abtretung des polnischen Preußens die Verlän= gerung des Waffenstillstandes, um nur in Deutschland freie Hand zu bekommen, und so die in Polen stehenden schwedischen Truppen an sich ziehen zu können.

E) Eingreifen Frankreichs in den deutschen Krieg.

(Der französisch=schwedisch=deutsche Krieg.)

§. 53.
Kriegs=
erklärung
Frankreichs
an Spanien.
Juni.
Kriegsmani=
fest Oester=
reichs gegen
Frankreich.
18. Septemb.
§. 54.
Vertrag Bern=
hard's von
Weimar zu
St. Germaine
en Laye.
Oktober.

§. 53. Gemäß dem mit Schweden abgeschlossenen Vertrage, und namentlich um die in Deutschland wachsende Macht Oesterreichs zu brechen, betrat jetzt Frankreich direkt den deutschen Kriegsschau= platz. Richelieu ergriff als Veranlassung zum Kriege den Um= stand, daß der Kurfürst Christof von Trier, der sich unter französi= schen Schutz begeben hatte, auf Veranlassung des Kaisers überfallen und fortgeführt wurde. Frankreich erklärte daher zunächst der Krone von Spanien im Juni 1635 den Krieg, worauf alsbald auch der Ausbruch der Feindseligkeiten gegen den Kaiser erfolgte; von Seite des Kaisers wurde aber erst am 18. September 1635 das Kriegs= manifest erlassen. Zwanzigtausend Franzosen stießen sodann in den Niederlanden zum Heere des Prinzen Friedrich von Oranien.

§. 54. Herzog Bernhard von Weimar, welcher nach der Schlacht von Nördlingen die Trümmer der geschlagenen Armee nach Wetterau führte und sich ganz verlassen sah, richtete jetzt seine

Blicke ebenfalls auf Frankreich, und da Richelieu diesen tüchtigen Feldherrn für das Interesse Frankreichs gewinnen wollte, bewilligte er ihm Geld und ließ ein starkes französisches Corps unter dem Befehle des Kardinals Lavalette am 27. Juli 1635 bei Saarbrück zu ihm stoßen.

Zwistigkeiten zwischen den beiden Feldherren, Meutereien der Truppen und einzelne bald glückliche bald unglückliche Gefechte wechselten sodann mit einander ab.

Endlich aber kam im Oktober 1635 zwischen Bernhard von Weimar und zwischen Frankreich zu St. Germain en Laye ein besonderer Vertrag zu Stande, indem Bernhard nicht als schwedischer General, sondern im eigenen Namen von Frankreich eine Pension von jährlich $1^1/_2$ Millionen und 4 Millionen Lires zum Unterhalte der Armee, welche er im Namen des Königs von Frankreich commandiren sollte, zugesagt erhielt. — Der Gegenstand der Eroberung sollte Elsaß sein, das Bernhard dann als ein französisches Lehen erhalten sollte. Dieser Vertrag, dessen Mißliches, ja Schimpfliches, Bernhard recht wohl einsah, war von seiner Seite ein Werk der Noth. Bernhard aber hatte so viel erreicht, daß er im Stande blieb, sein Heer zu erhalten, das er selbstständig commandirte, ohne die Verbindung mit Schweden ganz aufzugeben. Mit dem Besitze dieses Heeres verzweifelte er an Nichts, selbst nicht daran, bei geänderten Umständen diesen Vertrag wieder zu zerreissen.

§. 55. Da die Sachsen sich nach dem Prager Frieden mit den Kaiserlichen vereinigten, so mußte der schwedische Feldherr Banner der vereinten Gewalt weichen, als aber der sächsische General Baudissin in das Mecklenburgische einrückte und die Festung Dömitz einschloß, schlug ihn am 1. November Banner aufs Haupt und rückte sodann in Sachsen ein.

§. 55.
Banner.
Sieg Banner's bei Dömitz.
1. November.

1636.
§. 56.
Der Krieg in Frankreich.

§. 56. In dem Feldzuge 1636 vereinigte sich Bernhard von Weimar im Mai zu Bezelize mit seinem Unterbefehlhaber, dem Kardinal Lavalette, nahm Saarburg, Pfalzburg und am 14. Juli Elsaß-Zabern. Nach dem Plane der Kaiserlichen sollte jetzt der Krieg nach Frankreich verlegt werden, Gallas rückte deßhalb mit dem Herzog Karl von Lothringen in Burgund ein und der gefürchtete Partheigänger Johann von Werth bedrohte sogar Paris. Gallas wurde aber nach der fruchtlosen Belagerung des Schlosses St. Jean de Losne, welchem Oberst Rantzau zu Hülfe kam, zum Rückzug gezwungen und das kaiserliche Heer kam durch schlechte Nahrung, Witterung 2c. dem Zustande der Auflösung nahe,

1636.

und die Einbuße wäre noch größer gewesen, wenn **Bernhard** mit seinem Generallieutenant nicht uneins geworden wäre und sich Beide deßhalb nicht getrennt hätten.

§. 57.
Schlacht bei
Wittstock.
24. Septemb.

§. 57. Der schwedische Feldherr **Banner** rückte im Jahre 1636 in das Kurfürstenthum Sachsen ein, wo er seinem Hasse für den Abfall des Kurfürsten die blutigsten Opfer brachte, und Sachsen mußte diese Drangsal so lange erleiden, bis der Kurfürst den kaiserlichen General **Hatzfeld** an sich ziehen konnte. Die kaiserliche sowie die sächsische Armee breitete sich dann in Brandenburg aus, wo sie den Schweden viele Städte wegnahm, und dieselben bis an die Ostsee treiben wollte. **Banner** aber griff am 24. September bei Wittstock die alliirte Armee an und schlug sie aufs Haupt, so daß 150 Fahnen und Standarten, 23 Kanonen, die ganze Bagage sammt dem Silbergeschirre des Kurfürsten erbeutet wurden.

Er rückte hierauf durch Thüringen und Hessen nach Westphalen.

1637.

§. 58.
Feldzug Bern-
hard's von
Weimar.
22. Juni.

§. 58. Im Feldzuge von 1637 vereinigte sich **Bernhard** mit dem französischen General **Hallier**, nahm das Schloß **Romagna** und **Champlitte** ein, schlug am 22. Juni 1637 die lothringischen Schaaren sowie den kaiserlichen Oberst **Mercy** an der Saonne und eroberte einen beträchtlichen Theil der Freigrafschaft Burgund, ging dann bei Rheinau über den Strom, wo er am

8. August.

8. August ein heftiges Gefecht mit **Johann von Werth** zu bestehen hatte, so daß er sich hinter seine Verschanzungen zurückziehen mußte. Obwohl die weimarischen Truppen Ebbenheim, Endingen und Wahlburg nahmen, wurde **Bernhard** durch die verstärkten Kaiserlichen doch so gedrängt und dabei von Frankreich ohne Hilfe gelassen, daß er über den Rhein zurückging und die Bewachung der Rheinschanzen den Franzosen allein überließ. Er zog darauf ins Baslische, wo er in Dellsberg sein Hauptquartier nahm.

Tod
Ferdinand II.
15. Feber.

Inzwischen war Kaiser Ferdinand II., welcher seinen Sohn Ferdinand III. als Nachfolger im Reiche zum römischen König auf dem am 22. Dezember 1636 abgehaltenen Reichstage zu Regensburg wählen ließ, am 15. Februar 1637 gestorben.

§. 59.
Banner's
Rückzug nach
Pommern.

§. 59. In Folge des Sieges bei Wittstock breitete sich Banner in Sachsen aus, wo die Schweden dann ganz barbarisch hausten. Im Winter 1637 unternahm er die Belagerung von Leipzig, mußte aber hier der kaiserlichen Hauptmacht weichen, worauf er den Rückzug nach Pommern nahm. Bei Neustadt vereinigte er sich wohl mit Wrangel, mußte sich aber dennoch bis

Hinter-Pommern zurückziehen, worauf die Kaiserlichen dann Demin, Wolgast und sogar Usedom eroberten.

§. 60. Mitten im strengsten Winter 1638 sammelte Bernhard bei Dellsberg sein Heer, brach am 27. Januar über den Rhein auf, erstürmte Laussenberg und schloß Rheinfelden ein. Der kaiserliche General Savelli eilte letzterem aber zu Hülfe, entsetzte es auch und trieb Bernhard nach Laussen zurück.

Am 3. März 1638 aber kehrte Bernhard zurück, errang bei Rheinfelden über Savelli einen vollständigen Sieg, wobei der Letztere sammt den Generälen Werth, Ekenfort und Sperreuter gefangen wurden. Savelli brach aber sein Ehrenwort und entfloh.

Rheifelden ergab sich am 15. März und Bernhard eroberte sodann Röteln, Neuburg und Freiburg.

Inzwischen sammelte sich in Schwaben ein kaiserliches Heer unter dem General Götz, um Breisach Kriegsvorräthe und Proviant zu bringen. Bernhard vereinigte sich daher mit seinem General Taupadl und einer Abtheilung französischer Truppen unter Guebriant und belagerte Breisach, als den Schlüssel zum Elsaß. Frankreich schickte ihm auch den nachmals so berühmt gewordenen Turenne zu, welcher Bernhard 1800 Mann zuführte.

Götz, welcher sich mit dem wortbrüchigen Savelli vereinigt hatte, wurde bei Wittenwayer am 9. August 1638 von Bernhard geschlagen, wobei 3000 Proviantwägen, 11 Kanonen, 2 Mörser, 83 Fahnen und 1300 Gefangene in die Hände Bernhard's fielen. General Taupadl wurde jedoch bei der zu hitzigen Verfolgung von Savellischen Truppen gefangen genommen.

Bernhard schloß dann Breisach ein. Da aber die Kaiserlichen Alles aufboten, um dieses zu entsetzen und Karl von Lothringen mit 40,000 Mann zum Beistande Breisachs kam, so mußte sich Bernhard gegen denselben wenden. Am 15. Oktober 1638 kam es am Ochsenfelde bei Thann zur Schlacht, in der die Kaiserlichen geschlagen wurden.

Auch Götz, der am 25. Oktober auf das Lager Bernhard's einen heftigen Angriff machte, wurde mit großem Verluste zurückgeschlagen, worauf Breisach am 15. Dezember kapitulirte und die Besatzung einen ehrenvollen Abzug erhielt.

Der Feldmarschall Götz wurde hierauf auf Befehl des Kaisers, wegen Verdachts eines Einverständnisses mit Bernhard, verhaftet, und Graf Mannsfeld übernahm sodann das Commando der Kaiserlichen.

Marginalien:
1638.

§. 60. Bernhard's Siegeslauf und Ende.

Treffen bei Rheinfelden. 3. März.

Schlacht bei Wittenwayer. 9. August.

Schlacht am Ochsenfelde bei Thann. 15. Oktober.

Kapitulation von Breisach. 15. Dezemb.

Herzog Bernhard waltete jetzt im Elsaß als Landesherr, gab Gesetze und weigerte sich entschieden, Breisach den Franzosen zu übergeben und darin eine französische Besatzung aufzunehmen.

Bernhard wollte hierauf über den Rhein gehen, um in Deutschland Banner und den Schweden Luft zu machen. Am 13. Juli 1639 langte er zu Hüningen an, wurde aber hier von einer Krankheit befallen und starb schon nach wenigen Tagen, am 18. Juli, an einem bösartigen Fieber, oder wie man sagt, an französischem Gift.

Frankreich, das froh war, endlich Bernhard's los zu sein, wußte sich sodann durch schlaue Mittel sowohl in den Besitz Bernhard's Eroberungen, als auch seines Heeres zu setzen.

Bernhard war erst 35 Jahre alt geworden.

§. 61. Der letzte Herzog von Pommern, Bogislaw XIV., war am 20. März 1637 gestorben, und die Schweden hatten Pommern, mit Hintansetzung der Rechte des Hauses Brandenburg, förmlich in Besitz genommen, weßhalb der Kurfürst von Brandenburg aus Aerger über dieses Vorgehen auf die Seite des Kaisers trat und 8000 Brandenburger zu dem kaiserlichen Heere stoßen ließ, Banner mußte deßhalb vor solcher Uebermacht bis an die äußerste

Küste von Pommern zurückweichen. Allein im Frühjahre 1638 rückte er, aus Schweden und Liesland mit neuen Truppen verstärkt, nach Niedersachsen, zog durch das Halberstädtische und Magdeburgische, schlug am 20. Mai 1639 den sächsischen Feldherrn bei Chemnitz aufs Haupt, rückte dem kaiserlichen Feldherrn Gallas nach Böhmen nach, nahm bei Brandeis die kaiserlichen Generale Hofkirchen und Montecuccoli gefangen, verwüstete das Land in einer so furchtbaren Art, daß manche Nacht mehr als hundert Flecken und Dörfer in Flammen gestanden sein sollen, und behauptete sich dann den ganzen Sommer und Herbst dort. Der Erzherzog Wilhelm, Bruder des Kaisers Ferdinand III., übernahm darauf statt des früheren Feldherrn Gallas, den man allgemein nur den „Heerverderberer" nannte, den Oberbefehl; Banner wendete sich aber durch Sachsen nach Thüringen, und obzwar sich die beiden Heere einigemal entgegenstanden, kam es doch zu keiner Entscheidung.

Da seit September 1640 in Regensburg wieder der Reichstag tagte, so dachte Banner einen kühnen Streich zu vollführen, indem er Regensburg heimlich zu überfallen und den Kaiser sammt allen Reichsfürsten aufzuheben beabsichtigte. Marschall Guebriant, dem

Banner davon Kunde gab, war auch dazu bereit, und am 1. Januar 1641 standen beide vor Regensburg, wo sie den größten Schrecken verbreiteten. Allein ein plötzliches Thauwetter löste die Decke der Donau, und die Ueberlegenheit der anrückenden Kaiserlichen zwang sie zum Rückzug. Banner zog dann nach Halberstadt, wo er am 10. Mai 1641 in Folge seiner Ausschweifungen starb.

1641.

Banner's Tod. 10. Mai.

§. 62. Nach dem Tode Banner's übernahm Generallieutenant Torstenson, der im Oktober 1641 mit Geld und 7000 neuen Soldaten aus Schweden kam, das schwedische Commando. Obzwar derselbe so gichtleidend war, daß er auf den Füßen nicht stehen konnte, war er dessenungeachtet, wenn er auch nur in einer Sänfte getragen werden mußte, dennoch der schnellste General seiner Zeit.

§. 62. Generallieute= nant Torsten= son und seine Siege.

Torstenson führte seine Truppen vorerst nach Schlesien, eroberte am 1. Mai 1642 Glogau im Sturm und belagerte Schweidnitz. Zum Entsatze dieser Stadt eilte sodann Herzog Albrecht von Sachsen= Lauenburg, und er war der Erste, der die Kraft Torstenson's kennen lernte. Er verlor in einem Treffen bei Schweidnitz am 1. Juni 1642 seine Freiheit, und starb in Folge seiner erlittenen Wunden schon am 10. Juni. Siegreich eilte Torstenson dann nach Mähren, eroberte am 15. Juni Olmütz und bedrohte Oesterreich und Wien.

1642. Eroberung von Glogau. 1. Mai.

Treffen bei Schweidnitz. 1. Juni.

Eroberung von Olmütz. 15. Juni.

Erzherzog Wilhelm und Piccolomini rückten hierauf den Schweden mit überlegener Macht entgegen, wonach sich Torstenson nach Sachsen zurückzog, und in der Ebene von Leipzig den Feind erwartete.

Hier bei Breitenfeld (Leipzig), wo schon zweimal die Macht der Kaiserlichen gebrochen wurde, kam es am 2. November 1642 zum drittenmale zur Schlacht, in der die Kaiserlichen wieder gänz= lich geschlagen wurden. — Sie verloren 10,000 Mann und 46 Kanonen, 200 Fahnen und Standarten; die Kriegskassa und das ganze Gepäck fielen den Siegern in die Hände. Nur mit Noth ent= kam der Erzherzog, und die Reste der Flüchtlinge sammelten sich erst in Böhmen wieder. Der Sieg bei Leipzig öffnete den Schweden am 6. Dezember diese reiche Stadt, sie mußte eine beträchtliche Kriegssteuer zahlen und außerdem noch 36,000 Ellen Tuch zur Bekleidung der Schweden herbeischaffen.

Zweite Schlacht bei Leipzig (Breitenfeld). 2. November.

Einnahme Leipzig's. 6. Dezember.

Im Frühling des Jahres 1643 brach Torstenson wieder gegen die österreichischen Erbstaaten auf, und im Juni war er neuerdings in Mähren, wo er ein Lager bezog, bis er von Oxenstierna gegen Dänemark berufen wurde.

24*

§. 63. Der Graf von Guebriant, einer der besten französischen Feldherrn, übernahm nach dem Tode Bernhard's von Weimar das Commando seiner Armee, führte dann das Heer nach Banner's Tod (Ende 1641) nach dem Rhein, wo er sich mit den Hessenlasselern unter dem Grafen Eberstein vereinigte und Ur-bingen eroberte. Die kurfürstlich-kölnischen Truppen standen unter Lamboy in der Gegend von Hülst und Kempen, wo sie die Vereinigung mit dem General Hatzfeld erwarteten.

Guebriant griff selbe am 17. Januar 1642 auf der Kem-pener Haide an, und schlug sie so gründlich, daß Lamboy ge-fangen wurde und das ganze Geschütz sowie die Fahnen in die Hände der Sieger fielen.

Guebriant erhielt hiefür den französischen Marschallsstab. — Er beschäftigte darauf während des Sommers die Baiern und die Kaiserlichen am Neckar so hinreichend, daß sie der von den Fran-zosen belagerten Festung Diedenhofen (Thionville) nicht zu Hülfe kommen konnten.

Kardinal Richelieu starb am 4. Dezember 1642; sein Nachfolger, der Kardinal Mazarin, setzte aber seine Pläne fort, und sandte daher dem Marschall Guebriant nach dem Falle von Diedenhofen bedeutende Verstärkungen unter dem so gefeierten Condé

zu. Mit dieser Verstärkung ging Guebriant auf das rechte Rhein-ufer, belagerte Rottweil, welches er auch am 12. November 1643 einnahm. — Er starb jedoch gleich darauf an den erhaltenen Wunden in Rottweil.

Am Tage seines Todes geschah auch der berühmte Ueberfall bei Tuttlingen, wohin der größere Theil der französischen und weimarischen Armee von Rottweil gezogen war, und wo sich die französischen Generäle in völliger Sicherheit wähnten. Dieser Ueber-fall geschah durch die Kaiserlichen und die Baiern, unter dem be-rühmten Parteigänger Johann von Werth (der gegen Gustav Horn ausgewechselt wurde), und dieser Ueberfall war so gelungen, daß es 7000 Gefangene, darunter 6 Generäle und 8 Oberste ergab.

Die Wiedereinnahme von Rottweil war die weitere Folge dieses Ueberfalles. Nach dieser Niederlage des französischen Heeres bot daher Kardinal Mazarin Alles auf, um diese den französischen Waffen widerfahrene Schmach zu rächen. Er berief den Marschall Turenne aus Italien und übertrug ihm das Commando. Derselbe fand die Armee aber in einem traurigen Zustande und mußte sie daher in Lothringen Winterquartier nehmen lassen.

Im Feldzuge von 1644 überschritt sodann Turenne den Rhein und ging auf die Baiern los, die bei Hohentwiel lagen. Er konnte aber keine Schlacht wagen, und ungeachtet seiner Anstrengungen konnte er es auch nicht verhüten, daß Ende Juli 1644 Freiburg gleichsam im Angesichte der Franzosen genommen wurde.

1644.

Der große Condé — Herzog von Enghien genannt — wurde hierauf zur Verstärkung Turennes gesendet. Condé griff die baierischen Truppen, 15,000 Mann stark, die unter Mercy bei Freiburg verschanzt standen, am 3. August 1644 an, vertrieb sie aus ihren Stellungen, vermochte sie aber in den folgenden Kämpfen (bis 20. August) doch nicht zu besiegen. Condé eroberte aber Maynheim, Speier und Philippsburg, während Turenne Worms, Oppenheim, Mainz und Landau besetzte. Die Franzosen nahmen sodann von Basel bis an die Mosel, die Baiern aber in Schwaben Winterquartiere.

Schlacht bei Freiburg. 3. August.

Condé kehrte hierauf nach Paris zurück, und übergab das Commando wieder an Turenne.

§. 64. Da nunmehr König Christian von Dänemark ernstliche Anstalten machte, um mit bewaffneter Macht mit mehreren Ständen Niedersachsens gegen die Schweden aufzutreten, sandte Oxenstierna dem Feldmarschall Torstenson, der in Mähren stand (§. 62) den Befehl, in Jütland einen Einfall zu machen.

§. 64. Torstenson's Feldzug gegen Dänemark. 1643—1645.

Torstenson brach daher von Mähren auf, breitete sich über Böhmen aus, brandschatzte einen Theil von Oberösterreich, zog durch Schlesien nach Torgau, und ließ überall geflißentlich das Gerücht ausstreuen, er wolle durch Meißen nach der Oberpfalz und Baiern gehen, um dort Winterquartiere zu nehmen. — Von da an wurden aber seine Märsche räthselhaft, denn er bewahrte das Geheimniß, bis er in Havelberg einrückte, wo er erst seinen Offizieren eröffnete, daß der Krieg eigentlich Dänemark gelte, um dessen Einfluß auf die deutschen Angelegenheiten zu hemmen, und sein Bündniß mit dem Kaiser zu lösen.

Der Ueberfall Torstenson's geschah mit einer solchen Geschwindigkeit, daß sein Heer in 15 Tagen 100 deutsche Meilen zurückgelegt haben soll. Die wenig zahlreichen, überraschten und besinnungslosen dänischen Truppen, welche Torstenson entgegentraten, wurden daher leicht überwältigt, und dieser hatte somit bald alle festen Plätze in Jütland und Schleswig genommen.

Besetzung Holsteins.

Inzwischen war noch eine zweite schwedische Armee in Halland und Schoonen eingefallen, und hatte im Februar 1645

1644. Helsingborg und Landscrona eingenommen, um die Dänen aus der Herrschaft des Sundes zu drängen, und ebenso wurde der Krieg auch auf die See verlegt, wo aber die Schweden bald zum Rückzug in den Kieler Meerbusen gezwungen wurden.

Errichtung kaiserlichen Heeres unter Gallas durch Schweden. Im August 1644 erschien ein kaiserliches Heer unter Gallas zur Hilfe Dänemarks in Holstein und nahm im Vereine mit den Dänen Kiel wieder ein. — Obgleich Gallas keine Schlacht von Torstenson annahm, so drängte ihn dieser doch aus einer Stellung in die andere, aufwärts der Elbe, schloß ihn dann mit Hülfe Königsmark's in Magdeburg ein, schnitt ihm hier die Zufuhr ab, Dezember. vernichtete am 3. Dezember 1644 endlich zwischen Wittenberg und Jüterbock seine entweichende Reiterei, während Königsmark das 1645. Fußvolk in Schach hielt, als es am 3. Januar 1645 aus Magde=3. Januar. burg zu entrinnen versuchte.

So kam denn Gallas, der „Heerverderber," mit kaum 2000 Mann in völliger Auflösung über Dresden nach Böhmen zurück und ebenso wurde die schöne Armee, die derselbe im Sommer 1644 nach Holstein geführt hatte, völlig vernichtet, ohne auch nur eine einzige Schlacht geschlagen zu haben. — Bald darauf wurde Friede zu Brömsebro. 23. August. der Friede zwischen Dänemark und Schweden eingeleitet und zu Brömsebro am 23. August 1645 abgeschlossen, was hauptsächlich deßhalb geschah, weil Frankreich großen Unwillen über einen Krieg bezeigte, der Schweden zu einer Universalmacht im Norden erheben konnte und ihm deßhalb alle Unterstützung in Deutschland zu ent= ziehen drohte.

§. 65. Torstenson in Böhmen. §. 65. Da jetzt zu besorgen stand, daß Torstenson in Böhmen einbrechen werde, berief Kaiser Ferdinand III. General Götz aus Ungarn, ernannte Hatzfeld zum Oberbefehlshaber; Johann von Werth führte die baierische Reiterei, und so stieg das kaiserliche Heer bald wieder auf 16,000 Mann.

Schlacht bei Jankau. 5. März. Schon im Januar 1645 brach Torstenson, ungeachtet der Schwäche seines von Schmerzen gepeinigten Körpers mit 15,000 Mann bei Annaberg in Böhmen ein, und Hatzfeld, welcher Torstenson in Paralellmärschen folgte, nahm sodann bei Jankau oder Jan= kowitz drei Stunden von Tabor Stellung. — Hier kam es am 5. März 1645 zu einer blutigen achtstündigen Schlacht, in der Torstenson einen glänzenden Sieg erfocht. Götz lag mit 4000 anderen Todten auf dem Schlachtfelde, Hatzfeld mit ebensovielen wurde gefangen, das ganze Geschütz mit 77 Fahnen und Standarten ward eine Beute der Schweden.

Der Kaiser, der sich damals in Prag befand, floh in größter 1645.
Eile nach Wien und sandte dann seine Familie und Schätze nach
Graz.

Torstenson wollte sich hierauf mit dem Fürsten Rákóczy
von Siebenbürgen vereinigen, der als ein zweiter Bethlen Gábor
auftrat. Er eroberte hierauf im Fluge ganz Mähren, ging über
Znaim und Krems bis an die Donau, und nahm selbst die Schanzen
an der Wolfsbrücke vor Wien.

Der Kaiser hatte die Vertheidigung der Donau seinem Bruder, **Torstenson**
dem Erzherzoge Leopold Wilhelm übertragen, und dieser Fürst, **vor Wien.**
obzwar dem geistlichen Stande angehörig, übernahm diese Vertheidigung mit kaum 5000 Mann. Die Schanze an der Wolfsbrücke fiel
zwar in die Gewalt der Schweden, den Uebergang konnten sie aber
dennoch nicht erzwingen. Torstenson, von der March her durch
ungarische Reiterei bedroht, quartirte seine Schaaren sodann um
Mistelbach herum ein, und ließ die eingenommenen festen Plätze
noch stärker befestigen.

Er wollte aber die Belagerung von Wien nicht früher beginnen,
bis Rákóczy erscheinen würde. Deßhalb unternahm er indessen die
Belagerung von Brünn; doch hier scheiterte er, und auch seine
Unterhandlungen mit Rákóczy führten nicht zum Ziele, indem dieser
mit dem Kaiser einseitig Frieden schloß.

Inzwischen hatte sich Erzherzog Leopold aber hinreichend
gestärkt, um selbst zum Angriffe über zu gehen. Er eroberte dann die
Schanze und trat hierauf den Zug nach Böhmen an. Krems, Kor-
neuburg und die übrigen in Oesterreich unter der Enns noch besetzten
Orte wurden den Schweden von dem österreichischen General Buch-
heimb entrissen.

Torstenson hob deßhalb die Belagerung von Brünn auf und
zog nach Böhmen; hier war die Eroberung von Leitmeritz seine
letzte That, da seine Krankheit (Gicht im Nacken) derart überhand- **Torstenson**
nahm, daß er am 4. Dezember 1645 den Oberbefehl einstweilen **legt den Ober-**
dem tapferen Arwed von Wittenberg übergab, bis der Feldzeug- **befehl nieder.**
meister Gustav Wrangel denselben später definitiv übernahm. **4. Dezember.**

§. 66. Ende März 1645 ging auch Turenne bei Philipps- **§. 66.**
burg über den Rhein, um dem General Rosen, der am rechten **Französische**
Ufer einen Streifzug nach Schwaben versucht hatte, aber von den **Kriegserfolge.**
Baiern gedrängt wurde, Hilfe zu bringen.

Nachdem Turenne bei Philippsburg den Rhein überschritten,
und den General Rosen, der die weimarische Reiterei befehligte,

1645. an sich gezogen hatte, rückte er ins Würtembergische vor, ging über den Neckar und lagerte bei Wotwar. — Der baierische Feldherr Mercy nahm hierauf bei Waiblingen Stellung, Turenne aber wandte sich nach Hall und nahm diese Stadt, bevor noch die Baiern zum Entsatze erscheinen konnten. Die Franzosen zogen hierauf nach der Tauber, nahmen Rothenburg und Mergentheim, und setzten sich um letztere Stadt fest, während Mercy seine Truppen um

Niederlage Turenne's in der Schlacht bei Mergent=heim. 25. April. Feuchtwangen zusammenzog. Am 24. April 1645 brach Letzterer aber von dort wieder auf und erschien unweit Mergentheim; hier kam es am 25. April zu einer Schlacht, in der Mercy über Turenne einen vollständigen Sieg erfocht. Der französische Befehls= haber wurde so schwer verwundet, daß man ihn zwei Tage lang für todt hielt; General Rosen, der Befehlshaber der weimarischen Reiterei, viele hohe Offiziere und 1500 Soldaten aber wurden ge= fangen; 50 Fahnen, 6 Geschütze und die französische Kriegskassa fiel dem Sieger in die Hände.

Die Franzosen zogen sodann mit den Trümmern der Armee in die Grafschaft Waldeck zurück, wo 6000 Hessen unter Gaiß und 4000 Schweden unter Königsmark zu ihnen stießen und in der Gegend von Speier vereinigte sich darauf auch Condé mit Turenne.

Schlacht von Allersheim. 3. August. Mercy hatte jetzt die Stellung bei dem Dorfe Allersheim im Ries gewählt, und sein 16000 Mann starkes Heer stand auf einem Höhenzuge, den er verschanzen ließ.

Das vereinigte französische Heer war stärker als jenes von Mercy, indem es 17000 Mann zählte. Am 3. August 1645 kam es zur Schlacht; der rechte Flügel der Franzosen wurde zwar in die Flucht gejagt und von Johann von Werth hitzig verfolgt, dagegen aber siegte Condé am linken Flügel, wo auch Mercy fiel, und als daher Johann von Werth von der Verfolgung zurückkam, blieb ihm nichts weiter mehr zu thun übrig, als die Trümmer des geschlagenen Heeres bei Donauwerth über den Strom zurückzuführen. Der größte Verlust der Baiern bestand aber in dem Tode des tapferen Feldherrn Mercy.

§. 67. Die letzten Er= eignisse des 30=jährigen Krieges. §. 67. In den letzten Jahren des dreißigjährigen Krieges waren die Armeen, die sich gegen einander bewegten, schon unge= mein klein im Verhältnisse zu jenen, wie sie in früherer Zeit ge= wesen. Während Wallenstein 100,000 Mann führte, sank die kaiser= liche Macht in den letzten Jahren auf 8000, höchstens 12,000 Mann; die Erschöpfung am Menschenmateriale war bereits so groß, daß die schwedischen Heere zuletzt nur aus Deutschen bestanden, darum konnte der Krieg auch nur noch matt geführt werden, und deßhalb kamen nach dem Jahre 1645 keine großen Ereignisse mehr vor. 1646.

Das schwedische Heer kam nach der Abdankung des Torsten= son (wie es im §. 65 erwähnt ist) in die Hände des Feldzeugmeisters Wrangel. Derselbe wollte sich durch Baiern den Weg ins Oester= reichische bahnen; in dem geschwächten Zustande seiner Armee glaubte er aber nur in Verbindung mit den französischen Waffen auftreten zu können. Er verließ daher im Frühjahre 1646 Böhmen, zog die schwedischen Truppen aus Westphalen unter dem General Königs= mark an sich, so daß er 17,000 Mann stark war; im März 1646 stieß auch Turenne mit 3000 Mann zu ihm und Wrangel drang dann nach Baiern vor. Die große Noth, in welche Maximilian von Baiern durch diesen Einfall versetzt wurde, zwang ihn, dem Bündnisse mit dem Kaiser zu entsagen und zu Ulm am 14. März 1647 einen Waffenstillstand zu schließen. Feldzug Wrangel's.

1647.
Waffen=
stillstand mit
Baiern.
14. März.

Jetzt lagen des Kaisers innerste Lande dem Feinde offen. Da jedoch Frankreich den Schweden die Erfolge mißgönnte, so rief es Turenne zurück, und der verlassene Wrangel mußte sich nach Böhmen zurückziehen; zugleich brach Maximilian von Baden den Waffenstillstand und verband sich mit dem Kaiser aufs Neue. Fer= dinand war jetzt so arm an tüchtigen Feldherrn, daß er den Ober= befehl über sein Heer einem Protestanten, dem General Melander von Holzapfel, übertragen mußte.

Melander zog dem Wrangel nach, unternahm aber nichts. Im Frühjahre 1648 vereinigte sich Wrangel abermals mit Tu= renne, und Beide brachen jetzt als Rächer der gebrochenen Treue in Baiern ein und verheerten dasselbe. Am 17. Mai 1648 griff Wrangel den bei Zusmarshausen stehenden kaiserlichen General Melander an, schlug ihn, und Letzterer, der in diesem Treffen verwundet wurde, starb auch an seinen Wunden. 1648.
Treffen bei
Zusmars=
hausen.
16. Mai.

Der baierische General Grasfeld übernahm dann das Com= mando der kaiserlichen Truppen und besetzte den Lech. Wrangel und Turenne erzwangen aber den Uebergang über den Fluß, brachen wieder in Baiern ein und verwüsteten es aufs Neue. Wrangel entsendete hierauf den General Königsmark zu einem Streifzuge nach Böhmen.

Königsmark, welcher demzufolge in Böhmen eingedrungen war, erfuhr durch den Verrath des ehemaligen kaiserlichen Ritt= meisters Odowalsky, daß am Hradschin, in der Prager Wall= Königsmark
überrumpelt
Prag.
26. Juni.

1648.

mauer eine unbewachte Bresche bestehe und dieser überredete ihn, durch dieselbe Prag zu überrumpeln.

In der Nacht des 26. Juni 1648 drang auch Königsmark durch diese Bresche in Prag ein, besetzte sofort den Hradschin und die Kleinseite. Die Altstadt aber wurde durch die Wachsamkeit der Bürger und Studenten gerettet. Am 5. Oktober langte hierauf Gustav Karl von Schweden bei Königsmark an, und Beide belagerten Prag auch von der Altstädter Seite. Die Einnehmer schlugen aber die Stürme vom 7. und 25. Oktober glücklich ab, worauf Gustav Karl die Belagerung aufhob und am 2. November gegen Caslau abzog.

Dies war die letzte That des dreißigjährigen Krieges, denn schon am 2. November kam die Nachricht über den geschlossenen Frieden.

§. 68.
Der westphälische Friede zu Münster und Osnabrück. 24. Oktober.

§. 68. Der westphälische Friede, der endlich dem dreißig= jährigen Kriege ein Ende machte, wurde am 24. Oktober 1648 zu Münster und Osnabrück abgeschlossen.

Zu Münster schloß Spanien mit Holland und das Reich mit Frankreich, zu Osnabrück aber das Reich mit Schweden den Frieden.

Frankreich erhielt Metz, Toul, Verdun, Elsaß (mit Aus= nahme Straßburgs); Schweden bekam 5 Millionen Thaler, Bremen, Verden, Stadt Wiesmar, die Insel Rügen, Stralsund, Vorpommern und einen Theil von Hinterpommern.

Brandenburg erhielt die säkularisirten Stifte Magdeburg, Halberstadt, Comin und Minden.

Der augsburgische Religionsfriede wurde bestätigt, Gewissens= freiheit sowie die Gleichheit der politischen Rechte zugestanden. Der Sohn des unglücklichen Pfalzgrafen Friedrich V., Karl Ludwig, erhielt die Rheinpfalz zurück und bekam die achte Kurwürde.

Maximilian von Baiern erhielt die ehemalige pfälzische Kur und die Oberpfalz, den deutschen Ständen aber wurde die Landeshoheit bestätiget. Die Freiheit und die Unabhängigkeit der Schweiz vom Reiche und jene der Niederlande von Spanien wurde anerkannt.

Deutschland lag verwüstet und zweier Drittheile seiner Be= wohner beraubt da.

Wir sind hiemit am Ende der Glaubenskriege angelangt und jeder Menschenfreund wird mit tiefer Trauer und schmerzlicher Wehmuth zurückblicken auf die Hekatomben von Menschenleichen, auf die Ströme von Menschenblut und auf das namenlose Menschenelend, das Alles der Gewissensfreiheit zum Opfer gebracht werden mußte, ehe der unheimlich starre und finstere Wahn der Gewissensbevormundung gebrochen werden konnte. — So haben uns also die früheren Jahrhunderte die Bahn geebnet, auf der wir in unserer sogenannten erleuchteteren Zeit zu der Duldung und Gleichberechtigung Andersdenkender gelangt sind, und wo der Geist endlich von den Fesseln einer finsteren Vergangenheit erlöst wurde.

VII. Epoche.

Die englische Revolution.

Einleitung.

Während seiner langen Regierung von 1603—1625 hatte König Jakob I. von England in seinem Wahne von dem göttlichen Ursprunge des Königthumes, die Grundsätze des Despotismus und der Willkür stets geltend zu machen gesucht, und dadurch nicht nur das Volk erbittert, sondern auch den Thron den gefährlichsten Angriffen des Parlamentes ausgesetzt. — Durch ein solches unkluges Vorgehen war aber die königliche Stellung immer schwieriger geworden; ein zu großen Dingen berufenes Volk fühlte sich durch eine solche Knechtung gehemmt, getäuscht, mißleitet und vor der Welt herabgewürdigt. Die Gährung war daher eine allgemeine, und weil die herrschende kirchliche Parteiung den Geist überhaupt geschärft hatte, so fühlte sich auch das Haus der Gemeinen gehoben, und die Zeiten waren vorüber, wo man dem Volke noch den Glauben hätte zumuthen dürfen, daß ein Stuart deßhalb, weil ihm Gott die Erbkrone bescheert hatte, schon auch für den weisesten Mann im Lande gelten müsse, welche Meinung König Jakob bekanntlich von sich hatte.

Das Volk trennte bereits die Berechtigung zur Macht von dem Vermögen des Regenten, diese Macht auch zum Besten des allgemeinen Wohles allein geltend machen zu können und zu wollen, und stellte somit die Art des weltlichen Regiments viel höher, als die Macht der erblichen Krone.

A) Karl I. (1625 — 1649.)

1625.
§. 1.
Regierungs-
antritt
Karl's I. und
seine Vermäh-
lung 27. März.

§. 1. Jakob I. starb am 27. März 1625, und sein Sohn Karl folgte ihm auf dem Throne. Karl war im Volke gerne gesehen, aus zwei Ursachen erkälteten jedoch gleich Anfangs die Sympathien für ihn. Die eine war, daß er den dem Volke so sehr verhaßten Günstling seines Vaters, Buckingham, auch zu seinem Günstlinge

machte, und dann daß er die papistische Prinzessin Henriette
Marie von Frankreich ins Land brachte. — Die Vermählung mit
dieser Prinzessin fand am 1. Mai 1625 zu Paris mittelst Stell=
vertretung statt.

Als Karl I. dann immer mehr die Grundsätze seines Vaters
gleichfalls zur Geltung zu bringen suchte, äußerte sich die stetig
vermehrende Mißstimmung im Volke schon in dem ersten von ihm
abgehaltenen Parlamente.

Am 18. Juni hielt Karl I. sein erstes Parlament, das Haus
der Gemeinen bestand aus drei Parteien: der Hofpartei, welche
aber in der Minorität war, der Landpartei, welche größtentheils
aus Puritanern bestand, feuereifernd gegen Alles, was ihnen in
der Religion abergläubisch erschien, für die Rechte und Freiheiten
des Volkes beseelt, und feindlich gegen die von den Prälaten geübte
übermäßige Gewalt, und endlich aus der Partei der sogenannten
Patrioten, denen es mehr um die bürgerliche Freiheit, als um
Aenderung der religiösen Ceremonien zu thun war. Puritaner und
Patrioten waren aber von gleichem Eifer und Haß gegen das Papst=
thum erfüllt.

Karl wollte von dem Parlamente augenblicklich eine Geld=
steuer erwirken, die Gemeinen aber, argwöhnisch wegen der Religion,
zeigten sich schwierig, verlangten zuvor die Vollstreckung der gesetz=
lichen Strafen gegen die Recusanten, und banden die Bewilligung
der Steuer an die Abstellung der vorgebrachten Beschwerden. Sie
bewilligten selbst die Einkünfte von „tonnage und poundage"
(d. i. das Pfund= und Tonnengeld von den im Hafen liegenden
flüssigen und trockenen Waaren), nicht auf die Lebenszeit des Königs,
wie es seit der Zeit Heinrich's VI. stets der Fall gewesen war,
sondern nur auf ein Jahr.

Das zweite Parlament, das nach der Krönung des Königs
am 6. Februar 1626 zusammentrat, war auch nicht gefügiger, als
das erste. Es pflog vorerst die Berathung der Beschwerden in
Angelegenheit der Religion, es wollte die Subsidien nur unter der
Bedingung der Abhilfe dieser Beschwerden bewilligen, und brachte
sogar eine Anklage gegen den Minister und Günstling Buckingham
vor. Der König unterdrückte aber diese Anklage, verlangte unter
Drohungen Geld, ließ sogar zwei Parlamentsmitglieder gefänglich
einziehen, und löste endlich am 15. Juni 1626 das ungefügige
Parlament wieder auf.

Nun verschaffte sich Karl das Geld auch ohne Parlament, er erhob die Hafenzölle willkürlich fort, machte Anleihen, verkaufte Domänen und trieb das nöthige Geld mit Gewalt ein. Die gemeinen Leute, die sich weigerten, ihm Geld zu leihen, wurden in die Armee oder Flotte gesteckt, die Gentlemen aber ins Gefängniß geworfen. Dazu stürzte er sich noch in einen Krieg mit Frankreich, an dem Buckingham die Schuld trug. Es war nämlich allgemein bekannt, daß diesem einer anstößigen Liebeserklärung wegen, die er der jungen Königin von Frankreich, Anna von Oesterreich gemacht, vom Kardinal Richelieu die Rückkehr nach Frankreich verboten ward, und eine solche Beleidigung glaubte Buckingham nicht anders, als durch einen Krieg gegen Frankreich rächen zu müssen.

Der König war dazu mit Leichtigkeit bestimmt, und galt dazu als Vorwand: den Protestanten in La=Rochelle zu Hilfe zu kommen. Als sich nun Buckingham (1627) an die Spitze der Flotte bei La=Rochelle stellte, bekundete er durch den Angriff auf die Insel Rhé seine Ungeschicklichkeit, indem Tausende von Soldaten dabei hingeopfert wurden; der ganze Angriff mißlang, und Buckingham mußte mit Unehre zurückkehren.

Durch diesen Krieg wurde Karl für seine Unterthanen erst recht ein Gegenstand der Abneigung und Geringschätzung.

§. 2. Unter solchen Umständen berief Karl sein drittes Parlament ein, damit ihm dieses die Subsidien zu der Hülfe für die Rocheller Protestanten bewillige. Das Parlament versammelte sich am 17. März 1628, doch Karl hatte die Unverfrorenheit, demselben in seiner Eröffnungsrede ganz offen und unumwunden zu sagen, daß er es nur zum Zwecke der Geldbewilligung, behufs der weiteren Unterstützung der französischen Protestanten, berufen habe, ja er sprach sogar Drohworte aus, die auf die Ergreifung anderer Maßregeln hindeuteten, wenn man in der Bewilligung der neuen Subsidien säumig sein sollte. Die Subsidien wurden darauf zwar bewilligt, die Gemeinen aber erhoben zugleich Beschwerden, wegen der willkürlichen Einkerkerung von Parlamentsmitgliedern, welche für die Rechte des Landes gesprochen hatten, und verfaßten die berühmte „Bitte um Recht" (petition of right), worin verlangt wurde, daß Niemand ohne Bewilligung des Parlamentes zu irgend einer Steuer, Abgabe oder Auflage gezwungen und deßhalb eingekerkert werden könne. Zu dieser Petition mußte der König am 2. Juni 1628 endlich seine Zustimmung geben.

§. 3. Nach Bewilligung der Subsidien wurde zu Portsmuth eine Flotte und ein Heer zusammengezogen, um abermals nach La-Rochelle abzugehen, und beide wurden wieder unter den Oberbefehl Buckingham's gestellt. Als aber derselbe am 23. August Morgens in Portsmuth in seinen Wagen steigen wollte, wurde er von einem gewissen Fulton, früheren Lieutenant in der Landarmee, aus Fanatismus erdolcht, weil er in Uebereinstimmung mit dem Parlamente, Buckingham für den Urheber aller Leiden des Volkes hielt. Buckingham war 36 Jahre alt. Obzwar der König die Folterung des Mörders Fulton verlangte, gaben die Richter es nicht zu, und dieser starb standhaft, in Ketten aufgehängt, vom Volke aber beklagt und gesegnet.

Die Expedition nach La-Rochelle ging zwar unter der Anführung des Grafen Lindsay unter Segel, sie war jedoch ganz nutzlos, indem La-Rochelle indessen kapitulirte, und dadurch war die Macht der Hugenotten, als eines politischen Körpers, in Frankreich zu Boden geworfen.

An die Stelle Buckingham's kam wohl kein neuer Günstling, aber die Königin, welche den Uebermuth Buckingham's oft schwer ertrug, fing jetzt an, ihre Hände freier zu regen und wollte durch den König auch das Land beherrschen. Sie und Thomas Wentworth, der von Ehrgeiz verlockt, die Opposition verließ und in den Rath des Königs eintrat, waren jetzt die einzigen Rathgeber des Königs. Wentworth stieg auch rasch empor, er wurde zum Statthalter in Irland und zum Grafen Strafford befördert.

§. 4. Am 20. Januar trat das Parlament abermals zusammen, und da der König ungeachtet der Nichtbewilligung dennoch fortfuhr, den Hafenzoll zu erheben, so verbot das Parlament diese Einhebung und erklärte dieselbe für ungesetzlich. — In dem, zwischen dem König und dem Parlamente hierüber ausgebrochenem Streite, ließ der König sogar neun Parlamentsglieder, unter ihnen den Hauptanstifter Hollis, gefänglich einziehen und löste am 10. März das Parlament auf, ohne das andere Haus einberufen zu haben.

§. 5. Die nachfolgenden 11 Jahre bieten uns nun ein Bild einer unbeschränkten Monarchie in England, denn Karl war entschlossen, fortan ohne Parlament zu regieren. Zu dem Ende mußte er aber Frieden haben, und schloß daher auch jetzt mit Frankreich und Spanien einen solchen ab. Jetzt galt es vor Allem aber, die Einnahmen der Krone zu vermehren. Das Pfund- und Tonnengeld ward deßhalb fort erhoben; mancher Zoll ward erhöht; die Recu-

1628.
§. 3.
Krieg mit Frankreich. — Ermordung Buckingham's. 23. August.

Thomas Wentwort.

1629.
§. 4.
Das Parlament von 1629—1640.

§. 5.
Unparlamentarische Regierung Karl's durch 11 Jahre.

santen setzte man auf bestimmte Summen, die sie bezahlen mußten, und dehnte diese Forderung auch auf die irischen Recusanten aus. Der schottische Adel mußte einen Theil der geistlichen Güter heraus- geben, auf welche die Krone Ansprüche machte; für Gebäude, die gegen eine frühere Verordnung Jakob's aufgebaut waren, mußten schwere Geldbußen gezahlt werden; der König ließ ferner das soge= nannte Schiffsgeld (ship money) einheben, kurz es wurde in der willkürlichsten Weise Geld erpreßt und Geldstrafen eingehoben, und dese Akte der schrankenlosesten Willkür erbitterten daher die Gemüther des Volkes immer mehr. Dabei brachte Karl auch die Schwärmer gegen sich auf, namentlich die Puritaner und Presbyterianer, indem der Erzbischof Laud die englischen Kirchen wieder mit allerlei Zierath und Bildern anfüllte, und gewisse Ceremonien einführte, welche dem katholischen Gottesdienste sehr ähnlich waren. Karl wollte dann auch in Schottland den englischen Kirchengebrauch und die neue Lithurgie vom Erzbischof Laud einführen, als er aber die Ausübung des neuen Gottesdienstes in Schottland anbefahl, entstand in' der Kirche bei der Abhaltung des ersten neuen Gottes= dienstes ein Aufstand, so daß das Volk die Geistlichen mit den Rufen: „die Messe ist hereingekommen, der Baal ist in der Kirche",

mit Gewalt aus der Kirche trieb. Es bildete sich dann überall in Schottland ein Nationalbund (Convenant) gegen das verhaßte Papstthum, und am 1. März 1638 beschwor eine unzählbare Masse des Volkes in der Kathedrale zu Edinburg diesen neuen Bund, welcher die Wiederabschaffung des den Schotten aufgedrungenen Episkopates begehrte. Jetzt rüstete man in Schottland zum Kriege, und Richelieu schickte heimlich Geld zur Unterstützung der Schotten. Wer war da froher, als die Puritaner Englands; und enttäuschter, als Karl, der jetzt ohne Geld, Krieg gegen seine eigenen Unterthanen zu führen hatte. Nur mit Hilfe der Katholiken bekam Karl noch etwas Geld zu dem neuen Kriege, welchen die Katholiken den „bischöflichen Krieg" nannten.

Dieser Krieg fing im März 1639 an, indem Karl mit einem Heere in Schottland einrückte, doch da sich Alles für ihn jetzt be= denklich gestaltete, so bot er bald die Hand zu einem Vergleiche, der dann am 17. Juni 1639 auch abgeschlossen wurde. Da aber Lord Strafford in den König drang, den Krieg gegen die Rebellen fortzusetzen, Karl jedoch ohne Geld war, so mußte er sich endlich doch dazu bequemen, nach eilf Jahren wieder ein Parlament einzu= berufen.

§. 6. Das neue Parlament trat am 13. April 1640 zu=
sammen. Der König sprach da nur von den nöthigen Geldbewilli=
gungen gegen Schottland; die Abgeordneten, und unter ihnen be=
sonders Pym, dagegen wieder nur von den alten Beschwerden,
verlangten deren Abstellung und hatten für die Geldbewilligungen
nur taube Ohren. Da unter solchen Verhältnissen ein Einverständ=
niß nicht zu erzielen war, so löste der König dieses Parlament schon
am 4. Mai wieder auf, welches dann den Namen des „kurzen"
Parlamentes erhielt.

§. 7. Da es dem Könige mit Hilfe Laud's, Strafford's
und anderer Großen gelang, wieder ein Heer gegen die Schotten
aufzubringen, so übernahm er darüber den Oberbefehl, und Lord
Conway, der den Krieg verstand, führte die Reiterei. Er zog mit
den Geworbenen nach Northumberland, doch bevor er noch völlig
gerüstet war, gingen die Schotten schon am 28. August über den
Twed nach England, machten jedoch an der Grenze von Yorkshire
Halt, als ob sie sich selbst fürchten würden zu siegen, und besetzten
nur zwei nördliche Grafschaften, so daß sie dadurch London die
Kohlenzufuhr sperren konnten.

§. 7.
Fortsetzung
des Krieges
mit Schott=
land.
August.

Der König befand sich nun mit einem mißmuthigen Heere in
York, und da zwölf Pairs und 10,000 Londoner Bürger in Bitt=
schriften auf die Einberufung eines Parlamentes drangen, entschloß
sich der König, für den 3. November ein vollständiges Parlament
einzuberufen.

Hiemit war endlich der Despotismus Karl's gebrochen, der
darauf ausgegangen war, die Nation alles dessen zu berauben, was
dem Menschen im Zustande der Gesittung am theuersten ist, denn
nach seinem Willen sollte das Leben, die Freiheit, das Eigenthum
des Volkes nur zur willkürlichen Verfügung des Monarchen stehen
und dieser dafür nur dem Himmel allein verantwortlich sein.

§. 8. Am 3. November 1640 trat sodann das neue Parlament
zusammen, dessen Handlungen es zu der merkwürdigsten Versamm=
lung in der Geschichte machen. Karl, durch schwere Sorgen gedrückt,
eröffnete dasselbe ohne dem gewohnten Pomp und begehrte nur
Sold für seine Truppen zum Zwecke der Vertreibung der Rebellen.
Schon der Ausdruck „Rebellen" mißfiel allgemein, die Beschwerde=
schriften aus den Grafschaften aber häuften sich zum Erstaunen, und
die Krone konnte im Hause der Gemeinen kaum auf ein Drittel
Stimmen zählen.

Männer von rastloser Thätigkeit, wie Hambden, Pym ꝛc.,

1640.	waren aber entschlossen, jetzt das göttliche Recht der Tudors hinaus
zuschaffen, und an dessen Stelle ein neues Gebäude aufzubauen. Am
gefährlichsten waren aber diejenigen Köpfe, in denen sich der politische Fanatismus mit dem religiösen mischte, und unter denen
Henry Vane einer der bedeutendsten war, der in seinem Fanatismus sogar so weit ging, daß er die lange Seefahrt nach Amerika
nur deßhalb unternahm, um das hl. Sakrament in Neu-England
stehend und nicht papistisch knieend, wie zu Hause, genießen zu
können. Manchen lag auch schon die Republik, als das einzige Mittel
der politischen Freiheit, im Sinne. Daß unter solchen Umständen
die Lage des Königs immer schlimmer werden mußte, ist wohl begreiflich, dazu berief derselbe noch überdies den verhaßten Strafford aus Irland in seinen Rath.

Anklage gegen
Strafford
wegen Hoch-
verraths.
11. November.

Am 9. November 1640 traf Strafford in London ein, doch
schon am 11. November wurde er über Antrag Pym's vor den
Schranken des Oberhauses im Namen der Gemeinen des Hochverrathes angeklagt, vor das Oberhaus gefordert, wo er die Anklage
auf Hochverrath lautend, knieend vor den Schranken des Hauses an-
hören mußte, und sodann verhaftet wurde.

In Folge dieses Schrittes wurden alle die Sheriffs, welche
bei Eintreibung des gesetzwidrigen Schiffsgeldes mit thätig waren,
für Delinquenten erklärt, und die Zollpächter und Beamten erfuhren
dasselbe Schicksal. — Auch der Erzbischof Land wurde auf die
Anklage wegen Hochverrath verhaftet, und alle Maßregeln, die der
König zur Erhebung von Geldmitteln angenommen hatte, wurden
für ungesetzlich erklärt.

1641.
Bill vom
19. Januar.

Am 19. Januar 1641 ward eine Bill angenommen, nach der
alle drei Jahre das Parlament einberufen werden müsse, und daß
falls dies die Krone unterlassen würde, das Volk aus eigener Macht-
vollkommenheit seine Stellvertreter wählen könne. Diese Bill wurde
vom Könige am 15. Februar bestätigt.

§. 9.
Der Prozeß
Strafford's.
22. März.

§. 9. Ungeachtet dessen, daß der König Alles versuchte, Lord
Strafford zu retten, war schon der Untergang desselben von den
Gemeinen beschlossen, und ein Comité derselben instruirte diesen
Prozeß unter voller Geheimhaltung. Der Prozeß begann am 22. März
1641 vor dem Pairshof in Westminsterhall; Strafford ward von
Morgens 9 Uhr an täglich verhört, achtzig Pairs saßen zu Gericht,
darunter aber keine Bischöfe, weil das Unterhaus gewünscht hatte,
sie sollten nach altem Brauche von dem Urtheile über Blutsachen
ferne bleiben. — Graf Arundel trat dabei als Oberhofmeister auf.

Der König und die Königin waren in einer Loge oberhalb der Pairs zugegen. Strafford vertheidigte sich siebenzehn Tage lang gegen dreizehn verschiedene Anklagen, und wies nach, daß der Begriff des Hochverrathes auf sein Verschulden nicht anwendbar sei, indem ein derartiges Gesetz noch nicht bestehe. Da nun die Gemeinen diesen Einwand selbst empfanden, und fürchteten, daß die Lords Strafford deßhalb nicht aburtheilen würden, da der Hochverrath überall nur eine Verletzung des Königs voraussetze, was hier nicht der Fall war, so wurde über Antrag Sir Artur Haselrig's ein anderer Weg eingeschlagen; es wurde nämlich gegen Strafford unterm 21. April eine Bill auf Achtserklärung (bill of attainder) erlassen, und nur 29 Mitglieder hatten den Muth, diesem Schritt der Despotie zu widersprechen. Dadurch hatte aber das Unterhaus über Strafford das „Schuldig" gesprochen, und das Oberhaus wagte nicht, die Bill zu verwerfen, weil die Bewegung des Volkes in London gegen Strafford täglich drohender wurde.

Am 29. April wurde derselbe sodann vor die Schranken gebracht, wobei St. John die Gesetzlichkeit der Reichsachtserklärung auseinandersetzte, und nachdem auch die Richter erklärten, daß Strafford auf zwei Artikel hin des Hochverrathes schuldig sei, so mußte auch der König, der Strafford nicht zu retten vermochte, der Bill seine Zustimmung geben, und dieser wurde dann am 12. Mai mit dem Beile hingerichtet.

§. 10. Die Königin trug sich schon jetzt mit dem Gedanken, in Frankreich persönliche Sicherheit zu suchen; der König glaubte aber, noch die Schotten für sich gewinnen zu können, und reiste daher nach Schottland. Vor seiner Abreise hatte er noch eine Bill unterzeichnet, welche den Grafen Essex zum Befehlshaber der englischen Streitkräfte auf der englischen Seite des Trent ernannte. Das Parlament vertagte sich sodann bis zum 20. Oktober, nachdem es einen Ausschuß von 50 Mitgliedern bestellt hatte, welcher in der Zwischenzeit tagen sollte.

Da aber die Gemeinen darauf einem Plane des Königs auf die Spur kamen, laut welchem er auf ihr Verderben sinne, so mußten die Leiter der Bewegung auf die eigene Selbsterhaltung bedacht sein, und die Waffen hiezu sollte ihnen der soeben in Irland ausgebrochene Aufstand abgeben.

Am 23. Oktober 1641 brach nämlich in Irland ein blutiger Aufstand der Katholiken aus, der die Ermordung und Ausrottung aller Engländer und Protestanten zum Zwecke hatte. Unter dem

1641.

Achtserklärung Strafford's (bill of attainder).
21. April.

Hinrichtung Strafford's.
12. Mai

§. 10.
Besorgnisse der Königin — Abreise des Königs nach Schottland.
10. August.

Der Aufstand der Katholiken in Irland.
23. Oktober.

1641.   Einflüsse der politischen und religiösen Leidenschaften wurden dort die größten Grausamkeiten verübt, und es sollen 40—60,000, oder wie im Parlamente behauptet wurde, sogar 200,000 Protestanten ermordet worden sein. — Im Parlamente mischte man dann den König und die Königin und deren bekannten Haß gegen die Puritaner in diese Angelegenheit, und weil der König nur sehr geringe Unterstützung beim Parlamente fand, so äußerte Horace Walpole: „das Parlament lasse die irländische Rebellion nur deßhalb gewähren, „um dem König den Vorwurf machen zu können, daß er dieselbe „anschüre."

Remonstranz der Gemeinen. 22. November.   Die Gemeinen erließen hierauf am 22. November eine sogenannte Remonstranz, in der alle ungesetzlichen Handlungen des Königs aufgezählt waren. Durch Volksaufläufe wurde jetzt gegen die Bischöfe und Papisten agitirt, und der Erzbischof von York wäre sogar in seiner Kutsche auf der Straße ermordet worden, wenn nicht rechtzeitig Hilfe gekommen wäre. In Folge dieser Verfolgungen erklärten hierauf dreizehn Bischöfe, gegen alle Parlamentsakte zu protestiren, weil sie wegen ihrer persönlichen Sicherheit nicht mehr ins Parlament kommen könnten.

Die fürchterliche Wahrheit der Verhältnisse trat aber nach der Rückkehr des Königs aus Schottland erst recht zu Tage, als in den letzten Wochen des Jahres das Unterhaus die Bill zu berathen anfing, nach der künftig die Einrichtung des Kriegsheeres und die Ernennung seiner Befehlshaber von der Zustimmung des Parlamentes abhängig gemacht werden solle. In Folge dieser Verfügung strömten dann die Adeligen vom Lande nach London zum König, um ihn gegen das Parlament zu schützen. — Man nannte sie spöttisch

Cavaliere — Rundköpfe. 1642. §. 11. Der Staatsstreich des Königs und seine Flucht aus London. 3. Januar.   „Cavaliere," sie aber hießen ihre Gegner, mit denen sie oft in Raufhändeln zusammenstießen, wieder „Rundköpfe" wegen ihres kurz weggeschnittenen Haares.

§. 11. Am 3. Januar 1642 unternahm der König den unklugen Schritt, durch den Staatsprokurator vor dem Hause der Pairs eine Klage auf Hochverrath gegen den Lord Kimbolton und gegen fünf Mitglieder des Unterhauses einbringen zu lassen. Es waren dies: Hampden, Pym, Hollis, Haselrig und Storde. Der königliche Waffenherold trat in das Unterhaus und begehrte in des Königs Namen die Auslieferung dieser Mitglieder.

Das Haus der Gemeinen gab aber am 4. Januar aus eigenem Antriebe diesen fünf Mitgliedern Urlaub, um sich entfernen zu können.

Am nächsten Tage aber kam der König selbst mit einigen Hundert Bewaffneten ins Parlament. Da er jedoch dort die gesuchten Mitglieder nicht fand, befahl er, ihm dieselben, sobald sie zurückgekehrt seien, auszuliefern. Das Parlament aber erklärte dieses Verfahren für die höchste Verletzung seiner Freiheiten, und sich selbst in Gefahr, weßhalb es seine Sitzungen einstellte, und nur einen Ausschuß wählte, welcher indessen in der City seine Sitzungen halten sollte.

Am 6. Januar erließ der König einen weiteren Kabinetsbefehl zur Verhaftung der fünf Mitglieder, aber statt daß diesem Befehle Folge geleistet worden wäre, erfuhr er, daß die City große Vorbereitungen treffe, um die angeklagten fünf Mitglieder im Triumphe wieder ins Parlament zurückzuführen, und daß man zu dem Festzuge noch 4000 Reiter aus Buckinghamshire, welche zu der Verherrlichung ihres Vertreters, des großen Hampden kämen, erwarte.

Um diesem verhaßten Anblicke zu entgehen, und weil der König auch jetzt um seine persönliche Sicherheit zu besorgen anfing, verließ er am 11. Januar London und begab sich mit der Königin nach Hamptoncourt.

Am 12. Januar Nachmittags wurden sodann die angeklagten Mitglieder unter großem Triumphe nach Westminster zurückgeführt, und von diesem Tage an kann man den Anfang des Bürgerkrieges in England datiren, denn in der That war durch diese Schritte des Königs die Möglichkeit einer friedlichen Lösung ganz verschwunden.

Die Königin reiste hierauf nach Holland ab, um dem öffentlichen Hasse zu entgehen, und um auf dem Kontinente Hilfe für den bevorstehenden Krieg zu suchen.

Dieser Schritt des Königs war ohne Widerrede ein Staatsstreich, den er für die Wiedereinsetzung seiner verlorenen Gewalt wagte, und so viel ist dabei gewiß, daß ihn dazu die Königin anspornte.

§. 12. Jetzt rüsteten beide Theile, sowohl der König, als auch das Parlament.

Die Gemeinen nahmen eine Bill an, um die Streitmacht des Staates unter ihre Verfügung zu bringen, alle Festungen und Besatzungen sollten in die Hände solcher Personen gegeben werden, denen man trauen könne. Da die Pairs Bedenken trugen, diese der Krone so nachtheilige Maßregel ins Leben zu rufen, so wurde deßhalb eine Masse von Petitionen, Aufläufen des Pöbels, der Lastträger und der Weiber in Scene gesetzt. Unter dem Einflusse dieses

1642. Tranges von Außen ließen die Lords dann eine Bill über die Aufhebung und Abschaffung der Stimmen der Bischöfe durchgehen, und der
König gab hiezu seine Zustimmung, betreffs der Ordonanz der Miliz
aber behielt er sich vor, von Tower aus zu antworten, wohin er
die Königin begleitete, welche sich jetzt nach Holland begab, um für
die Kronjuwelen, die sie mitnahm, Waffen und Schießbedarf für
den Bürgerkrieg zu kaufen.

Erst nach der Abfahrt der Königin schlug der König die Forderung betreffs der Miliz ab, und ging Ende März nach York.

§. 13.
Ausbruch der
Feindselig-
keiten. — Der
König vor
Hull.

§. 13. Der Adel und die Gentry von York sowie von den
umliegenden Grafschaften drängten sich jetzt zum Könige mit Bezeigungen
ihrer Anhänglichkeit. Auch viele von den Pairs kamen von London
nach York, und es entstand ein Federkrieg zwischen dem König und
dem Parlament.

8. April.
Unterm 8. April sandte der König eine Botschaft an die beiden
Häuser, in der er seine Absicht, den Aufruhr in Irland zu unterdrücken, und in Person dahin zu gehen mittheilte, und die anzuwer-
bende Mannschaft aus dem Zeughause in Hull bewaffnen wolle.

23. April.
Das Parlament versagte hiezu aber seine Zustimmung, und als der
König am 23. April mit einem 300 Mann starken Gefolge dennoch
vor Hull erschien, verweigerte ihm der Gouverneur Hotham den
Eintritt in die Stadt.

Das Parlament erließ nun Befehle an die Lord Statthalter,
jene die Miliz betreffende Ordonanz in Vollzug zu bringen, der
König dagegen verbot solche, und stellte selbst Vollmachten für die Ein-
reihung des Aufgebotes ein.

Er ging hierauf nach Nothingham, und als ein von der
Königin abgesandtes Schiff Waffen und Munition brachte, rückte er
mit 3000 Mann und 1000 Pferden abermals vor Hull, mußte
aber, da seine Miliztruppen bei einem Ausfalle der Belagerten nicht
Stand hielten, sich zurückziehen.

Die große Masse des Adels, der Gentry, und die Katholiken,
dann die Grafschaften im Norden, Westen und Wales standen jetzt
zum Könige. Das Parlament war dagegen im Besitze aller Zeug-
häuser und Festungen bis auf Newcastle und Tyne, und die Einwohner Londons und aller großen Städte, sowie die südlichen und
östlichen Grafschaften waren zu Gunsten des Parlamentes gestimmt.

§. 14.
Das Heer des
Parlaments.
14. Juli.

§. 14. Am 4. Juli bildete das Parlament einen „Sicherheits-
ausschuß" von fünfzehn Personen als die executive Gewalt, und es
wurde die Anwerbung von zwanzig Regimentern Fußvolk und

75 Reitergeschwadern beschlossen. Den Oberbefehl über das Heer
gab das Parlament dem Grafen Essex, während Graf Bedford
zweiter Befehlshaber wurde. Solche Mitglieder beider Häuser, welche
Regimenter zu Fuß oder Roß anzuwerben vermochten, erhielten auch
den Oberbefehl über solche. — Auch Olivier Cromwell warb
damals neue Truppen an, welche sich unter den anderen durch ihre
Haltung besonders auszeichneten. — Der zwischen beiden Parteien
sich nun entspinnende Krieg zeigt aber wenig von wissenschaft=
licher Kriegführung; beständiger Quartierwechsel, einzelne Treffen
geliefert, jedes feste Haus eine Garnison, fortwährende Belagerung
von Städten, Schlössern und Wohnungen sind es, die mit einander
abwechseln. Auch zeichnet sich diese Kriegführung durch einen Geist
der Menschlichkeit und durch das Nichtvorkommen von Gräuelthaten
aus, wie sie sonst in Bürgerkriegen vorzukommen pflegen.

§. 15. Den Anfang der Feindseligkeiten machte die Belagerung
(2. August) und die Einnahme von Portsmouth, welche Stadt
der Gouverneur Goring für den König hielt, und die sodann von
den Parlamentstruppen eingenommen wurde.

§. 16. Am 23. Oktober lieferte der König, der sein Heer
auf 18,000 Mann verstärkte, bei Edgehill dem Grafen Essex ein
Treffen, welches nicht entscheidend war; beide Theile beanspruchten
zwar den Sieg, der Vortheil jedoch war offenbar auf Seite des
Königs, weil er gleich darauf Banbury zur Uebergabe zwang,
unangefochten nach Oxford marschirte, und seine Reiterei auf die
Hauptstadt vorrückte.

§. 17. Der König nahm aber hierauf, ohne etwas gegen
London zu unternehmen, in Oxford Winterquartiere, und da das
Volk noch immer einen Vergleich mit ihm wünschte, verfügten sich
am 10. Januar 1643 Abgeordnete von der City mit einer Bitt=
schrift nach Oxford, denen bald darauf (31. Januar) vier Lords
und acht Mitglieder des Unterhauses mit vierzehn Vorschlägen vom
Parlamente folgten. Die Unterhandlungen dauerten bis 15. April,
doch da sie zu keinem Ziele führten, rief das Parlament endlich
seine Abgeordneten wieder zurück.

§. 18. Während diesen Unterhandlungen dauerten aber die Feind=
seligkeiten fort und seit 15. April lagerte Graf Essex vor Reading;
da der König es aber für rathsam fand, die Erlaubniße zur Ueber=
gabe der Stadt zu ertheilen, so wurde der Platz am 27. April den
Parlamentstruppen, gegen freien Abzug der Besatzung, übergeben.

§. 15.
Einnahme von
Portsmouth
durch das
Parlament.
2. August.

§. 16.
Treffen von
Edgehill.
23. Oktober.

1643.
§. 17.
Unterhandlun=
gen in Oxford.
10. Januar
bis 15. April.

§. 18.
Uebergabe
Readings an
die Parla=
mentstruppen.
27. April.

1643.
§. 19.
Die Sache des
Königs im
Steigen.

§ 19. Die Königin befand sich seit dem 16. Februar wieder in England, sie war dem Admiral des Parlamentes, Batten, auf der See glücklich entgangen, landete bei Bourlington in York ihre, und obzwar sie genöthigt war, aus dem Bette zu entfliehen, da auf das Haus, in dem sie übernachtete, von dem Admiral geschossen wurde, so wurde sie von dem Grafen von Newcastle doch glücklich nach York gebracht. Pym und seine Genossen versetzten aber sodann die Königin am 23. März wegen Hochverrathes in den Anklagestand.

Da der König durch die Vermittlung der Königin wiederholt große Verstärkungen an Truppen, Schießbedarf und schwerem Geschütz erhielt, so ging seine Sache jetzt günstig von Statten.

30. Juni.

Am 30. Juni wurde Faifax auf Athertonmoor geschlagen, einzelne Abtheilungen der Parlamentstruppen wurden durch den Parteigänger des Königs, den wilden Prinzen Rupert, in ihren Quartieren überrumpelt, der Parlaments-General Wallner mit

13. Juli.
26. Juli.

seinen Truppen am 13. Juli bei Devizes über den Haufen geworfen, Bristol am 26. Juli von den Royalisten genommen und in der Devonshire vom Prinzen Rupert der größte Theil der Städte unterworfen. Essex mußte sich mit den zusammengeschmolzenen und entmuthigten Parlamentstruppen nach Kingston zurückziehen. —

Verlegenheit
des Parla-
mentes.
Juli.

Das Parlament war durch diese Vorgänge jetzt tief herabgesunken, denn es hatte keine neuen Truppen mehr ins Feld zu stellen, und beschloß deßhalb, die Schotten zu Hülfe zu rufen: es wurde daher Graf Rutland, Sir Henry Vanne und drei Andere als Abgeordnete nach Edinburg (20. Juli) abgesendet, und da die Stadt London offen und unvertheidigt da lag, so wurde eine Verschanzung von 12 Meilen im Umkreise angelegt, an der alle Bewohner ohne Unterschied des Geschlechtes arbeiteten. Die Friedenspartei im Volke wurde aber immer stärker, so daß am 5. August ein Vorschlag der Lords zu einem Ausgleich mit dem König im Unterhause eingebracht wurde.

Es ist sehr wahrscheinlich, daß, wenn der König jetzt seine ganze Streitmacht gegen London geführt hätte, dies dem Kriege ein Ende gemacht haben würde. Aber seine Rathgeber fürchteten den Geist der City-Miliz, und so beschloß der König, statt London anzugreifen, Gloucester zu belagern, vor dem er auch am 10. August

Belagerung
von
Gloucester.
10. August.

erschien. Als dies das Parlament erfuhr, schickte es Essex mit einem zusammengebrachten Heere von 14,000 Mann zum Entsatze

Gloucester's; dieser führte den Marsch mit großer Umsicht aus, indem er alle Angriffe der Reiterei abschlug. Bei seiner Annäherung zog die königliche Belagerungsarmee ab und Essex hielt am 8. September in Gloucester seinen Einzug.

Auf dem Rückwege hatte derselbe aber am 20. September ein blutiges Treffen bei Newbury mit den Royalisten zu bestehen, dem nur die Nacht ein Ende machte und in dem die Royalisten 2000 Mann verloren. Essex zog dann über Reading nach London.

§. 20. Am 15. September, also fünf Tage vor dem Treffen von Newbury, unterzeichnete der König einen Waffenstillstand mit den Irländern, vermöge welchem sich dieselben verpflichteten, ihm 30,000 Pfund Sterling, zur Hälfte in Viehherden, zu bezahlen. Der König bestellte dann Osmond zum Vicekanzler von Irland und ließ die dortigen Regimenter nach England kommen.

§. 21. Unterdessen hatten die Abgesandten des Parlamentes mit den Schotten unterhandelt, welche ihre Hilfe unter der Bedingung zusagten, daß das Volk von England und das Parlament einen „feierlichen Convenant" beschwöre. Dieser Vertrag wurde am 29. November auch abgeschlossen, und die Schotten verpflichteten sich, ein Heer von 21,000 Mann zu liefern, welche aber das Parlament zu besolden hatte.

§. 22. Am 8. Dezember 1643 starb das berühmte Parlamentsmitglied Johann Pym und wurde mit großem Gepränge in der Westminsterabtei begraben. Das Parlament bezahlte seine Schulden mit 10,000 Pfund Sterling und gewährte seinem Sohne noch überdies einen Jahresgehalt.

§. 23. Um sich dem Nimbus eines Parlamentes doch zuzuwenden, berief der König über Hyde's Rath ein solches nach Oxford, das dort auch am 22. Januar 1644 zusammentrat; es bestand aus 43 Lords und 118 Mitgliedern des Unterhauses.

Die erste Sorge desselben war der Friede, und deßhalb wurde Essex eingeladen, sich mit diesem Parlamente zu vereinigen. Dieser schickte aber als Antwort den Convenant und die Erklärungen des Parlamentes von England und Schottland ein. Da aber die in Westminster versammelten Lords und Gemeinen das neue Parlament in Oxford als eine ihnen angethane Beschimpfung ansahen, so schwand dadurch vollends jede Hoffnung auf Frieden und es begann denn der Krieg von Neuem.

§. 24. Nachdem sich der König schon im November 1643 mit einem aus Irland herangezogenen Truppencorps vereinigt hatte, rückte er im Januar des folgenden Jahres vor die Stadt Nantwich, der Feldherr des Parlamentes Fairfax vereinigte sich dagegen mit den Truppen des William Brereton's, schlug hierauf am 25. Januar den König bei Nantwich und machte 1500 Gefangene.

Im Westen rückten hierauf die Truppen des Königs unter Hopton bis nach Arundel vor, der Parlamentsgeneral Waller überfiel aber ein königliches Regiment in Altan, hieb es zusammen und zwang darauf Arundel zur Uebergabe.

Newark am Trent, ein fester Stützpunkt der Royalisten, ward von den Parlamentstruppen belagert, die Belagerer wurden aber am 22. März 1644 vom Prinzen Ruprecht wieder geschlagen, wobei dieselben das ganze grobe Geschütz verloren.

Nun waren endlich auch die Schotten unter dem Grafen Leven in England eingerückt, welcher am 19. Januar über den Tweed gegangen war.

Unterdessen wurde aber York von den Parlamentstruppen hart bedrängt, der König schickte deßhalb den Prinzen Ruprecht zu Hilfe, welcher auch mit 25,000 Mann vor der Stadt erschien. Das Heer des Parlamentes nahm aber unter den Generalen Fairfax, Manchester und Cromwell auf Marstonmoor Stellung, und in der hierauf am 2. Juli 1644 erfolgten Schlacht wurde Prinz Ruprecht gänzlich geschlagen, so daß er all sein Geschütz und Gepäck verlor.

Hiedurch war die Sache des Königs im Norden hoffnungslos verloren, dafür aber war ihm das Glück im Westen günstiger, denn am 2. September mußte sich ihm ein Theil des Heeres von Essex in Cornvall ergeben, nur das darauf am 27. Oktober vorgefallene Treffen bei Newbury blieb unentschieden.

§. 25. Die religiöse Trennung der Presbyterianer und Independenten (welche verlangten, daß jede Gemeinde von Christen unabhängig [independent] von allen anderen sei, über ihre Mitglieder aber eine unumschränkte Gewalt haben solle), hatte sich jetzt auch auf die Armee erstreckt. Cromwell war das Haupt der Independenten, Manchester und Waller gehörten aber den Presbyterianern an, und Essex gab der bischöflichen Kirche den Vorzug.

Cromwell verlangte nun im Unterhause dringend Abhilfe betreff der Uebelstände in der Armee; er forderte Reformen und beschuldigte seinen General Manchester der Langsamkeit im Kriege.

Durch eine Ordonanz vom 3. Januar 1645 wurde hierauf

die Lithurgie der Kirche abgeschafft und an deren Stelle eine von der allgem. Versammlung von Schottland bestätigte „Anweisung zum öffentlichen Gottesdienste" eingeführt, wobei das Parlament den Zweck im Auge hatte, eine Uebereinstimmung mit der Kirche von Schottland und anderen reformirten Kirchen zu erzielen, d. h. das presbyterianische System einzuführen.

Am 21. Januar 1645 wurde auch das „neue Modell des Heeres" geschaffen, Thomas Fairfax wurde Oberbefehlshaber, Sir Skippon zum Generalmajor und noch weitere 24 Oberste bestellt.

Eine dritte Maßregel war die Einführung der sogenannten „selbstverleugnenden Ordonanz", welche den Mitgliedern der Armee auferlegte, ihre Stellen niederzulegen, ohne über ihre Wiederwahl etwas zu erwähnen, und demgemäß legten auch Essex, Manchester und Denbrigh ihre Stellen nieder.

In diese Zeit fällt auch die Beendigung des Prozesses des Erzbischofs Land. Der Prozeß begann am 12. Mai 1644 und am 4. Januar 1645 erklärte das Oberhaus Land des Hochverraths schuldig, worauf er am 10. Januar mit dem Beile hingerichtet wurde.

§. 26. Dem Könige gehorchte jetzt ungefähr ein Drittel des Reiches; sein Heer war wohl zahlreicher, aber getheilt und ohne Zucht. Das Heer des Parlamentes nach dem neuen Modelle war zwar schwächer, aber aus alten Soldaten gebildet, jedoch mit dem religiösen Anstrich der Independenten-Partei. Es wurde strenge Manneszucht eingeführt und so jene herrliche Armee geschaffen, die niemals eine Niederlage erlitt, weil sie von höheren Triebfedern als der Gier nach Sold und Beute beseelt war.

Der König eröffnete am 7. Mai 1645 den Feldzug, indem er die Belagerung von Chester aufzuheben auszog. Bei dem Dorfe Naseby traf das Heer des Königs mit dem des Parlamentes, unter der Führung Fairfax', Cromwell's und Jreton's zusammen. In der hierauf folgenden Schlacht am 14. Juni 1645 wurde aber die Armee des Königs gänzlich geschlagen; er verlor 4500 Gefangene, seine ganze Artillerie, Schießbedarf, ja sogar die Schatulle des Königs mit seiner Correspondenz und der Königin fiel den Siegern in die Hände.

Von nun an bereitete jeder Tag dem Könige weitere neue Verluste, Leicester hatte sich ergeben, Goring wurde am 10. Juli geschlagen, Bridgewater, das für uneinnehmbar gehalten wurde, ergab sich; Bath, Sherbone öffnete die Thore, und Hereford

Das neue Modell des Heeres. 21. Januar.

Die selbstverleugnende Ordonanz.

Prozeß und Hinrichtung des Erzbischofs Land. 10. Januar.

§. 26.

Eröffnung des Feldzuges im Jahre 1645. 7. Mai. Schlacht bei Naseby. 14. Juni.

Verluste des Königs. 10. Juli.

wurde von den Schotten belagert, Bristol genommen, und als Karl darauf seine Truppen zum Entsatze von Chester führte, das von Oberst Jones belagert wurde, mußte er den feindlichen Truppen unter General Pointz am 23. September mit Verlust weichen. — Nach dem Falle Bristols wurde sodann der ganze Süden und Westen Englands zur Unterwerfung unter das Parlament gebracht.

Vertrag Karl's I. mit Irland. 25. August. Am 25. August 1645 schloß der König durch seinen Bevollmächtigten Glamorgan noch einen weiteren Vertrag mit Irland ab, kraft dessen den Katholiken die Ausübung ihrer Religion gestattet und alle Kirchen und deren Einkünfte, welche sich dermalen im Besitze der protestantischen Geistlichkeit befanden, ihnen wieder zurückgegeben werden sollten, wogegen die Irländer dem Könige weitere 10,000 Bewaffnete zu stellen und $^2/_5$ der Kircheneinkünfte während des Krieges zu zahlen hatten. Dieser Vertrag, welcher dem Parlamente verrathen wurde, kam aber nicht zur Ausführung.

1646. §. 27.

§. 27. Die einzige Hoffnung des Königs beruhte jetzt noch auf der Spaltung seiner Feinde. Der Bruch zwischen beiden Religionsparteien wurde auch jeden Tag unheilbarer und das Einvernehmen des Parlamentes mit seinen schottischen Brüdern nahte seinem Ende. Karl intriguirte auch mit allen diesen Parteien; doch als Orford von den Parlamentstruppen eingeschlossen wurde, so entfloh er am 27. April 1646 verkleidet aus der Stadt und irrte von Ort zu Ort herum, bis er sich am 5. Mai 1646 in das schottische Hauptquartier Lewen's begab, wo ihm dieser und seine Offiziere zwar die größte Aufmerksamkeit erwiesen, er aber nichtsdestoweniger ein Gefangener verblieb.

Flucht des Königs von Orford. 27. April. Der König verliefert sich en Schotten. 5. Mai.

Zwischen dem Parlamente und den Schotten waren jetzt zwei Punkte zu ordnen: erstens die Verfügung über die Person des Königs, und zweitens die Berichtigung der dem schottischen Heere schuldigen Rückstände.

Am 1. September 1646 wurde den Schotten die Zahlung von 400,000 Pfund Sterling vom Parlamente zugesichert, und dabei weiter bestimmt, daß über die Person des Königs so verfügt werden solle, wie es die beiden Häuser für gut finden werden, daß aber kein Streit über diesen Punkt, den Verhandlungen oder der Rückkehr des schottischen Heeres im Wege stehen dürfe. Die schottischen Abgesandten bestanden aber weit hartnäckiger auf dem Rechte, daß die schottische Nation zu der Verfügung über die Person des Königs ihr Wort mitzusprechen haben solle. — Am 1. November trat das schottische Parlament zusammen und es ging dann am 16. Dezember

6. Dezember.

folgender Beschluß durch: die persönliche Freiheit des Königs und sein Recht auf den englischen Thron wäre zu sichern. — Die allgemeine schottische Kirchenversammlung erklärte es aber für gesetz- widrig, den König zu unterstützen, und da das schottische Parlament das Widersinnige einsah, einen Krieg mit England zu beginnen, so wurde Karl I. den englischen Bevollmächtigten, welche ihn zu über- nehmen abgesandt wurden, am 1. Februar 1647 übergeben und der- selbe wurde sodann nach Holmbyhause abgeführt.

Karl I. sagte später selbst, er sei gekauft und verkauft worden.

§. 28. Hiermit war der Bürgerkrieg nach einer Dauer von beinahe vier Jahren zu Ende, indem auch Montrose, der noch immer die königliche Sache in Irland hielt, auf einen vom König erhaltenen Befehl die Waffen niederlegte und sich auf das Festland begab.

§. 29. Um diese Zeit gebot eine Ordonanz des Parlamentes die allgemeine Einführung des presbyterianischen Systems, doch ungeachtet des Umstandes, daß die Presbyterianer die Mehrzahl im Parlamente bildeten, lag doch die Hauptstärke der anderen Partei in dem Heere, unter welchem, seit dem „neuen Modelle" der Geist des Fanatismus genährt durch Cromwell, bedeutend zugenommen hatte, wo bei dem Umstande, als die Regimenter ohne Feldgeistliche waren, die Offiziere und gemeinen Soldaten das Amt des Predigens und Betens übernommen hatten.

Da das Parlament die Gefahr erkannte, die ihm vom Heere aus drohte, war es bestrebt, jetzt wo es des Heeres nicht mehr bedurfte, nur eine mäßige Militärkraft in England zu behalten, dagegen aber den anderen Theil in Irland zu verwenden, oder auch zu verabschieden.

Aus dieser Ursache ließen daher die Gemeinen am 8. März 1647 eine Ordonanz durchgehen, welche verfügte, daß außer dem Obergeneral es hinfür keinen Offizier von einem höheren Range, als dem eines Obersten geben, und kein Mitglied des Hauses ein Commando führen solle. Die Offiziere sollten übrigens den Con- venant beschwören und sich der neuen Form des Kirchenregimentes unterwerfen.

Das Heer hatte aber damals selbst ein eigenes Parlament, wo die höheren Offiziere den obersten Rath, und zwei Adjutatoren, welche von den gemeinen Soldaten aus jeder Schwadron oder Compagnie gewählt wurden, das Unterhaus bildeten.

1617.
24. Mai.

Da sich das Heer hierauf gegen die Ordonanz des Parlamentes schwierig zeigte, so befahl Letzteres am 24. Mai dem Obergeneral, die verschiedenen Regimenter auseinandergehen zu lassen. Dieser Befehl hatte aber zur Folge, daß die Person des Königs der Macht des Parlaments entzogen wurde, indem der König, welchen in Holomby die Parlamentscommissäre bewachten,

2. Juni.

plötzlich am 2. Juni 1647 von einer Reiterabtheilung vom Regimente Fairfax, unter der Führung des Cornets Joice ohne Wissen des Parlaments aus Holomby abgeholt, nach Newmarket überführt wurde, was wahrscheinlich Cromwell und Jreton veranlaßt hatten.

Als nun das Parlament von diesem Schritte des Heeres Kenntniß erhielt und einsah, daß dadurch die Person des Königs der Gewalt des Parlaments entzogen sei, nahm es zwar den Beschluß vom 24. Mai wegen der Entlassung des Heeres sogleich wieder zurück, doch kam dies schon zu spät, denn das Heer zog gegen London und brachte eine Klage gegen eilf der vornehmsten Presbyterianer, welche aus dem Parlamente entfernt werden mußten. Indessen wurde der König mit dem Heere geführt, sehr nachsichtig behandelt, konnte in den adeligen Häusern einkehren und mit seinen Kindern verkehren.

Da das Parlament in dem Anmarsche des Heeres gegen London für sich eine bedeutende Gefahr sah, so rüstete es auch seinerseits, um dieser Gefahr zu begegnen, und stellte eine Streitmacht von 20,000 Mann auf, über welche es den Befehl Waller, Massey und Pointz übergab.

3. August.

Am 3. August stand dieses Heer auf der Haide von Hounslow, doch kam es zwischen den beiden Heeren zu keinen Feindseligkeiten und es wurde mit Fairfax ein Vergleich dahin geschlossen, daß ihm die Festungswerke der Westseite der City überliefert wurden.

7. August.

In Folge dieses Vergleiches marschirte dann das Heer am 7. August durch die City und bezog Quartiere in Kent und Essex.

26. August.

Am 26 August wurde aber von dem General eine Ordonanz erzwungen, nach der alle vom 26. Juli bis zum 6. August vom Parlamente erlassenen Befehle für Null und nichtig erklärt wurden.

§. 30.
Flucht des Königs und eine Anhaltung auf der Insel Wight.
1. November.

§. 30. In der Nacht des 11. November 1647 gelang es dem König, von Hamptoncourt auf die Insel Wight zu entfliehen, doch hier wurde er von dem Befehlshaber Hammond wieder angehalten. — Durch den Mißerfolg dieser Flucht eingeschüchtert, fing jetzt der König wieder an, mit dem Parlamente zu unterhandeln; die Commissäre von beiden Häusern überreichten ihm dann vier Bills, deren Bestätigung durch ihn als Bedingung zur weiteren persönlichen

Verhandlung gefordert wurde. Während diesen Verhandlungen dachte aber der König an eine neue Flucht ins Ausland, zu welchem Ende ein von der Königin gesandtes Schiff in der Nähe der Insel kreuzte. Am Tage der angesetzten Flucht, welche verrathen worden sein mußte, fand aber der König alle Zugänge versperrt und seine Flucht miß= lang abermals.

Da die Verhandlungen zu keinem Ziele führten, so faßte das Parlament am 3. Januar 1648 den Beschluß, dieselben abzubrechen und vom Heere ging eine Erklärung ein, welche sich mit diesem Beschlusse einverstanden erklärte, worauf das Parlament alle gegen den König erhobenen Beschuldigungen vom Neuen vorbrachte.

§. 31. Doch ungeachtet alldieses war die Sache des Königs noch nicht hoffnungslos, denn die große Masse des Volkes wünschte die ursprüngliche Verfassung aufrecht erhalten zu sehen.

Auch die Freunde der Monarchie in Schottland unter Hamil= ton gaben sich alle Mühe, ein Heer für den König aufzubringen; bei dem Widerwillen der presbyterianischen Geistlichkeit ging aber die Aushebung von Truppen nur sehr langsam von Statten. Indessen erhob auch der vom Parlamente bestellte Gouverneur von Pembroke, Oberst Poyer, am 3. März die Fahne für den König, wurde aber von Cromwell am 8. Mai aus dem Felde gejagt. Ebenso wurden die Royalisten von Kent, die sich am 23. Mai erhoben, von Fairfax am 1. Juni bei Maidstone geschlagen.

Als das schottische Heer von 14,000 Mann endlich am 8. Juli unter Anführung Hamilton's zu Gunsten des Königs in England einrückte, wurde dessen unter Marmaduke Langdale befindliche Abtheilung von 4000 Royalisten von den Parlamentstruppen am 18. August geschlagen, worauf sich die schottische Reiterei auf den Rückzug begab, ohne den Royalisten geholfen zu haben, und das schottische Fußvolk mußte sich am 20. Juli bei Warrington den Parlamentstruppen ergeben.

Ebensowenig hatte die Erhebung des Grafen von Holland am 5. Juli einen Erfolg, indem auch er am 7. Juli geschlagen wurde.

§. 32. Als die presbyterianische Partei wieder im Parla= mente das Uebergewicht erhalten hatte, wurde am 28. Juli der Beschluß vom 3. Januar, daß mit dem Könige nicht mehr zu ver= handeln sei, wieder zurückgenommen, und es wurden fünf Lords und zehn von den Gemeinen bestellt, um diese Verhandlungen zu führen. Der König erhielt gegen Verpfändung seines Wortes, keinen

1648.

Versuch zur Flucht zu machen, die Erlaubniß, in einem Privathause auf der Insel Wight Wohnung nehmen zu dürfen, wo er mit den Commissären die Verhandlungen von Neuem aufnahm. Während derselben rückte aber das Heer der Independenten näher an London, und es wurden jetzt Petitionen eingegeben, die die Abschaffung der Monarchie forderten. Endlich kam am 20. November die sogenannte „große Remonstranz" von der Armee an, welche darauf bestand, daß man die Verhandlungen mit dem König abbreche und ihn vor Gericht bringe. Die Soldateska forderte, es solle ein neues Parlament nach den von dem Heere niedergelegten Regeln 'zusammenberufen und von dieser Versammlung dann der künftige Herrscher erwählt werden. Am 30. November wurde aber diese Remonstranz von dem Parlamente mit einer Majorität von 67 Stimmen verworfen.

Die große Remonstranz. 20. Novemb.

30. Novemb.

Der König wurde hierauf von dem Oberst Cobbett mit einer Reiterabtheilung und einer Compagnie Fußvolk, ohne Wissen des Parlamentes, auf das Schloß Hurst abgeführt, und zugleich vom Heere gegen das Haus der Gemeinen eine Erklärung veröffentlicht, worin die Mehrzahl der Gemeinen der Täuschung des öffentlichen Vertrauens beschuldiget wurden und am 2. Dezember rückte sodann das Heer selbst in London ein.

2. Dezember.

Das Haus der Gemeinen erklärte aber unter Leitung des unerschrockenen Hollis am 5. Dezember mit einer Mehrheit von 36 Stimmen, daß die Zugeständnisse des Königs für die Feststellung des Friedens im Reiche genügend seien, doch dauerte dieser Triumph des Hauses nicht lange, denn schon am Tage darauf, 6. Dezember, wurde die aus den Milizen bestehende Leibwache des Parlamentes gewaltsam entfernt und die Obersten Rich und Pride nahmen mit zwei Regimentern ihre Stelle ein.

5. Dezember.

§. 33. Das Rumpf= parlament. 6. Dezember.

§. 33. Als hierauf die Parlamentsglieder das Lokal verließen, wurden die mißliebigen Glieder vom Oberst Pride gefangen genommen und an verschiedene Plätze vertheilt. Hierauf schrumpfte das Parlament bis auf 50 Mitglieder der Gemeinen zusammen, welche Versammlung sodann nur der „Rumpf", und das Verfahren Pride's die „Purganz" (Prides purge) genannt wurde. Dieser elende Ueberbleibsel der Gemeinen votirte sodann Alles, was seine kriegerischen Herren verlangten. — Während dieser ganzen Zeit war Cromwell mit einem Theile des Heeres zur Bekämpfung der Aufstände abwesend und billigte erst bei seiner Ankunft in London das Geschehene, von da an lag aber alle Gewalt bei ihm.

Prides Pur-ganz.

§. 34. Am 23. Dezember wurde im Parlamente die Debatte darüber eröffnet, wie man den großen Delinquenten zur schleunigen Strafe bringen solle, und es tauchte der Plan auf, den König bei Seite zu schaffen. Ein Ausschuß von 38 Mitgliedern sollte in Berathung ziehen, auf welche Weise gegen ihn ein rechtliches Verfahren einzuleiten wäre.

1648.
§. 34.
Verfügungen des Rumpf= parlamentes gegen den Kö= nig. 23. Dez.

§. 35. Am 1. Januar 1649 erklärten die Gemeinen in einer Ordonanz, es sei Hochverrath, Krieg gegen das Parlament und gegen das Volk zu führen, und am 2. Januar wurde eine Ordonanz zum Prozesse gegen den König an das Oberhaus gesendet; da aber die Lords dieselbe verwarfen, so erklärten sich hierauf am 4. Januar die Gemeinen, mit Uebergehung des Oberhauses, für die höchste Gewalt der Nation und erließen am 6. Januar die definitive Ordo= nanz zur Einleitung des Prozesses gegen den König.

1649.
§. 35.
Prozeß gegen den König.
1. Januar.

2., 4., 6. Jan.

Der unglückliche Monarch befand sich während diesen Ver= handlungen noch in Windsor; in der Nacht des 18. Januar kam aber Oberst Harrison mit Soldaten dahin, und der König wurde sodann am 19. Januar nach Whitehall gebracht, um sich auf sein Verhör für den nächsten Tag vorzubereiten.

19. Januar.

In der Ordonanz vom 4. Januar hatte das Haus der Ge= meinen 135 Personen, und zwar Mitglieder des Hauses, Offiziere, Rechtsgelehrte und Bürger bestellt, welche einen „obersten Justiz= hof" zur Untersuchung bilden sollten. Der Licentiat Johann Brad= shaw wurde zum Präsidenten, Dr. Dorislaus und die Herren Steele, Aske und Cooke zu Consulenten des Hofes, Sergeant Dandy zum Staabträger (sergeant at arms) und Phelps zum Schreiber des Hofes ernannt.

Zusammen= setzung des Ge= richtshofes gegen den König.
4. Januar.

Am Sonnabend den 20. Januar wurde der Justizhof in der Westminsterhalle, welche für diese Angelegenheit hergerichtet war, eröffnet. Am oberen Ende der Halle saß auf einem mit rothem Sammt überzogenen Lehnsessel der Präsident Bradshaw, auf dem Kopfe einen breiträndrigen Bieberhut, welcher der Sicherheit wegen mit Eisenblech gefüttert war, vor ihm war ein Schreibpult und auf einem Tische lag das Schwert und das Parlamentscepter (mace), wobei die zwei Schreiber des Hofes saßen. Die Richter, siebzig an der Zahl, saßen in „ihren besten Kleidern" (wie der Berichterstatter sagt), die Hüte auf dem Kopf, auf den Seitenbänken. Für den erlauchten Gefangenen war ein mit rothem Sammt überzogener Sitz, dem Präsidenten gegenüber, bestimmt. Karl wurde auf der

Die Gerichts= sitzungen.
20. Januar.

1649. Themse von Whitehall nach Westminster gebracht. Der Präsident eröffnete die Sitzung mit der Mittheilung, daß die, als das Parlament versammelten Gemeinen in Gemäßheit ihrer Pflicht, in Folge der von dem König dem Reiche bereiteten Drangsale und des Blutvergießens, diesen Hof zu seiner Untersuchung eingesetzt haben. Cooke klagte hierauf den König an, er habe, ausgestattet mit einer beschränkten Macht, Kraft und in Gemäßheit der Gesetze des Landes zu regieren, versucht, nach seinem eigenen Willen zu herrschen, und mit dieser Absicht hochverrätherisch gegen das, durch das Parlament vertretene Volk gehandelt und Krieg gegen dasselbe geführt. Der König stellte die Rechtmäßigkeit des Gerichtshofes in Abrede und protestirte gegen das Verfahren. Die Verhöre wurden am 22. und

27. Januar. 23. fortgesetzt, und am 27. Januar hielt das Tribunal hierauf seine Schlußsitzung; es waren hiebei 46 Mitglieder des Gerichtes anwesend und der König wurde als Hochverräther, Mörder und Landesfeind zum Tode verurtheilt. Karl verlangte nach der Urtheils-verlesung mit Heftigkeit noch mit einem Vorschlage gehört zu werden, und man meint, daß er der Krone zu Gunsten des Prinzen von Wales entsagen wollte, der Präsident jedoch verweigerte dies mit den Worten: „Sir, Ihr dürft Euch nach dem Erkenntnisse nicht mehr hören lassen! nein Sir!" und ließ ihn abführen. Nach White-hall zurückgekehrt, hielt der König mit Dr. Juxon am zweiten

Hinrichtung des Königs. 30. Januar. Tage seine Andacht. Am Montag den 29. Januar wurde er nach St. James überführt, wohin man seine zwei Kinder, die Prin-zessin Elisabeth und den Herzog von Gloucester von Sion-house gebracht hatte und von denen er Abschied nahm. Am 30. Ja-nuar um 10 Uhr Früh kündigte ihm Oberst Hacker an, daß es Zeit sei, sich nach Whitehall zu begeben, wohin auch der König durch den Park zu Fuße ging. Dort wurde er in sein Schlaf-zimmer geführt, und obzwar er nichts mehr zu sich zu nehmen be-schloß, da er das hl. Abendmahl genommen hatte, so ließ er sich doch bereden, um Mittag eine Semmel und ein Glas Bordeaux-wein zu genießen. Bald darauf kam Oberst Hacker mit dem Be-fehle zur Hinrichtung, der König ging darauf mit diesem, Tomlin-son und dem Bischof in den Bankettsaal, wo er durch das Mittel-fenster unmittelbar auf das schwarzbehangene Blutgerüst trat und gegen 5 Uhr Nachmittag fiel sein Kopf unter dem Henkerbeil. —

So starb Karl I. im 49. Jahre seines Lebens.

B) Die Republik. (1649—1653.)

§. 36. Noch am selben Tage der Hinrichtung ging bei den Gemeinen eine Akte durch, welche es für Hochverrath erklärte, den Prinzen von Wales oder irgend einen Anderen zum König aus= zurufen, und damit war England in eine Republik umgewandelt worden.

Am 6. Februar erklärten die Gemeinen mit einer Stimmen= mehrheit von 44 gegen 29, daß das Haus der Pairs nutzlos und gefährlich sei und deßhalb abgeschafft werden solle; den Pairs wurde wohl gestattet, ihre Ehrentitel zu behalten, sie verloren aber ihre Vorrechte, doch waren sie für das Haus der Gemeinen wählbar, was sich später Pembroke, Salisbury und Howard von Escick zu Nutzen machten.

Am 7. Februar wurden auf Befehl der Gemeinen das große Staatssiegel zerbrochen und durch ein neues ersetzt, und fünf Mit= glieder des Hauses erhielten den Befehl, eine gewisse Anzahl von Personen zu wählen, die als Mitglieder des Staatsrathes die executive Gewalt bilden sollten. Dieser Staatsrath bestand aus 41 Mitgliedern, unter denen sich fünf frühere Pairs befanden. — Seine Mitglieder waren für ein Jahr bestellt; das Heer, die Flotte und die Artillerie (ordonance) standen unter ihren Befehlen; sie hatten die Befugniß, die Handelsangelegenheiten zu regeln und mit fremden Staaten zu unterhandeln.

Die neue Regierung war aber in der That nichts anderes, als eine Tyrannei, die wir unter dem Namen Oligarchie kennen, und die sich auf das Schwert stützte. Es fand daher sowohl Un= zufriedenheit im Volke, als auch Meuterei im Heere statt, die blutig unterdrückt werden mußte.

§. 37. Das Parlament von Schottland, das unter der Ober= leitung des Lord Argyles stand, hatte seinen Bevollmächtigten in London die Weisung gegeben, gegen den Prozeß und die Hinrichtung des Königs zu protestiren. Als nun die Nachricht von der erfolgten Hinrichtung dort anlangte, rief am 5. Februar 1649 das Parla= ment Karl II. zum König aus, jedoch unter der Bedingung, daß er den Convenant beschwöre. Es bestellte sodann Abgeordnete, welche sich zum Prinzen Karl II. nach dem Haag, wo er sich aufhielt, begeben und mit ihm unterhandeln sollten.

§. 37.
Die Ereignisse
in Schottland.
Karl II. wird
in Schottland
zum König
proklamirt.
5. Februar.
Unterhandlun=
gen der
Schotten mit
Karl II.

Bei ihrer Ankunft am 26. März 1649 fanden die Abgeordne= ten Lemark (nunmehriger Herzog von Hamilton), Lauderdale

1650. und Callenbar, die Häupter der Volkspartei, und die Royalisten Montrose, Kinnoul und Seaforth bereits dort gegenwärtig. Die Verhandlungen zogen sich aber in die Länge; die Mißhellig keiten und die gegenseitige Abneigung gaben Anlaß zu vielen Zerwürfnissen, und da Karl II. wenig geneigt war, den Schotten zu Gefallen zu sein, so zerschlugen sich diese Unterhandlungen gänzlich. Nach vielen Monaten hierauf kam Karl II. am 15. März 1650 in der Stadt Breda wieder mit den Bevollmächtigten, nämlich mit dem Grafen von Cassilis und Lothian, zwei Baronen, zwei Stadtbürgern und drei Geistlichen zusammen, und obgleich seine Mutter und seine Freunde in ihn drangen, den Convenant zu beschwören und die anderen Forderungen zu bewilligen, so that er es dennoch nicht. — Das Wahre an der Sache war aber, daß Karl II.

Montrose's Unternehmen und sein Tod. April—Mai. auf ein Unternehmen Montrose's rechnete. Dieser hatte nämlich von den nordischen Häfen eine Unterstützung an Waffen und Geld erhalten, schiffte sich dann mit 600 Mann in Hamburg ein und segelte nach den Orkneyinseln, wo er seine Truppen bis auf 1400 Mann vermehrte. Er wurde aber bei Corbins=bale in 17. April. Fischire am 17. April 1650 geschlagen, später gefangen, in 21. Mai. Edinburg am 21. Mai auf einen dreißig Fuß hohen Galgen aufgehängt und seine Körpertheile in Schottland an verschiedenen Orten an den Thoren angenagelt.

§. 38. Karl II. in Schottland. 13. September. §. 38. Auf die Nachricht von dem Falle Montrose's beeilte sich nun Karl II. alle die Forderungen der Schotten zu bewilligen, außerdem daß er den Convenant beschwor, machte er sich noch verbindlich, in keinem Theile seiner Herrschaft das Papstthum zu dulden und nach dem Rathe der schottischen Kirche zu regieren. Hierauf schiffte er sich am 2. Juni auf einer Häringsflotte nach Schottland ein, wo er am 23. September 1650 landete; er fand zwar einen für ihn vorbereiteten Hof, doch durfte von seinen Begleitern nur Herzog Buckingham und Lord Wilmot bei ihm bleiben, und so sah er bald ein, daß er nur eine Puppe in den Händen der despotischen Geistlichkeit sei.

Diese fanatische Geistlichkeit mit ihren ewigen Schmähungen auf seine Familie und die langen Gebete, deren es oft im Tage sechs ohne Ende gab, machten ihm das Leben recht sauer.

§. 39. Cromwell's Feldzug in Schottland. §. 39. Cromwell, der bisher den Feldzug in Irland siegreich geführt hatte, wurde aus Anlaß der schottischen Angelegenheiten vom Parlamente nach England berufen. Als er am 31. Mai 1650 nach London kam, wurde er feierlich empfangen, und in einer

Berathung ward beschlossen, ein Heer unter Fairfax und Crom=
well nach Schottland zu senden, da der Erstere aber diesen Krieg
nicht billigte, so erließ am 26. Mai das Parlament eine Akte, welche
Oliver Cromwell zum General=Feldhauptmann aller innerhalb
der Republik von England angeworbenen und noch anzuwerbenden
Truppen bestellte. Drei Tage später (am 29. Mai) zog schon der
neue General nach Schottland.

Am 22. Juli ging er mit einem Heere von 16,000 Veteranen
über den Tweed, doch das ganze Land war verwüstet und das
schottische Heer unter David Lesley wich jeder Schlacht aus.

Endlich gelang es Cromwell aber dennoch, das schottische
Heer am 3. September auf der Ebene von Dumbar auf's Haupt
zu schlagen, worauf sich Edinburg und Leith ergaben und das
ganze Land südlich vom Forth unterworfen wurde.

§. 40. Nach der Schlacht bei Dumbar floh das schottische
Parlament nach St. Johnstone; Karl II. erhielt aber durch
diese Niederlage der Schotten mehr Ansehen und wurde am 1. Januar
1651 in Scone feierlich zum König gekrönt, nachdem er zuvor den
Convenant knieend beschworen hatte und die presbyterianische Ver=
fassung aufrecht zu erhalten versprach. Die Krone wurde ihm von
Lord Argyle auf's Haupt gesetzt.

§. 41. Im April gelang es den Schotten wieder, ein Heer
von 20,000 Mann zu versammeln. — Den Oberbefehl übernahm
diesmal der König mit Hamilton. Cromwell eröffnete den
Feldzug im Juli und es gelang ihm, am 21. Juli 1651 die Graf=
schaft Fife zu unterwerfen, so daß dadurch die Verbindung des
königlichen Heeres mit dem Norden ganz abgeschnitten war. In
dieser Lage hatte dasselbe die Wahl, entweder zu fechten oder
Hungers zu sterben.

In dieser Verlegenheit beschloß der König an der Spitze von
14,000 Mann am 31. Juli 1651 in England einzubrechen. —
Sogleich sandte aber Cromwell General Lambert mit 3000 Reitern
dem Könige nach, befahl Harrison mit gleicher Zahl ersterem von
Newcastle aus in die Flanke zu fallen, ließ Monk mit 5000 Mann
in Schottland zurück, um dasselbe vollends zu unterwerfen, und er
selbst zog am 7. August gegen York.

Karl kam indessen am 22. August in Worcester an, wo er
zum Könige ausgerufen wurde, doch die Royalisten in England
waren noch nicht gerüstet. Am 28. August rückte Cromwell mit
30,000 Mann gegen Worcester, und am 3. September kam es

Cromwell —
General=Feld=
hauptmann.
26. Mai.
29. Mai.

Sieg Crom=
well's bei
Dumbar.
3. September.

1651.
§. 40.
Krönung
Karl's II.
in Scone.
1. Januar.

§. 41.
Der weitere
Feldzug der
Schotten.
21. Juli.

Sieg Crom=
well's bei
Worcester.
3. September.

daselbst zu einer Schlacht, in der die Schotten gänzlich geschlagen wurden.

Karl mußte während der Schlacht flüchten und irrte nun verkleidet im Lande mitten unter seinen Feinden durch 40 Tage lang umher, und obzwar mehr als 40 Personen von seiner Flucht wußten, ihn auch erkannten, und vom Parlamente am 9. September 1000 Pfund Sterling auf seinen Kopf gesetzt waren, so gab es doch Niemand, der ihn verrathen hätte. Am 15. October gelang es endlich dem= selben, sich auf einer Kohlenbarke des Schiffers Tattershall ein= zuschiffen, welcher ihn am 17. October Morgens bei Jecamp in der Normandie glücklich ans Land setzte.

§. 42. Nach der Niederlage des Heeres bei Worcester blieb in Schottland keine Streitmacht mehr übrig, die sich Monk hätte entgegenstellen können.

Stirling hatte schon am 14. August capitulirt, Dundee war mit stürmender Hand genommen und darin Alles nieder= gemetzelt worden, Montrose, Aberdeen und St. Andrews öffneten die Thore und die Streifzüge der Engländer gingen sogar bis nach den Orkney= und den Shetland=Inseln. Die Ausschüsse des Parlamentes und der Kirche in Ellet wurden gefangen genommen, und Monk unterwarf mit den aus England erhaltenen Verstärkungen ganz Schottland bis ans Gebirge.

Im Oktober 1651 sandte England Commissäre dahin, um über die Union des Reiches mit der englischen Republik zu unter= handeln; der Zweck derselben war die Vereinigung beider Länder in ein Reich. Ehe aber die Bedingungen der Vereinigung festgestellt werden konnten, hatte das Parlament von England aufgehört zu sein, und so blieb Schottland ein erobertes Land.

§. 43. In Irland hatte Ireton unter Blutströmen und Grausamkeiten die Unterwerfung schon im Jahre 1651 nahezu voll= endet, als er am 25. November 1651 an der Pest starb, die in einem Theile des Reiches wüthete, und der Generallieutenant Ludlof, sein Nachfolger im Oberbefehle, vollendete sodann im folgenden Jahre die Unterjochung des Landes.

Gleichwie in Schottland, so wurden auch hier die öffentlichen Angelegenheiten durch Commissäre des englischen Parlamentes ge= regelt. — Das irländische Volk, das unglücklichste aller Völker, wurde aber in der härtesten und grausamsten Weise behandelt. Um dasselbe aus dem Lande zu entfernen, erhielt jeder Häuptling, sobald er sich unterwarf, die Erlaubniß, eine bestimmte Anzahl irischer

Leute zu Diensten der katholischen Fürsten des Festlandes anzuwerben und mußte sie mit sich aus dem Lande führen. — Eine große Menge von Weibern und Kindern wurden in dieser Art zu verschiedenen Zeiten nach Amerika und Westindien ausgeführt, und — nach katholischen Schriftstellern — sollen es 60—100,000 Personen gewesen sein, die so aus dem Lande transportirt wurden; dem ganz niederen Volke, das man in keiner Art zu entfernen vermochte, wurde am 12. August 1652 eine allgemeine Amnestie bewilligt, die begüterten Klassen aber davon ausgeschlossen, und alle Personen, die nicht bis März 1650 in den Dienst der Republik getreten oder ihren guten Willen gegen dieselbe dargethan hätten, sollten ein Drittel ihrer Güter verwirken.

§. 44. Am 5. August 1651 wurde über Anstiften St. John's im Parlamente die berühmte Schifffahrtsakte eingebracht, welche darauf berechnet war, den holländischen Handel zu ruiniren und die Herrschaft zur See nur den Engländern zuzuwenden, worauf 1651 der Seekrieg zwischen England und Holland ausbrach. Im Verlaufe von fünfzehn Monaten wurden nicht weniger als zehn Seetreffen, meist ungünstig für die Engländer, geliefert, bis am 18. Februar 1653 der englische Admiral Blake bei dem Vorgebirge la Hogue über die Holländer den entscheidenden Sieg erfocht.

Dies war der letzte Triumph des Ueberbleibsels vom langen Parlamente, sein Regiment hatte zwölf Jahre gedauert und es sollte durch die Hände seiner eigenen Diener fallen.

§. 45. Während des Winters hielten die Offiziere mehrere Zusammenkünfte, wobei Cromwell sich angelegen sein ließ, ihre Unzufriedenheit gegen die Männer der Regierung noch zu steigern, die er so hinzustellen wußte, als ob sie bemüht wären, allen Vortheil und Nutzen im Staate sich selbst zuzuwenden. Was ihm aber am meisten am Herzen lag, war eine unverzügliche Auflösung des Parlamentes und er hatte bereits in Vorschlag gebracht, daß in der Zwischenzeit, bis zum Zusammentritte eines neuen Parlamentes, die Regierung von einem Rathe von 46, bestehend aus Parlamentsmitgliedern und Offizieren der Armee, geführt werden solle.

Cromwell berief am 19. April 1653 mehrere Parlamentsglieder und Offiziere zu einer Zusammenkunft nach seiner Wohnung in Whitehall, um zu verabreden, auf welche Weise dem gegenwärtigen Parlamente ein schleuniges Ende gemacht werden könnte. Die Partei der Armee erklärte, es sei nöthig, solches auf die eine oder andere Art zu thun. Auch das Parlament beschäftigte sich bereits selbst mit der Frage der Bildung einer Erneuerung, und als Cromwell den 20. April erfuhr, daß diese Bill bereits in der Abstimmung begriffen sei, ihm aber ein in der vorgeschlagenen Art zu bildendes neues Parlament nicht genehm war, begab er sich mit zwanzig Soldaten ins Parlament, warf ihm seine Sünden, seinen Eigennutz und seine Fehler vor, beschimpfte die einzelnen Mitglieder, zog gegen Verne und Whitelocke los, zeigte auf Challoner und sagte: „da sitzt ein Trunkenbold", und auf Marten und Wentworth deutend: „hier sind zwei Hurenjäger", wandte sich dann an die Wache und befahl ihr das Haus zu säubern. Die Parlaments= glieder wurden sodann hinausgeführt und Cromwell ließ die Thüren des Saales verschließen.

So endete das lange Parlament. — Auch der Staatsrath wurde nun aufgelöst.

C) Das Protectorat. (1653 1658.)

§. 46.
Das kleine („Bareboni= sche") Parla= ment.
4. Juli 1653.

§. 46. Der erste von Cromwell und dem Rathe der Offiziere hierauf unternommene Schritt, war die Veröffentlichung einer Aus= einandersetzung der Gründe und Ursachen für die Auflösung des Parlamentes, und es wurde hierauf ein neuer Staatsrath von 13 Personen, nach der Zahl Christi und seiner Jünger, gebildet. Dieser Rath bestand aus neun Offizieren (mit Einschluß Cromwell's) und vier Civilisten, der Lord Präsident aber war Cromwell.

Jetzt wurde die Regierung in einer unregelmäßigen Weise fortgeführt, indem einige Maßregeln von dem Staatsrathe, einige von dem Rathe der Offiziere, andere vom Lord=General ausgingen. Da Cromwell aber wußte, daß in England ein Parlament ein nothwendiges Bedürfniß sei, er jedoch die freien Wahlen scheute, so wurde der Geistlichkeit aufgetragen, aus ihren Bezirken eine Liste der gottesfürchtigen Personen einzuschicken, und aus dieser Liste wählte dann der Rath in Gegenwart Cromwells 139 Mitglieder für England, 6 für Wales, 6 für Irland und 4 für Schottland, und diese Mitglieder wurden als das neue Parlament auf den 4. Juli 1653 einberufen, wo ihnen Cromwell mittheilte, daß ihnen die höchste Gewalt auf 15 Monate ertheilt werde. Diese Versamm= lung wurde dann später das kleine Parlament oder das Bare= bonische Parlament, von seinem Mitgliede dem Lederhändler Bare= bone (ein Wortspiel, das sich um die Bedeutung von barebone „abgenagter Knochen" dreht), genannt.

§. 47. Dieses Parlament begann seine Arbeiten und Ver=
besserungen in eilf Comités, machte sich aber als eine übelberathene
Versammlung eine Masse Feinde, deßhalb zeigte ihm am 12. Dezember
1653 der Oberst Sydenham seine Fehler und forderte es auf,
auseinander zu gehen. Ein Theil ging dann freiwillig, der andere
wurde durch Major Withe und seine Soldaten hinausgetrieben und
die Thüren des Locales geschlossen.

Die Mitglieder dieses Parlamentes unterzeichneten darauf die
Urkunde ihrer Abdankung.

§. 48. Unterdessen wurde am 15. Dezember 1653 von Lam=
bert, aus dem Rathe der Offiziere, eine neue Verfassung vorgelegt,
welcher Cromwell die Gewalt, obgleich nicht den Titel eines Königs
gab. Am 16. Dezember trat Cromwell sein neues Amt an. Er
begab sich in großer Feierlichkeit nach Westminsterhall, wo er seinen
Sitz einnahm. Lambert bat ihn im Namen der Armee der drei
Reiche, das Amt eines Protektors der Republik anzunehmen,
es wurde ihm die Eidesformel vorgelegt und das Bürgerschwert
überreicht. Nach diesem Akte der Souverainität kehrte Cromwell
nach Whitehall zurück und wurde diese neue Regierung dann feierlich
ausgerufen.

Die neue Verfassung ging dahin, daß die höchste Gewalt in
den Händen des Lord=Protektors und des Parlamentes liegen solle,
dem Protektor sollte ein Rath zur Seite stehen, und das Parlament
sollte jedes Jahr einmal einberufen werden.

So hatte also Cromwell das erreicht, was er seit dem Siege
von Worcester anstrebte.

§. 49. Der auswärtige Krieg mit Holland wurde hierauf
durch den Frieden vom 15. April 1654 beendet, und vermöge eines
geheimen Artikels verpflichtete sich Holland, niemals den Prinzen
von Oranien zum Statthalter zu wählen, oder ihm den Oberbefehl
über die Flotte oder das Heer zu übergeben.

Mit Dänemark wurden um diese Zeit Handelsverträge ge=
schlossen, und auch Schweden, Portugal, Frankreich und Spanien
bewarben sich jetzt um die Gunst des Protektors.

§. 50. Am 3. September 1654 wurde das Parlament ein=
berufen, und da die Wahlen vollkommen frei gewesen waren, so
stellte es sich heraus, daß die Partei des Protektors darin das Ueber=
gewicht nicht habe. Da die Debatten vom 8. bis 11. September
sich mit der Frage beschäftigten, ob die Regierung in den Händen
eines einzigen Mannes und den auseinander folgenden Parlamenten

§. 47.
Auflösung des
kleinen Par=
lamentes.
12. Dezember
1653.

§. 48.
Neue Ver=
fassung und
Cromwell's
Protektorat.
16. Dezember
1653.

§. 49.
Frieden mit
Holland und
die auswärtige
Stellung.
15. April
1654.

§. 50.
Cromwell's
zweites Par=
lament.
3. September
1654.

ruhen solle, so ließ Cromwell das Parlament vor sich kommen und bedeutete den Mitgliedern, daß sie an den folgenden vier Punkten der Verfassungsurkunde nicht rütteln dürfen, und zwar: 1. die höchste Gewalt ruht in einer Person; 2. die Parlamente sind von beschränkter Dauer; 3. weder der Protektor noch das Parlament sollen den ausschließlichen Befehl über die Armee haben, und 4. Gewissensfreiheit. — Sodann erlaubte Cromwell dem Parlamente, seine Berathungen fortzusetzen. — Als dasselbe aber bei der Revision der Verfassungsurkunde den Antrag Lambert's verwarf, der dahin ging, daß das Amt eines Protektors nur auf die Familie Cromwell's beschränkt sein solle, und dagegen beschlossen wurde, daß beim Tode Cromwell's sein Nachfolger von dem Parlamente oder sonst — wenn dasselbe nicht tagen sollte — von dem Staatsrathe ernannt werden solle, löste Cromwell nach fünf Monaten solches deßhalb auf.

§. 51.
Verfolgung
der
Royalisten.

§. 51. Das Bindeglied zwischen den Republikanern und Royalisten war jetzt der gemeinschaftliche Haß gegen Cromwell, und dieser führte zu vereinzelten Aufständen, welche aber blutig unterdrückt wurden, wobei die Royalisten auch in der Art decimirt wurden, daß jedem, der je Waffen für den König getragen oder sich für die royalistische Partei erklärt hatte, eine Einkommensteuer von $10^0/_0$ auferlegt wurde, und so trat Cromwell die zugesagte Amnestie offen mit Füßen. Behufs Eintreibung der Steuern wurde dann England in eilf Bezirke eingetheilt und über jeden ein Generalmajor gesetzt.

§. 52.
Zerwürfniß
mit Spanien.

§. 52. Cromwell forderte hierauf von Spanien, daß den Engländern der freie Handel im atlantischen Meere nicht beeinträchtigt werde, und daß die englischen, in Spanien ansässigen Kauflente gegen jede Belästigung der Inquisition sicher gestellt würden. Ueber die Ausflüchte des spanischen Gesandten Cardena's wurde sodann eine englische Flotte ausgerüstet, die unter dem Admiral

10. Mai.
1655.

Penn am 10. Mai die Insel Jamaika eroberte.

Cromwell unterzeichnete auch mit Frankreich einen Vertrag, worin vermöge eines geheimen Artikels zehn Franzosen aus dem britischen Reiche, dagegen aber Karl II., Herzog von York, Ormond Hyde und fünfzehn Andere aus Frankreich verwiesen werden sollten. Karl II. mußte sodann Frankreich verlassen und nahm seinen Aufenthalt in Köln.

§. 53.
Das Parla-
ment von
1656.
17. Septemb.

§. 53. Theils um Geldbewilligung zu erhalten und theils um der Verfassungsurkunde zu genügen, schrieb Cromwell für den 17. September ein neues Parlament aus, und da in dieses mehrere seiner Gegner gewählt wurden, so strich er auf Grund der Verfassung über hundert Abgeordnete wegen Unmoralität aus den Listen und glaubte so ein ihm gefügiges Parlament zu bekommen. Die gestrichenen Mitglieder veröffentlichten aber gegen diesen Vorgang eine kühne und nachdrückliche Remonstranz.

In diesem Parlamente gingen sodann unverweilt Beschlüsse zur Abweisung der „vorgeblichen Rechte Karl Stuart's und zur Sicherheit der Person des Protektors" durch; der Krieg mit Spanien wurde für gerecht und politisch erklärt und eine Beisteuer bewilligt.

Cromwell trachtete aber dennoch nach dem Königstitel, weil er dessen Einfluß auf das Volk kannte und berieth sich diesfalls mit seinen Vertrauten.

§. 54. Durch schlaue Vorbereitungen wurde deßhalb durch den Alderman Pack am 23. Februar 1657 eine Adresse beantragt, damit der Protektor einen höheren Titel annehme, und dieser Antrag wurde auch angenommen. Die Freunde Cromwell's setzten es endlich durch, daß ihm mit 123 Stimmen gegen 61, am 25. März der Königstitel votirt wurde. Cromwell, welcher sich über diesen Antrag bestürzt stellte, verlangte aber Zeit, um Gott um Rath zu fragen, gestand am 20. April, daß seine Zweifel überwunden seien und daß er am 8. Mai vor das Parlament treten wolle, und man erwartete allgemein, daß er jetzt bestimmt den Königstitel annehmen werde.

Da sich aber in der Zwischenzeit bedenkliche Gefahren zeigten, die Wiedertäufer in der Einführung des Königthums ein Werk des Satans sahen, selbst der Schwager und Schwiegersohn Cromwell's, Desborough und Fleetwood, gegen diesen Plan waren, und die Stimmung des Heeres sich auch drohend gestaltete, so erklärte sich Cromwell am 8. Mai gegen die Annahme des Königstitels und lehnte somit die Krone ab. Dafür erhielt er vom Parlamente die feierliche Bestätigung der Protektorswürde mit dem Rechte, sich seinen Nachfolger wählen zu können, und es wurden hierauf wieder die zwei Häuser des Parlamentes hergestellt.

§. 55. Am 20. Januar 1658 trat das Parlament in der alten Form der zwei Häuser wieder zusammen, es bestand darin aber eine mächtige Opposition gegen Cromwell, an deren Spitze Haselrig und Scot standen. Weil nun dieses Parlament eine offene Widersetzlichkeit gegen Cromwell zeigte, so löste er dasselbe schon am 4. Februar wieder auf.

§. 54.
Cromwell
wird der Kö-
nigstitel an-
getragen.
23. Februar
1657.
25. März.

§. 55.
Das vierte
Parlament
Cromwells.
20. Januar
1658.
4. Februar.

Da jetzt mehrere Mordpläne und Verschwörungen der Roya=
listen gegen Cromwell entdeckt und Schriften verbreitet wurden,
in denen seine Tödtung als eine verdienstliche Handlung angepriesen
wurde, setzte er wieder einen hohen Gerichtshof ein, der die Blut
urtheile über die Schuldigen fällte.

Obzwar Cromwell nun auf der Höhe seines Glückes stand,
lebte er doch in beständiger Furcht. Er hatte keine Ruhe und wen
dete alle möglichen Vorsichtsmaßregeln gegen einen Mordanschlag an,
trug auch stets einen Panzer, war nie unbewaffnet und wechselte
täglich sein Schlafzimmer.

§. 56.
Cromwell's
Tod.
3. September
1658.

§. 56. Am 17. August wurde aber Cromwell von einem Fieber
befallen, sein Zustand verschlimmerte sich immer mehr und er starb
schon am 3. September.

Das Leichenbegängniß des Protektors wurde mit einem außer=
ordentlichen Aufwand begangen, das Bild (eine Puppe) desselben
wurde mit königlichen Gewändern gekleidet, mit dem Scepter und
dem Reichsapfel ausgestellt und am 23. September in der Abtei
begraben. Der wirkliche Leichnam aber war schon zuvor heimlich
beigesetzt worden, indem man eine spätere Entweihung desselben
geahnt haben mag.

D) Wiederherstellung der Republik und die Restauration der Stuart's. (1658—1660.)

§. 57.
Richard
Cromwell als
Protektor.

§. 57. Sogleich nach dem Tode Olivier Cromwell's wurde
dessen Sohn Richard in der gewöhnlichen Weise als Protektor aus=
gerufen. Richard glich aber seinem Vater durchaus nicht, er besaß
keine Thatkraft und war nie Soldat gewesen. Die Offiziere ließen
ihm auch bald fühlen, daß sie sehr geneigt seien, seine Macht einzu=
schränken. Das einzige Mittel, der Opposition der Offiziere zu
begegnen, war, Geld zur Bezahlung der Soldaten herbeizu=
schaffen, und deßhalb wurde am 30. November ein Parlament aus=
geschrieben.

§. 58.
Parlament
von 1659.
27. Januar.

§. 58. Dasselbe trat hierauf am 27. Januar 1659 zusammen
und die Anerkennung Richard's als Protektor stieß auf keine Schwie=
rigkeiten. Bald aber zeigte es sich, daß die Republikaner dem Parla=
mente die höchste Gewalt zuwenden wollten und reger wider das Heer
arbeiteten. Eine Vorstellung des Heeres, den Schuldforderungen
desselben zu genügen und den Landesbeschwerden abzuhelfen, wurde

18. April.

vom Parlamente abgewiesen und am 18. April 1659 der weitere

Beschluß gefaßt, daß jede Versammlung der Befehlshaber ohne
Erlaubniß des Protektors und des Parlamentes strafbar sein solle.
Hiedurch erbittert, bestürmten die Offiziere den Protektor, das Par=
lament aufzulösen, was dieser auch am 22. April that.

§. 59. Da sich die Offiziere jedoch über das neue Regiment
nicht einigen konnten, beschlossen sie, die Mitglieder des langen
Parlamentes wieder zu versammeln, und so kamen dann am 7. Mai
42 Mitglieder zusammen, welche mit Lenthall an der Spitze als
das neue Parlament in das Haus einzogen. Es wurde am 9. Mai
ein Comité der Sicherheit, bestehend aus lauter Militärs bis auf
Vane und Scot bestellt, und wenige Tage darauf, am 13. Mai,
ein Staatsrath von 31 Civilisten und Offizieren gewählt; das Haus
votirte sodann am 21. Mai eine „freie Republik" ohne König=
thum und ohne ein Haus der Pairs.

Das Augenmerk des Parlamentes war jetzt darauf gerichtet,
dafür zu sorgen, daß für die Zukunft kein Mann mehr Gelegen=
heit haben möchte, ein willkürlich zusammengesetztes Heer den Zwecken
seines Ehrgeizes unterthänig zu machen. Zu diesem Zwecke wurden
zwei Bills durchgesetzt, wovon die eine einen Ausschuß von sieben
Mitgliedern bestellte, welcher dem Hause Offiziere empfehlen sollte;
die andere, welche bestimmte, daß die vom Parlamente bestätigten
Offiziere ihre Patente nicht von dem Obergeneral, sondern von dem
Sprecher des Hauses erhalten sollten. Obzwar die Offiziere dieser
Bill anfangs den Gehorsam verweigerten, nahm doch über Zureden
Haselrig's der Oberst Hacker und seine Offiziere ihre Patente aus
der Hand des Sprechers, und da das Eis einmal gebrochen war,
so folgten auch die anderen nach. Auch Lambeth und Fleetwood
nahmen so ihre Patente an.

§. 60. Da Richard Cromwell sich in dieser Art von Allen
verlassen sah, und das Bewußtsein hatte, daß er solchen Stürmen
nicht gewachsen sei, legte er am 25. Mai 1659 in einer öffentlichen
Erklärung seine Würde nieder.

§. 61. Haselrig, der Führer der republikanischen Partei im
Parlamente, brachte nun immer strengere Maßregeln gegen das Heer
in Antrag, und setzte am 12. Oktober 1659 den Beschluß durch,
welchem gemäß die Absetzung Lambert's und acht anderer Oberste, der
Häupter der Militärpartei, verfügt wurde. Da Lambert aber hierauf
gegen London marschirte, so stellte Haselrig seine Truppen vor
dem Parlamentshause auf, wogegen Lambert wieder seine Truppen

in Kingstreet und um die Abtei herum zusammenzog. Die beiden Parteien standen einander in dieser Art langer gegenüber, ohne daß jedoch die Truppen Lust gehabt hätten, gegen einander zu fechten Hierauf versammelte sich der Staatsrath, und nach vielem Hin und Herstreiten kam man zu dem Beschlusse, daß das Parlament nicht mehr tagen solle, der Rath der Offiziere solle dagegen den Burgfrieden halten und eine Regierungsform ausarbeiten lassen, die einem alsbald einzuberufenden neuen Parlamente vor-zulegen wäre.

§. 62.
General
Monk.

§. 62. Indessen war unter den sich so gestaltenden Verhält-nissen General Monk, den Cromwell in Schottland zurückgelassen hatte, nicht unthätig, und sein Vorgehen ist sehr zweideutig. Die reichsten Royalisten bauten ihre Hoffnungen noch immer auf ihn, und es ist sehr wahrscheinlich, daß er, da er jetzt die Macht des Hauses Cromwell gefallen sah, den König, wenn es mit Sicherheit geschehen könne, wieder ins Reich einführen wollte.

Unter dem Vorgeben, sich des unterdrückten Parlamentes an-nehmen zu wollen, beschloß er, nach London zu ziehen. Bei York vereinigte er sich mit Fairfax, welcher sich seit der Erhebung Cromwell's ins Privatleben zurückgezogen hatte und jetzt mit einer Schaar Royalisten zu Monk stieß.

In London war indessen das Rumpfparlament wieder zusammengetreten, und da die frühere Militärpartei entflohen war, zog Monk am 3. Februar 1660 ungehindert in London ein und schlug sein Quartier in Whitehall auf.

1660.
3. Februar

Ende des
Rumpfparla-
mentes.
11. Februar.

Am 11. Februar unterzeichnete er sodann mit allen zusammen-berufenen Offizieren eine Vorstellung wegen Einberufung einer neuen ordentlichen Stellvertretung des Volkes, und damit war das Rumpf-parlament gesprengt.

Das darauf zusammenberufene Parlament ging aus der freien Wahl hervor, und da sich die royalistischen Elemente jetzt mehr als je rührten, so fand das Königthum darin eine starke Partei.

§. 63.
Karl II. zum
König aus-
gerufen.
1. Mai.

§. 63. Dieses neue Parlament trat am 25. April zusammen, und als Monk Alles vorbereitet hatte, führte er am 1. Mai 1660 Sir John Greenville als den Boten des Königs ein.

Die Lords, welche sich ohne Berufung versammelt hatten, und die Gemeinen beschlossen hierauf, Karl II. zur Empfangnahme der Krone einzuladen, und am 8. Mai wurde derselbe sodann öffentlich in London wieder zum König ausgerufen.

8. Mai.

Am 25. Mai landete er in Dover, wo ihn Monk an der Spitze des Adels empfing, worauf er am 29. Mai seinen feierlichen 29. Mai 1660. Einzug in London hielt.

So wurde nach beinahe zwanzig Jahren das Haus Stuart wieder restaurirt, doch kam außer Karl II. († 1685) nur noch ein einziger männlicher Sprosse des Hauses Stuart (Jakob II., Karl's Bruder) auf den englischen Thron, doch auch dieser wurde im Jahre 1688 wieder vertrieben und mußte diesen Thron dem Prinzen und der Prinzessin von Oranien überlassen.

VIII. Epoche.

Befreiungskampf der nordamerikanischen Staaten.
(1773—1787.)

—

Ueberblick der politischen Lage.

Die Losreißung der nordamerikanischen Kolonieen von ihrem Mutterstaate Großbritannien ist eine der erhebendsten Erscheinungen in der Geschichte, denn sie zeigt, was Einigkeit des Volkes, zähe Ausdauer gepaart mit Klugheit und Gerechtigkeit bei geringen Gewaltmitteln, gegen Anmaßung und Despotie, selbst wenn derselben auch große Streitkräfte zur Verfügung stehen, zu erringen vermag! — Großbritannien stand gerade damals auf dem Gipfel seiner Machtentfaltung, mit derselben wuchs aber auch seine Anmaßung, Despotie und Ungerechtigkeit gegen die amerikanischen Kolonieen und diese Sünden waren es, die England um den Besitz jener Kolonieen brachten, die für die Zukunft einen unerschöpflichen Schatz von Reichthum bildeten, der jenen des Mutterlandes weit überragte.

Hätte England den Kolonieen nur die gleiche Gerechtigkeit wie den eigenen Bürgern überhaupt zukommen lassen, ihnen ebenfalls ein Parlament, wie es die englische Verfassung gewährleistet und wie es die Kolonieen gerechterweise verlangten, gegeben, und ihnen nicht echt despotisch jedes Selbstbestimmungsrecht verweigert, so hätte die völlige Lostrennung wahrscheinlich vermieden werden können, und wie heute noch England das Nachbarland der Kolonieen: Canada besitzt, so hätte dasselbe auch wahrscheinlich noch ferner die nordamerikanischen Provinzen in seinem Besitze erhalten können. — Doch der Despotismus machte es blind, und wie weit ersterer sich verstieg, davon gibt uns am deutlichsten die von dem englischen Parlamente im Jahre 1768 genehmigte Maßregel den Beweis, nach welcher der in Amerika begangene Hochverrath an dem Schuldtragenden nur in England untersucht und daß somit die amerikanischen Bürger

1500 Meilen weit in ein fremdes Land und vor fremde Richter geschleppt werden sollten, um dort untersucht und bestraft zu werden. Nach der Mitte des 18. Jahrhunderts war der Zustand der englisch=amerikanischen Kolonieen folgender:

Seit der Entdeckung der neuen Welt (12. Oktober 1492) wurde Amerika nach und nach von den Europäern bevölkert, die theils in der neuen Welt ihr Glück suchten, das ihnen Europa nicht gewährt hatte, theils aber nach Amerika sich flüchteten, um dort eine Frei= stätte gegen politische und religiöse Anfeindungen zu finden. Unter diesen Letzteren waren es besonders Engländer, die zur Zeit der letzten Stuarts aus religiösen und politischen Ursachen nach Amerika flüchteten, und so kam es, daß Nordamerika schon im Jahre 1764 dreizehn Provinzen umfaßte, und zwar: New=Hampshire, Massa= chusets, Rhode=Island, Connecticut, die den gemeinsamen Namen Neu=England erhielten. Mit ihnen vereinigten sich in der Folge: Virginien, New=York, Pensilvanien, Delaware, New=Jersey, Maryland, Nord= und Süd=Carolina und Georgien. Obzwar diese dreizehn Provinzen in der Abstammung, Sitte, Religion und Lebensweise verschieden waren, so standen sie doch unter dem englischen Scepter und wurden von Gouverneuren regiert, denen ein Rath und eine von den Einwohnern erwählte Assembly, dem britischen Parlamente ähnlich, zur Seite standen; alle Beschlüsse der Provinzialregierung mußten jedoch von England aus bestätigt werden. Die Nordamerikaner fühlten sich aber nach und nach zu einer Nation angewachsen, sie hatten ihr Vaterland lieben gelernt, sie kannten ihre Stärke und fürchteten das Mutterland nicht mehr. In Amerika vereinigte sich Alles zur Entwickelung der bürgerlichen Freiheit und nationalen Unabhängigkeit. Auch gab es dort nur eine Menschenklasse, denn es existirten keine Privilegien und keine feudalen Verhältnisse, sondern Jeder fühlte sich ununterworfen und unabhängig. Die Volksmenge, die sich in einem halben Jahrtausend nur einmal verdoppelt, verdoppelte sich in Amerika schon in 25 Jahren, und war auf zwei Millionen angewachsen. Die Bevormundung Amerikas durch England erstreckte sich auch anfangs eigentlich nur auf die mate= riellen Interessen, auf Schifffahrt, Handel, Aus= und Einfuhr von Natur= und Kunstprodukten.

Durch die Navigationsakte (Schifffahrts=Verordnung) wurde bestimmt, daß die Ausfuhr von Waaren und Erzeugnissen aus Eng= land und den englischen Kolonieen nur Engländern, auf in England erbauten und größtentheils mit Engländern bemannten Schiffen

erlaubt sei Damit waren die amerikanischen Kolonisten im Handel
mit ihren Produkten rein auf England beschränkt, sie mußten ihre
Schiffsladungen in die britischen Häfen führen, den weiteren Absatz
aber den Engländern überlassen. Indem sie aber dem Mutterstaate
so den Ertrag ihrer Pflanzungen abtreten mußten, sollten sie ihre
Bedürfnisse auch wieder nur aus den englischen Manufakturen
beziehen.

Daraus entsprang somit zum Nachtheile der Amerikaner und
nur zu Gunsten der Engländer ein Verhältniß, das um so drücken=
der war, als den Kolonieen der freie Handel untereinander mit
ihren eigenen Produkten, als: Zucker, Tabak, Baumwolle, Indigo 2c
nicht gestattet war und davon eine Abgabe entrichtet werden mußte,
um diese Produkte anderswohin als nach den britischen Inseln zu
führen.

Bis zum Jahre 1763 war über diese Besteuerung in den
Kolonieen noch kein Mißvergnügen zu bemerken, denn die Kolonisten
schienen in dieser Handelsbeschränkung nur ein Aequivalent für die
Taxe zu sehen, welche auch die Engländer bezahlen mußten, und so
wurden diese Beschränkungen zwar angenommen, aber auf der
anderen Seite durch einen ausgebreiteten Schleichhandel wieder um=
gangen, weßhalb die englische Regierung im Jahre 1763 zur Ver=
hütung desselben an den amerikanischen Küsten kleinere Kriegsschiffe
stationirte.

Wenn auch diese Maßregel in Amerika ein allgemeines Miß=
vergnügen hervorrief, wo selbst die vornehmsten Kaufleute durch
den Schleichhandel „gute Geschäfte" machten, so konnte man sich
gegen diese gesetzliche Maßregel dennoch nicht auflehnen.

Am 5. April 1764 wurde jedoch durch den Minister Gren=
ville dem englischen Parlamente eine Bill eingebracht, vermöge
welcher auf verschiedene Einfuhrartikel in Amerika eine Abgabe
gelegt wurde, welche in baarem Gelde zu entrichten war. Diese
Maßregel machte die Amerikaner schon schwierig, und die Folge
derselben war, daß dieselben unter dem Vorgange der reichen
Stadt Boston allen Gegenständen des Luxus entsagten, worauf Ab=
gaben gelegt waren, wodurch den englischen Manufakturen ein sehr
empfindlicher Schlag versetzt wurde, denn in Boston allein betrug
eine solche Ersparniß im Jahre 1764 zehn Millionen Pf. Sterling.

Kaum vierzehn Tage nach dieser Bill ging im Parlamente
eine andere Akte durch, die das in den Kolonieen cursirende Papier=
geld aufhob, die Herausgabe neuer Creditscheine verbot, und die

Einlösung der laufenden Scheine anordnete. Diese Maßregel verletzte und schädigte nun das Privatvermögen in den Kolonieen sehr empfindlich und zerstörte den Credit, indem dort wenig baares Geld vorhanden war.

Obwohl diese Maßregel schon eine Feindschaft gegen England erzeugte, hielten die Amerikaner doch alle einschlägigen Verordnungen nur für Handelsbeschränkungen immer aber noch für keine eigentliche Steuer, und deßhalb brach erst die Flamme dann hervor, als die Kolonisten mit direkten Taxen von England heimgesucht wurden.

———

§. 1. In der Sitzung vom 7. Februar des Jahres 1765 beschloß das Parlament: „daß die Schatzkammer Geldunterstützungen von den Amerikanern verlangen müsse und der Minister schlug zu diesem Zwecke vor, für bestimmte Fälle das Stempelpapier und für den Stempel eine Taxe einzuführen."

§. 1.
Die Stempelakte.
7. Februar.
1765.

Jetzt kam der Zeitpunkt des positiven Widerstandes der Amerikaner. In dieser Noth faßten sie den Entschluß, der Macht Englands zu trotzen und ihre Freiheit als englische Unterthanen zu behaupten. Die Provinz Massachusetsbay war die erste, welche die Bildung eines Generalcongresses anregte, und die Presse wurde sodann in Bewegung gesetzt, um die Freiheit der Kolonieen in Schutz zu nehmen.

§. 2. Das Zeichen zum offenen Aufstande gegen diese Bill gab Virginien, und die Assembly der Kolonie beschloß: „daß nur der General-Assembly in Verbindung mit dem Könige das Recht zustehe, Steuern und Taxen auf die Einwohner der Kolonie umzulegen." — Auch die anderen Provinzen erklärten die Stempelakte als eine Verletzung der Verfassung. In Boston, New-York, Connecticut und den übrigen Provinzen fanden schon im August 1765 Ausschreitungen statt, welche mehrmals mit Zerstörung des Eigenthums solcher Personen begleitet waren, die man in Verbindung mit der Stempelakte vermuthete.

§. 2.
Aufstand gegen die Stempelakte und Zurücknahme derselben.

Der 1. November 1765 war als Termin zur Einführung der Stempeltaxe bestimmt worden, als aber die Schiffe, welche das Stempelpapier an Bord hatten, schon am 5. Oktober vor Philadelphia, Boston und New-York erschienen, entstanden die heftigsten Tumulte und Ausschreitungen, in denen die Vorräthe an Stempelpapier aus den Aemtern mit Gewalt herausgeholt und verbrannt wurden: New-York beschloß, keine englischen Waaren mehr zu kaufen;

1. November
1765.

Philadelphia verbot irgend welche Zahlungen nach England zu leisten, und diesen Beispielen folgten auch die anderen Städte. Als der erste November kam, fand man in den Kolonieen kein einziges Blatt Stempelpapier mehr, alles war entweder verbrannt oder zurückgeschickt. Als sich hierauf am 17. Dezember 1765 in England das Parlament versammelte, dauerten die Debatten, ob die Stempel-akte aufzuheben sei oder nicht, durch zwei Monate, und namentlich drang William Pitt in einer begeisterten Rede auf die Aufhebung

22. Februar 1766.

derselben. Am 22. Februar 1766 wurde auch die Zurücknahme der Stempelbill mit 265 Stimmen gegen 167 angenommen und der König bestätigte dann den 19. März diese Zurücknahme.

§. 3.

Neue Verfü-gungen gegen die Kolonisten. 1766.

§. 3. In derselben Sitzung ging aber eine andere Bill durch, welche den Kolonieen den Unterhalt der Truppen auferlegte, so daß sie denselben den Bedarf von Salz, Weinessig, Bier und Cyder verabreichen sollten.

Das neue, aus Tories und Whigs zusammengesetzte Mini-sterium ließ weiter eine Parlamentsakte durchgehen, die gewisse Ab-gaben auf Glas, Papier, Bleiweiß, Malerfarbe und Thee festsetzte, welche von der Einfuhr dieser Waaren in die amerikanischen Kolo-nien bezahlt werden sollten. Zugleich wurde auch bestimmt, daß jede Provinz Nordamerikas eine allgemeine Civilliste entrichten sollte, mit welcher die englische Regierung ganz nach Gutdünken verfahren könne, um die Besoldungen der Beamten in Amerika zu bestreiten. Hiedurch sollten also die Statthalter und Richter der Kolonieen von diesen ganz unabhängig und nur an das englische Ministerium gebunden sein. — Zugleich wurde auch eine dauernde Zollverwaltung in Boston eingesetzt und die Assemblys wurden von allen gesetz-gebenden Handlungen suspendirt.

§. 4.

Widerstand der Ameri-kaner. Oktober 1767. Januar 1768.

§. 4. Auf diese willkürlichen Verordnungen hin rüstete man in Amerika zum allgemeinen Widerstande. Die ersten Zeichen dieses Widerstandes zeigten sich im Oktober 1767 in Boston, die Ein-wohner versammelten sich im Stadthause und beschlossen Gesell-schaften zu bilden, um ihre Manufakturen zu heben und aus Eng-land keine überflüssigen Artikel kommen zu lassen. Im Januar 1768 trat die Assembly zusammen, um die Untersuchung der Beschwerden anzustellen; die Agenten in England erhielten die Weisung, dagegen Proteste und Petitionen einzubringen und es wurden auch in diesem Sinne Rundschreiben an die Assemblys der anderen Provinzen er-lassen. — Als General Gage hierauf wegen den Unordnungen und Mißhandlungen eines Zollbeamten zwei Regimenter nach Boston einrücken ließ, wurde in der Stadtversammlung die allgemeine Bewaffnung beschlossen und ein allgemeiner Konvent in der ganzen Provinz ausgeschrieben, welcher am 21. September zusammen kam 21. Septemb. und aus den Abgeordneten von 98 Ortschaften und 8 Kreisen bestand. Dieser Konvent sandte dann an den König eine Petition.

§. 5. Gegen Ende 1768 genehmigte das Parlament noch strengere Maßregeln, zufolge deren Truppen nach Amerika gesendet, die Urheber der Verwirrungen strenge bestraft und der begangene Hochverrath an den Schuldtragenden in England untersucht werden sollte. Diese barbarische Maßregel, nach der die amerikanischen Bürger 1500 Meilen in ein fremdes Land und vor fremde Richter zur Aburtheilung geschleppt werden sollten, erbitterte die Amerikaner aufs Höchste; in allen bedeutenden Orten wurden jetzt Ausschüsse errichtet, welche die aus England kommenden Ladungen untersuchen sollten, und es wurde der Einfuhr englischer Waaren derart entgegengearbeitet, daß in England die Einnahmen aus den Kolonieen von 110,000 auf 70,000 Pf. St. herabsanken.

§. 5. Verschärfte Maßregeln des Parlamentes. 1768.

§. 6. England zog unter diesen Umständen nun gelindere Seiten auf und das Parlament beschloß, alle Zollgebühren zurückzunehmen und nur die Abgabe von Thee beizubehalten, allein auch damit war Amerika nicht zufrieden und die alten Verbindungen blieben dort aufrecht. — In Boston kam es am 5. März 1769 zum offenen Aufstand, wobei mehrere Personen erschossen wurden. Indessen griff die Gährung immer mehr um sich und Alles trug dazu bei, den Widerstand zu schüren. — So war der Stand der Verhältnisse während des Jahres 1771.

§. 6. Aufhebung der Zollgebühren. Abgabe von Thee. 1771. März 1769.

§. 7. Im Jahre 1772 wurde von England beschlossen, die Beamten der Krone (Statthalter, Richter ꝛc.) dadurch von den Kolonieen ganz frei zu machen, daß ihre Besoldungen unabhängig von den Assemblys, nur durch die Krone festgesetzt werden sollten. Boston protestirte aber dagegen und rief das Volk zum Aufstande auf. Jetzt wurden überall Comités errichtet und alle Bestrebungen vereinigten sich zur Befreiung des Vaterlandes.

§. 7. Unabhängigkeits-Erklärung der Kolonialbeamten. 1772.

§. 8. Um die Spannung noch zu vermehren, wurde der ostindischen Kompagnie, welche 17 Millionen Pfund Thee auf ihren Lagern hatte, gestattet, den Thee nach jedem Orte hin frei von Abgaben auszuführen, nur in Amerika sollte von jedem Pfund 3 Pence Zoll entrichtet werden. Auf dieses gingen ungeheure Ladungen nach den Kolonieen ab, weil die Agenten wußten, daß wenn der Thee einmal ausgeladen wäre, auch verkauft würde. Die Ameri-

§. 8. Die Theealte. 1773.

kaner suchten daher die Auslabungen zu verhindern. Die Unruhen, die hiebei vorkamen und bei denen die Theeballen auch ins Meer geworfen wurden, waren groß.

§. 9. Als die Nachrichten von diesen Unruhen nach England kamen, wurde beschlossen, daß der Hafen von **Boston** gesperrt werden solle, weil diese Stadt der Herd der Unruhen sei, und bestimmt, der ostindischen Kompagnie den Ersatz ihres Schadens zu gewähren. Es wurde daher nach Boston eine Flotte von vier Kriegs= schiffen gesendet und der General Gage als Statthalter mit unbe= schränkter Gewalt eingesetzt.

Als diese Nachricht nach Amerika kam, war die Entrüstung allgemein und es wurde ein Konvenant zur Vertheidigung der Frei= heit Amerikas gebildet. In Boston selbst traten nach der Sperrung des Hafens alle Behörden außer Wirksamkeit und die Civilregierung hörte ganz auf; die Bürger bewaffneten sich und übten sich im Exerciren, doch als die Truppenabtheilungen sich in Boston anhäuften und der Militärdruck eintrat, stieg die Entrüstung der Bürger bis zur Wuth. In den Provinzen wurden indessen Kriegs= und Muni= tionsvorräthe gesammelt und Mannschaft ausgehoben.

§. 10. Unter dieser Aufregung versammelte sich der General= Kongreß zu Philadelphia, auf dem sich Abgeordnete von allen Pro= vinzen einfanden. — Der Kongreß trat am 4. September 1774 zusammen; zum Präsidenten wurde Rudolf Peyton von Virginien und zum Sekretär Karl Tompson gewählt. Die Zahl der Ab= geordneten betrug 55.

Jetzt wendete die civilisirte Welt ihre Blicke auch den ameri= kanischen Angelegenheiten zu und insbesondere war es Frankreich, das diesem Freiheitskampfe seine Sympathieen entgegenbrachte. Der Kongreß verfaßte hierauf eine sogenannte Erklärung der Rechte, welche britische Unterthanen anzusprechen haben, zu deren Genuß sie durch die Gesetze der Natur, der englischen Verfassung und ihrer verschiedenen Charten berechtiget seien, und eilf Parlamentsakte wurden als grausam, unpolitisch und Amerikas Rechte vernichtend bezeichnet. Es wurde auch eine Adresse an das britische Volk, eine an die Kolonisten und eine Bittschrift an den König verfaßt, zu= gleich aber ausgesprochen, daß die Verhaftung eines Kolonisten, um jenseits des Meeres gerichtet zu werden, zum Widerstande berechtige.

Am 26. Oktober 1774 trennte sich der Kongreß, doch sollte er am 10. Mai des kommenden Jahres wieder zusammentreten.

§. 11. Jetzt wurde überall eine wunderbare Thätigkeit entfaltet, in kurzer Zeit schon standen ganze Regimenter schlagfertig da und die Geistlichen predigten wie bei den Kreuzzügen: „Gott will es", und als hierauf von England weitere 10,000 Mann gegen die Kolonieen geschickt und die Einwohner von Massachussetsbay als Rebellen erklärt wurden, bedurfte es nur noch eines Signals und der Bürgerkrieg stand in hellen Flammen.

Inzwischen war Boston zu Land und zur See blokirt, und die Einwohner waren nichts anderes, als Geißeln in der Hand des englischen Generals.

§. 12. Der britische General Gage beschloß nun über Anstiften der sogenannten Loyalen, d. h. der königlichen Partei, die Niederlagen von Kriegsgeräthschaften der Amerikaner bei Worcester und Concord zu zerstören und sandte am 19. April 1775 ein Detachement englischer Truppen dahin. Die Bostoner aber, die davon Kenntniß erhielten, theilten diese Nachricht den Provinzbewohnern mit. Als daher dieses Detachement zu Concord erschien, stieß es auf die amerikanische Miliz (die Minute-Männer), es erfolgte bei Lexington ein scharfes Gefecht, aus dem die Engländer sich mit Verlust zurückziehen mußten.

Zu derselben Zeit bestimmte der Kongreß für die Miliz den regelmäßigen Sold, gab Kassascheine aus, erklärte den General Gage für einen öffentlichen Feind, es wurde ein Aufgebot von 13,600 Mann in der Provinz beschlossen und dem Oberst Ward der Oberbefehl übergeben. New-Hampshire, Conecticut und Rhode-Island wurden aufgefordert, ihre Contingente zu stellen, um eine Armee von 30,000 Mann unter dem Befehle John Thomas vollzählig zu machen. Diese Armee stand auch bald unter den Mauern von Boston und schnitt jede Verbindung der Garnison mit dem Lande ab.

§. 13. Die Festung Tyconderago war für die Kolonisten sowohl als Schlüssel zu Canada, als auch deßhalb wichtig, weil darin eine zahlreiche englische Artillerie angehäuft war. Dieser Platz wurde daher von den Männern von Green-Mountains, die sich mit Oberst Arnold, der von Boston kam, vereinigten, überrumpelt, die Engländer streckten die Waffen und die Amerikaner eroberten 120 Kanonen.

§. 14. Minder glücklich waren aber die Amerikaner bei Boston, wo sich Ende Mai 1775 die aus England kommenden Truppen unter den Generälen: Howe, Clinton und Bourgogne mit Gage

1775.
§. 11.
Organisirung des Widerstandes.

§. 12.
Ausbruch des Bürgerkrieges.
19. April.

§. 13.
Einnahme von Tyconderago.

§. 14.
Der Kampf bei Boston Ende Mai.

1775.

vereinigt hatten und wo die Amerikaner nach einem sehr heißen Kampfe den Rückzug antreten mußten.

§. 15.
Verfügungen
des
Kongresses.
Ende Mai.

§. 15. Dies war die Lage der Dinge, als der General-Kongreß Ende Mai 1775 wieder in Philadelphia zusammentrat, wo seine erste Sorge die Armee war. Zum Obergeneral wurde George Washington (geboren den 22. Februar 1732) ernannt und ihm die Generäle: Ward, Lee, Schuyler und Gates beigegeben, der Vertheidigungszustand aller Provinzen mit der größtmöglichsten Zahl von Truppen, Waffen und Munition, die Errichtung von Pulverfabriken und Kanonengießereien wurde angeordnet, und wie wunderbar die Provinzen den Kongreß unterstützten, beweist der Umstand, daß Philadelphia allein 8000 trefflich disciplinirte Truppen aufstellte und daß sogar dort die Kompagnie der Greise errichtet wurde, deren Hauptmann ein Greis von 100 Jahren war. Benjamin Franklin wurde zum General-Postmeister ernannt und die Ausgabe von drei Millionen spanischen Piaster-Scheinen beschlossen: bei den verschiedenen Indianerstämmen wurde versucht, selbe zur Neutralität zu verhalten, dann wurden Abressen an das englische Volk, an die Irländer und die Canadier erlassen.

Auch für die eigene Gewalt des Kongresses, der bisher unbeschränkt und diktatorisch war, wurde eine Grenze gezogen, um seinen Rechtskreis von dem der Provinzial-Assembly gehörig abzuscheiden, und so kam die Grundlage jener Verfassung zu Stande, die Amerika groß machen sollte.

Um endlich auch zur See geschützt zu sein, sollte eine Flotille ausgerüstet werden, die der Admiral Hopkins commandiren sollte.

§. 16.
Einfall der
amerikanischen
Truppen in
Canada.
Kapitulation
von St. John.
3. November.
Vergeblicher
Sturm auf
Quebek.
31. Dezember.

§. 16. Da der Kongreß benachrichtigt wurde, daß England im nächstfolgenden Frühjahre bedeutende Truppenmassen durch Canada den Kolonieen in den Rücken senden wolle, wurden unter Leitung des Generals Schuyler 3000 Mann an den Champlain-See gesendet und am 3. November mußte die Festung St. John capituliren, worauf sich Montreal ebenfalls den Amerikanern ergab.

Washington beabsichtigte weiter, sich Quebeks zu bemächtigen, und Oberst Arnold sollte diesfalls in Nieder-Canada einfallen, während Montgommery von Ober-Canada gegen Quebek manöverirte. Unter unaussprechlichen Schwierigkeiten drang Arnold, der im September ausmarschirt war, durch Wüsteneien ziehend, die noch keines Menschen Fuß betreten hatte, gegen Quebek, wo er aber erst am 3. November ankam und am 1. Dezember sich mit Montgommery vereinigte; der Sturm auf Quebek am 31. Dezember mißlang aber, Montgommery fiel und Arnold mußte sich auf die Abrahams= Höhen zurückziehen, wo er dann Quebek die Zufuhren abzusperren versuchte.

§. 17. Nachdem der König alle Petitionen und Friedens= anträge der Amerikaner unerwiedert gelassen hatte, beschloß das Ministerium jetzt bedeutende Truppenaushebungen zu veranlassen; da aber in England dieser Versuch ohne Erfolg blieb, wurden braunschweigische und hessische Truppen gekauft. 24 Kriegsschiffe sollten den Transport von 25,000 englischen und 17,000 deutschen Truppen bewerkstelligen, so daß die Armee in den Kolonieen 55,000 Mann bilden sollte. Obzwar hierüber von vielen Seiten ein heftiger Tadel erfolgte, setzten die Minister diese Bill doch durch, es wurde auch weiter bestimmt, daß aller Verkehr mit den dreizehn Kolonieen verwehrt, alles amerikanische Eigenthum gute Prise sein und jeder auf amerikanischem Schiffe Gefangene als gemeiner engli= scher Matrose dienen solle. — Auch sollten Kommissäre nach den Kolonieen gesendet werden, um die Reuigen wieder zum Gehorsam zurückzuführen.

Der König ernannte die Brüder Howe, von welchen der eine Admiral der Flotte, der andere aber Oberbefehlshaber der Armee war, zu seinen Kommissären.

Parker und Lord Cornwallis hatten bereits die Truppen eingeschifft, worauf der Admiral Hotham und die Generale Bour= gogne und Philipp's folgten.

§. 18. Während des Winters 1775/6 gelang es Washington unter unsäglichen Beschwerden nach und nach ein kampffähiges Heer herzustellen, und da Mitte Februar ein so starker Frost eintrat, daß das Eis die schwersten Lasten zu tragen fähig war und man Boston von allen Seiten beikommen konnte, wollte er die Stadt an= greifen. Da aber der Kriegsrath dieses Unternehmen für zu gefähr= lich hielt und ihn überstimmte, so ging er auf einen anderen Vor= schlag ein, der darin bestand, sich der nahe an Boston gelegenen Halbinsel Dorchester, von welcher man die Stadt und den Hafen beherrschte, mit einer Batterie zu bemächtigen. In den Tagen vom 2.—4. März gelang es ihm durch eine täuschende Kanonade auf den Höhen von Dorchester sich festzusetzen und dieselben derart zu befestigen, daß er von da den Hafen und die Stadt auf das Wirksamste beschießen konnte. Als der englische Obergeneral Howe einsah, in welcher Lage er sich befinde, berief er die Angesehensten der Stadt und drohte ihnen, er wolle sie verlassen, er sei jedoch

(Randnotizen rechts:)

1775.

§. 17.
Rüstungen Englands.

1776.
§. 18.
Erfolge der Amerikaner.

Einnahme von Boston.
17. März

entschlossen, dieselbe gänzlich zu zerstören, wenn ihn Washington bei seinem Abzuge bedrohen sollte. Auf diese Drohung baten die erschrockenen Einwohner den Letzteren, sie nicht dem Verderben preiszugeben, und obzwar Washington die ganze Besatzung von Boston bereits in Händen hatte, gab er den Bitten der Einwohner nach und gestattete Howe mit seinen Truppen den Abzug auf die Schiffe. Am 15. März begann die Einschiffung und am 17. März zog Washington als Befreier vom Volke begrüßt in die Stadt ein.

Erfolge in Nordcarolina, auf dem Delaware und der Insel Providence, in Südcarolina. 28. Juni.

Weitere Erfolge hatten die Amerikaner in Nordcarolina, wo der Oberst Macdonald vom amerikanischen General Moore geschlagen und vertrieben wurde.

Auch auf dem Delaware wurden die Engländer mit Erfolg bekämpft und auf der Insel Providence fiel den Amerikanern ein bedeutendes Depôt von Kriegsmunition in die Hände.

Auch in Südcarolina war die Unternehmung des englischen Generals Peter Parker auf das Fort „Multrie" auf der Insel Sullivan an der Tapferkeit der amerikanischen Truppen unter Lee gescheitert und die Engländer am 28. Juli (1776) derart geschlagen, daß sie am 21. Juni nach New-York unter Segel gehen mußten.

Dagegen verloren die Amerikaner wieder an die Engländer die eroberte Festung St. John und Montreal.

§. 19. Die dreizehn Provinzen erklären sich für unabhängig.

§. 19. Unter dem 15. Mai 1776 erließ der Kongreß an die verschiedenen Assemblys und Konventionen der Vereinigten Staaten von Nordamerika eine Akte, in welcher jenen Provinzen, die noch nicht eine solche Regierungsform angenommen hätten, als es die gegenwärtige Lage der Dinge nothwendig mache, anempfohlen ward, eine Konstitution festzusetzen, die zur Beförderung des Wohles und der Sicherheit des Staates zuträglich sei.

In Folge dessen lösten am 4. Juli die dreizehn vereinigten Kolonien alle ihre Bande mit der britischen Krone und erklärten sich unter dem Namen: „die dreizehn vereinigten Staaten Amerikas" für unabhängig und frei.

Dieser Beschluß wurde sodann durch ein Manifest der Welt zur Beurtheilung vorgelegt.

Das Freiheitsmanifest. 4. Juli.

Da dieses Freiheitsmanifest als ein denkwürdiges historisches Dokument für alle Zeiten von der größten Bedeutung bleibt, so lassen wir den Wortlaut desselben folgen. — Dasselbe lautet:

„Wenn es im Laufe der menschlichen Begebenheiten einem Volke zur Nothwendigkeit wird, die Staatsbande zu zerreißen, die es bisher an ein anderes knüpften, um unter den Mächten der 1776. Erde eine gleiche und abgesonderte Stellung einzunehmen, wozu das Gesetz der Natur und der höchste Beherrscher der Dinge ihm ein Recht ertheilen, so fordert die Hochachtung, die man den Meinun= gen der Menschen schuldig, daß es die Ursachen darlege, die es zu dieser Trennung bewogen.

Wir halten folgende Wahrheiten für solche, die ihre unbestrit= tene Gewißheit mit sich führen: Alle Menschen sind gleich geschaffen; sie haben von ihrem Schöpfer gewisse Rechte erhalten, die sie auf keine Art aufgeben dürfen; zu diesen Rechten gehört das Leben, die Freiheit und das Streben nach einem glücklichen Zustande; um die Rechte festzustellen, haben Menschen Landesregierungen angeordnet, die keinen anderen Ursprung haben, als die Einwilligung derjenigen, die regiert werden. So oft eine Regierungsform diesen Zwecken hinderlich wird, hat das Volk ein Recht, sie abzuändern und abzu= schaffen und eine andere einzuführen, die auf solche Grundsätze erbaut und deren Gewalt in der Art errichtet ist, daß sie dem Volke am zuträglichsten scheint, seine Sicherheit und sein Wohl zu gründen. Es ist wahr, die Klugheit verlangt, daß Regierungsformen, die schon eine lange Zeit gedauert haben, nicht aus unbedeutenden oder vorüber= gehenden Ursachen abgeändert werden, und aus diesem Grunde lehrt uns auch die Erfahrung aller Jahrhunderte, daß das menschliche Geschlecht geneigter ist, zu dulden, so lange seine Lasten erträglich sind, als sich durch Abschaffung der Formen, an die es einmal gewöhnt ist, selbst Recht zu verschaffen. Aber wenn eine lange Reihe von Mißbräuchen und Anmaßungen, die unveränderlich einerlei Gegen= stand zum Zwecke haben, deutlich darthut, daß man die Absicht habe, ein Volk einem unbedingten Despotismus zu unterwerfen, so hat dasselbe ein Recht, es ist selbst seine Pflicht, das Joch einer solchen Regierung abzuschütteln, und sich neue Beschützer seiner künftigen Sicherheit zu verschaffen.

Mit dieser Geduld trugen die Kolonieen; aber diese Noth= wendigkeit ist es auch anjetzt, die sie zwingt, die Art und Weise ihrer vorigen Regierungsform abzuändern. Die Geschichte des jetzigen Königs von Großbritannien ist die Geschichte wiederholter Ungerech= tigkeiten und Anmaßungen, die sämmtlich unmittelbar die Gründung einer uneingeschränkten Tyrannei in diesem Lande zum Zwecke hatten. Um dieses zu beweisen, unterwerfen wir folgende Thatsachen dem Richterspruche der unparteiischen Welt: Er hat sich geweigert, seine Einwilligung zu den nützlichsten und für das Wohl der Staaten

nothwendigsten Gesetzen zu geben. Er hat seinen Statthaltern ver
boten, Gesetze durchgehen zu lassen, deren Erfüllung bringend war
und augenblicklich eintreten mußte. Er schlug es ab, Gesetze durch
gehen zu lassen, die den Einwohnern große Landstriche anwiesen,
wenn diese Einwohner nicht ihrem Rechte entsagten, Repräsentanten
in dem gesetzgebenden Körper zu haben, diesem für sie unschätzbaren
Rechte, welches allein nur Tyrannen fürchten dürfen. Er hat diese
gesetzgebenden Körper an ungewöhnlichen, unbequemen und von den
Staatsarchiven entfernten Orten zusammenrufen lassen, allein in der
Absicht, sie so lange zu ermüden, bis sie sich seinen Maßregeln
unterwürfen. Er hat zu wiederholtenmalen die Versammlungen der
Volksvertreter aufgehoben, weil sie sich mit einer männlichen Stand=
haftigkeit den Eingriffen in die Rechte des Volkes widersetzten. Er
hat sich lange geweigert, nachdem er sie auf diese Art aufgehoben
hatte, andere zusammenzurufen. Da nun die gesetzgebende Gewalt
nicht völlig vernichtet werden kann, so fiel sie dadurch dem ganzen
Körper des Volkes anheim, welcher sie ausüben mußte. Unterdessen
war der Staat die ganze Zeit hindurch den Gefahren eines An=
griffes von Außen und der Erschütterungen von Innen ausgesetzt.
Er hat alle Mühe angewendet, die Bevölkerung dieser Staaten zu
vermindern. In dieser Absicht hat er die Gesetze zur Einbürgerung
der Fremden verhindert, die Bestätigung derjenigen abgeschlagen,
welche sie ermunterten, hieher zu kommen, und die Bedingungen,
unter welchen die Ländereien den Ankommenden zugestanden werden,
erschwert. Er hat der Verwaltung der Gerechtigkeit dadurch Fesseln
angelegt, daß er sich weigerte, zu den Gesetzen seine Beistimmung
zu geben, welche die richterliche Gewalt ordneten. Er hat Richter
ernannt, die allein von seinem Willen abhängen, sowohl in Hinsicht
der Beibehaltung ihrer Stellen, als auch der Auszahlung und der
Größe ihres Gehaltes. Er hat eine Menge von neuen Aemtern
errichtet; er hat einen Schwarm von Beamten hiehergesandt, um
das Volk zu drücken und sein Vermögen zu verschlingen. Er hat zu
Friedenszeiten stehende Armeen unter uns gehalten, ohne Einwilligung
unserer gesetzgebenden Versammlungen. Er hat versucht, den Militär=
stand von der bürgerlichen Gewalt unabhängig, ja selbst größer als
diese zu machen. Er ist mit Anderen zusammengetreten, um uns
einer Gerichtsbarkeit zu unterwerfen, die unserer Verfassung fremd,
unseren Gesetzen unbekannt ist, indem er seine Einwilligung zu ihren
angeblich gesetzgebenden Akten ertheilt hat, starke Korps bewaffneter
Leute unter uns einzuquartiren; diese Soldaten vermittelst einer

Vorspiegelung gerichtlicher Untersuchung gegen alle Strafe des Mor= des zu sichern, welche sie an den Einwohnern dieser Staaten begehen könnten; unseren Handel in jedem Lande der Welt zu hindern; uns Satzungen wider unseren Willen aufzulegen; uns in vielen Fällen des Vortheiles eines Gerichtes durch Geschworne zu berauben, und uns jenseits des Meeres hinzuschleppen, um daselbst wegen vor= gegebener Verbrechen gerichtet zu werden; die freie englische Ver= fassung in einer benachbarten Provinz aufzuheben und daselbst eine militärische Regierungsform einzuführen, wie auch die Grenzen dieser Provinz anszudehnen, damit sie zu gleicher Zeit ein Beispiel und ein brauchbares Werkzeug würde, dieselbe uneingeschränkte Regierungs= form in diesen Kolonieen einzuführen, uns unsere Freiheitsbriefe zu rauben, unsere schätzbarsten Gesetze aufzuheben und die Form unserer Regierung von Grund aus abzuändern; unserem gesetzgebenden Kör= per die Gewalt zu rauben und sich selbst für die Gewalt zu er= klären, die das Recht habe, Gesetze zu geben, die für uns in jedem Falle verbindlich wären. — Er hat der Regierung dieses Landes entsagt, dadurch, daß er erklärt hat, daß wir aus seinem Schutze gestoßen seien und dadurch, daß er uns bekriegt. Er hat auf unseren Meeren Seeräuberei treiben lassen, unsere Küsten geplündert, unsere Städte verbrannt und unseren Einwohnern das Leben geraubt. In diesem Augenblicke ist er beschäftigt, große Armeen von fremden Söldlingen hieher führen zu lassen, um das Werk des Todes, der Verwüstung und der Tyrannei, welches schon mit Werken der Grau= samkeit und Treulosigkeit, von denen man kaum in den barbarischen Jahrhunderten Beispiele finden wird, begonnen hat, durch sie voll= enden zu lassen. Er hat unsere Mitbürger, die auf offenem Meere zu Gefangenen gemacht sind, gezwungen, die Waffen gegen ihr Vaterland zu führen, die Henker ihrer Freunde und ihrer Brüder zu werden, oder sie in die Hände ihrer Feinde zu liefern. Er hat unter uns inneren Aufruhr gestiftet; er hat sich bemüht, gegen unsere Grenzeinwohner die unerbittlichen indischen Wilden aufzubringen, deren bekannte Art zu kriegen eine allgemeine Aufopferung der Menschen ist, ohne Hinsicht des Alters, des Geschlechtes und des Standes. Bei jedem Grade dieser Unterdrückung haben wir in den demüthigsten Ausdrücken um Abänderung gebeten. Unsere wieder= holten Bittschriften sind stets mit neuen Ungerechtigkeiten beantwor= tet worden. Ein Fürst, dessen Charakter so durch jede Handlung bezeichnet ist, die den Tyrannen bilden, ist unfähig, der Regent eines freien Volkes zu sein.

Gegen unsere britischen Brüder haben wir es nicht an Auf merksamkeit fehlen lassen. Wir haben sie von Zeit zu Zeit von den Versuchen benachrichtigt, die ihre gesetzgebende Gewalt machte, um uns einer gegengesetzlichen Gerichtsbarkeit zu unterwerfen. Wir haben die Umstände unserer Auswanderung und Niederlassung in diesem Lande ihnen in das Gedächtniß zurückgerufen. Wir haben uns an ihre Gerechtigkeit, an ihre natürliche Großmuth gewandt und sie bei den Banden unserer gegenseitigen Zuneigung beschworen, diese An= maßungen, die unvermeidlicher Weise unsere Verbindung und unseren gegenseitigen Verkehr unterbrechen müßten, zu mißbilligen. Aber auch sie sind gegen die Stimme der Gerechtigkeit und der Verwandt= schaft taub gewesen.

Es bleibt uns also nichts weiter übrig, als uns ruhig der Nothwendigkeit zu unterwerfen, die unsere Trennung fordert, und sie, wie den übrigen Theil des menschlichen Geschlechtes für unsere Feinde im Kriege und für unsere Freunde im Frieden zu halten.

Aus diesen Gründen machen wir, die Vertreter der vereinigten Staaten von Nordamerika, im Kongreß versammelt, unter Anrufung des höchsten Richters der ganzen Welt, über die Aufrichtigkeit unserer Gesinnungen hiemit feierlich bekannt und erklären im Namen und aus Vollmacht des guten Volkes dieser Kolonieen, daß diese vereinigten Kolonieen freie und unabhängige Staaten sind und nach dem Ausspruche des Rechtes sein müssen; daß sie von allem Gehorsam gegen die britische Krone entbunden und desselben entlassen sind; daß alle Staatsverbindung zwischen ihnen und Groß= britanien gänzlich aufgelöst ist und sein soll, und daß sie als freie und unabhängige Staaten völlig berechtigt sind, Krieg und Frieden zu machen, Verträge zu schließen, Handelseinrichtungen zu treffen und jede andere Art von Verordnungen zu geben und über Gegen= stände Einrichtungen zu treffen, über welche unabhängige Staaten verfügen können.

Mit völligem Vertrauen auf den Schutz der göttlichen Vor= sehung machen wir uns gegenseitig gegen einander verbindlich, daß unser Leben, unsere Güter und unsere Ehre der Aufrechterhaltung dieser Erklärung gewidmet sein soll."

Ueberall in Amerika wurde diese Unabhängigkeitserklärung mit Jubel aufgenommen.

§. 20.
Englischer
Kriegsplan.

§. 20. Der Kriegsplan, der jetzt im englischen Ministerium gefaßt wurde, ging dahin: New=York sollte der Schlüssel der Ex= pedition werden, von hier aus konnte man sich entweder rechts nach den Nordprovinzen, oder nach dem Süden wenden, um in das Innere des Landes zu gelangen; General Carleton sollte dann mit seiner Macht von Canada aus, die Amerikaner vor sich hertreibend, sich mit General Howe vereinigen, und auf diese Art der Feldzug mit einem Schlage beendet werden.

In Folge dieses Planes begab sich General Howe nach seinem Rückzuge von Boston am 11. Juli nach Staaten-Island — einer Halbinsel bei New-York — vereinigte sich hier mit den Verstärkungen, die aus England angekommen waren, und landete am 22. August auf Lang-Island. Die Amerikaner standen unter Putnam in Brooklin, auf dem Theile der Insel, der New-York gegenüberliegt; der linke Flügel lehnte sich an die Bay von Wallabout, der rechte war durch Moräste gedeckt. Den Engländern gelang es aber durch Umgehung der Amerikaner dieselben sowohl in der Flanke, als auch im Rücken anzugreifen, so daß sie am 26. August 1776 in der darauffolgenden unglücklichen Schlacht bei Brooklin gänzlich geschlagen wurden, 3000 Mann an Todten und Verwundeten verloren, und in dem Winkel der Insel eingeschlossen waren.

Schlacht und Niederlage der Amerikaner bei Brooklin. 26. August.

Ungeachtet dieses Unglückes gelang es Washington aber dennoch, den Rückzug nach New-York zu bewerkstelligen, doch mußte er sich dann mit den beklagenswerthen Resten seines Heeres, nachdem von den Engländern auch die Forts Washington und Lee genommen waren, auf das linke Ufer des Delaware zurückziehen.

Noth der Amerikaner.

Auch in Ober-Canada waren die Amerikaner unglücklich, denn der amerikanische General Arnold wurde dort im Oktober zurückgedrängt, mußte seine Flotte auf den Grund laufen lassen, und nachdem er selbst die Festungswerke von Crown-Point zerstörte, den Ort den Engländern überlassen.

Ebenso wurden die Amerikaner auf Rhode-Island zurückgedrängt, der englische General Clinton setzte sich darauf in den Besitz des Ufers und verbreitete Schrecken bis Conecticut.

Ueberdies hatten die Engländer gegen Virginien und Carolina die wilden Indianerstämme zum Krieg aufgehetzt und sich mit denselben verbunden, worauf diese in die genannten Länder einfielen, daselbst Alles niederbrannten und die Einwohner grausam ermordeten.

§. 21. Zu allen diesen Unglücksfällen, welche Nordamerika an den Rand des Abgrundes brachten, kam noch die Geldnoth, indem die Kreditscheine von Tag zu Tag an Werth verloren. Der Kongreß versuchte zwar alle Mittel, um Geld aufzutreiben; so wurde eine

§. 21. Die Geldnoth und Thätigkeit des Kongresses.

1776.

Annahme der amerikanischen Verfassungs= urkunde.

4. Oktober.

Anleihe von fünf Millionen Dollars zu 6% und Agio sogar zu 8% und eine Lotterie versucht, doch Alles dies war ungenügend. Mitten unter diesen schweren Verhältnissen wurde aber der Entwurf einer Verfassung der Vereinigten Staaten verfaßt und dieselbe am 4. Oktober auch allgemein angenommen.

Da Philadelphia von dem Feinde bedroht war, wurde der Kongreß am 20. Dezember nach Baltimore versetzt.

Washington mit un= umschränkter Macht beklei= det.

Der Kongreß sucht Allianzen.

In dieser Noth wurde Washington im Vertrauen auf seine Weisheit und Thätigkeit mit unbeschränkter Gewalt betraut: Truppen zu werben, den Sold festzusetzen, Magazine zu errichten, Offiziere zu ernennen und Alles zu requiriren, was ihm dienlich erscheine.

Zugleich sah sich der Kongreß auch um fremde Hilfe um, und alle Blicke wendeten sich auf Frankreich. — Es wurde eine feier= liche Gesandtschaft an König Ludwig XVI. mit der Weisung abgeschickt, die Erlaubniß auszuwirken, in den französischen Häfen einige Kriegsschiffe auszurüsten und womöglich einen Allianzvertrag mit Frankreich zu Stande zu bringen. Die Männer, die mit diesem Auftrage beehrt wurden, waren: der 70 Jahre alte Franklin, ferner Lee und Jefferson. Es wurden auch mit Spanien und sogar mit Wien, Berlin und Toskana Unterhandlungen angeknüpft.

§. 22. Washington's Fortschritte.

24. Dezember.

1777. Januar.

§. 22. Trotz aller Verstärkungen, die Washington an sich zu ziehen vermochte, betrug seine Armee, hinter dem Delaware zurück= gedrängt, nur 5000 Mann. Mit dieser kleinen Macht griff er aber dennoch am 24. Dezember Trenton an, trieb die Engländer zurück und nahm 900 Hessen gefangen. Im Januar 1777 bemäch= tigte er sich Newark's, Elisabeth=Town's und Woodbridge's und machte sich zum Meister der Küsten von New=Jersey, so daß der Kongreß wieder nach Philadelphia zurückkehrte. Da jetzt sogar auch die Sklaven bewaffnet wurden, so stiegen dadurch die Streitkräfte Washington's von Tag zu Tag, derselbe ließ sich aber von Howe zu keiner Schlacht verleiten, obzwar dieser verschiedene Versuche diesfalls unternahm, und so beschränkte sich jetzt die Krieg= führung nur auf einzelne Ueberfälle.

§. 23. Der canadische Feldzug. Juni.

§. 23. Durch Protektion des englischen Ministeriums gelang es dem General Bourgogne, den tapferen General Carleton von seinem Posten in Canada zu verdrängen. Als Bourgogne zu Anfang 1777 diesen Befehl übernahm, bestand seine Armee aus 8000 Mann vortrefflicher Truppen, die mit Allem wohl versorgt waren und dazu kamen noch einige Tausend Canadier und 1000 Indianer. Mit diesen Truppen unternahm nun Bourgogne die Eroberung

der an den canadischen Seen gelegenen Forts und dann den Zug
den Hudson hinab, und trat am 16. Juni seinen Marsch von
St. John auf Tyconderago an. Die Amerikaner räumten hier=
auf letzteres und Mount=Independence und zogen sich nach
heftigen Gefechten auf Fort Eduard zurück, wo sich General
Schuyler befand. Der Verlust und die Strapazen der Amerikaner
während dieser Unglücksfälle waren sehr groß.

Als die Engländer nach großen Mühen am 30. Juli 1777
vor dem Fort Eduard standen, hatten es die Amerikaner schon ver=
lassen, zerstört und sich dagegen in Still=Water verschanzt. Eine
Expedition der Engländer, welche sie mit deutschen Truppen nach
Bennington unternahmen, verunglückte gänzlich, wobei die Amerikaner
700 Gefangene machten; ebenso mußte von den Engländern am
22. August auch die Belagerung von Stanwik aufgehoben werden.
Bei Still=Water kam es dann zwischen den Engländern unter
Bourgogne und den Amerikanern unter Gates und Arnold am
19. September zu einer heißen Schlacht, der nur die Nacht ein
Ende machte, nach welcher aber die Indianer den General Bour=
gogne verließen. Am 26. September folgten darauf blutige, für die
Engländer nachtheilige Gefechte, worauf Bourgogne endlich den
Rückzug nach Saratoga antrat, er war aber bereits so umstellt,
daß er am 17. Oktober die Kapitulation unterschreiben mußte. Die
Bedingungen waren: daß die Engländer mit den Waffen unter
klingendem Spiele zwar ausziehen durften, sodann aber am Hudson
die Waffen und alles Kriegsgeräthe niederzulegen hatten, die Sol=
daten aber sollten nach Boston marschiren und von dort unter der
Bedingung nach England eingeschifft werden, daß sie nicht mehr
gegen Amerika kämpfen. So kapitulirten gegen 6000 Mann und
42 Kanonen fielen den Siegern in die Hände. Später entschied der
Kongreß, daß die englischen Truppen nicht früher eingeschifft werden
sollten, bis die Ratifikation der Convention von Saratoga aus
England angekommen sei. Bourgogne kehrte allein nach England
zurück.

§. 24. Am Hudson hinauf war der englische General Clinton
von New=York aus mit einem Detachement von 3000 Mann be=
müht, den Weg nach Albany von den Feinden zu reinigen, er
nahm die Forts Montgomery und Clinton, aus denen die
Amerikaner entflohen waren, und auch die festen Plätze am linken
Ufer mußten geräumt werden, so daß die Engländer nun im Besitze
der Schlüssel waren, durch die man in die Grafschaft Albany ge=

Right margin notes:
1777.

22. August.
Schlacht bei
Still=Water

19. Septemb.

26. Septemb.

Kapitulation
von Saratoga
17. Oktober.

§. 24.
Operationen
am oberen
Hudson
Oktober.

langte. Ein fliegendes Geschwader zerstörte sodann mehrere ameri
kanische Schiffe und die Stadt Aesopus-Cred wurde am 13 Ok
tober in Asche gelegt.

§. 25.
Lafayette in Amerika Anfang d. J.
§. 25. Je unentschlossener und selbstsüchtiger sich das Kabinet
von Versailles in den Verhandlungen mit den amerikanischen Agenten
betrug, desto edler war die Aufopferung einiger Söhne Frankreichs,
und unter diesen zeichnete sich besonders der 19-jährige Marquis
Lafayette aus; er landete Anfangs 1777 in Amerika und
leistete hier mit mehreren anderen französischen Offizieren, besonders
bei der Artillerie durch seine taktischen Kenntnisse treffliche Dienste.

§. 26.
Niederlage der Amerikaner am Flusse Brandewine 11. Septemb.
§. 26. Seit dem 23. Juli manövrirte General Howe mit
seiner Armee, ohne daß Washington errathen konnte, wohin er
sich wenden werde, zweimal machte Letzterer vor Howe eine rück-
gängige Bewegung und kampirte dann hinter dem Flusse Brandewine. Hier kam es am 11. September zur Schlacht, in der die
Amerikaner jedoch eine Niederlage erlitten, so daß sich ihre zer-
21. Septemb. trümmerte Armee nach Chester flüchten mußte. Am 21. September
nahm Lord Cornwallis Besitz von Philadelphia, während der
Kongreß schon am 16. September sich für den 27. nach Lancaster
vertagte.

4. Oktober.
15. Novemb.
Auch erlitten die Amerikaner eine Schlappe, als sie am 4. Oktober das englische Lager bei German-Town angriffen. Am 15. November verloren sie die Red-Bank und die Insel Mab. —
Washington, der indessen durch 4000 Mann von der canadischen
Armee verstärkt worden war, bezog 16 Meilen von Philadelphia
entfernt Kantonirungen, um den Engländern die Zufuhren abzuschneiden. Die Leiden aber, welchen die Amerikaner im Winter
1777—78 durch Hunger, Kälte und Blöße ausgesetzt gewesen, waren
schrecklich.

In Philadelphia wurde Howe vom englischen Oberbefehl
entfernt und durch Clinton ersetzt.

§. 27.
Frankreich anerkennt die Unabhängigkeit Amerikas.
§. 27. Frankreichs Politik zögerte ungeachtet allen Drängens
und aller Druckschriften der Agenten des Kongresses noch immer, sich
für die amerikanischen Provinzen auszusprechen, so daß die Agenten
schon Willens waren, alle Unterhandlungen abzubrechen. Erst als
der canadische Feldzug sich für die Amerikaner glücklich gestaltete,
entschlossen sich die französischen Minister, die Unabhängigkeit Amerikas
16. Dezemb. anzuerkennen. Am 16. Dezember 1777 wurden dann die Präliminarien
eines Freundschafts- und Handelsvertrages stipulirt. Frankreich anerkannte die Unabhängigkeit der Vereinigten Staaten, verlangte im

Kriege mit England keine Entschädigung und stellte nur die Bedin=
gung, daß die Staaten sich nie wieder unter Englands Joch beugen
dürfen. In dem Vertrage einer Offensiv= und Defensiv=Allianz
wurde bestimmt, daß alle Eroberungen, die auf dem amerikanischen
Festlande gemacht würden, unter die Botmäßigkeit Amerikas kommen,
alles dagegen, was innerhalb des mexikanischen Meerbusens erobert
würde, Frankreich zufallen solle; auch sollte kein Theil ohne die
Genehmigung des anderen einen Waffenstillstand schließen und die
Waffen sollten nicht früher niedergelegt werden, als bis die Unab=
hängigkeit der Vereinigten Staaten anerkannt sei.

§. 28. Als in England die Nachricht von dem canadischen
Feldzug ankam und der Vertrag mit Frankreich bekannt wurde,
beschloß man daselbst den Krieg mit noch mehr Nachdruck fortzu=
führen; die großen Städte hoben auf ihre Kosten ganze Regimenter
aus, nur London weigerte sich, dies zu thun. Am 25. Februar 1778
machte aber Lord North im Hause der Gemeinen den Antrag:
den Kolonieen sollten fernerhin keine Steuern auferlegt werden und
es sollten fünf Kommissäre auf diese Bedingungen hin unterhandeln,
welche Bill auch durchging. Bald hierauf wurde jedoch durch den
französischen Gesandten in England officiell die Anerkennung der
Vereinigten Staaten überreicht, worauf dann in England die Kriegs=
rüstungen wieder mit größter Thätigkeit betrieben und der alte
Admiral Keppel zum Befehlshaber der bewaffneten Flotte von
Portsmouth ernannt wurde. Frankreich errichtete zwei Flotten, die
eine in Toulon unter dem Befehle des Grafen Estaing und die
andere zu Brest unter dem Befehle des Grafen Orvilliers; die
Touloner Flotte sollte nach Amerika gehen, die Brester Flotte aber
die englischen Küsten bedrohen.

Die Flotte des Grafen Estaing ging sodann am 13. April
nach Amerika und am 1. Juni wurde von England aus Admiral
Byron mit zwölf Schiffen ebenfalls nach Amerika abgesendet, um
Lord Howe zu ersetzen.

Die Feindseligkeiten zur See begannen darauf schon im Juli.

Die von England auf Grund der Bill vom 25. Februar
nach Amerika gesendeten Friedens=Kommissäre Carlisle, Eden und
Johnston hatten aber weder beim Kongresse noch bei der Bevöl=
kerung von Amerika einen Erfolg.

§. 29. Da General Clinton in Philadelphia von der französischen
Flotte hätte eingeschlossen werden können, so erhielt er den Befehl,
sich auf New=York zurückzuziehen. Auf diesem Rückzuge wurde er

§. 28.
Englands
Vorkehrungen.
— Krieg mit
Frankreich
25. Februar.

13. April.
1. Juni.

§. 29.
Ereignisse am
Kriegsschau=
platze.

28*

1778.

Schlacht bei
Freedhold
(Maumouth).
Juni.

9 August.

Lafayette's
Rückkehr nach
Frankreich
Ende d. J.

November.

Krieg in Ge-
orgien und
Carolina
22. Dezember.

1779.

Der Seekrieg.

aber von dem amerikanischen General Lee verfolgt, stets beunruhigt und es kam dann zwischen beiden Theilen zu der Schlacht bei Freedhold v. Monmouth, welche jedoch durch die Ankunft Washington's unentschieden blieb. Dem englischen General Clinton gelang es, mit einem Verluste von 300 Todten und 1000 Gefangenen nach New-York zu entkommen. — Nach dem kombinirten Plane zwischen dem französischen Admiral und dem amerikanischen General sollte Sullivan und Green mit einem Corps von Rhode-Island aus angreifen, während der Admiral Estaing die Stadt New-Port von der Seeseite bedrohte. — Am 9. August sollte der Angriff stattfinden; doch scheiterte dieser Plan, da, als die Flotte Howe's signalisirt wurde, Estaing sich zurückzog, um den Engländern eine Seeschlacht zu liefern, hiebei seine Schiffe aber durch einen Sturm zerstreut wurden und er dann zum Angriffe von New-Port nicht mehr zurückkehrte, sondern nach Boston segelte, um seine beschädigten Schiffe wieder herzustellen. Ueberhaupt hatten die Amerikaner an den Franzosen schlechte Verbündete, welche nur ihrem eigenen Vortheile nachgingen.

Ende 1778 verließ auch Lafayette Amerika und ging nach Frankreich, um seinem König zu dienen und erhielt aus den Händen des ehrwürdigen Franklin's als Ehrengeschenk der Nation einen Degen. —

Im November ging Estaing nach den Antillen, wo er jedoch den Krieg mit den Engländern mit sehr wenig Erfolg fortsetzte und diese die wichtige Insel Sainte-Lucie eroberten. — Oberst Campbell unternahm von New-York aus eine Expedition gegen Georgien, die für die Amerikaner jedoch unglücklich ausfiel, indem sie geschlagen wurden und Savannach, die Hauptstadt Georgiens sammt ungeheueren Proviantmagazinen den Engländern in die Hände fiel.

Anfangs 1779 wurde auch in Carolina, wo der amerikanische General Lincoln die Operationen führte, mit wachsendem Glücke gekämpft.

Die Raubzüge der Briten in Georgien und an den Küsten von Carolina empörten die civilisirte Welt.

Am Hudson nahm Clinton den Amerikanern Verplank und Stoney-Point, dagegen eroberte Washington das von den Engländern stark gemachte Stoney-Point wieder.

Auf den Antillen dauerte der Seekrieg zwischen Byron und Estaing fort. Letzterer eroberte im Juli Granada, und Byron

wurde am 6. Juli, übel zugerichtet, gezwungen, sich nach St.=Chri=
stophe zurückzuziehen.

Dieser unzweckmäßigen Unternehmungen der Franzosen wegen
führten die Amerikaner auch mit vollem Rechte bittere Klagen. Da
aber Frankreich meinte, daß es seinen Beistand noch zu billig ver=
kaufe, so rief es Estaing nach Europa zurück; dieser aber wagte
es, ungehorsam zu sein und erschien am 1. September an den
Küsten von Georgien, wo er im Vereine mit Lincoln das feste
Prevost belagerte, da aber der am 9. Oktober unternommene Sturm
auf Prevost abgeschlagen wurde, so ward am 18. Oktober die Be=
lagerung aufgehoben und die Franzosen gingen hierauf unter Segel.

§. 30. Die innere Lage der Kolonieen gestaltete sich immer
trüber; durch die Herausgabe von 160 Millionen Dollars in Kredit=
scheinen trat eine ungeheuere Entwerthung derselben ein, wobei die
Engländer noch so gewissenlos waren, um den Amerikanern den
Nerv zu weiteren Operationen abzuschneiden, nachgemachte ameri=
kanische Kreditscheine einzuschwärzen.

§. 31. Indessen wünschte auch der Hof von Madrid dem Bunde
gegen England beizutreten, um Gibraltar, Jamaika und die beiden
Floridas wieder zu gewinnen, und verlangte weiter die ausschließliche
Schifffahrt auf dem Mississippi und die Souveränitätsrechte über die
hinter diesem Strome gelegenen Gegenden. Da der Kongreß mit Aus=
nahme der Garantie für den Besitz der beiden Floridas dieses Bünd=
niß abschlug und auf der französischen Allianz beharrte, Spanien
aber den Krieg an England bereits erklärt hatte, so vereinigte sich
die französisch=spanische Flotte mit Landungstruppen versehen, an
den Küsten der Bretagne und Normandie, und erschien am
15. August vor Plymouth; doch blieb dieses ganze Vorgehen ohne
alle Resultate.

Auch die Staaten des Nordens schlossen 1780 über Anregung
Rußlands unter dem Titel einer bewaffneten Neutralität einen Bund,
welcher unter der gegenseitigen Garantie der contrahirenden Mächte
den neutralen Schiffen überall freie Fahrt von einem Hafen zum
anderen auswirken sollte; diesem Bunde traten auch die General=
staaten bei. England blieb diesen Thatsachen gegenüber aber un=
erschüttert, und im Mai wurden weitere 400 Transportschiffe nach
Amerika gesendet, um Clinton in den Stand zu setzen, Carolina
mit Nachdruck anzugreifen.

§. 32. Clinton hatte sich bereits Ende 1779 mit einem
großen Theile seiner Armee nach den Südprovinzen eingeschifft,

belagerte Charlestown, die Hauptstadt Südcarolinas, und Lincoln mußte am 12. Mai die Kapitulation der Stadt unterschreiben. — Südcarolina wurde sodann vom Republikanismus gesäubert und durch eine bewilligte Amnestie völlig unterworfen. Hierauf übergab Clinton den Oberbefehl über die Südarmee an Cornwallis und kehrte nach New York zurück, um gegen Washington weiter zu operiren und ihn aus der Grafschaft Morris zu verdrängen, wobei aber die Engländer zurückgeschlagen wurden.

§. 33.
Unthätigkeit der vereinigten französisch-spanischen Flotte.

§. 33. Inzwischen dauerte der Seekrieg auf den Antillen fort, wo die französische Marine auf 25 Linienschiffe angewachsen war, ohne daß es jedoch zu bedeutenden Erfolgen gekommen wäre. Der spanische Admiral Jose Solano erschien mit zwölf Linienschiffen und 11,000 Mann Infanterie, um mit der französischen Seemacht gemeinsam zu handeln und um Jamaika zu erobern.

Diesen vereinigten Flotten wäre wohl England nicht gewachsen gewesen, wenn dieselben einheitlich auf ein Ziel hingearbeitet hätten, allein die Uneinigkeit der Kabinete von Frankreich und Spanien ließen kein einheitliches Vorgehen zu, denn Spanien wollte vorerst Jamaika erobern, wohingegen die Franzosen die Eroberung der kleinen Antillen verlangten. Dazu kamen noch bösartige Fieber, welche die Bemannung des combinirten Geschwaders täglich schwächten, und diese Umstände bewirkten es, daß diese große Seemacht überhaupt nicht zu einer Aktion kam.

Auch der Seekrieg in Europa führte keine anderen Resultate herbei, als daß gegenseitig die Handelsflotten gekapert wurden.

Ebenso wenig konnten auch die Spanier gegen Gibraltar etwas ausrichten.

§. 34.
Rückkehr Lafayette's nach Amerika.
Frankreichs Hilfe, Juli.

§. 34. Jetzt kehrte auch Lafayette wieder nach Amerika zurück und überbrachte die erfreuliche Nachricht von der baldigen Ankunft einer französischen Land- und Seemacht.

Dieselbe kam am 10. Juli in Rhode-Island an; sie bestand aus sieben Linienschiffen, zwei Bombardierfahrzeugen und 5000 Mann Landtruppen; Ternay war Admiral, Graf von Rochambeau General der Landtruppen. — Dieses Hilfsheer sollte nicht eigenmächtig vorgehen, sondern wurde ausdrücklich Washington unterstellt.

Dieser wollte hierauf gemeinschaftlich mit Rochambeau gegen New-York ziehen, allein die englische Flotte war der französischen weit überlegen, umschloß und bedrohte diese im Hafen von New-Port und die Armee Rochambeau's mußte daher zu ihrem Schutze dort bleiben. Die englische Flotte stand der französischen den ganzen

Sommer gegenüber, und so konnte Washington ungeachtet des 1780.
französischen Hilfsheeres abermals nichts unternehmen.

§. 35. Im Juli unternahm General Gates mit einem regel= §. 35.
mäßigen Heere von 6000 Mann, zu denen Washington noch 1400 Sol= **Krieg in Süd=**
daten stellte, zur Befreiung von Südcarolina den Feldzug; er wurde **carolina. Miß=**
erfolg Gate's
aber am 15. August 1780 in einer blutigen Aktion bei Cambden **15. August.**
von Cornwallis geschlagen, worauf die Engländer Südcarolina
von den Republikanern von Neuem reinigten.

§. 36. Zu all' den Mißgeschicken des Jahres 1780 kam noch §. 36.
ein schwarzer Verrath des bekannten und verdienten Generals **Verrath des**
Arnold. Kein General hatte sich größeren Ruhm erworben, als **Generals**
Arnold.
gerade Arnold, seine Kenntnisse, sein Muth, seine Thätigkeit und
Ausdauer waren anerkannt, er hatte sich schon bei der Einnahme
von Tyconderago, bei seinem Zuge durch die Wildnisse von
Quebek und in der Schlacht von Saratoga ausgezeichnet, und
weil er verwundet wurde, bekam er das Kommando von Phila=
delphia. Er war aber prachtliebend, ausschweifend und machte
daher ungeheure Schulden. Um sich aufzuhelfen, griff er zu Be=
trügereien, die schweren Anklagen betreff der veruntreuten Gelder
wurden dann Gegenstand einer kriegsrechtlichen Untersuchung und
diese erkannte, mit Rücksicht der Verdienste Arnold's, demselben nur
die milde Strafe eines öffentlichen Verweises zu.

Dieses Urtheil und die Folgen eines ganz zerrütteten Ver=
mögens vermochte aber Arnold nicht zu ertragen, und um sich zu
rächen, beschloß er, ein Verräther an seinem Vaterlande zu werden
und Zuflucht zum britischen Gelde zu nehmen. Zu diesem Ende
korrespondirte er schon seit längerer Zeit mit dem Adjutanten Clin=
ton's, Major André, einem schönen, jungen und liebenswürdigen
Mann, unter den angenommenen Namen Gustav und Anderson.
Man versprach Arnold einen angemessenen Rang in der englischen
Armee und bedeutende Geldsummen, wofür er sich anheischig machte,
das am Hudson gelegene Fort „West=Point" (Amerikas Gibraltar)
den Engländern zu überliefern, und deßhalb bat er um die Komman=
dantenstelle dieses Platzes und erhielt sie auch. — Während sich
Washington in Connecticut aufhielt, sollte das Verrätherstück vor sich
gehen. In der Nacht vom 21. September verabredete schließlich 21.September.
André mit Arnold vollends das Nöthige, verspätete sich aber und
mußte den Weg am Hudson zu Lande nehmen. — Ueber Zureden
Arnold's verkleidete er sich und erhielt von Letzterem einen Paß.
André kam zwar durch die amerikanischen Vorposten glücklich durch,

1780 wurde aber dennoch später von drei Milizen angehalten und, da bei ihm die verrätherischen Papiere Arnolds gefunden wurden, als Spion festgenommen. Während es Arnold gelang, zu den Engländern zu flüchten, wurde André am 2. October 1780 als Spion gehangen

Arnold wurde dann zum englischen Brigadegeneral befördert und kühlte seine Rache an den Amerikanern durch wilde Verheerungen in Virginien und Carolina. Seine Verrätherei wurde aber so verabscheut, daß, wo er sich zeigte, die Sturmglocken Alles gegen

1781. diesen Schurken zusammenriefen.

§. 37.
Krieg
in Virginien.

§. 37. Schon im Herbste 1780 hatten die Kriegsoperationen in Virginien wieder begonnen, und Cornwallis dachte seinen Plan gegen Nordcarolina und Virginien in Ausführung zu bringen. Dem amerikanischen General Green war die Vertheidigung übertragen, dem amerikanischen Unter-General Morgan gelang es aber hierauf in Verbindung mit dem Obristen Washington den englischen General Tarleton im Januar 1781 bei Cowpens zu schlagen, welcher Sieg das Schicksal der Südprovinzen entschied und zugleich Green rettete.

Obzwar Cornwallis durch die Niederlage Tarletons fast alle seine leichten Truppen verloren hatte, schlug er doch am

15. März 15. März den General Green bei Guilford-Court-House, dieser wandte sich aber hierauf in forcirten Märschen gegen Cambden, um auf diesen Feldern, Carolina, wieder zu gewinnen: Cornwallis aber zog gegen Wilmington, um den Krieg unmittelbar nach Südcarolina zu verlegen. In dem hierauf folgenden Feldzuge, in dem Green zweimal geschlagen wurde, gelang es demselben aber dennoch sich durch eine Reihe kluger Märsche der südlichen Staaten wieder zu bemächtigen, worauf sich Cornwallis in dem am rechten Ufer des York gelegenen YorkTown, und in dem auf dem entgegengesetzten Gestade erbauten kleinen Städtchen Gloucester befestigte. Auch Lafayette nahm hierauf in in der Grafschaft New-Kent Stellung, um die Engländer wenigstens zu beunruhigen, da er sie allein anzugreifen nicht vermochte.

§. 38.
Washingtons
Sieg über
Cornwallis,
und dessen
Gefangennahme.
17. Oktober.

§. 38. Washington wußte nur zu wohl, daß er nur durch eine große That dem bedenklichen Zustande der Republik aufhelfen, den Muth und die Energie des Volkes auffrischen und den Kongreß in den Stand setzen könne, sein Ansehen beizubehalten. Allein konnte er aber keine Unternehmung gegen die britischen Posten ohne Mitwirkung einer französischen Flotte und Armee versuchen. — Sobald daher Washington die Ankunft des Herrn von Barras vernahm, welcher das Kommando der Flotte auf Rhode-Island übernehmen sollte und der weitere Depeschen für den Grafen Rochambeau überbrachte, so wurde ein Zug gegen New-York beschlossen. Den 6. Juli fand die Vereinigung der französischen Armee unter Rochambeau mit Washington's Heere am Hudson statt. Die beiden Heerführer besichtigten sodann die feindlichen Festungswerke und Verschanzungen von New-York, überzeugten sich aber, daß sie außer Stande seien, eine so große Unternehmung zu wagen, wofern sie nicht durch eine französische, der britischen überlegene Flotte unterstützt würden. Als aber das vereinigte Heer am 14. August von dem französischen Admiral Graf Grasse die Nachricht erhielt, daß er mit seiner Flotte gegen Ende des Monats in dem Busen von Chesapeac einlaufen werde, gaben Washington und Rochambeau den Gedanken der Belagerung von New-York auf und beschlossen dafür den Zug nach Virginien gegen Cornwallis zu unternehmen. Washington und Rochambeau traten daher über Philadelphia ihren Zug nach Virginien an und es gelang ihnen, den englischen General Clinton in New-York über ihren Plan zu täuschen, welcher ihren Abzug blos für eine Kriegslist ansah.

Am 14. September vereinigte sich das französisch-amerikanische Heer mit Lafayette bei Williamsburg. Graf Grasse war Ende August mit 26 Linienschiffen und mehreren Fregatten in der Bai von Chesapeac eingelaufen; der Graf Barras mit seinem Geschwader von New-Port aus zu ihm gestoßen, 3000 Mann Landungstruppen, die Grasse mitgebracht, waren bereits gelandet und hatten sich mit Lafayette vereinigt.

Cornwallis benachrichtigte jetzt den Obergeneral Clinton von der gefährlichen Lage, in der er sich befand, und erhielt von demselben die bestimmte Zusage, daß er mit 4000 Mann zu Schiff zu ihm stoßen werde, allein Clinton hatte die Schwierigkeiten, die sich seinem Abgange entgegenstellten, nicht bedacht und so verzögerte sich seine Ankunft bei Cornwallis immer mehr.

Cornwallis lag in York-Town mit einem Heere von 8000 Mann, das Heer der Belagerer bestand aus 7000 regulären amerikanischen Truppen, 5000 Franzosen und 4000 Milizen. Sie hatten die Engländer zu Lande eingeschlossen, so wie 30 französische Linienschiffe, welche die Mündungen der Flüsse James und York blokirten, die Engländer zu Wasser eingeschlossen hielten.

Cornwallis hoffte jetzt noch auf einen Sturm von Seite des verbündeten feindlichen Heeres, von dem er die besten Erfolge

1781. fur sich erwartete, Washington aber ordnete eine regelmäßige Belagerung an und am 30. September machte man den Anfang damit. Die Amerikaner und Franzosen umgaben jetzt die Festung in doppelten Halbkreisen und fingen unter dem Feuer der Kanonen die Belagerungsarbeiten an. Mit Muth und Kühnheit schoben sie ein Belagerungswerk nach dem anderen vor und beschossen die Stadt bald mit mehr als 100 Feuerschlünden, welche das britische Geschütz zum Schweigen brachten und ihre Verschanzungen niederwarfen. Zwei britische Redouten allein waren noch gefährlich und diese beschloß Washington durch Amerikaner und Franzosen nehmen zu lassen, was auch geschah. Endlich versuchte Cornwallis, wie er Alles verloren und keine Hilfe anlangen sah, eine nächtliche Ueberschiffung seiner Truppen über den Jamesfluß, aber sie mißlang durch einen heftigen Sturm. Unterdessen hatte die vereinigte Armee die Werke der Engländer völlig zu Grunde gerichtet; keine Kanone konnte mehr abgeschossen werden und es war unmöglich, sich noch länger zu vertheidigen. Da sandte Cornwallis am 17. Oktober Unterhändler wegen Uebergabe der Festung an Washington. Die Bedingungen der Uebergabe wurden bis zum folgenden Tage fest-
19. Oktober. gesetzt und den 19. Oktober die Kapitulation bestimmt und zur Ausführung gebracht.

Zufolge derselben wurde York-Town und Gloucester, sowie die Landtruppen über 7000 Mann mit allem Geschütze, Waffen, Kleidungsstücken, der Kriegskassa und allen Vorräthen an Washington, alle Kriegs-, Transport- und anderen Schiffe und Bote mit der ganzen Ausrüstung und den Seesoldaten und Matrosen an den Admiral Grasse übergeben. Die Kriegsgefangenen sollten in solche Gegenden geschickt werden, wo ihre Verpflegung am leichtesten wäre, den Offizieren wurde auf Ehrenwort gestattet, nach Europa zu gehen, und Washington stellte Cornwallis eine Kriegsschaluppe zur Verfügung, um sich nach New-York zu begeben.

Fünf Tage nach der Uebergabe der Festung und des englischen Heeres (am 24. Oktober) erschien Clinton mit 25 Linienschiffen und 7000 Landungstruppen in der Bai von Chesapeac, kehrte aber nach erhaltener Trauerkunde nach New-York zurück.

Dieser Sieg brachte das ganze Gebiet der Vereinigten Staaten, mit Ausnahme weniger Städte, unter die Botmäßigkeit des Kongresses und verbreitete Freude und Jubel in ganz Amerika.

Seit diesem Siege fand ein stillschweigender Waffenstillstand zwischen England und Amerika statt, und alles deutete darauf hin, daß der Sieg bei York-Town das Ende des Freiheitskampfes sein sollte.

§. 39. Den Seekrieg anlangend wurde derselbe im Laufe des Jahres 1781 von England gegen Frankreich, Spanien und Holland in Europa, in West- und Ostindien mit abwechselndem Glücke fortgeführt.

Zu Anfang des Jahres 1782 verdoppelten aber die kriegführenden Mächte ihre Anstrengungen, um ihre Streitkräfte zur See auf den höchsten Stand zu bringen. Die französisch-spanische Seemacht belief sich in Westindien auf 60 Linienschiffe mit 20,000 Landungstruppen; in der großen Seeschlacht am 12. April 1782 aber gelang es dem englischen Admiral Rodney, die französische Flotte derart zu schlagen, daß der französische Admiral Grosse auf dem Admiralschiffe selbst gefangen wurde. Obzwar nach dieser Schlacht die französisch-spanische Flotte noch immer 39 Schiffe von hohem Bord stark war, so entsagte dennoch der französische und spanische Admiral der Eroberung Jamaikas, so daß mit dieser Seeschlacht auch der Krieg in Westindien beendet wurde.

§. 40 Während dieser Zeit machte inzwischen König Karl III. von Spanien die ungeheuersten Zurüstungen, um Gibraltar den Engländern zu entreißen; 40 Kanonierschaluppen und 50 Linienschiffe bedrohten die Hafenseite Gibraltars, und mehr als 1200 Geschütze des schwersten Kalibers sollten die Festungswerke niederschmettern. Die Spanier machten bei dieser Belagerung Gebrauch von einer neuen Erfindung eines französischen Ingenieurs Namens Arçong, welche in feuerfesten schwimmenden Batterien bestand, sie waren nicht bloß durch doppelte Dächer bombenfest gebaut, sondern auch mit einer Vorrichtung versehen, daß man im Innern der schwimmenden Kriegsgebäude nach Belieben Wasser einlassen konnte, um die glühenden Kugeln, die darauf geschossen wurden, zu löschen.

Vom 8.—13. September ging es besonders blutig und zerstörend zu. Den ganzen Tag des 13. war es, als ob die drohende Felsenfeste ein feuerspeiender Berg wäre, der glühende Lavamassen auswerfe. — Zehn der schwimmenden Batterien mit 144 Kanonen und 6000 Mann an Bord eröffneten Morgens ihr Feuer, aber die englische Besatzung unter dem tapferen Kommandanten Elliot warf tausende, in einem großen Ofen glühend gemachte Kugeln auf sie, die endlich gegen Abend doch drei der Batterien in Brand steckten. Vergebens suchten die Spanier, den Brand zu löschen; Nachts 1 Uhr standen die Batterien in hellen Flammen und theilten den

Brand den anderen mit Vergebens suchte die Mannschaft Hilfe bei der spanischen Flotte und vergebens suchte diese ihre Bote zur Rettung der Unglücklichen zu senden, die Kanonenbote des englischen Kapitäns Curtis stellten sich zwischen sie und unterhielten ein ununterbrochenes Feuer.

Noch stand eine Armee von 30,000 Spaniern vor Gibraltar, aber auch ein Angriff derselben von der Landseite konnte gegen die Engländer nichts ausrichten. Es mußte daher die Belagerung von Gibraltar aufgehoben und von Mitte November an in eine bloße Blokade umgewandelt werden. Dies war auch die letzte Begebenheit in diesem Kriege, denn in Amerika herrschte in diesem Jahre, wie erwähnt, schon ein freiwilliger Waffenstillstand.

§. 41.
Die Friedens-
prälimi-
narien.

§. 41. Jetzt war endlich allseits das Verlangen nach Ruhe eingetreten, denn die Finanzen der kriegführenden Mächte waren zerrüttet.

Amerikas auswärtige Schuld betrug 9 Millionen und die im eigenen Lande sogar 34 Millionen Dollars; Großbritannien kostete der Krieg 116 Millionen Pf. Sterling. Es wurde nun die Vermittelung Rußlands und des deutschen Kaisers angenommen, und gegen Ende 1782 nahmen die Unterhandlungen in Paris den Anfang.

30. November.

Zuerst unterzeichneten England und Amerika am 30. November 1782 einen provisorischen Vertrag, in welchem den Vereinigten Staaten die volle Unabhängigkeit zugesichert und ein Theil von Altcanada und Neuschottland sammt den sechs Indianerstämmen in das Territorium der Republik mit eingeschlossen wurde. — Am

1783.
20. Januar.

20. Januar 1783 wurde der Vertrag zwischen Großbritannien und Frankreich unterzeichnet; zur selben Zeit schloß man auch Spanien in den Vertrag ein. Die allgemeine Grundlage des Vertrages war: gegenseitige Zurückgabe der Eroberungen. — Frankreich erhielt Tabago und Senegal, Spanien Minorca und die beiden Florida, England erklärte alle Stipulationen wegen des Hafens von Dünkirchen seit dem Utrechter Frieden vom Jahre 1713 für Null und nichtig.

Der definitive
Friede
3. September.

Am 3. September 1783 wurde der definitive Friede unterzeichnet.

§. 42.
Washington
und die
Republik.

§. 42. Am 25. November wurde New-York von den Engländern an die Amerikaner übergeben, in welches Washington unter unermeßlichem Jubel der Einwohner einzog.

Am 4. Dezember nahm er Abschied vom amerikanischen Heere, **1783.**
legte seine Stelle in die Hände des Kongresses nieder und zog sich
als einfacher Bürger auf seinen Landsitz in Mount-Vernon, von
wo er acht Jahre entfernt gewesen war.

Jetzt wurde die neue Verfassung für die Vereinigten Staaten **1787.**
berathen und am 17. September 1787 von allen Mitgliedern des **Die neue Ver-**
Kongresses unterzeichnet. Da nach dieser Verfassung der Präsident **fassung**
durch das Volk gewählt werden sollte, so setzte der Kongreß zwei **17. Septemb.**
Tage dazu an; an dem einen sollte das Volk die Wähler, und an
dem anderen die Wähler den Präsidenten wählen. Für den ersten
Tag wurde der erste Mittwoch im Februar 1789, für den zweiten **1789.**
der erste Mittwoch im März bestimmt, und wurde Washington
einstimmig zum ersten Präsidenten der Vereinigten Staaten, und
John Adams zum Vicepräsidenten gewählt, worauf am 30. April
die feierliche Eidesleistung erfolgte.

Die vierjährige Präsidentschaft brachte Washington schwere
und arbeitsvolle Tage, als aber die durch die Verfassung bestimmte
Zeit vorüber war, wurde er abermals zum Präsidenten gewählt und
leistete am 4. März 1793 im Saale des Senates den feier- **1793.**
lichen Eid.

Als auch diese vierjährige Periode zu Ende war, erschien
Washington im Dezember 1796 zum letztenmale vor den beiden
Häusern und legte seine Stelle nieder.

Zum neuen Präsidenten wurde John Adams und zum Vicepräsidenten Thomas Jefferson gewählt. Washington zog sich **1799.**
auf sein Landgut Mount-Vernon zurück, um dort in der Stille **Washingtons**
zu leben. Lange jedoch war ihm dieses nicht vergönnt, indem er **Tod**
schon am 14. Dezember 1799 in Folge einer starken Erkältung in **14. Dezember.**
seinem 68. Jahre, von seinem Vaterlande tief betrauert starb. Die
Leiche wurde in der Familiengruft zu Mount-Vernon beigesetzt.

IX. Epoche.

Die französische Revolution.

A) Ludwig XVI. und die Revolution. (1789–1792.)

Einleitung.

Bei dem Tode Ludwigs XV. (1774) herrschte in Frankreich überall Zwietracht und Gährung, die königliche Gewalt war stets im gefährlichen Kampfe mit dem Parlamente begriffen, die Jesuiten und Jansenisten überließen sich skandalösen Streitigkeiten, der Staatsschatz war durch die immense Verschwendung des Hofes und der Maitressenwirthschaft erschöpft, das Volk mit Steuern gedrückt, der Willkür und dem Despotismus seiner Grundherren preisgegeben, rechtlos, in die Noth versetzt und so drängte dies Alles im Vereine mit den „Frohnden", den „lettres de cachet", dem „jus primae noctis", der Finanzpächterwirthschaft, den feudalen Prärogativen des Adels und des Clerus unausweichlich immer weiter zu einer Katastrophe.

Das Aergerniß hatte seinen Gipfel erreicht, als Ludwig XVI., ein Fürst von gesunden Sinnen und großer Mäßigkeit, wenn auch vernachläßigter Erziehung, aber von Natur mit angeborner Neigung zum Guten ausgerüstet, den Thron bestieg.

Um der Finanznoth und dem allgemeinen Elend abzuhelfen, wurde es mit häufigen Ministerwechseln versucht; der tugendhafte und charaktervolle Turgot (1776), der Finanzmann Necker (1781), Calonne (1783) wechselten ab, scheiterten aber an der Selbstsucht der privilegirten Stände; dazu kamen noch die Streitigkeiten des Ministeriums mit dem Parlamente, und als daher in der Sitzung des Pariser Parlamentes der geistliche Rath, Abbé Sabathier, den Gedanken an eine Berufung der Reichsstände in der Form eines Wortspieles („ce non sont pas de états de finances. qu'il nous faut, Messieurs, ce sont des états généraux") aussprach, fiel dieses Wort wie ein Funke in eine Pulvertonne, in die Gemüther der Allgemeinheit. Dieses geflügelte Wort brachte zuerst in Paris, dann im ganzen Lande, bei allen Ständen eine zündende Wirkung, denn Jeder glaubte, daß der allgemeinen Noth nur durch die Vertreter der Nation abgeholfen werden könne. Die privilegirten Stände sahen in einer solchen Versammlung, in der sie zwei Drittheile zu bilden erwarteten, ein Mittel zur Vertheidigung ihrer Vorrechte gegen das Ministerium, das Volk hoffte dagegen wieder durch seine hervorragenden Vertreter von den dasselbe bedrückenden Lasten befreit zu werden.

Rathlos und von der öffentlichen Meinung gedrängt, zugleich auch in der Hoffnung, durch den dritten Stand die beiden anderen zur Steuerzahlung heranziehen zu können, gab die Krone nach und willigte in die Einberufung der Reichsstände. — In einem am 27. Dezember 1788 abgehaltenen Ministerrathe, dem sowohl der König als auch die Königin beiwohnten, wurden die letzten Bestimmungen über die Einberufung der Reichsstände getroffen, und so bereiteten sich die Verhältnisse zum Ausbruch der Revolution von selbst vor.

§. 1. Unterm 24. Januar 1789 erging die königliche Einberufung des Ständereichstages auf den 27. April nach Versailles. Es sollten 1200 Abgeordnete gewählt werden, und zwar 600 aus dem dritten Stande und je 300 aus den zwei anderen, einen Census gab es nicht und jeder Franzose, der 25 Jahre alt war und sich im Besitze der bürgerlichen Rechte befand, konnte gewählt werden. Uebrigens konnte ein jeder Abgeordneter in dem „cachier" die Beschwerden und Wünsche seiner Wähler zum Ausdrucke bringen. Die wichtige Frage: ob nach Köpfen oder Ständen abzustimmen sein werde, blieb in der Einberufung unentschieden.

Am 4. Mai fand der feierliche Einzug des Reichstages in Versailles statt, was seit 175 Jahren nicht mehr der Fall gewesen war, am 5. Mai wurde derselbe durch den König feierlich eröffnet und von da an blieb er sich selbst überlassen.

§. 2. Schon am 6. Mai begann aber der Kampf wegen der Prüfung der Wahlen, indem der dritte Stand (Tiers état) die gemeinsame Prüfung derselben verlangte, während die zwei anderen Stände (Adel und Geistlichkeit) dieses Geschäft im Schooße ihrer eigenen Parteien abzumachen beschlossen hatten, von welcher Anordnung aber die künftige Abstimmung: nur nach Ständen und nicht nach Köpfen (wie es der dritte Stand beabsichtigte) abgegangen wäre.

1789.
§. 1.
Die General-staaten
24. Januar.

Eröffnung der General-staaten durch den König
5. Mai.

§. 2.
Streit betreff der Prüfung der Wahlen
6. Mai.

1789. Da nun die zwei anderen Stände mit dem dritten nicht zusammenkamen, um die Prüfung der Wahlen gemeinsam vorzunehmen, blieb
letzterer durch vier Wochen nicht constituirt.

§. 3.
Der dritte
Stand consti-
tuirt sich als
Nationalver-
sammlung
10. Juni.

§. 3. Am 10. Juni beschloß der dritte Stand über Antrag
Sieyès eine letzte Einladung an die beiden anderen Stände zur
Vereinigung abzusenden, und da diese Vereinigung wieder abgelehnt
wurde, constituirte sich hierauf der dritte Stand unter dem Namen
„Nationalversammlung" (Assamblée nationale) und erließ
unter dieser Benennung seine Beschlüsse und Decrete. Zum Präsidenten derselben wurde Bailly (Mitglied der Akademie der Wissen-
schaften) gewählt.

§. 4.
Die National-
versammlung
im Ballhause.
— Der Eid
20. Juni.

§. 4. Am 20. Juni ließ die Hofpartei, um die Vereinigung
des dritten Standes mit dem Klerus zu verhindern, den Saal, in
welchem selber tagte, schließen und mit Soldaten besetzen. — Aus
dieser Ursache versammelte sich sodann der dritte Stand als Nationalversammlung im Ballhause, und hier leisteten alle Deputirten den
Eid, daß sie sich nicht früher trennen werden, als bis sie die Verfassung und die Herstellung der Ordnung fertiggebracht haben würden.

§. 5.
Der Eintritt
des Adels und
der Geistlich-
keit in die
Nationalver-
sammlung
23. Juni.

§. 5. Am 23. Juni hielt der König vor sämmtlichen Deputirten eine „königliche Sitzung", in der er befahl, daß jeder Stand für
sich abgesondert tagen solle. Der dritte Stand leistete diesem Befehle
jedoch keine Folge, verblieb im Saale vereinigt und setzte seine
Berathungen so fort, als ob keine königliche Sitzung stattgefunden
hätte. — Am 25. Juni vereinigten sich sodann 47 Mitglieder der
anderen Stände freiwillig mit der Nationalversammlung, und am
26. Juni befahl der König selbst dem weiteren Adel und Klerus
gleichfalls diese Vereinigung, und diesem nach gab es von jetzt ab
nur eine Nationalversammlung.

§. 6.
Aufstand in
Paris
12. Juli.

§. 6. Als am 11. Juli der Finanzminister Necker entlassen
wurde, entstand darüber in Paris, welches durch Agenten in Gährung gebracht wurde, am 12. Juli ein Aufstand, in dem das Volk,
von Camille Desmoulins zu den Waffen gerufen, mit dem
Militär zusammenstieß. Die Nationalversammlung verlangte hierauf
aus diesem Anlasse von dem König das Zurückziehen des Militärs
von Paris, und weil dieses verweigert wurde, erklärte sich dieselbe
in Permanenz.

§. 7.
Einrichtung
der Bürger-
miliz in
Paris
13. Juli.

§. 7. Am 13. Juli wurde über Anregung der Wähler von
Paris die Errichtung einer Bürgermiliz 48,000 Mann stark beschlossen, und der Marquis Lafayette zum Kommandanten derselben bestellt; in Ermanglung von Schießwaffen wurde diese Miliz

indessen nur mit Piken bewaffnet. — Am 14. Juli wurde aber
der Gouverneur des Hôtel der Invaliden durch eine ungeheuere
Volksmenge gezwungen, die im Hôtel befindlichen Waffen herauszu=
geben, und so erhielt das Volk jetzt 30,000 Gewehre und 20 Kanonen.
Gleich darauf entstand am selben Morgen in den Volkshaufen plötz=
lich der Ruf „nach der Bastille", „wir müssen die Bastille
haben." — Auf diesen Ruf strömte eine ungeheuere, größtentheils
nur mit Piken bewaffnete Volksmenge gegen die Bastille, dieser
Zwingburg von Paris, und der Volksführer Thuriot forderte
den Gouverneur derselben, Marquis de Launey, welcher sie mit
82 Invaliden und 36 Schweizern besetzt hielt, auf, dieselbe zu
übergeben. Da die Uebergabe verweigert wurde, fingen die gegen=
seitigen Feindseligkeiten an. Hiebei gelang es dem Volke, die Ketten
der Zugbrücke zu sprengen, so daß ein Haufe in den Hof eindrang,
wo er jedoch mit Schüssen empfangen wurde. — Jetzt gesellten sich
zu der Volksmenge auch Soldaten der französischen Garde und da
diese Kanonen mitgebracht hatten, wurde der weitere Angriff mit
doppelter Wuth unternommen. Da der Gouverneur nun einsah,
daß er keinen weiteren Widerstand zu leisten vermöge, versuchte
er, die Bastille in die Luft zu sprengen, wurde aber an seinem
Vorhaben durch zwei Offiziere gehindert und mußte hierauf in die
Kapitulation und Uebergabe einwilligen. Ungeachtet derselben wurde
er aber von der wüthenden Menge ermordet und sein Kopf auf
eine Pike gesteckt. — Die Bastille wurde sodann von der Menge
zerstört.

§. 8. Nach der Einnahme der Bastille wurde die allgemeine
Volksbewaffnung, welche den Namen „Nationalgarde" erhielt,
durchgeführt, und die Nationalversammlung sandte von Versailles
100 Deputirte nach Paris, um das Volk daselbst zu beglückwünschen;
der Präsident der Nationalversammlung Bailly wurde hierauf zum
Haupt der städtischen Verwaltung, als Maire von Paris, und
Lafayette zum Kommandanten der Nationalgarde ernannt. Da
das Volk auch darauf bestand, daß der König nach Paris komme,
zog Ludwig am 17. Juli von einer Abtheilung der Nationalgarde
begleitet, daselbst ein und steckte die ihm überreichte Nationalcocarde
auf seinen Hut.

An diesem Tage schon begannen die Auswanderungen aus
Frankreich; der jüngere Bruder des Königs, Graf von Artois,
begab sich nach Turin, und die Prinzen von Condé und Conti
verließen ebenfalls Frankreich.

1789.

§. 9.
Aufhebung der
Lehenseinrich=
tungen. —
Zusammen=
bruch des
alten Regimes
4. August.
11. August.

Erklärung der
Menschen=
rechte
26. August.
Einkammer=
system
10. Septem=
ber.

§. 9. Gedrängt durch die jetzt überall in Frankreich ein-
gerissene Anarchie, wurde in der Nachtsitzung des 4. August von der
Nationalversammlung: die Befreiung des Landvolkes von der Leib-
eigenschaft, die Gleichheit der Besteuerung, die Zulassung zu öffentlichen Aemtern ohne Rücksicht der Geburt, die Abschaffung der
persönlichen und der Loskauf der dinglichen Leistungen der Bauern
an die Grundherren, die Aufhebung der adeligen Gerichtsbarkeit und
des Jagdrechtes dekretirt, mit welchen Beschlüssen somit die Wieder=
geburt Frankreichs begann. Am 11. August wurde der Zehent ohne
Ablösung aufgehoben.

Am 26. August wurde unter der Benennung: „Erklärung
der Menschenrechte" (déclaration des droits de l'homme et
du citoyen), ein in siebenzehn Artikeln abgefaßtes Glaubensbekenntniß
der Revolution angenommen, und am 10. September mit 499 gegen
89 Stimmen die Untheilbarkeit des gesetzgebenden Körpers oder das
Einkammersystem ausgesprochen, und dem König nur ein Suspensiv=
veto auf die Dauer zweier Legislaturen eingeräumt.

§. 10.
Das Festmahl
der Gardes
du Corps
(l'orgie des
gardes du
corps)
1. Oktober.

§. 10. Die steten Unruhen und Revolten, welche für die
königliche Familie in Versailles fürchten ließen, machten es wünschens=
werth, die Besatzung von Versailles zu verstärken, und es wurde
hiezu das Regiment Flandern, das in seinen Gesinnungen dem König
ergeben war, nach Versailles herangezogen, und die Gardes du corps
gaben demselben am 1. Oktober zum Willkommen ein glänzendes
Gastmahl. Die Gesundheit der königlichen Familie wurde dabei mit
Enthusiasmus ausgebracht, auf die Gesundheit der Nation zu toastiren
jedoch abgelehnt, und als der König und die Königin Marie
Antoinette beim Gastmahle persönlich erschienen, zogen die Offiziere
ihre Degen und schworen, dem König bis zum letzten Blutstropfen
treu bleiben zu wollen.

Diese Vorgänge wurden aber von der Volkspartei mit den
Uebertreibungen, daß die Nationalcocarde mit Füßen getreten worden
sei, colportirt, und da der König die Beschlüsse vom 4. August noch
nicht genehmigt hatte, Lafayette und der Abgeordnete Graf Mirabeau aber die Anwesenheit des Königs in Paris für das Gelingen der Revolution nothwendig hielten, wurden die Pariser zu einer
neuen Bewegung gebracht.

§. 11.
Zug der Pari=
ser nach Ver=
sailles
5. Oktober.

§. 11. Am 5. Oktober Morgens forderte nämlich ein junges
Mädchen unter Trommelschlag das Volk auf, ihr zu folgen, worauf
sich ihr eine Menge Arbeiterinnen, Fischweiber, öffentliche Dirnen und
allerlei weibliches Gesindel anschloß; es wurde der Generalmarsch

geschlagen, die Nationalgarde trat unter die Waffen, es erschienen die Pikenmänner der Vorstadt Sct.-Antoin, und unter dem Rufe „nach Versailles" zog die Masse mit einigen Kanonen dorthin. Lafayette zögerte aber mit der Nationalgarde zum Schutze des Königes gleichfalls nach Versailles zu ziehen, und entschloß sich hiezu erst Nachmittags um 4 Uhr. Obzwar eine Deputation der Weiber in Versailles vorgelassen wurde, kam es zwischen der Masse der bewaffneten Männer mit den aufgestellten Gardes du corps doch zu einem Gefechte, in welchem es Todte und Verwundete gab.

Lafayette kam aber erst um Mitternacht mit 20.000 National= garden in Versailles an, versicherte dem König seine Ergebenheit mit dem Wunsche, er möchte seine Residenz in Paris nehmen. Gegen Morgen des 6. Oktober aber gelang es den Weibern, durch un= beschützte Ausgänge in das Schloß zu dringen, wo es mehrere Mann der Gardes du corps ermordete, und wo namentlich die Königin in Lebensgefahr schwebte. Lafayette stellte aber die Ordnung her, versöhnte das Volk mit den Gardes du corps und führte den König nach Paris.

§. 12. Schon am 14. Oktober wurde über Antrag Mirabeaus das sogenannte Martialgesetz gegen Aufruhr votirt, und über des Königs Proklamation am 19. Oktober auch die Nationalversammlung nach Paris verlegt.

§. 13. Am 10. Oktober schon hatte Talleyrand, Bischof von Autun, den Vorschlag gemacht, die geistlichen Güter deren Werth auf 2100 Millionen geschätzt wurde zum Besten des Staates, einzuziehen. Die Verhandlungen darüber dauerten vom 13. Oktober bis 2. November, und es wurde mit 568 gegen 346 Stimmen der Beschluß gefaßt, die Kirchengüter dem Staate zur Verfügung zu stellen.

Auch wurde in Frankreich zugleich eine neue politische Ein= theilung in Departements und ein neues Gerichtsverfahren nach neunmonatlichen Verhandlungen eingeführt.

§. 14. Am 19. Dezember erließ die Nationalversammlung vier Dekrete: die Abschließung einer Anleihe von achtzig Millionen Francs, Veräußerung der Staatsdomänen bis zum Betrage von 400 Millionen, Ausgabe eines Papiergeldes (Assignaten,) und Gründung einer Schulden-Tilgungskassa. Unter den Staatsdomänen wurden auch die Kirchengüter verstanden, welche am 2. November der Nation zur Verfügung gestellt wurden, und unter welchen auch die Besitzungen der Klöster begriffen waren.

§. 15. Am 13. Februar wurden die lebenslänglichen Gelübbe für unverbindlich erklärt, Mirabeau bezeichnete in einer leidenschaftlichen Rede den religiösen Fanatismus für eine Pest der bürgerlichen Gesellschaft und es wurde die Aufhebung der geistlichen Orden beiderlei Geschlechtes beschlossen

§. 16. Im wesentlichen ging damals die Neigung der Massen dahin, sich einander zu nähern und sich zu unterstützen; daraus gingen die Verbindungen der verschiedenen Nationalgarden des Landes hervor, so bei denen von Metz und Umgebung, von Limoges, von Straßburg und Lyon, überall legten sie den Eid zum Gehorsam gegen die Gesetze und zur Vertheidigung der Freiheit ab, und überall fanden Föderationsfeste statt. Auf Antrag Bailly's wurde daher auch von der Nationalversammlung beschlossen, am 14. Juli auf dem Marsfelde eine volksthümliche Verbrüderung anzuordnen.

§. 17. In der Abendsitzung des 19. Juni erklärte über Antrag der Deputirten Lambel und Lepelletier de St. Targeau die Nationalversammlung den Adel Frankreichs für immer aufgehoben, die Titel: Herzog, Marquis, Fürst, Baron ꝛc. sollten von Niemand mehr geführt werden und es war nur erlaubt, ferner den wirklichen Familiennamen zu führen, eben so wurde der Gebrauch der Wappen untersagt.

§. 18. Am 14. Juli fand am Marsfelde das beschlossene Föderationsfest bei Anwesenheit von 60,000 Nationalgarden, Linientruppen und Seesoldaten, und 400,000 Zuschauern in Gegenwart des Königs und der Königin statt. Lafayette schwor vor dem Altare dem Gesetze und dem König treu zu sein, und der König schwur die von der Nationalversammlung gegebene und von ihm angenommene Verfassung mit seiner ganzen Macht aufrecht zu erhalten.

§. 19. Die Nationalversammlung ging nach der Einziehung der geistlichen Güter zu einer weiteren Umgestaltung der inneren Verhältnisse des Clerus und zu einem Angriffe auf seine Hierarchie und Disciplin überhaupt über, so daß alle öffentliche Gewalt künftig nur von der Nationalversammlung ausgehen sollte.

Der von dem eingesetzten Ausschuß ausgearbeitete Gesetzentwurf wurde fast den ganzen Monat Juni berathen und am 12. Juli durch ein Dekret das Gesetz über die Civilverfassung des Clerus erlassen. Nach diesem Gesetze sollten alle Geistlichen vom Volke gewählt und vom Staate bezahlt werden, und jeder Erwählte sollte schwören: „der Nation, dem Gesetze und dem König

treu sein zu wollen." — Die geistlichen Mitglieder der National=
versammlung hatten dieses Gesetz fruchtlos bekämpft.

Ludwig XVI. hatte, als ihm dieses Gesetz zur Sanction
vorgelegt wurde, eine ausweichende Erklärung abgegeben und wen=
dete sich hierauf diesfalls an Papst Pius VI., welcher ablehnend
antwortete, worauf die Geistlichkeit mit allen Mitteln bei dem Volke
gegen dieses Gesetz agitirte. Die Nationalversammlung forderte aber **Eidesleistung**
am 22. November, daß alle Bischöfe, Pfarrer und Vikarien im **des Clerus.**
ganzen Reiche den Eid auf die Verfassung ablegen sollten. Obzwar **22. November.**
der König sich lange weigerte, so war er dennoch genöthigt, dieses **26. Dezember.**
Dekret zu genehmigen und unterschrieb dasselbe am 26. Dezember.

§. 20. Am 26. September dekretirte die Nat.=Verf.: alle **§. 20.**
Pensionen und Gehalte seien in Assignaten zu leisten und ver= **Vermehrung**
mehrte die Summe derselben von 400 auf 800 Millionen, doch **der Assignaten**
wurde festgesetzt, daß in keinem Falle mehr als 1200 Millionen **26. Septemb.**
auf einmal im Umlaufe sein dürfen.

§. 21. Am 6. September wurde endlich von der Nat.=Verf. **§. 21.**
ein Dekret erlassen, welches die Parlamente, die Steuer= und Rech= **Aufhebung der**
nungskammern sammt allen Unterbehörden und Kanzleien, die unter **Parlamente**
und Behörden
der alten Monarchie bestanden, für immer aufhob. **6. September.**

§. 22. Auch das Vereinswesen übte in politischer Beziehung **§. 22.**
seinen Einfluß und große Wichtigkeit. Schon zur Zeit, als die **Entstehung**
Nat.=Verf. in Versailles tagte, entstand dort ein Verein der zur **des Jacobiner=**
Clubs.
Volkspartei gehörigen Deputirten, und als die Nat.=Verf. nach Paris
übersiedelte, besaß dieser Verein schon 400 Mitglieder, miethete in
dem Dominikanerkloster der Straße St. honoré einen großen Saal,
und da die Mönche dieses Klosters „Jacobins" genannt wurden,
so hieß dieser Club im Publikum dann der „Jacobinerclub."
Zu diesem Club gehörten vornemlich Robespierre, Barnave,
Pétion, Barré, Camus, Talleyrand 2c. und auch die berühm=
testen Namen Frankreichs drängten sich in denselben, wie La Roche=
foucauld 2c. und selbst der Herzog von Orleans ließ sich in
denselben einschreiben. Der Club hatte die Aufgabe, im Voraus
über jene Fragen, welche der Nat.=Verf. vorgelegt wurden, zu be=
rathen. Im Dezember 1790 zählte der Club 1120 Mitglieder, er
stand schon im Jahre 1790 mit 140 in gleicher Art in den Depar=
tements errichteten Vereinen in Verbindung und verzweigte sich über
ganz Frankreich. Die Jacobiner übten die Polizei der Revo=
lution aus.

Einige Demagogen, wie Danton, Camille Desmoulins,

Marat, die sich der Disciplin des Jacobinerclubs nicht unterwarfen, gründeten wieder den Club der Cordeliers, nach dem Versammlungsorte einer Franciscanerkirche so genannt. Die Cordeliers gingen mit den Jacobinern Hand in Hand, beschränkten sich aber meistens nur darauf, auf die Pariser Menge zu wirken.

§. 23. Endlich setzte die Nat.=Vers. die Eidesleistung der Priester in Folge des Decretes vom 22. November 1790 auf den 4. Januar 1791 an; von 300 in der Versammlung anwesenden Geistlichen, leisteten diesen Eid nur 65, unter denen Talleyrand, Bischof von Autun und Abbé Gregoire die bekanntesten waren. Von 138 Erzbischöfen in Frankreich unterwarfen sich nur vier, 50,000 Vikaren und Pfarrer verweigerten die Eidesleistung und viele von ihnen mußten mit Gewalt ihrer Stellen entsetzt werden. Da die Bischöfe jene Priester excommunicirten, die den Eid geleistet hatten, wurden dadurch die kirchlichen Zustände nur noch verworrener.

§. 24. Mirabeau, welcher der hervorragendste und genialste unter den Deputirten war, stand in steter Verbindung mit dem König, er wollte die Revolution zum Stillstande bringen, den König in eine vortheilhaftere Lage versetzen, indem er einen großen Einfluß in der Nat.=Vers. besaß und die Mehrheit derselben gewöhnt war, seiner Stimme zu folgen. In Mitte dieser Thätigkeit starb aber Mirabeau am 2. April und sein Tod verbreitete eine allgemeine Bestürzung, so daß alle Theater geschlossen und alle Lustbarkeiten eingestellt wurden.

Erst nach dem Tode Mirabeaus verschaffte sich Robespierre als Deputirter Geltung, während er früher kaum beachtet war.

§. 25. Seit dem Tode Mirabeau's blieb Ludwig XVI. ohne jede Leitung, der eigenen Unselbständigkeit überlassen; der Bruder des Königs, Graf Artois, der sich in Turin aufhielt, war von der Verblendung befangen, daß durch äußere Waffen die Revolution in Frankreich niedergeworfen werden könne und rieth deßhalb auch Ludwig XVI. zur Flucht aus Frankreich. Dieser verwarf aber Anfangs den Gedanken, weil er nach der englischen Geschichte der Meinung war, daß König Jacob II. von England nie den Thron verloren hätte, wenn er nicht entflohen wäre. Die schweren Kränkungen und Rohheiten des Pöbels, welchen er und seine Familie ausgesetzt waren, brachten ihn jedoch endlich zum Entschlusse der Flucht. Da in den östlichen Departements der Marschall Bouile kommandirte, welcher ein treuer königlicher Anhänger war, so wurde mit ihm durch geheime Botschaften Alles, was zur Sicherheit der

Flucht des Königs nothwendig war, vereinbart, und diese Flucht für die Nacht des 19. Juni festgesetzt. Da aber der König sich auch nur für wenige Tage von seiner Familie nicht trennen wollte und die Königin sammt den Kindern, der Schwägerin und der Oberst=hofmeisterin ihn begleiten sollten, so wurden mehrere Personen in das Geheimniß gezogen, und da man selbst in dieser so gefährlichen Lage nicht der Hofetiquette entsagen wollte, so wurden die Vor=bereitungen zur Reise, unklug genug, auffällig betrieben, ja die Cou=riere für dieselbe sogar neu uniformirt, kurz, ein Mißgriff nach dem andern begangen; trotzdem wäre aber die Flucht dennoch ge=lungen, wenn die Abreise nicht um 24 Stunden später, als es mit Bouille verabredet war, unternommen worden wäre, denn statt in der Nacht des 19. Juni, erfolgte die Abreise erst in der Nacht des 20. Juni, wo die militärischen Posten auf jeder Station in Ver=bindung mit der auffallenden Begleitung des königlichen Wagens die Aufmerksamkeit der Bevölkerung erregten.

So kam es, daß der König in St. Menehould von einem gewissen Drouet, dem Sohne des dortigen Postmeisters, einem eifrigen Republikaner, erkannt wurde und da Drouet den König in St. Menehould nicht mehr anhalten konnte, so eilte er zu Pferde auf dem kürzesten Wege nach Varennes, wo er dem königlichen Wagen zuvorkam und dort die Nationalgarde der Umgegend allarmirte, worauf der König angehalten und sammt der königlichen Familie beim Pro=kurator Sausset so lange zurückgehalten wurde, bis die Nationalver=sammlung in Paris von dem Vorfalle benachrichtiget war.

§. 26. Als die Flucht des Königs am Morgen des 21. Juni bekannt wurde, war Paris in die außerordentlichste Aufregung ge=rathen; die Nationalversammlung erklärte sich in Permanenz und befahl den Ministern, ihre Wirksamkeit fortzusetzen und nur auf die=selbe zu hören. Zwei Tage blieb die Nationalversammlung ohne Nachricht über das Schicksal der königlichen Familie und erst am 22. Juni 9 Uhr Abends kam die Nachricht von der Anhaltung des Königs. Es wurden dann drei Kommissäre: Latour=Maubourg, Barnave und Pétion ernannt, die der königlichen Familie ent=gegen gehen und dieselbe nach Paris zurückgeleiten sollten.

Von Varennes wurde dieselbe hierauf von einer unermeßlichen Menge Nationalgarden, Bauern mit Sensen und Heugabeln be=waffnet, zurückgeführt. Zwischen Chalons und Chateau=Thierry begegnete der Zug am 23. Juni den Kommissären der National=versammlung und am 25. Juni fand der Einzug in Paris statt.

1791.

§. 27.
Beschlüsse der
Nat.-Verf.
betreffs des
Königs
23. Juni.

§. 27. Am Tage der Rückkehr des Königs nach Paris bestellte die Nat.-Verf. drei Kommissäre: Trouchet, d'André und Duport, um den König und die Königin über die Ursachen der Flucht zu vernehmen, und ordnete angeblich zur Sicherheit des Herrscherpaares und des Thronerben eine eigene Bewachung an, durch welche Verfügungen die königliche Familie eigentlich zu Gefangenen gemacht wurde. Barnave verpflichtete sich aber im Geheimen, dem Könige bei seiner Vertheidigung an die Hand gehen zu wollen.

In den Clubs der Jacobiner und Cordeliers wurde aber jetzt das Königthum überhaupt verworfen und der Gedanke an die Republik laut.

In den Sitzungen vom 13. und 15. Juli wurde der Beschluß gefaßt, wenn der König sich ins Ausland begäbe und nach der von der Nat.-Verf. angesetzten Frist nicht zurückkehre, angenommen werde, daß er abgedankt habe; falls er aber die Nation mit Krieg bedroht, oder sich mit dem Feinde verbindet, er des Thrones verlustig wird; auch könne er für seine Verbrechen ebenso gestraft werden, wie jeder andere Franzose.

§. 28.
Folgen dieser
Beschlüsse und
der Parteien-
kampf
17. Juli.

§. 28. Die Erklärung der Nat.-Verf., daß der König durch seine Entfernung kein Verbrechen begangen habe, und daher seiner Wiedereinsetzung nichts im Wege stehe, ward jedoch von den Clubs der demagogischen Presse mit Unwillen aufgenommen, und es kam am 17. Juli auf dem Marsfelde zu einem Volksaufstand, der von der Nationalgarde blutig unterdrückt werden mußte, was unter den Demagogen (Marat, Ferron, Herbert, Desmoulins, Robespierre c.) Schrecken verbreitete, so daß sich die Jacobiner und Cordeliers nach dem 17. Juli eine Zeit lang jedes öffentlichen Auftretens enthielten, obzwar Robespierre im Jacobinerclub (obwohl selbst ein Mitglied der Nat.-Verf.) jeden Abend seine Kollegen als Verräther der Freiheit anklagte.

Die Konstitutionellen besaßen aber für jetzt die Majorität in der Nat.-Verf., hatten die Nationalgarde und die Municipalität für sich und hätten jetzt die Clubs wohl unterdrücken können.

§. 29. Die Führer der constit. Partei, Barnave, Lameth c. stifteten jetzt in dem ehemaligen Bernhardinerkloster (convent des Feuillantes) einen neuen Club, der seinen Namen von diesem Orte erhielt; der Club wurde zur Vertheidigung der Verfassung errichtet, und war so eigentlich eine Stütze des constit. Königthums; der bessere und vernünftigere Theil der Bevölkerung war auch an der Seite der Feuillants.

§. 30. Die Nat.=Verf., welche die ganze Zeit hindurch an der Verfassung berathen hatte, wurde endlich am 3. September mit der Durchsicht der Verfassung fertig, und Abends 9 Uhr begab sich sodann eine Deputation von 60 Mitgliedern zum König, um ihn hievon zu benachrichtigen. Ueber Anrathen Barnave's und selbst des Kaisers Leopold II. von Oesterreich nahm Ludwig XVI. diese Verfassung an und beschwor am 30. September dieselbe in der Nat.=Verf. Mit diesem Akte war somit die Mission der ersten Versammlung beendet.

1791.
§. 30.
Herstellung der Verfassung und Annahme derselben durch den König.
3. September.
30. September.

§. 31. Die Ausgewanderten, welche unter dem Grafen von Provence (Bruder des Königs) in Koblenz eine bestimmte Organisirung erhalten hatten, gewannen nun an den fremden Höfen immer mehr Einfluß, und Kaiser Leopold II. von Oesterreich hielt mit dem Grafen von Artois am 20. Mai 1791 in Mantua eine Besprechung betreffs eines Angriffsplanes auf Frankreich, und in der Zusammenkunft Leopold's II. mit dem König Wilhelm II. von Preußen wurde zu Pillnitz zwar die Erklärung abgegeben, daß die Sache Ludwig's XVI. die aller Könige sei, aber ein unmittelbares Eingreifen und Handeln wurde nicht bestimmt. — Als Ludwig XVI. die Verfassung dann annahm, erklärte sich Leopold für befriedigt.

§. 31.
Die auswärtigen Mächte der französ. Revolution gegenüber
20. Mai.
27. August.

§. 32. Nach der ausgearbeiteten Verfassung hatte sich die alte Nat.=Verf. aufgelöst und die neue Versammlung (Legislative) wurde gewählt. Sie bestand aus den verschiedensten Elementen; in Paris und den meisten anderen großen Städten hatten die Constitutionellen die Oberhand bei den Wahlen. — Unter den neuen Talenten bemerkte man vorzugsweise die Deputirten der Gironde, von denen die Partei den Namen der „Girondisten" erhielt, und diese Partei träumte von einer Republik mit all ihren Tugenden und ihrer Sittenreinheit.

Die neue gesetzgebende Versammlung trat dann am 1. Oktober zusammen, constituirte sich definitiv am 4. Oktober und wurde am 7. Oktober vom König eröffnet.

§. 32.
Die gesetzgebende Nat.=Verf. (Legislative).
7. Oktober.

§. 33. Am 9. November faßte diese Nat.=Verf. gegen die Ausgewanderten den Beschluß: daß die an der Grenze des Königreichs stehenden Franzosen der Verschwörung gegen das Vaterland verdächtig seien, und wenn sie am 1. Januar 1792 noch in derselben Stellung sich befinden, sie des Todes schuldig wären; dasselbe treffe auch die ausgewanderten Prinzen und die Staatsdiener in Civil und Militär; die Einkünfte der ausgewanderten Prinzen seien

§. 33.
Beschlüsse gegen die Ausgewanderten. 9. November.

1791. mit Beschlag zu belegen; den übrigen Ausgewanderten solle, wie sich die Veranlassung dazu findet, der Prozeß gemacht werden, und jede Begünstigung der Emigration im Inneren solle die Todesstrafe nach sich ziehen. — Ludwig XVI. versagte diesem Beschluß der Versammlung zwar seine Zustimmung, forderte aber in einem der Oeffentlichkeit übergebenen Schreiben dennoch seine beiden Brüder zur Rückkehr auf, welche jedoch ablehnend antworteten. Ebenso wurde **29. November.** am 29. November der Beschluß durchgesetzt, daß die Cleriker aller Grade binnen acht Tagen den Eid auf die Verfassung leisten, oder ihre Pensionen verlieren sollen. Auch gegen dieses Dekret legte der König sein Veto ein.

Diese Weigerungen des Königs brachte aber den Pariser Pöbel **1792.** auf das Heftigste gegen ihn auf.

§. 34. **§. 34.** Da die Gironde den Krieg wünschte, um durch ihn **Kriegserklä-** ihre Ziele zu erreichen, erließ die Legislative am 25. Januar 1792 **rung Frank-** ein Dekret, in welchem Kaiser Leopold II. von Oesterreich auf-**reichs an** gefordert wurde, sich bis zum 1. März zu erklären, ob er allen **Oesterreich** Verträgen und Bündnissen, welche gegen die Souveränität und **20. April.** Unabhängigkeit Frankreichs gerichtet wären, entsagen wolle oder nicht, sein Stillschweigen solle aber als eine Kriegserklärung angesehen werden.

Leopold starb aber plötzlich am 1. März zu Wien.

Indessen wurde das frühere Ministerium durch Brissot ge-stürzt, General Dumouriez übernahm das Ministerium des Auswär-tigen und fachte die Kriegslust der Gironde aus persönlichen Grün-den noch mehr an. Als daher das österreichische Kabinet mit den Noten vom 18. März und 7. April die Forderung stellte, Avignon und Voissin, zwei päpstliche Landschaften, welche die Nat.-Vers. am 13. September 1791 mit Frankreich vereinigt hatte, dem Papste **20. April.** wieder zurückzugeben, erschien Ludwig XVI. am 20. April in der Nat.-Vers., und trug, gedrängt durch Dumouriez und durch die Pariser Gährung, auf den Krieg gegen Oesterreich an, welcher Antrag von der Versammlung fast einstimmig (unter 700 Deputirten mit nur sieben Opponenten) angenommen wurde:

§. 35. **§. 35.** Nach dem Plane von Dumouriez sollte Lafayette auf **Unfälle der** Namur und Lüttich, Rochambeau über Mons auf Brüssel **Franzosen an** ziehen, und Luckner mit seiner Armee je nach Umständen beiden **der Nord-** Armeen Unterstützung geben. Montesquieu aber sollte mit der Süd-**grenze.** armee in Savoyen einfallen. Doch mißglückte aus Mangel an ein-heitlicher Leitung und bei der schlechten Organisation der Armeen dieser

Feldzug, denn als in den letzten Tagen des April die Armee 1792.
auf dem Marsche nach Mons den österreichischen Truppen begegnete,
warfen die Franzosen die Waffen weg und liefen mit dem Rufe:
„wir sind verrathen" davon, Montesquien fand aber überhaupt
kein schlagfertiges Heer und konnte daher gar nicht gewinnen.
In Wien und Berlin schloß man aus diesem Anfange, daß
man mit dem revolutionären Frankreich bald fertig sein werde.

§. 36. Die Gironde, die sich mit den Jakobinern unter §. 36.
Führung Robespierres in Opposition befand, wollte zu ihrer Beschluß auf
Sicherheit bei Paris die Errichtung eines Lagers von 20.000 Mann Errichtung
durchsetzen und obzwar die Jakobiner, Dumouriez und die National= eines Lagers
garde gegen diesen Antrag waren, beschloß am 8. Juni die National= bei Paris
versammlung dennoch die Bildung eines Lagers von 20.000 Frei= 8. Juni.
willigen bei Paris.

§. 37. Am 27. Mai hatte die Nationalversammlung ein §. 37.
Gesetz erlassen, wodurch jeder nicht vereidigte Geistliche aus Rücktritt
Frankreich verbannt werden solle, und da der König diesem Gesetze Dumouriez,
die Sanktion versagte, Dumouriez aber auf Annahme desselben Bildung eines
im Interesse des Königes bestand, weil ein Widerstand gegen die Ministerium
Nationalversammlung nicht möglich sei, so trat derselbe am 15. Juni Feuillants
aus dem Ministerium, übernahm das Kommando der Nordarmee, 27. Mai.
und der König ernannte hierauf ein Ministerium aus den Feuillants. 15. Juni.

§. 38. Die Cordeliers, Jakobiner und Girondisten §. 38.
wurden jetzt immer revolutionärer, und wirkten immer mehr auf die Der Volks=
Erregung der Massen. In den Vorstädten Sct.=Antoine und aufstand vom
Sct.=Marceau rottete sich deßhalb am 20. Juni eine mit allem 20. Juni, und
möglichen bewaffnete Volksmasse zusammen, drang in die Tuillerien, die Pariser
bedrohte den König wegen dem „Veto" gegen das Dekret betreff in den
der Verbannung der Geistlichen, setzte ihm eine Jakobinermütze auf, Tuillerien
und da die eigentlichen Leiter des Aufstandes den geheimen Plan 20. Juni.
hatten, die Monarchie zu stürzen, so befand sich der König während
dieses Aufstandes in großer persönlicher Gefahr. Erst Pétion der
Maire von Paris, bewog die Volksmasse abzuziehen und die
Tuillerien zu verlassen. Lafayette, Lukner, Lally=Tolendal
und der Minister Terrier de Montel entwarfen nach diesem §. 39.
Vorfalle Pläne, um den König zu retten und von Paris zu ent= Die National=
fernen, dieser aber, auf den ungewissen Beistand aus der Ferne versammlung
rechnend, verwarf diese Pläne. erklärt das
§. 39. Da die Kriegsgefahr jetzt Frankreich immer näher Vaterland in
rückte, erklärte deßhalb die Nat.=Vers. am 11. Juni das Vaterland Gefahr
11. Juni.

in Gefahr, und am 22. Juni begannen in Paris die Einzeichnungen der Freiwilligen, die gegen den Feind ziehen wollten.

§. 40.
Manifest
Oesterreichs
und Preußens
an Frankreich
25. Juli.

§. 40. Nach mancherlei Verhandlungen zwischen Oesterreich und Preußen wurde endlich der Angriff auf Frankreich beschlossen und über die zu diesem Zwecke aufgestellte Armee der Oberbefehl dem Herzog von Braunschweig übergeben. Das Manifest, das derselbe über Genehmigung Oesterreichs und Preußens am 25. Juli von Koblenz aus veröffentlichte, brachte jedoch in Frankreich den nachtheiligsten Eindruck hervor, weil darin, — gegen den Rath Ludwigs XVI., — zu den Franzosen in einem Tone gesprochen wurde, als ob Oesterreich und Preußen eine Oberhoheit betreffs Frankreichs zustehe und jeder, der sein Vaterland vertheidigen würde, darin schon für einen Rebellen erklärt und Paris sogar mit Zer= störung bedroht wurde. Für Ludwig XVI., den man mit dem Feinde in Verbindung glaubte, hatte aber dieses Manifest die schwersten Folgen.

Die Gährung im Pariser Volke wurde jetzt durch die Ankunft der Föderirten von Marseille und Brest noch vermehrt, denn jetzt athmete Alles einen glühenden Haß gegen das Königthum und am 3. August verlangte sodann Pétion die Absetzung Ludwigs XVI.

§. 41. Schon seit längerer Zeit bestand in Paris eine Ver= schwörung, welche den Angriff auf die Tuillerien und die Gefangen= nahme des Königs zum Zweck hatte. Durch die Uneinigkeit zwischen den Girondisten und den Jacobinern wurde jedoch dieser Plan noch verzögert. Zum leitenden Ausschuß dieser Bewegung gehörten: Barbaroux, der nach Blut dürstende Anführer der Marseiller Freiwilligen, Santerre, der Bierbrauer, der Pole Lazuski, Westermann und Andere. Danton, Robespierre und der Blutmensch Marat, welche das Volk bloß aufzuhetzen verstanden, persönlich aber feige waren, hielten sich bei diesem Aufruhr versteckt, während sie hinterher die Früchte desselben für sich auszunützen beabsichtigten.

Dem Hofe blieb dieser Plan aber nicht unbekannt, denn schon am Abend des 9. August erhielt er die Nachricht, daß an 40,000 Bewaffnete den Angriff auf die Tuillerien beabsichtigen. Da sich der Hof diesmal nicht so, wie am 20. Juni unvorbereitet treffen lassen wollte, wurden Vertheidigungsmaßregeln angeordnet. — Die Ver= theidigung des Schlosses und der königlichen Familie war dem General Mandat übertragen; ein Theil der Schweizer wurde auf der Tuillerienseite gegen den Carousselplatz, der damals mit Mauern

und Gebäuden gedeckt war, mit zwei Kanonen aufgestellt, die treu=
gebliebenen Bataillone der Nationalgarde standen mit eilf Geschützen
im Innern des Schlosses und dem anstoßenden Garten, und zwei=
hundert Adelige hatten sich um die königliche Familie gesammelt; die
neuerrichtete Gensdarmerie war zwischen dem Louvre und den
Tuillerien aufgestellt, und am pont neuf eine Batterie aufgefahren.
Mandat's Absicht war es, die Aufständischen bis an die Tuillerien
ankommen zu lassen, sie dort mit Feuer zu empfangen, gegen den
pont neuf zu treiben und sie dort niederzuschmettern.

Eine Hauptschwierigkeit für den Sieg der königlichen Sache
lag jedoch in dem thatunfähigen Charakter Ludwig's XVI. Schon
um Mitternacht ertönten die Sturmglocken und die Demagogen waren
in Thätigkeit, denn schon am Abend des 9. August hatten die
Sektionen 150 Commissarien zur Rettung des Vaterlandes ernannt,
welche sich nach dem Hôtel de ville begaben, dort die Municipalität
absetzten, und sich so der obersten Gewalt der Stadt bemächtigten;
diese Commissarien bildeten den Stamm der späteren Commune von
Paris und von hier aus wurde die Bewaffnung des Volkes beschleunigt.

Im Schlosse herrschte überall die größte Aufregung und Un=
einigkeit, denn außer den 950 Schweizern war die Vertheidigung
unverläßlich, indem die Nationalgarde gegen die Adeligen Abneigung
hegte, und die Königin dieselben noch unklugerweise vor den Bürgern
auszeichnete. Pétion war bisher im Schlosse anwesend, als aber
die Sturmglocken ertönten, ließ ihn die Nat.=Vers. zur Berichterstat=
tung abrufen, und der König ließ ihn unbedachterweise ziehen. —
Gleich darauf wurde auch Mandat nach dem Hôtel de ville be=
rufen, und da im Schlosse noch nichts von den Veränderungen in
demselben bekannt war, folgte Mandat dem Rufe. Dort aber fand
er bereits die neue Commune organisirt, und wurde hier durch einen
Pistolenschuß niedergestreckt.

Noch jetzt hätte Ludwig XVI. das Unglück von sich abwen=
den können, denn er erhielt durch einige kühne Royalisten die Nachricht,
daß sich in den Vorstädten St. Antoine und St. Marceau die
Pikenmänner nur langsam sammeln, durch eine Truppenabtheilung
leicht zerstreut und so der Aufruhr noch im Keime unterdrückt
werden könne; allein der König, unschlüssig wie er war, wollte nicht
zuerst angreifen und verlor so den Augenblick der Rettung. Am
10. August gegen 7 Uhr Morgens war eine Schaar des Pöbels,
mit einigen Marseillern verstärkt, ungeduldig vorangeeilt, auf dem
Carousselplatze erschienen, und fing die Mauer der Tuillerien zu

1792. übersteigen an. Als dies der Prokurator Synbilus des Departements, Röderer, sah und gegen ihn zugleich die im Garten der Tuillerien postirten Artilleristen ein drohendes Geschrei ausstießen, schilderte er, wahrscheinlich aus Furcht vor persönlicher Gefahr, dem König die Lage als verzweifelt, indem er wiederholt ausrief: ganz Paris rücke auf den König los und forderte ihn auf, sich in die Nat.-Vers. zu begeben, weil er dort allein sicher wäre. — Obzwar sich die Königin diesem Rathe auf das Heftigste widersetzte, und obzwar ein Offizier der Nationalgarde dem König den besten Vorschlag machte: in Begleitung der Schweizer und der anderen Truppen sofort mit seiner Familie aufzubrechen und den Weg nach Rouen einzuschlagen, wo er außer aller Gefahr wäre, so war auch der König keiner selbstständigen Energie fähig, verwarf diesen einzig möglichen Rettungsweg und nahm den Rath Röderer's an.

Nach 7 Uhr Morgens wurden dann die Tuillerien verlassen, und der König, die Königin, der Prinz und die Prinzessin Elisabeth, umgeben von den Hofdamen Fürstin Lamballe und Frau von Tourzel, den Ministern und dem Direktorium des Departements, auf beiden Seiten von Schweizern und Nationalgardisten escortirt, zogen nach der Nat.-Vers. Es war ein dornenvoller Weg, denn große Volkshaufen empfingen den Zug mit dem wilden Geschrei: „Keine Zuflucht für Maria Antoinette!" — In der Nat.-Vers. wurde die königliche Familie nach der Loge der Schnellschreiber geführt. — Unterdessen rückte die Nationalgarde, das Proletariat der Vorstädte mit den Föderirten von Marseille und Brest mit Kanonen versehen, gegen die Tuillerien. Dort aber hatte der Tod Mandat's und der Abzug des Königs die Vertheidigung planlos gemacht und nun begannen die wüthenden Volksmassen gegen die Schweizer, welche sich in das Innere des Schlosses gezogen hatten, den Kampf. Die Kugeln der Schweizer, welche aber in das Kopf an Kopf gedrängte Volk einschlugen, brachten dasselbe bald zum Weichen, die Schweizer verfolgten dann das fliehende Volk und nahmen denselben die Kanonen weg. Die Flüchtlinge stürzten bis zum pont neuf und und wären jetzt auch die reitenden Gensdarmen, die am Louvre standen, hervorgebrochen, so hätten sie dem Anstand ein Ende machen können; da diese aber ohne Befehl gelassen wurden, gingen sie schließlich zum Volke über. — Das heftige Feuern hatte in der Nat.-Vers. Schrecken hervorgerufen, und der König wurde gezwungen, nachdem dasselbe von 9 Uhr Früh bis Mittags gedauert hatte, den Schweizern den Befehl senden zu lassen, dasselbe einzustellen.

Da nun aber die Schweizer allein auf sich selbst angewiesen blieben und die Volksmassen, gegen welche keine Reiterei gebraucht wurde, wieder mit Geschützen zurückkehrten, fielen dieselben unter diesem Kanonenfeuer bis zum letzten Mann, während es vielen Adeligen und Nationalgarden, welche in dem Tuilleriengarten standen, gelang, in die umliegenden Quartiere sich zu retten, wo viele aus Menschlichkeit versteckt gehalten wurden, bis sie in Sicherheit kamen. Als das Volk hierauf in die Tuillerien eindrang, wurden auch die Hofbeamten ermordet und alles zertrümmert, was an die königliche Familie erinnerte. Das Gold, Silber und Edelsteine, welche man in dem Schlosse fand, wurden von den Siegern theils in die Nat.-Vers., theils auf die Kammer gebracht; eine Anzahl Diebe, welche sich mancher Sachen bemächtigt hatten, wurden aber auf dem Vendômeplatz sofort erschossen.

Erst als der Aufstand gesiegt hatte, nahm die Nat.-Vers. eine entschiedenere Haltung an, und decretirte: Ludwig XVI. sei vorläufig der Königswürde enthoben, für die Erziehung des Prinzen werde ein Plan festgesetzt und ein Convent zur Entscheidung über die künftige Regierungsform sei einzuberufen. Zugleich löste die Nat.-Vers. das frühere Ministerium auf, Monge (ein Mathematiker) erhielt das Seewesen, Lebrun das Auswärtige und Danton die Justiz.

Erst spät Abends wurde die königliche Familie aus der Loge der Journalisten befreit und darauf nach dem ehemaligen Kloster der Feuillants gebracht, wo ihr einige Zellen zum Aufenthalte angewiesen wurden.

§. 42. Am 12. August ließ die neue Commune die ehernen Standbilder der Könige niederreißen und schickte eine Deputation an die Nat.-Vers., welche sich gegen die Versetzung der königlichen Familie nach Luxenburg, wie es von der Nat.-Vers. beabsichtigt wurde, aussprach, und die Abführung derselben nach dem Temple verlangte. Die Nat.-Versammlung gab nach und am 13. August wurde die königliche Familie mit der Fürstin Lamballe, Frau v. Tourzel und einigen vertrauten Dienern des Königs in den Temple abgeführt.

§. 43. Die anarchischen Elemente erhoben sich vom 10. August an mit einer so unaufhörlich steigenden Wuth, daß von nun an Gleichheit vor dem Gesetze, Freiheit des Eigenthums und persönliche Sicherheit aufgehoben waren.

Mit der Gefangennehmung der königlichen Familie waren auch

viele andere Verhaftungen verbunden, denn auch Minister, Generäle, Adelige und Hofbeamte wurden jetzt verhaftet Am 17 August decretirte sodann die Nat. Verf. auf Veranlassung der Commune die Errichtung eines eigenen Tribunals zur Aburtheilung der Gefangenen. Es bestand aus acht Richtern, sieben Geschwornen und zwei öffentlichen Anklägern und erkannte ohne jede Appellation Die erste Verurtheilung traf den Generalintendanten der königlichen Civilliste, de la Porte, welcher am 25. August guillotinirt wurde.

Die neue Köpfungsmaschine, nach ihrem Erfinder, dem Lyoner Arzte Guillotin, die „Guillotine" genannt, wurde von jetzt an permanent auf dem Carousselplatze aufgestellt und blieb dort auch dann stehen, wenn auch kein Gebrauch davon gemacht wurde.

§. 44. Lafayette, der sein Hauptquartier in Sedan hatte, wollte jetzt für den König eintreten, verhaftete daher, als ihm die Ereignisse des 10. August bekannt wurden, die Kommissäre der Nat.-Verf. als Geiseln für die Sicherheit des Königs und forderte die Directoren der benachbarten Departements zur Bildung einer provisorischen Volksvertretung auf; da aber seine eigenen Soldaten unsicher waren und er dann selbst in den Anklagestand versetzt wurde, entfloh er auf neutrales Gebiet, wurde aber von den Oesterreichern verhaftet und brachte hierauf lange Jahre in der Haft in Olmütz zu. Dumouriez wurde hierauf der Oberbefehl der Armee Lafayette's übergeben.

§. 45.
Die Commune
und das
Triumvirat:
Robespierre,
Danton und
Marat.   §. 45. Die Pariser Commune war jetzt im Wesentlichen die erste Stelle im Staate und in ihr hatten die populärsten Demagogen: Robespierre, Danton und Marat die meiste Geltung; Robespierre als Führer der Jacobiner, Danton als Justizminister und Marat der Herausgeber des „ami du peuple." Die Commune saß im Hôtel de Ville in Permanenz und die Nat.-Verf. stand ganz unter dem Einflusse derselben; die Commune ernannte dann einen Ausschuß von 15 Personen, welcher die oberste Polizei ausübte, und da jetzt die Wahlen für den Convent bevorstanden, so lag den Demagogen der Commune alles daran, sich der Mehrheit des Conventes zu versichern, weil von diesem das Schicksal der königlichen Familie abhing und aus diesen Gründen suchte daher die Commune mit allen Mitteln die Menge in Paris zu entflammen. Es wurden die Barrièren gesperrt, Niemandem durften mehr Pässe in das Ausland ausgefolgt werden, Haussuchungen und Verhaftungen

der Verdächtigen wurden in Masse vorgenommen und Niemand fühlte sich mehr sicher. Die Einnahme von Verdun durch die

Preußen steigerte noch diesen Schreckenszustand, die Gefangenen und namentlich die eidverweigernden Priester wurden von den Pöbel= banden in den Gefängnissen ermordet, ja sogar mit Kartätschen en masse erschossen, und die Nat.=Verf. war diesen Gräueln der Commune gegenüber machtlos. Diese sandte sogar Rundschreiben an die verschiedenen Municipalitäten, worin sie zur Nachahmung gegen die gemeinsamen Feinde aufforderte, welches Beispiel auch in Meaux, Lyon und Marseille befolgt wurde. Die Demagogen hatten dadurch ihren Zweck erreicht, Schrecken erregt um die Wahlen zum Convente nach ihrem Willen zu leiten.

Am 20. September wurde die legislative Nat.=Verf., nachdem sie ein Jahr versammelt gewesen war, geschloßen, und am 21. der Nationalconvent (la convention nationale) eröffnet. Er bestand aus 749 Mitgliedern, die Pariser Deputation war ganz aus den Anhängern Robespierres, Dantons und Marats zusammen= gesetzt, von der Gironde waren aber alle früheren Mitglieder wieder gewählt worden. Zum Präsidenten ward Petion gewählt. Schon in der ersten Sitzung am 21. September wurde die Abschaffung der Monarchie und die Einführung der Republik beschloßen, und diese Abends von berittenen Munizipalbeamten in den Straßen unter Trommelschlag verkündigt.

§. 46. Oesterreich hatte sich jetzt mit Preußen verbunden und der Herzog von Braunschweig kommandirte sammt den Aus= gewanderten ein verbündetes Heer von 70.000 Mann. Am 2. Septem= ber capitulirte Verdun, die Besatzung erhielt freien Abzug und die verbündete Armee marschirte auf der Straße nach Paris. Bei Valmy stießen die Verbündeten auf die vereinigte Hauptmacht der Franzosen unter Dumouriez, es entspann sich am 20. September eine Schlacht, welche unentschieden blieb, worauf beide Heere durch eine Zeit ruhig gegeneinander gelagert blieben. Da der durch Regen aufgeweichte Boden aber jede Bewegung erschwerte, die Preußen an Nahrungsmittel Mangel litten, unter den Truppen Krankheiten ausbrachen und eine Uneinigkeit mit Oesterreich dazu kam, wurde mit Dumouriez ein Abkommen der Preußen auf die Räumung Frankreichs getroffen, und das preußische Heer trat am 1. Oktober den Rückzug wieder an, womit der Krieg für den Augenblick an dieser Stelle sein Ende fand.

Am Mittelrhein sollte der österreichische General Graf Erbach die Grenze decken, doch da derselbe sein Corps dem österreichischen Hauptheere nachrücken ließ, so benützte der französische

1792. General Custine die Bloßstellung der deutschen Grenze, überfiel
Speier, zwang am 23. Oktober Mainz zur Capitulation und besetzte
Frankfurt a. M.

Eroberung Savoyens. Im Süden rückte der französische General Montesquieu
am 25. September in Savoyen ein, weil der sardinische König
Victor Emanuel IV. am 27. Juli dem preußisch=österreichischen Bünd=

Sieg der Fran= zosen bei Jemappes 6. November. nisse beigetreten war, er nahm Chambery, und die Stadt und Graf=
schaft Nizza wurde von den Franzosen besetzt.
Nach dem Rückzuge der Preußen überschritt Dumouriez am

Einzug der Franzosen in Brüssel 16. November. 28. Oktober die belgische Grenze und schlug die österreichische Armee
unter Herzog Albert von Sachsen=Teschen am 6. November bei dem
Dorfe Jemappes aufs Haupt, zwei Tage hierauf capitulirte Mons
und acht Tage später zogen die Franzosen in Brüssel ein.

§. 47. **§. 47.** In dem Convente traten sich die Jacobiner und Gi=
Die gegensei= tige Feind= schaft der Gi= rondisten und Jacobiner. rondisten jetzt entschieden entgegen und seit September griffen die
Letzteren die Bergpartei besonders an; den Namen Bergpartei
(la montagne) führten jene Deputirten, welche in dem Sitzungs=
saale auf den obersten Bänken der Linken saßen, außer Robes=
pierre, Danton, Marat, gehörten dazu fast alle Conventsglieder,
welche in der Schreckenszeit sich berüchtigt gemacht haben. Die
Girondisten beschuldigten diese Partei der Septembermetzeleien,
Robespierre wurde außerdem beschuldigt, daß er nach der Diktatur
trachte, Danton aber Unterschleif zur Last gelegt und da die Giron=
disten einsahen, daß dem Convente eine militärische und anhängige
Macht nothwendig sei, so wollten sie selbe aus den Departements
an sich ziehen, wogegen die Jakobiner sich heftig auflehnten, weßhalb
der Antrag auch verworfen wurde.

§. 48. **§. 48.** Im Temple wurde indessen die königliche Familie von
Prozeß gegen Ludwig XVI. Municipalbeamten bewacht und hart behandelt. In den letzten
Monaten des Jahres 1792 wurde der Haß gegen Ludwig XVI.
mit einer an Wahnsinn grenzenden Leidenschaft geschürt und täglich
riefen bewaffnete Banden in den Straßen: „auf die Guillotine mit
Capet". Am 7. November stellte Mailhe, ein Advokat aus Tou=
louse, den Antrag: Ludwig XVI. solle vor dem Convente ange=
klagt und gerichtet werden. Nach langen Verhandlungen wurde
dann Anfang Dezember dieser Antrag von dem Convente ange=
nommen und 21 Mitglieder ernannt, den Anklageakt gegen Lud=
11. Dezember. wig XVI. aufzusetzen. Dieser enthielt 57 Punkte. Am 11. Dezember
fand das erste Verhör Ludwig's vor den Schranken des Conventes
statt. Tronchet, Malesherbes und ein junger Advokat aus

Bordeaux, de Sezé, führten die Vertheidigung des Königs und am 26. Dezember wurde derselbe zum zweitenmale vor den Convent gestellt. In dem Prozesse wurden übrigens folgende drei Fragen aufgestellt: 1. Ist Louis Capet der Verschwörung gegen die Frei= heit der Nation und eines Angriffes auf die Sicherheit des Staates schuldig? — 2. Soll das Urtheil des Convents dem Volke zur Bestätigung vorgelegt werden? — 3. Welche Strafe wird über Louis Capet verhängt werden?

Die erste Frage wurde am 14. Januar 1793 entschieden und von 749 Mitgliedern (28 waren abwesend und fünf weigerten die Abstimmung) erklärten 683, also fast die Gesammtheit, Ludwig XVI. für schuldig.

Die zweite Frage über die Berufung an das Volk, ward mit einer Mehrheit von 142 Stimmen gegen den König entschieden.

Ueber die dritte Frage, welche Strafe zu verhängen sei, wurde in der Sitzung am 16. Januar verhandelt und die Debatten dauerten den ganzen Tag bis Abends 11 Uhr. Die Abstimmung ergab fol= gendes Resultat: von 721 Deputirten stimmten 361, also genau die einfache Majorität für die Todesstrafe, 26 hatten sich diesem Urtheile angeschlossen, forderten aber eine besondere Verhandlung darüber, ob die Vollziehung nicht aus politischen Gründen aufzu= schieben wäre, erklärten aber, daß ihr Votum von der Bewilligung des Aufschubes unabhängig sei, — 13 hatten aber den Aufschub zur Bedingung ihres Votums gemacht, — von 321 wurde endlich auf Verbannung oder Gefängniß gestimmt.

Der Präsident des Convents verkündigte hierauf die Verur= theilung des Königs, welche dann den drei Vertheidigern desselben am 17. Januar bekannt gegeben wurde, worauf der Vertheidiger de Sezé im Namen seines Klienten die Berufung an das Volk verlangte. Die Klausel wegen dem Aufschube der Hinrichtung ver= ursachte aber am 19. Januar eine weitere Berathung, wurde aber verworfen und selbst der Herzog von Orleans stimmte für den Tod und gegen den Aufschub. Schon am Tage der Verur= theilung brachte Malesherbes die Nachricht hievon dem Könige, weil er es wünschte, daß dieser die traurige Kunde von einer be= freundeten Stimme erfahren möchte. Der König nahm die Nachricht mit Ruhe auf und nur der Umstand, der Herzog Orleans habe für seinen Tod gestimmt, erschütterte ihn.

Erst am 20. Januar (einem Sonntage) um 2 Uhr Nachmittags trat bei dem König der Justizminister Garat, von Santerre und

1792.
26. Dezember.

1793.
Abstimmung
in dem Pro=
zesse des
Königs
14. und
16. Januar.

17. Januar.

30*

den Commissarien der Commune begleitet ein, worauf ihm Gron- velle, Sekretär des Exekutionsrathes das Urtheil mit dem Bei- fügen bekannt machte, daß die Hinrichtung binnen 24 Stunden er folgen werde. Der König forderte von der Commune drei Tage Aufschub, um sich auf den Tod vorzubereiten und den Beistand des Priesters seiner Wahl, des Abbé Edgeworth de Frimont. Die letztere Bitte wurde ihm gewährt, die erstere aber abgeschlagen.

Der König hatte hierauf mit seiner Familie eine Zusammenkunft, die zwei Stunden dauerte und mit einem herzzerreissenden Abschiede endete. Er schlief sodann die Nacht ruhig, erwachte am Morgen des 21. Januar sogar heiter und hörte hierauf die Messe, die Edgeworth in seinem Zimmer las.

Hinrichtung Schon um 6 Uhr Morgens rasselten die Kanonen durch die
Ludwig's XVI Straßen und man hörte den Marsch der Truppen und den Huf-
21. Januar. schlag der Pferde bis in den Temple. Um 8 Uhr wurde der König von Santerre unter militärischer Begleitung abgeholt und in einer Kutsche, in der sein Beichtvater und zwei Gensdarmen mit ihm saßen, zum Richtplatze abgeführt. Er trug damals einen braunen Frack, eine weiße Weste und Schuhe mit Schnallen, und wies den Ueberrock, den man ihm der Kälte wegen umhängen wollte, zurück. Die Straßen starrten überall von Bayonetten, die Seitenstraßen waren abgesperrt und mit Kanonen besetzt.

Kurz nach 10 Uhr kam man an dem Schaffote an, dasselbe war von Kanonen umgeben und weiter hin waren die Nationalgarde und die Gensdarmen aufgestellt. Als der König aus dem Wagen stieg, wollten ihn die Gehilfen des Scharfrichters entkleiden, doch stieß er sie zurück, legte den Frack, Weste und Halsbinde selbst ab, ließ sich die Hände binden und bestieg dann, auf seinen Beichtvater gestützt, das Schaffot, wo sodann unter fortwährendem Trommel- wirbel, damit man seine Worte nicht höre, sein Kopf unter dem Fallbeile fiel. — Ludwig starb in seinem 39. Jahre als Märtyrer; sein Leichnam wurde auf dem Magdalenenfriedhofe begraben.

§. 49. §. 49. England, welches die Eroberung Belgiens im Inte-
England an resse seines Handels nicht dulden konnte, war zwar anfangs noch
der Spitze der immer bestrebt, einen Krieg mit Frankreich zu vermeiden, nach der
Coalition Hinrichtung des Königs aber stellte es am 24. Januar dem fran-
gegen Frank- zösischen Gesandten Chauvelin die Pässe zu und der Convent
reich. erklärte am 1. Februar 1793 an England und Holland, und am 7. März an Spanien den Krieg. Diesem nach stand also jetzt Frank- reich nicht nur Oesterreich, Preußen, Sardinien, sondern auch Eng-

land und Spanien gegenüber, wozu noch der Umstand trat, daß **1793.** England überdieß im Laufe des Jahres 1793 mit mehreren kleinen Staaten Verträge abschloß, welche gleichfalls die Bekämpfung Frank= reichs zum Zwecke hatten.

B) Die Republik. (1793—1799.)

§. 50. In der Volksvertretung stritten jetzt die zwei Parteien §. 50. der Girondisten und Jacobiner um die Herrschaft, Danton aber **Gründung des** arbeitete an der Consolidirung der revolutionären Regierung und **Revolutions=** setzte eine Reihe von Maßregeln in diesem Sinne durch. Die Com= **10. März** missarien des Conventes wurden in den Departements mit diktatori= scher Gewalt ausgestattet, sie konnten Generale entsetzen, selbst ver= haften, und die Beförderung der Offiziere war in ihre Hand gegeben, auch verlangte Danton die Einführung eines eigenen Tribunals für politische Verbrecher. Obzwar man gegen dieses Tribunal Anfangs Widerspruch erhob, wurde doch in der Sitzung vom 10. März, — welcher die Girondisten ferne blieben, weil sie im Geheimen die Warnung erhielten, daß ihr Leben in Gefahr stehe — von dem Con= vente, der ganz unter dem Einflusse der Bergpartei stand, die Grün= dung eines solchen Revolutions=Tribunals beschlossen. Dasselbe be= stand aus fünf Richtern, von denen drei stets in der Sitzung anwesend sein mußten, aus einem öffentlichen Ankläger, zwei Sub= stituten und aus zwölf Geschwornen; das Verfahren war kurz und ohne Appellation, und dieses Blutgericht war die Kriegsmaschiene wider die Gegner der Revolution, weil Richter und Geschworne nur vom Convente allein ernannt wurden und von ihm abhingen.

§. 51. Dumouriez, dem die Eroberung Hollands aufgetra= §. 51. gen war, zögerte aber damit, weil er nach Sprengung des Conventes **Dumouriez'** nach Paris zu ziehen beabsichtigte um dort die extreme Partei zu **Opposition** Paaren zu treiben. **gegen den** **Convent.**

Am 1. März wurden jedoch die Franzosen aus Aachen ver= trieben, der französische General Miranda mußte die Belagerung aufheben und Dumouriez, welcher am 22. Februar in Holland **Dumouriez bei** eingedrungen war, wurde am 18. März von den Oesterreichern bei **Neerwinden** Neerwinden, und am 22. März bei Löwen wiederholt geschlagen **und Löwen** und mußte den Rückzug antreten. Belgien ging also für Frankreich **geschlagen** eben so schnell verloren, wie es erobert ward. Dumouriez wurde **18. und** deßhalb auch vom Convente in den Anklagestand versetzt, und da **22. März.** seine eigenen Soldaten gegen ihn feindselig auftraten, floh er zu den **Flucht Du=** Oesterreichern, wo er ehrenvoll aufgenommen wurde. **mouriez'.**

1793.
§. 52.
Erhebung der Vendée.

10. März.

§. 53.
Der Wohl-
fahrts- und
der Sicher-
heitsausschuß.
6. April.

Sieg der Ven-
déer bei Fon-
tenay
25. Mai.

§. 52. Die ehemalige Provinz Poitou wurde in die Depar-tements Deux-Severs, Vienne und Vendée getheilt. Die Re-volution hatte in der Vendée nur geringen Anhang gefunden, denn Adel und Bauern waren hier dem Königthum und den eidverweigern-den Priestern anhänglich geblieben, und so kamen viele aber ver-einzelte Ausbrüche der Unzufriedenheit zum Vorscheine, die von den revolutionären Behörden nicht unterdrückt wurden. Die Hin-richtung des Königs hatte jedoch in der Vendée den erschütterndsten Eindruck hervorgebracht. Als nun das Dekret des Convents über die Aushebung von 30,000 Mann im westlichen Frankreich in Aus-führung kam, wurde dadurch das Maß in der Vendée voll. Am 10. März brach der Aufstand in St. Florent aus Anlaß der Losung für den Kriegsdienst unter den 3000 zur Aushebung ver-sammelten jungen Leuten aus; Chatelineau, ein Fuhrmann, wegen seiner Biederkeit jedoch allgemein bekannt, stellte sich an die Spitze; ebenso wurden Stoflet, früher Soldat, jetzt Jäger des Grafen Maulevrier, dann Forest, der Diener eines Ausgewanderten, Führer des Aufstandes, und die Stadt Chollet wurde von den aufständischen Bauern mit Sturm genommen. — Erst als der Aufstand ganz im Zuge war, gesellten sich die Adeligen Charette, Lescure, de la Rochejacqueline Bonchamp ꝛc. demselben zu. Die ganze Er-hebung hatte aber einen religiösen Charakter, denn die Bauern waren darüber empört, daß man die rechtmäßigen Geistlichen vertrieben hatte.

§. 53. Nach dem Abfalle Dumouriez war die Republik mehr als je bedroht. Der Convent gründete daher am 6. April zwei neue Behörden, und zwar den Wohlfahrtsausschuß, welcher die Ver-theidigung gegen den äußeren Feind zu führen, dann den Sicher-heitsausschuß, der für die innere Sicherheit gegen die Feinde der Republik zu sorgen hatte, und derselbe hing dann von diesen Aus-schüssen vollständig ab. — Als dem Convente der Aufstand in der Vendée berichtet wurde, glaubte er denselben leicht unterdrücken zu können; doch standen bis Ende März bereits 40,000 Mann in der Vendée unter den Waffen.

Am 25. Mai wurden die Republikaner bei Fontenay ge-schlagen, und der Aufstand nahm an Dimensionen zu. Da die Fran-zosen auch gerade damals in dem auswärtigen Kriege nach den zwei-tägigen blutigen Kämpfen am 24. und 25. März von den Oester-reichern zur Räumung ihres verschanzten Lagers gezwungen wurden, so mußten diese immer mehr drohenden Gefahren von Außen endlich auch einen entscheidenden Ausgang des Parteizwistes im Convente veranlassen, und dieser Schlag wurde von der Commune gegen die Gironde geführt.

§. 54. Die Commune, welche vom Convente die Ausstoßung der verdächtigen Girondisten verlangte, dieselbe aber nicht erhalten hatte, beschloß, diesfalls den letzten entscheidenden Schritt zu thun. In der Nacht vom 1. zum 2. Juni erschien eine Proklamation, welche die Bestrafung der verrätherischen Conventsmitglieder verlangte; es wurde Generalmarsch geschlagen, ganz Paris kam in Bewegung und stand am 2. Juni unter Waffen. Henriot (früher Schauspieler) war jetzt Commandant der Nationalgarde. Der Convent wurde sodann von 80,000 Bewaffneten und 163 Kanonen umgeben und Henriot forderte den Präsidenten des Conventes auf, die Verräther auszuliefern. — Dieser gab nach und beschloß, 29 Mitglieder so lange in Haft zu behalten, bis ihr Schicksal entschieden sein werde. Um 10 Uhr Abends wurden die anwesenden Girondisten den Gensdarmen zur Bewachung übergeben. Diejenigen von ihnen, welche in der Sitzung nicht anwesend waren, verbargen sich oder entflohen, konnten aber ihrem Ende doch nicht entgehen, und nur einem Theile derselben gelang es, nach Caen zu flüchten.

§. 55. Während des Aufenthaltes der geflüchteten Girondisten in Caen war von nichts anderem, als den Bluttaten Marat's die Rede. Die Anklagen und Verwünschungen gegen denselben entflammten das Gemüth eines jungen Mädchens Namens Maria Charlotte Corday d'Armont und sie nahm sich vor, die Welt von diesem Scheusal zu befreien. Sie kam am 11. Juli in Paris an, kaufte ein Messer und begab sich am 13. Juli zu Marat, der gerade im Bade saß, und während er sich die von ihr angeführten Namen der in Caen befindlichen Girondisten aufschrieb, stieß sie ihm das Messer in die Brust.*)

Charlotte Corday wurde sogleich verhaftet und bestieg schon am 17. Juli muthig das Blutgerüst.

§. 56. Nach dem Sturze der Gironde bemächtigten sich die Bergpartei und die Jacobiner der Herrschaft, sie sandten Commissarien mit unumschränkter Vollmacht in die Departements, überall gab es

1793.

§. 54.
Sturz der
Gironde
2. Juni.

§. 55.
Marat's Ermordung durch
Charlotte
Corday
13. Juli.

§. 56.
Herrschaft der
Bergpartei
und der Jacobiner.

---

*) Marat (Jean Paul) geboren am 24. Mai 1744 zu Baudry im Fürstenthume Neuschatel, widmete sich Anfangs der Arzneikunde und der Physik, er war auch Schriftsteller ließ sich in Paris nieder und wurde Stallarzt des Grafen von Artois. In der Revolutionsperiode war er dann Herausgeber des „Ami du peuple."

massenhaft Verhaftungen und die Verhafteten wurden nach Paris vor das Revolutions-Tribunal gesendet; die Commissarien organisirten zu ihren Zwecken militärisch das Proletariat und so gab es nirgends eine Sicherheit mehr.

Neue Verfassung und zugleich Suspendirung derselben 10. August. 24. August. — Indessen hatte der Convent die neue Verfassung ausgearbeitet, dieselbe wurde zwar am 10. August von den Urwählerversammlungen angenommen, aber schon am 24. über Antrag St. Just's vom Convente selbst wieder suspendirt, damit die Convents-commissarien und das Revolutions-Tribunal ungehindert fortbestehen können. Von diesem Augenblicke an sollte die Willkür und Grausamkeit elf Monate lang in unaufhörlicher Steigerung sein.

§. 57. Erfolge der Verbündeten. — §. 57. Die Republik hatte im Kriege ihre Vertheidigungslinien im Norden eine nach der anderen verloren, am 10. Juli mußte die Festung Condé capituliren, wofür der französische General Custine guillotinirt wurde, Valenciennes fiel am 27. Juli, la Farre wurde von den Franzosen geräumt, auch Mainz mußten sie aufgeben und General Beauharnais (Gemal der nachmaligen Kaiserin Josefine), der beschuldigt wurde, zu spät zum Entsatze von Mainz gekommen zu sein, wurde vom Revolutions-Tribunal guillotinirt; der Kronprinz von Preußen bedrohte dann Landau. Wären die Alliirten enger mit einander verbunden und einiger gewesen, so wäre die Republik jetzt wahrscheinlich dem Untergange zugeführt worden.

§. 58. Bürgerkrieg in der Vendée. 10. Juni. 5. Juli. — §. 58. Indessen wurde auch der Bürgerkrieg in der Vendée mit Erbitterung geführt, die Republikaner wurden unter Menou und Santerre am 10. Juni bei Saumur geschlagen und die Citadelle daselbst von den Royalisten unter Heinrich de la Rochejacquelin genommen. — Am 12. Juni wurde Cathelieu zum Oberbefehlshaber der gesammten royalistischen Hauptmacht ernannt. Seine Armee zerstreute sich aber nach einem am 29. Juni auf Nantes verunglückten Sturm, wobei Cathelieu den Tod fand, worauf die republikanischen Generale Byron und Westermann in die Bocage eindrangen und Alles verwüsteten; Byron wurde aber wieder am 5. Juli von den Royalisten bei Chatillon geschlagen; die Conventstruppen erlitten dann weiter bei Chatonnay am 5., bei Coron am 18., bei Torfou am 19. September Niederlagen; die Royalisten wurden dagegen wieder während des Sturmes auf die Stadt Chollet geschlagen, wobei ihr Führer Bonchamp tödtlich und d'Elbé schwer verwundet wurden. — Durch die steten Truppenverstärkungen des Convents wurde dann der Krieg in der

Vendée mit noch größerer Erbitterung, Haß und Grausamkeit unter wechselndem Glücke fortgeführt.

Auch außerhalb der Vendée tobte der Bürgerkrieg, Bordeaux und Lyon, die sich gegen die Bergpartei erklärt hatten wurden von den Conventstruppen und den Commissarien auf das grausamste behandelt; in Lyon erfolgten eine Masse Hinrichtungen, da aber diese Blutarbeit den Volksrepräsentanten, unter denen Collot d'Herbois ben Ton angab, noch immer zu langsam ging, erfand er die „Mitrailladen," d. h. man band eine Anzahl Personen mit Stricken zusammen, und ließ sie mit Kartätschenschüßen niederschmettern. Am 27. August erschien zum Schutze der Royalisten vor Toulon die englisch-spanisch-neapolitanische Flotte, unter dem Befehle des Admirals Hood mit Landungstruppen, worauf sich die Bewohner von Toulon für die Monarchie erklärten, und die fremden Truppen als Bundesgenossen Ludwigs XVI. einzogen. Die anwesenden Volksrepräsentanten Bayle und Beauvais wurden verhaftet und mehrere Jakobiner hingerichtet. Der Convent sendete hierauf den General Dugommier mit Truppen zur Belagerung Toulons ab, bei welchem Corps sich damals auch der Artilleriehauptmann Napoleon Bonaparte befand, und wo unter seiner Leitung das Belagerungsgeschütz so furchtbar spielte, daß sich die Stadt nicht weiter halten konnte, und die Engländer sich wieder einschiffen mußten. Am 21. Dezember rückten die Conventstruppen in Toulon wieder ein, worauf massenhafte Hinrichtungen stattfanden, und gleich am Tage der Einnahme 400 Personen erschoßen wurden.

Am Ende des Jahres 1793 waren die verschiedenen Aufstände nach dem Sturze der Gironde wieder erstickt.

§. 59. Die Capitulationen von Condé, Valenciennes und Mainz brachten Frankreich in die größte Gefahr, und nöthigten den Wohlfartsausschuß zu den energischesten Maßregeln. Am 23. August wurde daher dekretirt, daß alle Franzosen von 18 bis 40 Jahren zum Kriegsdienste verpflichtet seien; überall wurden nun Werkstätten zur Anfertigung von Waffen angelegt, die Glocken, und sogar die metallenen Särge in die Kanonengießereien geschickt.

Während dieser Zeit operirten aber die alliirten Armeen im Norden derart ungeschickt, daß sie sich selbst schwächten, und den Franzosen Zeit zu Rüstungen gaben.

Der französische General Houchard entsetzte dann Dünkirchen, wobei die Engländer das ganze Belagerungsgeschütz verloren,

Grausame Behandlung von Lyon.

Die feindliche Flotte von Toulon 27. August.

Belagerung von Toulon, und Napoleon Bonaparte.

21. Dezember.

§. 59.
Auswärtiger Krieg 23. August.

und am 9. September wurde der Herzog von York bei Hond-schotten geschlagen.

Der französische General Jourdan siegte am 15. Oktober über den Prinzen Koburg bei Wattignies, und entsetzte Maubeuge.

Lazarus Hoche, früher Sergeant bei den französischen Garden, jetzt zum Oberbefehlshaber der Moselarmee ernannt, nahm am 25. Dezember den Oesterreichern ihre Stellung bei Werbt weg, besiegte den österreichischen General Wurmser und drang bis Lautern vor. Die Weißenburger Linie, der dominirende Punkt am Mittelrhein, war nun wieder in französischen Händen.

§. 60. Während die französischen Waffen mit Ruhm und Glück fochten, wüthete im Innern Frankreichs Tyrannei und Anarchie. Endlich wurde durch das Gesetz gegen Verdächtige vom 17. September das Schreckenssystem ganz vollendet, und die persönliche Sicherheit und Freiheit grundsätzlich aufgehoben, den der Convent ordnete die Verhaftung aller Verdächtigen an, und sonach hing jetzt die Freiheit jedes Einzelnen nur noch von dem Belieben der Sektionsmänner und Clubisten ab. Gegen die Gefangenen die sehr zahlreich waren, konnte nach diesem Gesetze vom 17. September ohne Vertheidigung des Angeklagten und ohne Abhörung der Zeugen das Urtheil ge-fällt werden.

Während des langen Kampfes der Parteien schien die Königin und die königliche Familie vergessen zu sein. Im Juli 1793 befahl jetzt der Wohlfartsausschuß zuerst den Sohn Ludwigs XVI. von seiner Mutter zu trennen und dann die Königin in die Conciergerie zu bringen (August); der kleine Prinz blieb im Temple und wurde dem Schuster Simon zur Aufsicht überwiesen. Die Königin erlitt in der Conciergerie eine sehr grausame Behandlung und entbehrte jeder Ruhe und sogar der Reinlichkeit.

Am 14. Oktober wurde dann Maria Antoinette vor das Revolutionstribunal gestellt, die Anklage lautete auf kontrarevolutio-näre Einflüsse und Rathschläge, welchen Ludwig XVI. durch sie ausgesetzt gewesen sein sollte, sogar der kleine Ludwig wurde als Zeuge gegen seine Mutter geführt. Gegen zwei Uhr Nachts sprach das Tribunal über die Königin das „schuldig" aus und verurtheilte sie zum Tode. Sie wurde am 16. Oktober um 12 Uhr Mittags guillotinirt und am Magdalenenfriedhof begraben. Die Königin war 38 Jahre alt geworden. — Der Prozeß gegen die in Paris fest-gehaltenen zwanzig Girondisten wurde am 24. Oktober eröffnet, am

Prozeß und
Hinrichtung
der Königin
14. Oktober.

16. Oktober.

Hinrichtung
von zwanzig
Girondisten.

30. Oktober gegen alle das Todesurtheil gefällt und am 31. Oktober 1793.
dieselben hingerichtet. 31. Oktober.

Auch der Herzog von Orleans wurde nach dem Abfalle Hinrichtung
Dumouriez verdächtigt, und obzwar er für den Tod Ludwig's XVI. des Herzogs
gestimmt hatte, wurde er doch eines geheimen Einverständnisses mit von Orleans.
dem Auslande angeklagt, zum Tode verurtheilt und am 6. November 6. November.
hingerichtet. Bailly, Barnave wurden ebenfalls hingerichtet und
im November und Dezember (1793) wurden in Paris allein 120 Per=
sonen guillotinirt. Dies war aber erst die Einleitung und im nächst=
folgenden Jahre sollten noch viel mehr Opfer fallen.

§. 61. Mitten in der Schreckenszeit wurde ein neuer republi= §. 61.
tanischer Kalender eingeführt, zu welchem am 5. Oktober 1793 der Der neue
Mathematiker Romme dem Convente den Plan vorlegte. — Das Kalender
5. Oktober.
Jahr sollte fortan mit dem 22. September, als dem Tage der Ein=
führung der Republik anfangen. Es war in 12 Monate, jeder in
30 Tage getheilt; statt in Wochen, sollte der Monat in drei Dekaden
abgetheilt werden, die dann primidi, duodi, tridi rc. gezählt wurden,
und die Monate sollten von ihren Erzeugnissen oder von der in
ihnen herschenden Beschaffenheit der Luft, als: Floreal, Prairial,
Pluviose, Ventose rc. benannt werden.

§. 62. Der Haß der Republik in dieser Zeit äußerte sich §. 62.
gegen alles Herkömmliche, die Akademieen, Universitäten rc. wurden Gräuel und
aufgehoben, Denkmäler, Kirchen und Schlösser, die an den Adel und Vandalismus
in Frankreich.
das Königthum erinnerten, zerstört. Die alte Abtei St. Denis, die
Gruft der Könige, verwüstet, und im Monate August, September
und Oktober die Särge erbrochen und die Leichen hinausgeworfen.
Bilderwerke, Bibliotheken rc. wurden zerstört.

In der Commune waren besonders Hebert, Redakteur des
„père Duchêsne" und Chaumette, ein ehemaliger Student der
Medicin, thätig, durch diese Personen wurde die Religion abgeschafft
und dafür die Religion der Vernunft eingeführt, die durch ein schönes
Weib repräsentirt wurde. Am 10. November ward diese neue Reli= 10. November.
gion in der Kathedrale installirt, die Kruzifixe wurden aus den
Kirchen entfernt und am ersten Tage jeder Dekade von der Kanzel
nur patriotische Reden gehalten.

§. 63. Im Convente gab es jetzt drei Parteien, von der §. 63.
jede die andere niederdrücken wollte: die Robespierristen, die für Parteien im
die Republik nur Verhaftungen und die Guillotin, verlangten, also Convente.
durch den Schrecken allein herrschen wollten; die Dantonisten, die
ein milderes Regiment forderten, und die Hebertisten, die eine

rabikale Umgestaltung in dem religiösen Bewußtsein herbeiführen wollten. — Robespierre's Absicht ging dahin, diese Fraktionen zu stürzen und obzwar er seine Gegner angriff, wäre es ihm den noch nicht gelungen, wenn nicht der gemäßigte Convent selbst gegen Hebert eingeschritten wäre, worauf dieser am 15. März mit 19 Genossen verhaftet und am 24. März hingerichtet wurde.

§. 64.
Grausam-
keiten und
Schrecken in
den Departe-
ments.

§. 64. So wie der Schrecken in Paris, so herrschte er auch in den Departements durch die Conventskommissarien. In Nantes wüthete Carrier, wo es täglich 150—200 Hinrichtungen gab, und da dieselben zu langsam gingen, erfand Carrier die sogenannten „republikanischen Hochzeiten", daß heißt: es wurden Männer und Weiber nackt aneinander gebunden und in Kähne mit beweglichem Boden gebracht und so in Massen in der Loire ertränkt, nur bei einer dieser Hochzeiten wurden über 1300 Personen ertränkt und solcher Hochzeiten gab es dreiundzwanzig.

In Arras wüthete Josef Lebon, ein ehemaliger Pfarrer; in Vaucluse herrschte Maignet, und so ging es auch in Brest, in Auxerre, Besançon, Straßburg und vielen anderen Gegenden.

§. 65.
Sturz Dan-
ton's und
Genossen.

24. März.

5. April.

§. 65. Robespierre war stets für die Steigerung des Schreckens, Danton für Milde und Mäßigung, und Robespierre wollte deßhalb den Untergang Danton's, scheute sich aber unmittelbar selbst gegen ihn aufzutreten. Als daher Billaud-Varennes in der Sitzung des Wohlfartsausschusses vom 24. März erklärte, daß das Leben Danton's mit der Sicherheit der Republik unvereinbar sei, wurde durch Zustimmung Robespierre's beschlossen, gegen Danton die Anklage zu erheben. Derselbe wurde in der Nacht zum 31. März mit Camille Desmoulins, Lacroix, Philippeau und Westermann verhaftet, nach einem durch mehrere Tage dauernden Prozesse zum Tode verurtheilt und am 5. April mit vierzehn anderen guillotinirt.*)

Vom 2. Januar bis 13. April 1794 sind in Paris 322 Personen guillotinirt worden.

§. 66.
Das
Schreckens-
system auf
seiner Höhe.
(Robes-
pierre's Dik-
tatur.)

§. 66. Nach Danton's Tod übte Robespierre eine im Wesentlichen unumschränkte Autorität aus. Um sich jedoch auf dieser Höhe zu erhalten, mußte er noch mehr blutige Opfer bringen. Die Anklagen waren jetzt reine Erfindungen und die Guillotine stand nicht mehr stille.

---

*) Danton (Georges) war am 28. Oktober 1759 zu Arcis-sur-Aube in der Champagne geboren, war Advokat in Paris und lebte in durch sittliche Zügellosigkeit sehr zerrütteten Verhältnissen.

Am 22. Prairial (10. Juni) wurde sogar ein Gesetz erlassen, wonach fernerhin zur Feststellung der Schuld des Angeklagten die Zeugen entbehrlich seien, daß hiezu schon das Gewissen der Geschwornen hin= reiche, und daß auch die Mitglieder der Volksvertretung vor das Revolutions=Tribunal gestellt werden können. Gestützt auf dieses Gesetz griff jetzt das gerichtliche Morden mehr als je um sich, und von der Zeit dieses Gesetzes bis zum 9. Thermidor (27. Juli), daher in 47 Tagen, wurden in Paris allein 1400 Personen hin= gerichtet.

In den Departements sah es womöglich noch schlimmer aus, und Frankreich befand sich in dem zügellosesten und dabei qual= vollsten Zustande.

§. 67. Unter diesen Gräueln wurde wieder der Glaube an ein höchstes Wesen eingeführt und der Convent bestimmte deßhalb schon am 8. Juni die Feierlichkeit der Anerkennung des höchsten Wesens, welche Feierlichkeit auch Robespierre an der Spitze des Conventes auf dem Marsfelde abhielt.

§. 68. Robespierre war nun das alleinige Haupt einer großen Partei und da trat der Mangel seiner eigenen Thatkraft und seine Feigheit zu Tage, denn bisher war er gewöhnt, immer Andere vorzuschieben, und nur die Früchte ihres Sieges sich zuzuwen= den. Jetzt, wo man inne wurde, daß Robespierre den Einen immer nur mit Hilfe eines Anderen stürzte, trat ein Umschwung in der öffentlichen Meinung ein, und die Pariser Bevölkerung war endlich des täglichen Blutvergießens überdrüssig geworden.

In der Sitzung des Convents am 9. Thermidor (26. Juli), in der die Feinde und Gegner Robespierre's zahlreicher anwesend waren, hielt dieser eine Rede, in der er seine Gegner, ohne sie zu benennen, als Feinde des Vaterlandes und für die Guillotine reif bezeichnete. Gegen Robespierre trat aber nun Cambon auf und beschuldigte ihn in den schärfsten Worten, daß seine Eigenmacht den Convent lähme.

Am. 9. Thermidor (27. Juli) trat Tallien und Billaud= Varennes gleichfalls gegen Robespierre auf und klagten ihn an, daß er den Convent sprengen wolle; es entstand hierauf ein Auf= ruhr im Convente, wobei Robespierre's Verhaftung gefordert, und seine Versetzung in den Anklagestand einstimmig beschlossen wurde. Als dies die Commune aber erfuhr, ließ sie den Greveplatz durch Gensdarmen besetzen, Kanonen vor dem Stadthause auffahren, be= freite hierauf Robespierre aus dem Luxemburg, wohin er gebracht

1794.
10. Juni
(22. Prairial).

§. 67.
Feier des höchsten Wesens.
8. Juni.

§. 68.
Robespierre's Sturz.

27. Juli
(9. Ther= midor).

1791. worden war und setzte aus ihrer Mitte einen Insurrektionsausschuß zusammen. Der Convent ernannte dagegen Barras zum Chef der bewaffneten Macht in Paris und sprach über Robespierre, Henriot und dessen Stab die Acht aus. Die Commune und Robespierre waren jetzt rathlos, ein junger Gensdarme Merda, der sich in den Saal der Commune geschlichen hatte, wollte Robespierre erschießen, zerschmetterte ihm jedoch nur die linke Kinnbacke. Als der Schuß draußen gehört wurde, drang eine Abtheilung der Nationalgarde in den Saal und es entstand eine Scene des Entsetzens: Lebas erschoß sich, der Bruder Robespierre's stürzte sich aus dem Fenster, Henriot wurde in den Abzugskanal geworfen, Robespierre

Robespierre's Hinrichtung 28. Juli (11. Thermidor).

aber vor den Wohlfahrtsausschuß und von da in die Conciergerie gebracht. Da er in Acht erklärt war, ward mit ihm kein weiteres Verhör vorgenommen, sondern er wurde am 11. Thermidor (28. Juli) mit 21 seiner Genossen guillotinirt.*) Am 29. Juli wurden noch 71 Geächtete, fast die ganze Commune, ebenfalls guillotinirt.

§. 69.

§. 69. Nach Robespierre's Sturz, als der blutige Zauber

Reaktion nach dem 9. Thermidor.

gelöst war, trat in der öffentlichen Stimmung ein großer Umschwung ein; viele Gefangene wurden entlassen, und die sogenannten Verdächtigen kamen aus ihren Schlupfwinkeln hervor; es wurden Bestimmungen zu ihrem Rechtsschutze erlassen, dagegen die früheren Terroristen, sowie der öffentliche Ankläger und Robespierre's Werkzeuge Fouquier-Tinville (am 7. Mai 1795) und der Blutmensch von Nantes, Carrier (17. Dezember 1794), hingerichtet. Der entschiedenste Beweis aber, daß mit dem Schreckensysteme gebrochen sei, war der Beschluß, laut welchem die noch vorhandenen Mitglieder der Gironde in ihre Rechte als Volksvertreter wieder eingesetzt wurden (8. März 1795).

§. 70. Der auswärtige Krieg.

§. 70. Die französische Heeresmacht war gegen den auswärtigen Feind in die Rhein-, Mosel-, Alpen- und Pyrenäenarmee, oder nach den Himmelsstrichen in die Nord- und italienische Armee getheilt.

Die französische Nordarmee, 150,000 Mann stark, wurde von Pichegru kommandirt, und unter ihm standen die Generale: Moreau, Macdonald, Vandamme und Souçham. — An

---

*) Robespierre (Maximilian Marie Isidor) war am 6. Mai 1758 zu Arras geboren, wo sein Vater Advokat war, er selbst war auch Advokat in Arras und Präsident der dortigen Akademie, klein von Wuchs und seine äußere Erscheinung unangenehm, ja abstoßend. — Im Jahre 1789 wurde er Abgeordneter.

der Spitze der Ardennenarmee stand Charbonier und unter ihm Kleber und Morceau. — Ohne die einzelnen Gefechte und Treffen, die mit wechselndem Erfolge geliefert wurden, berücksichtigen zu können, kann hier (so wie überhaupt in der Folge) der Fortgang des Krieges nur in den Hauptzügen seiner Gesammtheit berichtet werden.

Nachdem die französische Nordarmee am 25. Juni den Ueber= gang über die Sombre erzwungen, Charleroi eingenommen und am 26. Juni gegen den Prinzen von Koburg die Schlacht bei Schlacht bei Fleurus gewonnen hatte, rückte sie am 9. Juli in Brüssel ein. Fleurus und (Einzug der

Die in Westflandern gelegenen Festungen wurden von Mo= Franzosen in reaux im Juli und August, u. zw.: Ostende am 1. Juli, Brüssel Nieuport am 18. Juli, die Festung Sluys am 20. August 26. Juni und genommen. 9. Juli.

Die französische Rheinarmee unter General Michaud siegte auf der ganzen Linie und nahm Speier; die Oesterreicher und Reichs= truppen gingen über den Rhein zurück.

Die italienische Armee nahm unter General Dumerboin, bei Unternehmun= dem Napoleon Bonaparte und Massena waren, am 10. Mai gen der italie= den Col di Tende, den Schlüssel zu Piemont. nischen und Alpenarmee.

Die Alpenarmee (als ein Flügel der italienischen Armee) schritt zur Offensive gegen Sardinien, nahm am 13. Mai das stark be= festigte Mont=Cenis und zwang das sardinische Heer, sein befestig= tes Lager bei Assiette aufzuheben.

Die Pyrenäenarmee erstürmte unter Dugommier am 1. Mai das spanische Lager bei Boulou, am 28. Mai mußte Coullioure, am 18. September Bellegarde capituliren und der Krieg wurde auf spanisches Gebiet übertragen.

Während die Franzosen zu Lande überall im Vortheile waren, Niederlage der französischen wurde dagegen die französische Flotte aus 26 Linienschiffen bestehend, Flotte bei am 1. Juni auf der Höhe von Quessant von den Engländern Quessant. geschlagen, wobei sieben französische Schiffe genommen wurden. 1. Juni.

Im Winter 1794/5, als die Kanäle Hollands zugefroren 1795. waren, fiel Pichegru daselbst ein und hielt am 19. Jänner seinen Pichegru er= obert Holland. Einzug in Amsterdam.

Das ganze linke Rheinufer war somit jetzt mit Ausnahme von Mainz und Luxemburg unter französischer Botmäßigkeit.

Der preußische Minister Hardenberg schloß jetzt mit dem Friedensver= französischen Bevollmächtigten Barthelemy am 5. April 1795 in träge Basel einen Friedensvertrag ab, vermöge dessen Preußen die fran=

1795.	zöſiſche Republik anerkannte und das linke Rheinuſer vorläufig bis zum Abſchluſſe eines allgemeinen Friedens in franzöſiſchen Händen bleiben ſollte. Am 28. Auguſt ſchloß Heſſen-Kaſſel mit Frankreich einen Separatfrieden und Hannover rief am 28. September ſein Reichskontingent zurück; Spanien ſchloß am 22. Juli mit Frankreich den Frieden dahin, daß es die franzöſiſche Republik an= erkannte und an Frankreich den ſpaniſchen Antheil von St. Domingo abtrat.

§. 71.	§. 71. Mit dem Tode Robespierre's waren die Anhänger
Kämpfe des des Schreckensſyſtems aber noch nicht ausgerottet worden, denn ſie
Conventes mit fühlten ſich durch den 9. Thermidor mehr bedroht als beſiegt. Die
dem Terroris=
mus.	Jacobiner griffen daher wieder zu ihrem alten Mittel, dem Auf=
ſtande, um die Volksvertretung zu ſprengen und ihre Gegner zu
Pariſer Auf= morden. So erfolgten die Aufſtände vom 12. Gremial (1. April),
ſtände 1.April, vom 1. und 2. Prairial (20. und 21. Mai), welche durch die
20. u. 21. Mai. Nationalgarde und durch Linientruppen blutig unterdrückt werden
mußten. Endlich wurden aber am 3. Prairial (22. Mai) durch Linien=
truppen und unter Androhung eines Bombardements die Vorſtädte
St. Antoine und St. Marceau, die Heerde aller Volksaufſtände,
unterworfen und entwaffnet.

In den Departements kämpfte auch die Reaktion gegen das
Jacobinerthum; in Lyon wurden (5. Mai) 47, in Tarascon
(24. Mai) 24, in Marſaille (5. Juni) 38 gefangene Terroriſten
hingerichtet.

§. 72.	§. 72. Die aufſtändiſchen Vendéer, welche ſich nach den er=
Vergleich mit littenen Niederlagen in die Berge zurückzogen, wo auch der helden=
den aufſtändi= müthige Führer la Rochejacquelin (28. Januar 1794) gefallen
ſchen Ven= war, konnten nunmehr nicht ſolche Armeen wie früher ins Feld
déern
13. Februar ſtellen. Als daher der Convent am 2. Dezember 1794 ein Amneſtie=
und 2. Mai. dekret erließ, nahmen am 13. Februar 1795 die Führer Cha=
rette und Sapinaud, dann am 2. Mai Stoffelet im Namen
ihrer Partei einen Vergleich an, vermöge deſſen ſie die Republik
anerkannten, die Waffen niederlegten und auslieferten, dafür für die
Vendée die freie Ausübung des Cultus und den Schutz der Geſetze
erlangten.

§. 73.	§. 73. Die gegen die Republik bewaffneten Royaliſten in der
Auch die Bretagne, von ihren Feinden „Chouans" genannt, welche ſich aber
Chouans in
der Bretagne nie mit den Vendéern vereinigten und auch nie die Grenzen ihrer
legen die Heimath überſchreiten wollten, fühlten nunmehr auch das Bedürfniß
Waffen nieder. der Ruhe und legten unter ihrem Führer Georges Cadoudal, dem

Sohne eines Müllers, unter denselben Bedingungen wie die Vendéer, die Waffen nieder.

§. 74. Endlich glaubte aber England, obwohl zu spät, den bewaffneten Royalisten im westlichen Frankreich zu Hilfe zu kommen, es wollte durch eine Landung die Streitkräfte der Republik theilen, und so Oesterreich im Kriege Luft machen. Da aber der englische Minister Pitt keine englischen Truppen aufs Spiel setzen wollte, so wurden diese Landungstruppen aus den Royalisten, den entflohenen französischen Marineoffizieren und sogar aus den kriegsgefangenen Franzosen zusammengesetzt.

Da nun aber der Convent von dieser beabsichtigten Landung der Ausgewanderten Kenntniß erhielt, wurde General Hoche mit re-publikanischen Truppen nach der Bretagne gesandt und das Geschwader von Brest sollte die englische Landung hindern. Dieses Geschwader wurde aber am 23. Juni von den Engländern geschlagen. Am 27. Juni schiffte die englische Flotte die erste Abtheilung der Landungstruppen unter d'Hervilly und Puisaye an der bretagni-schen Küste, an der Landzunge von Quiborn aus, worauf von ihnen das Fort Penthievre genommen wurde, und am 15. Juli wurde die zweite Abtheilung der Royalisten unter dem Grafen Sombreuil gelandet. Als jedoch die Royalisten Tags darauf die Republikaner angriffen, wurden sie geschlagen, und als auch das Fort Penthievre von den Republikanern genommen war, kam sodann ein Vergleich dahin zu Stande, daß Graf Sombreuil sich allein als Opfer für die Gesetze der Republik stelle die Ausgewan-derten aber sich wieder einschiffen sollten. Der Conventscommissär Tallien verwarf aber diesen Vergleich und die Ausgewanderten wurden alle nach Auray und Vannes gebracht und dort erschossen. Indessen hatten auch die Vendéerführer Charette und Stofflet ungeachtet des geschlossenen Friedens die Waffen wieder ergriffen, um für die Hinrichtung der Ausgewanderten Wiedervergeltung zu üben, beide wurden aber gefangen, Stofflet am 25. Februar 1796 und Charette am 29. März erschossen.

§. 75. Bereits seit dem 5. Messidor (23. Juni 1794) hatte der Convent, gedrängt von der öffentlichen Meinung, die neue Ver-fassung berathen und am 30. Thermidor (14. August) wurde das Werk beendet. Die Grundzüge derselben waren: a) die vollziehende Gewalt wird von fünf Direktoren ausgeübt; b) die Gesetze gehen von zwei Versammlungen, dem Rathe der Alten und jenem der 500 aus. Der Rath der Alten besteht aus 250 Mitgliedern und gehört

1795. die Erreichung des 40. Lebensjahres dazu; zur Aufnahme in die 500 ist die Erreichung des 30. Lebensjahres erforderlich. — Zur Verfassung wurden noch zwei Dekrete als integrirende Bestandtheile beigefügt, und zwar: am 5. Fructidor (22. August) beschlossen, daß ²⁄₃ der neuen Volksvertretung aus den Mitgliedern des Conventes genommen werden müssen und nur ¹⁄₃ der freien Ernennung der Wahlversammlungen zu überlassen sei. Am 13. Fructidor (30. August) wurde weiter bestimmt, daß, wenn die Wahlen zu den ²⁄₃ die Zahl von 500 Conventsmitgliedern nicht erreichen würden, der Convent die offen gebliebenen Stellen aus seiner Mitte zu ergänzen berech- tigt sei.

Diese zwei Dekrete erregten aber den heftigsten Widerspruch der 48 Pariser Sektionen. Die Abstimmung über die Konstitution und die zwei Dekrete hatte unterdessen in den Departements statt- gefunden und war günstig ausgefallen, indem von 958,226 Stim- menden sich 914,853 für und nur 41,982 gegen die Verfassung aussprachen. Die Dekrete wurden von 263,131 Bürgern ange- nommen und von 93,373 verworfen.

Aufstand der Sektionen am 13. Vendémi- aire. (5. Okt.)   Nach der Bekanntgabe der Annahme der Verfassung wurde daher durch die 48 Pariser Sektionen am 13. Vendémiaire (5. Ok- tober) ein bewaffneter Aufstand in Paris hervorgerufen, welcher aber durch die Linientruppen unter dem Befehle Barras, dem der General Bonaparte zugetheilt war, blutig niedergeschmettert wurde.

Am 26. Oktober erließ der Convent eine allgemeine Amnestie und dies war die letzte That desselben, welcher hierauf den beiden Rathsversammlungen, in die zwei Drittel von ihm eintraten, Platz machte.

§. 76. Kriegsereig- nisse.

10. Novemb. Niederlage Pichegru's. Sieg der Franzosen bei Leano. 23. u. 24. Nov.

§. 76. Nach der Einnahme von Amsterdam wären wohl größere Erfolge für die Franzosen zu erwarten gewesen. Wohl mußte Luxemburg am 10. Juni capituliren, allein Pichegru, der im Geheimen mit dem Prinzen Condé für die Bourbonen unter- handelte, wollte wenigstens die Oesterreicher nicht schwächen und schickte deßhalb gegen den österreichischen Feldherrn Clairfayt zum Schutze Mannheims nur 12,000 Mann, die dann aufgerieben wurden. Clairfayt besiegte auch das französische Corps bei Mainz, griff am 10. November Pichegru an und schlug auch ihn an der Pfrim. Die italienische Armee schlug dagegen in einer zweitägigen Schlacht (23. und 24. November) bei Leano die vereinigten Oesterreicher und Sardinier.

§. 77. Die fünf Direktoren hatten sich im Palaste Luxemburg niedergelassen, der Rath der Alten hielt seine Sitzungen in den Tuillerien, jener der 500 in der königlichen Reitbahn. Unter den Fraktionen hatten sich zwei Clubs gebildet, jener von Clichy (nach der Straße seines Sitzes so benannt) und der Club des Pantheons. Der erste beabsichtigte die Erneuerung des Thrones, der zweite die Einführung der Constitution von 1793 und des Conventes. Auch kamen zwei Verschwörungen gegen das Direktorium vor, und zwar das sozialistische Complot des Grachus Babeuf und das royalistische des Villeheurnois, die aber beide entdeckt und unterdrückt wurden. Am 18. Dezember 1795 wurde auch die Prinzessin Maria Theresia, welche nach der Hinrichtung der Königin im Temple gefangen saß, nach Basel gebracht, von wo sie sich nach Wien begab.

§. 78. Frankreichs Stellung zum Auslande war jetzt ganz verschieden gegen jene beim Ausbruche des Krieges. Spanien, Preußen und das nördliche Deutschland hatten sich von der Coalition losgesagt, Belgien war mit der Republik vereinigt, England konnte nur zur See operiren und so theilte Oesterreich seine Macht, um die Franzosen an der deutschen und italienischen Grenze zugleich zu bekämpfen.

Vermöge dem französischen Kriegsplane sollten drei Heere, und zwar eines vom Niederrhein, das zweite vom Oberrhein und das dritte von der piemontesischen Grenze aus auf Wien losgehen.

Bonaparte hatte sich die Gunst des jetzigen Direktors Barras*) insbesondere durch seine Heirath mit Josefine de la Pagerie, der Wittwe des Generals Beauharnais (siehe §. 57), einer Zierde des Palastes Luxemburg, erworben, und erhielt jetzt den Oberbefehl über die italienische Armee, welchen er am 25. März antrat. Die äußere Erscheinung Napoleons, seine kleine Gestalt, sein finsterer Blick, nahmen Anfangs die Soldaten für ihn wenig ein. Die französische Armee war in Italien nur 43,000 Mann mit 4000 Pferden und 60 Geschützen, die österreichisch-sardinische dagegen 58,000 Mann mit 148 Kanonen stark. Die erste Waffenthat Bonapartes war die Einnahme von Montenotte; eine Menge kleiner Gefechte trennte die Sardinier von den Oesterreichern, die Sardinier wurden sodann bei Mandovi am 22. April geschlagen und Sardinien schloß am

Marginalien (rechte Spalte):
1796.
§. 77.
Anfänge des Direktoriums.

1796.
§. 78.
Der italienische Feldzug.

Napoleon Bonaparte an der Spitze der italienischen Armee 25. März.

Schlacht bei Mandovi 22. April.

*) Barras sagte oft in seinen späteren Jahren, daß er sich nur zwei Dinge vorwerfe, und zwar: „zu Robespierre's Sturz und zu Napoleon's Erhebung beigetragen zu haben". Anmerk. d. Verfassers.

1796.
Friedensver=
trag mit Sar=
dinien.
15. Mai.
Rückzug der
Oesterreicher
8. Mai.
Waffenstill=
stand mit
Parma
8. Mai.

Einzug Bona=
parte's in
Mailand
14. Mai.

Waffenstill=
stand mit
Neapel und
dem Papst
5. u. 26. Juni.

Niederlage
Wurmser's
bei Bassano
8. September.

Schlacht bei
Arcole
17. November.

15. Mai mit Frankreich einen Friedensvertrag, die Festungen: Coni, Tortona, Ceva, Alessandrien wurden den Franzosen übergeben und das Herzogthum Savoyen und Nizza dem französischen Gebiete einverleibt.

Die Oesterreicher unter Beaulieu wurden bei Cobogno am 8. Mai geschlagen und mußten den Rückzug nach der Abba antreten.

Parma (Herzog Ferdinand von Bourbon) war 1793 der Coalition beigetreten, mußte aber jetzt (8. Mai) einen Waffenstillstand theuer erkaufen, wobei auf Verlangen Bonaparte's noch zehn der schönsten Gemälde aus der dortigen Gallerie an Frankreich abgeliefert werden mußten. Bonaparte stellte überhaupt bei den Verträgen mit den italienischen Fürsten immer die Forderung auf Ablieferung von Bildern, Statuetten, Manuscripten und Kostbarkeiten, mit welchen er das Pariser Publikum blendete.

Nach Vertreibung Beaulieu's zog Bonaparte am 14. Mai in Mailand ein.

Der neapolitanische Hof schloß mit Bonaparte am 5. Juni ebenfalls einen Waffenstillstand; auch dem Papst Pius VI. wurde, nachdem General Augereau Ferrara und Bologna besetzt hatte, am 25. Juni der erbetene Waffenstillstand bewilligt, er mußte aber 21 Millionen Francs Kriegssteuer zahlen, und 100 Gemälde nebst 500 Manuscripten hergeben.

Der Feldzug gegen die Oesterreicher unter General Wurmser (da indessen Beaulieu abberufen wurde), drehte sich dann um die Belagerung Mantuas. — Wurmser wurde bei Bassano am 8. September geschlagen und mußte sich, von Bonaparte gedrängt, am 1. Oktober in Mantua einschließen lassen.

Am 8. Oktober traten Modena, Reggio und mehrere Städte der päpstlichen Legationen zu einem cispaduanischen Bunde zusammen; Genua mußte sich am 9. Oktober unter französischen Schutz stellen und zwei Millionen Francs zahlen.

Von Oesterreich wurde nun der dritte Versuch zur Befreiung Mantuas gemacht. Der Feldmarschall Alvinzy zog von Friaul mit 30,000, und Davidovich mit 25,000 Mann von der Etsch hinauf. Nach vorausgegangenen Kämpfen hatten die Oesterreicher ihre feste Stellung bei Arcole genommen und die Brücke daselbst war der Schlüssel dieser Stellung. Nachdem am 15. und 16. November die Kämpfe um den Besitz derselben stattgefunden hatten, wurde Alvinzy am 17. November geschlagen und zog sich hinter

1796.

die Brenta zurück. In diesen Kämpfen war es, wo Bonaparte bei der Eroberung der Brücke bei Arcole sowohl sein Feldherrntalent, als auch eine besondere Tapferkeit an den Tag legte und seinen Ruf begründete.

Die gegenseitige Erschöpfung veranlaßte dann eine Waffenruhe, die bis Januar 1797 dauerte.

§. 79. Für Deutschland hatte das Direktorium zwei Heere: die Sambre- und Maasarmee unter Jourdan, und die Rheinarmee unter Moreau bestimmt. Dem Jourdan waren Kleber, Moreau, Bernadotte, Soult und Ney; Moreau hingegen Desaix, Vandamme, St. Cyr und Lecourbe zugetheilt.

§. 79. Der Feldzug in Deutschland.

Am 4. Juni schlug wohl Kleber die Oesterreicher bei Altenhofen, dagegen wurden aber die Franzosen unter Jourdan vom österreichischen Feldherrn Erzherzog Karl am 24. August bei Amberg, und am 3. September bei Würzburg so gründlich geschlagen, daß sie bis an den Rhein eilten. Nach diesen Siegen wandte sich Erzherzog Karl gegen Moreau und schlug denselben am 19. Oktober bei Emmendingen und am 24. Oktober bei Schliegen, so daß dieser sein vermindertes Heer bei Hüningen über den Rhein zurückführen mußte.

Siege Erzherzogs Karl über Jourdan 24. August u. 3. September. Sieg über Moreau 19. und 24. Oktober.

So endete dieser Feldzug für die Franzosen ungünstig.

1797.

§. 80. Im Jahre 1797 hatte Oesterreich ein neues Heer zum Entsatze von Mantua unter Alvinzy und Provera gestellt; bei Rivoli kam es am 14. Januar zum entscheidenden Kampfe, in dem aber die Oesterreicher von Bonaparte besiegt wurden. — Am 2. Februar mußte Mantua capituliren. — Bonaparte kündigte hierauf auch dem Papste den Waffenstillstand; die Generale Viktor und Lannes trieben die Päpstlichen bei Imola und Faenza auseinander, worauf der Papst am 19. Februar mit Frankreich den neuen Vertrag dahin abschloß: daß er seinen Rechten auf Avignon und Venaissin entsagte, die Legationen Bologna, Ferrara und die Romagna abtrat, die Besetzung Anconas durch französische Truppen zugestand und noch 15 Millionen Francs zu bezahlen versprach).

§. 80. Fortsetzung des italienischen Krieges. Sieg Napoleon Bonaparte's bei Rivoli 14. Januar. Capitulation von Mantua 2. Februar. Vertrag mit dem Papste u. neue Abtretungen an Frankreich 19. Februar.

§. 81. Das Direktorium wollte jetzt mit drei Heeren in Oesterreich eindringen, Hoche erhielt statt Jourdan das Commando der Sombre- und Maasarmee, Moreau behielt das der Rhein- und Bonaparte jenes der italienischen Armee; Letzterer brach auch zuerst aus den Legationen gegen Oesterreich auf. Erzherzog Karl wollte die Linie des Tagliamento halten, wurde aber aus einer Stellung in die andere gedrängt und war auf einem beständigen

§. 81. Der Feldzug in Oesterreich.

1797.

Rückzüge begriffen. Am 21. März nahm Massena den Paß von Pontebba ein, am 23. März mußten zwei österreichische Corps bei Tarvis die Waffen strecken und am 30. März waren die Franzosen

Die Franzosen bis Klagenfurt vorgedrungen. Da aber General Joubert in Tyrol
in Klagenfurt beim Landsturm auf einen heftigen Widerstand stieß, Bonaparte
30. März. im Rücken nicht gedeckt war und vom Rhein aus noch keine Hilfe zu erwarten stand, schlug er dem Erzherzog Karl einen Vertrag vor, nachdem jedoch dieser Antrag verworfen wurde, ergriff Bonaparte abermals die Offensive und nahm Judenberg am 5. April ein. Am 9. April wurde ein Waffenstillstand geschlossen, dem am 18. April

Friedensprä= die Friedenspräliminarien in Leoben folgten. Oesterreich erkannte
liminarien die jetzigen Grenzen Frankreichs, also die Einverleibung des linken
von Leoben. Rheinufers an, trat Belgien und die Lombardei ab, wogegen ihm
18. April. Mantua zurückgegeben und die Ueberlassung der venetianischen terra ferma bis zum Oglio zugesichert wurde.

Zur selben Zeit (18. April) ging Hoche mit der Sombre= und Maasarmee über den Rhein, den Moreau auch am 25. April überschritt; Hoche drang bis Frankfurt vor, Moreau schlug den österreichischen General Latour, und Kehl wurde von den Fran= zosen genommen.

Die Nachricht von dem Leobener Vertrage machte endlich auch dem Kampfe auf deutschem Boden ein Ende.

§. 82.
Demokrati=
sirung Vene=
digs und
Genuas
2. Mai.
16. Mai.

§. 82. Mit Einwilligung des Direktoriums erklärte jetzt Bona= parte der venetianischen Regierung am 2. Mai den Krieg. — Statt daß sich aber der Senat zu einem Verzweiflungskampfe er= mannt hätte, lud er im Gegentheile die Franzosen zur Besetzung Venedigs ein. Am 16. Mai rückte dann General Baraguay d'Huilliers in die Lagunenstadt ein und die Regierung wurde provisorisch einer demokratischen Municipalität übergeben; damit er=

6. Juni.

losch die venetianische Erbaristokratie. Bonaparte erkannte gegen Gebietsabtretungen und Erlag einer Kriegssteuer diese neue Regie= rung an. Ebenso geschah es in Genua, wo der Senat am 6. Juni die aristokratische Verfassung aufgab, worauf das genuesische Terri= torium in eine ligurische Republik umgewandelt wurde.

§. 83.
Gründung der
cisalpinischen
Republik
9. Juli.

§. 83. Bonaparte, der in Norditalien eine cisalpinische Republik bilden wollte, begründete dieselbe aus der Lombardei, zu welcher Bergamo und Brescia zugeschlagen wurde, und in der die bisherige cispadanische Republik aufging. Am 9. Juli wurde das Dasein des neuen Staates in Mailand gefeiert.

§. 84. Am 17. Oktober kam endlich im Schlosse von Campo=
Formio, unweit Udine, der definitive Friede zu Stande. Oester=
reich trat an Frankreich Belgien und die Lombardei ab, und wurde
mit Venedig und dem venetianischen Gebiete entschädigt; Brescia
und Bergamo fielen an die cisalpinische Republik und die jonischen
Inseln an Frankreich. In einem geheimen Artikel ward das linke
Rheinufer der französischen Republik überlassen, welche sich anheischig
machte, das Erzbisthum Salzburg und den zwischen dem Inn, der
Salza und Tyrol liegenden Theil von Baiern dem Kaiser von
Oesterreich zu verschaffen. Dieser Friede war also der Untergang
der Republik Venedig.

§. 85. Allmählig hatten die neuen Ideen auch in Rom um
sich gegriffen, ein Theil des höheren Adels fühlte sich durch die
gänzliche Ausschließung vom öffentlichen Leben gedemüthigt, der
untere Clerus von den Prälaten gedrückt und schlecht besoldet, hoffte
durch Annahme französischer Einrichtungen zu gewinnen. Uebrigens
waren die Franzosen unter allerlei Vorwänden bemüht, eine römische
Demonstration hervorzurufen, um dann in Rom einziehen zu können.
Am 10. Februar rückte auch Berthier daselbst ein, am 15. Februar
rief eine stürmische Volksmenge die „Republik" aus, dem Papste
wurde seine Schweizergarde genommen, der Vatican mit französischen
Truppen besetzt und da der Papst seiner weltlichen Herrschaft nicht
entsagen wollte, wurde er am 20. Februar nach Siena und von da
in die Carthause bei Florenz abgeführt, worauf am 20. März das
Stiftungsfest der römischen Republik auf dem Forum von den Fran=
zosen begangen wurde. Der Papst wurde später nach Frankreich
abgeführt und starb am 29. April 1799 in Valence.

§. 86. Seit langem schon hatten sich in der Schweiz die
ursprünglichen Verhältnisse geändert und die Erbaristokratie oder
eine auf Aemter und Vermögen gegründete Oligarchie war die
herrschende Form des dortigen öffentlichen Lebens geworden.
Das Directorium hatte schon von Anfang an den Plan ge=
habt, alle an Frankreich grenzenden Staaten in Republiken nach
französischem Muster umzuwandeln. Dasselbe mußte also eine Ver=
anlassung finden, um auch in der Schweiz einzuschreiten und dazu
bot das Waadtland die Gelegenheit, welches von dem politischen
Gemeinwesen in Bern ausgeschlossen war. Das Waadtland wandte
sich deßhalb an Frankreich, und als sich dasselbe sodann gegen Bern
empörte und durch Schweizer=Truppen wieder unterworfen werden
sollte, rückte der französische General Menard am 26. Januar in

1797.
§. 84.
Friede von
Campo=For=
mio 17. Oct.

1798.
§. 85.
Sturz der
päpstlichen
Regierung und
Gründung der
römischen Re=
publik
15. Februar.

Abführung des
Papstes
20. Februar.

§. 86.
Auflösung der
schweizerischen
Eidgenossen=
schaft. — Hel=
vetische Re=
publik
29. März.

Lausanne ein, worauf sich das Waadtland am 13 Februar für un
abhängig erklärte.

Eine ähnliche Bewegung war auch in Basel ausgebrochen,
wo das Landvolk, unterstützt von dem Basler Stadtrathe Peter
Ochs zu den Waffen griff, die Vorrechte des Rathes und der Bürgerschaft von Basel abschaffte und eine Verfassung mit allgemeinem
Stimmrechte einführte.

In Folge der Demokratisirung Basels gab auch die Berner
Aristokratie ihre Verfassung auf und räumte allen Kantonbewohnern
gleiche Rechte ein. Diesem Beispiele folgte dann Zürich, Luzern,
Freiburg, Solothurn rc.

Das Direktorium beabsichtigte nun im Lande mit einer Partei
der Schweizer Demagogen die volle Aufhebung der Eidgenossenschaft
und ließ zwei französische Corps in die Schweiz einrücken. Die
Schweizer wurden am 5. März zwischen Frauenbrunn und Neuen-
egg in einem Entscheidungskampfe geschlagen und am 29. März die
Umwandlung der Schweiz in Eine und untheilbare helvetische
Republik erklärt. Die Vertreter der Kantone versammelten sich
hierauf in Aarau und nahmen die von Peter Ochs entworfene
Verfassung an. Die fünf alten Kantone: Uri, Unterwalden,
Zug, Glarus und Schwyz, welche sich dieser Anordnung wider-
setzten, wurden durch französische Waffen dazu gezwungen.

§. 87.
Der
Eroberungs-
zug nach
Aegypten.
(1798 u. 1799.) §. 87. Verschiedene Beweggründe waren es, die das Direktorium plötzlich zu dem Beschlusse brachten, sich auch Aegyptens
zu bemächtigen. Frankreich wollte zum Theile in Aegypten Ersatz
für St. Domingo finden, auch wollte es dasselbe wieder zu der
großen Handelsstraße machen und außerdem Bonaparte, der ihm
jetzt bei der Anhänglichkeit der Soldaten gefährlich zu werden anfing, entfernen. Bonaparte, der Anfangs die Oberbefehlshaber-
stelle der Expedition nach Aegypten auszuschlagen Willens war,
nahm dieselbe später dennoch an und die Vorbereitungen hiezu wurden
im Hafen von Toulon eifrig betrieben, doch blieb die Sache das
tiefste Geheimniß und die Engländer glaubten, es gelte einer Landung an ihren Küsten. — Der Stab Bonapartes bestand aus den
Divisionsgeneralen: Kleber, Desaix, Davoust, Bertrand, Duroc,
Friant, Junot, Lanes, Savary, Murat, Marmont, Belliart und
den Polen Sulkowski und Zajonzek, eben so waren der Expedition
eine Anzahl Gelehrter, Zeichner, Künstler rc. beigegeben.

Am 12. Mai lief die Expedition aus dem Hafen von Toulon
aus. Sie bestand aus 36,000 Mann Landungstruppen, 300 Trans-

portschiffen und einer Flotte von 13 Linienschiffen, 6 Fregatten und 12 Briggs ꝛc. Am 6. Juni landete die Expedition in Malta, und diese dem Johanniterorden gehörige Insel wurde am 12. Juni ver= möge Kapitulation mit 5000 Mann unter dem General Vauboiß besetzt und die Expedition ging am 17. Juni wieder unter Segel.

Obzwar die Engländer unter Admiral Nelson den Hafen von Toulon emsig überwachten, entging das Auslaufen der Expe= dition dennoch ihrer Aufmerksamkeit, weßhalb Nelson dann die Expedition in Candia und am 29. Juni auf der Rede von Alexan= drien suchte. Als daher die Expedition am 30. Juni im Angesicht von Alexandrien ankam und Bonaparte erfuhr, daß die englische Flotte den Tag zuvor dagewesen war, ließ er sein Heer in größter Eile, an der Landspitze von Marabou (drei Stunden von Alexan= drien) ausschiffen; dem französischen Admiral Bruèys befahl er aber, die Flotte entweder im Hafen von Alexandrien unterzubringen oder sie nach Corfu oder Toulon zurückzuführen.

Bonaparte richtete hierauf seinen Zug über Alexandrien durch die Wüste nach Cairo, nachdem er zuvor dem residirenden Pascha ein Bündniß zum Schutze gegen die Mameluken, als die gemeinsamen Feinde antragen ließ. Der Pascha und die Pforte ließen sich aber dadurch nicht täuschen, obzwar den Einheimischen die Mamelukenherrschaft verhaßt war. — Diese waren Eigenthümer des meisten Grundes und Bodens in Aegypten und wurden durch die im Kaukasus angekauften Sklavenknaben ergänzt, weil sie durch unnatürliche Laster verkommen, sich selbst nicht fortzupflanzen ver= mochten. Die Führer der Mameluken waren damals zwei Beys: Murad und Ibrahim. Diese hatten eine feste Stellung bei Embaheh, am Fuße der Pyramiden genommen und am 21. Juli kam es hier zur Schlacht, in der die Mameluken (10,000 Reiter und 50,000 Fußvolk stark) geschlagen wurden und den Franzosen das Lager von Embaheh mit der ganzen Artillerie in die Hände fiel. Murad und Ibrahim kamen nur mit 2500 Reitern davon.

Am 25. Juli rückten die Franzosen sodann in Cairo ein. Am 17. August wurde Ibrahim wiederholt bei Salahiech ge= schlagen und flüchtete nach Syrien.

Der Admiral Bruèys, welcher einem Kampf mit der eng= lischen Flotte entgegensah, hatte gegen den Befehl Bonapartes, seine Flotte auf der Höhe von Abukir (einem mit einem Fort ver= sehenen Küstenort) in Schlachtordnung aufgestellt. — Am 1. August um 3 Uhr Nachmittag langte auch die ganze englische Flotte vor

1798.

Kapitulation von Malta 12. Juni.

Landung in Aegypten 30. Juni.

Schlacht bei den Pyra= miden 21. Juli.

Einzug der Franzosen in Cairo 25. Juli.

Seeschlacht bei Abulir (Ver= nichtung der franz. Flotte) 1. August.

1798. Abukir an, worauf sofort die Schlacht begann, in der die französische Flotte jedoch ganz vernichtet wurde, so daß nur der Contreadmiral Villeneuve in der Nacht mit zwei Linienschiffen und zwei Fregatten nach Malta entkommen konnte.

Da der Verlust der Flotte für Bonaparte ein außerordentlicher Schlag war, so mußte er in Aegypten für die Armee ein neues Vaterland schaffen. Er ordnete daher die Civilverwaltung und machte sich dem Volke beliebt.

Kriegserklärung der Pforte 12. Septemb. Am 12. September erklärte die Pforte an Frankreich den Krieg und in Cairo wurden die Muselmänner und Araber gegen Frankreich aufgehetzt. Der Aufstand, der am 22. Oktober in Cairo ausbrach, wurde von den Franzosen aber niedergeschmettert und Bonaparte dachte jetzt an die Eroberung Aegyptens, denn er wollte auch Asien zu seiner Wahlstatt machen.

Sieg Desaix' bei Sediman und Fajum 7. u. 9. Oktob. Desaix ward sodann von Bonaparte zur Eroberung Oberägyptens abgesendet, schlug am 7. Oktober Murad mit seinen Mameluken bei Sediman und am 9. Oktober bei Fajum, und die Franzosen drangen bis nach Syene, der südlichsten Stadt Aegyptens, vor.

1799. Eroberung Aegyptens. Im Januar 1799 brachen 12,000 Mann unter Kleber, Murat, Junot, Caffareli und Reynier nach Syrien auf und am 16. Februar setzte sich Bonaparte von Cairo aus in Bewegung. Die Festung El-Arisch wurde zur Uebergabe gezwungen, am 25. Februar fiel Gaza, am 6. März wurde Jaffa mit Sturm genommen und am 18. März Jean d'Acre belagert, welches der englische Ingenieur Sidney-Smith aber glücklich vertheidigte, Junot und Kleber schlugen zwar wiederholt die türkischen Heere zurück, da aber alle Stürme abgeschlagen wurden und schwere Krankheiten auftraten, so zwang dies Bonaparte nach Cairo zurückzukehren, wo er am 14. Juni 1799 wieder eintraf.*)

§. 88. Krieg mit Neapel. 1798—1799. §. 88. Der glühende Haß, den die Neapolitaner, der König Ferdinand IV. und insbesondere die Königin Caroline (Schwester der Marie Antoinette) gegen Frankreich hatten, ließ sie zum Kriege

---

*) In Jaffa gab es zu viele pestkranke Franzosen, als daß sie auf dem Rückzug nach Cairo hätten mitgenommen werden können. Da die Türken bei dem Abzuge der Franzosen diese Kranken unter Qualen ermordet hätten, so berichtet die Geschichte, daß Bonaparte vom Generalarzt der Armee, Desgenettes, verlangte, er soll diese Unglücklichen ihrem Elende durch Ertheilung von Gift entziehen. Da aber dieser sich weigerte, dies zu thun, so soll der Feldapotheker Royer, Bonapartes Weisung zu Folge, den Kranken durch Ertheilung von Opium zum letzten Schlafe verholfen haben. Anm. d. Verf.

mit demselben hinreißen. Es wurde das stehende Heer auf 60,000 Mann gebracht und unter den Befehl des österreichischen Generals Mack gegeben. Der französische General Championnet, welcher die französische Macht in Mittelitalien kommandirte, jedoch zu schwach war, zog sich vor den Neapolitanern bis Perugia zurück, worauf Ferdinand am 29. November 1798 in Rom einzog. Da aber Championnet sodann Verstärkungen von Kellermann und Macdonald erhielt, ergriff er wieder die Offensive, trieb die Neapolitaner überall zurück, zog am 19. Dezember 1798 wieder in Rom ein, nahm Gaeta und zog am 23. Januar 1799 in Neapel ein, nachdem dort der Aufstand der Lazzaroni unterdrückt worden.

Championnet erklärte sodann das Königthum für abgeschafft und ließ in Neapel die parthenopäische Republik ausrufen.

§. 89. Bei der Nachricht von den Ereignissen in Neapel, beschloß das Direktorium auch der Herrschaft König Emanuel's von Sardinien ein Ende zu machen. Ueber Verlangen des Direktoriums, das Turiner Arsenal den Franzosen zu übergeben, in das König Emanuel nicht einwilligte, erließ der französische General Joubert eine drohende Proklamation, in der er den König feindseliger Absichten gegen Frankreich beschuldigte, und da dieser für seine Person gegründete Besorgniße hegte, überdies die Festungen Alessandria, Novarra, Chivasso und Susa von den Franzosen überrumpelt wurden, stellte er am 8. Dezember eine Entsagungsurkunde über Piemont aus und flüchtete auf die Insel Sardinien.

§. 90. Jetzt schloß Oesterreich mit Rußland zur Bekämpfung Frankreichs ein Bündniß und der russische Zar Paul I. ließ ein Heer unter dem Feldherrn Suwarow die österreichische Grenze überschreiten, das Direktorium erklärte daher am 12. März an Oesterreich und Toscana den Krieg. Die vom Direktorium aufgestellten vier Hauptarmeen waren: am Mittelrhein die unter Bernadotte, — an der Donau unter Jourdan, — in der Schweiz unter Massena — und in Italien unter Scherer. Alle zusammen machten aber wenig über 150,000 Mann aus, und in Italien waren die Oesterreicher allein, ohne den Russen, stärker als die Franzosen. — Der Krieg brach zuerst in der Schweiz aus, Massena überschritt am 6. März bei Sargans den Rhein, verlor aber die Schlacht bei Feldkirch am 23. März und mußte wieder den Rückzug antreten.

Ein österreichisches Heer unter Erzherzog Karl griff die französische Donauarmee unter Jourdan an, schlug am 21. März bei

1798.

29. Novemb.
19. Dezemb.
Einzug der Franzosen in Neapel
23. Januar 1799.

Neapel als parthenopäische Republik.

§. 89.
König Emanuel IV. verzichtet auf Piemont und flüchtet auf die Insel Sardinien.

8. Dezember. 1798.

1799.
§. 90.
Zweiter Coalitionskrieg gegen Frankreich.

Kriegserklärung Frankreichs an Oesterreich 12. März.

Schlacht bei Feldkirch 23. März.

1799.
Niederlage
Jourdan's in
der Schlacht
bei Stockach
25. März.

Ostrach den französischen General Soult, ferner in der Schlacht bei Stockach am 25. März die Hauptarmee Jourdan's, worauf dieser sein Kommando niederlegte und durch Ernouf ersetzt wurde, welcher sodann die Armee auf das linke Rheinufer führte. Wäre Erzherzog Karl jetzt rasch weiter gedrungen, so wäre Frankreich in seinem eigenen Gebiete dem Einfalle ausgesetzt gewesen.

Der Hauptschauplatz des Krieges war aber Italien. Scherer hatte nur etwas über 46,000 Mann zu verfügen, während ihm 84,000 Oesterreicher unter dem besten österreichischen General, Kray,

Niederlage der
Franzosen bei
Magnano
5. April.

entgegenstanden. Scherer erlitt sodann bei Magnano am 5. April eine Niederlage, die ihn nöthigte, sich hinter den Oglio zurückzuziehen. Als sich dann vollends die Russen unter Suwarow am 14. April mit den Oesterreichern vereinigten, mußte Scherer auch Brescia räumen und wich bis an die Abba zurück. Er wurde später abberufen und Moreau trat an seine Stelle.

Niederlage der
Franzosen in
der Schlacht
an der Trebbia
17—19. Juni.

Nach der Vereinigung der Russen und der Oesterreicher wurde Suwarow zum Oberbefehlshaber ernannt und bei der Ueberlegenheit dieser Kräfte ward der Widerstand der Franzosen schwer; sie wurden hierauf in der dreitägigen Schlacht an der Trebbia am 17., 18. und 19. Juni geschlagen, so daß sich die französischen Trümmer erst am 14. Juli mit Moreau in der Umgebung von Genua wieder vereinigen konnten.

Wiederherstellung des neapolitanischen
Thrones.
10. Juli.

In Folge dieser Niederlagen der Franzosen wurde der neapolitanische Thron leider unter großen Grausamkeiten gegen die neapolitanischen Republikaner wieder hergestellt und somit die parthenopäische Republik gestürzt und am 10. Juli zog König Ferdinand IV. wieder in seine, von Blut und Leichen erfüllte Hauptstadt ein.

Weitere
Kämpfe der
Oesterreicher
und Franzosen
in der Schweiz.
4. Juni.

Massena hatte die Linie von den Quellen des Rheins bis zur Mündung des Neckar mit etwa 80,000 Mann zu decken und stützte seine Hauptmacht auf ein befestigtes Lager bei Zürich. In den hierauf folgenden Kämpfen wurde er aber am 4. Juni bis hinter die Limmat gedrängt und Erzherzog Karl besetzte mit den Oesterreichern am 6. Juni Zürich, nahm jedoch während zweier Monate nichts Entscheidendes weiter vor. — Im August langte Korsakoff mit dem russischen Hilfscorps an und auch Suwarow setzte sich gegen die Schweiz in Bewegung. Da trat aber eine Uneinigkeit zwischen den österreichischen und russischen Generalen ein

Sieg Massena's über die
Russen unter
Korsakoff
25. Oktober.

und Erzherzog Karl verließ deßhalb am 31. August die Schweiz, um an den Mittelrhein zu ziehen. Nach dem Abzug der Oesterreicher schritt Massena wieder zur Offensive, griff am 25. September auf der ganzen Linie die Russen an, und nach harten Kämpfen war dann Korsakoff am 25. Oktober in Zürich von 35,000 Franzosen eingeschlossen; es gelang ihm zwar, mit dem Kern der Truppen durchzubrechen, aber 5000 Russen mußten die Waffen strecken und Korsakoff sich an den Rhein zurückziehen.

So günstig die Dinge in der Schweiz für die Franzosen standen, um so ungünstiger war ihre Lage in Italien, wo sie ein Unfall nach dem andern traf. Turin mußte sich am 20. Juni den Russen ergeben, Alessandrien capitulirte am 22., Mantua am 28. Juli, und die Oesterreicher breiteten sich über Parma, die Legationen und Toscana aus. Das neue, vom Direktorium aufgestellte Heer unter Joubert wurde in der Schlacht am 15. August bei Novi von den Oesterreichern und Russen geschlagen, Joubert getödtet und Moreau ordnete den französischen Rückzug an. — Die römische Republik wurde aufgelöst und Ancona mußte am 14. November capituliren. Ende 1799 war die französische Herrschaft in Italien nur mehr auf Genua und Nizza beschränkt.

§. 91. Im August und September wurde auch die batavische Republik von Engländern und Russen angegriffen, doch da der Herzog von York, welcher die Engländer (20,000 Mann) und die Russen (13,000 Mann) kommandirte, kein militärisches Talent besaß und planlos hin- und herzog, so wurde er von den holländischen und französischen Truppen zuletzt am 6. Oktober bei Castricum geschlagen, worauf er mit Holland eine Konvention abschloß und dasselbe räumte.

§. 92. Während der Belagerung von St. Jean d'Acre hatten sich die Mameluken von ihren Niederlagen wieder erholt und die Pforte hatte jetzt die Hoffnung, die Franzosen vertreiben zu können. Dieselbe landete daher ein Heer von 20,000 Mann unter Mustapha Pascha bei dem Fort Abukir und dieses wurde zum Mittelpunkt der türkischen Stellung gemacht. — Bonaparte eilte ungeachtet der glühenden Hitze von Cairo herbei und schlug sodann in der Schlacht vom 25. Juli die Türken bei Abukir so vollständig, daß ihr gesammtes Heer entweder auf der Wahlstatt blieb oder in Gefangenschaft kam. Mustapha Pascha, der das Fort Abukir vertheidigte, mußte sich acht Tage später gleichfalls ergeben.

Bonaparte, welcher von den Vorgängen in Frankreich unterrichtet war, indem er von dem Direktor Sièyes vertrauliche Mittheilungen erhielt, beschloß jetzt, nach Frankreich zurückzukehren und ließ ganz im Stillen zwei im Hafen von Alexandrien zurückgebliebene

Niederlage der Franzosen in Italien.
20. Juni.
20. Juli.
28. Juli.

Schlacht bei Novi
15. August.
Auflösung der römischen Republik
November.

§. 91.
Krieg in Holland.

Herzog York bei Castricum geschlagen
6. Oktober.

§. 92.
Der weitere Krieg in Aegypten.

Schlacht bei Abukir
25. Juli.

Bonaparte's Rückkehr nach Frankreich
23. August.

1799.

Fregatten und mehrere kleine Fahrzeuge ausrüsten. Die Generale Murat, Berthier, Marmont, Lannes, Bessieres, Duroc, Andreossy und mehrere Gelehrte waren zu seiner Begleitung bestimmt. — Er ernannte Kleber zum Befehlshaber des Heeres in Aegypten und schiffte sich, im Ganzen 500 Personen, ein. Seine Abfahrt fand am 23. August statt, und obzwar die See von englischen Schiffen wimmelte, landete er doch nach einem überstandenen hefti-

Bonaparte landet in Frejus 9. Oktober.

gen Sturme am 9. Oktober glücklich im Hafen von Frejus und eilte sofort nach Paris. — Die Nachricht von seiner Landung verbreitete sich mit Blitzesschnelle und er wurde überall auf das Feierlichste empfangen.

Bonaparte in Paris 16. Oktober.

Am 16. Oktober kam er auch in seinem Hause an und schon nach Verlauf von zwei Stunden war er im Palaste Luxemburg, wo er den Direktoren den Grund seiner Rückkehr erklärte.

§. 93. Verhältnisse im Direkto=rium.

§. 93. Während des Krieges war das Direktorium von Tag zu Tag in der öffentlichen Meinung mehr gesunken; es stand sowohl mit dem Rathe der Alten in Opposition, als auch mit jenem der 500. Sièyes, der in das Direktorium eingetreten war, konnte trotz seiner Befähigung dasselbe nicht stärken; die Opposition schrie über die Tyrannei des Direktoriums und die Parteileidenschaften traten überall immer heftiger auf. Sièyes wollte daher eine Veränderung herbei= führen, er erkannte aber, daß er es für sich allein nicht im Stande sei, sondern dazu eines Armes bedürfe, und da fiel seine Wahl unter den Generalen auf Bonaparte, und deßhalb schrieb er demselben, er möge zurückkehren. Es gab damals zwei Parteien in Frankreich, die der Jacobiner und jene der Gemäßigten, und Bonaparte beschloß, sich an letztere zu halten, welche für Frankreich wohl keinen Herrn, sondern nur einen Führer verlangte. Er beabsichtigte daher einen Staatsstreich auszuführen, in Folge dessen eine neue Verfassung käme, in welcher aber er den ersten Platz einnehmen würde. Sièyes dachte hingegen wieder, Bonaparte für seine Zwecke zu benützen und umgekehrt Bonaparte dasselbe. Sièyes und letzterer kamen aber in dem Punkte überein, daß Direktorium zu stürzen und eine neue Verfassung zu gründen und Bonaparte wollte hiebei sein

Bonaparte's Staatsstreich vom 9. No= vember (18. Brumaire des Jahres VIII).

Schwert in die Waagschale werfen.

Am 7. November kam bei Lemercier, dem Präsidenten der Alten, eine Versammlung der Verschworenen zusammen; außer Bona= parte und seinen Brüdern Josef und Lucian waren es noch: Talleyrand, Röderer, Real, Boulay, Canabis, Baraillon, u. s. w., lauter Männer, die sich gegen die Mißbräuche des Direk=

toriums erhoben und diese Verfassung verwarfen. Bonaparte, der seit seiner Rückkehr öfter von den Offizieren der Garnison von Paris ersucht wurde, ihre Aufwartung anzunehmen und die Musterung über die Truppen zu halten, ließ jetzt den Offizieren sagen, daß er sie am 9. November empfangen werde und daß sich die Truppen zur Musterung in den champs elysées aufstellen sollten. Auch die in Paris anwesenden Generale lud er für den 9. November ein, sich in seinem Hause einzufinden.

Um 7 Uhr Morgens jenes Tages war der Rath der 150 Alten in den Tuillerien versammelt und hier zeigte ihnen der Präsident der Saalinspektion listigerweise und im Einverständnisse mit Bonaparte an, daß eine Jacobiner-Verschwörung gegen die Sicherheit des Staates bestehe und trug darauf an, der Rath der Alten möge jetzt in St. Cloud seine Sitzungen halten und Bonaparte zur Unterdrückung der Verschwörung zum Oberbefehlshaber der bewaffneten Macht in Paris ernennen. — Diese Anträge wurden auch beide angenommen.

Am zweiten Tag darauf (10. November, 19. Brumaire) schüchterte Bonaparte nochmals die in St. Cloud versammelten Alten mit der Fabel von der Jacobiner-Verschwörung ein, da aber im Rathe der 500 unter dem Vorsitze des Präsidenten Lucian Bonaparte indessen gegen Bonaparte der heftigste Tumult ausgebrochen war, so erschien derselbe in diesem Rathe mit einer Abtheilung Grenadiere, welche er wohl außer dem Saale, aber so aufstellen ließ, daß man dieselben sehen konnte. Bei diesem Anblicke entstand im Rathe eine solche Aufregung und gegen Bonaparte brach ein so wildes Geschrei los, daß er seine Geistesgegenwart verlor und einer Ohnmacht nahe war, worauf ihn zwei Grenadiere aus dem Saale führten. Ebenso konnte der Präsident Lucian Bonaparte nur mit Hilfe der Soldaten den Saal verlassen. — Napoleon und Lucian Bonaparte theilten den aufgestellten Truppen als Erdichtung mit, daß Ersterer von den 500 mit Dolchen bedroht worden sei, und da Letzterer als der Präsident der 500 diese Versammlung auflöste, befahl Napoleon dem Murat, mit einer Kolonne Grenadiere den Saal zu räumen und als dann dieselben in der ganzen Breite unter Trommelschlag eindrangen, retteten sich viele der Deputirten durch die Fenster, und jene, die nicht weichen wollten, wurden von den Soldaten hinausgetragen. — So wurde der Rath der 500 gesprengt.

In einer an das Volk gerichteten Proklamation wurde aber

Vorgänge im Rathe der 500 10. November (19. Brumaire).

1799.   das Märchen von den Dolchen wiederholt und eine Liste für die Ausschließungen aus den beiden Räthen veröffentlicht — Von den hierauf einberufenen beiden Räthen, wo von den 500 aber jetzt nur einige dreißig erschienen, wurden darauf folgende Beschlüsse bestätigt: Aufhören des Direktoriums, — Ernennung Bonaparte's, Sieyes' und Roger-Ducos' zu provisorischen Consulen, — Suspendirung des gesetzgebenden Körpers bis zum 20. Februar 1801 (1. Ventose Jahr VIII.), Einsetzung einer Commission von 25 Mitgliedern aus jedem der beiden Räthe zur gemeinsamen Berathung mit den provisorischen Consulen über die Staatsangelegenheiten und über die zu treffenden Gesetzesänderungen.

C) Das Consulat. (1799—1804.)

§. 94.
Bonaparte,
erster Consul.

§. 94. Bei den Berathungen der Consuln wurde Bonaparte der Vorsitz eingeräumt. Da aber zwischen ihm und Sieyes betreff der Wahlabstufung in der neuen Verfassung Uneinigkeiten entstanden, trat Letzterer und Roger-Ducos aus dem Consulat. Hierauf wurde eine neue und gültige Einrichtung der obersten Gewalt beschlossen und von der Commission der beiden Räthe angenommen. An der Spitze sollten von jetzt an drei Consuln, der erste mit entscheidender, die zwei anderen bloß mit berathender Stimme auf 10 Jahre gestellt werden, Bonaparte wurde zum ersten, Cambaceser und Lebrun als die zwei anderen Consuln gewählt und nebstbei sollte noch ein Senat bestehen. Dem ersten Consul wurde der Oberbefehl über die Land- und Seemacht, die Ernennung der Minister und Beamten übertragen.

Bonaparte's Herrschsucht wartete nicht einmal das Ergebniß der Volksabstimmung über diese Verfassung ab und dieselbe wurde

14. Dezember. über sein Drängen am 14. Dezember von der Commission der beiden Räthe unterzeichnet und diese lösten sich noch an demselben Tage auf.

1800.   Am 7. Februar 1800 wurden die Listen über die Abstimmung betreffs der Verfassung bekannt gegeben; unter 3.012.569 Bürgern hatten sich nur 1562 gegen diese Verfassung erklärt.

§. 95.
Bonaparte's
Privatleben.

§. 95. Bonaparte, der sich jetzt in den Tuillerien niedergelassen hatte, arbeitete sich in seine neue Stellung leicht ein. Der öffentliche Zustand hatte sich durch seine weisen und kräftigen Maßregeln schon nach kurzer Zeit sichtbar gebessert und es kehrte Ordnung und Vertrauen zurück. Sein Werk, die Errichtung der Bank von Frankreich, erwies sich später als äußerst heilsam. — Talleyrand leistete als Minister des Auswärtigen die größten Dienste. — Unter Bonapartes Brüdern ragten damals Josef und Lucian hervor, sein Schwager Murat war der tapferste und schönste Mann seiner Zeit, die Gattin Bonapartes Josephine, seine Stieftochter Hortensia Beauharnais und seine Schwestern Elisa (Bacciochi), Karoline (Murat) und Pauline (Leclerc) waren schön, geistreich, und die ganze Familie war von der Natur bezeichnet, in der Welt eine große Rolle zu spielen.*)

§. 96. Von den auswärtigen Feinden Frankreichs war es nur England und Oesterreich, die alle Vorschläge Bonaparte's abwiesen. Er beschloß daher sowohl am Rhein als auch in Italien anzugreifen, und da er den Hauptangriff in Italien erwartete, so behielt er sich dort den Oberbefehl vor, während Moreau die Rheinarmee kommandiren sollte.

Vom 25. April bis 1. Mai 1800 ging die französische Armee bei Straßburg über den Rhein. Den Franzosen stand dort General Kray mit 100,000 Oesterreichern und Reichstruppen gegenüber. Die Oesterreicher wurden hierauf in einer Reihe von Gefechten mit Erfolg geschlagen und Kray mußte sich bis Ulm zurückziehen. — In Italien bestand die französische Macht aus kaum 35,000 Mann, welche aus dem früheren Feldzug 1799 unter Championnet's Oberbefehl, an allem Mangel leidend, in und um Genua standen. Da Championnet gestorben war, übergab Bonaparte den Befehl

*) Napoleon Bonaparte war am 15. August, entweder 1768 oder 1769, zu Ajaccio auf Corsika geboren, seine Mutter Lätitia B. wurde in der Kirche bei dem Feste der Himmelfahrt von den Wehen befallen. Im Jahre 1779 wurde sein Vater Karl B. als Deputirter des corsischen Adels nach Versailles gesendet. Napoleon erhielt in der Militärschule zu Brienne und seine Schwester Elisa in St. Cyr eine Freistelle. Im Jahre 1783 kam er in die Kriegsschule nach Paris. Im Jahre 1785 wurde er Unterlieutenant im Regiment la Fère. Der Vater Napoleons starb am 14. Februar 1785 zu Montpellier, und ersterer avancirte indessen im Jahre 1786 zum Oberlieutenant bei dem Artillerieregimente Grenoble. Als der Aufstand unter Paoli auf Corsika gegen Frankreich ausbrach, Bonaparte aber, der 1792 zum Capitän ernannt worden, in dem Aufstande Frankreich treu blieb, wurden seine Familienbesitzungen der Volksrache Preis gegeben, die Familie mußte flüchten und Napoleon unterbrachte dieselbe in der Umgegend von Toulon. Ein Dekret der corsischen Consulate verbannte die Familie B. auf ewige Zeit aus Corsika. In Marseille, wohin die Familie später zog, ging es ihr sehr schlecht, es fehlten der Mutter und den Schwestern nicht selten fast alle Mittel zur Existenz, und zu jener Zeit sollen die Schwestern Napoleon's eben nicht das untadelhafteste Leben geführt haben. Anm. d. Verf.

über dieses Heer an Massena, dort standen ihm aber 110,000 Mann Oesterreicher unter Melas gegenüber und die Engländer blokirten Genua. Bonaparte zog nun mit seiner Hauptmacht von Genf aus über die Alpen, den großen Bernhard und Gotthard in die Lombardei, um den Oesterreichern in den Rücken zu fallen. Am 28. Mai war der Uebergang über die Alpen bewerkstelligt, und von hier ist sein erstes „Bulletin" datirt. Am 31. Mai waren die Oesterreicher über den Tessino zurückgedrängt und am 2. Juni hielt er seinen Einzug in Mailand.

Am 14. Juni kam es zu der entscheidenden Hauptschlacht bei Marengo, in der die Oesterreicher unter Melas anfangs siegten, dann aber so geschlagen wurden, daß Melas sich nach Mantua zurückziehen mußte. Dem österreichischen Heere wurde dann am 16. Juli in der Convention von Alessandria der freie Abzug gegen Auslieferung der piemontesischen Festungen, Genua's, der Lombardei und der Legationen, bewilligt.

Bonaparte setzte in Mailand die provisorische Regierung für die Lombardei, Piemont und Ligurien wieder ein, übergab den Oberbefehl an Massena und kehrte am 2. Juli nach Paris zurück.

Um diese Zeit war der Krieg in Deutschland neu entbrannt: Lecourbe, einer der besten Generale Moreau's schlug am 19. Juni die Oesterreicher bei Hochstätten und die Franzosen breiteten sich über Baiern aus; am 11. und 12. Juli wurde das feste Lager der Oesterreicher bei Feldkirch erstürmt und dadurch die Verbindung mit der französischen Armee in Italien hergestellt. Hierauf wurde dem österreichischen Feldherrn Kray gegen Abtretung der beiden rheinischen, des schwäbischen, eines Theiles des fränkischen und baierischen Kreises ein Waffenstillstand bewilligt.

Da Oesterreich am 20. Juni einen geheimen Vertrag mit England geschlossen hatte, so suchte es den Wiederausbruch der Feindseligkeiten zu verzögern, um sich indessen besser rüsten zu können und knüpfte unter diplomatischen Wendungen mit Frankreich Unterhandlungen an; als dieselben aber endlich demaskirt wurden und die Feindseligkeiten wieder begannen, kam es am 3. Dezember bei dem Dorfe Hohenlinden zur Schlacht, in der Moreau über die Oesterreicher einen so glänzenden Sieg davontrug, daß diese 7000 Mann und 100 Kanonen verloren. Die Oesterreicher mußten ihre Stellung am Inn aufgeben und die Franzosen besetzten Salzburg. Erst hierauf entschloß sich der Kaiser Franz I. von Oesterreich

zum Frieden von Luneville, der auch am 9. Feber 1801 unter=
zeichnet wurde.

In diesem Frieden trat Oesterreich von Neuem Belgien, den
Breisgau und seine zu Cisalpinien geschlagenen italienischen Land=
schaften an Frankreich ab, behielt dagegen die ehemalige terra ferma
bis zur Etsch, Istrien, Dalmatien sammt den Inseln: das linke
Rheinufer fiel zu Frankreich. Die batavische und helvetische Republik
waren in den Friedensschluß mit aufgenommen.

§. 97. Da sich der russische Czar Paul I. Neapels annahm
und Bonaparte diesem gefällig sein wollte, schloß er aus Rück=
sicht für den Ersteren mit Neapel am 18. März einen sehr milden
Frieden. Neapel trat darauf nur seinen Antheil an der Insel Elba,
die sogenannte stati degli Präsidij an der toskanischen Küste und
Piombino an Hetrurien ab und verschloß den Engländern seine Häfen.

Nach einem langen Conclave wurde im Juni in Venedig der
Cardinal Chiaramonti unter dem Namen Pius VII. zum Papste
gewählt und Bonaparte näherte sich ihm in offener Weise.

Der Czar Paul I. wurde aber in Folge einer Verschwörung
in der Nacht zum 24. März in seinem Schlafgemache überfallen
und ermordet, und sein Sohn Alexander I. bestieg darauf den
russischen Thron.

§. 98. Der nach dem Abgange Bonaparte's mit dem Ober=
befehle in Egypten betraute Kleber, schloß, da er an der Ankunft
der Verstärkungen aus Frankreich zweifelte, am 24. Jänner 1800
mit dem Großvezier und dem englischen Comodore Sidney=Smith
den Vertrag von El=Arisch, welcher den französischen Truppen
gegen Räumung Egyptens freie Rückkehr nach Frankreich gewährte.
Als aber der Admiral Keith die Convention brach und die Ab=
lieferung der Waffen und des Geschützes von den Franzosen forderte,
eröffnete Kleber den Kampf von Neuem, schlug mit 10,000 Fran=
zosen bei Heliopolis am 20. März 80,000 Türken und unterwarf
sich in wenigen Wochen Egypten abermals.

Am 14. Juni wurde aber Kleber, als er auf der Terasse
seines Gartens lustwandelte, von einem jungen fanatischen Muselmann
Namens Soleiman aus Aleppo erdolcht. — Nach dem Tode
Kleber's übernahm Menou als ältester General den Oberbefehl.

Als hierauf am 18. März 1801 ein englisches Heer an der
egyptischen Küste landete und sich des Forts Abukir bemächtigt hatte,
kam es am 21. März 1801 zwischen den verbündeten Engländern
und Türken und den Franzosen bei Abukir zu einer entscheidenden

1801.
Friede zu
Luneville
9. Februar.

§ 97.
Friede mit
Neapel
18. März.

Papstwahl
Pius VII.
Juni.

Ermordung
Czar Paul's I.
24. März.

§. 98.
Ende der Ex=
pedition in
Egypten.
Vertrag von
El=Arisch
24. Jänner
1800.

Schlacht bei
Heliopolis
20. März
1800.

14. Juni 1800.
Ermordung
Kleber's.

Zweite
Schlacht bei
Abukir
21. März
1801.

Schlacht, in welcher der englische General Abercrombie so schwer verwundet wurde, daß er an der Wunde starb. — Da sich nun die englischen und türkischen Streitkräfte täglich mehrten, wurde endlich am 2. September ein Vertrag abgeschlossen, vermöge dessen die französischen Truppen sammt Waffen auf englischen Schiffen nach Frankreich überschifft werden sollten. Es waren noch 24,000 Mann, die so nach Frankreich zurückkamen.

§. 99. Endlich wurde auch am 25. März 1802 der Friede zwischen Frankreich und England geschlossen; Egypten fiel an die Pforte, Malta an den Johanniterorden zurück. Großbritannien ver= zichtete auf alle seine Eroberungen, die Inseln Ceylon und Trinidad ausgenommen, die jonische Republik wurde bestätigt und England anerkannte die französischen Ansprüche auf St. Domingo (Haiti).

§. 100. Nachdem Bonaparte den langen Krieg mit dem Aus= lande zu Ende gebracht hatte, wurde sein Haushalt auf einen könig= lichen Fuß gesetzt und manche der Hofformen stückweise eingeführt, um den Weg zur Monarchie anzubahnen, denn den Kern des republikanischen Staatsthums durfte er jetzt noch nicht verletzen Nun wurde auch die Verwaltung und die Rechtspflege wesentlich ver= bessert, nachdem durch das schon am 15. August 1801 mit dem Papste abgeschlossene Concordat die katholische Religion wieder ein= geführt war. Bonaparte stiftete durch das Gesetz vom 19. Mai 1802 den Orden der Ehrenlegion und wurde mit dem Senatsbeschlusse vom 2. August 1802 zum lebenslänglichen Consul proklamirt.

§. 101. Die steten Reibungen, die ungeachtet des Friedens zwischen England und Frankreich herrschten und auch in der beider= seitigen Presse Wiederhall fanden, in Verbindung mit dem Um= stande, daß sich England weigerte, dem Frieden von Amiens gemäß Malta dem Johanniterorden herauszugeben, und daß es die Er= langung des Uebergewichtes Frankreichs zur See befürchtete, ließen einen neuen Krieg Englands mit Frankreich erwarten.

Der englische Botschafter in Paris, Lord Whitwort, ver= langte jetzt den Besitz der Insel Malta für England auf 10 Jahre, dann Entfernung der französischen Truppen aus Holland, Rückgabe Piemonts an Sardinien und Selbstständigkeit der Schweiz. Solche Forderungen waren aber unannehmbar für Frankreich, Lord Whit= wort verließ deshalb am 13. Mai Paris und am 18. Mai schon erschien das englische Kriegsmanifest. Da England noch vor der Kriegs= erklärung die Feindseligkeiten durch Kapereien zur See begann und die französischen und batavischen Schiffe mit Beschlag belegte, so erklärte Frankreich am 22. Mai 1803 alle in Frankreich befindlichen Engländer für Kriegsgefangene und verbot am 20. Juni die Einfuhr aller englischen Fabrikate und Colonialprodukte. Auf beiden Seiten wurde nun gerüstet und die nächste Folge des Bruches war, daß das in Holland liegende Corps der Franzosen unter General Mortier am 4. Juni in Hannover einmarschirte. Die hannoveranische Regierung dachte aber nicht an Widerstand und zog ihre Truppen auf das rechte Elbeufer zurück. Nach der Convention von Artlenburg am 5. Juli wurden die hannoverischen Truppen entwaffnet, 500 Kanonen und eine Masse Waffen kamen in die Hände der Franzosen. Indessen rüstete sich Bonaparte auch zu einem Einfalle in England.

§. 102. Da Bonaparte nun als der Repräsentant der Macht Frankreichs allein da stand, so wandte sich der Haß sowohl der alten Führer der Revolution, als auch der Royalisten gegen sein Haupt und es blieb für dieselben nur ein Mittel ihn zu entfernen übrig, und dies war: sein Tod. Der Herd der Verschwörung war London und die hauptsächlichsten Häupter der Emigration in London der Graf v. Artois und sein Sohn, Herzog v. Berry waren dort von den verschiedenen persönlichen Feinden Bonaparte's, wie Pichegru, Georges Cadoudal, Lariviere ꝛc. umgeben und es gibt unzweifelhafte Beweise dafür, daß einige diplomatische Agenten des englischen Cabinets zu einem Anfalle auf das Leben B.'s rietheu. Der bekannte Vendéerführer und glühende Royalist Georges Cadoudal faßten daher den Plan, den ersten Consul auf seinem Wege zwischen Paris und St. Cloud oder Malmaison mit einer Zahl von Bewaffneten anzufallen und ihn niederzumachen. Cadoudal und Pichegru kamen dann nach Paris und Letzterer setzte sich dort mit Moreau und Anderen in Verbindung. Kurz vor der Verübung des Attentates wurde jedoch dasselbe verrathen. Cadoudal, Pichegru und Moreau wurden mit mehreren Anderen verhaftet und da erhoben ward, daß die Verschworenen auch einen Prinzen erwarteten, so fiel dießfalls der Verdacht auf den Prinzen Enghien, welcher in der kleinen Stadt Ettenheim im Badischen lebte. Bonaparte ließ daher diesen Prinzen im Geheimen, gegen alles Völkerrecht, in der Nacht des 15. März in Ettenheim aufheben und nach Vincennes abführen. Am 12. Juni wurde Cadoudal mit 12 Anderen hingerichtet, Pichegru erhängte sich im Kerker und Moreau wurde nach Amerika verbannt, Enghien aber schon am 21. März in dem Graben von Vincennes erschossen. Diese Handlung ist der dunkelste Punkt im Leben Bonaparte's.

1803.
22. Mai.
20. Juni.

Besetzung Hannover's durch die Franzosen 4. Juni.
Convention v. Artlenburg 5. Juli.

1804.
Die Verschwörung gegen Bonaparte.

Pichegru's und Moreau's Prozeß.

15. März.
12. Juni.

Herzog Enghien hingerichtet 20. März.

§. 103.

Errichtung d. franz. Kaiserreiches.

4. Mai.

Senatsconsult 18. Mai (28. Floreal).

§. 103. Gerade die Verschwörung, welche Bonaparte den Tod bringen sollte, beförderte ihn auf den Kaiserthron. Er besaß im Wesentlichen schon lange die Geltung eines Souverains und es fehlte ihm nur noch der Titel. Aus Anlaß der letzten Verschwörung wurde durch Fouché's Agitationen der Senat zu einer Adresse an B. gebracht, in der es hieß, daß, da er eine neue Aera gegründet habe, so müsse er dieselbe auch für die Dauer verewigen. Am 4. Mai 1804 erklärte sich der Senat für den Kaiserthron und die Erblichkeit desselben, die Constitution wurde in diesem Sinne in Form eines „organischen Senatskonsults" ausgearbeitet und in 16 Titel getheilt; das Kaiserthum sollte nach demselben in männlicher Linie erblich sein und nur im Falle, als keine männlichen Erben da wären, sollte der Senat einen Kaiser wählen und dieses Senatskonsult wurde am 18. Mai (28. Floreal) mit allen gegen nur drei Stimmen angenommen, Bonaparte aber vom gesammten Senate an demselben Tage in St. Cloud, wo er sich mit seiner Familie aufhielt, mit dem Prädikate „Sire und Majestät" begrüßt. Sodann begab sich der Senat in die Gemächer Josefinen's, wo Elise Bacciochi, Caroline Murat, Pauline verwitwete Leclere, wieder verehlichte Fürstin Borghese und Hortensie Beauharnais (Gemahlin Ludwig Bonaparte's) versammelt waren. Josefine wurde als Kaiserin, ihre Schwägerinnen und ihre Töchter als Prinzessinnen und kaiserliche Hoheiten angesprochen. Die Mutter des Kaisers erhielt den Titel Madame Mère.

Zu französischen Prinzen wurden nur Josef und Ludwig Bonaparte ernannt, da Lucian und Hieronimus sich wegen ihren Verehlichungen, ersterer mit einer Witwe Jouberthon, letzterer mit der Tochter des nordamerikanischen Kaufmannes Patterson mit Napolen entzweit hatten. — Die Abstimmung im Volke über das Kaiserthum ergab das Resultat, daß von 3.580,000 Stimmen sich 3.521,675 für den Kaiser erklärten.

Diese Abstimmung wurde am 5. November bekannt gemacht.

Krönung Napoleon's und Josefinen's.

Am 2. Dezember 1804 fand die Krönung durch den Papst Pius VII., der dazu eigens von Rom nach Paris kam, in der Kirche Notredame unter großen Feierlichkeiten statt, wobei Napoleon nach der Salbung sich selbst die Krone aufsetzte. Darauf kniete Josefine vor dem Kaiser nieder, welcher ihr die für sie bestimmte Krone aufsetzte.

Preußen und Spanien erkannten das neue Kaiserreich sogleich an, Oesterreich aber zögerte mit der Anerkennung insolange, als

Napoleon auch) seine Zustimmung zu der Annahme des Kaisertitels von Seite des Beherrschers von Oesterreich ertheilt haben würde. Franz I. von Oesterreich nahm denselben am 10. August 1804 an. §. 104. Am 17. März 1805 wurde Napoleon von der italienischen Consulta im Namen ihrer Republik zum erblichen König von Italien erklärt, zwei Statute vom 17. und 27. März ordneten die inneren Zustände, und am 26. Mai fand die Krönung im Mailänder Dome statt wobei Kardinal Caprera den Papst vertrat. Napoleon setzte sich unter großem Pompe die eiserne Krone mit den stolzen Worten auf: „Gott hat sie mir gegeben! Wehe dem, der sie anrührt." Er stiftete dann aus diesem Anlasse einen Orden, nach dieser Krone benannt, und Eugen Beauharnais (sein Stiefsohn) wurde zu seinem Stellvertreter (Vicekönig) in Italien ernannt.

1805.
§. 104.
Napoleon's Krönung zum König von Italien 17. März.

Die ligurische Republik wurde am 4. Juni in die Departements: Genua, Montenotte und Apenninen getheilt und mit Frankreich vereinigt. Napoleon schuf auch eine Art Feudalnexus zu ihm und Frankreich, indem er das Fürstenthum Piombino an seine Schwester Elisa als ein Lehen verlieh, Lucca erhielt sein Schwager Felix Bacciochi, Parma, Piacenza und Guastalla wurde aber zur 28. französischen Militärdivision geschlagen.

4. Juni.

§. 105. Zum Einfall in England traf nun Napoleon die großartigsten Anstalten: 2493 Transportschiffe mit 5762 Kanonen waren in Boulogne zusammengebracht, die Landungstruppen betrugen 176,165 Mann mit 572 Kanonen und 14,000 Pferden. Zu diesem Einfall kam es jedoch nicht, weil indessen in den äußeren Verhältnissen eine andere Wendung eingetreten war.

§. 105.
Napoleon's Vorbereitungen zum Einfalle in England.

§. 106. Als England nämlich die ihm drohende Gefahr wahrnahm, schloß es unterm 11. April mit Rußland ein Bündniß, welches in der diplomatischen Welt den Namen „Concert-Traktat" erhielt und dem am 9. August Oesterreich und am 3. Oktober auch Schweden beitraten.

§. 106.
Bündniß Englands mit Rußland (der Concert-Traktat)
11. April.

Oesterreich stellte sodann 120,000 Mann unter dem Erzherzog Karl in Italien und 80,000 Mann unter General Mack am Rheine auf. — Da auf das Erscheinen der Schweden lange nicht zu rechnen war, beschloß Napoleon die entscheidenden Schläge diesmal in Deutschland zu machen. — Die Armee von Boulogne wurde deßhalb auf 200,000 Mann gebracht und unter Napoleon von den Marschällen: Murat, Soult, Davoust, Lannes, Bernadotte, Bessières und Augereau kommandirt. Diese Armee ging vom 24.—26. September auf mehreren Punkten über den Rhein,

Der österr.-russische Feldzug.

worauf Bernadotte unter Verletzung der Neutralität durch das Anspachische Gebiet marschirte und dadurch den österreichischen General
Mack schon am 6. Oktober umging, bevor dieser auch nur noch eine Ahnung davon bekam und seinerseits fortwährend auf die Ankunft der Russen unter Kutujoff wartete. Am 11 Oktober unternahmen die Franzosen einen Angriff auf Ulm, in das sich die österreichische Hauptmacht geworfen hatte, wurden aber zurückgewiesen In dem von Mack einberufenen Kriegsrathe drang nun Erzherzog Ferdinand und Fürst Schwarzenberg, welche die Lage richtig beurtheilten, auf den schleunigen Abzug von Ulm und Rückzug nach Böhmen, wohin jetzt noch der Weg offen sei. Mack aber, der überhaupt über seine eigene Lage kein Urtheil hatte, verwarf diesen Rath, worauf der Erzherzog und Fürst Schwarzenberg mit 8000 Mann allein nach Böhmen aufbrachen. Dieselben erreichten dasselbe hierauf noch mit einem Reste von 6000 Mann.

Am 16. Oktober erschien nun Napoleon von Augsburg kommend vor Ulm. Hiedurch wurde Mack derart eingeschüchtert, daß er am 20. Oktober sein Heer durch eine schmachvolle Capitulation dem Feinde kriegsgefangen übergab. So fielen 25,000 Oesterreicher mit 60 Kanonen und 40 Fahnen in die Gewalt der Franzosen. — Die noch vereinzelten Reste des österreichischen Heeres konnten den Sieger jetzt nicht mehr aufhalten. Aus dieser Ursache ging auch der russische General Kutujoff beim Erhalte dieser Nachricht wieder über die Donau zurück, um ein zweites russisches Corps unter Buxhövden zu erwarten.

Am 2. November rückte Soult in Wels, Lannes in Linz, und am 13. November marschirten die Franzosen in Wien ein, welche Stadt der Hof bereits am 6. November verlassen hatte.

In Italien, wo Massena dem Erzherzog Karl mit geringen Kräften entgegenstand, wurde Ersterer am 30. und 31. Oktober wohl geschlagen, doch konnte der Erzherzog seinen Sieg nicht benützen, indem er sich aus strategischen Rücksichten bis nach Cilli zurückzuziehen genöthigt sah, wo er sich mit dem Erzherzoge Johann vereinigte und dann beide gegen Wien zogen.

Preußen war unterdessen über Andringen des russischen Kaisers Alexander der Coalition gegen Frankreich beigetreten, König Friedrich Wilhelm III. schloß dann am 3. November mit dem Kaiser Alexander I. einen geheimen Vertrag auf Herstellung des europäischen Gleichgewichtes, und am 5. November reichten sich beide Monarchen über dem Grabe Friedrich's d. Gr. zu diesem Bunde die Hände. Statt aber loszuschlagen und Oesterreich Luft zu machen, unternahm Preußen einen Versuch der Vermittelung eines billigen Friedens.

Napoleon war am 20. November in Brünn und Davoust in Preßburg eingerückt. Die russisch-österr. Armee zog jetzt den Franzosen entgegen; diese waren 70—80,000, die Verbündeten aber 80—90,000 Mann stark. — Am 2. Dezember 1805 begann die Schlacht bei Austerlitz und endete mit der Niederlage der Verbündeten; in dem von Napoleon herausgegebenen Bulletin hieß es, daß die Franzosen 40,000 Gefangene gemacht, 186 Kanonen und 45 Fahnen erobert hätten. — Am 6. Dezember wurde eine Waffenruhe geschlossen.

In Folge der preußischen Convention vom 3. November kam Graf Haugwitz am 28. November nach Brünn zu Napoleon, um Preußens Vermittelungsvorschläge vorzulegen, derselbe wurde aber von Napoleon so eingeschüchtert, daß er einen Vertrag unterschrieb, gemäß dessen Preußen Anspach, Cleve und Neuschâtel abtrat und dafür Hannover und einen Theil Baierns erhalten sollte.

Oesterreich schloß hierauf am 26. Dezember mit Frankreich den Frieden von Preßburg. Dasselbe trat 1200 ☐Meilen und dritthalb Millionen Einwohner ab. Das Königreich Italien, als dessen Beherrscher Napoleon jetzt vom Kaiser Franz I. anerkannt wurde, erhielt die Besitzungen der früheren Republik Venedig, an Baiern fiel Tyrol, Trident, Brixen, Eichstädt, die Markgrafschaft Burgau, sieben vorarlbergische Herrschaften und die Reichsstadt Augsburg, Würtemberg erhielt fünf Donaustädte, die Grafschaften Hohenberg und Bandorf und ein Stück vom Breisgau, Baiern mußte aber Würzburg abtreten, das der bisherige Kurfürst von Salzburg inne hatte und das Oesterreich erhielt. — Die Kurfürsten von Baiern und Würtemberg nahmen darauf den Königstitel an.

So glücklich Napoleon zu Lande war, so traf ihm zur See ein schmerzlicher Verlust, wo Nelson bei Trafalgar am 21. Oktober die französisch-spanische Flotte vernichtete. Nelson fiel zwar in dieser Schlacht, die französische Seemacht erlitt aber eine Reihe von Unfällen, so daß Frankreichs Einfluß außerhalb Europas auf mehrere Jahre hinaus ganz aufhörte.

§. 107. Die Aufnahme, welche Russen und Engländer in den neapolitanischen Häfen während des letzten Krieges gefunden hatten, und die offen zur Schau getragene Feindseligkeit der neapolitanischen Königin Caroline gegen Frankreich, reizten Napoleon der-

1806.

art, daß er am 26. Dezember ein Dekret erließ, in dem er erklarte, das Haus Bourbon habe aufgehört in Neapel und Sicilien zu regieren, auch stellte er die Königin Caroline im Moniteur als eine Furie, als ein selbstsüchtiges, blutdürstiges und meineidiges Weib dar.

Josef Bona= parte, König von Neapel und Sicilien 30. März.

Zu Anfang 1806 setzte sich hierauf ein französisches Heer von 50,000 Mann unter Massena nach Neapel in Bewegung und am 30. März ernannte Napoleon seinen Bruder Josef zum König von Neapel.

Ferdinand IV. flüchtete schon am 6. Januar nach Sicilien, die Königin Caroline blieb aber daselbst bis zum 11. Februar, wo sie das Volk vergebens zum Widerstande gegen die Franzosen zu entflammen suchte Am 15. Februar rückten diese in Neapel ein und Josef nahm sodann Besitz von dem Throne.

§. 108.
Ludwig Bona= parte wird König von Holland 5. Juni.

§. 108. Da die italienische und ligurische Republik gefallen waren, bereitete Napoleon auch der batavischen Republik dasselbe Schicksal. Es ward daher von Frankreich der Volksvertretung im Haag bedeutet, den Prinzen Ludwig, Bruder des Kaisers Napoleon zum Könige für ihr Land zu verlangen. Am 5. Juni fand diese feier= liche Komödie statt, und Ludwig nahm Besitz von dem holländischen Throne. Von den Holländern wurde aber der ihnen auferlegte Zwang tiefer, als von den andern unter den Einfluß Napoleons gekommenen Völkern, empfunden.

§. 109.
Der Rhein= bund (la con= fédération du Rhin) 19. Juli.

§. 109. Viele deutsche Fürsten drängten sich jetzt zu einem Bunde mit Frankreich, wie sie früher dessen Gunst bei Entschädi= gungen und Ländertausch gesucht hatten. Es wurde dießfalls nach langen Unterhandlungen mit Talleyrand am 12. Juli in Paris ein Vertrag unterzeichnet und am 19. Juli von Napoleon geneh= migt, vermöge dessen die Könige von Baiern, Würtemberg, die Kur= fürsten von Mainz und Baden, der Herzog von Berg, der Land= graf von Hessen=Darmstadt, die Fürsten von Nassau=Usingen, Nassau= Weilburg, von Hohenzollern, Salm, Isenburg, Herzog von Aren= berg, Fürst Lichtenstein und der Graf von Leyen sich und ihre Ge= biete vom deutschen Reiche lossagten, unter einander und mit Frank= reich einen Bund, den „Rheinbund" (la convention du Rhin) genannt, eingingen, und Napoleon als dessen Protektor anerkannten. Die gemeinsamen Angelegenheiten sollten auf einem Bundestage verhandelt werden, und es waren die Contingente bestimmt, welche die Reichsfürsten für den Dienst Napoleon's aufzubringen hatten. Der Protektor versprach, falls der Bund angegriffen würde, 200,000 Mann zu stellen, derselbe mußte aber 63,000 Mann bereit halten. —

Wäre damals auch nur ein Funke von Nationalgeist bei den deutschen Fürsten vorhanden gewesen, so würde ein solcher Bund wohl nie entstanden sein!

Am 1. August theilte der französische Gesandte der Reichs= versammlung in Regensburg mit, daß Napoleon die deutsche Reichs= verfassung nicht mehr anerkenne.

Am 6. August legte Kaiser Franz II. die deutsche Krone nieder, entband die Kurfürsten und alle Stände ihres Eides und trat von da an als Kaiser Franz I. von Oesterreich auf.

So hörte also das heilige römische Reich deutscher Nation auf, nachdem es seit dem Vertrage von Verdun durch 963 Jahre seine Stelle in der Geschichte eingenommen hatte!

§. 110. Napoleon konnte es Preußen aber nicht verzeihen, daß dasselbe das Bündniß mit Rußland eingegangen war, und seine Willkür steigerte sich gegen selbes derart, daß der Krieg von Seite Preußens unvermeidlich wurde. Leider gab es am preußischen Hofe eine Kriegspartei, die sich über Napoleon's Genie und die Kriegs= tüchtigkeit seiner Soldaten einer argen Täuschung hingab.

Am 8. Oktober stellte König Wilhelm dem Kaiser Napoleon ein Ultimatum betreff der Verhinderung des norddeutschen Bundes, Wiedererstattung der Abteien von Essen, Elten und Werden, und Absonderung Wesels von der 25. französischen Militärdivision, und damit war auch der Krieg eröffnet.

Der sehr bejahrte Herzog von Braunschweig wurde an die Spitze des preußischen Heeres gestellt und drei Armeen zogen im September gegen Thüringen und Franken: Rüchel und Blücher kamen mit 10,000 M. von Westphalen, 70,000 M. gingen unter dem König und Herzog von Braunschweig über die Mittelelbe und 35,000 M. unter Fürst Hohenlohe rückten aus Schlesien herbei.

Napoleon bot dagegen 200,000 alt gediente Soldaten auf, und auch die Rheinfürsten stellten ihr Contingent. Die ersten Ge= neräle: Soult, Davoust, Ney, Lannes, Murat, Augereau, Bernadotte 2c. wurden zu dem Feldzug aufgeboten.

Der Herzog Braunschweig war demselben Schicksale verfallen, wie ein Jahr früher Mack, und wurde schon am Anfange des Krieges überflügelt, da am 12. Oktober Naumburg und am 13. Jena von den Franzosen besetzt worden war. Die Schlacht mußte daher eine doppelte werden. Auf der Höhe von Jena stand die Armee Hohenlohe's und vier Stunden davon diejenige Braunschweigs

1806.

1. August. Kaiser Franz legt die deutsche Kaiserkrone nieder 6. August.

§. 110. Der preußisch= russische Krieg gegen Frank= reich.

Das Ultima= tum des Kö= nigs von Preußen 8. Oktober.

bei Auerstädt — Am 14. Oktober kam es dann zu gleicher Zeit zur Schlacht bei Jena und Auerstädt, und die Preußen erlitten auf beiden Seiten eine volle Niederlage. Bei Jena siegte Napoleon, bei Auerstädt aber Marschall Davoust, der dafür zum Herzog von Auerstädt ernannt wurde.

Der König von Preußen wollte nun seine Truppen in Magdeburg sammeln, doch scheiterte dieser Plan. Erfurt ergab sich mit einer Besatzung von 8000 M. am 16., Leipzig am 18., die

Festung Spandau am 24. und am 25. Oktober marschirten die Franzosen in Berlin ein, am 28. Oktober mußte sich Hohenlohe mit 10,000 M. bei Prenzlau ergeben, bei Anklam und Pasewalk mußten 4000 Preußen capituliren, am 1. November wurde Kustrin übergeben, auch Blücher, der sich muthig vertheidigte, mußte am 7. November bei Rattau capituliren, und am 8. November ging Magdeburg an den Marschall Ney über: auch Hameln und Nienburg fielen am 20. und 28. November. — Preußen wollte nun selbst unter den härtesten Bedingungen einen Waffenstillstand eingehen, doch brauchte Napoleon alle Ausflüchte und seine Gehässigkeit gegen den König und die Königin von Preußen kam dadurch offen zum Vorschein.

Da Napoleon bei allen seinen Entwürfen die Absicht, den Engländern zu schaden, nie aus den Augen verlor, so erließ er am 24. November von Berlin aus ein Dekret, welches Großbritannien und die Colonien in den Blokadezustand erklärte. Es wurde jeder Verkehr, selbst jede Correspondenz mit Großbritannien und dessen Besitzungen verboten. Englisch geschriebene Briefe sollten auf der Post unterschlagen werden. Jeder in Frankreich oder dessen Bundesstaaten betroffene Engländer ward als Kriegsgefangener behandelt, und das Eigenthum eines englischen Unterthanes, sowie die aus englischen Fabriken stammenden Waaren sollten confiscirt werden. Kein aus einem englischen Hafen kommendes Fahrzeug durfte in Frankreich oder bei dessen Alliirten zugelassen werden.

Dieses Dekret wurde von Talleyrand an Spanien, Neapel, Holland, Etrurien und den mit Frankreich befreundeten Staaten zur Beachtung mitgetheilt.

Diese Maßregel war der größte Akt der Despotie und erregte in England den erbittertsten Haß gegen Napoleon.

Da ihm die Unzufriedenheit der Polen mit Preußen und die Gährung des Landes seit dessen Zerstückelung bekannt war, beschloß er daraufhin die Insurrektion Polens. — Am 1. November erließen

daher die durch ihren patriotischen Eifer bekannten Polen Dom= **1806.**
browski und Wibicki einen Aufruf an ihre Landsleute zur Be=
freiung ihres Vaterlandes. Am 3. November rückte Davoust in
Polen ein und alsbald begann die Bildung polnischer Regimenter
unter Dombrowski's Leitung; Napoleon selbst begab sich am
27. November nach Posen.

Hier wurde auch der Friede Sachsens mit Frankreich geschlossen, **Friede Frank=**
vermöge dessen der Kurfürst von Sachsen den Königstitel annahm, **reichs mit**
dem Rheinbunde beitrat, ein Kontingent von 20,000 Mann zu stellen **Sachsen**
hatte, wofür er einige Abtretungen in Thüringen (den kottbuser **11. Dezember.**
Kreis) erhielt.

Der Krieg in Preußen nahm aber mit der Ankunft der
russischen Armee eine ernstere Gestalt an. Von Mitte November an
lagerte eine russische Armee unter Benningsen von Warschau bis
Plock und von da waren unter L'Estocq bis über Danzig 25,000
Preußen aufgestellt. — Am 28. November rückten Davoust und
Murat in Warschau ein, am 20. Dezember stand die französische
Armee am rechten Weichselufer und am 26. Dezember fand der **26. Dezember.**
Kampf der Franzosen gegen Galizien statt, welcher aber für keine
Partei einen Erfolg brachte. **1807.**

Am 2. Januar 1807 kam Napoleon nach Warschau und **2. Januar.**
errichtete dort einen Verwaltungsrath für das gesammte Preußisch=
Polen, dann zog er nordwärts am rechten Weichselufer dem Feinde
entgegen.

Am 7. und 8. Februar ward die große und blutige Schlacht **Schlacht bei**
bei Eylau geschlagen, in der die Preußen großen Ruhm unter **Eylau 7. und**
L'Estocq errangen. Die Franzosen wurden zwar nicht zum Weichen **8. Februar.**
gebracht, aber der Kampf blieb unentschieden. Die gegenseitige Er=
schöpfung führte zu einer Waffenruhe, die vier Monate dauerte.

Da Napoleon einsah, daß er mit der ihm zu Gebote stehen=
den Truppenzahl den Krieg hier nicht beenden könne, versuchte er,
den König Wilhelm III. von Rußland zu trennen und machte
deßhalb Friedensvorschläge, die aber zurückgewiesen wurden; der
Krieg wurde daher im Juni wieder begonnen, und bei Friedland **Niederlage der**
kam es am 14. Juni zum Entscheidungskampfe, in welchem die **Russen in der**
Russen eine vollständige Niederlage erlitten, worauf am 16. Juni **Schlacht bei**
Königsberg von den Franzosen besetzt wurde. **Friedland**
14. Juni.

Da die Franzosen nun an der russischen Grenze waren, so
wünschte Alexander I. Waffenstillstand und Frieden, und deßhalb
wurde mit Napoleon eine Zusammenkunft bestimmt. Dieselbe fand

zwischen den beiden Herrschern am 25. Juni in der Mitte des Flusses Niemen auf einem festlich geschmückten Floße statt, Napoleon wußte dabei Alexander I. so zu umgarnen, daß er dessen volle Sympathie erhielt. Am 26. Juni fand sodann auch die Begegnung Napoleon's mit Friedrich Wilhelm in Gegenwart Alexander's statt.

Hierauf wurde endlich der Friede zu Tilsit geschlossen. Dieser zerfiel in zwei Haupttheile: in den Frieden mit Rußland, der am 7. Juli, und in den mit Preußen, der am 9. Juli geschlossen wurde. Er enthielt offene und geheime Artikel. Das Wesentlichste davon war: „Zurückerstattung Ost= und Westpreußens, Pommerns, Brandenburgs und Schlesiens an den König von Preußen, der dagegen alle westlich an der Elbe liegenden, sowie die ehemaligen polnischen Provinzen zu Napoleon's Verfügung stellte. — Anerkennung des Rheinbundes, — Anerkennung zweier neuen Staaten: des Königreichs Westphalen unter dem Bruder Napoleon's, Hieronymus, und des Herzogthums Warschau unter der Hoheit des Königs von Sachsen, Wiederherstellung der Herzoge von Oldenburg und Mecklemburg, aber Besatzung ihres Küstengebietes durch französische Truppen. — Der wichtigste unter den geheimen Artikeln war: Offensiv= und Defensivbündniß zwischen Frankreich und Rußland, sowie Krieg gegen England und die Türkei.

Das Königreich Westphalen wurde von Napoleon am 18. August gegründet; es erhielt am 15. November eine Verfassung, welche Hieronymus am 7. Dezember bekannt machte, trat dem Rheinbunde bei, hatte ungefähr zwei Millionen Einwohner und stellte ein Kontingent von 25,000 Mann zum Rheinbunde. — Am 23. August heirathete der neue König Hieronymus die Prinzessin Katharina von Würtemberg, Tochter des Königs Friedrich I.

Preußen zahlte überdies noch eine Kriegsentschädigung von 140 Millionen Francs und verlor die Hälfte seiner Staaten.

§. 111.
Krieg Eng=
lands mit
Dänemark und
Wegnahme
der dänischen
Flotte.

Bombarde=
ment von
Kopenhagen
2. September.

§. 111. Da Dänemark die schönste und größte Flotte besaß und England ein Bündniß desselben mit Frankreich besorgte, so forderte es von Dänemark, daß ihm dasselbe seine Flotte für die Dauer dieses Krieges als Pfand für seine Neutralität übergebe. Da dieses aber entschieden verweigert wurde, erschien am 3. August eine mächtige englische Expedition im Sunde und am 2. September wurde Kopenhagen von der englischen Flotte unter Admiral Gambier so furchtbar bombardirt, daß 25 Straßen mit 400 Häusern ein Schutthaufen wurden, worauf bei der Capitulation vom 7. September den

Engländern 18 dänische Linienschiffe, 15 Fregatten, 6 Brigs= und 25 Kanonenbote übergeben werden mußten. Die nächste Folge dieser engl. Gewaltthat war, daß Dänemark am 31. Oktober zu Fontaine= bleau mit Frankreich eine Allianz schloß und daß Seeland, Finnen und Langeland zur Vertheidigung Dänemarks durch die Franzosen besetzt wurden.

Rußland, Oesterreich und Preußen traten jetzt auch der fran= zösischen Kontinentalsperre bei.

§. 112. Napoleon's Absicht: England vom Kontinente ganz auszuschließen, brachte ihn dazu, auch Portugal in seine Gewalt zu bringen. Er stellte daher an den Prinzen Johann, der im Namen seiner geisteskranken Mutter, der Königin Maria I. regierte, am 12. August das Verlangen, Portugal solle allem Verkehre mit Eng= land entsagen und dessen Flotte an Frankreich zu einem gemeinsamen Unternehmen überlassen, worauf eine französische Observationsarmee unter dem Befehle Junot's an der Gironde aufgestellt wurde. Der portugiesische Prinzregent war jedoch nicht geneigt, sich der Willkür Napoleon's zu überlassen und beschloß, mit seiner Familie, seinen Schätzen und seinen besten Regimentern lieber nach Brasilien über= zusetzen, als sich den Franzosen zu unterwerfen.

Napoleon wußte dagegen Spanien für seine Absichten zu gewinnen, und so kam es am 27. Oktober in Fontainebleau zu einem Traktate mit Spanien, vermöge welchem das Haus Bra= ganza entthront und Portugal getheilt werden sollte. Unmittelbar nach diesem Traktate von Fontainebleau ward auch der Königin= Mutter von Hetrurien, welche für ihren unmündigen Sohn Ludwig II. die Regierung führte, angezeigt, daß sie Florenz zu ver= lassen und sich nach Spanien zu begeben habe, wo eine neue Be= stimmung ihrer warte. Sie leistete diesem Rufe Folge; am 10. Dezember hatte aber Hetrurien zu bestehen aufgehört, indem es am 20. Mai 1807 einfach mit Frankreich vereinigt wurde.

Am 27. November schiffte sich der portugiesische Hof, den 15,000 Personen begleiteten, nach Brasilien ein und die Hälfte des in Baarem sich im Lande befindlichen Geldes wurde auf die Flotte mitgenommen.

Am 30. November zog sodann Junot mit 1500 herab= gekommenen Franzosen in Lissabon ein. Er organisirte Portugal, wobei aber von dem Theilungstraktate von Fontainebleau keine Rede mehr war. Napoleon legte hierauf dem Lande eine Kriegsranzion

1807.
Capitulation Dänemarks 7. September.
Allianz Däne= marks mit Frankreich 31. Oktober.

§. 112. Besitzergrei= fung Portu= gals durch Frankreich. 12. August.

Vertrag mit Spanien zu Fontainebleau 27. Oktober.

Vereinigung Hetruriens mit Frankreich 10. Dezember.

Flucht der por= tugiesischen Königsfamilie nach Brasilien 27. November.

Einzug der Franzosen in Lissabon 30. November.

1808.

von 100 Millionen Francs auf und Junot erhielt den Titel eines Herzogs von Abrantes.

So kam also ganz Portugal in den Besitz Frankreich's! —

§. 113.

Sturz des spanischen Königshauses.

§. 113. Unter den Plänen, die Napoleon gegen Spanien hegte, behielt jener, das spanische Königshaus zu stürzen, die Ober hand; er wollte daher das Haus Bourbon bis auf die Wurzeln aus dem Boden Europa's vertilgen und suchte nur die passende Gelegenheit hiezu. Diese ergab sich aber in folgender Art: Am

Der Prinz von Asturien wird als Ferdinand VII. König von Spanien 17. März.

17. März entstand in Aranjuez, wo König Karl IV. sich mit seiner Familie aufhielt, gegen den Günstling und Buhlen der Königin Maria Louise von Parma, Don Manuel Godoy (früheren Leibgardisten und jetzigen Fürsten und Herzog von Alcudia — der Friedensfürst genannt —) ein Volksaufstand, in Folge dessen König Karl IV. die Krone niederlegte und sein Sohn, der Prinz von Asturien Ferdinand VII., König wurde.

Dem Kaiser Napoleon wurde sowohl die Thronentsagung Karl's IV., als auch die Thronbesteigung Ferdinand's VII.

Murat's Einzug in Madrid 23. März.

mitgetheilt. Der französische Marschall Murat zog aber nach diesen Vorfällen mit seinen in Spanien liegenden Truppen am 23. März in Madrid ein und übernahm, ohne Ferdinand VII. nach der Einwilligung zu fragen, das Kommando in der Hauptstadt. — Von Murat's Entgegenkommen und Napoleon's Intriguen ermuntert und von der Königin angeregt, nahm aber König Karl IV. seine Thronentsagung als erpreßt wieder zurück.

Einzug Ferdinand's VII. in Madrid 24. März.

Am 24. März hielt indessen König Ferdinand VII. unter dem Jubel des Volkes seinen Einzug in Madrid. — Nun entstand in der Seele Napoleon's der Gedanke, unter dem Vorwande, das Schiedsrichteramt zwischen den beiden Königen zu übernehmen, sie beide zu beseitigen und so ohne Kampf und Gefahr eine der größten

Ein diplomatisches Intriguennetz gegen Ferdinand VII.

Kronen an sich zu reißen. Um diesen Plan nun auszuführen, wurde eine Reihe von ehrlos gesponnenen Intriguen in Scene gesetzt, die dahin ausliefen, Ferdinand VII. in französische Gefangenschaft zu bekommen. Es wurde vom General Savary zuerst Ferdinand VII. zu einer persönlichen Zusammenkunft mit Napoleon beredet, um ihn ganz sicher zu machen, sollte die Zusammenkunft in Spanien selbst stattfinden und Napoleon versprach, in Burgos mit Ferdinand persönlich zusammenzukommen. — War einmal Ferdinand aus Madrid heraus, so hoffte man ihn zu einer Ueberschreitung der Grenze Frankreichs leicht bewegen zu können, um seinem Beschützer entgegenzukommen und ihn dann gefangen zu nehmen. — Als Ferdinand, auf diese Uebereinkunft bauend, am 10. April in Burgos ankam doch weder daselbst, noch in Vittoria den Kaiser Napoleon antraf, so sandte er am 14. April an diesen ein Schreiben, in dem er sein Befremden über die Nichterfüllung seines Versprechens ausdrückte. Die Antwort, welche vom 16. April datirt war, legte zwar Ferdinand den Königstitel nicht bei, ließ aber den Wunsch zu einer mündlichen Unterredung zu Gunsten Ferdinand's durchblicken, gab weiter auch zu verstehen, daß die Zweifel über die Freiwilligkeit von Karl's IV. Abdankung bald beseitigt sein würden.

Auf dieses Schreiben hin verließ Ferdinand, ungeachtet dessen, daß sich das Volk seiner Abreise widersetzte, dennoch Vittoria, doch kaum hatte er Bidassoa überschritten, als er vom französischen Cavalerieposten umgeben und unter dieser Escorte am 26. April nach Bayonne, wo sich Napoleon mit seinem Hofe aufhielt, geleitet wurde. Hier aber erklärte letzterer in einer längeren Unterredung mit Escoiquiz mit einem Male ganz unumwunden seine Absicht, die Bourbonen von dem spanischen Throne zu stoßen und denselben mit einem Mitgliede seiner Dynastie zu besetzen. Er begründete diesen seinen Entschluß mit der Nothwendigkeit, Frankreich von dieser Seite sicher zu stellen und klagte den spanischen Hof feindlicher Gesinnungen gegen ihn an. Wohl versuchte Escoiquiz aus Gründen sowohl des Rechtes als der Staatsklugheit, Napoleon von diesem Entschlusse abzubringen, doch vergebens; dieser beauftragte sodann General Savary, Ferdinand VII. sein Schicksal anzukündigen, und bot Letzterem für die Niederlegung der spanischen Krone eine Entschädigung in Italien, welche aber Ferdinand mit Entrüstung zurückwies.

Inzwischen hatte König Karl IV. der Junta den Widerruf seiner Abdankung mitgetheilt und jetzt handelte es sich für Napoleon darum, auch den König Karl IV. in seine Hände zu bekommen. Dies besorgte Murat in Madrid, denn dieser bewog den Günstling und Friedensfürsten Don Manuel Godoy nach Bayonne zu kommen. Dieser kam auch am 26. April nach Bayonne und wurde vom Kaiser gut aufgenommen. Als das alte Königspaar von der Abreise des Günstlings hörte, reiste dasselbe einen Tag später gleichfalls nach Bayonne, wo Karl IV. und die Königin Maria Louise von Napoleon mit allen königlichen Ehren empfangen wurden. Jetzt benutzte Napoleon den Einfluß Godoy's auf Karl IV., um denselben zu bewegen, nicht nur Ferdinand, sondern auch seine (Karl's) zwei jüngere Söhne von der Thronfolge auszuschließen.

1808.
10. April.
14. April.

Gefangennahme Ferdinand's VII.
26. April.

Napoleon's Intriguen.

1808.

Am 1. Mai erklärte Napoleon, daß er Ferdinand nicht als König anerkenne und von ihm ein Aufgeben seiner Ansprüche erwarte. Karl IV. bestellte dann Murat zum Statthalter von Spanien und Napoleon verweigerte hierauf Ferdinand die Rückkehr dorthin.

Diese beispiellose Treulosigkeit erregte in Madrid zu Gunsten Ferdinand's am 2. Mai einen Volksaufruhr, welcher aber von den Franzosen blutig unterdrückt wurde.

Am 2. Mai war auch die Königin von Etrurien mit ihren Kindern nach Bayonne abgereist und am 3. begab sich Don Francesco, und am 5. auch der Kardinal von Bourbon dahin, und so war durch eine sonderbare Fügung des Schicksals die ganze Dynastie der Bourbons in die Schlingen Napoleon's gerathen.

Letzterer nahm den Aufruhr in Madrid zur Veranlassung, um sich Karl IV. gegenüber am 5. Mai höchst entrüstet zu zeigen, und überhäufte dann in seiner Gegenwart Ferdinand mit bitteren An= klagen, so daß Karl IV. zu seinem Sohne äußerte, er sei unwürdig der Krone und solle selbe lieber an Napoleon abtreten, der die Stärke habe, selbe zu tragen, ja Karl IV. gerieth in eine solche Wuth, daß er Ferdinand mit dem Stocke, auf den er sich stützte, schlagen wollte, und seine Mutter die Königin Maria Louise ballte dem Sohne furienhaft die Fäuste vor dem Gesichte. Noch an demselben Abend (5. Mai) ward von Godoy und dem General

Thronentsa=gung Karl's IV. zu Gunsten Napoleon's 5. Mai. Duroc folgender Vertrag unterzeichnet: Karl IV. tritt die spanische Krone an Napoleon ab, der über dieselbe nach Belieben verfügen kann. — Die Verzichtleistung des Königs ist aber an nachstehende Bedingungen geknüpft: Integrität der spanischen Monarchie sammt ihren Kolonien, ohne einer Theilung oder Trennung. — Erhaltung der katholischen Religion mit Ausschließung jedes anderen Kultus. — Ueberlassung des Schlosses Compiègne an Karl IV. mit einer jährlichen Rente von 7.500,000 Fr. — Angemessener Unterhalt für die übrigen Mitglieder der königlichen Familie.

Ferdinand's VII. Beitritt zu der Thron= entsagung 10. Mai. Am 10. Mai trat auch Ferdinand VII. dieser Verzichtleistung seines Vaters bei und erhielt dafür das in der Normandie gelegene Schloß Navarre mit einer Jahresrente von einer Million Fr.

Den anderen Infanten wurde ein jährliches Einkommen von 400,000 Fr. ausgesetzt und auch sie unterzeichneten diese Entsagungs= urkunde am 12. Mai. Von dem jungen Don Francesco wurde dies aber nicht verlangt.

Den Infanten wurde dann Valençay, ein von Napoleon an

Talleyrand geschenktes Schloß zum Wohnsitz angewiesen. Sie wurden dort, ohne sonst gefangen zu sein, dennoch strenge überwacht.

Am 8. Mai hatte Carl IV. der spanischen Nation diese Thron= entsagung angezeigt, und ihr gerathen, von nun an ihr Schicksal in die Hände Napoleon's zu legen.

So kam also durch eine beispiellos niederträchtige That das Königreich Spanien in die Hände Napoleons!

Doch sollte diesem gerade der Besitz von Spanien später zu einer furchtbarem Geißel werden.

§. 114. Nachdem das Werk der List und Niedertracht gelungen war, wollte Napoleon seinem Bruder Josef (jetzt König von Neapel) den spanischen Thron geben. Damit aber diese Verfügung das Ansehen erhalte als ob dadurch nur der Wunsch des Volkes erfüllt werde, wurde die Junta in Madrid durch Drohungen und Versprechungen dazu gebracht, seinen Bruder Josef als den künf= tigen König zu bezeichnen. Auch wurden die spanischen Notablen nach Bajonne berufen, um mit ihnen über diese Angelegenheit zu berathen, und so wurde Josef am 6. Juni zum König von Spanien gewählt. Murat welcher glaubte, daß er zum spanischen Könige gewählt werde, wurde an Stelle Josef's am 16. Juli zum Könige von Neapel bestimmt, was ihm jedoch nicht befriedigte, und bei ihm Unzufriedenheit erregte.

Am 20. Juli zog Josef in Madrid ein, wurde aber vom Volke schweigend empfangen, denn der Aufstand in Spanien war im Volke schon so verbreitet, daß französische Soldaten selbst in geringer Entfernung von dem königlichen Reisezuge ermordet wurden.

§. 115. Als aber die Bajonner Vorgänge zur Kenntniß des spanischen Volkes kamen, kannte die Wuth der Massen keine Grenzen, der Volksgeist erwachte wie ein Löwe, die Erhebung gegen die fremde Anmaßung geschah freiwillig, ohne gegenseitige Verabredung, und ging aus dem Gefühle der verletzten Nationalehre hervor. Mächtig trugen zu dieser Erhebung gegen die aufgedrungene Herrschaft der Franzosen die 2122 Mönchs= und 1130 Nonnenklöster bei, indem die Mönche nicht nur von der Kanzel und im Beichtstuhle gegen die Franzosen eiferten, sondern sich auch an die Spitze des Volkes selbst stellten.

Die Provinz Asturien organisirte am 24. Mai den ersten Volksaufstand, und wurde die spanische Vendée. Das Programm der Asturischen Junta war: Proklamirung Ferdinand VII. zum König, Krieg gegen Napoleon, allgemeine Bewaffnung.

Margin notes:

1808.

§. 114. Josef Bona= parte zum König vom Spanien ernannt 6. Juni.

Murat wird König vom Neapel 16. Juli.

Josefs Ein= zug in Madrid 20. Juli.

§. 115. Die Volks= erhebung in Spanien

Volksaufstand in Asturien 24. Mai

Dem Beispiele Asturiens folgten Corunna, Hauptstadt Galliciens, die Königreiche Leon und Altkastilien, am 26. Mai Sevilla, deren Junta sich für die oberste erklärte, dann Valencia wo es mit den Franzosen am blutigsten herging, Saragossa und Cadix, wo sich der französische Admiral Rosily im Hafen von Cadix mit seinen Schiffen, Seesoldaten und Matrosen an die Cadixer Junta ergeben mußte.

Auf die Nachricht von diesen Aufständen beauftragte Napoleon den General Dupont mit der Unterwerfung der Hauptpunkte in Südspanien. Die bewaffneten Bauern wurden leicht auseinander gesprengt, und Cordova mit Sturm genommen, doch die Junta von Sevilla hatte ihren Generalen Castannos und Reding befohlen, alles was an Bewaffneten vorhanden war, zusammenzuraffen und die Franzosen zu vernichten. Das Heer Dupont's wurde aus allen Verstecken, Hecken und hinter Mauern angegriffen, die Franzosen sanken von spanischen Kugeln aus Hinterhalten getroffen, endlich war das franz. Corps ganz umstellt, und durch Hitze, Durst und Ermattung gezwungen, mußte Dupont mit 20.000 Mann die Waffen strecken und sich am 22. Juli in Baylen ergeben.

Diese Capitulation rief beim Könige Josef und seinem Hofe in Madrid so großen Schrecken hervor, daß dieser und die Franzosen am 2. August Madrid verließen und sich hinter den Ebro zurückzogen. Auch mußten die Franzosen am 14. August die Belagerung von Saragossa aufgeben, das sie in dem Kampfe von Straße zu Straße und von Haus zu Haus, schon zur Hälfte eingenommen hatten. Die Franzosen hatten bereits vor Saragossa 11—12.000 Mann verloren und mußten beim Abzuge noch einen Theil ihres Geschützes zurücklassen.

In Catalonien war der kleine Krieg (Guerilla) der Spanier, für die Franzosen der verderblichste.

Das Beispiel Spaniens steckte auch das benachbarte Portugal an.

In Oporto entstand auch eine Junta und der Aufstand verbreitete sich durchs ganze Land, wohl hätten die kräftigen Maßregeln Junots und Kellermanns diesen Aufstand, wegen der geringfügigen Ausdehnung des Landes unterdrückt, wenn letzterem von England aus die Hilfe zur rechten Zeit nicht geworden wäre.

Der englische Oberkommandant Sir Arthur Wellesley landete nämlich mit englischen Truppen in der Mündung des Mondenego und besetzte die Höhen von Vimieira. General Junot

griff zwar am 21. August die Engländer an, wurde aber zurück=
geschlagen. Nach dieser Schlacht war ein längeres Verbleiben Junot's
in Portugal um so weniger möglich, als auch Sir Henry Dar=
lymple mit neuen bedeutenden englischen Verstärkungen ankam.
Junot schloß deßhalb am 30. August zu Cintra mit den Engländern
eine Convention dahin ab, daß die Franzosen mit militärischen Ehren
aus Portugal abziehen durften und auf englischen Schiffen nach
Frankreich gebracht wurden.

§. 116. Da Napoleon den Wunsch des Kaisers Alexander I.
von Rußland betreff der Theilung der Türkei nicht erfüllen wollte,
dabei aber seiner Freundschaft bedurfte, um bei seinen Actionen auf
der pyrenäischen Halbinsel den Rücken gedeckt zu haben, so brachte
er es dahin, daß es in Erfurt am 27. September zu einem Kon=
greß kam, zu dem Napoleon noch vier Könige und 34 Fürsten und
Prinzen des Rheinbundes, mit Ausnahme Oesterreichs und Preußens
einlud. Zwischen Alexander und Napoleon wurde hier vereinbart,
einen Friedensvertrag an Georg III. von England zu richten
wobei der gegenwärtige Besitzstand als Grundlage dienen sollte.
Dabei hatte Napoleon noch folgende Absicht: Josefine, seine Ge=
mahlin, war älter als er und beschenkte ihn mit keinem Leibeserben.
Er beabsichtigte daher sich von Josefinen zu trennen und um die
Schwester Alexander's, die schöne und geistreiche Großfürstin Ka=
tharina anzuhalten. Alexander betonte aber in seiner Antwort, daß
er die engeren Bande mit Napoleon gerne wünsche, daß aber seine
Mutter gegen diese Eheschließung sei, er hoffe jedoch ihre Abneigung
überwinden zu können.

Am 14. Oktober trennten sich Napoleon und Alexander
in der größten Freundschaft, doch sollten sie sich aber nie mehr
wieder sehen. — Die Friedensanträge der zwei Kaiser wurden jedoch
von England verworfen.

§. 117. Nach dem Kongresse von Erfurt rüstete daher Na=
poleon zum Kriege gegen Spanien. 150,000 altgediente Soldaten
waren unter den Marschällen: Soult, Ney, Moncey, Mortier,
Junot, Victor, Bessieres 2c. nach Spanien bestimmt. Ein
französisches Heer von 60,000 Mann unter Davoust war gegen
Oesterreich am Rhein aufgestellt und die Rheinfürsten erhielten den
Auftrag gleichfalls zu rüsten.

In Madrid war die Befreiungsarmee der Spanier, wie sich die
Vertheidiger von Andalusien und Valencia nannten, am 13. August
eingezogen und es wurde eine Centraljunta in Aranjuez errichtet.

1808.
Schlacht bei
Vimieira
21. August.

Convention
zu Cintra
30. August.

§. 116.
Kongreß zu
Erfurt
27. Septbr.

Absicht Napo=
leon's, die
Großfürstin
Katharina von
Rußland zu
heirathen.

14. Oktober.

§. 117.
Napoleon
in Spanien.

13. August.

Als Napoleon die spanische Grenze überschritt, hatte er 250,000 Franzosen und Verbündete um sich versammelt, die Spanier konnten ihm aber kaum 130,000 Mann ungeübter Truppen entgegen stellen. Unter solchen Umständen war die Rückkehr des spanischen Corps von 14,000 Mann, welches Napoleon nach Dänemark geschickt hatte, für die Spanier von großer Wichtigkeit. Der Befehlshaber dieses Corps La Romana wurde deßhalb durch die Junta von Sevilla zur Rückkehr nach Spanien aufgefordert und es gelang ihm auch mit Hilfe der Engländer mit 10,000 Mann in Spanien zu landen.

Die gesammte spanische Macht war unter Blake, Castannos und Palafox gestellt, ihnen standen aber die besten Marschälle Frankreichs gegenüber.

1808.

Niederlage der Spanier bei Tudela 23. November.

Die Franzosen rücken in Madrid ein 4. Dezember.

1809.

Schlacht vor Corunna 16. Januar.

Zweiter Einzug Josefs in Madrid 22. Jänner.

Rückkehr Napoleon's nach Frankreich 17. Jänner.

Fall von Saragossa 21. Februar.

Am 11. November wurden dann die Spanier bei Burgos aus einander gesprengt und die Franzosen rückten in Burgos ein. Am 23. November wurden Castannos und Palafox bei Tudela geschlagen und auch die anderen auf dem Wege nach Madrid aufgestellten Truppen wurden auseinander getrieben. Am 2. November erschien Napoleon selbst vor Madrid, am 4. Dezember kapitulirte dasselbe und die Franzosen rückten dort ein.

Am 1. Jänner 1809 zog Napoleon dem englischen General Moore, welcher Soult heftig drängte, bis Astorga entgegen. Da er aber hier Depeschen erhielt, welche ihm die Rüstungen Oesterreichs und den wahrscheinlichen Krieg Rußlands mit der Türkei meldeten, übergab er die Verfolgung der Engländer an Soult und ging nach Valladolid, um weitere Nachrichten aus Frankreich abzuwarten.

Am 16. Januar kam es zwischen Soult und den Engländern unter Moore vor Corunna zur Schlacht, in der die Engländer zurückgedrängt wurden, sich aber auf ihre Schiffe retten konnten.

Auch auf allen anderen Punkten in Spanien wurde von den Franzosen mit Glück gekämpft, wohl war in Catalonien der Aufstand am heftigsten, aber auch hier waren die Franzosen unter Gouvion St. Cyr endlich die Sieger und am 22. Januar zog Josef zum zweitenmale in Madrid ein. Da dieses jetzt beruhigt, Nordspanien unterworfen und die Engländer entfernt waren, verließ Napoleon am 17. Januar Spanien und war am 23. Januar wieder in den Tuillerien.

In Nordspanien war es einzig noch Saragossa, welches nicht in den Händen der Franzosen war und von Jonnot belagert wurde. Erst nach furchtbaren Kämpfen konnte aber Saragossa am

21. Februar von den Franzosen eingenommen werden, nachdem während der Belagerung 50,000 Personen darin umgekommen waren.

§. 118. Da Napoleon jetzt auch die weltliche Obergewalt über Rom in Anspruch nahm, so entstand daraus eine Feindseligkeit mit dem Papste, welche sich noch steigerte als Pius VII. den Grundsatz aufstellte, daß dem Papste die oberste Aufsicht über alle weltliche Macht zustehe. Diese Feindseligkeiten führten schon im Jahre 1808 dazu, daß sich die Franzosen (2. Februar 1808) der Engelsburg bemächtigten und sodann auch Urbino, Ankona, Macerata, Fermo und Camerino (2. April 1808) mit dem Königreich Italien vereint wurden, so daß dem Papste nur Rom allein noch übrig blieb.

Am 17. Mai 1809 aber erließ Napoleon ein Dekret, durch welches auch Rom mit dem Kaiserreiche vereinigt wurde.

Am 10. Juni wurde deßhalb gegen Napoleon vom Papste in der Peterskirche die Bannbulle angeschlagen.

Da sich dieser aber weigerte seiner weltlichen Macht zu entsagen, so wurde er in der Nacht am 6. Juli durch französische Gensdarmen aus dem Quirinal gehoben, gewaltsam aus Rom weggeführt, und in Savona internirt.

§. 119. Oesterreich war jetzt am Continente noch der einzige Staat den Napoleon zu fürchten hatte, derselbe war daher auf die Schwächung desselben bedacht.

Da sich aber nun auch in Deutschland bedenkliche Meinungen gegen Napoleon zu regen anfingen, selbst auch Frankreich mit dem Kaiserregimente unzufrieden zu sein anfing, so nahm Oesterreich an, daß im Falle eines Krieges auch Preußen wieder zu den Waffen greifen würde, und überdies schien für Oesterreich der jetzige Moment, wo Frankreich in Spanien gebunden war, für eine Aktion am besten geeignet, aus diesen Gründen wurde daher an Frankreich der Krieg erklärt, und Kaiser Franz I. erließ am 8. April das diesfällige Manifest.

Die Macht, die Napoleon Oesterreich unmittelbar entgegenstellen konnte war: die Rheinarmee unter Davoust (60,000 Mann), Lannes (50,000), Massena (37,000) und die Rheinlandstruppen (80,000).

Die Armee des Vicekönigs von Italien betrug 45,000 Mann, und unter dem Fürsten Poniatowski standen im Herzogthum Warschau 24,000 Polen.

Oesterreich konnte daher im Anfange des Feldzuges mit einer größeren Kriegsmacht erscheinen. Die Linientruppen waren 280,000 Mann mit 30,000 Pferden stark, die Landwehr 154 Bataillone, die Ungarn versprachen 37,000 Mann und 16,000 Reiter. Der Ober befehlshaber war Erzherzog Karl, und die Armee wurde in 6 Korps unter Erzherzog Ludwig, Fürst Hohenzollern, Rosen berg, den Generalen Hiller, Bellegarde und Kolowrat einge- theilt, und 10,000 Mann sollten den Tyrolern zu Hülfe kommen, welche sich für Oesterreich erheben wollten.

Napoleon reiste schon am 13. April von Paris auf den Kriegsschauplatz, und am 19. und 20. April kam es bei Rohr und Abensberg für die Franzosen zu günstigen Gefechten.

Am 22. April wurden hierauf die Oesterreicher in der Schlacht bei Eckmühl von Davoust geschlagen, und am 23. April Regens- burg von Lannes erstürmt.

Gegen Tyrol wurde Lefebvre mit den Baiern gesendet, Napoleon, Massena, Lannes und Oudinot gingen dann über den Inn. Am 3. Mai kam es bei Ebelsberg mit dem österr. General Hiller zu einem äußerst blutigen Kampfe, worauf sich Hiller nach Mauern zurückziehen mußte.

Am 13. Mai kapitulirte Wien, und Napoleon schlug sein Hauptquartier in Schönbrunn auf, ehe noch Erzherzog Carl mit der Armee der Hauptstadt zu Hilfe kommen konnte, und ließ jetzt in den Armeeberichte vom 16. Mai die Andeutungen über die Enthro- nung der lothringisch-habsburgischen Dynastie fallen.

§. 120. Schon im Januar 1809 waren die Tyroler im Falle eines Krieges zu einer Erhebung für Oesterreich bereit, und schon damals wurde Andreas Hofer, Besitzer des Gasthofes am Sande bei St. Leonhard im Passeyerthale, von ihnen zu ihrem Oberkommandanten erwählt. Außer ihm waren es noch: Hor- mayer, der Kapuziner Haspinger, Peter Meyer und Martin Teimer, ein Tabackhändler aus Klagenfurt, die zu der Erhebung der Tyroler am Meisten beitrugen. Als daher am 8. April Hofer vom General Chasteller die Anzeige erhielt, daß die Oesterreicher

die Grenze überschreiten werden, so loderte die Erhebung schon am 10. April in Tirol empor. Am 11. April überwältigte Hofer mit 1000 Schützen das Bataillon des Obersten Bärenklau, auch die Unterinthaler unter Speckbacher schlugen los, die Erhebung breitete sich im ganzen Lande aus, und von allen Seiten ging es auf Innsbruck zu, Bisson und Wrede wurden von Tyrolern umzingelt, 6000 Gefangene gemacht, 7 Kanonen und 4 Fahnen genommen. Deutsch-Tyrol war dadurch bis auf Kufstein frei. In Wälsch-Tyrol wurde der französische General Baraguay von dem österr. General Chasteller und den Tyrolern geschlagen.

1899.

§. 121. Indessen ließ Napoleon drei Brücken über die Donau schlagen und ging an das linke Donauufer, wo jetzt der Erzherzog Carl stand über. In geringer Entfernung vom Strome liegen die zwei Dörfer Aspern und Eßling, hier entbrannte am 21. Mai Mittags die Schlacht und wurde den 22. Mai von 2 Uhr Morgens schon wieder fortgesetzt. Bei einbrechender Dunkelheit zog sich aber Napoleon ohne Entscheidung, aus Mangel an Munition auf die Insel Lobau zurück, worauf eine mehrwöchentliche Unterbrechung des Kampfes eintrat.

§. 121.

Schlacht bei Aspern 21. und 22. Mai.

Die Erzherzoge Johann und Josef wurden dagegen am 14. Juni von dem Vicekönig von Italien bei Raab geschlagen und dieses eingenommen.

Schlacht bei Raab. 14. Juni

§. 122. In Tyrol wurde während dieser Zeit mit wachsendem Glücke gefochten, und da Napoleon gegen den österr. General Chasteller eine Achtserklärung erließ, die dahin lautete, daß er bei seiner Ergreifung erschossen werden solle, so benützte dieser einen Vorwand, um Tyrol zu verlassen, weil er sich durch diese Drohung einschüchtern ließ. Die Bayern zogen am 19. Mai wieder in Innsbruck ein. Die Grausamkeiten der Bayern reizten aber die Bevölkerung zur Verzweiflung und der bayerische General Deroi wurde von Hofer, Speckbacher und Haspinger mit 18,000 Tyrolern am 22. Mai geschlagen.

§. 122. Vorgänge in Tyrol.

Sieg der Tyroler über den General Deroi 22. Mai.

§. 123. Napoleon benützte indessen den Monat Juni sowohl zur Befestigung der Insel Lobau, als auch zur Herbeiziehung von Verstärkungen. Am 5. Juli stand sodann die ganze franz. Armee 154,000 Mann stark auf dem rechten Donauufer. Mittags des 5. Juli fing hierauf die Schlacht von Wagram an, und erst am Mittag des 6. Juli wurde Erzherzog Carl zum Rückzuge gezwungen, ohne daß ihn aber die Franzosen zu verfolgen in der Lage gewesen wären. Die Schlacht von Wagram hatte den Oesterreichern 20,000, den Franzosen 14,000 Mann gekostet. Nach der Schlacht wurden Macdonald, Oudinot und Marmont zu Marschällen ernannt.

§. 123. Schlacht bei Wagram 5. u. 6. Juli.

Erzherzog Carl schlug mit seiner Armee die Straße nach Mähren ein, und stellte bei Znaim seine Truppen wieder in Schlacht-

1809.
Waffenstill-
stand von
Znaim
11. Juni.
§. 124.
Neue
Erhebung
in Tyrol.

ordnung auf. Am 11. Juli kam es aber zu einem Waffenstill
stande.

§. 124. Die Nachricht von dem neuen Waffenstillstande
brachte in Tyrol eine tiefe Entmuthigung hervor, da jetzt gegen
40,000 Franzosen und Baiern ins Land rückten. In dieser Zeit
der Gefahr beschloßen drei muthige Männer: Schenk, Mayer und
Kemnater eine neue Schilderhebung, Speckbacher und Hofer
schloßen sich an, und der Aufstand verbreitete sich hierauf wieder
über Berg und Thal.

Der General Rouyer mußte hierauf am 4. August die
Waffen strecken, Lefevre wurde zurückgedrängt, Hofer rückte am
15. August wieder in Innsbruck ein und übernahm die Regierung
des Landes.

§. 125. Am 14. Oktober wurde endlich der Friede von Wien
geschloßen. Kaiser Franz I. trat an den Rheinbund Salzburg und
Berchtesgaden, das Innviertel und die Hälfte des Hausruckviertels
ab. An Napoleon als König von Italien trat er Görz, Krain,
Triest; an das Herzogthum Warschau, West- und Ostgalizien und
an Rußland den einen ostgalizischen Distrikt von 400,000 Seelen
ab. Oesterreich verlor 2000 ☐ Meilen, mehr als 3 Millionen Einwohner, und wurde vom Meere ausgeschloßen. An Kriegskontri-
bution zahlte Oesterreich 85 Millionen Fr. Den Tyrolern wurde
Amnestie versprochen.

Napoleon bildete sodann aus den abgetretenen Ländern am
rechten Ufer der Sau das eigene Verwaltungsgebiet: „Illyrien."

§. 126. Nach dem Frieden legten die Tyroler die Waffen
nieder, Hofer aber irre geführt durch einige Verräther, ließ sich am
15. November 1809 zu einem neuen Aufrufe an die Vintschgauer zur
Fortsetzung des Aufstandes verleiten und der kleine Krieg dauerte
durch einige Wochen fort, Hofer wurde aber von dem Priester
Josef Donay an den Feind verrathen, in der Nacht zum 31. Jänner
1810 ergriffen, nach Italien gebracht, wo er in Mantua am 20.
Februar 1810 erschoßen wurde.

§. 127. Der Stolz Napoleon's, der Stifter einer Dynastie zu
werden, sein Verlangen seine Herrschaft einem Sohne übergeben zu
können, die Besorgniß, daß sein Reich nach seinem Tode zerfallen
müßte, führten ihn zu dem Entschluße einer neuen ehelichen Verbindung. Schon am 15. Dezember 1809 trat der Familienrath
zusammen, dem Napoleon die Gründe seiner Trennung auseinandersetzte und wozu Josefine ihre Einwilligung schriftlich ertheilte.

Am 16. Oktober wurde durch den Senat der Beschluß des
Familienrathes bestättigt, Josefine erhielt einen Jahrgehalt von
2 Millionen, ein Palais in Paris, und die Schlößer Malmaison
und Navarre. Da sich Napoleon in seinem gespannten Verhältnisse
nicht an den Papst wenden konnte, so wurde seine Ehe mit Jo=
sefine bloß von der Diecösangewalt für ungültig erklärt.

Da Napoleon mit dem Kaiser Alexander von Rußland
betreff der Verehelichung mit der Prinzessin Katharina zu keinem Re=
sultate kommen konnte, erklärte er plötzlich am 6. Feber 1810 seine
Absicht, sich um die Hand der Tochter des österr. Kaisers der Erzher=
zogin Maria Louise zu bewerben. Nachdem Kaiser Franz I.
hiezu seine Einwilligung ertheilt hatte, fand dann die Vermählung
am 14. März 1810 in Wien statt, wo der Erzherzog Carl die
Stelle Napoleon's vertrat. Am 23. März traf Maria Louise
in Straßburg ein, am 1. April fand in Cloud der Civilakt statt,
und am 2. April hielt Napoleon mit Maria Louise seinen
feierlichen Einzug in Paris.

Da der König von Holland (Ludwig Bonaparte) die
Continentalsperre (als in Holland unanwendbar) nicht mit der
nöthigen Strenge befolgte, zerfiel er mit Napoleon, weßhalb
dieser ein Truppencorps in Holland zur Unterdrückung des Schleich=
handels einrücken ließ. Ludwig legte darauf am 3. Juli die Krone
zu Gunsten seines ältesten Sohnes nieder, entfloh nach Oesterreich
und lebte als Graf St. Leu in Teplitz und dann in der Steier=
mark in Graz.

Napoleon dekretirte aber am 9. Juli sodann die Vereinigung
Hollands mit Frankreich.

§. 128. Die Engländer hatten nach der Schlacht von Co=
runna (§. 117.) keineswegs Spanien aufgegeben, ein Theil der
brittischen Streitkräfte war in der Umgebung von Lissabon unter
dem General Cardok stehen geblieben, erhielt aus England neue
Verstärkungen, auch Sir Arthur Wellesley landete im April
1809 mit einer neuen Expedition bei Lissabon, und jetzt erhielt die
Behauptung Portugals sowohl für die Engländer als Franzosen die
gleich hohe Wichtigkeit.

Marschall Soult hatte mit der Expedition zur Eroberung
von Portugal am 4. März 1809 mit 26,000 Mann die portug.
Grenze überschritten, fand aber dort die Bevölkerung unter den
Waffen und stieß überall auf Hindernisse. Hinter allen Mauern,
Hecken und aus jedem Verstecke wurde auf die vorüberziehenden

Marginalia:
1810.

Napoleon
vermählt sich
mit der Erz=
herzogin
Maria Louise
von Oester=
reich
14. März.

Vereinigung
Hollands mit
Frankreich
9. Juli.

§. 128.
Fortsetzung
des Krieges
in Spanien
und Portugal
(1809—1812)

Feldzug
Soult's in
Portugal
(1809).

1810.

Erstürmung
Oportos
29. März
1809.

Franzosen geschossen, und der fanatische Haß der Portugiesen über
bot sich an Grausamkeiten gegen jene Franzosen, welche ihnen in
die Hände kamen.

Am 29. März 1809 wurde Oporto von den Franzosen
mit Sturm genommen und Soult erklärte sich zum Generalgouver
neur von Portugal. Indessen war aber der General La Romana
nach dem gebirgigen Theile Galiciens vorgedrungen, und schnitt so
die Franzosen von jeder Verbindung mit Spanien ab.

Um Soult die Eroberung Portugals zu erleichtern, wurden,
in Folge Anordnung Napoleon's, von Marschall Viktor Operationen
in Andalusien gegen Spanien vorgenommen, der spanische General
Gregorio de la Cuesta wurde am 28. März bei Medellin total
geschlagen, und auch in der Mancha bei Cindad Real wurden die
Spanier von General Sebastiani vernichtet, worauf beide Generale
nach Guadiana vorrückten; die Spanier aber verloren ungeachtet
dieser Niederlagen nicht den Muth, und führten dagegen den Gue-
rilla-Krieg mit größerem Eifer fort, schlugen einzelne Abtheilungen
der Franzosen, schnitten ihnen alle Zufuhr ab und hoben so die
Verbindung zwischen Madrid und den Provinzen auf.

Ney, welcher in Galicien stand, hoffte das schlecht ausge-
rüstete Corps des Generals La Romana, welches sich zwischen
ihn und Soult geschoben hatte, leicht vernichten zu können, doch
wurde er bitter enttäuscht, denn wenn auch die Spanier nirgends
im offenen Felde Stand hielten, so wurde er doch von den Spaniern ununterbrochen in den kleinen Kämpfen derart belästigt und
geschädigt, daß er mit der Provinz Galicien nicht fertig werden
konnte.

So stand jetzt Soult in Oporto mit einigen 20,000 Mann
festgehalten, und konnte den Marsch nach Lissabon nicht wagen, weil
dort fast ebenso viele Engländer ihm gegenüber waren und vor ihm
stand der portugiesische Aufstand. Auch dachte Soult in seinem Ehr-
geize jetzt darauf in Nordportugal für sich einen unabhängigen
Staat zu bilden, und sich nach dem Beispiele Napoleon's ebenfalls
als Herrscher empor zu schwingen. Unter diesen Verhältnißen riß
aber in seinem Heere Unordnung Willkühr und Zuchtlosigkeit ein.

Ueberrumpe-
lung Soult's
durch Welles-
ley in Oporto
12. Mai 1809.

Sir Arthur Wellesley der englische Oberbefehlshaber,
hatte sein Hauptquartier in Coimbra, und da er von den Vorgängen in Oporto durch den französischen Dragoner Kapitän Ar-
genton aus Oporto volle Kenntniß erhielt, so gelang es ihm die Franzosen in Oporto in der Nacht zum 12. Mai zu überrumpeln, so

1810.

daß sich Soult nur über das Gebirge mit Zurücklassung seiner Kranken, des Gepäckes und seiner Kanonen nach Galicien zu retten vermochte.

Da in Spanien unter den Kommandirenden Marschällen Soult, Ney und Mortier keine einheitliche Leitung bestand, und überdies unter ihnen auch Meinungsverschiedenheiten herrschten, übertrug Napoleon jetzt den Oberbefehl über diese drei Corps dem Marschall Soult.

Nach dem Handstreiche gegen Oporto war Wellesley in Estramadura eingerückt, und vereinigte sich bei Talavera mit den spanischen Generalen Cuesta und Venegas, so daß er sich an der Spitze von 66,000 Mann befand, unter denen 26,000 Engländer waren.

Am 28. Juli 1809 kam es mit den Franzosen bei Tala= Schlacht bei vera de la Rayna zu einer Schlacht, in der Wellesley wohl Talavera keinen vollen Sieg erfocht, aber dennoch das Schlachtfeld be= 28. Juli 1809. hauptete.

Die hierauf weiter folgenden gegenseitigen Kämpfe wurden mit wachsendem Glück geführt, hatten aber im Ganzen, durch die Niederlagen der spanischen Generale: Venegas, del Parque, Areizaga und Blake, so wie durch die Einnahme mehrerer Festungen in Arragonien und Catalonien, für die Franzosen eine günstigere Wendung genommen.

König Josef wollte jetzt den Plan der Unterwerfung Süd= Plan zur spaniens ins Werk setzen, und zog daher in Person Mitte Januar Unterwerfung 1810 mit einem Herre von 65,000 Mann, das unter dem Ober= Südspaniens. befehle Soult's, von Mortier, Sebastiani und Victor geführt wurde nach Andalusien, Malaga und Granada wurden von Se= bastiani besetzt, und am 1. Februar hielt König Josef seinen Einzug Einzug in Sevilla, welches von dem Centraljunta verlassen Josef's in worden war, die sich nach Cadix flüchtete und sich dort zu einer Sevilla geordneten Regierung umbildete. Das Hauptbestreben der Franzosen 1. Februar mußte daher jetzt die Einnahme von Cadix sein, dieses wurde aber 1810. von 30,000 Mann unter dem engl. General Graham vertheidigt, war durch seine natürliche Lage uneinnehmbar, und deßhalb war auch die Belagerung dieses Platzes durch Marschall Victor ver= gebens.

Da es jetzt immer klarer hervortrat, daß alle Siege in Spanien Neuer Feldzug so lange vergeblich bleiben werden, bis es nicht gelänge die Engländer Massenas ge= aus Portugal zu vertreiben, übertrug Napoleon diese Aufgabe dem gen Portugal (1810).

1810.

besten seiner Marschälle: Massena, welcher dieselbe aber nur mit Widerwillen annahm.

Einnahme von Ciudad Rodrigo 10 Juli 1810.

Der Anfang des Feldzugs war für die Franzosen günstig. Die span. Grenzfestung Ciudad Rodrigo wurde von ihnen am 10. Juli 1810 eingenommen und die port. Grenzfestung Almeida mußte sich am 26. August ergeben.

Einnahme von Almeida 26. August 1810.

Die Franzosen rückten sodann auf Coimbra los.

Sir Arthur Wellesley, der inzwischen zum Pair erhoben war, und jetzt Lord Wellington hieß, verwüstete aber das ganze Land herum, ließ alle Heerden wegtreiben, alle Brunnen verschütten, alle Einwohner auswandern und hinderte so die Franzosen am Vorrücken. Wellington hatte schon im Oktober 1809 angefangen

Englische Befestigungen bei Torres-Vedras.

eine Bodenerhöhung zwischen Alhandra und Torres-Vedras, acht Stunden von Lissabon gelegen in ein festes Lager zu verwandeln, welches sowohl seine eigenen als auch die port. Truppen aufzunehmen geeignet war. Durch die ununterbrochene Arbeit von vielen tausenden port. Bauern wurde endlich ein mit 400 Kanonen armirtes uneinnehmbares Werk geschaffen, in das er sich sodann von Coimbra mit seinen 62.000 Mann zog.

Massena dem erst das Dasein dieses Werkes, bei seinem Einmarsche in Portugal bekannt wurde, lagerte sich wohl mit seinen Truppen vor die Verschanzungen der Engländer, doch erkannte er, daß diese mit den ihm zu Gebote stehenden Truppen nicht angegriffen werden können, und da er auch von Soult keine Unter-

Massena's Rückzug 4. März 1810.

stützung erhielt, so zog er sich nach Santarem zurück von woher er am 4. März 1810 den Rückzug nach Spanien antrat und Mitte Mai wieder die span. Grenze erreichte. Auf Napoleon's Befehl legte er dann das Commando nieder, das Marmont übernahm.

So schlug der abermalige Versuch, Portugal für die Franzosen zu erobern, fehl.

Da Napoleon wünschte, daß während des Herbstes und Winters 1811 die Eroberung Valencias durchgeführt wurde, damit er einen Theil der Truppen aus Spanien zu dem bevorstehenden Kriege mit Rußland frei bekomme, so wurden von General Suchet, der mit dieser Expedition betraut wurde, die Festungen in Catalonien genommen, die stärkste von ihnen Tarragona am 28.

Unterjochung Valencias 1812.

Juni 1811 unter furchtbarem Blutvergießen erstürmt, und endlich mußte auch Valencia am 10. Januar 1812 kapituliren, worauf sich die Bevölkerung der Provinz in ihr Schicksal zu finden schien.

Souchet wurde für diesen Feldzug von Napoleon zum Marschall und Herzog von Albufera ernannt.

Bevor Napoleon seinen Feldzug gegen Rußland antrat, ernannte er seinen Bruder, den König Josef zum Oberbefehlshaber aller in Spanien stehenden Truppen, zog dann 25,000 Mann und die Generale Ney, Victor, Sebastiani, Montbrun und andere aus Spanien, um sie im russischen Feldzuge zu verwenden. Die in Spanien zurückgebliebenen Truppen waren aber noch immer den engl. Kräften überlegen, wenn selbe vereinigt worden wären, Soult jedoch der in Andalusien unabhängig bleiben wollte, verhinderte dies. Wellington trennte jetzt Soult von Marmont, indem er die stark befestigte Tajobrücke bei Almarz dem Franzosen am 18. Mai 1812 entriß und am 28. Juni Salamanka besetzte.

Am 22. Juli 1812 kam es bei Salamanka zwischen den Engländern und dem Corps Marmont's zur Schlacht, in der die Franzosen geschlagen und zum Rückzuge genöthigt wurden.

Wellington's Glückstern war jetzt im Steigen, jener der Franzosen aber im Sinken begriffen.

§. 129. Während dem Kriege in Spanien, welcher so unermeßliche und mit den Erfolgen in keinem Verhältniße stehende Opfer verschlang, und während sich auch im Norden ein Riesenkampf vorbereitete, wurde Napoleon am 20. März 1811 ein Sohn geboren, welcher den Titel: „König von Rom" erhielt.

§. 130. Die Spannung welche zwischen Alexander I. von Rußland und Napoleon wegen der Continentalsperre eingetreten war, wurde weiter noch dadurch wesentlich gesteigert, daß Napoleon einen Theil von Norddeutschland Frankreich einverleibte und den Herzog von Oldenburg vertrieb.

Im März 1811 ward von Petersburg aus eine Note an alle befreundeten Höfe gerichtet, in welcher gegen die Wegnahme von Oldenburg Protest erhoben und zu verstehen gegeben wurde, daß dies ein hinlänglicher Grund zum Kriege sei.

Von da an stand bei Napoleon der Plan fest, Rußland mit Krieg zu überziehen und er setzte Alles dazu nöthige in Bewegung. Ungeheure Truppenmassen brachen aus Frankreich, Italien und Deutschland auf, um an den Riemen zu ziehen, und unermeßliche Vorräthe an Lebensmitteln und Kriegsbedarf wurden an geeigneten Orten angehäuft. Kaiser Alexander war von seiner Seite zum Angriffe nicht geneigt, wollte den Kampfplatz auch nicht nach dem Herzogthum Warschau verlegen, sondern sich bloß auf die Verthei-

1812.

Bündniß mit Preußen und Oesterreich 21. Februar und 14. März.

digung beschränken und den Krieg zu einem nationalen machen. Napoleon schloß am 24. Feber 1812 mit Preußen ein Bündniß, wonach dieses zu dem Kriege mit Rußland 20,000 Mann stellen sollte, eben so wurde am 14. März mit Oesterreich ein gleiches Bündniß betreff der Stellung eines Contigentes von 30,000 Mann geschlossen.

Am 9. Mai verließ Napoleon mit seiner Gemahlin und Gefolge Paris, um in Dresden zu verweilen. Seine Reise glich einem Triumphzug.

Die ganze Armee Napoleon's die sich unterdessen der russischen Grenze näherte, bestand aus 600,000 Mann, darunter 94,000 Reiter, 40,000 Artilleristen, 20,000 Trainsoldaten. Zu derselben Zeit hatte er noch über 150,000 Mann in Frankreich, 50,000 in Italien und 50,000 in Spanien zu gebieten. Die Zahl der Geschütze be-

Ueberschreitung des Niemen 23. Juni.

trug 1372.

Napoleon war über Thorn, Danzig und Königsberg zu seiner Armee abgereist. Am 23. Juni überschritten 400,000 Mann den Grenzfluß Niemen.

Die von Alexander aufgestellten Streitkräfte waren viel geringer. Die zum Felddienst brauchbare russ. Macht bestand höchstens aus 370.000 Mann, von denen aber nur 200,000 dem Feind entgegengesetzt werden konnten, den Oberbefehl erhielt Barclay de Tolly.

Napoleon's Absicht war die einzelnen zerstreut stehenden russ. Kräfte anzugreifen und vor ihrer Vereinigung nacheinander zu schlagen.

Es fanden jetzt wohl Zusammenstöße mit einzelnen Abtheilungen statt, die Russen vermieden aber so viel nur möglich jedes Gefecht und zogen sich immer zurück. Am 28. Juli rückte Napoleon in Witepsk ein, wo er seine Armee ruhen lassen mußte, und da zeigte es sich, daß seine Streitkräfte sich in Folge der Entbehrungen schon um ein Drittel vermindert hatten, ohne daß er noch eine Schlacht geschlagen hätte. Bereits 10.000 Pferde waren aus Mangel

Franzosen in Smolensk 16. August.

an Futter und Wasser gefallen, und 100 Kanonen mußten zurückgelassen werden. Am 16. August langte die Hauptmacht vor Smolensk, wo die Russen hinter den alten Mauern standen. Am 17. August wurde heftig gekämpft, und Napoleon dachte den zweiten Tag eine Schlacht zu schlagen. Am anderen Tage aber waren die Russen verschwunden, Smolensk verbrannt und Napoleon konnte nicht einmal erforschen, welche Straße sie eingeschlagen hatten.

Unter diesen Umständen riethen ihm seine Freunde Eugen, 1812. Murat, Duroc die Vollendung des Werkes auf das nächste Jahr zu verschieben; allein in Smolensk konnte er nicht stehen bleiben, und so beschloß er auf Moskau zu marschiren, weil er hoffte daß die Russen zu dessen Rettung eine große Schlacht wagen werden. Bei den Russen aber entwickelte sich der strategische Gedanke, die Franzosen immer tiefer ins Land zu lassen, weil sie dadurch nur immer schwächer werden mußten. Es begann daher von Smolensk aus durch die Russen eine systematische Verwüstung des Landes, wobei sie noch auf den herannahenden Winter als ihren Bundesgenossen rechneten.

Indessen wurde statt Barclay de Tolly, Kutusoff zum Oberbefehlshaber der Armee ernannt, und da er Moskau nicht ohne Kampf aufgeben wollte, so kam es zwischen den beiden Armeen bei Borodina am 7. September zu einer großen Schlacht. Acht Stun= Schlacht bei den wogte der Kampf unentschieden hin und her doch um 4 Uhr Borodina Nachmittag fingen die Russen an zu weichen, und das russ. Heer zog 7. September. sich während der Nacht nach Moshaik zurück. Auf dem Schlacht= felde lagen 52,000 russ. und 30,000 franz. Todte und Verwundete.

Am 13. September langte Kutusoff in Moskau an, räumte die Stadt aber schon in der Nacht zum 14. September wieder, und im Laufe des Tages wurde dieselbe von der ganzen Bevölkerung verlassen. Von 25,000 Einwohnern blieben nur 14,000 meist Fremde zurück.

Am 14. September Mittags um 3 Uhr erschien Napoleon Napoleon's auf dem Grußberg vor Moskau, und Enthusiasmus ergriff die Einzug in ganze Armee bei diesem Anblick. Als er aber in die Vorstädte Moskau einrückte, erwartete er vergebens, daß ihm, wie sonst Bürgerdeputa= 14. Sept. tionen entgegenkommen würden; alles war still und leer, — Moskau war verlassen.

Napoleon brachte die erste Nacht in einem Hause der Vor= Brand von stadt zu. In der Nacht vom 14. zum 15. September brach zuerst Moskau im Bazar, dann in der Bank und in anderen weit auseinander 14.u.15.Sept. liegenden Stadttheilen Feuer aus. Am 15. September bezog Na= poleon den Kreml, doch das Feuer brach wiederholt aus, und bald zeigte es sich daß dieser Brand durch Brandstifter gelegt sei, und mehrere von ihnen eingefangen, sagten auch aus, daß sie auf Befehl des Gouverneurs Rostopschin so gehandelt. Bei dem herrschenden Winde war an ein Löschen nicht zu denken, Napoleon mußte den Kreml wegen der Gefahr des Brandes und der Explosion einer

1812.   Masse Pulverwägen verlassen, und bezog das Lustschloß Petrows-
koi. Auch die meisten Truppen mußten die Stadt verlassen, und
nur mit Aufopferung der Garde wurde der Kreml gerettet. Sieben
Tage lang wüthete das Feuer, und erst am 21. September machte
ein heftiger Regenguß demselben ein Ende Am 20. September be
zog Napoleon wieder den Kreml, theilte dann die Stadt in 20 Quar
tiere und richtete die Verwaltung ein.

Hätte er am 1. Oktober den Rückzug wieder angetreten, so
wäre die spätere Katastrophe vermieden worden, ihn beseelte aber
der Wahn, daß ihm nach Moskau Friedensvorschläge gemacht werden
müßen.

Um Napoleon nur möglichst lange in Moskau aufzuhalten,
und ihn dann dem russ. Winter zu überliefern, wurden vom russ.
Hofe und von Kutusoff Friedensvorschläge eingeleitet. Als aber
am 18. Oktober bei Winkowo die franz. Vorhut von den Russen
angegriffen, und ihr empfindliche Verluste beigebracht wurden, begriff
Napoleon endlich, die List und die Vergeblichkeit der Friedensvorschläge.

Napoleon   Am 18. Oktober verließ er endlich Moskau, sein Heer bestand
verläßt   noch aus 104,000 Mann, die Reiterei war aber wegen der schlechten
Moskau   Beschaffenheit der Pferde wenig brauchbar, 605 Kanonen, 2455 Mu-
18. Oktober.   nitionswagen, und ein endloser Troß von Fuhrwerk zog der Armee
nach. Am 23. Oktober ließ Napoleon auch den Kreml in die Luft
sprengen, und nur das vergoldete Kreuz der Iwankirche nahm er
als Trophäe mit.

Napoleon's   Kutusoff verfolgte nun die franz. Armee, fiel sie fort an
Rückzug.   und schnitt die Nachzügler ab, ohne jedoch einen allg. Angriff zu unter-
13. Nov.   nehmen. Jetzt kam aber auch schon der Winter mit Schnee und
Kälte von 15—18 Graden, der Mangel an Lebensmitteln stellte
sich ein, der Boden blieb überall, wo die Armee gelagert hatte mit
menschlichen und thierischen Leichen bedeckt, und manche Corps waren
jetzt bis auf $\frac{1}{3}$ herabgeschmolzen.

Am 13. November kam Napoleon nach Smolensk und hatte
nur noch 42,000 kampffähige Truppen. Seit dem Auszuge aus
Moskau hatte er 60,000 Mann verloren. Kutusoff folgte aber
mit 90,000 Mann, doch erfolgten immer nur theilweise Gefechte.

Als Napoleon endlich erfuhr daß auch die Brücke über die
Beresina vom Feinde genommen und abgebrochen worden sei,
hielt er sich und sein Heer einen Augenblick für verloren, und
fürchtete die Gefangennahme, denn seine Hoffnung auf Rettung

beruhte nur noch auf 20,000 kampffähigen Truppen. An der Be=
rezina standen aber 30,000 Russen unter Wittgenstein, links
unter Tschitschagow 28,000, und im Rücken Kutusoff mit
70,000 M. Napoleon ließ bei Studienka eine Brücke schlagen, und
da sich mit ihm dann das poln. Corps vereinigt hatte, so hatte er
an der Berezina wieder 30,000 kampffähige Truppen, mit einer
eben so großen Anzahl von Nachzüglern.

Am 26. November 1 Uhr Nachmittags war die erste, um 4 Uhr **Uebergang der**
Nachmittags die zweite Brücke über die Berezina fertig, am 26. begann **Franzosen**
der Uebergang, am 27. November ging die Division Ney, die Garde **über die**
mit Napoleon, in der Nacht der Vicekönig und Davoust mit den **Berezina**
Ueberresten ihrer Corps über die Brücken auf das rechte Ufer, wo **26. u. 27. Nov.**
sie von den Russen bei Nachow empfangen wurden. Die Russen
wurden aber hier geschlagen.

Während dem wurden aber die Franzosen auf dem linken
Ufer von Wittgenstein angegriffen, und konnten den Russen
nicht einen Fuß breit Boden abgewinnen. Während diesen Kämpfen
hatte sich der ganze Troß, alles was von Nachzüglern vorhanden
war, sammt Weibern und Kindern auf die Brücke geworfen, wo
ein Gräuel der Verwirrung eintrat, Tausende wurden zerquetscht,
zertreten und Tausende wurden in die Berezina geworfen. Um
1 Uhr Nachts hatte endlich auch Victor mit seinem Corps den
Uebergang über den Fluß beendet, und obzwar noch Nachzügler an
dem linken Ufer waren, wurden die Brücken den zweiten Tag um
9 Uhr Früh angezündet.

Von der Berezina an, ließ die eigentliche Verfolgung der
Russen nach, es waren nur Kosakenschwärme die den Franzosen **Napoleon's**
folgten. Napoleon hatte aber nur noch 12,000 M., 2000 Reiter und **Rückkehr**
200 Kanonen übrig. Am 3. Dezember erließ er dann ein Bulletin, **nach Paris**
in dem er die Vernichtung seiner Armee eingestand, und da seine **5. Dezember.**
Gegenwart in Paris dringend nothwendig war, reiste er am 5. De=
zember dahin ab, woselbst er in der Nacht des 19. Dezember
eintraf.

Macdonald zog dann mit dem preußischen Heere unter dem
Oberbefehle des Generals York nach Tilsit, Schwarzenberg und
Poniatowski bezogen aber ein Lager an der galizischen Grenze.

Von den 610,000 Franzosen und Bundesgenossen, welche
nach Rußland gezogen waren, kamen Alles in Allem gerechnet nur
58,000 zurück und 552,000 blieben todt oder gefangen zurück,

1813.
§. 131.
Der Papst bezieht Awignon
25. Jänner.

Maria Louise wird zur Regentin ernannt 30. März.

§. 132.
Preußens Kriegserklä-rung an Frankreich und der Preußisch-, Russisch-Oesterreichi-sche Krieg 17. März.

Schlacht bei Groß-Grö-schen (Lützen) 2. Mai.

Schlacht bei Bautzen 20.u.21.Mai.

1200 Kanonen und 162,000 Pferde und eine Unmasse von Munition und Gepäck ging verloren.

§. 131. Nach diesem Unglücke glaubte Napoleon die öffentl. Meinung über das Geschehene, durch eine hochfahrende Haltung einschüchtern und ersticken zu müssen. Sein Streben war daher auf die Erneuerung der Kriegsmacht gerichtet.

Nachdem er am 25. Jänner 1813 mit dem Papste ein Con-kordat geschlossen, gemäß welchem dieser seiner weltlichen Macht still-schweigend entsagte, und seine Residenz in Avignon mit 2 Mill. Fr. Einkünften nahm, erklärte Napoleon am 14. Februar dem ge-setzgebenden Körper, sein Bruder Josef müsse auf dem spanischen Thron verbleiben, daß er die Integrität seines Reiches nicht antasten lassen, und keinen seiner Bundesgenossen aufgeben werde; dann ernannte er seine Gemahlin zur Regentin für den Fall seiner Ab-wesenheit, und am 30. März legte diese im Thronsaale der Tuille-rieen in die Hände ihres Gemahls den Eid als Regentin ab.

§. 132. Die Ueberzeugung von der Nothwendigkeit, Frankreichs Uebergewicht einzuschränken, in Verbindung mit der tiefen Demüthi-gung Preußens, und des Erwachens des Nationalgefühles in Deutschland, bewogen Preußen am 24. Februar mit Rußland ein Bündniß gegen Frankreich abzuschließen, worauf am 17. März Preußen an Frankreich den Krieg erklärte. Am 22. April trat auch Schweden dem Bündniße gegen Frankreich bei.

Kaiser Napoleon war schon am 16. März in Mainz ange-langt, und das franz. Heer, — wieder die große Armee genannt — zählte jetzt 120,000 Streiter, wogegen die Verbündeten unter dem Oberbefehle Wittgenstein's nur 95,000 Soldaten, darunter 20,000 Reiter und 524 Geschütze hatten. Unter Wittgenstein kom-mandirten Blücher, York, Winzigerode und Tomassoff.

Am 30. April drangen die Franzosen in Weissenfels ein, und am 1. Mai erzwang Ney den Durchgang durch das Thal von Rippach.

Am 2. Mai wurde bei Groß-Gröschen eine lange blutige Schlacht geschlagen, in Folge der die Verbündeten alle ihre Posi-tionen aufgeben, und den Rückzug antreten mußten, für Napoleon war sie aber kein vollständiger Sieg, indem das feindliche Heer nicht in Unordnung kam und die Franzosen keine Gefangenen machten.

Am 8. Mai zog Napoleon hierauf in Dresden ein.

Am 20. und 21. Mai kam es zwischen ihm und den Ver-bündeten bei Bautzen zu einer großen 2-tägigen Schlacht, in welcher die Verbündeten wohl geschlagen, sich aber geordnet zurück= ziehen konnten.

Da Wittgenstein's Ansehen durch die zwei verlornen Schlach=ten sehr gesunken war, wurde er durch Kutusoff ersetzt.

Napoleon drang hierauf in Schlesien ein, die Preußen gaben Breslau Preis, und zogen dann nach der bömischen Grenze, um sich Oesterreich zu nähern.

Ueber Oesterreichs Intervention wurde am 11. Juni mit Frankreich ein Waffenstillstand bis zum 20. Juli abgeschloßen, und Napoleon ging denselben nur deßhalb ein, um sich bis dahin noch mehr zu verstärken, auf der anderen Seite gab aber dieser Waffen=stillstand auch dem Verbündeten Zeit sich näher aneinander zu schließen, und Oesterreich zu sich heranzuziehen. Dieses übernahm jetzt die Vermittlerrolle, doch begegnete es von keiner Seite den Wunsche nach Frieden.

Am 12. Juli wurde ein Congreß in Prag eröffnet, da aber Preußen und Rußland durch die Convention vom 14. Juni an England gebunden waren, von dem ihnen Subsidien zur Kriegführung zugesichert waren, so konnten sie daher ohne dasselbe keinen Frieden mit Frankreich eingehen, und der Congreß war somit resultatlos geblieben. Oesterreich legte endlich sein Ultimatum vor, das im fol=gendem bestand: Auflösung des Herzogthums Warschau, Theilung desselben zwischen Rußland, Preußen und Oesterreich, Danzig kommt an die Preußen, Wiederherstellung Preußens und Abtretung der illyrischen Provinzen an Oesterreich. Metternich erklärte weiter in diesem Ultimatum, daß wenn Frankreich diese Bedingungen bis 10. August Abends nicht annähme, Oesterreich an dem Kriege gegen Frankreich Theil nehmen werde.

Nachdem Napoleon diese Bedingungen verwarf, so wurde am 10. August Abends von Oesterreich das Bündniß mit Preußen und Rußland unterzeichnet, und dies dem französ. Bevollmächtigten mit=getheilt. Napoleon hatte indessen sein Heer um 150,000 Mann ver=mehrt, konnte aber den Verbündeten höchstens 280,000 M., 40,000 Reiter und 1200 Kanonen entgegenstellen, während diese ihm aber 490.000 M. 100,000 Reiter und 1500 Geschütze entgegenstellten.

Die Hauptmacht der Verbündeten stand unter Barclay de Tolly in Böhmen gegen Sachsen, und der Oberbefehl wurde dem Fürsten Schwarzenberg übertragen.

Der neue Feldzug begann am 23. August mit der Schlacht

1813.

Congreß zu Prag 12. Juli.

Bündniß Oesterreichs mit Preußen und Rußland. 10. August.

1813.
Schlacht bei Groß-Beeren 23. August.

bei Groß-Beeren, wo Oudinot geschlagen wurde und sich zu-rückziehen mußte.

Napoleon hatte den Plan das Heer der Verbündeten einzeln anzugreifen und zu schlagen, denn nur so konnte er sich gegen ihre Ueberlegenheit wehren. Er zwang daher am 21. August die schlesische Armee unter Blücher sich hinter die Katzbach zurückzuziehen, als er jedoch die Nachricht erhielt, daß die Hauptmacht der Verbün-deten aus den Engpässen des Erzgebirges hervorgebrochen sei und auf Dresden marschire, so eilte er dahin, und übergab den Ober-befehl der gegen Blücher bestimmten Truppen dem Marschall Macdonald. Unter diesem waren die Divisionsgenerale Sou-ham, Lauriston, Maison, Delmas etc. Seine Armee bestand aus 75,000 M. Als nun derselbe am 26. August die durch Regen

Schlacht an der Katzbach 26. August.
Blücher.

angeschwollene Katzbach überschritt, griff ihm Blücher an, und in der hierauf sich entwickelnden Schlacht wurde Macdonad so geschlagen, daß er 105 Kanonen, das Gepäck und an Gefangenen und Todten 30,000 Mann verlor. Am 31. August ging Blücher über den Quais und Schlesien war vom Feinde befreit.

Dies war die erste große That Blüchers, welche seinen Namen verherrlichte.

Schlacht bei Dresden 27. August.

Inzwischen kam es am 27. August bei Dresden zwischen der Hauptmacht Napoleons und jener der Verbündeten zur Schlacht. Diese begann um 8 Uhr Morgens, und Napoleon leitete dieselbe im Centrum selbst. Die Franzosen gewannen immer mehr die Ober-hand, und Murat führte mit der schweren Reiterei endlich den Sieg herbei, indem er den linken österr. Flügel zur Auflösung brachte. Die Verbündeten nahmen den Rückzug nach Böhmen, und Napoleon erhielt einen vollständigen Sieg. Die Verbündeten verloren 25—26,000 M. an Todten, Verwundeten und Gefangenen und 40 Kanonen. Die Franzosen hatten bloß einen Verlust von 10,000 M.

Da Napoleon der Meinung war, Vandamme könne allein mit seinem Corps die Verbündeten vernichten, so sandte er ihn denselben nach, und kehrte mit dem Kern seiner Truppen nach Dresden zurück.

Vandamme kam in seiner Verfolgung der Verbündeten am 29. August bei Kulm an, wo er mit den Russen ein schweres Ge-fecht zu bestehen hatte.

Schlacht bei Nollendorf 30. August.

Am 30. August kam es aber dann bei Nollendorf zwischen ihm und den verstärkten Verbündeten zur Schlacht, in der er so eingeschlossen wurde, daß er sich mit 10,000 M. gefangen geben mußte.

Da Napoleon sich besonders Berlins bemächtigen wollte, so trachtete er vorerst die Nordarmee unschädlich zu machen, und sich zugleich auch an den Kronprinzen von Schweden, als einen Un= dankbaren und Verräther an Frankreich, zu rächen, deßhalb gab er den Oberbefehl über die zu dieser Expedition bestimmten Truppen dem Marschall Ney (Fürsten von der Moskwa, Herzog von El= chingen).

Die Vorhut der Nordarmee befehligte Tauenzien, ihm zu= nächst stand Bülow, und weiter hin standen die Russen und Schweden, und Ney führte von Wittenberg aus sein 65,000 M. starkes Heer dem Feinde entgegen. Am 6. Dezember kam es zur Schlacht bei Dennewitz, die Preußen, welche hier den Hauptkampf zu ertra= gen hatten, waren wohl in der Minderzahl, doch ihre begeisterte Tapferkeit errang über die Franzosen einen vollständigen Sieg. Ney verlor 14—15,000 Gefangene, 4 Adler, 80 Kanonen und 400 Munitionswägen, und zog sich dann auf das linke Elbeufer zurück.

Napoleon entschloß sich indessen seine Stellung von Dresden aufzugeben, ließ dort 36,000 Mann unter Gouvion, St.=Cyr zurück, nahm nach einigen hin und her Zügen seine Stellung bei Leipzig, und hier sollte endlich das Schicksal der Völker entschieden werden. Die Franzosen nahmen zuerst ihre Stellungen, und dann erst trafen von allen Seiten Oesterreicher, Preußen, Russen und Schweden ein.

Am 16. Oktober Morgens um 8 Uhr begann die Schlacht, die gegenseitigen Streitkräfte von je 120,000 M. waren ziemlich gleich und es wurde den ganzen Tag heftig gekämpft. Am 17. Okt. ruhte der Kampf, denn es gab nur einige unbedeutende Kämpfe, den Verbündeten aber kamen über 100,000 Mann Verstärkung zu, in= dem die Nordarmee und die Reservearmee eintrafen. Das franz. Heer wurde nur durch das Reynerische Korps um 12,000 Mann verstärkt.

Am 18. Okt. standen sich 260,000 Verbündete, 130,000 Fran= zosen gegenüber, und jetzt begann der Entscheidungskampf. Die Franzosen wurden nach und nach aus ihren Stellungen zurück= gedrängt, um 2 Uhr N. M. gingen die Sachsen und Würtemberger, welche an Seite der Franzosen gestanden waren mit 7000 M. und 38 Kanonen zu den Verbündeten über, und gegen Abend waren die

Schlacht bei
Dennewitz
6. Dezember.

Die Völker=
schlacht bei
Leipzig
16. u. 18. Okt.

Kräfte der Franzosen erschöpft, während an Seite der Verbündeten 100,000 M. noch gar nicht zum Schlagen gekommen waren. Napoleon konnte es sich nicht mehr verhehlen, daß er den Rück- zug antreten müsse, welchen er dann in der Dunkelheit auch anbe- fahl, um 9 Uhr Abends verließ auch er Leipzig, und wendete sich nach Lindau. Die Vertheidigung Leipzig's hatte er dem Marschall Macdonald übertragen, und gab ihm die Weisung, die Stadt so lange zu halten, bis die Corps Ney und Marmont über die Elster gegangen wären, dann sollte erst die Brücke über die Elster in die Luft gesprengt werden. Die Altstadt Leipzigs, von Mauern umgeben und verbarrikadirt, wurde am 19. Okt. gegen die Ver- bündeten tapfer vertheidiget, und erst um 1 Uhr Mittags konnten dieselben eindringen. Die Brücke über die Elster wurde aber durch das Mißverständniß eines Sapeurkorporales zu frühzeitig gesprengt, und in Folge dessen fielen 12,000 Franzosen mit 60 Kanonen in die Gefangenschaft der Verbündeten.

Napoleon verlor in der Schlacht bei Leipzig an Todten und Verwundeten 30,000 M., an Gefangenen 15,000, und ließ in den Lazarethen 23,000 M., unter ihnen 27 Generale und 3000 Offi- ziere zurück. Die franz. Armee befand sich in den ersten Tagen nach der Schlacht in Auflösung, und die franz. Herrschaft in Teutsch- land hörte mit der Schlacht bei Leipzig thatsächlich auf.

Abfall der Rheinbund= fürsten. Die nächste Folge der Schlacht von Leipzig war der Abfall der Rheinbundfürsten, welche die Integrität ihrer Teritorien retten wollten, und bis zum 2. Dezember traten sie alle zu den Verbün- deten über. Holland wurde schon am 2. Dezember von der franz. Herrschaft befreit.

**§. 133.
Fortsetzung des Krieges auf der pyre- näischen Halbinsel.
(1812—1814)** §. 133. Die Schlacht von Salamanka am 22. Juli 1812 (§. 128.) hatte Wellington die Straße nach Madrid eröffnet, der König Josef mußte sich nach Valencia zurückziehen, und langte in Salamanka am 1. September 1812 an. Wellington war zwar am 12. August in Madrid eingezogen, nachdem er aber vernahm, daß die Armeen von Jourdan und Soult gegen ihn im An- marsche seien, räumte er dieses wieder und ging nach Cinbad= Rodrigo zurück.

Die Nachricht von dem Rückzuge Napoleon's aus Rußland entflammte die Engländer und Spanier von Neuem, und Lord Wel- lington wurde jetzt zum Generalissimus aller spanischen Streit- kräfte ernannt.

Mitte Mai 1813 brach er sodann an der Spitze von

48,000 Engländern, 24,000 Spaniern und 20,000 Portugisen gegen das franz. Heer bei dem sich der König Josef befand auf, welches sich nach Vittoria hinzog. Hier kam es am 19. Juni 1813 zu einer entscheidenden Schlacht in der die Franzosen eine volle Niederlage erlitten, 8000 Gefangene, 200 Kanonen, 400 Munitionswägen und selbst der Reisewagen Josef's fielen den Engländern in die Hände. Josef eilte nach dieser Niederlage nach den Pyrenäen. Als Napoleon in Dresden die Niederlage von Vittoria erfuhr, befahl er dem Könige Josef sogleich nach Frankreich zu gehen, und sich auf seinen Landsitz Mortfontaine zu begeben, ohne Paris berühren zu dürfen.

1813.

Schlacht bei
Vittoria
19. Juni 1813.

Am 31. August 1813 nahm Wellington San Sebastian, am 31. Oktober Pampelona und überschritt dann sofort die franz. Grenze.

Fortschritte
Wellington's
1813 u. 1814.

Am 24. Februar 1814 kam es bei Orthez zu einer Schlacht mit Soult, in der Letzterer zwar nicht geschlagen wurde, sich aber dennoch zurückziehen mußte.

Schlacht bei
Orthez
24. Feb. 1814.

Wellington hatte jetzt die Straße nach Bordeaux offen, diese Stadt wurde auch von den Engländern besetzt und erklärte sich für die Bourbonen.

Einnahme
Bordeaux
durch
Wellington

Während dessen kam Ferdinand VII. nach Spanien, wurde von Souchet am 23. März 1814 nach Fulvia geleitet, und letzterer führte dann 14,000 Franzosen über die Pyrenäen nach Frankreich zurück. So hatten also die Napoleonischen Fahnen am längsten in Spanien geweht.

Rückkehr Fer-
dinands VII.
nach Spanien
23. März
1814.

§. 134. Als Napoleon zum zweitenmale als Besiegter nach Paris kam, verlangte er eine neue Conscription von 300,000 M. die ihm der Senat am 15. November auch bewilligte, aber unter den jetzigen Umständen war ein taugliches Heer herzustellen schon schwierig, denn unter den Conscribirten war ein ansehnlicher Theil untauglich, und dann ließen auch die Verbündeten hiezu nicht die Zeit.

§. 134.
Winter-
feldzug der
Verbündeten
in Frankreich

Nach der Schlacht bei Leipzig befand sich ihr Hauptquartier in Frankfurt a. M. Von da wurde von Seite der Verbündeten am 11. November dem Kaiser ein Friedensantrag gemacht, nach dem Frankreich auf das beschränkt sein solle, wie es früher war, den Rhein, die Alpen und Pyrenäen zur Grenze und zur Austragung der anderen Fragen wurde ein Congreß vorgeschlagen. Diesen Antrag berührte aber Napoleon gar nicht, sondern ließ den Verbündeten durch den Herzog von Bassano den Wunsch erklären, nur auf der Basis der Unabhängigkeit aller Nationen unterhandeln zu wollen. Der öster-

11 Nov

reichische Kanzler Fürst Metternich erklärte aber am 25. November diese Antwort für unbefriedigend und da es offenbar war, daß Napoleon den Krieg fortsetzen wolle, so erließen die Verbündeten

Manifest der am 1. Dezember ein Manifest, in dem sie erklärten, daß sie den
Verbündeten Krieg nicht gegen Frankreich, sondern nur gegen das Uebergewicht,
1. Dezember. welches Napoleon zum Unglücke Frankreichs und Europas, außerhalb der Grenzen seines Reiches ausgeübt habe, führen; zugleich
1814 wurde beschlossen, am 1. Januar 1814 die französische Grenze zu
1. Januar. überschreiten. Dieser Beschluß wurde auch ausgeführt und die
Grenzen an mehreren Punkten überschritten, worauf sich die Verbündeten in Frankreich ausbreiteten.

Am 25. Januar schied Napoleon in Paris von seiner Gemahlin und Sohn — um selbe nie mehr wieder zu sehen — und
begab sich zu der Armee nach Chalons.

Schlacht bei Am 29. Januar kam es bei Brienne zwischen Napoleon
Brienne und Blücher zur Schlacht, in welcher Ersterer nur mit großem
29. Januar. Verluste und ohne weitere Vortheile das Schlachtfeld behauptete.
Schlacht bei
La Rothière In der Schlacht bei La Rothière, am 1. Februar, mußte
1. Februar. sich aber Napoleon mit großem Verluste über die Aube zurückziehen.

Sieg Napo= Am 10., 11. und 14. Februar errang aber Napoleon über die
leon's über schlesische Armee so bedeutende Erfolge, daß dieselbe an den Rand
die schlesische des Verderbens gebracht und nur dadurch gerettet wurde, daß es
Armee den Franzosen in dem aufgeweichten Boden unmöglich gemacht wurde,
10.—14. Feb. die Angriffe der Cavallerie gehörig zu unterstützen. Inzwischen
wurden am 5. Februar in Chatillon wieder Friedensunterhandlungen eröffnet. Da aber Napoleon unterdessen glänzende Resultate an der Seine und Marne errungen hatte, so verwarf er die
Blücher's an ihn gelangten Anträge. Blücher, welcher sich erbot, hierauf
Siege über nach Paris vorzudringen, brach am 24. Februar auf, schlug am
Marmont und 26. Marmont und am 27. Mortier, rückte bis Meaux und
Mortier bedrohte Paris. Als Napoleon die Gefahr der Hauptstadt erfuhr,
24. u. 27. Feb. wandte er sich gegen Blücher, doch dieser wich ihm aus, nahm
Vertrag von aber Soisson. Unterdessen wurde am 1. März zwischen Groß=
Chaumont britanien, Preußen, Oesterreich und Rußland zu Chaumont ein auf
1. März. 20 Jahre giltiger Vertrag abgeschlossen, in dem man sich gelobte, bis
zur Erkämpfung eines festen europäischen Friedens 150,000 Mann
unter den Waffen zu halten und England dagegen für das Jahr
1814 an seine Bundesgenossen 5 Millionen Pf. St. zu zahlen
versprach.

Am 18. März wurde der Congreß zu Chatillon als resultatlos aufgelöst.

Jetzt beschlossen die Verbündeten auf dem geraden Wege nach
Paris vorzugehen, ohne sich um die Operationen Napoleon's weiter
zu kümmern. Als er dies inne wurde, wollte er sich mit den
Festungsbesatzungen von Metz, Verdun, Thionville ꝛc. vereinigen,
in die Vogesen ziehen und die kriegerische Bevölkerung der östlichen
Provinzen unter die Waffen zu rufen. Da aber alle Generale gegen
diesen Plan waren, so mußte er den Rückmarsch antreten. Er blieb
sodann beim Heere und ordnete von da aus die Vertheidigung von
Paris an, es ist aber unbegreiflich, warum er nicht selbst dahin
eilte, da er jedenfalls früher als Blücher dort angekommen wäre,
und dort die Vertheidigung besser hätte organisiren können.

Jetzt kam es endlich am 30. März zu der letzten Schlacht in
diesem Feldzuge: zu jener von Montmartre (d. i. die Gegend zwischen
der Seine und Marne, dann zwischen Paris und dem Montmartre).
Die Schlacht fing am Morgen an, wurde aber erst Mittags, als
das schlesische Heer in die Linie eingerückt war, allgemein. Auf den
Montmartre war Josef Bonaparte selbst zugegen, als er aber
die ungeheuere Macht sah, die gegen ihn heranzog, verlor er den Kopf
und bevollmächtigte die beiden Marschalle Mortier und Marmont mit
dem Feinde wegen der Kapitulation zu unterhandeln, er verließ herauf
Paris und begab sich, so wie die Kaiserin, den Tag vorher nach Blois.
Es wurde dann bestimmt, daß die Verbündeten den kommenden
Morgen Paris besetzen sollen. Napoleon kam am 30. März Abends
mit verhängten Zügeln in Fontainebleau an und wollte nach Paris,
unterließ dies aber auf den Rath seiner Umgebung.

Am 31. März Morgens besetzten Abtheilungen der verbündeten
Heere die Barrieren. Am Mittag zogen Kaiser Alexander und
König Wilhelm mit den vorzüglichsten Truppen und namentlich
mit den Garden in Paris ein und der russische General Sacken
wurde zum Gouverneur ernannt. Es waren die ersten Feinde, die
seit den Zeiten der Jungfrau von Orleans wieder nach Paris kamen.
In der Konferenz, die beim Kaiser von Rußland hierauf abgehalten
wurde, sprach Talleyrand für die Wiederherstellung der Bourbonen, und Alexander erklärte darauf, weder mit Napoleon noch
mit einem Mitgliede seiner Familie ferner in Unterhandlungen treten
zu wollen. Hierauf wurde eine Proklamation verfaßt, in der die
frühere Integrität Frankreichs zu erhalten versprochen wurde.

Am 1. April berief Talleyrand in seiner Eigenschaft als

Vicegroßwahlherr von Frankreich den Senat zusammen Es wurde
eine provisorische Regierung eingesetzt und am 2. April Napoleon
und seine Familie des Thrones für verlustig erklärt

Dieser sann unterdessen auf Fortsetzung des Krieges. Er hatte
sein Hauptquartier in Fontainebleau, seine Garde langte daselbst
am 2. April an, der Ueberrest am folgenden Tage und es standen
ihm jetzt wieder 50,000 M. zu Gebote, er konnte sich mit Soult
mit 40,000 M. vereinigen und so den Krieg noch in die Länge
ziehen. Jetzt wollte Napoleon aber Paris mit stürmender Hand
wieder nehmen.

Seine Marschälle und Generäle besorgten jedoch in sein Unglück mit verwickelt zu werden und Ney erklärte ihm aber trocken,
daß er abdanken müsse. Napoleon stellte hierauf eine Entsagung zu
Gunsten seines Sohnes aus und sandte am 4. April Ney, Macdonald und Caulincourt damit nach Paris, welche den Befehl
hatten, auch den General Marmont, welcher in Essonne die Vorhut des Napoleonischen Heeres kommandirte, mit nach Paris zu
nehmen. Da sich aber Marmont indessen in Paris mit Schwarzenberg verständigte, Napoleon verrieth, und in Folge dessen am

5. April die französische Vorhut nach Versailles dem Feinde in die
Hände lieferte, wurde die bedingte Thronentsagung Napoleon's nicht
angenommen und er mußte am 6. April sich unbedingt fügen. Die
von Ney und Macdonald geführten Verhandlungen kamen aber
erst am 11. April zu Stande; nach denselben sollte Napoleon und
seine Gemahlin den kaiserlichen und seine Familie den Prinzentitel

behalten; Napoleon erhielt die Insel Elba mit Souverainitäts-
rechten, Maria Louise wurde Herzogin von Parma, Piacenca und
Guastalla mit dem Rechte der Nachfolge für ihren Sohn, und für
Napoleon und dessen Familie wurde eine Jahres-Dotation von
zwei Millionen Frs. aus dem französischen Staatsschatze angewiesen.

Als er diesen Vertrag unterschreiben mußte, nahm er am 12. April
aus tiefem Ueberdrusse der quälenden Eindrücke eine starke Portion
Opium, die ihm einer seiner Aerzte (Yvan) schon in Rußland gegeben hatte, um sich damals der möglichen Gefangenschaft zu entziehen, doch brach er das Gift, bevor es noch seine Wirkung that,
wieder aus, und blieb so am Leben.

Maria Louise ging am 3. April nach Blois, hatte in
Rambuilette eine Zusammenkunft mit ihrem Vater, Kaiser Franz,
und begab sich später nach Oesterreich.

Am 20. April nahm Napoleon in Fontainebleau Abschied

von seinen Garden, umarmte den Adler und reiste sodann über Lyon nach Frejus, wo der Zug am 27. April anlangte. Am 4. Mai traf er in Elba ein.

§. 135. Mit Napoleon's Fall endete das Kaiserreich und das Jahr 1814 war das Ende der großen Bewegung, die 25 Jahre zuvor begonnen hatte.

Der Senat rief jetzt die alte königliche Familie auf den französischen Thron zurück und entwarf am 6. April zwar eine freisinnige Verfassung, die aber den Vortheil der Senatoren zu sehr berücksichtigte.

Der Graf Artois kam zuerst nach Frankreich, traf am 12. April in Paris ein, wurde von der Regentschaft zum Statthalter des Königreiches ernannt und unterzeichnete als solcher die Uebereinkunft von Paris am 23. April, durch welche das Gebiet von Frankreich auf seine Grenzen vom 1. Januar 1798 zurückgeführt wurde.

Ludwig XVIII., Bruder des unglücklichen Ludwig XVI. landete am 24. April in Calais, hob durch eine Deklaration von St. Ouen am 2. Mai die vom Senate ausgegangene Verfassung wieder auf, versprach eine neue zu geben und zog am 3. Mai in Paris ein. Nichts sollte übrigens geändert werden, weder im Heere, noch in der Verwaltung; den Bürgern wurde Vergessenheit des Vergangenen, Beachtung ihrer Rechte und Schutz ihres Eigenthumes zugesichert.

Die neue konstitutionelle Charte wurde am 4. Juni proklamirt.

§. 136. Am 30. Mai wurde der erste Pariser Friede zwischen Frankreich auf der einen, und Großbritannien, Rußland, Oesterreich, Preußen, Spanien, Portugal und Schweden auf der anderen Seite unterzeichnet, der sich mit der Feststellung der französischen Verhältnisse beschäftigte. Ueber die allgemeinen europäischen Angelegenheiten aber sollte erst ein Congreß in Wien entscheiden.

§. 137. Noch nie hatte eine Stadt eine so glänzende und zahlreiche Versammlung erblickt und so viele hohe Personen beherbergt, als Wien auf diesem Congresse.

Zuerst erschienen Anfangs September die Könige von Würtemberg und Dänemark, sowie die meisten Bevollmächtigten und Gesandten der Mächte.

Am 25. September hielten der Kaiser Alexander von Rußland und der König Wilhelm III. von Preußen ihren Einzug in Wien.

1814.
4. Mai.

§. 135.
Wiedereinsetzung der Bourbonen auf den franz. Thron.

Capitulation von Paris 23. April.

Einzug Ludwig's XVIII. in Paris 3. Mai.

Neue konstitutionelle Charte für Frankreich 4. Juni.

§. 136. Der erste Pariser Friede 30. Mai.

§. 137. Der Wiener Congreß (1814 15) Oktober 1814.

Auf dem Congreſſe fehlte auch kein Fürſt des ehemaligen deutſchen Reiches, wenn er eine Ausſicht hatte, durch perſönliche Intervention einen Vortheil zu erreichen. Umgeben waren die ge= krönten Häupter von der glänzenden Verſammlung hoher Bevoll= mächtigter.

In der erſten Reihe ſtanden die der acht Höfe, welche den Pariſer Frieden unterzeichnet hatten. In der zweiten der päpſtliche Legat, die Abgeordneten des Souvrains der Niederlande, die der Könige von Baiern, Hannover und Würtemberg, nebſt den Regenten der Höfe von Sardinien, Neapel und Sicilien. In der dritten die Bevollmächtigten der kleineren deutſchen Fürſten, der Hanſaſtädte und der Mediatiſirten ꝛc. ꝛc.

Der Wiener Congreß von 1814/15 hat übrigens ſeine eigene lange und pikante Geſchichte, hier genüge es nur zu bemerken, daß auf ihm viel intriguirt, viel getanzt, viel getafelt und viel geſprochen wurde, und daß die Conferenzangelegenheiten über die Maſkaraden, Hofbälle, Ringelrennen, Truppenmanöver, Schlittenfahrten oft ins Stocken geriethen. Doch hinter den äußeren lächelnden Mienen der Theilnehmer lag oft der bitterſte und giftigſte Haß. — Frankreichs hinterliſtige Politik ſäete den Samen des Mißtrauens am emſigſten aus; Intriguen aller Art wurden geſponnen, das große Thor der Kabale, der Weiberliſt, der heimtückiſchen Aufpaſſerei, Zuträgerei und Beſtechung war geöffnet.

Mitten in dieſes Treiben fiel am 5. März 1815 die Nachricht, Napoleon habe Elba verlaſſen, wie ein Blitzſchlag aus heiterem Himmel. Am 13. März unterzeichneten die Mächte, die den Pariſer Frieden geſchloſſen hatten, eine Erklärung, worin Napoleon als der allgemeine Feind und Friedensſtörer bezeichnet wurde, und am 25. März ſchloſſen Oeſterreich, Preußen und Rußland dann England ein Bündniß, kraft deſſen ſie ſich verpflichteten, den Pariſer Frieden aufrecht zu erhalten, jede der drei Landmächte ein Heer von 150,000 Mann aufzuſtellen und England durch ſein Geld die Sache zu unterſtützen.

Am 26. und 27. Mai reiſten die beiden Kaiser und der König von Preußen von Wien ab; am 10. Juni ward der Congreß ge= ſchloſſen und Fürſt Metternich lud die Geſandten der verbündeten Staaten in das Hoflager nach Frankfurt ein.

Jetzt war ganz Europa in den Waffen, wie es hieß: gegen einen einzigen Mann und ſeine böse Rotte.

§. 138. In der äußeren Ruhe und Beschränktheit seines Auf=
enthaltes auf Elba ward Napoleon sich selbst wiedergegeben worden
und der Drang zu Thaten ließ ihn den Gedanken der Rückkehr nach
Frankreich, den er übrigens nie aufgegeben hatte, vollführen. Hiezu
wurde er sowohl durch die politische Lage Frankreichs, durch den
Geist der Anhänglichkeit des franz. Heeres an ihn und durch die
Intriguen Talleyrand's auf dem Congreße, wo die Rede davon
war, ihn weiter weg, vielleicht bis auf die Azoren zu versetzen,
gebracht. Bei ihm auf Elba befand sich seine schönste Schwester,
Pauline Borghese, die in seine Pläne eingeweiht wurde. Auch
Murat, der zur Belohnung seiner Verrätherei an Napoleon im
Jahre 1814 im Besitze der Krone von Neapel gelassen wurde, ver=
sprach ihm, zu seinen Gunsten einen Einbruch in Oesterreich zu
machen. — Wohl hatte Napoleon seine Vertrauten in Paris benach=
richtigen lassen, daß er am 1. April Elba mit seinen Truppen ver=
lassen werde, aber seine Ungeduld beschleunigte seinen Entschluß, so
daß er schon am 25. Februar auf einem Balle, den seine Schwester
gab, den beiden Generälen Bertrand und Drouot den Befehl
ertheilte, Alles zur Einschiffung seiner 800 französischen Soldaten
und 100 Polen bereit zu halten.

Napoleon's
Abfahrt von
Elba
26. Februar.
Landung in
Frankreich
1. März.

Am 26. Februar bei Sonnenuntergang verließ das kleine Ge=
schwader, aus einer Brigg von 26 Kanonen und 6 Transportschiffen
bestehend, den Hafen von Porto=Ferrajo und landete am 1. März
im Golf von St. Juan.

Napoleon's Absicht war es, zuerst Grenoble zu erhalten. In
der Nähe des Dorfes la Mure stieß er auf die ersten französischen
Truppen, welche von Grenoble gegen ihn gesendet wurden. Es war
dies das 3. Bataillon des 5. Linienregiments. Das Bataillon stand
in Schlachtordnung aufgestellt, und der Commandant befahl, sich zum
Feuern fertig zu machen. Da ging Napoleon mit unterschlagenen
Armen dem Bataillone bis auf zehn Schritt entgegen und rief:
„Soldaten des 5. Linienregiments: Gibt es Jemand unter Euch),
der auf seinen Kaiser schießen kann, so thue er es.“ — Da brach
der Jubel aus: „Es lebe der Kaiser“ und das Bataillon ging zu
ihm über.

Am Abend hielt er seinen Einzug in Grenoble.

Von da begann für ihn ein Triumphzug. — Vergebens war
Ludwig's XVIII. Achtserklärung (6. März), vergebens die Ein=
berufung der Kammern und die Erneuerung des Eides auf die Ver=
fassung, vergebens waren die Bemühungen des Herzogs von An=

gouleme, in Napoleon's Rücken ein Heer zu sammeln; wo ihm nur Truppen entgegengestellt wurden, folgten sie der wohlbekannten Stimme des Feldherrn, der sie so oft zum Siege geführt hatte.

Am 19. März verließ Ludwig XVIII. mit seiner Familie Paris und am Abend des 20. März zog Napoleon daselbst ein. — Ganz Frankreich unterwarf sich ruhig wieder dem kaiserlichen Scepter.

§. 139. Anstatt auf Napoleon's Signal zu warten und dessen Zutrauen nicht zum zweiten Male zu täuschen, rückte Murat an der Spitze von 50,000 neapolitanischen Truppen in Eilmärschen auf die Oesterreicher los und zog schon am 6. April in Florenz ein. Die überfallenen Oesterreicher mußten zwar bis an den Po zurückweichen; allein die Generale Bianchi und Neipperg ergriffen hierauf die Offensive, jagten die neapolitanischen Truppen vor sich her und brachten ihnen auf dem Marsche von Ankona nach Tolen= tino und Macerata eine vollständige Niederlage bei.

Napoleon hatte auf die Kunde der Unternehmung seines Schwagers den General Belliard zur Anordnung der Operationen geschickt, allein Belliard kam zu spät, die Armee Murat's war schon vernichtet.

Murat schiffte sich hierauf am 20. April zu Miloscola, nach der Insel Jschia ein und wollte nach Gaeta gehen, da aber die Stadt durch englische Schiffe bewacht war, so ging er am 21. auf einem Handelsschiffe nach der Provençe ab, wo er am 28. April landete. — Er sandte sodann einen Courier an den Herzog von Otranto ab, dem er den Auftrag gab, Napoleon seine Landung bekannt zu geben und ihm seinen Arm anzutragen, doch dieser ver= warf denselben aus Mißtrauen.

Durch die Uebereilung Murat's wurde Napoleon die Unter= stützung Italiens entrissen, und die Invasion Murat's trug sehr zu dem späteren vollen Ruine Napoleon's bei.

Die allein zurückgebliebene Königin Carolina erwies sich als Napoleon's würdige Schwester; sie legte in ihrem Unglücke den wahren Muth an den Tag. Sie traf mit den Engländern wegen ihres Abzuges von Neapel eine Uebereinkunft und wurde hierauf auf einem britischen Schiffe mit ihrer Familie nach Triest befördert.

§. 140. Nach seinem Einzuge in Paris ordnete Napoleon sogleich die Verwaltung, bildete sein Ministerium, in welchem der hinterlistige Fouché, Herzog von Otranto, abermals die Polizei er= hielt. — Das Heer fand Napoleon wohl für sich wie früher ein= genommen, doch das Volk, dem Ludwig XVIII. die konstitutionelle

Charte gegeben hatte, war jetzt anders geworden, in ihm lag jetzt
das Verlangen nach Volksvertretung und Preßfreiheit. Jetzt mußte
aber Napoleon gegen seine Feinde rüsten, von denen er keinen Ver=
gleich mehr zu erwarten hatte.

Die Macht, die Napoleon jetzt seinen Feinden entgegenstellen
konnte, bestand aus 140,000 M., die an der Nordgrenze Frankreichs
standen. Er hatte wohl die Aushebung von 60,000 M. und die
Setzung der 100,000 M. Nationalgarden auf den Kriegsfuß an=
geordnet, aber der Westen und Süden Frankreichs waren ihm jetzt
feindlich gesinnt, und so stießen kaum 20,000 Freiwillige zum Heere.
Diesen französischen Kräften standen circa 320,000 Verbündete
gegenüber.

Napoleon verließ schon in der Nacht zum 12. Juni Paris
und traf am folgenden Tage seine Verbereitungen zur Eröffnung
des Feldzuges. Dabei erfuhr er aber ein neues Unglück, indem der
General Bourmont, welcher unter Gerard eine Division komman=
dirte und der mit dem Plane Napoleon's bekannt war, am 14. Juni
zu Blücher überging und ihn veranlaßte, sein Corps schneller
zusammenzuziehen, als er es sonst gethan hätte, denn ohne Bour=
mont's Abfall hätte Napoleon die preußischen Heeresabtheilungen
einzeln aufreiben können, was jetzt aber vereitelt war.

Am 15. Juni ging das französische Heer über die Sambre,
drängte überall die preußischen Vorposten zurück und richtete seinen
Marsch nach dem Plateau von Flerus. Napoleon übergab dem
Marschall Ney das Commando von 40,000 M. mit der Weisung,
den dominirenden Punkt Quatrebras zu besetzen, damit er (Napoleon)
gegen die Engländer gesichert wäre, während er die Preußen angriffe.

Am 17. Juni traf Napoleon mit Blücher bei Ligny zu=
sammen; hier kam es zur blutigen Schlacht und um 8 Uhr Abends
waren die Franzosen Sieger. Die Früchte dieses Sieges wurden Napoleon
aber durch Ney's Zögerung entwunden, denn dieser besetzte Quatrebra
nicht nur nicht, sondern ließ Napoleon sogar melden, daß dies
geschehen sei. Wellington, als er den Marsch Napoleon's erfuhr
und die Wichtigkeit Quatrebras ebenfalls erkannte, besetzte gleich
am Morgen des 16. Juni Quatrebra mit 8000 Belgiern. Als
endlich Ney diesen Ort bestürmte, waren seine Bemühungen fruchtlos.

Napoleon faßte nun den Entschluß, mit 80,000 seiner besten
Truppen die Engländer unter Wellington anzugreifen.

Am 18. Juni kam es bei Waterloo zur Schlacht, in der
aber die Franzosen von Wellington und Blücher gänzlich geschlagen

und ihr Heer in wilde Flucht gejagt wurde. Die Niederlage war so vollständig, daß nicht nur alle Pläne, Karten, Orden, Kleider Napoleons, sondern sogar sein Hut in die Hände der Preußen fiel.

Ganz niedergeschmettert ritt Napoleon inmitten der wilden Flucht seiner Soldaten, erst hinter der Sambre hielt er einen Augen blick an und nahm etwas Nahrung — seit 24 Stunden die erste — zu sich. Die Preußen ließen ihm aber keine Ruhe; in einem schlechten Wagen fuhr er weiter und entschloß sich zur Rückkehr nach Paris. Am 20. Juni Abends kam er daselbst an und stieg im Palaste Elysée ab. Es waren gerade drei Monate her, daß er ebenfalls hier eingezogen war, jetzt war er aber gebrochen und konnte sich kaum aufrecht halten.

Am 21. Juni erklärte sich die Repräsentantenkammer gegen Napoleon und durch die drohenden Erklärungen derselben eingeschüch= tert und von Allem überwältigt, entsagte er am 22. Juni zu Gunsten seines Sohnes dem Throne.

Gleich nach seiner Abdankung wurde von den Kammern eine provisorische Regierung aus fünf Mitgliedern errichtet.

Napoleon begab sich hierauf nach Malmaison, wo seine Stief= tochter Hortense ihn tröstete. Die Regungen des Ehrgeizes, die er wieder zeigte, veranlaßten aber die provisorische Regierung, die nicht weit von Malmaison stehenden preußischen Posten zu seiner Ueber= wachung herbeizurufen und endlich seine Abreise von Malmaison

durchzusetzen. Am 29. Juni mußte er daher dasselbe verlassen und hätte sich jetzt noch immer auf einem Schiffe nach Amerika flüchten können, er hielt sich aber in Rambouillet und Niort unterwegs auf

und als er am 3. Juli in Rochefort ankam, fand er in dem dor= tigen Hafen zwei Fregatten vor, die von der provisorischen Regie= rung zu seiner Verfügung gestellt waren, die Engländer blokirten aber bereits den Hafen und bewachten die Ausgänge der Rhede von Rochefort. Die dortigen Seeleute boten zwar Napoleon Hilfe zur Flucht an und er hätte auf einem schnellen Fahrzeuge den Englän= dern auch leicht entgehen können, doch konnte er zu keinem Entschlusse kommen, weil er in seiner Verblendung die Antwort auf den von ihm gemachten Antrag, den Oberbefehl über die Armee wieder zu übernehmen, abwartete. Nach der Capitulation von Paris kam aber an den Militärkommandanten in Rochefort der peremptorische Befehl, Napoleon jetzt nöthigenfalls mit Gewalt zur Einschiffung zu zwingen und so begab er sich am 15. Juli auf das englische Schiff Bele= rophon.

Die in Paris anwesenden verbündeten Monarchen übergaben die Aufsicht über die Person Napoleon's der englischen Regierung, und es wurde beschlossen, Napoleon nach St. Helena zu bringen.

Er wurde sodann auf das Schiff Northumberland gebracht, welches am 8. August die Segel lichtete und ihn auf St. Helena brachte, wo er durch 5½ Jahre von seinem Aufseher und Hüter, dem Gouverneur Sir Hudson Lowe, eine empörende und diesen schändende Behandlung erfuhr.

Er starb auf St. Helena am 5. Mai 1821.

Von Vielen wird er „Napoleon der Große" genannt, seine Erfolge waren wohl groß, keineswegs aber sein Charakter und sein Handeln! —

§. 141. Nach der Abdankung Napoleon's war die Verwirrung in Paris grenzenlos, man fürchtete die Rückkehr der Bourbons, man fürchtete Napoleon, man fürchtete auch die heranrückenden Heere der Verbündeten. Erst nach des Kaisers Entfernung machte der Wahn, daß sein Sohn anerkannt würde, die Gemüther etwas ruhiger.

Am 2. Juli war Paris sodann nach mehreren hartnäckigen Gefechten auf allen Seiten von den Truppen der Verbündeten umgeben; die provisorische Regierung entschloß sich daher auf jede Bedingung hin zu einer Capitulation, welche am 3. Juli abgeschlossen wurde; die französische Armee zog sich hinter die Loire zurück und Frankreichs Hauptstadt wurde jetzt zum zweitenmale, am 7. Juli, von den Verbündeten besetzt.

An demselben Tage erschien der Präsident der provisorischen Regierung vor Ludwig XVIII. im Schlosse von Arnouville; der König bewilligte eine allgemeine Amnestie, aber die Kammern mußten sich auflösen. Am folgenden Tage zog Ludwig XVIII. wieder in Paris ein, nachdem er schon früher versprochen hatte (28. Juni zu Chambray), die begangenen Fehler zu verbessern.

Die nördlichen und östlichen Provinzen zauderten am längsten, die Bourbons anzuerkennen, auch das Heer machte Bedingungen, die der König aber verwarf; weßhalb die Oesterreicher unter Frimont gegen dasselbe zogen und es nach manchem harten Widerstande erst zurückdrängen konnten. In einzelnen Abtheilungen durchzogen sodann die Soldaten des alten Heeres den Süden von Frankreich; die königlich Gesinnten bewaffneten sich dagegen und es wiederholten sich dann in vielen Städten die grausamen Auftritte der früheren Revolution. —

Die versprochene Amnestie wurde aber vom Könige bald wieder

35*

1815.
Abführung Napoleon's nach St. Helena. 8. August.

Napoleon's Tod (5. Mai 1821).

§. 141. Zweite Restauration der Bourbons und der zweite Pariser Friede.

Capitulation von Paris 3. Juli.
Besetzung von Paris 7. Juli.

Bewilligung der allg. Amnestie.

Abermaliger Einzug Ludwig's XVIII. in Paris (Reaktion) 8. Juli.

Bruch der Amnestie 24. Juli.

1815. gebrochen; am 21. Juli erschien eine königliche Ordonanz gegen die Generäle und Offiziere, welche zu Napoleon übergegangen waren: 19 derselben, unter ihnen Ney, Labedoyere, Gilly und Grouchy, sollten vor ein Kriegsgericht, 38 aber, unter ihnen Soult, der Herzog Bassano, Carnot, Vandamme, unter polizeiliche Aufsicht gestellt werden, bis die neu zusammenberufenen Kammern über sie entschieden haben würden; endlich wurden durch eine zweite Ordonanz 29 Pairsmitglieder ausgeschlossen.

In Folge dieser Anordnungen wurde Labedoyere am 19. August, Ney aber am 7. Dezember erschossen.

Fouché und Talleyrand waren wieder ins königliche Ministerium eingetreten. Beide hatten zu den erwähnten Ordonanzen beigetragen und der Letztere dieselben unterzeichnet, dies schützte sie aber nicht vor der Rache der Ausgewanderten, deren Pläne sie nicht rasch genug ausführten.

Fouché wurde als Gesandter nach Dresden geschickt, hatte aber Paris kaum verlassen, als er wegen seines Votums für den Tod Ludwig's XVI. angeklagt und zur Verbannung verurtheilt wurde; Talleyrand schied aber am 20. September freiwillig aus dem Ministerium.

Der zweite Pariser Friede 20. Novemb. Am 20. November wurde der zweite Pariser Friede unterzeichnet. Durch ihn verlor Frankreich im Norden Philippeville, Marienburg, das Herzogthum Bouillon, Saarlouis, Saarbrücken und im Elsaß das nördlich von der Lauter gelegene Land ꝛc. Die Festungswerke von Hüningen, durch die Verbündeten zerstört, sollten nie wieder hergestellt werden. Frankreich versprach 700 Millionen Frs. zu zahlen und eine Anzahl Städte, wie Valenciennes, Cambray, Maubruge, Thionville ꝛc. sollten von 150,000 Mann alliirten Truppen, wenigstens noch durch drei Jahre lang auf Frankreichs Kosten besetzt bleiben.

Noch vor Abschluß des Friedens verließen die verbündeten Monarchen Paris, nachdem sie den heiligen Bund persönlich abgeschlossen hatten.

So endete die große Bewegung von 1789 in Frankreich, nachdem sie durch ein Vierteljahrhundert über Europa des Unheils so viel gebracht hatte.

X. Epoche.

Der deutsch-französische Krieg 1870—71.

(Deutschland Kaiserthum. — Frankreich Republik.)

Motto:
Das Kaiserreich ist der Friede! (?)
Napoleon III.

Einleitung.

Seit 22 Jahren wußte Napoleon III. die französische Po=
litik so zu lenken, daß sie ihm, ungeachtet seines Aus=
spruches: „Das Kaiserreich ist der Friede" eine Reihe
ruhmvoller aber ungerechtfertigter Kriege einbrachte, aber
die wichtigste Tradition Frankreichs, seine Hand über den Rhein
auszustrecken blieb unerfüllt, und so mußte Napoleon sich eingestehen,
daß ohne Einfluß auf Deutschland die Vorherrschaft Frankreichs in
Europa unvollständig sei.

Ursachen des Krieges.

Schon im Jahre 1861 machte er Versuche den König Wil=
helm v. Preußen zu einem Bündniß zu verlocken, und um einen
Judaspreis Abtretungen in Deutschland zu erwerben. Ueber die
Abweisung des Königs Wilhelm „nicht einmal einen deutschen
Schornstein" an Frankreich kommen zu lassen, versuchte es Napoleon
in Belgien Erwerbungen zu machen und bot dem König Wilhelm
ein Schutz= und Trutzbündniß an, doch auch dies vergebens. Er sah
daher dem Ausbruche des deutsch=österr. Krieges mit Vergnügen
entgegen, denn er hoffte Preußen geschlagen zu sehen, und wollte
dann als Retter erscheinen, und dabei die Rheingrenze erhalten.

Nach dem Feldzuge 1866 sah er aber überall seinen Einfluß
bedroht, Preußen stellte sich ihm allerwärts in den Weg, Venetien
war durch preußisches Verdienst Italien zurückgegeben und Napoleon
mußte besorgen daß bei neuen Verwicklungen in Italien, sich das=
selbe nicht auf Frankreich, sondern auf den deutschen Bund stützen
werde. In Frankreich machte sich zugleich eine tiefe Unzufriedenheit

bemerkbar, die revolutionären Partheien fingen an sich im gesetzgebenden Körper und in der Presse zu rühren, das Vertrauen der Armee zum Kaiser war jetzt erschüttert und nur durch einen glücklichen Krieg mit Preußen schien Napoleon sein Ansehen in der Armee, und den strengen Gehorsam in der Nation wiederherstellen zu können.

Deßwegen drangen schon nach der Schlacht bei Königgrätz seine Anhänger in ihn, im Namen der Erhaltung seiner Dynastie, Preußen mit Krieg zu überziehen, und die Verhältnisse in Teutschland nach dem Muster der Rheinbundzeit umzugestalten. Napoleon schwankte lange in seinem Entschluß, und um die Verantwortlichkeit von sich abzuwälzen suchte er endlich den Schwerpunkt des Staatslebens in den gesetzgebenden Körper zu verlegen, berief deßhalb den 2. Jänner 1870 den bisherigen Führer der Opposition Olivier, an die Spitze des Ministeriums, und suchte durch eine neue Volksabstimmung sich des Vertrauens der Nation zu versichern. Diese Abstimmung zeigte ihm aber im Gegentheile, welche Fortschritte der Geist der Unzufriedenheit in der Nation inzwischen gemacht hatte, denn unter $7\frac{1}{2}$ Millionen gab es $1\frac{1}{2}$ Million verneinender Stimmen. Jetzt war Napoleon zum Kriege mit Preußen entschlossen, es handelte sich also noch darum einen scheinbaren Vorwand hiezu zu finden, und der Mann der ihm hier helfen sollte, war der Herzog von Gramont; dieser wurde dann im Mai 1870 ins Ministerium des Aeußeren berufen, und im Juni schon begannen die Kriegsrüstungen. Die Handhabe zum Streite nahm Gramont von Spanien her. Da die Königin Isabella von Spanien im Jahre 1868 durch einen Militäraufstand entthront wurde, so suchte Spanien einen neuen König, und es wurde schließlich für die span. Krone der Erbprinz Leopold von Hohenzollern-Sigmaringen gewonnen.

Diesen Umstand benützte nun Herzog Gramont als Kriegsfall, indem er erklärte, daß die Thronbewerbung des Prinzen von Hohenzollern eine Machterweiterung Preußens und eine Schädigung Frankreichs bedeute. König Wilhelm von Preußen wurde daher angegangen, dem Prinzen von Hohenzollern diese Thronkandidatur zu verbieten. Obzwar dieser erklärte er stehe der ganzen Sache ferne, und als sogar der Prinz Leopold am 11. Juli seine Entsagung der spanischen Regierung schriftlich übergab, änderte dies dennoch nichts an Napoleon's Plänen, denn nun wurde an König Wilhelm die Forderung gestellt, er solle

Garantie dafür geben, daß er dem Prinzen Leopold überhaupt nicht erlauben werde, seine Verzichtleistung zurückzunehmen. Da diese Forderung schon an und für sich nichts anderes als eine Kriegs= erklärung beinhaltete, so war dadurch der Krieg eine beschloßene Sache.

In der franz. Presse, und im gesetzgebenden Körper wurde dies als offener Friedensbruch, als eine Verletzung der franz. Ehre und das Vermeiden des Krieges als ein Vergeßen der eigenen Würde dargestellt, und dadurch das Volk zum Kriege aufgehetzt.

Die Kriegserklärung Frankreichs an Preußen wurde am 18. Juli 1870 beschloßen, und am 19. Juli in Berlin von dem Geschäftsträger Le Sourd überreicht.

Napoleon erließ eine Proklamation an das Volk, worauf dagegen aber die Times am 25. Juli all die Pläne enthüllte, die Napoleon mit der Pfalz, Saarlouis, Mainz, Luxemburg und Belgien hatte, und wodurch Bismark mit kühnem Griffe ihm seine Maske herabrieß.

Somit nahm also dieser Krieg seinen Anfang.

1870.
Kriegs=
erklärung
Frankreichs
18. Juli.

A) Der Krieg mit dem kaiserlichen Frankreich.

§. 1. Dieses auffallend provokative Vorgehen Frankreichs rief in Deutschland die höchste Erbitterung hervor, und steigerte den Enthusiasmus für den Krieg; allerorten wurden daher dem König Wilhelm die ergreifendsten Ovationen und Sympathien dargebracht.

1870.
§. 1.
Deutschlands
Erwachen.

Am 16. Juli wurde der Befehl zur unverzüglichen Mobil= machung der norddeutschen Armee gegeben, der am 19. Juli abge= haltene Reichstag nahm die Rede des Königs mit Begeisterung auf, und bewilligte die Kriegsanleihe von 120 Million Thaler. Deutschland stand wie ein Mann da, und selbst von den in St.=Louis, Eng= land, Indien, China lebenden Deutschen kamen Geldsendungen für den Krieg.

Wohl hatte Napoleon bei seiner Kriegserklärung auf die Spal= tung Deutschlands, wenigstens auf die Neutralität der süddeutschen Staaten gerechnet, doch hatte er sich getäuscht, denn Baiern, Wür= tenberg, Sachsen und Baden erklärten sich für Preußen, und die Kriegsbegeisterung war in Süddeutschland die gleiche wie im Norden.

§. 2. Die franz. Armee belief sich im Ganzen auf 700,000 M., von denen aber nicht viel über 300,000 M. wirklich ins Feld an die Grenze geschoben werden konnten. Im Verlaufe des Krieges

§. 2.
Stärke der
franz. u. deut=
schen Armeen.

1870.

wurde dann die Nationalgarde ungeheuer vermehrt, und dürfte wohl auch wieder 700,000 M betragen haben.

Die norddeutsche Armee betrug 13 Armeecorps, und hatte eine Gesammtstärke von 957,000 M. mit 1272 Geschützen, ihr konnten aber nach 6 Wochen noch 200,000 Ersatztruppen nachgeschoben werden.

Dazu stellte Baden 25,500 M. mit 7 Batterien, Hessen-Darmstadt 20,800 M. mit 6 Batterien, Baiern 2 Armeecorps im Ganzen 79,000 M. mit 208 Geschützen, Württemberg im Ganzen 34,000 M. mit 54 Geschützen. In der Seemacht aber war Frankreich Deutschland ungeheuer überlegen. Die norddeutsche Flotte hatte nur 5 Panzerfregatten, 18 Schraubenschiffe, 4 Corvetten, 8 Kanonenbote (Dreimasterschooner,) 14 Schrauben- und 36 Ruder-kanonenboote, zusammen 83 Fahrzeuge mit 553 Geschützen.

Die Kriegsflotte Frankreichs hatte dagegen 37 Linienschiffe, 60 Panzer-, 29 Schrauben- und 18 Radfregatten, 129 Depeschen-boote, 21 schwimmende Panzerbatterien, 58 Kanonenboote, so im Ganzen 367 Dampfer und 122 Segelschiffe. Endlich hatte Napoleon für den Angriffskrieg auch Kanonenboote für den Rhein bauen lassen, welche denselben aber nie erreicht haben.

**§. 3.
Aufmarsch
der Armeen.**

§. 3. Napoleon hatte schon früher 100,000 M. an die deutsche Grenze geworfen, so daß schon am Tage der Kriegserklärung (19. Juli) die Feindseligkeiten begannen, wo die deutschen Bataillone noch immer in ihren Garnisonen standen.

König Wilhelm, als Bundesfeldherr aller deutschen Heere, stellte drei große Armeen am Rheine auf, die erste sammelte sich in Cöln und Coblenz, und wurde nach Saarbrücken vorgeschoben, ihr Commandeur war General v. Steinmetz; die 2. A. sammelte sich um Mainz und schob sich gegen Saargemünd vor, sie stand unter dem Befehle des Prinzen Friedrich Carl; die dritte, oder Südarmee, sammelte sich um Speyer und Mannheim, und rückte gegen den Elsaß vor, sie stand unter dem Befehle des Kronprinzen Wilhelm von Preußen.

Napoleon reiste mit dem kais. Prinzen schon am 28. Juli zur Armee nach Metz, und übernahm persönlich den Oberbefehl; es waren 7 Armeecorps gebildet, zwei sollten in der Stärke von 100,000 M. bei Straßburg, viere in der Stärke von 150,000 M. bei Metz, und eines von 50,000 M. bei Chalons aufgestellt werden.

König Wilhelm reiste am 31. Juli von Bißmark und Moltke begleitet von Berlin ab, kam am 2. August in Mainz an, und übernahm den Oberbefehl über die gesammte Armee.

Zum Schutze gegen die franz. Flotte und eine beabſichtigte 1870.
Landung wurden von Preußen die umfaſſendſten Vorkehrungen
getroffen. Auf der ganzen Strecke von Emden bis Memel wurden
auf allen gefährdeten Punkten Schanzen aufgeworfen und Strand-
batterien errichtet, die Leuchtfeuer gelöſcht, die Bojen eingezogen,
und die Eingänge zum Kieler= und Wilhelmshafen mit Torpedos
geſperrt, und ebenſo wurde zum Schutze der Küſten die Gardeland=
wehrdiviſion unter dem Befehle des Großherzogs von Meklen=
burg-Schwerin, dann noch eine freiwillige Seewehr aufgeſtellt.

§. 4. Schon am 19. Juni, wo die Kriegserklärung in Berlin §. 4.
erſt ankam, begannen die Vorpoſtengefechte und bereits 11 Tage Eröffnung der
dauerten ſie an, als am 30. Juli Napoleon die Aufſtellung ſeiner Feindſelig-
Truppen beſichtigte. Er fand den Aufmarſch noch immer nicht ſo leiten.
weit gefördert, um den regelmäßigen Angriff auf Deutſchland zu
geſtatten, was die Ausführung ſeines urſprünglichen Feldzugplanes
vereitelte.

Er beſchloß nun Saarbrücken anzugreifen, bei welchem Ge= Gefecht bei
fechte er und der kaiſerliche Prinz ſelbſt anweſend waren. Da es Saarbrücken
nicht in der Abſicht des preuß. Oberkommando gelegen war, Saar- 2. Auguſt.
brücken zu behaupten, ſo war nur ein Bataillon unter Major v. Peſtel
mit der Weiſung dort belaſſen, ſich vor einer überlegenen Feindes=
zahl zurückzuziehen. Napoleon griff am 2. Auguſt mit drei Diviſionen
und 30 Geſchützen die preuß. Stellung an, bei dieſer Gelegenheit
feuerte der kaiſ. Prinz den erſten Schuß aus einer Mitrailleuſe
ab, und nachdem drei Compagnien Deutſche mit vier Geſchützen
drei franz. Diviſionen (— welche es mit einer viel größeren Zahl von
Feinden zu thun zu haben glaubten —) durch vier Stunden aufge=
halten hatten, zog ſich Major v. Peſtel auf ſeinen Beſtimmungsort
Lebach zurück.

Die Franzoſen beſetzten darauf die Höhen und verſchanzten
ſich auf dem Spicherer Berge. Napoleon aber telegrafierte an die
Kaiſerin: „Louis hat eben die Feuertaufe erhalten, er war bewun=
derungswürdig kaltblütig und durchaus nicht angegriffen: Wir waren
in erſter Linie, Louis hat eine Kugel aufgehoben, die bei ihm nieder=
fiel. Die Soldaten weinten, ihn ſo ruhig zu ſehen.“ — Am
3. Auguſt brachten die franzöſiſchen Tagesblätter das Telegramm:
„Die Diviſion Froſſard hat drei Diviſionen über den Haufen ge=
worfen und niederkartätſcht“.

§. 5. Mac Mahon vertheilte ſeine vier Diviſionen auf eine §. 5.
Strecke von ſieben Meilen, die erſte (Ducrot) linke Flügel, ſtand Bewegung der
Südarmee.

bei Wörth; die zweite (Douay) im Hennegau; die dritte und vierte (Raul und Lartigue) in Straßburg. Die Division Douay erhielt den Befehl, Weißenburg zu decken. Douay legte nach Weißenburg nur ein Bataillon, er selbst besetzte den Geisberg an der Stadt Einnahme von und seine Batterien konnten das ganze Thal bestreichen, er war Weißenburg 12,700 M. stark. — Da die deutsche Südarmee zuerst in Frank= und Stürmung reich einzurücken hatte, so war ihre Aufgabe die Besetzung der Lauter= des Geis= linie von Weißenburg bis Lauterburg. berges.

4. August. Am 4. August brach die Südarmee auf, die Division Graf Bothmer kam um 8 Uhr Früh auf der Höhe von Schweigen an und ordnete sich zum Angriff auf Weißenburg. Zuvor mußte aber noch Altenstadt genommen werden, denn von dort aus konnte erst Weißenburg zur Rechten und der Geisberg in der Front ange= griffen werden, denn durch die Eroberung von Altenstadt war dann die Verbindung zwischen der Stadt und dem Geisberge gänzlich unterbrochen. Nach einem schweren Kampfe wurde auch Alten= stadt um $^{1}/_{2}$12 Uhr Mittags genommen, worauf Weißenburg um $12^{1}/_{2}$ Uhr erstürmt war. Um diese Zeit, nach Einnahme von Weißenburg, ordnete der General v. Kirchbach den Sturm auf den Geisberg. Die Stärke der französischen Aufstellung lag im Geisbergschloß, einem festen, mit Mauern umgebenen Gebäude. Nach einem blutigen und verlustreichen Kampfe war der Geisberg um $^{1}/_{2}$2 Uhr erstürmt, worauf die Franzosen in drei Colonnen den Rückzug antraten. Ihrem General Douay wurden im Kampfe beide Füße durch eine Kanonenkugel zerschmettert und er starb am Kampfplatze.

Die ins Gefecht gekommenen Deutschen dürften nur 16,000 M. betragen haben.

Der Verlust der Franzosen im Treffen von Weißenburg war etwa 1200 M. an Todten und Verwundeten und 1000 Gefangenen, und an ihrer Spitze der Generalstabschef Douay. Die Verluste der Deutschen waren schwerer und betrugen 1268 M. an Todten und Verwundeten:

§. 6. §. 6. Am Abend des 4. August erhielt Mac Mahon die Die Schlacht Nachricht von der Niederlage Douay's bei Weißenburg. Er hatte bei Wörth. schon während des Tages die dritte und vierte Division nach Wörth gesandt, er selbst folgte am 5. August nach, ließ sein Corps dann feste Stellung bei Wörth beziehen und verfügte am 6. August über eine Gesammtmacht von circa 60,000 M.

Am 5. August (Freitags) am Tage nach dem Treffen bei

Weissenburg, setzten sich die Corps der deutschen Südarmee in Be= wegung, noch in der Dämmerung des 6. August begannen schon die Scharmützel der Vorpostenketten und dieser Kampf dauerte bis nach 10 Uhr Früh. Mac Mahon, welcher sein Hauptquartier in Frosch= weiler hatte, machte seine Dispositionen zu einer Schlacht erst für den folgenden Tag, weil er der Ansicht war, daß er es nur mit einer Demonstration zu thun habe. Um ½11 Uhr entwickelte sich aber das Gefecht immer mehr und stand für die Deutschen un= günstig, weil 45,000 Deutsche der ganzen Macht Mac Mahon's von 60,000 entgegenstanden. Um 12 Uhr jedoch erschien die 22. Division und gleich darauf die 44. deutsche Brigade, und so standen bald 90 Kanonen auf den Höhen von Gunstett und Spachbach, diesem furchtbaren Feuer hielten aber die Divisionen Dumesnil und Lartigue nicht Stand und räumten daher die Stellung auf dem rechten französischen Flügel.

Unterdessen gelang es dem General v. Kirchbach nach drei= maligem Sturm auch die Stadt Wörth zu nehmen und um 1 Uhr konnte er den Befehl zum Sturm auf die Höhen geben, doch mußten die Mannschaften vor dem feindlichen, heftigen Feuer zurückweichen, da die 9. Division noch jenseits der Sauer war. Um 12½ Uhr erschien der Kronprinz, welcher dem General v. Kirchbach den Be= fehl gab, mit dem 5. Corps die Höhen hinter Wörth zu stürmen, dem General v. Boré aber befahl, mit dem 11. Corps über die Sauer zu gehen und diese Bewegung zu unterstützen, diesem General war dadurch die schwierige Aufgabe zugewiesen, die stärkste Stellung des Feindes bei Elsaßhausen zu nehmen. Der Kampf im Nieder= walde war furchtbar, doch nach einem einstündigen Gemetzel war der Niederwald in den Händen der Deutschen und jetzt galt es noch die Batterien auf den Höhen von Elsaßhausen zu nehmen, doch auch diese furchtbare Position wurde bis 2 Uhr erstürmt und gleich darauf hatte auch das 5. Corps unter Kirchberg die Höhen von Wörth und Froschweiler genommen. Es war nach 2 Uhr, als sich auf dem vom Walde entblößten Plateau vor Froschweiler die beiden feindlichen Linien nun entgegenstanden. Mac Mahon unternahm einen Massenangriff mit allen ihm zur Verfügung stehenden Truppen, er warf seine Cavallerie den Deutschen entgegen, obzwar der fran= zösische Oberst des 8. Kürassierregiments sich weigerte, dem Befehle nachzukommen, da er die Nutzlosigkeit des Angriffes einsah. Mac Mahon ließ ihm aber sagen, er müsse die Brigade opfern, um die Armee zu retten. Als der große Reitersturm auf die deutschen

Schützenlinien heranbrauste, gaben dieselben auf 50 Schritte Schnell
jener und wie auf einem Schlag wälzten sich Roß und Mann Reihe
an Reihe am Boden. Mac Mahon hatte keine Cavallerie mehr —
Vom 8. Kürassierregiment blieben nur 150 Mann unverwundet
und diese mußten sich ergeben, dazu ihr Oberst, der vom Weinkrampf
befallen wurde, als er das Schicksal seines Regiments sah.

Dem Reitersturm folgte der Massenangriff der Infanterie, an
deren Spitze sich Mac Mahon selbst gestellt hatte; diesem Sturm
angriff wichen aber die Deutschen und verließen Elsaßhausen; doch
ward jetzt auf der ganzen Front wieder avancirt, der Feind zurück=
getrieben und Elsaßhausen wieder genommen, die Franzosen von
allen Seiten von den Deutschen wie mit einem eisernen Ringe um=
spannt und die Schlacht war gewonnen. Die Armee Mac Mahon's
löste sich auf und floh nach allen Richtungen auseinander. Es war
4½ Uhr Nachmittags.

Der Gesammtverlust der Franzosen soll nach ihren eigenen
Angaben nur 4000, nach den deutschen Angaben aber 12,000 be=
tragen haben.

Die deutschen Verluste betrugen 10,000; die Siegesbeute war
aber groß; es wurden 10,000 Gefangene gemacht und 30 Geschütze,
2 Adler und 6 Mitrailleusen fielen in die Hände der Sieger.

Die Schlacht von Wörth machte auf einmal drei französische
Corps kampfunfähig.

Elsaß wurde sodann durch die badnische Division besetzt und
der Kronprinz rückte über die Vogesen nach Lothringen vor. Auf
diesem Wege wurde die kleine Festung Lützelstein besetzt und die
Feste Lichtenberg in den Vogesen, die kleine Festung Marsal,
Pfalzburg und Toul an der Mosel genommen. — Luneville
kapitulirte am 13. August und am 16. hatte der Kronprinz sein
Hauptquartier in Nancy an der Meurthe.

§. 7.
Bewegung der
Nordarmee
(I. u. II. Ar-
mee).
Schlacht bei
Spichern
6. August.

§. 7. Schon am 5. August wälzten sich die Colonnen der I.
und II. Armee, General Steinmetz zur Rechten und Prinz
Friedrich Karl zur Linken mit 8 Armeecorps gegen Saarbrücken
heran, 280,000 M. marschirten so zwischen dem Rheine und der
Saar.

Es lag nicht in der Absicht des preußischen Obercommando's,
die französische Stellung bei Spichern und Saarbrücken schon am
5. August anzugreifen, denn es sollte indessen der II. Armee Zeit
gegeben werden, in gleicher Linie mit der I. einzurücken und auch
dann sollten beide Armeen nur den Feind an der Grenze festhalten,

der Kronprinz sollte aber mit der III. Armee eine Umgehungs=
bewegung ausführen. Als das Herannahen der deutschen Heeres=
massen im franz. Hauptquartier gemeldet wurde, gab Napoleon
dem General Frossard am 6. August den Befehl, seine Stellung
vor Saarbrücken und Spichern zu räumen und sich auf Forbach
zurückzuziehen; als Frossard diese Bewegung auszuführen begann,
sendete General Zastrow die 13. Division (General v. Glümer)
gegen Forbach, was auf eine Ueberflügelung Frossard's abgesehen
war. Dieser ließ daher seine Truppen „Kehrt" machen und in ihre
Stellungen wieder einrücken. Seine 1. Division stellte sich zu beiden
Seiten der Forbach=Saarbrücker Eisenbahn, die 3. Division besetzte
die Spicherer Höhen und die 2. Division nahm die Reservestellung
auf dem Plateau von Oettingen und eine Division des bazainischen
Corps besetzte den Kaninchenberg.

Die Stellung auf dem Spicherer Berge hielten die Franzosen
für uneinnehmbar, da der Berg von Saarbrücken aus in bastions=
artigen Vorsprüngen abfällt und an manchen Stellen fast senkrecht
ist, so daß man ihn nur theilweise mit Benützung der Hände er=
klimmen kann, zur Linken hin entsendet er einen langen Rücken
gegen St. Arnaul.

Als die Avantgarde der 14. Division am 6. August unter
General v. Kamefe ankam, begann der Kampf gegen die Spicherer
franz. Aufstellung, konnte aber keine Fortschritte machen. Da kam
die 14. Division an; als die Truppen aus den Waggons heraus=
stürzten, wurden sie gegen den Feind geführt und General Goeben
übernahm das Commando. — Nun begann rechts und links vom
Spicherer Berge ein erbittertes Waldgefecht und in der Mitte das
entsetzliche Klettern am steilen Bergesabhange, während Granaten
und Chassepotkugeln auf die Stürmenden hagelten. Endlich war die
Bergwand erklommen und die Stürmenden rückten zum Angriffe
vor; die Franzosen aber nahmen auf der mittleren Platteanstufe eine
noch stärker befestigte Stellung ein. Es waren jetzt hier 16 deutsche
Bataillons, doch diese mußten von den 1200 Schritte tragenden
Chassepotgewehren aufgerieben werden, wenn ihnen nicht Artillerie
zu Hilfe käme. General Bülow ließ daher 2 Batterien hinauf=
tragen, schieben und so gut es gehen wollte hinaufschaffen, da auf
dem abschüßigen Abhange Pferde nicht zu verwenden waren. —
Endlich standen 12 Geschütze da, mit ihrer Hilfe gelang es dann,
die Angriffe der Franzosen abzuschlagen und so dauerte das Gefecht
bis zur Dämmerung. Da aber dasselbe auf die Front des Spicherer

Berges seit 5 Uhr Nachmittags keine Fortschritte machen konnte, so ließ General Zastrow gegen Styring vorrücken und General Golz führte mit der Avantgarde der 13. Division die Umgehung der bei Styring kämpfenden Franzosen durch und als er um 8 Uhr Abends den Kaninchenberg westlich von Forbach erstürmte, war dadurch die Rückzugslinie des Feindes bedroht; Frossard ließ daher die Position am Spicherer Berge räumen, trat seinen Rückzug an und hiemit war auch die Schlacht gewonnen. Frossard zog gegen Metz, wo er am 14. anlangte. — Die Verluste der Deutschen waren groß, 5000 M. todt und verwundet bedeckten das Schlacht= feld; auch die Franzosen verloren 4000 M. Die Siegesbeute war dem Verlaufe des Gefechtes entsprechend gering, Geschütze wurden keine erobert und nur 800 Gefangene gemacht. Dafür fiel den Deutschen eine ungeheuere Beute auf dem Bahnhofe in Forbach in die Hände; Proviant, Gepäck, Wein, Rhum ꝛc., sogar eine Menge Damentoiletten.

In Folge der Schlacht bei Spichern konnte die I. und II. Armee ihren Aufmarsch in Lothringen vollziehen und die II. zu= gleich ihren Anschluß an die III. des Kronprinzen bewirken.

Der König kam am 8. August mit seinem Hauptquartier in Homburg an der Hardt an.

Nun begann unaufhaltsam der Vormarsch auf Metz und am 13. August war der König mit seinem Hauptquartier in Falken= berg oder Faulquemont.

§. 8. Das Treffen von Weissenburg hatte die franz. Regie= rung dem Publikum völlig verschwiegen, im Gegentheile, auf der Börse wurde ein Sieg der Franzosen ausgesprengt. — Doch zwei Tage später mußte aber das Ministerium die Niederlagen von Wörth und Saarbrücken doch eingestehen. — Die Kaiserin=Regentin

berief am 7. August den Ministerrath und erklärte ihn in Perma= nenz. Das Ministerium berief sodann die Kammern ein und der Commandant von Paris, Marschall Baraguay d'Hilliers, ver= kündigte den Belagerungszustand über Paris. Am 7. August erließ die Kammer ein Decret, nach dem alle Männer unter 30 Jahren in die Mobilgarde und alle zwischen 30—40 Jahren in die National=

garde eintreten mußten, welcher dann die Vertheidigung von Paris übergeben wurde.

Die Sitzung des gesetzgebenden Körpers am 9. August war sehr stürmisch. Jules Favre verlangte, der Kaiser solle vom Commando abtreten und dasselbe einem Soldaten übergeben. Am

Schlusse der Sitzung trat das Ministerium ab und der Marschall Graf Palikao wurde an die Spitze des Ministeriums gestellt, Chevreau wurde Minister des Innern, Mange Finanzminister, Duvernois Handelsminister. — Napoleon, welcher die Schwäche seines General=stabschefs Leboeuf erkannte, nahm seine Entlassung an und ernannte Marschall Bazaine zum Oberbefehlshaber aller im Felde stehenden Corps. — Er selbst wollte nach Paris zurückkehren, weil es ihm jedoch die Kaiserin dringend widerrieth, begab er sich nach Chalons und ernannte General Trochu zum Gouverneur von Paris, welche Stellung dieser am 18. August übernahm.

1870.

Marschall Ba=zaine wird Oberkomman=dant. Trochu Gouverneur von Paris. 18. August.

Durch diese Verfügungen gerieth aber die Armee in die Hände eines Egoisten ohne Grundsätze und die Hauptstadt in die eines eitlen und unzuverlässigen Schwätzers. Auch wird behauptet, die Kaiserin habe schon nach dem 6. August die zahlreichen, der kaiserl. Familie gehörigen Juwelen nach London gesandt.

Am 11. August nahm der gesetzgebende Körper den Antrag des Führers der Linken auf Bewaffnung und Reorganisation der Nationalgarden nach dem Gesetze v. J. 1831 an, sowie auf Er=höhung des Kriegskredites und den Zwangskurs der Banknoten, deren Ausgabe bis auf 2400 Millionen erhöht wurde.

Von mobilen Truppen wurden sofort drei neue Corps gebildet.

Um die Aufmerksamkeit des Volkes von der kaiserl. Familie abzulenken und ihr ein Opfer zu bringen, ordnete die Regierung die Austreibung aller Deutschen an. — Mitten in der Nacht holte man die Deutschen aus den Betten, viele wurden beraubt und 500 der arbeitenden Klasse angehörige Personen, Männer, Weiber und Kinder kamen in größter Noth in Köln an.

Austreibung der Deutschen.

§. 9. Bazaine übernahm am 13. August den Oberbefehl über sämmtliche Truppen (Rheinarmee benannt), sie bestand aus dem eigenen Corps Bazaine's, dessen Oberbefehl General Decaen er=hielt, aus der Garde Bourbaki, dem sossardischen Corps, das erst am Vormittage des 14. August in Metz eintraf, dem Corps L'Admirault und der Infanterie=Division Canrobert, zusammen 190,000 M.

§. 9. Bazaine als Oberkomman=dant der franz. Armee 13. August.

In dem am 12. August unter dem Vorsitz des Kaisers ab=gehaltenen Kriegsrathe wurde beschlossen, die Rheinarmee solle sich über Verdun nach Chalons zurückziehen und Bazaine ordnete für den nächsten Tag den Abmarsch an. An diesem Tage reiste auch Napoleon nach Chalons ab und es war auch die höchste Zeit, denn die deutschen Vorposten und Plänkler folgten am Fuße dem

12. August.

1870

fossardischen Corps nach und er kam in Gefahr, gefangen genommen zu werden. Am 17. Aug. langte derselbe in einem Waggon
III. Klasse über Verdun mit seinem Gefolge in Chalons an.

§. 10.
Metz.

§. 10. Die preußische Heerführung durchschaute die Absichten
Bazaine's und beschloß seinen Abzug und die damit verbundene
Vereinigung der gesammten franz. Armee auf jede Weise zu verhindern, sie mußte sich daher zwischen Bazaine und Chalons hinein-
drängen, denn nur wenn eine große Armee in Metz eingeschlossen
sein würde, konnte man hoffen, diesen, einen der stärksten Plätze des
Continentes, durch Hunger in die Hände zu bekommen.

Metz wird von der Mosel in zwei Arme, und von der Seille,
die noch innerhalb der Festungswerke in die Mosel fällt, getheilt.
Durch ein ausgedehntes Schleußensystem kann das ganze Vorterrain
unter Wasser gesetzt werden. — Die Stadt (55,000 Einw.) ist mit
starken Werken umgeben, hat zwei Citadellen: Fort Bellecroix
und das Moselfort, und die Hauptstärke besteht in sieben detachirten
Forts von großer Festigkeit, welche sämmtliche Höhen ringsherum
beherrschen. Es sind dies die Fort: St. Quentin, das stärkste von
allen 1078' hoch und Plappeville, im Moselthal St. Eloy, im
Nordwesten St. Julien, im Osten Les Bordes, im Südosten Queulen
und im Südwesten St. Privat. Keines dieser Forts ist über ½ Meile
von Metz entfernt. Dasselbe ist übrigens der Hauptwaffenplatz der
franz. Armee gewesen.

§. 11.
Das Gefecht
vor Metz.
14. August.

§. 11. Bazaine ließ am 14. Aug. Früh den ganzen Armee-
train auf der Straße Conflans-Verdun aus Metz abgehen und dann
folgte eine Brigade nach der andern auf das linke Moselufer. Als
nun die letzte Brigade der Division Metman um ¼4 Uhr Nachmittags aufbrach, wurde sie von den Preußen angegriffen. — Das
Gefecht war schwer und für diese sehr verlustreich, indem die Franzosen in durch Schützengräben gedeckten Stellungen fochten, welche
von den Preußen erst genommen werden mußten.

Das Gefecht endigte erst um 8½ Uhr Abends und die Preußen
waren bis vor das Fort Les Bordes und vor die Dörfer Van-
toux und Borny vorgedrungen. Die Absicht der preuß. Heeresleitung war dadurch erreicht, nicht nur, daß man den Feind 6—8
Stunden im Abmarsch hinderte, sondern es zeigte sich, daß die
Corps, die im Gefechte standen, so ermüdet waren, daß die Armee
des Prinzen Karl dadurch einen Vorsprung von 24 Stunden erhielt. — Der Verlust der Preußen betrug 3—4000 M., auch die

Franzosen hatten bedeutende Verluste und Bazaine selbst ward durch 1870.
einen Granatsplitter am Fuße verwundet.

Im Laufe des 15. August zog die I. deutsche Armee mit
Zurücklassung des 1. Armeecorps über die Mosel.

§. 12. Am 15. August Morgens bewerkstelligte Bazaine den §. 12.
Abzug seiner Armee von Metz in der Richtung nach Verdun. Die Die Schlacht
große Verduner Straße windet sich südlich um den Berg St. Quentin, von Bionville
oder Mars-la-
erreicht $1^1/_4$ Meile von Metz ihren höchsten Punkt, durchsetzt dann Tour.
eine tiefe waldige Schlucht (die am 18. der Schauplatz blutiger Kämpfe 16. August.
werden sollte) und erreicht auf einem zweiten Plateau das Dorf
Gravelotte. Dort theilt sich die Straße in zwei Arme, die beide
nach Verdun führen. Die südliche Chaussee erreicht nach $1/_2$ Meile
das Dorf Rezonville, nach $1/_2$ Meile Bionville und wieder nach
$1/_2$ Meile Mars-la-Tour. Die nördliche Straße geht über Dan-
court r. nach Verdun. Das Plateau, das beide Straßen über-
schreitet, ist von tiefen Schluchten durchsetzt. Am 16. Aug. Morgens
stand die Division Furton vor Bionville, das Frossardische
Corps links, das Canrobertische rechts von der Straße zwischen
Rezonville und Bionville, die Garde in Gravelotte.

Die Corps Voigt-Rheets und v. Alvensleben waren
schon den Abend zuvor und in der Nacht über die Mosel gesetzt
und am 16. August, als dem General v. Alvensleben von den
Vorposten die Meldung zukam, daß in der rechten Flanke große
Feindesmassen wären, befahl dieser sofort den Angriff, obzwar er
erwarten konnte, mit der ganzen Bazaineschen Armee den Kampf
aufnehmen zu müssen und er jetzt nur über 22,000 M. Infanterie
und 6000 Reiter mit 114 Geschützen verfügte, wo Bazaine dagegen
mindestens 70,000 M. mit 228 Geschützen bei sich hatte.

Nach 10 Uhr fing das Gefecht an, wurde immer allgemeiner,
um $3/_4$ auf 2 Uhr brach die ganze Linie der Franzosen zu einem
Massenangriff auf die dünnen deutschen Linien auf und um $3/_4 3$
glaubten die durch den Nachtmarsch und fünfstündigen Kampf erschöpften Truppen sich der vierfachen Uebermacht des Feindes nicht
erwehren zu können. Jetzt galt es nur durch das todesmuthige
Opfer der Reiterei für die schwer bedrängte Infanterie Zeit zu
gewinnen. Diesem nach erfolgte auch die Reiterattaque von einem
Kürassier- und einem Uhlanenregimente; links vom Chassepotfeuer
der franz. Infanterie, rechts von Granaten und Shrapnels überschüttet, stürmten die zwei Regimenter dahin, alles vor sich niederwerfend, die Hälfte der zum Angriff commmandirten Mannschaft

1870.   blieb am Schlachtfelde, aber der Zweck des Opfers war erreicht, die feindlichen Massen brauchten Zeit, sich wieder zum Gefecht auf zustellen, und während dem war eine neue preuß. Infanteriedivision am Schlachtfelde erschienen, die brandenburgischen Bataillone hatten sich erholt und konnten dem Feinde bis zur Dunkelheit Widerstand leisten.

Bald traf auch General Lehmann mit vier Bataillonen bei Vion= ville ein und es war hohe Zeit, daß auch der linke Flügel dort Verstärkung bekam, denn sonst wäre das ganze dritte Armeecorps vom Feinde zermalmt worden. Um 4 Uhr erschien der Oberbefehls= haber Prinz Friedrich Karl und übernahm die Leitung der Schlacht. Auch auf dem linken Flügel mußte die Cavallerie eingreifen und hatte ihren Zweck gleichfalls erreicht; dies war somit vielleicht die größte Reiterschlacht des Jahrhunderts die hier geliefert wurde. Es war 8 Uhr Abends, als der Kampf auf diesem Theile des Schlacht= feldes endete, die Artillerie behauptete ihren Platz und hielt die feindliche Infanterie zurück.

Auch im franz. Centrum wurde es um 6 Uhr lebendiger, als Bourbaki 54 Geschütze zu einer großen Batterie an der Römerstraße vereinigte; sämmtliche Geschütze des Feindes fingen an zu spielen, die franz. Infanterie rückte vor, wurde aber zurückge= trieben. Um 7 Uhr ordnete Prinz Karl das Avanciren auf der ganzen Linie an, doch auf der Höhe blieben die erschöpften Mann= schaften stehen, da brauste — es war schon dunkel — die Cavallerie= division des Herzogs Wilhelm v. Mecklenburg zwischen Vion= ville und Flavigny heran, stieß auf die feindliche Infanterie, warf sie, und die verwegensten Reiter jagten bis über Rezonville hinaus. Während dieses Reiterangriffes waren die Batterien des 3. und 10. Corps vor die franz. Garde aufgefahren, die Batterie Schlicht wurde vom Feinde umdrängt, aber der Commandeur ließ mit Kar= tätschen feuern und der Feind wich.

Um 9 Uhr Abends war die Schlacht beendet und gewonnen, und die deutschen Truppen bivouacirten auf dem Schlachtfelde. Die taktischen Erfolge waren aber gering, der Feind mußte zwar seinen linken Flügel und das Centrum weit nach Rezonville zurück= ziehen, dafür waren aber die Corps Decaen und L'Admirault auf dem rechten Flügel weit vorgedrungen und die Preußen mußten befürchten, bei Erneuerung des Kampfes umfaßt zu werden.

17. August.   Die Rekognoscirungen am zweiten Tage (17. August) ergaben aber, daß Bazaine in der Nacht seine Stellungen verlassen habe

und auf den Höhen nördlich der Straße Metz-Gravelotte 1780.
lagerte. Die Schlacht bei Vionville gehört zu den ruhmreichsten
Siegestagen der preuß. Armee, indem 138,000 Franzosen mit
476 Geschützen vor höchstens 67,000 Mann mit 222 Geschützen
das Feld räumten. Die Opfer des Sieges waren aber groß, indem
die Deutschen 15,170 Mann verloren, und wie blutig die Schlacht
war, beweist der Umstand, daß z. B. von einer Compagnie nur
20 Mann zurückkamen, ein Bataillon die sämmtlichen Offiziere verlor und von ihm nur 250 M. übrig blieben. Noch schwerer aber
waren die franz. Verluste, die sich auf 16,128 Todte und Verwundete beliefen.

§. 13. Den 17. August benützten beide Theile, um eine große §. 13.
Entscheidungsschlacht vorzubereiten. Bazaine besetzte mit seiner noch Die Schlacht
immer 150,000 M. betragenden Armee den höchsten Punkt der bei Gravelotte
Straße, „Point du Jour" genannt, erkor eine 1½ Meile lange 18. August.
Linie zu seiner Aufstellung und machte sie zu einer Festung im
freien Felde, indem er 12 Erdwerke terrassenförmig in vier Reihen
anbringen ließ, wo die ganze Infanterie in tiefen Schützengräben
verborgen war. So zog sich die lange Kette von Brustwehren bis
nach Roncourt, alles dicht besetzt mit Geschützen und Mitrailleusen. Die linke Flanke war überdies durch die Geschütze des
Fort St. Quentin (§. 10) erreichbar, die rechte Flanke stark durch
das mit einer Steinmauer umgebene Dorf St. Privat. Bazaine
hielt seine Stellung für uneinnehmbar und rechnete auf die Zer-
schmetterung der Preußen. Auf dem linken und rechten Flügel schob
er Truppen vor die Front, links bis vor Gravelotte, rechts besetzte er St. Marie aux Chênes. — Die Leitung der für den
18. August zu erwartenden Schlacht behielt sich König Wilhelm vor.
Die Schlacht bei Gravelotte begann am Morgen des 18. und raste
den ganzen Tag über; St. Privat und St. Marie aux Chênes,
letzteres unter besonderer Mitwirkung der Sachsen, wurden erstürmt und der Feind aus seinen Positionen verdrängt, aber erst
Abends ½9 Uhr konnte Moltke dem König berichten, Preußen
habe gesiegt.

Wohl war die Schlacht gewonnen, aber so wie die Stellungen
am Abend und in der Nacht des 18. August waren, konnte nicht
behauptet werden, daß eine wirkliche Entscheidung herbeigeführt sei,
weil es zweifelhaft war, ob das Ergebniß, das Zurückwerfen Ba-
zaines nach Metz, erreicht war. Doch dieser räumte am anderen
Morgen seine furchtbaren Schanzen, zog sich auf einen engen Raum

36*

hinter die Forts St. Quentin und Plappeville zurück und ließ von Longeville bis Sansonnet quer über die Höhe von St. Martin seine Truppen lagern, hiedurch erhielten somit die Preußen alle Vortheile, die mit einem entscheidenden Siege verknüpft waren. — Bazaine wurde dadurch in Metz mit seiner Armee vollständig eingeschlossen, und dies war in der Kriegsgeschichte ein unerhörter Erfolg. — Die Verluste der Deutschen in der Schlacht von Gravelotte betrugen 683 Offiziere und 14,841 M., der Verlust der Franzosen belief sich auf 595 Offiziere und 11,679 M. An Gefangenen verloren die Franzosen 3000 M. In den von den Franzosen preisgegebenen Zeltlagern befand sich die Bagage der Offiziere und Soldaten, Kleidungsstücke, Betten, Kochkessel, Teppiche und sogar wohlriechende Wässer.

Die in dieser Schlacht sich besonders hervorgethane vortreffliche Haltung der sächsischen Truppen, welche der Kronprinz Albert von Sachsen geführt, und die wesentlich zu dem glücklichen Ausgang beigetragen hatten, erkannte der König dadurch an, daß er den Kronprinzen von Sachsen sogleich nach der Schlacht an die Spitze einer neugebildeten vierten sog. Maasarmee stellte und selbst seine Garden dem sächs. Königssohne unterstellte.

§. 14.
timmung in
Paris und
Vertheidi-
gungsmaß-
regeln.

§. 14. In Paris machten die Riesenschlachten vor Metz keinen erheblichen Eindruck. Die Regierung der Kaiserin und die gefärbten Berichte Bazaine's verbargen dem Volke und der Kammer die Gefahr des Landes. Die Opposition aber deutete unverholen auf den Ausweg hin, daß das Land seine Sache von derjenigen der Dynastie trennen solle.

Napoleon selbst berichtete über den Sieg der Preußen vom 14., daß die Preußen mit großen Verlusten zurückgeschlagen seien. Der Präfekt von Verdun meldete über den Kampf vom 14., daß die Preußen 40,000 M. verloren hätten. Im gesetzgebenden Körper erklärte Palikao, die Nachrichten vom Kriegsschauplatze seien gut, ein ganzes Cürassiercorps unter Bismarck sei vernichtet. Die France suchte ihren Lesern glaubhaft zu machen, daß am 14. und 16. die Preußen 80,000 M. verloren hätten und nannte den franz. Sieg „immens". Ebenso logen der „Constitutionel" und die „Patrie" die Pariser an.

Der gesetzgebende Körper drängte aber auf ein Massenaufgebot der Mobil- und Nationalgarden, Palikao suchte dagegen die Volksbewaffnung möglichst zu beschränken. Von wirklicher Bedeutung waren aber die Maßregeln zur Vertheidigung von Paris. In den Vertheibigungsausschuß, dem Trochu präsidirte, wurden noch vier weitere Mitglieder und unter ihnen Thiers, der 1840 als Minister die Befestigung von Paris durchgesetzt hatte, gewählt. Jetzt beantragte er, die Gegend um Paris zu veröden, das Terrain unter Wasser zu setzen und die Bevölkerung zu nöthigen, mit ihren Vorräthen nach Paris zu ziehen, um die Hauptstadt vor Hungersgefahr zu bewahren. Der gesetzgebende Körper nahm diese Anträge an und beeilte sich, dieselben in Ausführung zu bringen, die Dörfer wurden verlassen, die Wälder zum Theile verbrannt, die Pflanzungen zerstört, die Brücken gesprengt ꝛc. Auch ordnete der Vertheidigungs= ausschuß die Herrichtung und Ausbesserung der Pariser Festungs= werke an und 50,000 Menschen arbeiteten emsig daran.

So machte sich Paris schon im August, trotz der vorgeblichen Siege Bazaine's auf einen Angriff der Deutschen gefaßt.

§. 15. Am 17. August kam Napoleon in Chalons an und am selben Tage fand jener denkwürdige Kriegsrath im Lager statt, in dem Trochu zum Gouverneur von Paris ernannt, ihm 18,000 Mobilgarden zur Rückführung nach Paris übergeben und der Ent= schluß gefaßt wurde, daß die Armee von Chalons sich nach Paris zurückziehen und auf die Festungswerke gestützt, dem Feinde eine Entscheidungsschlacht anbieten sollte. Kaum war Trochu abgereist, als eine Depesche von Pelikao ankam, des Inhaltes: „Ich bitte den Kaiser, die Idee, mit der Armee nach Paris zurückzukehren, aufgeben zu wollen, da dies ein Preisgeben der Armee von Metz be= deuten würde. Napoleon fügte sich dieser Ansicht Palikao's und Mac Mahon mußte sich ungeachtet der gegentheiligen Ansicht fügen, und ordnete, um gewissermaßen einen Mittelweg einzuschlagen, den Marsch nach Rheims an, wobei er hoffte, daß eine Vereinigung mit Bazaine im Norden gelingen könne. Die ganze Armee zählte etwa 150,000 M.

Auch der Senatspräsident Rouher, Anhänger Napoleon's, kam am 21. in Chalons an und widerrieth diesem, nach Paris zu gehen, weil dadurch die ganze Dynastie in Frage gestellt werden könnte.

§. 16.
Marschrich=
tung der
deutsch. Armee
gegen Paris
23. August.

§. 16. Am 24. August Abends erreichten vier Corps der Franzosen Rethel und Semide, da aber Mac Mahon am 27. hörte, daß das donay'sche Corps bei Grandpré auf starke feind= liche Massen gestoßen sei, hielt er es für unthunlich, den Marsch auf Montmédy fortzusetzen und wollte nach Mezières und von dort nach Westen marschiren, meldete dies nach Paris, wurde aber von Palikao angewiesen, Bazaine zu entsetzen.

1870.

Nicht lange blieb aber die deutsche Armee über den franz. Flankenmarsch im Unklaren. Am 16. August hatten die Vortruppen der III. deutschen Armee die Maas überschritten und am 17. Bar le Duc besetzt. Am 23. brach die III. Armee gegen Paris auf. Am 25. August langte aber eine telegrafische Depesche der Königin von Berlin ein, die den Mac Mahon'schen Marsch über Rethel nach Montmédy, auf Grund einer indiskreten Notiz in der „Indépendance Belge" mit völliger Bestimmtheit meldete, auch wurden von den Reiterpatrouillen franz. Zeitungen eingeliefert, die prahlerisch den Zug Mac Mahon's, die Zahl der Geschütze, die Truppengattungen und die Eintheilung eines Corps, wie es in Rheims eingezogen war, verkündeten. Sofort beschloß der König den Marsch nach Norden und gab noch in der Nacht zum 26. allen Truppenabtheilungen den Befehl, mit dem Vormarsche einzuhalten und nach Norden abzuschwenken. Es galt den Feind einzuholen, ehe er um die rechte Flanke herumkam.

Die Sachsen bei Clermont waren dem Feinde am nächsten, neben ihnen das IV. Armeecorps. Auf den beiden einzigen brauchbaren Straßen über Clermont und St. Menehould rückten dann in Gewaltmärschen sämmtliche Corps nach Norden.

§. 17. Da Mac Mahon die Gewißheit erlangt hatte, daß große feindliche Massen von Grandpré und Busancy sich nähern, gab er es auf, die Maas zwischen Dun und Stenay, wie er es beschlossen hatte, zu überschreiten und bestimmte für den 29. August dem 12. Corps Mouzon an der Maas, dem 1. Raucourt, dem 5. Beaumont, dem 7. Besace als Zielpunkte.

Am 30. August kam es mit dem Failly'schen Corps bei Beaumont zur Schlacht und endete mit dem fluchtartigen Rückzuge desselben. Die franz. Artillerie zog sich frühzeitig aus dem Gefechte, ging über Mouzon über die Maas, stellte sich auf den Höhen westlich davon auf, und beschoß von da das viel niedrigere linke Ufer, um den Rückzug des Failly'schen Corps zu decken. Dasselbe erlitt aber ungeheure Verluste. Der Kaiser und Mac Mahon, welche auf der Straße von Carignan das Gefecht beobachteten, gaben zum drittenmale den Plan, nach Montmédy zu marschiren, auf, und beschlossen, sich auf die Festung Sedan zu stützen. Um 7 Uhr Abends begab sich Napoleon mit seinem Gefolge nach Sedan.

Noch in der Nacht mußte das Failly'sche Corps nach kurzer Rast in Carignan, nach Sedan aufbrechen, wo es um 3 Uhr Früh ankam.

Da immer noch angenommen werden mußte, daß Mac Mahon
seinen ursprünglichen Plan durchzuführen versuchen werde, so mußte
das deutsche Oberkommando, um das zu verhindern, den rechten
Flügel über die Maas bis an die belgische Grenze schieben, zu
gleicher Zeit den linken Flügel nach Norden vorrücken lassen, um
die ganze franz. Armee gegen die belgische Grenze zu drängen und
dort einzukeilen. — Diesennach wurden auch die Dispositionen
getroffen.

Als der Rückzug der Franzosen am 31. immer hastiger wurde
und ganze Abtheilungen in voller Auflösung dahineilten und die
Vermuthung nahe lag, daß sich die franz. Armee durch schnelle Flucht
nach Mezières retten könnte, so wurde in der Nacht des 31. Aug.
die Straße dahin durch das 11. Corps und die Würtemberger
gesperrt.

Am Abend des 31. Aug. standen die deutschen Truppen in
einem großen Halbkreise von der belgischen Grenze am Walde von
Francheval bis Boutancourt an der Maas.

Am 1. September mußte der rechte Flügel nach Nordwesten,
der linke nach Nordosten herummarschiren, um den eisernen Ring
zu schließen.

§. 18. Nach den Verlusten in der Schlacht bei Beaumont waren
die Franzosen noch immer 140,000 M. mit 432 Geschützen stark,
ihnen gegenüber befanden sich die zwei deutschen Armeen in der
Stärke von 230,000 M. mit mehr als 800 Geschützen, und die
Franzosen waren somit überflügelt.

Die Aufstellung der franz. Armee am Morgen des 1. Sept.
zog sich im Halbkreise um Sedan herum, mit beiden Flügeln an die
Maas gelehnt und General von Wimpfen wurde zum Nachfolger
Mac Mahon's bestimmt, falls Letzterer dienstuntauglich werden
sollte. — Die Schlacht begann am 1. Sept. zeitlich Früh mit einem
Angriff der Deutschen auf die franz. Stellung bei Bazailles;
Mac Mahon, der sich dahin begab, wurde um 7 Uhr Früh durch
eine Granate schwer verwundet, und übergab den Oberbefehl an
General Ducrot, wozu er nicht berechtigt war.

Die Schlacht wüthete den ganzen Tag; die Franzosen wurden
überall zurückgeworfen, Sedan war voller Flüchtlinge und wurde
mit einem Hagel von Granaten überschüttet. Napoleon selbst hatte
keine Hoffnung mehr, daß er aus der furchtbaren Umarmung der
Deutschen gerettet werden könnte: er war 7 Stunden im Kampfe,
setzte sich absichtlich wiederholt dem größten Granatenfeuer aus, doch

1870.

§. 18.
Die Schlacht
von Sedan
1. September.

traf ihn keine mitleidige Kugel. Um 4 Uhr berief er den Generalstab nach Sedan und im Hofe der Präfektur auf einem Stuhle
sitzend, legte er dem Generalstab die Frage vor: „was zu thun sei?"
Alle sprachen sich für eine Capitulation aus, worauf der Kaiser das
Gesicht in die Hände vergrub. Wimpffen schlug dem Kaiser vor,
seine Person zu retten und sich mit 3000 M. gegen Carignan durchzuschlagen, was aber Lebrun widerrieth. Der Kaiser ließ sodann
auf der Citadelle die weiße Fahne aufstecken, zugleich wurde ihm
auch ein preußischer Parlamentär gemeldet, der die Uebergabe der
Festung forderte.

Der deutsche Parlamentär, Oberstlieutenant Bronsart von
Schellendorf, wurde, als er nach dem Oberbefehlshaber frug, vor
den Kaiser geführt, was sein Erstaunen weckte, weil man im preuß.
Hauptquartiere darüber im Ungewissen war, ob der Kaiser sich
wirklich in Sedan befinde, indem man am Nachmittag eine Reiterschaar bemerkt hatte, die sich durchschlug und weil man andererseits
glaubte, der Kaiser habe auf den Oberbefehl gänzlich verzichtet. —
Dieser frug Bronsart, was er für Aufträge habe und erhielt zur
Antwort: „die Armee und die Festung zur Uebergabe aufzufordern."
Darauf wies ihn der Kaiser an den General Wimpffen und erklärte, daß er seinen Generaladjutanten Reille mit einem Brief
an den König senden werde. Als der König diese Meldung erhielt,
war er tief ergriffen. Der Generaladjutant Reille überbrachte sodann
dem König einen Brief vom Kaiser, welcher mit den Worten begann:

„Da es mir nicht vergönnt gewesen ist, an der Spitze meiner
Armee zu sterben, so lege ich meinen Degen zu den Füßen Ew.
Majestät nieder 2c." — Unter allen Anwesenden entstand eine große
Bewegung und wie ein Lauffeuer verbreitete sich die Nachricht im
ganzen Lager. Darauf schrieb der König an Napoleon folgende
Antwort:

„Mein Herr Bruder! Indem ich die Umstände bedauere, unter
denen wir uns begegnen, nehme ich den Degen Ew. Majestät an
und bitte Sie, einen Offizier ernennen zu wollen, der mit Ihren
Vollmachten ausgerüstet ist, um über die Capitulation der Armee,
die sich unter Ihren Befehlen tapfer geschlagen hat, zu verhandeln.
Von meiner Seite habe ich den General von Moltke zu diesem
Behufe ernannt. Ich bin Ew. Majestät guter Bruder Wilhelm.
Vor Sedan den 1. September 1870."

Darauf fuhren der König und der Kronprinz in ihr Hauptquartier Vendresse, wo sie um 11 Uhr Nachts anlangten.

Balb nach Reille's Rückkehr erschien General Wimpffen in Douchery und trat mit Moltke, im Beisein des Grafen Bismarck in Unterhandlungen über die Capitulation. Da Moltke erklärte, daß keine andere Capitulation, als die Waffenstreckung bewilligt werden könne und mit dem Bombardement drohte, wenn die Capitulation nicht bis 9 Uhr am zweiten Tag abgeschlossen wäre, so wurden die Verhandlungen um 1 Uhr Nachts abgebrochen. Nachdem Wimpffen nach Sedan zurückgekehrt war, versammelte er den Kriegsrath, zu dem 32 Generale berufen waren, von denen alle außer Pellé und Carrey de Bellemare für die Capitulation stimmten.

Napoleon, welcher den Erlaß der Waffenstreckung nachsuchen wollte, fuhr schon am 2. September um 5 Uhr Früh nach Douchery, wo er den König Wilhelm zu finden hoffte. Auf die Nachricht hievon, ritt Bismarck dem Kaiser entgegen, und als dieser hörte, daß der König in Vendresse sei, stieg Napoleon mit Bismarck in einem kleinen Hause eines Webers ab und suchte günstigere Capitulationsbedingnisse zu erhalten, welchem Ansinnen aber Bismarck auswich, und Graf Nostiz berichtete hierauf dem Kaiser, daß der König ihn erst nach Abschluß der Capitulation sehen könne. Es blieb daher dem General Wimpffen nichts anderes übrig, als die Formalität der Uebergabe zu vollziehen, was auch im Schlosse Bellevue bei Frénoys geschah.

Hierauf fand auch im Schlosse daselbst die Zusammenkunft des Königs Wilhelm mit Napoleon statt, wo sie zusammen in einem Zimmer eine längere Unterredung hatten. Auch ist es hier gewesen, wo Napoleon dem König seinen Degen übergab, der ihn dann dem Cadettencorps in Berlin zum Geschenke machte und neben dem bei Waterloo erbeuteten Degen Napoleon's I. aufbewahren ließ. Es ist auch zu vermuthen, daß in diesem Gespräche die Bestimmung über den künftigen Aufenthaltsort des Kaisers getroffen wurde und König Wilhelm ihm das Schloß Wilhelmshöhe bei Cassel zur Verfügung stellte, wohin er sich auch am 3. September begab.

Die Capitulation von Sedan, abgeschlossen zu Tresnoys am 2. September 1870, unterzeichnet von Moltke und Wimpffen, bestimmte: daß 1. die unter Befehl des Generals Wimpffen stehende franz. Armee kriegsgefangen sein sollte, daß aber 2. alle Generäle, Offiziere und Beamte vom Offiziersrang, in Anbetracht der tapferen Vertheidigung gegen schriftliche Abgabe des Ehrenwortes, während des Krieges nicht mehr gegen Deutschland zu dienen oder gegen

die Interessen desselben zu handeln, ihre Waffen und ihre persön=
liche Habe behalten dürfen; 3. daß alle anderen Waffen, das Armee=
material: Fahnen, Adler, Kanonen, Pferde, Kriegskassen, Fuhr=
werke und Munition in Sedan abgeliefert und einem deutschen
Commissär zugestellt; 4. Sedan bis Abends am 2. September über=
geben; 5. die entwaffneten Truppen in Reih und Glied und mili=
tärischer Ordnung am 2. und 3. September durch ihre Offiziere
auf das Terrain an der Maas bei Iges geführt und übergeben
werden; 6) daß die Militärärzte in Sedan zurückbleiben sollten, um
für die Verwundeten zu sorgen.

Außer 15,000 verwundeten Franzosen betrug die Zahl der in
der Schlacht Gefangenen: 39 Generäle, 230 Staabs=, 2995 Subal=
teren Offiziere und 84,433 Mann.

An Armeematerial wurden über 400 Feldgeschütze, worunter
sich 70 Mitrailleusen befanden, 150 Festungsgeschütze, 10,000 Pferde
und 80,000 Chassepotgewehre und Armeevorräthe aller Art er=
beutet. Behufs der Uebergabe und Abführung der Gefangenen traf
Moltke die genauesten Bestimmungen. Hiemit war also der Krieg
mit dem kaiserlichen Frankreich beendet.

B) Der Krieg mit dem republikanischen Frankreich.

§. 19.
Revolution
vom 4. Sept.
in Paris und
Proklamirnng
der Republik.

§. 19. Am 3. September machte Pelikao im gesetzgebenden
Körper von diesem verhängnißvollen Ereignisse nur in einer ge=
schwächten Form Mittheilung, indem er sagte, daß ein Theil der
Armee zurückgewichen und nur der andere kapitulirt habe. Jules
Favre beantragte darauf die Absetzung der Dynastie und Einsetzung
einer Regierungscommission aus dem Schooße des gesetzgebenden
Körpers. Während die Kammer über diese Anträge hin und her
verhandelte, wehte aber schon der Sturm der Revolution das Kaiser=
reich hinweg.

3. September.

Schon am Abend des 3. September, als sich die Nachricht
über die Sedaner Ereignisse verbreitete, begannen sich die Volks=
massen auf den Boulevards anzuhäufen, wälzten sich vor das Gou=
vernementsgebäude, verlangten die Thronentsetzung Napoleons und

4. September.

riefen: es lebe die Republik. Sonntag den 4. Mittags drangen die
Volksmassen sammt den Nationalgarden in den Sitzungssaal des
gesetzgebenden Körpers und füllten den Raum hinter den Deputirten
Kopf an Kopf. Pelikao wurde vom Volk bedroht und mußte sich
zurückziehen, die Menge wurde immer tobender, rief nach Rochefort
und wollte nach St. Pelagie ziehen, wo dieser gefangen saß. Da

aber Jules Favre rief, daß der Akt nur in dem Stadthause vollzogen **1870.** werden könne, so verließ er mit einer großen Zahl Deputirten, von der Menge gefolgt, den Saal. Die Abgeordneten der Linken hatten sich um 4 Uhr nach dem Stadthause begeben, wo eine unzählige Menschenmenge und Nationalgarden nach der Republik verlangten. Diese Abgeordneten (sämmtliche Abgeordnete aus Paris) hatten jetzt beschlossen, sich als Regierung selbst einzusetzen, was auch von der versammelten Menge mit Geschrei gebilliget wurde, und da der Ruf erscholl: „es lebe Rochefort", so wurde auch sein Name in die Liste eingesetzt. Trochu stellte sich der Republik zur Disposition. Die Eingangsthüren zum gesetzgebenden Körper wurden hierauf versiegelt.

Die neue Regierung wurde aus folgenden Mitgliedern gebildet: Jules Favre für das Auswärtige, Leon Gambetta für das Innere, Manin für Finanzen, Grevy Präsident des Staatsrathes, Trochu als Generalgouverneur, Kératry Polizeipräfekt, Arago Maire von Paris.

Am 5. September wurde die Republik proklamirt. **5. September.**

Der kaiserl. Prinz verließ auf Anrathen Mac Mahon's schon am 30. August Rethel und reiste von Dover nach Hastings, wohin auch die Kaiserin nachkam.

Die Kaiserin Eugenie erhielt die Nachricht von der Gefangen= **Flucht der** nahme des Kaisers durch den Fürsten Metternich, der darüber ein **Kaiserin Eu-** chiffrirtes Telegramm von Brüssel empfangen hatte. In der Nacht **genie** des 4. September verließ die Kaiserin Paris und nahm am 24. **4. September.** ihren Wohnsitz in der Villa Chislehurst.

Wenige Stunden schon nach der Abreise der Kaiserin drang auch das Volk und die Nationalgarden in die Tuillerien und fand in den Zimmern überall noch die Unordnung der hastigen Abreise, und wie sehr die Flucht der Kaiserin überhastet war, zeigte der Umstand, daß sie die Kronjuwelen von 12 Millionen Frs. und selbst die Orden des Kaisers mitzunehmen vergessen hatte.

§. 20. Da Favre den Frieden ohne jeden Landesverlust **§. 20.** wollte, Preußen aber die Abtretung des Elsasses verlangte, so war **Die National-** an eine Einigung nicht zu denken und die Einschließung von Paris **vertheidigung** durch die deutschen Armeen bereitete sich vor, wie wir später näher **und Gam-** berichten werden. **bettas Dik-**

Favre veranlaßte Thiers bei den Höfen von England, Ruß= **tatur.** land, Oesterreich und Italien die Vermittlung des Friedens zwischen Frankreich und Deutschland anzubahnen und hielt selbst persönlich mit dem Grafen Bismarck am 18. und 19. September in Ferrières

1870.

Unterhandlungen, die aber resultatlos blieben, weil Deutschland ohne Abtretung von Straßburg und dem Elsaß jeden Frieden für unmöglich erklärte und Bismarck selbst für die Gewährung eines 14=tägigen Waffenstillstandes, behufs der Wahl einer National=versammlung in Tours, die Uebergabe von Straßburg, dann der Festungen von Toul und Bitsch, und die Besetzung des Pariser Forts Mont Valerien durch die Deutschen, als Garantiepfand forderte

Ueber diese Zumuthung entstand ein Schrei der Entrüstung und Wuth in ganz Frankreich und Alles war einig, nicht einen einzigen Fußbreit des Landes abzutreten. Inzwischen hatte Thiers

Die Regierungs= deputation in Tours 12. u. 14. Sept.

seine Rundreise angetreten, die aber ganz resultatlos blieb. Während die Einschließung von Paris ihren Fortgang nahm und bevor diese gänzlich erfolgte, hatten sich Glais Bizoin, Cremieux und der Admiral Fourichon am 12. und 14. September nach Tours begeben, um dort eine Regierungsdeputation für die Provinzen zu bilden und die Botschafter von England, Oesterreich und Rußland waren ihnen dahin gefolgt. Cremieux hatte das Amt eines Justiz=ministers und das des Kriegsministers übernommen. Indeß hatte er weder Thatkraft noch irgend ein Verständniß für das Militär=wesen, und da diese Regierungsdeputation auch in den Fragen der inneren Verwaltung eigene Politik zu betreiben anfing, so sandte die Pariser Regierung Leon Gambetta mit außerordentlichen Voll=machten nach Tours.

Thätigkeit Leon Gam= betta's.

Leon Gambetta, im Jahre 1838 zu Cahors geboren, dessen Vater, ein getaufter Jude, sich mit dem Kleinhandel ein großes Vermögen erworben hatte, war seit 1859 Advokat zu Paris, und war unter den Regenten der Nationalvertheidigung der Begabteste und Entschlossenste. Um nun die Einigkeit in der Regierung wieder herzustellen, sollte sich Gambetta nach Tours begeben. Da aber damals Paris von den deutschen Armeen bereits cernirt war, so

6. Oktober.

stieg er am 6. Oktober in Gesellschaft zweier Personen: seines Sekretärs Schuller und des Luftschiffers Trichet, am Mont=martre in Paris in einem Ballon auf, und gelangte, obzwar der Ballon von den Preußen beschossen und beschädigt wurde, bei Mont=didier, 4½ Meilen von Paris, wieder zur Erde und begab sich von da nach Tours, wo er auch am 9. Oktober anlangte. Er übernahm dort das Ministerium des Krieges und wurde von da an die Seele der Regierung sowie der Nationalvertheidigung von Frankreich.

Garibaldi.

Jetzt bot auch Garibaldi der neuen Republik seinen Arm an,

landete am 8. Oktober mit 538 italienischen Freiwilligen in Mar=
seille und kam am 9. Oktober in Tours an, wo er von Gambetta
mit Auszeichnung aufgenommen und zum Befehlshaber der irregulären
Truppen in den Vogesen ernannt wurde. Obwohl die Regierung
der Nationalvertheidigung beschlossen hatte, den Krieg fortzusetzen,
ohne eine Nationalversammlung einzuberufen, so fand sie dennoch
beim Volke überall den Gehorsam, ohne daß es nöthig geworden
wäre, Zwangsmittel anwenden zu müssen. Wohl war ganz Frank=
reich mit der Fortführung des Krieges einverstanden, wie aber sollte
es einem siegreichen Heere, das in acht Schlachten die kais. Armee
zertrümmert hatte und noch überdies die Hauptstadt einschloß, wider=
stehen? — In dieser Hinsicht leistete nun Gambetta in der Her=
beischaffung von Hilfsmitteln und Aufstellung von Heeresmassen
erstaunlich Großartiges. Beim Antritte seiner Verwaltung war der
Staatsschatz erschöpft, das Artilleriematerial fast völlig verloren (es
sollen nur sechs bespannte Geschütze außer denen der Pariser Armee
gewesen sein), an Chassepotgewehren waren nur 30,000 vorhanden,
von der alten Armee nur 7 Infanterie=, 5 Cavallerie= und 3 Regi=
menter Spahis, im Ganzen nur 40,000 Mann übrig.

Auf Gambetta's Anordnung wurde nun das Silbergeschirr
in den Tuillerien eingeschmolzen, in London eine Anleihe von
250 Mill. Fr. aufgenommen, eine Zwangsanleihe in Frankreich aus=
geschrieben und bis November 1870 waren 300 Mill. Fr. flüssig
gemacht worden. Schwere Geschütze wurden nach Paris und Lyon
gebracht, aus Algerien 8 Batterien herübergeholt; mit Londoner
Fabrikanten ein Vertrag abgeschlossen, demzufolge binnen 10 Wochen
300 gezogene Geschütze, jede Woche 5 Batterien geliefert werden
sollten. In Paris wurden Geschütze nach einem neuen vortrefflichen
Systeme gegossen, auch mußte jedes Departement eine Batterie auf
eigene Kosten ausrüsten. — So gelang es ihm 1717 bespannte
Geschütze, dazu 3296 Munitionswagen, 37,000 Pferdegeschirre und
263,000 Granaten ins Feld zu stellen. Gewehre verschaffte er sich
aus England, Amerika, Belgien und der Schweiz, und bis Mitte
Oktober konnten 1.133,341 Chassepot=, Remington= und Snyder=
gewehre an die Truppen vertheilt werden. An Streitmassen stellte
Gambetta mehr als Deutschland auf; zum Zwecke der Organisation
sämmtlicher Streitkräfte wurden vier große Territorialcommandos
errichtet: eines im Norden unter Bourbaki, der aus Metz ent=
flohen war, mit dem Sitze in Lille, eines im Westen unter General
Fieret in Le Mans, eines in der Mitte unter General Polhes in

1870. Bourges und eines im Osten unter General Cambriels in Besançon. Durch ein Dekret vom 2. Nov. wurde die allgemeine Wehrpflicht vom 21.—40. Jahre eingeführt, ebenso wurde die Bildung von Freischützen und Franctireurs-Corps angeordnet. Wie Gambetta später nachgewiesen hat, betrug die Gesammtzahl der von ihm Aus-gehobenen 1.100,000 M. Von diesen rückten 584,300 M. mit den technischen Truppen über 600,000 M. ins Feld. Anfangs fehlte es diesen Truppen wohl an der Disciplin, aber in Monatsfrist hatte Gambetta die Unordnungen beseitigt, und Zucht sowie Ordnung in den militärischen Dienst und die Verwaltung gebracht und durch ganz Frankreich richtete er einen Beobachtungsdienst ein. Er machte aber sein Heer nur zur Maschine und benahm den Befehlshabern und Offizieren jedes selbstständige Handeln, denn bis ins Kleinste wollte nur er eine Armee von einer Million Menschen beaufsichtigen und leiten, und dazu schien ihm das geeignete Mittel zu sein, jeden General, dem etwas mißlang, als Verräther abzusetzen und vor ein Kriegsgericht zu stellen, dadurch zerstörte aber sein geistloser Despo-tismus seine eigene Riesenarbeit. Nicht weniger als 11 Armeecorps wurden nach und nach aufgestellt und drei große sowie mehrere kleinere Armeen gebildet. Die wichtigste derselben war die Loirearmee mit 150,000 M.; es war auch der Plan Gambetta's, den Deutschen den Rückzug abzuschneiden und dann selbst nach Deutschland vorzubringen. Es wurden auch drei große Versuche gemacht, Paris zu entsetzen und das Einverständniß mit Trochu mittelst Luftballons und Brief-tauben zu unterhalten.

§. 21. Die Deutschen erstaunten nicht wenig, als ihnen Anfangs November plötzlich geordnete Heeresmassen entgegentraten, die im Aeußeren der alten Armee wenig nachstanden, und sogar ein besseres Menschenmateriale, als jenes der kaiserl. Armee boten. Als feste Grundlage des Vertheidigungssystems der Deutschen in Frankreich diente aber eine wohlgeregelte Verwaltung der besetzten Landstriche und ein starkes Etappennetz.

Nach und nach wurden vier Generalgouvernements errichtet; schon am 30. Aug. im Elsaß und Deutsch-Lothringen (Metz, Dieden-hofen, Saargemünd und Salzburg), zuerst in Hagenau, dann in Straßburg, das zweite für Franz.-Lothringen in Nancy, das dritte am 16. Sept. für die Champagne in Rheims und das vierte für die nordwestlichen Theile von Frankreich in Versailles. — Seitdem der Krieg ein Nationalkrieg der Franzosen wurde, verlor er den früheren Charakter, er zersplitterte immer mehr, wurde ein Be-

lagerungs- und Beſetzungskrieg und führte ſo zu vielen kleinen müh=
vollen Kriegen. Auch verlor er den Stempel, den ein Krieg unter
gebildeten Nationen der Civiliſation hat und erfuhr ſeit Errichtung
der Republik vielfache Verletzungen des Völkerrechtes und der Humani=
tät von Seite der Franzoſen, was die deutſche Heeresleitung zu
Vergeltungsmaßregeln drängte. Das Unweſen der Franctireurs, das
mit der Verrätherei der Bevölkerung auf das Engſte zuſammenhing,
rief ganz beſonders ſtrenge Maßregeln hervor.

§. 22. Als die Armee des Kronprinzen über die Vogeſen zog,
durfte Elſaß mit den Feſtungen Straßburg, Schlettſtadt, Neu=Breiſach
und Belfort nicht außer Acht gelaſſen werden.

Straßburg hatte eine Beſatzung von 17,000 M. ſowie 1400
Mörſern und Kanonen. Das ganze Vorterrain um die Feſtung kann
mit Ausnahme der Weſtſeite unter Waſſer geſetzt werden, aber es
hatte keine vorgeſchobenen Werke. Gouverneur war General Uhrich.
Die Stadt war bis Ende November reichlich verproviantirt, konnte
daher durch bloße Einſchließung nicht ausgehungert und es mußte
ſomit eine regelmäßige Belagerung vorgenommen werden.

Am 8. Aug. erſchien die badiſche Diviſion vor Straßburg und
da die Uebergabe verweigert wurde, vollzog dieſe Diviſion vom
9.—17. Aug. unter General v. Beyer die Einſchließung und zog
den Kreis täglich enger. Die badiſche Diviſion wurde dann durch
weitere 40,000 M. unter General Werder verſtärkt und an Be=
lagerungsgeſchützen trafen allmälig 229 ein, darunter zwei 21=centi=
meterige Mörſer, welche Geſchoſſe von zwei Centnern mit 15 Pfund
Sprengladung feuerten; die Schwere eines Rohres betrug 175 Ctr.

Das Bombardement begann am 24. Aug. aus 96 Geſchützen
und dauerte bis zum 27. Vorm. 11 Uhr Tag und Nacht ununter=
brochen. Es flüchtete Alles in die Keller, doch wurden viele Bürger
getödtet, ebenſo erfolgten Brände und kleinere Pulvermagazine gingen
in die Luft. Da ein Sturm auf die Stadt beabſichtigt war, ſo wur=
den auch die regelmäßigen Belagerungsarbeiten durch Laufgräben
und Parallelen vorgenommen und die Nordweſtſeite wurde als die
einzig mögliche Angriffsfront gewählt, Ausfälle und mörderiſche
Kämpfe kamen faſt täglich vor. Die Vorbereitungen waren auch endlich
ſoweit gediehen, daß ein Sturm auf den Ravelin und die beiden
Baſtionen gelingen mußte, dazu kam noch, daß die Beſatzung keine
Zufluchtsſtätte mehr hatte, indem die Kaſernen in Trümmern lagen,
die Thore und Wälle wie Siebe ausſahen. Der Feſtungscommandant
war daher ehrenhaft genug, der Bürgerſchaft und Beſatzung die Greuel

1870.

§. 22.
Der Belage=
rungs= und
Beſetzungs=
krieg. —
Straßburg.

17. Auguſt.

Bombarde=
ment von
Straßburg
24. Auguſt.

eines Sturmes zu ersparen und da die Capitulation von Sedan bereits bekannt und daher auf eine Hilfe nicht zu rechnen war, so erklärte sich der Stadtrath für eine Capitulation. Der Commandant Uhrich versammelte in der Nacht vor dem Sturm auf die Bastion 11 den Kriegsrath und da sich dieser gleichfalls für die Capitulation erklärte, so wurde am 27. Sept. die weiße Fahne auf dem Münster aufgezogen. Die Capitulation wurde nach dem Muster wie in Sedan abgeschlossen, 17,111 Mann wurden kriegsgefangen. Die Magazine enthielten bedeutende Munitions= und Tuchvorräthe und die Kriegs= kasse zwei Mill. Fr. An Geschützen wurden 1070 Stück, dann 50 Lokomotiven und 1843 Pferde erbeutet.

Am 30. Sept. hielt General Werder seinen Einzug in die Stadt. Der Schaden, der durch die Belagerung angerichtet wurde, belief sich auf 60—80 Millionen.

§. 23. Während die Armeen der beiden Kronprinzen nach der Schlacht bei Gravelotte auszogen, um den Meisterzug gegen Sedan auszuführen, blieben die I. und II. Armee unter dem Prinzen Friedrich Karl und dem General v. Steinmetz vor Metz liegen, um die geschlagene bazainische Armee festzuhalten, die in Metz ein= geschlossen war. Metz war für die Bevölkerung und Garnison auf nicht ganz fünf Monate verproviantirt.

Am 19. August begann dann die Einschließung des Platzes, in der Absicht, ihn auszuhungern und die Corps nahmen demgemäß ihre Stellungen ein. Diese hatten eine Gesammtausdehnung von 6 Meilen, mit einem Durchmesser von fast 2 Meilen und nur $\frac{1}{2}$—$\frac{3}{4}$ Meile vom Glacis der Stadtbefestigung entfernt. — Die deutschen Truppen legten 2—3=fache Befestigungslinien an, um sich gegen Ausfälle zu schützen und so entstand eine Festung der Be= lagerer um die der Belagerten. — Jetzt begann ein beschwerliches Bivouacleben und ein steter Vorpostendienst, bei dem sich die Mann= schaften in vier Fuß tiefe Löcher eingraben mußten. Das rauhe feuchte Wetter mit den Schwierigkeiten der Verproviantirung erzeugte unter den Truppen Typhus und Ruhr, die den Krankenstand bis auf 15% steigerte und deßhalb mußten fortwährend Ersatztruppen nachgeschoben werden.

Bazaine war in Metz auch nicht unthätig, er reorganisirte seine Truppen und machte sie wieder feldtüchtig. Anfangs hoffte er sich durchzuschlagen, als er aber später die Capitulation von Sedan erfuhr, trug er keine Lust, sein Heer einem Favre zu unterstellen und hoffte auf baldigen Frieden.

Am 30. Aug. erhielt Bazaine durch einen Boten, den er an Napoleon abgesandt, die Nachricht, daß Letzterer am 24. an der Aisne stehen werde, um ihm nach Umständen zu Hilfe zu kommen. Er versammelte dann am 31. Aug. seine Armee vor den Forts St. Julien und Queulen, um nach Thionville vorzubringen. Die deutsche Armee kam durch diesen Ausfall in ein hartes Gedränge, doch zogen sich die Franzosen um 9 Uhr Abends wieder zurück und das Feuer verstummte überall. Der Verlauf des Kampfes hatte aber die Franzosen mit Selbstvertrauen erfüllt und sie waren entschlossen, sich den Durchbruch zu erkämpfen. Während Bazaine sich gegen 9 Uhr in sein Hauptquartier zurückzog, bemächtigte sich der Truppen ein allgemeiner Aufschwung. General Changarnier rief dem Commandeur zu: „Vorwärts Commandeur, zeigen Sie, daß Sie Nerv besitzen," ließ das Signal zur Attaque geben, die ganze Linie setzte sich sodann in Bewegung und ihre Massen überfluteten die ganze Gegend im Halbkreise von einer Meile Durchmesser, der ganze Raum zwischen der Saarbrücker-Straße und jener nach Ratonfay war in ihrer Gewalt, die deutsche Brigade Memerty in Noisseville überflügelt, im deutschen Centrum wurde der größte Theil von Servigny erobert und erst nach 11 Uhr Nachts hatte sich das Feuer gelegt. Der Kampf mußte mit dem ersten Tagesgrauen wieder aufgenommen werden und tobte sodann um Noisseville bis zu den äußersten Flügeln der Preußen.

Trotz heftigem Mitraillensenfeuer wurden aber die Franzosen zuerst aus ihrer Stellung bei Chieulles und Vanty, dann nach Grimaut zurückgeworfen. Als Noisseville für sie verloren war, machte Bazaine noch einen Vorstoß gegen Servigny und Poixe, aber auf beiden Punkten wurde der Angriff zurückgewiesen. Die Kraft des Feindes war hiedurch gebrochen und nach 2 Uhr Mittags zog die franz. Armee in ihre Stellungen zurück. Bazaine's Versuch war somit mißlungen. — Der Gesammtverlust der Deutschen betrug 123 Offiziere und 2910 M. Am Tage darauf (2. Sept.) hörte Bazaine die Hurrahrufe der Deutschen über die Capitulation von Sedan und als er am 4. Sept. durch einen Arzt der internationalen Commission von dieser Capitulation verständigt wurde, theilte er diese Thatsache durch einen Tagesbefehl den Truppen mit, ohne sich in irgend einer Art über die neue Regierung zu äußern. In der franz. Armee aber griff hierüber der Geist der Unordnung und des Ungehorsams immer mehr um sich.

§. 24. Seit dem 1. Sept. gab es Bazaine auf, einen weiteren

Margin notes:

1870.
Die Schlacht von Noisseville 31. Aug. und 1. Sept.

30. August Abends 9 Uhr.

1. September.

§. 24.

Durchbruch zu versuchen. Er ließ daher rings um Metz zwischen den Forts ein befestigtes Lager errichten und vertheilte so die Armee rings um die Stadt herum.

Ausfälle 27. Septemb. und 2. und 7. Oktober.

Vom 23. Sept. eröffnete er zuerst Kanonaden von den Forts St. Quentin und Plappeville, worauf am 27. Sept, dann 2 und 7. Oft. Ausfälle ohne besondere Resultate folgten.

Die Noth in Metz.

Schon am 7. Oft. fingen aber die Vorbereitungen für die Capitulation an. Die Lebensmittel begannen zu fehlen. Die tägliche Ration an Brot mußte bis auf 300, später auf 250 Gramm herabgesetzt werden. Seit Anfang Sept. hatte man nur Pferdefleisch, die Stadt Metz erhielt täglich 50 Pferde, doch da jetzt das Futter für die Pferde überhaupt ganz fehlte, standen sie vor Hunger oder an Krankheiten massenhaft um. Seit Ende September fehlte auch das Salz gänzlich und man sah die Franzosen bei den Vorposten der Deutschen um Brot betteln. Im Ganzen starben während der Einschließung 35,000 Menschen, Blattern, Typhus und die Ruhr richteten furchtbare Verheerungen an.

Capitulation und Uebergabe von Metz 27. u. 29. Oktober.

Am 10. Oftober wurde im Kriegsrathe beschlossen, Unterhandlungen betreffs einer Militärconvention anzuknüpfen, nach der die Armee, nicht aber die Festung capituliren sollte und General Boyer wurde zu diesem Behufe ins Hauptquartier nach Versailles gesandt. Obzwar Moltke eine einfache Capitulation verlangte, schlug Bismarck eine Convention vor, nach der die Armee der freie Abzug mit Waffen und Kriegsmaterial zugestanden werden sollte. — Der Kriegsrath in Metz nahm aber diese Convention nicht an und schickte den General Boyer nochmals ins deutsche Hauptquartier, wo er aber abgewiesen wurde, was der Prinz Karl Bazaine am 25. Oft. mittheilte. Da Letzterer nun keine anderen Bedingungen erhalten konnte, nahm er die Unterhandlungen wieder auf, welche im Schlosse Frescaty von franz. Seite von General Jarras, Oberst Fay und Major Samuel, von deutscher Seite von General Stiehle und Hauptmann Steffen geführt wurden. Erst Nachts 2 Uhr am 27. Oft. wurde die Capitulation nach dem Muster der von Sedan abgeschlossen, nur mit dem Unterschiede, daß den Offizieren der Degen genommen werden sollte, was König Wilhelm jedoch abänderte.

Am 29. Oft. erfolgte die Uebergabe der Festung, wobei die kriegsgefangene Mannschaft ihre Habe, Decken, Tornister und Zelte behielt. — Die Zahl der Gefangenen betrug: 3 Marschälle, 6000 Offiziere und 173,000 M., darunter 20,000 Kranke und Verwundete.

Auf einer großen Wiese fand die Speisung der Gefangenen durch die deutsche Heeresleitung statt, worauf die Instradirung nach Deutsch= land begann. Auf jeder der großen Bahnstrecken wurden täglich 10,000 M. befördert.

Bazaine begab sich nach der Wilhelmshöhe zu Napoleon. Die Kriegsbeute in Metz bestand in 58 Adlern, 300,000 Gewehren, 541 Feldgeschützen und 800 Festungsgeschützen, nebst anderem Materiale. Der Kronprinz wurde für seine Erfolge bei Sedan und Prinz Karl für jene bei Metz vom Könige zu Feldmarschällen ernannt.

In Deutschland bewirkte diese Capitulation ein Staunen, denn die Gefangenen einschließlich der Offiziere 180,000 M. war der großartigste Erfolg eines Krieges, den die Weltgeschichte kennt. — Gambetta, der Anfangs das Volk über die Lage von Metz täuschte, bezeichnete Bazaine als Verräther und ließ gegen ihn dann die ganze Meute der Journalisten los.

§. 25. Mit der Vernichtung des ganzen kais. Heeres war aber der Krieg nicht beendet, denn mit einem Male stand an der Loire ein neues Heer von 220,000 M. und im Norden und Süd= osten waren neue kleinere Heere in der Bildung, dies Alles war das Werk des Advokaten Gambetta.

Nachdem die Einschließung von Paris am 19. September beendet war, suchte das deutsche Oberkommando zunächst aus einem weiten Umkreise die Verproviantirung und Fouragirung der um Paris lagernden acht Armeekorps zu sichern und dazu wurden vier Cavalleriedivisionen, denen je zwei Bataillone des 1. baier. Corps zugewiesen wurden, verwendet.

Unterdessen bildete sich in und um Bourges in aller Stille das 15. franz. Corps unter General La Matterouge und die aus drei Brigaden bestehende Cavalleriedivision des General Reynau. Das preußische Oberkommando beauftragte daher den General v. Tann mit dem 1. baier. Corps, der 22. Division, dann der 2. und 4. Cavalleriedivision gegen diesen Feind angriffsweise vor= zugehen.

Am 10. Oktober stieß Tann auf die Hauptstellung des franz. 15. Corps; General Reynau hielt mit einer Cavalleriebrigade und einigen Compagnien Chasseurs mit zwei Kanonen Artenay besetzt. Tann ließ die Position stürmen und um 2½ Uhr traten die Fran= zosen den Rückzug an, über den jedoch die Baiern herfielen und unter den Ersteren eine heillose Verwirrung anrichteten, so daß die Mobilgarden ihr Gepäck abwarfen und die Waffen streckten.

1870.

§. 25.
Der Krieg an der Loire.

a) Die Baiern auf der Wacht an der Loire.

Gefecht bei Artenay
10. Oktober.

37*

Schlacht bei
Orleans und
dessen Ein=
nahme durch
die Baiern
11. Oktober.

Das Gefecht kostete den Baiern nur 202 Mann, sie eroberten drei Geschütze und machten 500 Gefangene.

Am 11. Okt. brach Tann gegen Orleans auf. Um 10 Uhr Morgens stieß man auf den Feind. General La Matterouge hatte an der Straße von Orleans zwischen den Dörfern Ormes und Boulay starke Feldverschanzungen mit 40 Geschützen und Mitrail= leusen besetzen lassen. Der Kampf begann und schon um 1 Uhr Mittags war das Dorf Ormes erobert, die Baiern rückten auf der Straße nach Orleans nach und das Gefecht wurde immer erbitterter, je näher man Orleans kam; die Baiern rückten mitten im Feuer in die Vorstadt ein, standen um 6½ Uhr vor der Mairie und der Maire erklärte sich zur Uebergabe bereit. In der Schlacht hatten die Baiern 39 Offiziere und 765 M., die 22. Division 300 M. verloren. In den nächsten Tagen besetzte die deutsche Cavallerie dann eine Strecke von 8 Meilen.

Am 16. Oktober vereinigte sich der General v. Wittich über den Befehl des deutschen Oberkommando bei St. Sigismond mit der vierten Cavalleriedivision und stand am 18. Okt. Mittags vor Châteaudun. Kurz vor der Ankunft der Deutschen waren in diese 7000 Einwohner zählende Stadt 1500 Franctireurs aus Paris und 2000 National= und Mobilgarden aus Nantes gekommen, denen sich Tausende von den Einwohnern der Stadt und Umgebung an= schlossen. Der Anführer der Franctireurs und Mobilgarden war der polnische Graf Lipowski. Derselbe übernahm die Vertheidi= gung der Stadt und ließ in alle Häuser Schießscharten einbrechen und Barrikaden errichten. Da die preuß. Cavallerie aus den Häusern beschossen wurde, so begann der Kampf, ohne daß jedoch die Deutschen gegen die Barrikaden vorzudringen vermochten, obzwar es an mehreren Stellen brannte. Um 9 Uhr Abends wurde daher der Sturm an= geordnet, doch mußten die Franzosen von Haus zu Haus vertrieben werden und erst nach Mitternacht ward der Feind geworfen, worauf um 3 Uhr Morgens der Marktplatz erstürmt wurde. — Die Stadt war fast vernichtet und zerstört.

Am 21. Okt. wurde von den Deutschen Chartres besetzt und so war das Corps des General Tann in Orleans und die 22. Division in Chartres die am weitesten vorgeschobenen Posten der deutschen Armee, welche sich daher gegen die neue Loire=Armee nur schwer behaupten konnten, indem beide Truppentheile zusammen nicht mehr als 28,000 M. zählten.

§. 26. Zum Befehlshaber der neuen Loirearmee wurde von

Gambetta General Aurelle de Paladines eingesetzt, der auch den
Oberbefehl über das 15. Corps erhielt. Das 16. Corps wurde
Chanzy, das 17. dem General Durrieu übergeben. In der Leitung
der Armee gerieth Aurelle bald in Zwistigkeiten mit dem Delegirten
des Kriegsministeriums Freycinet, einem früheren Bergingenieur,
der durch Unwissenheit und Willkür viel verdarb. Noch leidenschaft=
licher als Gambetta drängte Freycinet zum Marsche gegen Paris,
während die Truppen noch kaum gelernt hatten, das Gewehr zu
tragen. Ein Kriegsrath am 24. Okt. beschloß aber, daß die neu ge=
bildete Armee nicht auf Paris, sondern auf Orleans vorrücken solle.

Die Folge hievon war die Schlacht von Coulmiers, in
welcher das Corps des General Tann der Uebermacht weichen,
Orleans räumen und sich auf Toury zurückziehen mußte. 1000 kranke
und verwundete Deutsche mußten in Orleans zurückgelassen werden,
und obzwar der Maire der Stadt diese Kranken unter Androhung
strenger Ahndung zur guten Behandlung empfohlen hatte, so kamen
sie unter den Händen der Franzosen dennoch elend um.

Es war das erste Mal, daß in diesem Kriege ein deutsches
Corps im offenen Felde geschlagen, hatte zurückweichen müssen.
Der Verlust der Baiern betrug 1257 M., die Franzosen ver=
loren nach ihren eigenen Angaben 1500 M.

Die Franzosen besetzten hierauf Orleans, und ihre Armee
wurde um die Stadt herum gelagert.

Um ähnlichen Verlusten künftig vorzubeugen, stellte das deutsche
Oberkommando eine Armeeabtheilung unter dem Befehl des Groß=
herzogs von Meklenburg auf, und diese wurde in Cantonnements bei
Etangs und Angerville gelegt, um ein Vordringen der Loire=
armee nach Paris zu verhindern. Zugleich erhielt Prinz Friedrich
Karl den Befehl, in Gewaltmärschen nach der Straße gegen Orleans
zu marschiren. Später erhielt auch der Großherzog von Mecklenburg
Befehl, den Marsch nach Nordwesten fortzusetzen.

§. 27. Allmälig sammelten sich um Orleans, Tours und
le Mans 7 franz. Corps mit einem Bestande von 250,000 M.
Das 15. Corps stand unter dem Befehle Aurelles, das 16. unter
Chanzy, das 17. unter de Sonis, das 18. unter Bourbaki, das
20. unter Crousaz, das 21. Corps bildete sich 60,000 M. stark
am Walde von Marchenoir aus den zerstreuten Abtheilungen des
General Fierek, die der Großherzog vor sich hergetrieben hatte.
Außerdem standen im Lager von Conlie Truppenmassen unter Kératry,
zusammen 200,000 M. stark; über drei dieser Corps hatte Aurelle

1870.

den Oberbefehl und über zwei behielt sich Gambetta und Freycinet den direkten Oberbefehl vor. Nach dem Eintreffen der Armeeabtheilung des Großherzogs von Mecklenburg standen um Orleans 200,000 Franzosen und etwa 120,000 Teutsche einander gegenüber.

Die Schlacht bei Loigny u. Paupry 2. Dezember. Am 2. Dezember begann die Schlacht bei Loigny und Paupry, beim ersteren Orte kommandirte General Treskow und das baierische Corps unter Tann kam dabei so hart ins Gedränge, ehe der Feind zurückgeschlagen wurde, so daß die Baiern 2000 Todte hatten und um den sechsten Theil ihres Bestandes kamen. Bei Paupry befehligte der General Wittich und auch hier wurden die Franzosen zurückgeschlagen, ihr 16. Corps kam in Unordnung und das 17. zur Auflösung. Der Vormarsch der Franzosen war also gescheitert. Jetzt überließ Gambetta Aurelle die Sorge über alle fünf Corps, dieser ordnete den Rückzug auf der großen Pariser Straße und übertrug die Vertheidigung von Orleans dem General Martineau.

Die Schlachten bei Orleans vom 3. u. 4. Dezember. Für den 3. Dezember hatte Prinz Friedrich Karl einen allgemeinen concentrischen Angriff gegen die befestigten Stellungen der Franzosen rings um Orleans angeordnet, welcher auch am Morgen des 3. Dez. statt fand. Die Hauptschlacht des 3. Dez. wurde auf der großen Straße bei Artenay und Chevilly ausgefochten. Nach heißem Kampfe, der den ganzen Tag dauerte, waren die Franzosen aus ihren Positionen verdrängt und Aurelle gab die Hoffnung auf, Orleans behaupten zu können. Er meldete dies auch Gambetta, erhielt aber von Freycinet darüber Vorwürfe und entschloß sich deßhalb dann Orleans dennoch zu vertheidigen.

Wiedereroberung Orleans durch die Deutschen 4. Dezember. Am 4. Dez. setzten alle deutschen Corps ihren Vormarsch fort, der Kampf der den ganzen Tag wüthete, war noch mörderischer als jener Tags vorher, doch um ½1 Uhr Nachts war Orleans genommen und das franz. Heer zog sich auf das linke Ufer der Loire zurück. Aurelle zog sich aber durch das Preisgeben Orleans den vollen Zorn Gambettas zu, und als er sein Commando deßhalb niederlegte, übertrug Gambetta solches dem General Chanzy.

§. 28. e) Von Orleans bis Tours und le Mans. §. 28. Die republikanische Armee zeigte eine Schnellkraft, die der kaif. Armee abgegangen war. Das 16. und 17. Corps stellten sich sogleich bei Meung und Beaugency schon nach zwei Tagen den Deutschen wieder entgegen. Die drei Corps, die sich nach Süden gewendet hatten, sammelte Bourbaki bei Bourges und Nevers, und führte dieselben in Eilmärschen nach Besançon, um einen kühnen Marsch nach den Vogesen anzutreten. So erwuchs den Deutschen unerwartet wieder eine neue Reihe unabsehbarer Kämpfe.

Chanzy hatte am 5. Dez. sein Hauptquartier in Josnes, eine Meile von Beaugenzy, genommen und seine ganze Macht mußte noch auf 150,000 M. geschätzt werden. Jetzt erfolgten am 7., 8., 9. und 10. Dez. mit dem Corps des Großherzogs von Mecklenburg ununterbrochene Kämpfe bei Meung, Beaugency und Villejouan, in denen die Franzosen sich fort und fort am Rückzuge befanden, und schon am 9. Dez. sah Gambetta ein, daß er den Deutschen den Marsch nach seinem Regierungssitze Tours nicht mehr versperren könne, weßhalb die Bureaux nach Bordeaux übersiedelt wurden.

1870.
Kämpfe bei Meung und Beaugency 7., 8., 9. u. 10. Dezember.

Auch am linken Ufer der Loire war während dieser Zeit das 9. deutsche Corps vorgedrungen, nahm am 9. Dez. das Schloß Chambord, am 10. Blois, bedrohte Tours, welches auch vom General Sol geräumt wurde. Chancy, welcher sich bis le Mans zurückgezogen hatte, bemühte sich, seine Armee wieder kriegsfähig zu machen, und da ihm le Mans zu einem vortrefflichen Stützpunkt dünkte, beschloß er neue Angriffe auf die Stellungen des Prinzen Friedrich Karl zu machen. Dies bereitete eine Kette von Gefechten in dem Abschnitte zwischen der Loire und der Sarthe, an dem le Mans liegt.

Am 1. Januar 1871 erhielt Prinz Karl aus dem Hauptquartier des Königs den Befehl, gegen Chanzy angreisend vorzugehen, wobei ihm das 13. Corps des Großherzogs von Mecklenburg und die 2. und 4. Cavalleriedivision zur Verfügung gestellt wurde. Seine Streitkräfte beliefen sich auf 80,000 M. mit 318 Geschützen.

1871.
Schlacht von le Mans 10., 11. u. 12. Januar.

Für den 10. Jan. gab der Prinz den Befehl zum Vorrücken auf le Mans. In den hierauf geschlagenen Schlachten vom 10., 11. und 12. Jan. erhielten die Franzosen schwere Niederlagen und am 12. wurde le Mans von den Deutschen genommen. Gambetta ordnete den Rückzug der Franzosen auf Laval an. Am 16. wurden die Truppen nach Reimes geschafft und das Eisenbahnmateriale entfernt. Zum erstenmale gestanden die amtlichen franz. Berichte ein, daß die Deutschen gesiegt hätten und Chanzy gab der Regierung sein Gutachten dahin ab, daß es nicht möglich sei, den Krieg mit dieser Armee weiter fortzusetzen.

10. Januar.

In den siebentägigen Kämpfen von le Mans machten die Deutschen 22,000 Gefangene, eroberten 20 Geschütze und zwei Fahnen; ihr Verlust betrug 3470 M. und 180 Offiziere. Schon am 13. Jänner rückten die deutschen Truppen wieder gegen Westen und Norden vor; das Städtchen Beaumont wurde mit Sturm

Weitere Kämpfe an der Loire.

genommen, welches von 9000 Mobilisirten des Mayenne gehalten wurde. Am 15. Januar folgte der Kampf bei Alençon, wo der bekannte Pole Graf Lipowski 2000 M. Franctireurs, 4000 Mobilgarden aufgestellt hatte und dann weitere Kämpfe bei Chassillé, bei St. Jean sur Erve 2c. Erst die Ereignisse von Paris und der geschlossene Waffenstillstand machte diesen Kämpfen an der Loire ein Ende.

§. 29. Als sich der Krieg in die Länge zog und die Franctireurs allenthalben die Verbindungen der Armee bedrohten, mußte auch die systematische Belagerung der Festungen ins Auge gefaßt werden. Ihr dreifacher Gürtel gewährte den Franctireurs eine erwünschte Stütze und dem Festungskriege mußte sich auch ein Feldkrieg anschließen.

Von allen Festungen der Nordgrenze war Bitsch die am frühesten eingeschlossene und leistete am längsten Widerstand. Nach dem Abzuge des 4. Armeecorps schlossen sodann baier. Truppen die Festung ein und obzwar 100,000 Kugeln hineingeworfen wurden, kam die Festung erst nachdem die Friedenspräliminarien abgeschlossen waren, am 26. März in den Besitz der Deutschen.

Auch Pfalzburg leistete lange Widerstand, bis es durch Hunger und Krankheit sich am 12. Dezember 1870 ergab.

Die Festung Toul wurde durch ein starkes Bombardement genöthigt, am 23. Sept. zu capituliren; ebenso Soisson am 16. Okt.

Die Einschließung und Eroberung der übrigen Festungen wurde der I. Armee unter dem Oberbefehle des General Manteuffel zur Aufgabe gemacht, und während dieser die Operationen im Felde führte, erhielt General Kameke den Auftrag, die Festungen an der Grenze unschädlich zu machen.

Die Division Kameke schloß die Festung Thionville oder Diedenhofen am 12. Nov. ein und am 24. Nov. erfolgte die Uebergabe.

Verdun capitulirte am 8. Nov., Montmedy am 14. Dezemb., Mezières am 1., die Grenzfestung Rocroy am 5. und Langwy am 25. Januar 1871.

§. 30. Während in solcher Weise eine Festung des Nordens nach der anderen den preuß. Waffen erlag, hatte General Manteuffel seinen Marsch nach der Küste des Kanals vollzogen. Am 21. Nov. wurde die Festung Ham besetzt, am 27. Nov. mußte la Ferre capituliren. — Am 26. Nov. stieß die Avantgarde des I. Corps bei Amiens auf die franz. Nordarmee des Generals Farre 30,000 M.

Marginalien:

§. 29. Die Festungen der Nord= grenze und der Nordfeldzug.

Einnahme von Bitsch 26. Mrz 1871.

Capitulation von Pfalzburg 12. Dez. 1870.

Capitulation von Toul 23. Sept. 1870.

Capitulation von Soisson 16. Oktober

Uebergabe von Thionville 24. Nov.

Capitulation Verduns 8 Nov.

Montmedy 14. Dezember. 1870.

Mezières 1. Januar.

Rocroy 5. Jan.

Langwy 25. „ 1871.

§. 30. Vormarsch Manteuffel's.

stark. Am 27. kam es zur Schlacht bei Amiens; um 7 Uhr Abends **Schlacht bei** räumte Farre seine Stellungen und zog auf Arras, die franz. Nord- **Amiens** armee hatte einen Verlust von 3000 M., die Mobilgarden und **27. Nov.** selbst die Offiziere kehrten dann in ihre Heimath zurück.

Ueber Befehl aus dem Hauptquartiere rückte Manteuffel nach **Einnahme von** Rouen, dort war ein ganzes System Barrikaden aufgebaut, aber die **Rouen.** Vertheidiger hatten es verlassen und 29 Geschütze wurden noch vor- gefunden. Am 5. Dez. marschirte das 8. Corps mit den Generalen Manteuffel und Göben in Rouen ein. Die Stadt mußte 15 Mill. Francs Kriegssteuer zahlen. — Am 8. Dez. marschirte die Brigade **Dieppe 8. Dez.** Graf Dohna nach Dieppe, dem besten franz. Kanalhafen.

Das unerwartete Auftreten des franz. Generals Faidherbe **Schlacht bei** aus Bona in Lille führte aber am 23. Dez. bei Hallue zu einer **Hallue 23. Dez.** Schlacht, welche von 11 Uhr Vormittag bis in die Nacht dauerte. Am zweiten Tag wurde weiter ein Schützengefecht geführt, worauf Faidherbe Nachmittags seine Stellungen verließ und sich hinter die Scarplinie zwischen Arras und Douay zurückzog. In dieser Schlacht hatte er 1046 M. an Todten und Verwundeten und 1000 M. an Gefangenen verloren.

Manteuffel brach zur Einnahme der kleinen Festung Péronne **Capitulation** auf, welche nach heftiger Beschießung am 9. Januar capituliren **von Péronne** mußte, wobei die Garnison kriegsgefangen wurde. **9. Jan. 1871.**

Um Péronne zu entsetzen brach Faidherbe am 1. Jan. mit **Schlacht bei** seiner Armee von Arras. Am 2. und 3. kam es zur Schlacht bei **Bapaume 2. u.** Bapaume, worauf Faidherbe seinen Versuch zur Entsetzung Péronnes **3. Januar.** aufgab und sich auf Boyelles, eine Meile südlich von Arras zurück- zog. Nach der Schlacht bei Bapaume erhielt Manteuffel den Ober- befehl über die Armee an der Côte d'or und dem Jura, in dem ihm das Werder'sche Corps, wie das 2. und 7. untergeben wurden. Zum Oberbefehlshaber der Nordarmee wurde General Göben ernannt.

Am 9. Jan. marschirte Faidherbe mit der franz. Nordarmee zum viertenmale von Arras und Douay aus und da ihn Gambetta aufforderte, zur Erleichterung des letzten Pariser Ausfalles eine Bewegung zu machen, so besetzte er St. Quentin und nahm 25 M. der dortigen sächs. Garnison gefangen.

Er bot dann dem General Göben für den 19. Januar die **Schlacht bei** Schlacht an und stellte seine Armee von 60,000 M. bei St. Quentin **St. Quentin** auf den Höhen westlich und südlich auf. **19. Januar.**

Die Schlacht nahm um ½11 Uhr M. ihren Anfang und endete mit dem Rückzuge der Franzosen. Anfangs ging derselbe unter dem

Schutze einiger Linienbataillone in Ordnung vor sich. Aber im Augen=
blick waren die preuß. Batterien auf den Höhen und warfen Gra=
naten in die Stadt und da war in der franz. Nordarmee kein
Halten mehr, so daß sich Alles in wilde Flucht auflöste.

Zwei Monate hatte die franz. Nordarmee die Deutschen genedt,
jetzt war sie zersprengt. — Im Ganzen wurden von den Deutschen
in dieser Schlacht 10,000 Gefangene gemacht und 6 Geschütze
erbeutet.

Faidherbe rettete die Trümmer seiner Armee nach Arras
und Lille.

§. 31.
Der Vogesen=
und Jurakrieg.

§. 31. Das obere Elsaß wird durch drei Festungen gedeckt:
Schlettstadt an der Jll, Neu=Breisach mit dem Fort Mortier und
Belfort. Um diese Festungen zu bekämpfen wurde in Freiburg im
Breisgau eine vierte preuß. Reservedivision aus der ostpreuß. Land=
wehr, dem 25. Linienregimente, dem 3. Reserve=Uhlanenreg. und
3 Batterien, unter General von Schmeling, gebildet. Am 1. und
2. Oft. ging diese Division über den Rhein und wandte sich gegen
das ½ Meile vom Rheine gelegene Neu=Breisach. — Diese Festung
hatte eine Besatzung von 5000 M. mit 108 Geschützen; ihre Stärke
liegt in dem Fort Mortier, das eine Besatzung von 5000 M. mit
7 Kanonen hatte. Am 8. Oft. zog Schmeling nach Zurücklassung
einer Einschließungsmannschaft gegen Schlettstadt, um die Verbindung
mit Straßburg zu gewinnen und Belagerungsgeschütz von dort zu
beziehen.

Schlettstadt
capitulirt
24. Oktober.

Am 24. Oft. mußte Schlettstadt capituliren und die Besatzungs=
mannschaft von 2000 M. wurde kriegsgefangen.

Capitulation
von Neu=
Breisach
10. Nov. 1870.

Am 26. Oft. rückte ein Theil der Division zur Belagerung
von Belfort, während die Hauptmacht zur Belagerung von Neu=
Breisach zurückkehrte. Vom 2. Nov. an wurde das Fort Mortier
beschossen, es capitulirte am 8. und am 10. Nov. auch Neu=Breisach.

Die 4. Reservedivision wurde dem 14. Armeecorps unter
General Werder einverleibt und ein Theil derselben rückte vor Bel=
fort. Dasselbe ist die stärkste Festung Frankreichs und kann ein
Lager von 20,000 M. in sein Fort aufnehmen. Festungscomman=
dant war Oberst Denfert, die Besatzung bestand aus 17,600 M.

Capitulation
von Belfort
18. Febr.
1871.

Am 2. Nov. langte die erste Reservedivision (v. Treskow) an
und am 3. wurde Belfort im weiten Kreise eingeschlossen. — Die
Belagerung war aber lang und aufreibend und erst nach einer helden=
müthigen Vertheidigung von 3½ Monaten wurde es am 18. Febr.
mittelst Capitulation, die Jules Favre mit Bismarck abschloß,

übergeben. Die Besatzung 12,500 M. stark, konnte mit kriegerischen Ehren abziehen, Waffen, Fuhrwerke und Kriegsmaterial mitnehmen.

Noch während der Belagerungen der Festungen nahm die Bekämpfung der Streifschaaren die Aufmerksamkeit der Heeresleitung in Anspruch. Schon am 30. Sept. wurde unter General v. Werder ein 14. Armeecorps gebildet und schon am 5. Okt. trat die Avantgarde dieses Corps den Marsch über die Vogesen an.

Der Brigadegeneral Cambriels, der nach der Capitulation von Sedan nach Paris entflohen war, wurde zum Oberbefehlshaber der franz. Armee von Besançon ernannt.

Obzwar es den in Eile aus Südfrankreich und Lothringen zusammengerafften Truppen an Allem fehlte, so brach doch eine starke Division unter General Peitavin mit 12 Geschützen gegen die Deutschen auf.

In den hierauf folgenden Gefechten bei Etival und Cussey am 7. und 22. Okt. wurden die Franzosen geschlagen und Cambriels zog sich auf die starke Festung Besançon zurück; da aber dort seine Niederlage unter den Soldaten und dem Volk eine sehr große Aufregung verursachte, mußte Cambriels seine Entlassung nehmen. Gefechte bei Etival und Cussey 7. und 22. Oktober 1870.

Indessen organisirte Garibaldi schon im Oktober ein Corps in Dijon, in der Gesammtstärke von 18,000 Mann, theilte es in vier Brigaden und übernahm den Oberbefehl darüber. Die erste Brigade commandirte der poln. Oberst Bossak-Hauke, die zweite Delpesch, die dritte Menotti Garibaldi und die vierte Ricciotti, sein jüngerer Sohn. Die einzelnen Abtheilungen nahmen wunderliche Namen an, als: Franctireurs des Todes, Corps der Rache, 2c. 2c. — Garibaldi selbst war von der Gicht so sehr geplagt, daß er ohne fremde Hilfe nicht in den Wagen steigen konnte. Die Franctireurs Garibaldi's.

General Boyer vom Werder'schen Corps nahm am 30. Okt, nach einem heftigen Kampfe Dijon, welches dann die Deutschen besetzten.

Am 25. suchte Garibaldi mit 18,000 M. die deutsche Stellung von Dijon nordwestlich zu umgehen, um die Deutschen darin abzuschneiden, die bad. Truppen mußten sich am 26. November dem zu Folge nach Plenois zurückziehen und endlich der Uebermacht in Unordnung weichen. Als aber Werder drei Brigaden in und bei Dijon vereinigte, so wurde sodann erst der Angriff der Franctireurs um 10 Uhr Nachts abgeschlagen. Am 27. Nov. Morgens brach hierauf Werder aus Dijon, traf den Feind bei Paques, umging ihn und binnen einer Viertelstunde wich der Feind nach Zurücklassung des Kämpfe bei Dijon 26. und 27. Nov. 1870.

Gepäckes und der Gewehre nach Paques; nur die italienische Legion Tanara leistete im Walde bei Plénois Widerstand und Garibaldi war der Letzte auf dem Rückzuge nach Antun.

Kampf bei Antun 1. Dez. Nun suchte Werder das Hauptquartier Garibaldi's, Antun, wegzunehmen. Am 1. Dez. focht die Brigade Keller bei Antun durch sieben Stunden, mußte aber vor der Uebermacht den Kampf abbrechen und sich nach Dijon zurückziehen.

Gefecht bei Nuits 18. Dez 1870. Der franz. General Cremer, welcher sein Hauptquartier in Beaune hatte, brach nun gegen Dijon vor und besetzte Nuits. In dem am 18. Dez. folgenden Gefechte wurde aber Cremer geschlagen und 700 Gefangene gemacht.

Unter solchen, sich immer erneuernden Kämpfen zog sich der Krieg im Osten in die Länge.

Der Plan Gambetta's. Gambetta war unterdessen nach Bourges gereist und verabredete mit Bourbaki den Plan, mit 150,000 M. und 400 Geschützen, die Etappen in Lothringen aufzuheben, den Elsaß zu befreien und über den Rhein in Deutschland einzubrechen. Im Zusammenhange mit dem Zuge Bourbaki's stand auch das Vordringen auf Vendôme, Faidherbe's auf St. Quentin und der letzte Ausfall Trochu's aus Paris. — Bourbaki sollte mit dem 15., 18. und 20. Corps auf der Eisenbahn über Chagny nach Besançon gehen, sich dort mit dem Corps unter Bressoles und dem Cremer'schen Corps vereinigen und durch das Garibaldische Corps in der Flanke gedeckt, sich auf das deutsche Belagerungs-Corps vor Belfort stürzen.

Am 20. Dez. begannen die Truppenzüge von Bourges und Nevers, doch ging die Beförderung langsam und mit vielen Stockungen vor sich.

Die vorzeitigen Triumphe in der franz. Presse machten aber das deutsche Obercommando auf diesen Plan aufmerksam und es wurden von demselben hierauf die nöthigen Vorkehrungen dagegen getroffen.

Gefecht bei Villerserel 9. Jan. 1871. Die nächste Absicht Werder's mußte es daher sein, die Belagerung von Belfort zu decken und die Strecke von dort bis zur Schweizer Grenze in der Ausdehnung von zwei Meilen den Franzosen zu sperren. Am 9. Jan. wurde die Avantgarde des General Schmeling gegen den Feind geschickt, wo es bei dem Städtchen Villerserel zu einem siebenstündigen Kampfe kam, bis endlich die Deutschen das Städtchen räumten und sich zurückzogen. Hiedurch war der Zweck Werder's, den Vormarsch Bourbaki's um fünf Tage

aufzuhalten, erreicht und ſo konnte Werber in Muße die Liſaine=
linie beſetzen und befeſtigen, was auch geſchah, und wo die Centrum-
ſtellung bei Héricourt (einem Städtchen am öſtlichen Ufer der Liſaine)
ſtark befeſtigt wurde.

Am 13. Jan. langte Bourbaki vor der preußiſchen Stellung
an und vom 14. bis 18. Jan. bemühte er ſich, in täglichen Schlachten
die Stellung der Deutſchen durchzubrechen, wurde aber überall mit
ſchweren Verluſten zurückgeſchlagen. Endlich trat er am Nachmittag
des 18. Jan. mit ſeiner Armee den Rückzug an. Am 19. folgten
die deutſchen Colonnen dem Feinde nach und Werber kam bis
St. Veit, wo er ſchon eine neue deutſche Heeresabtheilung unter
Manteuffel antraf, welche über Bourbaki das Netz vollends zuſammen=
zog. — Derſelbe zog ſich daher mit ſeiner Hauptmacht am rechten
Ufer des Doubs zurück und meldete am 24. Jan. an Freycinet und
Gambetta den troſtloſen Zuſtand ſeiner Armee, die ſich bis auf
30,000 M. vermindert hatte und fügte bei, daß er den einzigen
Ausweg habe, ſich nur nach Pontarlier durchzuſchlagen, worauf
Gambetta Bourbaki ſeinen Kleinmuth vorwarf.

Am 26. Jan. brach hierauf Bourbaki mit der Armee nach
Pontarlier, unweit der Schweizergrenze auf, aber ein tiefer Trüb=
ſinn beherrſchte ihn und als er hier die Armee gänzlich umſtellt ſah,
verſuchte er ſich zu tödten, zerſchmetterte ſich aber nur die Kinnlade,
worauf Gambetta den General Chlinchant an ſeine Stelle ernannte.

Derſelbe rechnete jetzt nur noch auf den inzwiſchen am 27. Dez.
zu Paris abgeſchloſſenen Waffenſtillſtand, von dem er durch Gam=
betta unterrichtet wurde. Da aber in demſelben der Wortlaut auf=
genommen war, daß die Operationen im Oſten nichtsdeſtoweniger
ihren Fortgang nehmen ſollten und dieſer Zuſatz, den Gambetta
unbegreiflicherweiſe die Pariſer Regierung nicht mitgetheilt hatte, ſo
blieb Chlinchant, ganz umſtellt, wie er es war, nichts anderes übrig
als in die Schweiz über zu treten. Am 1. Febr. ſchloß er mit dem
ſchweiz. General Herzog, der an der Grenze zum Schutze der Neutra=
lität mit 22,000 M. ſtand, die Uebereinkunft ab, nach welcher die
Waffen, Munition und Ausrüſtung niedergelegt werden, den Offizieren
und Truppen der Aufenthalt beſtimmt, den Generalen derſelbe aber
freigeſtellt werden ſollte.

Der Uebertritt über die Grenze dauerte durch 48 Stunden,
und ſo war endlich auch die 4. franz. Armee zum weiteren Kampfe
unfähig gemacht.

(Marginalie:) Schlacht bei Héricourt vom 14. bis 18. Jan. 1871.

(Marginalie:) Uebertritt der franz. Oſt=armee in die Schweiz 1. Febr. 1871.

§. 32. Kaum war am 2. Sept. um 11½ Uhr die Capitulation von Sedan zu Tresnoys (§. 18) abgeschlossen, als schon um 12 Uhr die Befehle an die III. und die Maasarmee zum Aufbruch gegen Paris erfolgten.

15. Sept.

Am 15. Sept. gab der König den Befehl zur Einschließung von Paris, die Maasarmee sollte dieselbe nördlich, die III. Armee südlich vollziehen.

Schlacht bei
Seaux
19. Sept.

Am 19. wurde zwar die 9. Division, als sie nach Versailles aufbrach, vom General Ducrot bei Seaux mit 45,000 Mann an-gegriffen, doch als immer mehr deutsche Verstärkungen ankamen, mußten sich die Franzosen zurückziehen und ihr Rückzug wurde immer fluchtartiger. Die Preußen eroberten hiebei die Schanze Chamart und damit ging für die Franzosen die wichtigste Stellung verloren, von der aus sie eine wirksame Beschießung von Paris hätten ver-hindern können.

Hier herrschte seit der Rückkehr der Truppen eine solche Rath-losigkeit, daß man auf einige Hundert franz. Truppen, die in der Schanze bei Meudon zurückgelassen wurden, ganz vergaß. Noch an demselben Tage wurde dann auch Versailles durch die Deutschen besetzt. Am 20. Sept. zog der Kronprinz in Versailles ein; auch der König kam am 5. Okt. dahin und bezog eine Wohnung im Gebäude der Präfektur.

Besetzung von
Versailles
20. Sept.

Einschließung
von Paris
19. Sept.

Am 19. Sept. wurde der Gürtel um Paris geschlossen und die Vorposten zogen sich in der Entfernung von 1000 Schritten vor den Forts in einer Ausdehnung von zehn Meilen rings um Paris.

Besatzungs-
und Verthei-
digungsmittel
von Paris.

Sobald die Truppen eingerückt waren, errichteten sie einen doppelten Befestigungsgürtel. Die Dörfer, Schlösser und Parke in Kanonen-schußweite von den Forts wurden für das Infanteriegefecht her-gerichtet, alle Straßen mit Verhauen gesperrt, Schanze reihte sich an Schanze und wurde mit leichten und schweren Batterien bewehrt. Im Norden wurde der Morletbach gestaut und so das Terrain von Sevran bis Dugny überschwemmt, so daß nur die Straße bei Pont-Iblon über das Wasser ragte. Die Truppen machten es sich in den Dörfern und Villen so bequem wie möglich und benannten die Straßen mit deutschen Namen, Billardsäle wurden zu Pferde-stallungen, feine Möbel und Pianos zum Barrikadenbau und zur Heizung, feine Damengarderoben als Nachhilfe für die Kleidung der Mannschaft, gegen Kälte und Schnee verwendet. Um Metz zu um-gehen, wurde eine Eisenbahn von Rémilly nach Pont-Moussion und auch neue Zweigbahnen gegen Paris gebaut.

Die Hoffnung der deutschen Krieger auf eine baldige Ein=
nahme von Paris sollte aber bitter getäuscht werden, denn dieses
war auf vier Monate verproviantirt und war jetzt die stärkste
Festung.

Das eigentliche Paris bis zu den Barrièren hat eine Aus=
dehnung von 1¹⁄₄ Meile in der Richtung von Westen nach Osten,
von ³⁄₄ Meile in der von Norden nach Süden. Um die Barrièren
zieht sich ein breiter Gürtel von Vorstädten, von denen Mont=
martre und Belleville ansteigende Höhen bedecken, die die übrige
Stadt überragen. Um Stadt und Vorstädte zieht sich die Stadt=
umwallung in birnförmiger Gestalt, sie ist mit 94 Bastionen und
trockenen Gräben von 30 Fuß Tiefe und mit einem Glacis versehen.
In der Entfernung von 3000 Schritt von der Stadtumwallung
liegen die Forts, bastionirte Vier= und Fünfecke von beträchtlichem
Umfange, mehrere davon auf Bodenerhöhungen gelegen. Besonders
starke, selbstständige Festungen sind St. Denis im Norden und der
Mont Valérien im Westen. St. Denis hat eine eigene Stadt=
umwallung und ist durch drei Forts, im Osten durch Fort de l'Est,
im Norden durch Double, Couronne, im Westen durch das Fort
la Briche geschützt. Der Mont Valérien hat staffelförmig überein=
ander liegende Festungswerke, ist für eine Besatzung von 7000 M.
bestimmt und hatte 80 der schwersten Geschütze, darunter eines,
die sogenannte St. Valerie, welches 1864—1867 in Ruelle für die
franz. Marine gefertigt war, es hatte 4·56 Meter Länge und einen
Seelendurchmesser von 240 Millimeter, und war 285 Zentner schwer.
Dieses Geschütz warf seine zuckerhutförmigen Geschoße bis in die
ersten Häuser von Versailles. Von St. Denis nach Südosten bis
zur Marne liegen die Forts Aubervilliers, Nossy=le=Sec, Rosny,
Nugent=sur=Marne, im Winkel zwischen Marne und der Seine liegt
das Fort Charenton und zwischen dem Nugent=sur=Marne und der
Stadtumwallung dann das Fort Vincennes. Auf dem linken Seine=
ufer liegen die Forts Jvry, Bicêtre, Monterouge, Vanes und Jssy.
Seit Anfang Sept. wurde von den Franzosen mit großem Eifer an
allen Befestigungen, Schanzen und Batterieständen gearbeitet, und
allmälig wurden in den Forts und auf den Wall 3800 Geschütze,
mitunter von schwerstem Kaliber, gebracht. Selbe wurden vor=
trefflich bedient und die Pariser schossen selbst damit auf einzelne
Posten und Wagen. Um die Arbeiten der Belagerer auch bei Nacht
zu stören, wurden Leuchtthürme mit elektrischem Lichte errichtet, auf
der Seine dienten die Kanonenboote vom Rheine zur Vertheidigung.

1870.

Um die Feldartillerie bei Ausfällen zu unterstützen, wurden Eisen=
bahndrehgeschütze mit gepanzerten Lokomotiven in Verbindung ge=
bracht. — Nach der Angabe Gambetta's bestand die Pariser Armee
aus 400,000 M. National=, 100,000 Mobilgarden, 60,000 M.
regulären Truppen und 20,000 Franctireurs, zusammen daher aus
580,000 M. Aus dieser Truppenmasse wurden drei Armeen ge=
bildet, die erste unter General Clément Thomas für die Bewachung
der Stadt und der Umwallung; die zweite unter General Ducrot,
zu Ausfällen; die dritte unter Trochu diente zur Besetzung der Forts.
Ungeachtet dieser Masse Streiter war es Trochu dennoch nicht ge=
lungen, die nur halb so starke deutsche Armee zu durchbrechen.
Obzwar die Verproviantirung von Paris für vier Monate berechnet
war, so wurde doch bald zum Pferdefleisch und dann auch zu Katzen,
Hunden und Ratten gegriffen.

§. 33.
Ausfälle der
Pariser.

§. 33. Die häufigen Ausfälle der Pariser Garnison, die sich
oft zu ausgedehnten Schlachten gestalteten, verursachten der Bela=
gerungsarmee nicht unbeträchtliche Verluste.

30. Sept.

Am 30. Sept. machte eine Division von Vinoy geführt einen
Ausflug gegen die Stellung des sächsischen Corps auf der Südfront;

13. Oktober.

am 13. Oktober unternahm Trochu eine gewaltsame Recognoscirung
gegen die Stellungen der Deutschen im Süden, welche erst nach
heftigem Kampfe abgeschlagen wurde.

An demselben Tage schossen die Franzosen auch St. Cloud
zusammen.

21. Oktober.

Am 21. Okt. machte General Ducrot vom Mont Valérien
einen Ausfall mit 10,000 M. und 104 Geschützen gegen die 10. Di=
vision auf der Linie Reuil=St. Cloud, wo es zu einem heißen Treffen
kam und Ducrot erst um 5 Uhr zurückgetrieben wurde.

Am selben Tage unternahmen auch die franz. Bataillone
mit Kanonen einen Ausfall auf die Stellung der Würtemberger
bei Champigny.

28. Oktober.

Am 28. Okt. unternahmen die Franctireurs der „Presse" in
der Nacht einen Ausfall, nahmen das Dorf le Bourget, richteten es
zur Vertheidigung ein und erst nach einem sehr hartnäckigen Ge=
fechte konnten sie zurückgeschlagen werden.

Die Schlacht
am Mont
Mesly, Cham=
pigny u. Bric.
30. Nov. bis
3. Dez.

Gegen Ende Nov. sollte nach Verabredung Gambetta's mit
Trochu der erste große Hauptschlag gegen die Einschließungsarmee
ausgeführt werden, u. zw. nach Südosten, um der Loirearmee in
die Hände zu arbeiten. Mit Pomp wurde das Unternehmen den
Parisern angekündigt, Ducrot, dem die Leitung des Hauptangriffes

übertragen wurde, wies in einer Proklamation auf die 400 Feld=
geschütze und die 150,000 Streiter und schwor, nur tobt oder sieg=
reich nach Paris zurückzukehren.

Der Ausfall geschah am 30. Nov. und hatte die Schlachten
vom 1.—3. Dez., namentlich am Mont Mesly, Champigny und
Brie zur Folge. Erst am 3. Dez. Nachmittags zog sich Ducrot über
die Marne zurück und bezog ein Lager bei Vincennes. Da er ge=
schworen hatte, nur tobt oder siegreich nach Paris zurückzukehren,
so hielt er sich seit der Zeit zwischen der Stadtumwallung und den
Forts auf.

Die Verluste der Franzosen an diesen Schlachttagen betrugen
414 Offiziere und 5616 M. Der Verlust der Deutschen belief sich
auf 3688 M. und 174 Offiziere.

Obzwar die Loirearmee bereits geschlagen war, so unternahm Ausfall gegen
Trochu am 21. Dez. mit 100,000 M. dennoch einen weiteren Aus= le Bourget
fall gegen le Bourget, welcher gleichfalls zurückgeschlagen wurde. 21. Dezember.

§. 34. Obgleich das deutsche Obercommando schon seit Be= §. 34.
ginn der Einschließung alle Vorbereitungen zur regelmäßigen Bela= Beschießung
gerung gttroffen hatte, waren dieselben doch erst mit Ende Dezember der Forts und
so weit vorgeschritten, um ein ausgiebiges Bombardement beginnen Bombarde=
lassen zu können. Die Beschießung konnte am leichtesten gegen die ment.
Südfront unternommen werden, weil da die deutschen Batterien
nur 1½ Meile von der Stadtumwallung entfernt waren. Am
27. Dez. begann zuerst die Beschießung des Mont Avon und hier=
auf schloß sich der unmittelbare Angriff auf die Forts und das
Bombardement auf die Stadt an. Die Deutschen warfen täglich
200—300 Granaten in die Stadt, um das linke Seineufer und
die Orte Passy, Auteuil, Boulogne zu beunruhigen, am 7. Januar
1871 erreichten die Bomben beinahe das ganze linke Seineufer bei
der Cité. Dazu mehrte sich die Zahl der Belagerungsbatterien und
neue Parks trafen ein.

§. 35. Ehe sich aber noch eine Wirkung des Bombardements §. 35.
geltend machte, übte schon der Hunger in Paris seine unwidersteh= Die Noth in
liche Gewalt aus. Die Lebensmittel waren nur noch für Reiche Paris.
erschwinglich. Eine gelbe Rübe kostete 60, ein Kohlkopf 6 Centimes,
ein Ei 1 Fr., ein Schinken 10 Fr., ein Truthahn 125 Fr. ꝛc.
Schon lange speiste man Pferdefleisch, und für die Armen wurden
täglich 750 Pferde geschlachtet. Das Brot wurde endlich zu 60⁰/₀
mit Reis und Hafer gemischt und täglich nur 30 Gramm auf die

1871.

Perſon ausgetheilt. In der letzten Januarwoche ſtarben 6000 Perſonen
Von 100,000 Pferden waren ſchon 67,000 geſchlachtet, von Rind
fleiſch waren nur noch 3000 Milchkühe übrig.

§. 36.
Ausfall vom
Mont-
Valérien
19. Januar.

§. 36. Als in Paris der Hunger an die Thür klopfte, unternahm Trochu, gedrängt von einem permanenten Kriegsrathe, der
ihm ſeit Anfang Januar an die Seite geſetzt worden war, gegen
ſeine beſſere Ueberzeugung am 19. Januar einen Ausfall mit
100,000 Linientruppen, um das deutſche Hauptquartier in Ver-
ſailles zu ſprengen. Ganz Paris war voll froher Zuverſicht, die
aber Trochu nicht theilte. Schon in der Nacht marſchirten die
Truppen nach ihren Stellungen, der linke Flügel unter Vinoy war
gegen St. Cloud, das Centrum unter Bellemare gegen die Höhen
von Graches, der rechte Flügel unter Ducrot gegen Baugival beſtimmt. Der Angriff mißlang aber gänzlich, Trochu gab ſeinen
Durchbruchverſuch auf und blieb die Nacht zum 20. Januar am
Fuße des Mont Valérien lagern.

§. 37.
Aufſtand in
Paris.

§. 37. Nach dieſer Schlacht drangen die Maires von Paris
in Trochu, er ſolle den Krieg auf das Aeußerſte führen; als er
dies verweigerte, weil es nur eine unnütze Metzelei wäre, verlangte
der Advokat Desmaretz, er ſolle ſeine Entlaſſung geben; Trochu
erklärte ſich bereit, unter den Befehl jedes andern Generals ſich zu
ſtellen, der beſſer handeln zu können glaube, als er.

In Paris benutzten jetzt die Socialiſten das Mißlingen des
19. Januar, um Unruhen anzuſtiften; Flourens wurde aus dem
Gefängniſſe befreit, die Mairie des 20. Arondiſſements wurde
hierauf erſtürmt und vor dem Stadthauſe kam es zu einem blutigen
Zuſammenſtoße.

Trochu legte jetzt ſeine Stelle nieder und übergab dieſelbe
dem General Vinoy, behielt aber ſeinen Sitz und Stimme in dem
Vertheidigungsausſchuſſe.

§. 38.
Capitulation
und der
Waffenſtill-
ſtand von
Paris.

§. 38. Am 20. Jan. hatten die Maires von Paris an die Bevölkerung eine Proklamation erlaſſen, die ihr eine baldige Erſchöpfung
der Vorräthe bekannt gab, und am 23. war Getreide und Reis
blos für acht Tage noch vorhanden. Es war daher die höchſte
Zeit für die Zufuhr der Lebensmittel zu ſorgen, wenn nicht Hundert-
tauſende verhungern ſollten.

Die Regierung entſchied ſich endlich einmüthig dafür, daß ein
Widerſtand unmöglich ſei, aber keines der Mitglieder, außer Favre,
hatte den Muth, im Angeſichte der aufs Höchſte erregten Bevölkerung

die Gehässigkeit einer Capitulation auf sich zu nehmen. Favre allein entschloß sich mit Bismarck diesfalls in Unterhandlungen zu treten. In der Nacht des 23. Januar erhielt er durch Vermittlung des engl. Gesandten, Odo Russel, eine Unterredung mit Bismarck, worauf die Verhandlungen wegen einer Capitulation und den Waffenstillstand ihren Anfang nahmen.

Am 26. Abends waren die Hauptsachen erledigt. Inzwischen verzögerte sich der Abschluß bis zum 28. Abends. Da aber erst eine Nationalversammlung einen endgültigen Frieden abschließen konnte, so wurde der Tag für die Wahlen auf den 8., und der Tag der in Bordeaux abzuhaltenden Nationalversammlung auf den 12. Febr. 1871 anberaumt, welche Versammlung dann über den Frieden oder die Fortsetzung des Krieges entscheiden sollte, es konnte daher für jetzt nur ein Waffenstillstand abgeschlossen werden.

Favre faßte am 28. Febr. Abends um 11 Uhr noch eine Depesche an Gambetta ab, in der er ihm den Abschluß des Waffenstillstandes und den Vertrag betreff der Berufung der Nationalversammlung meldete, in unbegreiflicher Nachlässigkeit aber versäumte er zu bemerken, daß der Waffenstillstand für Bourbaki, Werder und Belfort nicht gelte, welches Uebersehen aber später, wie wir (§. 31) gesehen haben, den Uebertritt der Ostarmee in die Schweiz (§. 31) veranlaßte. Die Capitulationsurkunde vom 27. Jan. datirt, war in 15 Artikeln abgefaßt. Ihre Bestimmungen waren folgende:

Der Waffenstillstand sollte für Paris sofort, in den Departements in drei Tagen in Kraft treten, am 19. Febr. ablaufen und es wurde eine Demarkationslinie festgesetzt. Die zwischen dem Abschluß- und dem Benachrichtigungstermine gemachten Gefangenen sollten aber zurückgegeben werden. Sofort sollten Wahlen für eine in Bordeaux zusammenzutretende Nationalversammlung veranstaltet werden, die sich über den Krieg oder über die von den Deutschen gestellten Friedensbedingungen zu erklären habe. Die Forts von Paris sollten aber sofort übergeben und der Stadtwall entwaffnet werden. Linien-, Seetruppen und Mobilgarden sollten als Kriegsgefangene gelten, erhielten aber die Erlaubniß, nach Auslieferung der Waffen während des Waffenstillstandes innerhalb der Thore zu bleiben; 12,000 M. Linie durften jedoch für den Sicherheitsdienst der Stadt verwendet werden und ihre Waffen behalten, ebenso die Nationalgarde und die Gensdarmen, die Franctireurs-Corps aber sollten aufgelöst werden. — Deutscherseits wurde versprochen, die Verproviantirung von Paris möglichst zu erleichtern. Paris mußte

200 Mill. Fr. binnen 14 Tagen zahlen. Alle Waffen sollten aus geliefert werden. Die Kanonen der Stadtumwallung verblieben den Franzosen, nur die Laffeten nahmen die Deutschen in Beschlag. Die deutschen Kriegsgefangenen, auch die Schiffscapitäne und Civil= personen sollten gegen eine gleiche Anzahl franz. Gefangener aus= gewechselt werden.

Verprovianti= rung von Paris 29. Januar 1871. Schon am 29. Jan. Früh sorgte Bismarck für die möglichste Verproviantirung von Paris und die deutsche Armee verzichtete zu Gunsten der Pariser auf eine Tagesration, wodurch der Bedarf für einen halben Tag gedeckt war. Am 4. Febr. kam der erste Zug mit Lebensmitteln am Nordbahnhofe an; es war dies ein Geschenk Londons. Abends kam ein Zug von der Stadt Lille, und Paris war gerettet. Bald brachten dann die Eisenbahnzüge weitere un= geheuere Vorräthe.

Uebergabe der Forts an die Deutschen. Am 29. Jan. Vorm. 10 Uhr zogen die deutschen Truppen in die Forts, worauf die große Kanone St. Valérie (§. 32) durch einen besonderen Transportwagen nach dem Berliner Zeughause gebracht wurde und am 11. Febr. erlegte eine Deputation die 200 Mill. Francs Contribution von Paris.

Gambetta war vor Entrüstung außer sich, als er die tele= grafische Nachricht von dem Abschlusse des Waffenstillstandes erhielt. In der Hoffnung auf den baldigen Wiederausbruch des Krieges ordnete er aber sofort die Bildung von 16 neuen Marsch=, 5 Chasseur= und einem Regimente algerischer Schützen an. Um die Erhaltung der Republik zu sichern, schloß er sodann durch ein Decret 10 Mit= glieder der früher regierenden Familie, 10 frühere Minister und 30 ehemalige Regierungscandidaten aus, doch als Bismarck gegen diesen Vorgang Verwahrung einlegte, weil dies die Freiheit der Wahlen aufhebe und als weiter auch die Pariser Regierung das Gambetta'sche Decret für nichtig erklärte, gab dieser seine Entlassung und begab sich nach Spanien; er wurde aber im Frühjahre in die Nationalversammlung gewählt und erschien dort als Führer der republikanischen Partei.

In diesem Kriege wurden von den Deutschen, wenn man die Besatzung mitrechnet 923,060 Kriegsgefangene gemacht, 22 Festungen erobert, 1835 Feld=, 5373 Festungsgeschütze, 600,000 Gewehre er= beutet, 27 Departements mit 11½ Mill. Einwohnern besetzt. — Frankreich zählte aber noch immer 250,000 M. Soldaten und Ende

Januar wurden drei neue Corps weiter aufgestellt. Auch die deutsche Wehrkraft ergänzte sich schnell und schon am 1. März 1871 zählte die aktive deutsche Armee wieder 569,875 M. zu Fuß, 63,465 Reiter und 1742 Geschütze.

C) Der Seekrieg.

§. 38. Im Vergleiche mit den beispiellosen Erfolgen des Landheeres war die norddeutsche Flotte zur Thatenlosigkeit verurtheilt und so groß als die Ueberlegenheit der franz. Flotte der deutschen gegenüber war, so kam es doch zu keinem ernsten Resultate und der ganze franz. Seekrieg verlief für Deutschland ohne jede Bedeutung.

Die in Kiel vorhandenen Schiffe und Fahrzeuge wurden nach Swinemünde gebracht und das aus England eingetroffene Linienschiff „Renown" blieb als schwimmende Batterie in Friedrichsort bei Kiel.

Die Corvette „Nymphe" sollte die Weichselmündungen bewachen, die „Grille" mit drei Kanonenbooten bei Dornbusch auf Rügen den Feind beobachten. Das Geschwader in der Nordsee befehligte der Viceadmiral Jachmann, das der Ostsee Contreadmiral Heldt. — Der franz. Admiral Bouët-Wallaumz segelte am 24. Juli ²⁴· ³ᵘˡⁱ ¹⁸⁷⁰· mit 7 Panzerschiffen und einem Aviso von Cherbourg ab, eine Strecke von der Kaiserin Eugenie aufs Meer hinausbegleitet. Er sollte die „Thetis" nach Kopenhagen abordnen und sich vor Jade legen, bis eine zweite Flotte unter La Roncière mit einer anfänglich auf 30,000, später auf 10,000 M. festgesetzten Landungsarmee ihn ablösen würde, worauf er nach der Ostsee abgehen sollte. Nach der Schlacht von Wörth ließ man den Landungsplan jedoch fallen.

Nachdem Bouët-Wallaumz eine Recognoscirung an der schleswigholsteinischen Küste unternommen hatte, beschloß ein zusammengesetzter Kriegsrath von einem Angriffe auf die dortigen Häfen abzustehen; offene Städte zu bombardiren war dem Befehlshaber verboten, Colberg zu beschießen unterließ er, da er den Strand von Badegästen bedeckt sah und als er später im September ausfuhr, um es doch zu thun, wurde er durch einen Sturm daran verhindert. So fuhr er nutzlos in der Ostsee hin und her, sich blos auf eine nicht vollständig wirksame Blokade beschränkend.

Der Plan, die Ostseehäfen zu bombardiren, wurde später dann ganz aufgegeben.

Die zweite Flotte unter dem Viceadmiral Fourichon ankerte am 9. Aug. vor Helgoland, sie zählte 12 Schiffe, darunter 8 der schwersten und bestbewaffneten. Aus Furcht vor Torpedos wagte sie aber keinen Angriff und den wenigen deutschen Schiffen konnte es nicht einfallen, sie zum Kampfe herauszufordern.

Am 25. Aug. erhielt Fourichon Befehl, koste es was es wolle, die Anlagen an der Jade zu zerstören, er wurde indessen durch stürmisches Wetter an der Ausführung dieses Befehles gehindert. Die franz. Kriegsschiffe beschäftigten sich darauf blos mit dem Aufbringen deutscher Handelsschiffe.

Am 12. Sept. kehrte Fourichon mit der Flotte nach Cherbourg zurück und übernahm das Kriegs- und Marineministerium.

Anfang Oktober wurde eine neue Flotte unter Viceadmiral Gueydon ausgerüstet und erschien am 11. Okt. bei Helgoland, ohne jedoch etwas zu unternehmen.

Gegen Ende des Jahres kehrte die ganze franz. Flotte wieder nach Cherbourg zurück.

So verlief dieser gefürchtete Seekrieg ohne jede That.

D) Die Proklamirung des deutschen Kaiserreiches.

§. 40. Baiern, Würtemberg, Baden und Hessen waren dem norddeutschen Bunde beigetreten. Gegen Ende November sandte der König von Baiern an sämmtliche deutsche Fürsten und die freien Städte die schriftliche Einladung, gemeinschaftlich mit ihm beim Könige von Preußen in Anregung zu bringen, er möge mit der Ausübung seiner Präsidialrechte den Titel eines „deutschen Kaisers" verbinden und fügte bei, es sei für ihn ein erhebender Gedanke, daß er sich durch seine Stellung in Deutschland und durch die Geschichte seines Landes berufen fühlen könne, zur Krönung des deutschen Einigungswerkes den ersten Schritt zu thun. Norddeutschland und Preußen schlossen sich diesem Antrage an. — Der norddeutsche Reichstag, der zur selben Zeit in Berlin versammelt war, ertheilte gegen nur wenige Stimmen der Socialisten den Bündnißverträgen seine Zustimmung. — Am 9. Dez. theilte der Präsident Simson ein Schreiben des Bundeskanzlers mit, wonach der Bundesrath beschlossen habe, statt der Ausdrücke: „deutscher Bund" und „Bundespräsident", „deutsches Reich" und „deutscher Kaiser" zu setzen. Tags darauf nahm der Reichsrath auch diese Bezeichnungen an und beschloß, eine Glückwunschadresse an den König durch eine Deputation zu überreichen.

18. Januar 1871.

Diese Deputation, an deren Spitze der Präsident stand, langte am 16. Dez. in Versailles an, am 18. Dez. wurde ein feierlicher Gottesdienst in der Schloßkapelle abgehalten, worauf der König die Adresse im großen Saale der Präfektur entgegennahm.

Zur feierlichen Verkündigung der Kaiserwürde wählte König Wilhelm den 18. Jan. — Die Feier selbst wurde im Residenz-schlosse Ludwig's XIV. zu Versailles abgehalten, zu der von jedem Regimente der 3. Armee 3—4 Vertreter commandirt waren, um die Fahnen zu begleiten. Im Ganzen wurden 56 Fahnen herbei-geschafft. Auf der Gartenseite des Spiegelsaales wurde ein Altar er-richtet, am Ende des Saales war eine Bühne aufgeschlagen, auf welcher die Fahnen- und Standartenträger standen. Um 12¼ Uhr erschien der König, er trat vor den Altar; im Halbkreise um ihn gruppirten sich: der Kronprinz, Prinz Karl und Albert von Preußen, der Kronprinz Albert und Prinz Georg von Sachsen, die Groß-herzoge von Baden, Sachsen Weimar und Oldenburg, die Herzoge von Coburg, Meiningen und Altenburg, die Prinzen Otto, Luitpold und Leopold von Baiern, die Prinzen Wilhelm und August, die Herzoge Eugen der ältere und jüngere von Würtemberg, die Erb-herzoge von Sachsen-Weimar, Mecklenburg, Schwerin und Strelitz, die Erbprinzen von Meiningen und Anhalt, die Fürsten von Schaum-burg-Lippe und Schwarzburg-Rudolstadt, die Erbprinzen von Hohen-zollern, der Landgraf von Hessen, der Herzog von Augustenburg, die Fürsten von Wied, Putbus, Lynar, Pleß, die Prinzen von Reuß, Croy und Biron von Curland. Hinter den Fürsten standen die Generale und Minister, an der Spitze des linken Flügels Bismarck, die auswärtigen Minister &c. &c.

Auf der Fahnenbühne verlas der König die Urkunde der Ver-kündigung des Kaiserreiches und Bismarck verlas dann eine an das Volk gerichtete Proklamation, und mit einem donnernden „Hoch" auf den Kaiser schloß die Feier.

Die Feier der Verkündigung der Kaiser-würde zu Ver-sailles 18. Januar.

E) Der Friedensschluß.

§. 41. Die franz. Nationalversammlung, zu dem Ende gewählt, sich über den Frieden oder über die Fortsetzung des Krieges zu ent-scheiden, wurde am 12. Febr. 1871 eröffnet.

Auch Gambetta, im Elsaß gewählt, war unter den Abgeord-neten. Die Versammlung erging sich, obgleich in der Mehrzahl aus Beauftragten der Friedenspartei bestehend, in eitler Verherrlichung

§. 41. Nationalver-sammlung in Bordeaux 12. Februar 1871.

der Nation und ihrer Unbesiegbarkeit, nur mit Mühe gelang es dem am 17. Febr. zum Chef der Exekutivgewalt erwählten Thiers, der sich Dufaure, Favre, Piccard, Simon und Leflo zu Ministern erwählte, die verhängnißvollsten Beschlüsse zu verhüten.

Prinz Friedrich Karl hatte in Folge der höchst bedenklichen Aeußerungen der franz. Presse und der Generäle schon am 8. Febr. sein Hauptquartier nach Tours verlegt; ein Theil der vor Paris stehenden Corps rückte in Eilmärschen nach le Mans und nach der Loire ab, auch die Franzosen rüsteten aufs Neue und brachten ihre Armee wieder auf 500,000 M. Unter solchen Umständen wurde der Waffenstillstand von dem deutschen Obercommando nicht wie die Nationalversammlung beantragte, am 16. Febr. auf 7, sondern nur auf 5 Tage, bis 24. Febr. Mittags 12 Uhr verlängert. Dadurch ernüchtert, wurden dann Thiers, Favre und Piccard von der Versammlung nach Paris und Versailles abgeordnet und am 26. Febr. zwischen 5 und 6 Uhr wurden die Friedenspräliminarien in Versailles unterzeichnet.

Friedenspräliminarien 26. Februar. Die wichtigste Bestimmung der Friedenspräliminarien war die Abtretung von Elsaß und Lothringen mit dem abgetretenen Land von 257 □ Meilen und 1.500,000 Einwohnern. — Die Kriegsentschädigung sollte sich auf 5000 Mill. (5 Milliarden) belaufen; mindestens 1 Milliarde sollte noch im Laufe des Jahres 1871, der Rest aber binnen drei Jahren, vom Tage der Ratification an, gezahlt werden.

In kurzer Frist nach derselben sollten die Departements Calvados, Orne, Sarthe, Eure und Loire, Seine und Marne, Aube, Cote d'or bis zum linken Ufer der Seine geräumt werden. Nach der Zahlung der ersten halben Milliarde verpflichtete sich Deutschland, die Departements Somme (Amiens), Oise, Seine (Paris) und die Forts zu räumen; nach Zahlung von zwei Milliarden sollten nur noch franz. Lothringen (außer dem Departement (Haute-Marne), Champagne und Belfort besetzt bleiben; für drei Milliarden sollte Frankreich von der Ratification 5% zahlen. Die Kosten der Verpflegung der deutschen Truppen sollten mit 500,000 M. beginnen und mit 50,000 M. endigen.

Besetzung und Einmarsch der Deutschen in Paris 1. März. Betreff des Einmarsches der deutschen Truppen in Paris herrschte daselbst große Aufregung; laut Vertrag mit der franz. Regierung sollte die Zahl der in Paris zu verweilenden Bewaffneten der deutschen Armee 30,000 nicht übersteigen und die franz. Soldaten sollten auf dem linken Seineufer bleiben.

Am 1. März zogen die Sieger in Paris ein. Um eine Ueber=
füllung der Straßen zu vermeiden, schlugen die Abtheilungen vier
verschiedene Wege ein, theils durch das Thor von Neuilly, theils
durch die Pforte Dauphin, die Avenue de l'Impératrice, theils
durch die Pforte de la Muette über den Platz des Königs von
Rom in Passy. Während des Einzugs der Truppen fand die Be=
setzung von Paris durch das kleine Häuslein der 30,000 Deutschen
statt. — Tags darauf bot der Stadttheil, den die Deutschen besetzt
hielten, ein heiter bewegtes Aussehen, denn die Pariser waren herbei=
geströmt, und die Verkaufsgewölbe und öffentlichen Lokale waren
geöffnet. Am Tage des Einzuges um 9 Uhr Abends bestätigte die
Nationalversammlung mit 546 gegen 107 Stimmen die Friedens=
präliminarien und der deutsche Kaiser gab um 2 Uhr den Befehl:
die Truppen hätten den folgenden Tag Paris zu räumen.

Am 3. März 8¹⁄₄ Uhr Morgens begann sodann der Abmarsch
der deutschen Besatzung aus Paris durch den Triumphbogen.

Am 13. März erließ der Kaiser an die Armee einen herz=
lichen Abschied und am 17. März kam er in Berlin an.

Am 7. März wurden die Forts den Franzosen übergeben, die
deutschen Truppen räumten das linke Seineufer, am 12. wurde
Versailles geräumt und am 20. übersiedelte die Nationalversamm=
lung dahin.

§. 42. Die Aussicht auf die Wiederkehr einer festen, geordne=
ten Staatsgewalt gab nach dem Abzuge der Deutschen aus Paris,
den Massen, die socialistische Begierden hegten, den Anstoß zu einem
furchtbaren Aufstand, in dem sie sich der Herrschaft in Paris be=
mächtigen wollten. Die Eitelkeit Favres, die Nationalgarde nicht
entwaffnen lassen zu wollen, bestrafte sich durch ein unermeßliches
Unglück. — Die Nationalgarde=Bataillone la Villette, Montmartre
und Belleville zogen ihre 250 Geschütze auf die hochgelegene Mont=
martrevorstadt und bedrohten von da aus Paris. Mehrere Linien=
bataillone zeigten eine bedenkliche Stimmung, als sie gegen die
Nationalgarde geführt werden sollten und einige gingen sogar zu
den Nationalgarden über. General Vinoy wagte daher den Kampf
nicht und räumte die Stadt, die Südforts gingen sodann in die Hände
der Aufständischen über und nur der Mont Valérien blieb der
Versailler Regierung treu.

In Paris wurde hierauf eine Commune errichtet, die sich
durch Schreckensmaßregeln aufrecht zu erhalten suchte. Die Absicht

§. 42.
Der
socialistische
Aufstand und
die Pariser
Commune.

derselben ging dahin, daß Paris eine von Frankreich losgelöste sociale Republik mit eigenem Heereswesen für sich sein solle, mit dem Rechte, sich in der franz. Nationalversammlung durch eine Corporation von Abgeordneten vertreten zu lassen. — Anfangs gebot die Commune über 100,000 Streiter, ihre Bataillone schlugen sich mit großer Tapferkeit gegen die von Versailles herangeführten Truppen und Thiers mußte die deutsche Regierung bitten, ihm zu gestatten, die Zahl der Regierungstruppen diesseits der Loire auf 130,000 M. vermehren zu dürfen, was ihm auch zugestanden wurde. — So wurden jetzt die Deutschen in den von ihnen noch besetzten Forts Zeugen der greuelvollsten Kämpfe, in denen sich die Franzosen gegenseitig zerfleischten.

Als Mac Mahon aus der Gefangenschaft zurückkehrte, wurde er zum Oberbefehlshaber der sämmtlichen Versailler Truppen ernannt. Endlich gelang es aber den französischen Regierungstruppen, in die Forts Issy, Vannes und Monterouge Bresche zu schießen und dieselben zu erstürmen. Am 21. Mai erstiegen die Regierungstruppen auch die unbewachte Umwallung am Point du jour. — Innere Zwistigkeiten lähmten indessen die Commune; die Mitglieder des Wohlfahrts-Ausschusses wechselten schnell und eines nach dem andern wanderte ins Gefängniß. — Als nun die Regierungstruppen eindrangen, beschloß die kleine Zahl der Communisten die ganze Stadt dem Untergange zu weihen. — Die Tuillerien, das Louvre, das Luxembourg, das Palais Royal, das Stadthaus und viele andere Prachtgebäude wurden in Brand gesteckt oder mit Pulver gesprengt. Weiber wanderten mit Petroleum umher, gossen es in die Kelleröffnungen und zündeten es an. Die Regierungstruppen wütheten aber darauf mit der Nationalgarde grausam in Paris; sieben Tage dauerte das Morden, bevor der letzte Schuß verhallte. Die gefangenen Socialisten wurden zu Tausenden auf der Stelle erschossen, zahlreiche Weiber mit dem Halse an die Kanone gehängt und erdrosselt.

Erst am 28. Mai 1871 wurde die Versailler Regierung wieder Herr der Hauptstadt.

§. 43. Am 10. Mai wurde endlich der definitive Friede unterzeichnet, am 18. von der franz. Nationalversammlung angenommen und am 20. in Frankfurt die Ratification ausgewechselt.

So wurde in der alten deutschen Reichsstadt der ungeheuere Krieg beendet, der am 19. Juli 1870 begonnen hatte und worin 156 Gefechte, 17 Schlachten geschlagen und 26 feste Plätze erobert

21. Mai.

§. 43.
Definitiver
Friedensver-
trag 18. Mai.

wurden. Dem Grafen Bismarck wurde am 21. März die erbliche Fürstenwürde verliehen, und schon früher war dem Minister Roon die erbliche Grafenwürde ertheilt worden. Der Kronprinz von Sachsen, General v. Steinmetz, General Herwarth von Bittenhof und Graf Moltke wurden zu Feldmarschällen ernannt.

Am 16. Juni hielt die Garde mit einem Theile anderer auserlesener Truppen einen glänzenden Triumpheinzug in die geschmückte Hauptstadt Berlin.

Die franz. Regierung machte es möglich, daß die erste Halbmilliarde am 20. Juni, die zweite im Juli, die dritte im September bezahlt wurde. Daher wurden das Somme-, Unter-Seine- und Eure-Departement schon im Juni und September und durch besondere Rücksicht des deutschen Kaisers, auch das der Seine mit den Pariser Forts und jenen der Seine und Marne geräumt.

Wesentliche Druckfehler.

Seite 33	3.	Zeile von	oben	statt	Malefichach	richtig	Malefichach
„ 78	12.	„ „	„	„	zweifels	„	zweifelsohne
„ 184	1.	Marginale		„	1209	„	1229
„ 201	6.	Zeile von	„	„	1120	„	1420
„ 213	12.	„ „	unten	„	Geschworene	„	Geschorene
„ 295	1.	Marginale		„	1689	„	1589
„ 299	1.	„		„	1509—1447	„	1509—1547
„ 319	17.	Zeile von	„	„	erwartete	„	erwarte
„ 359	14.	„ „	„	„	friedliches	„	feindliches
„ 434	8.	„ „	„	„	Druckschriften	„	Denkschriften